ISBN 978-1-334-73629-2
PIBN 10587136

1 MONTH OF
FREE
READING

at

www.ForgottenBooks.com

By purchasing this book you are eligible for one month membership to ForgottenBooks.com, giving you unlimited access to our entire collection of over 1,000,000 titles via our web site and mobile apps.

To claim your free month visit:

www.forgottenbooks.com/free587136

English
Français
Deutsche
Italiano
Español
Português

www.forgottenbooks.com

Mythology Photography **Fiction**
Fishing Christianity **Art** Cooking
Essays Buddhism Freemasonry
Medicine **Biology** Music **Ancient**
Egypt Evolution Carpentry Physics
Dance Geology **Mathematics** Fitness
Shakespeare **Folklore** Yoga Marketing
Confidence Immortality Biographies
Poetry **Psychology** Witchcraft
Electronics Chemistry History **Law**
Accounting **Philosophy** Anthropology
Alchemy Drama Quantum Mechanics
Atheism Sexual Health **Ancient History**
Entrepreneurship Languages Sport
Paleontology Needlework Islam
Metaphysics Investment Archaeology
Parenting Statistics Criminology
Motivational

17 jah vaurd ize sve gunds aliþ; þizeei vesun Ymainaius jah Filetus,
18 þaiei bi sunja usvissai usmetun, qiþandans usstass ju vaurþana, jah
galaubein sumaize usvaltidedun.
19 Aþþan tulgus grunduvaddjus guþs standiþ, habands sigljo þata: kunþa
frauja þans, þaiei sind is, jah: afstandai af unselein hvazuh, saei
namnjai namo fraujins.
20 Aþþan in mikilamma garda ni sind þatainei kasa gulþeina jah silu-
breina, ak jah triveina jah digana, jah suma du sverein sumuþ-þan
du unsverein.
21 Aþþan jabai hvas gahrainjai sik þizei, vairþiþ kas du sveriþai, ga-
veihaiþ (jah) bruk fraujin, du allamma vaurstve godaize gamanviþ.
22 Aþþan juggans lustuns þliuh; iþ laistei garaihtein, galaubein, friaþva,
gavairþi miþ þaim bidai anahaitandam fraujan us hrainjamma hairtin.
23 Iþ þos dvalons jah untalons soknins bivandei, vitands, þatei gabairand
sakjons.
24 Iþ skalks fraujins ni skal sakan, ak qairrus visan viþra allans, laiseigs,
usþulands,
25 in qairrein talzjands þans andstandandans, niu hvan gibai im guþ id-
reiga du ufkunþja sunjos,
26 jah usskavjaindau us unhulþins vruggon, fram þammei gafahanai tiu-
handa afar is viljin.

3. KAPITEL.

1 Aþþan þata kunneis, ei in spedistaim dagam atgaggand jera sleidja,
2 jah vairþand mannans sik friondans, faihugairnai, bihaitjans, hauhhair-
tai, vajamerjandans, fadreinam ungahvairbai, launavargos, unairknai,
3 unhunslagai, unmildjai, fairinondans, ungahabandans sik, unmanariggvai,
unseljai,
4 fralevjandans, untilamalskai, ufbaulidai, frijondans viljan seinana mais
þau guþ,
5 habandans hivi gagudeins, iþ maht izos invidandans; jah þans af-
vandei.
6 Unte us þaim sind, þaiei sliupand in gardins jah frahunþana tiuhand
qineina afhlaþana fravaurhtim, þoei tiuhanda du lustum missa-
leikaim,
7 sinteino laisjandona sik jan-ni aiv hvanhun in ufkunþja sunjos qiman
mahteiga.

III. 2. friondans] Cod. A. am Rande: seinaigairnai (für seina-
gairnai).

II. 17. gunds aliþ] so Cod. B. nach U.; gund vuliþ L. — 18. sunjai Cod. B. ⸚ 20. sverein-
unsverein] so Cod. B. nach U.; sveraiu-unsverain L. — 21. (jah) fehlt im Cod. und bei L.
— mit du fährt Cod. A. fort. — 22. frijaþva Cod. A. — 26. usskarjaindau Cod. A.
III. 2. frijondaus Cod. A. — hauhairtai Cod. B. — unairknaus Cod. A. ⸚ 3. uumana-
rigvai Cod. A. — 5. jaþ-þan Cod. A. — 6. þaiei] þoei Cod. B. — 7. jan-ni] ni Cod. B. L. —

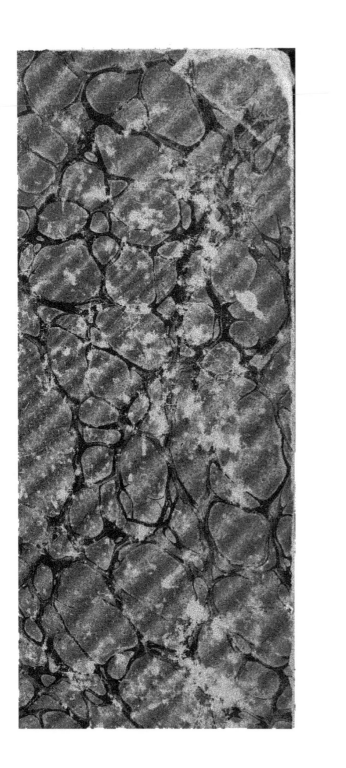

Bibliothek

der ältesten

deutschen Litteratur-Denkmäler.

———

I. Band.

Ulfilas oder die uns erhaltenen Denkmäler
der gothischen Sprache.

———

Paderborn,

Verlag von Ferdinand Schöningh.

1865.

ULFILAS

oder

die uns erhaltenen Denkmäler der gothischen Sprache.

Text, Grammatik und Wörterbuch.

Bearbeitet und herausgegeben

von

Friedrich Ludwig Stamm,

Pastor zu St. Ludgeri in Helmstedt.

Dritte Auflage,

besorgt von

Dr. Moritz Heyne,

Docenten an der Universität zu Halle.

Paderborn,

Verlag von Ferdinand Schöningh.

1865.

Inhalt.

—

Vorrede zur ersten Auflage.

Die günstige Aufnahme meiner i. J. 1851 erschienenen Vorschule zu Ulfila hat mir Muth gemacht, eine bequeme Handausgabe aller gothischen Ueberreste sammt dem nöthigsten Apparate dazu zu veranstalten. Der Text stützt sich auf das von der Gabelentz-Loebesche Meisterwerk über Ulfila (1843), verglichen mit der neuesten Ausgabe desselben von Massmann (1857), und auf Uppström's (1855) genauen Abdruck der silbernen Handschrift. Die angefügten Lesarten geben jeden Unterschied der genannten Ausgaben, sowie die von Massmann durch Einklammern ausgedrückte Texteskritik. Die Grammatik geht weiter als bei Massmann, der nur die Flexionslehre giebt, und enthält sowohl noch Andeutungen aus der Wortbildungslehre als die Hauptsätze der Syntax. Das Wörterbuch bestrebt sich möglichster Kürze und will eigentlich nur dem ersten und nächsten Bedürfnisse dienen. Die mit Sternchen versehenen Wörter kommen in ihrer einfachen Gestalt bei Ulfila nicht vor; was bei zusammengesetzten rücksichtlich ihrer Flexion, namentlich der Hauptzeiten der Verba vermisst wird, ist bei den einfachen nachzusehen. Die Bezeichnung Fremdwort ist meist nur beigesetzt, um auf die Declinationsart hinzuweisen. Sternchen im Texte verweisen auf die Lesarten; Zusätze sind eingeklammert mit derselben Unterscheidung wie in den Lesarten, oder sie sind doch besonders bemerkt. Die Bezeichnungen der Skeireins beziehen sich auf Massmanns Herausgabe derselben v. J. 1834, und zwar in den Ueberschriften die römischen Ziffern auf die einzelnen unzusammenhängenden Fragmente, die Buchstaben am Rande aber auf die Eintheilung der „Aufstellung des alten Textes nach den Handschriften", und die arabischen Zahlen endlich auf die Seiten der „Herstellung" desselben. Nach beiden Bezeichnungen wird vielfach citirt.

In dieser Weise, hoffe ich, dürfte diese wohlfeile Ausgabe des ältesten classisch-deutschen Werkes namentlich für höhere Schulen und für Studirende brauchbar sein, weil sich in compendiöser Form alles das darin beisammen findet, was zur ersten Vorbereitung und Uebung erwünscht sein kann, ohne den Lehrer irgendwie zu beengen; weiter aber wollte ich damit auch allen denen einen Dienst erweisen, die eine tiefere Kenntniss ihrer Muttersprache anstreben oder an den Tönen der Vorzeit unserer Sprache sich erfreuen möchten, ohne gerade gelehrte Studien damit verbinden zu wollen, und so auch ohne Lehrer ihnen in dieser Arbeit einen leicht verständlichen und zureichenden Führer anbieten.

Wenn aber diese Ausgabe noch unmittelbar nach der Massmann'schen erscheint, so glaube ich, abgesehen davon, dass sie vorbereitet war, die Aufgabe derselben doch anders aufgefasst und namentlich auch weitere Kreise berücksichtigt zu haben. Sodann störte mich dort auch Manches, was ich noch kurz erwähnen will. Die mit Recht verlassene Auflösung der gothischen Doppelbuchstaben wird unnöthig wieder hergestellt, wodurch der Druck verbreitert und die Uebersicht erschwert wird, die Wortzusammensetzung aber nicht so augenfällig bleibt. Die Accentuirung von *ai* und *au* haben die Handschriften nicht, ist für die meisten gothischen Wörter bald erlernt, für andere wenige und namentlich für Fremdwörter doch oft zweifelhaft und von Massmann auch zum öftern falsch angesetzt. Die durchgängige Längenbezeichnung von *e* und *o* ist ganz überflüssig. Die vielen im Texte stehen gebliebenen und nicht angezeigten Druckfehler sind auch eine unangenehme Beigabe und rechtfertigen Zweifel über Angaben in den Anmerkungen.

Mein Wunsch ist, dass diese kleine Arbeit ihren Zweck nicht verfehlen und wenn auch nur in etwas beitragen möge, die Liebe zur Sprache Ulfila's in immer weiteren Kreisen zu fördern.

Helmstedt, im Februar 1858.

St.

Vorrede zur dritten Auflage.

Nach dem im Jahre 1861 erfolgten Tode des Herrn Verfassers hat der Herr Verleger die Besorgung der dritten Auflage des vorliegenden Buches meinen Händen anvertraut. Ich habe demgemäss den gothischen Text einer sorgfältigen Revision unterworfen, und, was zunächst die Evangelien betrifft, die in Uppströms Ausgabe des Codex Argenteus zu Tage getretenen Resultate einer genauen und sorgfältigen Lesung so verwertet, wie dieselben es verdienen, wobei auf die im Jahre 1860 gegen Uppström erschienene Schrift: „Uppströms Codex Argenteus. Eine Nachschrift zu der Ausgabe des Ulfilas von Dr. H. C. v. d. Gabelentz und Dr. J. Löbe" überall keine Rücksicht zu nehmen war. Die paulinischen Briefe, sowie die Fragmente des alten Testamentes angehend, so konnte der Text dieser Auflage Verbesserungen und zum Teil höchst wesentliche durch neue Lesarten bringen, deren Anzahl ich auf gegen hundert und fünfzig schätze. Diese Lesarten sind ein Teil derer, die sich Uppström bei der erneuten Vergleichung der Codices in Mailand und Rom ergaben, und deren Gesammtheit er in seiner bereits begonnenen, nun durch den Tod vielleicht auf Jahre hin gestörten Ausgabe der paulinischen Briefe veröffentlichen wollte. Was ich hier davon gebe, war teils bekannt durch zwei Aufsätze L. Meyers „über das deutsche, insbesondere gothische Adjectivum" (Germania IX. 137—145), und „über den handschriftlichen Text der gothischen Uebersetzung des Briefes an die Römer" (Germania X. 225—236), sowie durch dessen Vortrag „über Uppströms neueste Mitteilungen aus den italienischen Handschriften des Ulfilas", gehalten in der germani-

stischen Section der Philologenversammlung zu Hannover am
28. September 1864, über welchen ein ausführliches Referat in
der Zeitschrift für die österreichischen Gymnasien, 15. Jahrgang.
S. 862 ff. aus der Feder von J. Petters in Leitmeritz sich befin-
det; teils bin ich aber auch durch die zuvorkommende Freund-
lichkeit des Hrn. Prof. Franz Pfeiffer in Wien in den Stand ge-
setzt worden, eine Reihe von 94 Lesarten benutzen zu können,
die ein von Uppström an denselben gerichteter Brief vom 30. Juli
1864 enthält. Ist auf diese Weise dem Buche in seiner jetzigen
Gestalt eine dankenswerte Vervollkommnung zu Teil geworden,
so muste dennoch andrerseits hinsichtlich der zahlreichen noch
dunklen Stellen, über die die Uppströmschen Mitteilungen nichts
enthalten, der Herausgeber in eine Unsicherheit kommen, die von
jeder zu versuchenden Conjectur vollständig absehen liess. Wer
würde sich mit einer solchen auch hervorwagen, wenn er sieht,
wie wenig er sich auf die Castiglionische Lesung verlassen kann,
wenn er gar war nimmt, wie Uppströms scharfes und geübtes Auge
gänzlich verschiedene Worte fand von denen, die man bis jetzt als
dastehend angenommen hatte (Röm. XI. 1. *arbja* statt *managein;*
Col. III. 14. *ainamundiþos* statt *ustauhtais;* 1. Tim. II. 2. *ald*
statt *los* etc.). Möchte die Uppströmsche Ausgabe der paulinischen
Briefe, für die auch die gegenwärtige Ausgabe ein Zeugnis ihrer
absoluten Unentbehrlichkeit ablegt, nicht zu lange auf sich warten
lassen.

Der Wiederabdruck der Skeireins nahm auf die Ausgabe von
Uppström (Fragmenta gothica selecta ad fidem codicum Ambrosia-
norum Carolini Vaticani edidit A. U., Upsaliae 1861) die gebüh-
rende Rücksicht.

Die Lesarten, die in der ersten Auflage hinter dem Texte
zusammen gestellt waren, sind in dieser unter denselben gebracht
worden, wodurch zugleich die störenden Sternchen, die dem Texte
früher beigegeben waren, in Wegfall kamen. Die Gabelentz-Löbe-
schen Lesarten sind unter dem Zeichen *L.* vollständig aufgeführt,
die Massmannschen (*M.*) nur in einer sehr kleinen Auswahl.

Was die dem Texte folgende Grammatik angeht, so empfahl
es sich, sie vorläufig noch in der Gestalt, in der sie einmal er-
schienen, beizubehalten. Sie enthält daher nur geringe sachliche
Abänderungen.

Das Wörterbuch ist um die neu entdeckten gothischen Wörter bereichert, denen die Belegstelle beigeschrieben ist. Ein Nachtrag dazu stellt diejenigen Wörter zusammen, die als auf falschen Lesarten beruhend, nunmehr aus den gothischen Wörterbüchern zu streichen sind.

Halle, 8. October 1865.

Moritz Heyne.

Einleitung.

Alle europäischen Völker und Sprachen weisen nach Mittel-asien, der Wiege des Menschengeschlechts, zurück. In jener vor aller beglaubigten Geschichte liegenden Zeit, in welcher unsere Ur-väter in Asien, etwa um den Himalaya herum sassen, hatten alle, so viele zu derselben Familie gehörten, auch nur e i n e Sprache. Ein unerklärlicher Wanderzug, vielleicht durch Ueberfüllung, Un-einigkeit und Kriege veranlasst, trieb sie nach Westen hin, und von immer nachrückenden Scharen gedrängt und geschoben langten sie in Europa an, das sie nach und nach erfüllten. Ihre vielleicht Jahrtausende fassende Bewegung gelangte erst hier zu Anfange un-serer Zeitrechnung mit der s. g. grossen Völkerwanderung zum Abschlusse. Wie mussten Völker und Sprachen auf dieser langen und weiten Reise sich gewandelt haben!

Um Ziel und Ausgang dieser grossen Wanderung mit e i n e m Namen zu fassen, nennt man die hierher gehörenden Völker und Sprachen den indogermanischen (vergl. d. A. in der Real-Ency-klopädie von Ersch und Gruber) oder wohl richtiger den indo-europäischen Volks- und Sprachstamm. Der in Indien zurück-gebliebene Theil erfüllte die weiten Gefilde Indiens und Persiens, sprachlich als Sanscrit und Zend, die europäische Abzweigung aber zerfällt wieder in mehre grosse Familien, die alle, wie sie gleichen Ursprunges sind, so auch in bald näherer bald entfernterer Ver-wandtschaft zu einander stehen.

Die hierher gehörenden Sprachen sind:

1. im Süden und Westen die griechische und lateinische Sprache mit ihren neugriechischen und romanischen Weiter-bildungen,

2. im Nordwesten die keltische Sprache, früher von weitester Ausbreitung, jetzt hauptsächlich nur noch in Irland und Schottland,

3. im Osten die lithauische und slavische Sprache in Theilen von Preussen, Russland und Oesterreich, endlich
4. die Sprache der germanischen Völker im Herzen aller dieser Sprachgebiete.

Je weiter zurück wir diese Sprachen verfolgen, desto ähnlicher werden sich Griechisch und Lateinisch, Slavisch und Germanisch, bis sich alle zuverlässig, aber in einer uns nicht mehr erreichbaren Periode decken.

Unter den germanischen Sprachen steht das Gothische obenan sowohl durch sein Alter wie durch seine früh erlangte Vollkommenheit, und ist eben desshalb von unschätzbarer Wichtigkeit für alle germanischen Sprachzweige. Leider ist dasselbe aber auch schon früh so gänzlich untergegangen, dass keine lebende Spur seines Daseins in s. g. Töchtersprachen von ihm übriggeblieben ist. An das Gothische reiht sich als germanischer Dialekt das Altnordische, aus dem wir, wiewohl von späterer Aufzeichnung, unter anderem die Edda besitzen, die mit einzelnen Liedern bis in das achte Jahrhundert zurückgeht. Töchter desselben sind das jetzige Dänische, Schwedische und Isländische. Dem Gothischen viel näher stehen eines Theils das Niederdeutsche der alten Sachsen, Angeln und Friesen, aus welchem unter romanischem Einflusse das Englische, auf dem Festlande das Mittel- und Neuniederländische sich gestalteten, anderen Theils das Althochdeutsche der Stämme am obern Rhein und an der Donau mit seinen Weiterbildungen, dem Mittel- und Hochdeutschen.

Wäre das Gothische für uns verloren gegangen, so würde allen diesen germanischen Sprachen die sichere historische Unterlage fehlen, ja es besteht schon ein nicht zu ersetzender Verlust darin, dass von den gothischen bis zu den ältesten anderen germanischen Denkmälern eine Lücke von beiläufig drei bis viertehalb Jahrhunderten ohne irgend ein schriftliches Denkmal offen liegt. Das Gothische ist der um so viel ältere und überhaupt der älteste germanische Dialekt, von welchem wir gleichzeitige Schriftstücke aufzuweisen haben, und somit der eigentliche Ausgangspunkt und eine wahre Leuchte für alle germanischen Dialekte, insbesondere aber für das Hoch- und Niederdeutsche mit ihren Nebenzweigen. Ursprünglich war es die Gesammtsprache aller östlichen Germanen, der Gothen, Gepiden, Heruler, Vandalen, Quaden, Bastarner, die sämmtlich seit ihrem Eintritte in Europa vom Caspischen Meere bis zu der Ostsee sassen, nachher zum Theil aber und insbesondere die Gothen nach den südöstlichen Provinzen des römischen Reiches vordrangen und vom dritten Jahrhunderte ab mit den Römern erbitterte Kriege führten. Das Gothenvolk schied sich schon damals in Ost- und Westgothen. Die Ostgothen waren die mächtigeren; die Westgothen, auch die kleineren genannt, sassen zur Zeit, wo sie in die Geschichte eintreten, an der Ostsee zu beiden Seiten der Weichsel, erhielten aber, nachdem sie immer

weiter südlich vorgedrungen waren, bald nach der Mitte des vier-
ten Jahrhunderts Aufnahme im römischen Reiche und liessen sich
in Mösien am Fusse des Hämus nieder.

Unter diesen letzteren lebte Ulfilas. — Ueber Herkunft,
Leben, Lehre und Wirksamkeit dieses Mannes waren bisher nur
spärliche und zum Theil widersprechende Nachrichten auf uns ge-
kommen, die indess erst jüngst noch durch eine auf der Pariser
Bibliothek aufgefundene alte gleichzeitige und durch G. Waitz
(Ueber das Leben und die Lehre des Ulfila, Hannover 1840)*)
erläuterte Handschrift wesentliche Berichtigung und Erweiterung
gefunden haben.

Hiernach wurde Ulfilas, da er im siebenzigsten Lebensjahre
381 nach Christus starb, im Jahre 311 geboren, als die Gothen
noch jenseit der Donau in den Dacischen Provinzen sassen. Dazu
erzählt Philostorgius, ein aus Kappadocien gebürtiger gleich-
zeitiger Schriftsteller: als die Gothen unter Valerian und Gallien
i. J. 258 u. ff. Asien, das damals grösstentheils christlich war, ver-
heerten, führten sie aus Kappadocien und Galatien zahlreiche Ge-
fangene mit sich fort, unter denen viele Geistliche waren. Diese
bekehrten eine grosse Zahl der Barbaren zum Christenthum.
Unter diesen Gefangenen, fährt Philostorgius fort, befanden
sich auch Ulfilas' Vorfahren, die früher in Kappadocien in dem
Flecken Sadagolthina nahe bei der Stadt Parnassus wohn-
ten. Die Familie Ulfilas' hatte schon sechszig Jahre unter den
Gothen gelebt, als dieser geboren wurde, und es war daher ganz
natürlich, dass er gothischen Namen erhielt und ihre Sprache er-
lernte. Nachdem er sich ausgebildet und bis in sein dreissigstes
Jahr als Lector unter seinem Volke gelehrt hatte, wurde er ums
Jahr 341, als Kaiser Constantin bereits gestorben war und sein
Sohn Constantius im Orient herrschte, zum Bischof geweihet,
und wahrscheinlich gehörte er, wenn nicht früher, doch schon von
dieser Zeit ab dem Arianismus an, für den er sein ganzes Leben
lang und bis in den Tod wirkte. Sieben Jahre lang hatte Ulfilas
jenseit der Donau als Bischof gelebt, da zwang ihn eine wie es
scheint vom Gothenfürsten Athanarich ums Jahr 355 ausgegangene
Christenverfolgung mit einem grossen Theile seines Volkes Schutz
bei Constantius zu suchen, mit dem er wahrscheinlich schon
früher in Berührung gekommen war, und erhielt von diesem für
sich und die Seinigen Wohnsitze südlich von der Donau in den
Gebirgen des Hämus. Hier, innerhalb des römischen Reiches,
wirkte Ulfilas noch drei und dreissig Jahre, wobei namentlich her-
vorgehoben wird, dass er griechisch, lateinisch und gothisch
predigte, und dass er in den drei Sprachen mehre Abhandlungen
und viele Uebersetzungen, Anderen zum Nutzen und zur Erbauung,

---

*) Berichtigt von W. Bessel: über das Leben des Ulfilas und die Be-
kehrung der Gothen zum Christenthum. Göttingen 1860.

sich aber zu ewigem Ruhme hinterliess. Ulfilas erkrankte zu Constantinopel, wohin er auf Befehl des Kaisers in Religions-angelegenheiten sich begeben hatte, und starb daselbst um die Mitte des Jahres 388 in seinem siebenzigsten Lebensjahre.

Das Interesse, welches sich für uns heutiges Tages an den Namen Ulfilas knüpft, beruhet zumeist darauf, dass er es war, der nach dem Zeugnisse des Alterthums seinem Volke die heilige Schrift in die heimische Sprache übertrug. Noch im 9. Jahrhun-dert, wie Walafrid Strabo berichtet, waren Exemplare dieser Uebersetzung vorhanden; seitdem verschwindet die Kunde von ihr. Was später und selbst in unseren Tagen davon wieder aufgefunden wurde, ist zwar bei weitem nicht Alles, aber doch genug, um dar-aus die Sprache vollkommen kennen zu lernen. Wie wichtig diese aber für die gesammte germanische, insbesondere aber deutsche Grammatik sei, ist allgemein anerkannt.

Die uns jetzt zugänglichen gothischen Ueberreste sind:

1. die silberne Handschrift zu Upsala in Schweden. Sie wurde, wie angenommen wird, gegen Ende des fünften oder zu Anfange des sechsten Jahrhunderts, als die Ostgothen in Italien herrschten, geschrieben, kam nach unbekannten Schicksalen, viel-leicht durch Vermittlung Karls des Grossen, der in Spanien die Gothen bekämpfte, oder durch den h. Ludgerus, der zwischen den Jahren 782 und 785 sich in Italien aufhielt, nach Werden an der Ruhr, einer Stiftung eben dieses h. Ludgerus, und wurde daselbst in der zweiten Hälfte des sechszehnten Jahrhunderts auf-gefunden und alsbald für die so lange als verloren geglaubte go-thische Bibelübersetzung anerkannt. Der unruhigen Zeiten wegen noch im selben Jahrhunderte nach Prag gebracht, fiel sie eben dort, als die Stadt i. J. 1648 von Königsmark erobert wurde, den Schweden in die Hände und wurde nach Stockholm gesandt; nochmal von hier nach Holland verschleppt, kaufte sie der schwe-dische Reichskanzler Graf de la Gardie für 400 schwedische oder 600 deutsche Reichsthaler wieder an, liess sie in Silber einbinden und schenkte sie i. J. 1669 der Universität zu Upsala, wo sie sich noch befindet. Die ganze Handschrift ist auf dunkelrothes oder Purpurpergament mit Silberbuchstaben geschrieben; nur die drei ersten Linien der Evangelieneingänge, die Anfangsworte gewisser Sectionen, in welche die Uebersetzung statt unserer Kapitel und Verse eingetheilt ist, ebenso der Eingang des Vater unser, und zwar allemal bis zum Schlusse der Linie, sind in Goldbuchstaben. Sie enthält übrigens nur die Evangelien, und auch diese bei wei-tem nicht vollständig; von 330 Blättern, aus denen ursprünglich die Handschrift bestand, sind jetzt nur noch 177 übrig.

2. Der Codex Carolinus auf der Bibliothek zu Wolfen-büttel, gleichfalls auf Pergament und etwa um dieselbe Zeit wie der Silbercodex in Italien geschrieben, aber später mit einem an-deren Werke überschrieben. Vom Kloster Weissenburg im

Elsass, wo derselbe ursprünglich war, kam er über Mainz und Prag endlich in die Hände Herzog Anton Ulrich's, der ihn i. J. 1699 der Wolfenbüttler Bibliothek übergab. Abt Knittel entdeckte darin i. J. 1756 die vier gothischen Blätter mit Bruchstücken des Römerbriefs zwischen dem 11. — 15. Kapitel und machte sie 1762 bekannt.

3. Fünf gleichfalls überschriebene Pergamenthandschriften der Ambrosianischen Bibliothek zu Mailand, sämmtlich aus dem Kloster Bobbio in Ligurien stammend und zur Zeit der Gothenherrschaft in Italien geschrieben. Sie enthalten, was wir von den Paulinischen Briefen besitzen, Fragmente aus Matthäus, Nehemias, Esdras, einen Theil eines gothischen Kalenders und die von Massmann Skeireins betitelte Erklärung des Johannes-Evangeliums, von der indess drei Blätter auf der Vaticanischen Bibliothek in Rom sich befinden. Das Gothische dieser Handschriften wurde vom Bibliothekar, spätern Cardinal Angelo Mai aufgefunden und von diesem und dem Grafen Castiglione, meist von letzterem, seit 1819 durch den Druck bekannt gemacht.

4. Zwei lateinische Verkaufsurkunden auf Papyrusblättern. Unter einer derselben, die jetzt zu Neapel aufbewahrt wird, legen vier, unter der andern, die früher in Arezzo war, jetzt aber wieder vermisst wird, legt ein gothischer Geistlicher mitten unter lateinischen Zeugenunterschriften Zeugniss in gothischer Schrift und Sprache ab. Endlich

5. eine Salzburger Pergamenthandschrift des 9. Jahrhunderts. die jetzt zu Wien aufbewahrt wird, in welcher das gothische Runenalphabet und mehre Wörter und Buchstabennummern sich verzeichnet finden, die grösstentheils aus dem 5. Kapitel der Genesis, doch auch aus Lukas, aus Ezechiel und vielleicht auch aus den Büchern der Maccabäer entnommen sind. So wichtig die Notizen dieser Handschrift auch in mehrfacher Hinsicht sind, so ist doch durch sie der eigentliche Text nicht erweitert worden.

Dies sind die uns erhaltenen Denkmäler der gothischen Sprache und zugleich die Fundamente, auf denen Männer wie Grimm u. a. das Gebäude unserer neuen deutschen Sprachwissenschaft aufgeführt haben. Durch sie, und namentlich seitdem auch Bopp den Zusammenhang der abendländischen Sprachen mit dem Sanscrit nachgewiesen hat, ist für die Geschichte unseres Volkes und für das Verständniss unserer Sprache ein Hintergrund gewonnen, der bis tief nach Osten und bis zu den fernsten Zeiten zurückweist.

NIUJA TRIGGVA.

Der neue Bund.

———

Aivaggeljo þairh Maþþaiu.

3. KAPITEL.

11 Aþþan ik in vatin izvis daupja, iþ sa afar mis gagganda svinþoza mis
ist, þizei ik ni im vairþs, ei anahneivands andbindau skaudaraip
skohis is; sah þan izvis daupeiþ in ahmin veihamma. —

5. KAPITEL.

8 Audagai þai hrainjahairtans, unte þai guþ gasaihvand. —

15 — — ak ana lukarnastaþin, jah liuhteiþ allaim þaim in þamma garda.

16 Sva liuhtjai liuhaþ izvar in andvairþja manne, ei gasaihvaina izvara
goda vaurstva jah hauhjaina attan izvarana þana in himinam.

17 Ni hugjaiþ, ei qemjau gatairan vitoþ aiþþau praufetuns; ni qam ga-
tairan, ak usfulljan.

18 Amen auk qiþa izvis: und þatei usleiþiþ himins jah airþa, jota ains
aiþþau ains striks ni usleiþiþ af vitoda, unte allata vairþiþ.

19 Iþ saei nu gatairiþ aina anabusne þizo minnistono jah laisjai sva mans,
minnista haitada in þiudangardjai himine; iþ saei taujiþ jah laisjai
sva, sah mikils haitada in þiudangardjai himine.

20 Qiþa auk izvis, þatei nibai managizo vairþiþ izvaraizos garaihteins þau
þize bokarje jah Fareisaie, ni þau qimiþ in þiudangardjai himine.

21 Hausideduþ, þatei qiþan ist þaim airizam: ni maurþrjais; iþ saei maur-
þreiþ, skula vairþiþ stauai.

22 Aþþan ik qiþa izvis, þatei hvazuh modags broþr seinamma svare, skula
vairþiþ stauai; iþ saei qiþiþ broþr seinamma raka, skula vairþiþ
gaqumþai; aþþan saei qiþiþ dvala, skula vairþiþ in gaiainnan funins.

23 Jabai nu bairais aibr þein du hunslastada jah jainar gamuneis, þatei
broþar þeins habaiþ hva bi þuk,

Ueberschrift nach Uppström; L. Matþaiu, *welche Ueberschrift Cod. Ambr. gewährt. —*
III. 11. *aus Skeire ns* III. d.

V. 8. *aus Skeireins* VI. d. — 15. *hier beginnt C.-A.* lukarnastaþan L. liuteiþ *C.-A. L.*
garda] razna L. — 17. ei ik qemjau L. ik *oder* ni *hat einst in C.-A. gestanden, ist aber*
radiert. — 19. sah minnista L. —

24 aflet jainar þo giba þeina in andvairþja hunslastadis jah gagg faurþis gasibjon broþr þeinamma, jah biþe atgaggands atbair þo giba þeina.

25 Sijais vailahugjands andastauin þeinamma sprauto, und þatei is in viga miþ imma, ibai hvan atgibai þuk sa andastaua stauin, jah sa staua þuk atgibai andbahta jah in karkara galagjaza.

26 Amen qiþa þus: ni usgaggis jainþro, unte usgibis þana minnistan kintu.

27 Hausideduþ, þatei qiþan ist: ni horinos.

28 Aþþan ik qiþa izvis, þatei hvazuh saei saihviþ qinon du luston izos, ju gahorinoda izai in hairtin seinamma.

29 Iþ jabai augo þein þata taihsvo marzjai þuk, usstigg ita jah vairp af þus; batizo ist auk þus, ei fraqistnai ains liþive þeinaize jah ni allata leik þein gadriusai in gaiainnan.

30 Jah jabai taihsvo þeina handus marzjai þuk, afmait þo jah vairp af þus; batizo ist auk þus, ei fraqistnai ains liþive þeinaize jah ni allata leik þein gadriusai in gaiainnan.

31 Qiþanuh þan ist, þatei hvazuh saei afletai qen, gibai izai afstassais bokos.

32 Iþ ik qiþa izvis, þatei hvazuh saei afletiþ qen seina inuh fairina kalkinassaus, taujiþ þo horinon; jah sa ize afsatida liugaiþ, horinoþ.

33 Aftra hausideduþ, þatei qiþan ist þaim airizam: ni ufarsvarais, iþ usgibais fraujin aiþans þeinans.

34 Aþþan ik qiþa izvis ni svaran allis, ni bi himina, unte stols ist guþs;

35 nih bi airþai, unte fotubaurd ist fotive is; nih bi Iairusaulymai, unte baurgs ist þis mikilins þiudanis;

36 nih bi haubida þeinamma svarais, unte ni magt ain tagl hveit aiþþau svart gataujan.

37 Sijaiþ-þan vaurd izvar: ja, ja; ne, ne; iþ þata managizo þaim us þamma ubilin ist.

38 Hausideduþ þatei qiþan ist: augo und augin jah tunþu und tunþau.

39 Iþ ik qiþa izvis ni andstandan allis þamma unseljin; ak jabai hvas þuk stautai bi taihsvon þeina kinnu, vandei imma jah þo anþara.

40 Jah þamma viljandin miþ þus staua jah paida þeina niman, aflet imma jah vastja.

41 Jah jabai hvas þuk ananauþjai rasta aina, gaggais miþ imma tvos.

42 Þamma bidjandin þuk gibais jah þamma viljandin af þus leihvan sis ni usvandjais.

43 Hausideduþ, þatei qiþan ist: frijos nehvundjan þeinana jah fiais fiand þeinana.

44 Aþþan ik qiþa izvis: frijoþ fijands izvarans, þiuþjaiþ þans vrikandans izvis, vaila taujaiþ þaim hatjandam izvis jah bidjaiþ bi þans usþriutandans izvis,

. 45 ei vairþaiþ sunjus attins izvaris þis in himinam, unte sunnon seina urranneiþ ana ubilans jah godans, jah rigneiþ ana garaihtans jah ana invindans.

---

46 Jabai auk frijoþ þans frijondans izvis ainans, hvo mizdono habaiþ?
niu jah þai þiudo þata samo taujand?

47 Jah jabai goleiþ þans frijonds izvarans þatainei, hve managizo taujiþ?
niu jah motarjos þata samo taujand?

48 Sijaiþ nu jus fullatojai, svasve atta izvar sa in himinam fullatojis ist.

6. KAPITEL.

1 Atsaihviþ armaion izvara ni taujan in andvairþja manne du saihvan
im; aiþþau laun ni habaiþ fram attin izvaramma þamma in himinam.

2 Þan nu taujais armaion, ni haurnjais faura þus, svasve þai liutans tau-
jand in gaqumþim jah in garunsim, ei hauhjaindau fram mannam;
amen, qiþa izvis: andnemun mizdon seina.

3 Iþ þuk taujandan armaion ni viti hleidumei þeina, hva taujiþ taihsvo
þeina,

4 ei sijai so armahairtiþa þeina in fulhsnja, jah atta þeins, saei saihviþ
in fulhsnja, usgibiþ þus in bairhtein.

5 Jah þan bidjaiþ, ni sijaiþ svasve þai liutans, unte frijond in gaqumþim
jah vaihstam plapjo standandans bidjan, ei gaumgaindau mannam.
Amen, qiþa izvis, þatei haband mizdon seina.

6 Iþ þu þan bidjais, gagg in heþjon þeina jah galukands haurdai þeinai
bidei du attin þeinamma þamma in fulhsnja, jah atta þeins, saei sai-
hviþ in fulhsnja, usgibiþ þus in bairhtein.

7 Bidjandansuþ-þan ni filuvaurdjaiþ, svasve þai þiudo; þugkeiþ im auk,
ei in filuvaurdein seinai andhausjaindau.

8 Ni galeikoþ nu þaim; vait auk atta izvar, þizei jus þaurbuþ, faurþizei
jus bidjaiþ ina.

9 Sva nu bidjaiþ jus: Atta unsar, þu in himinam, veihnai namo þein.

10 Qimai þiudinassus þeins. Vairþai vilja þeins, sve in himina jah ana airþai.

11 Hlaif unsarana þana sinteinan gif uns himma daga.

12 Jah aflet uns, þatei skulans sijaima, svasve jah veis afletam þaim sku-
lam unsaraim.

13 Jah ni briggais uns in fraistubnjai, ak lausei uns af þamma ubilin;
unte þeina ist þiudangardi jah mahts jah vulþus in aivins. Amen.

14 Unte jabai afletiþ mannam missadedins ize, afletiþ jah izvis atta izvar
sa ufar himinam.

15 Iþ jabai ni afletiþ mannam missadedins ize, ni þau atta izvar afletiþ
missadedins izvaros.

16 Aþþan biþe fastaiþ, ni vairþaiþ svasve þai liutans gaurai; fravardjand
auk andvairþja seina, ei gasaihvaindau mannam fastandans. Amen,
qiþa izvis, þatei andnemun mizdon seina.

17 Iþ þu fastands salbo haubiþ þein jah ludja þeina þvah,

VI. 4. *das zweite Mal* fulhsja *C.-A.* — 5. plapjo *C.-A. L.*; platijô *M.* — 6. *das zweite
Mal* fulhlsnja *C.-A.* — 13. *Die Doxologie in diesem Verse fehlt bei Luc. XI. 4 und in
den ältesten griech. Hdschr. und Vätern.* —

18 ei ni gasaihvaizau mannam fastands, ak attin þeinamma þamma in fulhsnja, jah atta þeins, saei saihviþ in fulhsnja, usgibiþ þus.

19 Ni huzdjaiþ izvis huzda ana airþai, þarei malo jah nidva fravardeiþ jah þarei þiubos ufgraband jah hlifand.

20 Iþ huzdjaiþ izvis huzda in himina, þarei nih malo nih nidva fravardeiþ, jah þarei þiubos ni ufgraband nih stiland.

21 Þarei auk ist huzd izvar, þaruh ist jah hairto ivzar.

22 Lukarn leikis ist augo: jabai nu augo þein ainfalþ ist, allata leik þein liuhadein vairþiþ;

23 iþ jabai augo þein unsel ist, allata leik þein riqizein vairþiþ. Jabai nu liuhaþ þata in þus riqiz ist, þata riqiz hvan filu!

24 Ni manna mag tvaim fraujam skalkinon; unte jabai fijaiþ ainana, jah anþarana frijoþ; aiþþau ainamma ufhauseiþ, iþ anþaramma frakann. Ni maguþ guþa skalkinon jah mammonin.

25 Duþþe qiþa izvis: ni maurnaiþ saivalai izvarai, hva matjaiþ jah hva drigkaiþ, nih leika izvaramma, hve vasjaiþ; niu saivala mais ist fodeinai jah leik vastjom?

26 Insaihviþ du fuglam himinis, þei ni saiand · nih sneiþand nih lisand in banstins, jah atta izvar sa ufar himinam fodeiþ ins. Niu jus mais vulþrizans sijuþ þaim?

27 Iþ hvas izvara maurnands mag anaaukan ana vahstu seinana aleina aina?

28 Jah bi vastjos hva saurgaiþ? Gakunnaiþ blomans haiþjos, hvaiva vahsjand; nih arbaidjand nih spinnand.

29 Qiþuh þan izvis, þatei nih Saulaumon in allamma · vulþau seinamma gavasida sik sve ains þize.

30 Jah þande þata havi haiþjos himma daga visando jah gistradagis in auhn galagiþ guþ sva vasjiþ, hvaiva mais izvis leitil galaubjandans?

31 Ni maurnaiþ nu qiþandans: hva matjam aiþþau hva drigkam aiþþau hve vasjaima?

32 All auk þata þiudos sokjand; vaituh þan atta izvar sa ufar himinam, þatei þaurbuþ — —

7. KAPITEL.

12 — — (tau)jaina izvis mans, sva jah jus taujaiþ im: þata auk ist vitoþ jah praufeteis.

13 Inngaggaiþ þairh aggvu daur, unte braid daur jah rums vigs sa brigganda in fralustai, jah managai sind þai inngaleiþandans þairh þata.

VI. 24. *zu* mammonin *am Rande des C.-A. die Glosse* faihuþra; *nach Massmann für* faihuþraihna, *vgl. Luc.* 16, 13.

VI. 26. maisve aþrizans *L. nach früherer irriger Lesung der Stelle.* —
30. *für* gistradagis *C.-A. L. setzt M.* afardagis; *doch ist die Lesart der Hdschr. beizubehalten, da die Bezeichnungen für gestern und morgen in manchen Sprachen ihre Bedeutung tauschen, und wie Uppström bereits bemerkt, auch im Ahd.* ê-geater (Graff IV. 273) *übermorgen bedeutet.*
VII. 13. vigss *C.-A.* · *aus dem ersten* s *ist mit weisser Farbe ein* i *gemacht.* —

14 Hvan aggvu þata daur jah þraihans vigs sa brigganda in libainai, jah favai sind þai bigitandans þana.

15 Atsaihviþ sveþauh faura liugnapraufetum þaim, izei qimand at izvis in vastjom lambe, iþ innaþro sind vulfos vilvandans.

16 Bi akranam ize ufkunnaiþ ins. Ibai lisanda af þaurnum veinabasja aiþþau af vigadeinom smakkans?

17 Sva all bagme godaize akrana goda gataujiþ, iþ sa ubila bagms akrana ubila gataujiþ.

18 Ni mag bagms þiuþeigs akrana ubila gataujan, nih bagms ubils akrana þiuþeiga gataujan.

19 All bagme ni taujandane akran god usmaitada jah in fon atlagjada.

20 Þannu bi akranam ize ufkunnaiþ ins.

21 Ni hvazuh saei qiþiþ mis: frauja, frauja! inngaleiþiþ in þiudangardja himine, ak sa taujands viljan attins meinis þis in himinam.

22 Managai qiþand mis in jainamma daga: frauja, frauja! niu þeinamma namin praufetidedum jah þeinamma namin unhulþons usvaurpum jah þeinamma namin mahtins mikilos gatavidedum?

23 Jah þan andhaita im, þatei ni hvanhun kunþa izvis: afleiþiþ fairra mis, jus vaurkjandans unsibjana.

24 Hvazuh nu saei hauseiþ vaurda meina jah taujiþ þo, galeiko ina vaira frodamma, saei gatimrida razn sein ana staina.

25 Jah atiddja dalaþ rign jah qemun ahvos jah vaivoun vindos jah bistugqun bi þamma razna jainamma jah ni gadraus, unte gasuliþ vas ana staina.

26 Jah hvazuh saei hauseiþ vaurda meina jah ni taujiþ þo, galeikoda mann dvalamma, saei gatimrida razn sein ana malmin.

27 Jah atiddja dalaþ rign jah qemun ahvos jah vaivoun vindos jah bistugqun bi jainamma razna jah gadraus, jah vas drus is mikils.

28 Jah varþ, þan ustauh Iesus þo vaurda, biabridedun manageins ana laiseinai is.

29 Vas auk laisjands ins sve valdufni habands jah ni svasve bokarjos.

8. KAPITEL.

1 Dalaþ þan atgaggandin imma af fairgunja, laistidedun afar imma iumjons managos.

2 Jah sai, manna þrutsfill habands durinnands invait ina qiþands: frauja, jabai vileis, magt mik gahrainjan.

3 Jah ufrakjands handu attaitok imma qiþands; viljau, vairþ hrains! jah suns hrain varþ þata þrutsfill is.

4 Jah qaþ imma Iesus: saihv, ei mann ni qiþais, ak gagg, þuk silban ataugei gudjin jah atbair giba, þoei anabauþ Moses du veitvodiþai im.

5 Afaruh þan þata innatgaggandin imma in Kafarnaum, duatiddja imma hundafaþs bidjands ina.

---

6 jah qiþands: frauja, þiumagus meins ligiþ in garda usliþa, harduba balviþs.

7 Jah qaþ du imma Iesus: ik qimands gahailja ina.

8 Jah andhafjands sa hundafaþs qaþ: frauja, ni im vairþs, ei uf hrot mein inngaggais, ak þatainei qiþ vaurda jah gahailniþ sa þiumagus meins.

9 Jah auk ik manna im habands uf valdufnja meinamma gadrauhtins, jah qiþa du þamma: gagg, jah gaggiþ; jah anþaramma: qim, jah qimiþ; jah du skalka meinamma: tavei þata, jah taujiþ.

10 Gahausjands þan Iesus sildaleikida jah qaþ du þaim afarlaistjandam: amen, qiþa izvis, ni in Israela svalauda galaubein bigat.

11 Aþþan qiþa izvis, þatei managai fram urrunsa jah saggqa qimand jah anakumbjand miþ Abrahama jah Isaka jah Iakoba in þiudangardjai . himine:

12 iþ þai sunjus þiudangardjos usvairpanda in riqis þata hindumisto; jainar vairþiþ ‚grets jah krusts tunþive.

13 Jah qaþ Iesus þamma hundafada: gagg jah svasve galaubides, vairþai þus. Jah gahailnoda sa þiumagus is in jainai hveilai.

14 Jah qimands Iesus in garda Paitraus jah gasahv svaihron is ligandein in heitom.

15 Jah attaitok handau izos jah aflailot ija so heito; jah urrais jah andbahtida imma.

16 At andanahtja þan vaurþanamma, atberun du imma daimonarjans managans jah usvarp þans ahmans vaurda jah allans þans ubil habandans gahailida,

17 ei usfullnodedi þata gamelido þairh Esaïan praufetu qiþandan: sa unmahtins unsaros usnam jah sauhtins usbar.

18 Gasaihvands þan Iesus managans hiuhmans bi sik, haihait galeiþan siponjans hindar marein.

19 Jah duatgaggands ains bokareis qaþ du imma: laisari, laistja þuk, þishvaduh þadei gaggis.

20 Jah qaþ du imma Iesus: fauhons grobos aigun jah fuglos himinis sitlans, iþ sunus mans ni habaiþ, hvar haubiþ sein anahnaivjai.

21 Anþaruh þan siponje is qaþ du imma: frauja, uslaubei mis frumist galeiþan jah gafilhan attan meinana.

22 Iþ Iesus qaþ du imma: laistei afar mis jah let þans dauþans filhan seinans dauþans.

23 Jah innatgaggandin imma in skip, afariddjedun imma siponjos is.

24 Jah sai, vegs mikils varþ in marein, svasve þata skip gahuliþ vairþan fram vegim; iþ is saislep.

25 Jah duatgaggandans siponjos is urraisidedun ina qiþandans: frauja, nasei unsis, fraqistnam.

26 Jah qaþ du im Iesus: hva faurhteiþ, leitil galaubjandans! Þanuh urreisands gasok vindam jah marein, jah varþ vis mikil.

27 Iþ þai mans sildaleikidedun qiþandans: hvileiks ist sa, ei jah vindos jah marei ufhausjand imma?

28 Jah qimandin imma hindar marein in gauja Gairgaisaine, gamotidedun
imma tvai daimonarjos us hlaivasnom rinnandans, sleidjai filu, svasve
ni mahta manna usleiþan þairh þana vig jainana.

29 Jah sai, hropidedun qiþandans: hva uns jah þus, Iesu, sunau guþs?
qamt her faur mel balvjan unsis?

30 Vasuh þan fairra im hairda sveine managaize haldana.

31 Iþ þo skohsla bedun ina qiþandans: jabai usvairpis uns, uslaubei uns
galeiþan in þo hairda sveine.

32 Jah qaþ du im: gaggiþ! Iþ eis usgaggandans galiþun in hairda sveine;
jah sai, run gavaurhtedun sis alla so hairda and driuson in marein
jah gadauþnodedun in vatnam.

33 Iþ þai haldandans gaþlauhun jah galeiþandans gataihun in baurg all
bi þans daimonarjans.

34 Jah sai, alla so baurgs usiddja viþra Iesu jah gasaihvandans ina bedun,
ei usliþi hindar markos ize.

9. KAPITEL.

1 Jah atsteigands in skip ufarlaiþ jah qam in seinai baurg.

2 Þanuh atberun du imma usliþan ana ligra ligandan. Jah gasaihvands
Iesus galaubein ize qaþ du þamma usliþin: þrafstei þuk barnilo!
afletanda þus fravaurhteis þeinos.

3 Þaruh sumai þize bokarje qeþun in sis silbam: sa vajamereiþ.

4 Jah vitands Iesus þos mitonins ize qaþ: duhve jus mitoþ ubila in hair-
tam izvaraim?

5 Hvaþar ist raihtis azetizo qiþan: afletanda þus fravaurhteis, þau qiþan:
urreis jah gagg?

6 Aþþan ei viteiþ, þatei valdufni habaiþ sa sunus mans ana airþai afleitan
fravaurhtins, þanuh qaþ du þamma usliþin: urreisands nim þana ligr
þeinana jah gagg in gard þeinana.

7 Jah urreisands galaiþ in gard seinana.

8 Gasaihvandeins þan manageins ohtedun sildaleikjandans jah mikilidedun
guþ þana gibandan valdufni svaleikata mannam.

9 Jah þairhleiþands Iesus jainþro gasahv mannan sitandan at motai,
Maþþaiu haitanana, jah qaþ du imma: laistei afar mis. Jah usstan-
dands iddja afar imma.

10 Jah varþ, biþe is anakumbida in garda, jah sai, managai motarjos jah
fravaurhtai qimandans miþanakumbidedun Iesua jah siponjam is.

11 Jah gaumjandans Fareisaieis qeþun du þaim siponjam is: duhve miþ
motarjam jah fravaurhtaim matjiþ sa laisareis izvar?

12 Iþ Iesus gahausjands qaþ du im: ni þaurbun hailai lekeis, ak þai un-
haili habandans.

13 Aþþan gaggaiþ, ganimiþ hva sijai: armahairtiþa viljau jah ni hunsl;
niþ-þan qam laþon usvaurhtans, ak fravaurhtans.

---

14 Þanuh atiddjedun siponjos Iohannes qiþandans: duhve veis jah Farei-
saieis fastam filu, iþ þai siponjos þeinai ni fastand?

15 Jah qaþ du im Iesus: ibai magun sunjus bruþfadis qainon und þata
hveilos, þei miþ im ist bruþfaþs? Iþ atgaggand dagos, þan afnimada
af im sa bruþfaþs, jah þan fastand.

16 Aþþan ni hvashun lagjiþ du plata fanan þarihis ana snagan fairnjana,
unte afnimiþ fullon af þamma snagin, jah vairsiza gataura vairþiþ.

17 Niþ-þan giutand vein niujata in balgins fairnjans, aiþþau distaurnand
balgeis; biþeh þan jah vein usgutniþ jah balgeis fraqistnand; ak
giutand vein juggata in balgins niujans, jah bajoþum gabairgada.

18 Miþþanei is rodida þata du im, þaruh reiks ains qimands invait ina
qiþands, þatei dauhtar meina nu gasvalt; akei qimands atlagei handu
þeina ana ija jah libaiþ.

19 Jah urreisands Iesus iddja afar imma jah siponjos is.

20 Jah sai, qino bloþarinnandei ·ih· vintruns duatgaggandei aftaro attaitok
skauta vastjos is;

21 qaþuh auk in sis: jabai þatainei atteka vastjai is, ganisa.

22 Iþ Iesus gavandjands sik jah gasaihvands þo qaþ: þrafstei þuk dauhtar!
galaubeins þeina ganasida þuk. Jah ganas so qino fram þizai hveilai
jainai.

23 Jah qimands Iesus in garda þis reikis jah gasaihvands svigljans jah
haurnjans haurnjandans jah managein auhjondein, qaþ du im:

24 afleiþiþ, unte ni gasvalt so mavi, ak slepiþ. Jah bihlohun ina.

25 Þanuh þan usdribana varþ so managei, atgaggands inn habaida handu
izos jah urrais so mavi.

26 Jah usiddja meriþa so and alla jaina airþa.

27 Jah hvarbondin Iesua jainþro, laistidedun afar imma tvai blindans,
hropjandans jah qiþandans: armai uggkis, sunau Daveidis!

28 Qimandin þan in garda duatiddjedun imma þai blindans jah qaþ im
Iesus: ga-u-laubjats, þatei magjau þata taujan? Qeþun du imma:
jai, frauja!

29 Þanuh attaitok augam ize qiþands: bi galaubeinai iggqarai vairþai iggqis.

30 Jah usluknodedun im augona jah inagida ins Iesus qiþands: saihvats,
ei manna ni viti.

31 Iþ eis usgaggandans usmeridedun ina in allai airþai jainai.

32 Þanuh biþe ut usiddjedun eis, sai, atberun imma mannan baudana
daimonari.

33 Jah biþe usdribans varþ unhulþo, rodida sa dumba, jah sildaleikidedun
manageins qiþandans: ni aiv sva uskunþ vas in Israela.

34 Iþ Fareisaieis qeþun: in fauramaþlja unhulþono usdreibiþ unhulþons.

35 Jah bitauh Iesus baurgs allos jah haimos laisjands in gaqumþim ize
jah merjands aivaggeljon þiudangardjos jah hailjands allos sauhtins
jah alla unhailja.

IX. 15. atgagggand *C.-A.* — 16. plata-fanan *M. Uppström will (decem rediviva folia etc.
p. VIII.)* vor þarihis [snagins] *setzen.* — 20. ·ib·] tvalib *M.* — 21. sis] sik *L.* —

36 Gasaihvands þan þos manageins infeinoda in ize, unte vesun afdauidai
jah fravaurpanai sve lamba ni habandona hairdeis.
37 Þanuh qaþ du siponjam seinaim: asans raihtis managa, iþ vaurstvjans
favai.
38 Bidjiþ nu fraujan asanais, ei ussandjai vaurstvjans in asan seina.

10. KAPITEL.

1 Jah athaitands þans tvalif si(*ponjans*) — —
23 — þizai baurg, þliuhaiþ in anþara; amen auk qiþa izvis, ei ni ustiuhiþ
baurgs Israelis, unte qimiþ sa sunus mans.
24 Nist siponeis ufar laisarja, nih skalks ufar fraujin seinamma.
25 Ganah siponi, ei vairþai sve laisareis is, jah skalks sve frauja is; jabai
gardavaldand Baiailzaibul haihaitun, und hvan filu mais þans inna-
kundans is.
26 Ni nunu ogeiþ izvis ins; ni vaiht auk ist gahuliþ, þatei ni andhuljaidau,
jah fulgin, þatei ni ufkunnaidau.
27 Þatei qiþa izvis in riqiza, qiþaiþ in liuhada, jah þatei in auso gahau-
seiþ, merjaiþ ana hrotam.
28 Jah ni ogeiþ izvis þans usqimandans leika þatainei, iþ saivalai ni ma-
gandans usqiman; iþ ogeiþ mais þana magandan jah saivalai jah leika
fraqistjan in gaiaiunan.
29 Niu tvai sparvans assarjau bugjanda? jah ains ize ni gadriusiþ ana
airþa inuh attins izvaris viljan.
30. Aþþan izvara jah tagla haubidis alla garaþana sind.
31 Ni nunu ogeiþ; managaim sparvam batizans sijuþ jus.
32 Sahvazuh nu saei andhaitiþ mis in andvairþja manne, andhaita jah ik
imma in andvairþja attins meinis, saei in himinam ist.
33 Iþ þishvanoh saei afaikiþ mik in andvairþja manne, afaika jah ik ina
in andvairþja attins meinis þis, saei in himinam ist.
34 Nih ahjaiþ, þatei qemjau lagjan gavairþi ana airþa; ni qam lagjan ga-
vairþi, ak hairu.
35 Quam auk skaidan mannan viþra attan is jah dauhtar viþra aiþein
izos jah bruþ viþra svaihron izos;
36 jah fijands mans innakundai is.
37 Saei frijoþ attan aiþþau aiþein ufar mik, nist meina vairþs; jah saei
frijoþ sunu aiþþau dauhtar ufar mik, nist meina vairþs.
38 Jah saei ni nimiþ galgan seinana jah laistjai afar mis, nist meina
vairþs.
39 Saei bigitiþ saivala seina, fraqisteiþ izai; jah saei fraqisteiþ saivalai
seinai in meina, bigitiþ þo.
40 Sa andnimands izvis mik andnimiþ, jah sa mik andnimands andnimiþ
þana sandjandan mik.
41 Sa andnimands praufetu in namin praufetaus mizdon praufetis nimiþ,
jah sa andnimands garaihtana in namin garaihtis mizdon garaihtis
nimiþ.

42 Jah saei gadragkeiþ ainana þize minnistane stikla kaldis vatins þat-
ainei in namin siponeis, amen qiþa izvis, ei ni fraqisteiþ mizdon
seinai.

11. KAPITEL.

1 Jah varþ, biþe usfullida Iesus anabiudands þaim tvalif siponjam seinaim,
ushof sik jainþro du laisjan jah merjan and baurgs ize.

2 Iþ Iohannes gahausjands in karkarai vaurstva Xristaus, insandjands bi
siponjam seinaim qaþ du imma:
þu is sa qimanda þau anþarizuh beidaima?

4 Jah andhafjands Iesus qaþ du im: gaggandans gateihiþ Iohanne, þatei
gahauseiþ jah gasaihviþ.

5 Blindai ussaihvand jah haltai gaggand, þrutsfillai hrainjai vairþand jah
baudai gahausjand jah dauþai urreisand jah unledai vailamerjanda:

6 jah audags ist hvazuh, saei ni gamarzjada in mis.

7 At þaim þan afgaggandam, dugann Iesus qiþan þaim manageim bi Io-
hannen: hva usiddjeduþ ana auþida saihvan? raus fram vinda va-
gidata?

8 Akei hva usiddjeduþ saihvan? mannan hnasqjaim vastjom gavasidana?
Sai, þaiei hnasqjaim vasidai sind, in gardim þiudane sind.

9 Akei hva usiddjeduþ saihvan? praufetu? Jai, qiþa izvis: jah managizo
praufetau.

10 Sa ist auk, bi þanei gameliþ ist: sai, ik insandja aggilu meinana faura
þus, saei gamanveiþ vig þeinana faura þus.

11 Amen, qiþa izvis: ni urrais in baurim qinono maiza Iohanne þamma
daupjandin; iþ sa minniza in þiudangardjai himine maiza imma ist.

12 Framuh þan þaim dagam Iohannis þis daupjandins und hita þiudan-
gardi himine anamahtjada, jah anamahtjandans fravilvand þo.

13 Allai auk praufeteis jah vitoþ und Iohanne fauraqeþun;

14 jah jabai vildedeiþ miþniman, sa ist Helias, saei skulda qiman.

15 Saei habai ausona *hausjandona*, gahausjai.

16 *Hve nu galeiko þata kuni? Galeik ist barnam* sitandam *in garun-
sai jah vopjandam* anþar *anþaramma*

17 *jah qiþandam: sviglodedum izvis jah* ni plinsideduþ; hufum *jah* ni
qainodeduþ.

18 Qam raihtis Iohannes *nih matj*ands nih drigkan*ds jah* qiþand: unhulþon
habaiþ.

19 *Qam sa sunus mans matjands jah* drigkands *jah* qiþand: sai, manna
afetja jah afdrugkja, motarje frijonds jah fravaurhtaize. Jah us-
vaurhta gadomida varþ handugei fram barnam seinaim.

20 þanuh dugann idveitjan baurgim, in þaimei vaurþun þos managistons
mahteis is, þatei ni idreigodedun sik.

XI. 2. xaus C.-A. — 15—23. Das cursiv gedruckte ist Ergänzung der älteren Editoren,
da das betreffende Blatt des C.-A. zum Teil abgerissen ist. — 16. hve] hvamma L. — anþaramma
M., was auch Uppstr. vorzieht, anþaruns ohne vorhergehendes anþar (was die Hdschr. hat) L. —

21 *Vai þus Kaurazein, vai þus Beþsaïdan; unte iþ* vaurþeina *in Tyre jah Seidon*e landa maht*eis þos* vaurþanons in izvis, *airis þau* in sakkau jah azgou *idreig*odedeina.

22 Sveþauh qiþa *izvis*: Tyrim jah Seidonim *sutizo* vairþiþ in daga stau*os þau izvis.*

23 Jah þu Kafarna*um, þu und hi*min ushauhida, *dalaþ und halja* galeiþis: *unte jabai in S*audaumjam *vaurþeina* mahteis þos vaurþanons in izvis, aiþþau eis veseina und hina dag.

24 Sveþauh qiþa izvis, þatei airþai Saudaumje sutizo vairþiþ in daga stauos þau þus.

25 Inuh jainamma mela andhat. . — —

25. KAPITEL.

38 Hvanuh þan þuk sehvum gast jah galaþodedum? aiþþau naqadana jah vasidedum?

39 Hvanuh þan þuk sehvum siukana aiþþau in karkarai jah atiddjedum du þus?

40 Jah andhafjands sa þiudans qiþiþ du im: amen, qiþa izvis: jah þanei tavideduþ ainamma þize minnistane broþre meinaize, mis tavideduþ.

41 Þanuh qiþiþ jah þaim af hleidumein ferai: gaggiþ fairra mis, jus fraqiþanans, in fon þata aiveino, þata manvido unhulþin jah aggilum is.

42 Unte gredags vas jan-ni gebuþ mis matjan; afþaursiþs vas jan-ni dragkideduþ mik;

43 gasts jan-ni galaþodeduþ mik; naqaþs jan-ni vasideduþ mik; siuks jah in karkarai jan-ni gaveisodeduþ meina.

44 Þanuh andhafjand jah þai, qiþandans: frauja, hvan þuk sehvum gredagana aiþþau afþaursidana aiþþau gast aiþþau naqadana aiþþau siukana aiþþau in karkarai jan-ni andbahtidedeima þus?

45 Þanuh andhafjiþ im qiþands: amen, qiþa izvis, jah þanei ni tavideduþ ainamma þize leitilane, mis ni tavideduþ.

46 Jah galeiþand þai in balvein aiveinon, iþ þai· garaihtans in libain aive.non.

26. KAPITEL.

1 Jah varþ, biþe ustauh Iesus alla þo vaurda, qaþ siponjam seinaim:

2 Vituþ, þatei afar tvans dagans paska vairþiþ, jas-sa sunus mans atgibada du ushramjan.

3 Þanuh — —

65 — — þaurbum veitvode? Sai, nu gahausideduþ þo vajamerein is.

66 Hva izvis þugkeiþ? Iþ eis andhafjandans qeþun: skula dauþaus ist.

67 Þanuh spivun ana andavleizn is jah kaupastedun ina; sumaiþ-þan lofam slohun

68 qiþandans: praufetei unsis, Kristu, hvas ist sa slahands þuk?
69 Iþ Paitrus uta sat ana rohsnai, jah duatiddja imma aina þivi qiþandei:
   jah þu vast miþ Iesua þamma Galeilaiau.
70 Iþ is laugnida faura þaim allaim qiþands: ni vait, hva qiþis.
71 Usgaggandan þan ina in daur gasahv ina anþara jah qaþ du þaim
   jainar: jah sa vas miþ Iesua þamma Nazoraiau.
72 Jah aftra afaiaik miþ aiþa svarands, þatei ni kann þana mannan.
73 Afar leitil þan atgaggandans þai standandans qeþun Paitrau: bi sunjai,
   jah þu þize is; jah auk razda þeina bandveiþ þuk.
74 Þanuh dugann afdomjan jah svaran, þatei ni kann þana mannan. Jah
   suns hana hrukida.
75 Jah gamunda Paitrus vaurdis Iesuis qiþanis du sis, þatei faur ha-
   nins hruk þrim sinþam afaikis mik. Jah usgaggands ut gaigrot
   baitraba.

27. KAPITEL.

1 At maurgin þan vaurþanana, runa nemun allai gudjans jah þai sinistans
   manageins bi Iesu, ei afdauþidedeina ina.
2 Jah gabindandans ina gatauhun jah anafulhun ina Pauntiau Peilatau
   kindina.
3 Þanuh gasaihvands Iudas sa galevjands ina, þatei du stauai gatauhans
   varþ, idreigonds gavandida þans þrins tiguns silubrinaize gudjam jah
   sinistam
4 qiþands: fravaurhta mis galevjands bloþ svikn. Iþ eis qeþun: hva kara
   unsis? þu viteis.
5 Jah atvairpands þaim silubram in alh aflaiþ jah galeiþands ushai-
   hah sik.
6 Iþ þai gudjans nimandans þans skattans qeþun: ni skuld ist lagjan
   þans in kaurbanaun, unte andavairþi bloþis ist.
7 Garuni þan nimandans usbauhtedun us þaim þana akr kasjins du us-
   filhan ana gastim.
8 Duþþe haitans varþ akrs jains akrs bloþis und. hina dag.
9 Þanuh usfullnoda þata qiþano þairh Iairaimian praufetu qiþandan: jah
   usnemun þrins tiguns silubreinaize andavairþi þis vairþodins, þatei
   garahnidedun fram sunum Israelis,
10 jah atgebun ins und akra kasjins, svasve anabauþ mis frauja.
11 Iþ Iesus stoþ faura kindina jah frah ina sa kindins qiþands: þu is
   þiudans Iudaie? Iþ Iesus qaþ du imma: þu qiþis.

XXVI. 70. mit hva qiþis beginnt C.-Arg. wieder. — 71. jah sa C.-Arg. jas-sa C.-Ambr. —
72. afaiaik C.-Arg. laugnida C.-Ambr. — 73. standans C.-Ambr. — 75. afaikis C.-Arg. in-
vidis C.-Ambr. —
   XXVII. 1. runa C.-Arg. garuni C.-Ambr. — allai þai gudjans C.-Ambr. — Mit jah þai
bricht Cod.-Ambr. ab. — 3. þrinstiguns L. (cf. Grimm Gramm. IV. 743). — 6. audvairþi
C.-Arg. L.; vergl. jedoch v. 9. — 7. du usfilbam þaim gastim L. nach früherer irriger Le-
sung der Stelle. — 9. andavairþi C.-A., andvairþi L. —

12 Jah miþþanei vrohiþs vas fram þaim gudjam jah sinistam, ni vaiht andhof.
13 Þanuh qaþ du imma Peilatus: niu hauseis, hvan filu ana þuk veit-
   vodjand?
14 Jah ni andhof imma viþra ni ainhun vaurde, svasve sildaleikida sa
   kindins filu.
15 And dulþ þan hvarjoh biuhts vas sa kindins fraletan ainana þizai ma-
   nagein bandjan, þanei vildedun.
16 Habaidedunuh þan bandjan gatarhidana Barabban.
17 Gaqumanaim þan im, qaþ im Peilatus: hvana vileiþ, ei fraletau izvis?
   Barabban þau Iesu, saei haitada Xristus?
18 Vissa auk, þatei in neiþis atgebun ina.
19 Sitandin þan imma ana stauastola, insandida du imma qens is qiþandei:
   ni vaiht þus jah þamma garaihtin — —
42 — — Israelis ist, atsteigadau nu af þamma galgin, ei gasaihvaima jah
   galaubjam imma.
43 Trauaida du guþa; lausjadau nu ina, jabai vili ina; qaþ auk, þatei
   guþs im sunus.
44 Þatuh samo jah þai vaidedjans þai miþushramidans imma idveitidedun
   imma.
45 Fram saihston þan hveilai varþ riqis ufar allai airþai und hveila niundon.
46 Iþ þan bi hveila niundon ufhropida Iesus stibnai mikilai qiþands:
   helei, helei, lima sibakþani, þatei ist: guþ meins, guþ meins, duhve
   mis bilaist?
47 Iþ sumai þize jainar standandane gahausjandans qeþun, þatei Helian
   vopeiþ sa.
48 Jah suns þragida ains us im jah nam svamm fulljands aketis, jah lag-
   jands ana raus draggkida ina.
49 Iþ þai anþarai qeþun: let, ei saihvam, qimaiu Helias nasjan ina.
50 Iþ Iesus aftra hropjands stibnai mikilai aflailot ahman.
51 Jah þan faurhah alhs diskritnoda in tva, iupaþro und dalaþ, jah airþa
   inreiraida jah stainos disskritnodedun
52 jah hlaivasnos usluknodedun jah managa leika þize ligandane veihaize
   urrisun.
53 Jah usgaggandans us hlaivasnom afar urrist is innatgaggandans in þo
   veihon baurg jah ataugidedun sik managaim.
54 Iþ hundafaþs jah þai miþ imma vitandans Iesua, gasaihvandans þo
   reiron jah þo vaurþanona, ohtedun abraba, qiþandans: bi sunjai guþs
   sunus ist sa.
55 Vesunuh þan jainar qinons managos fairraþro saihvandeins, þozei laisti-
   dedun afar Iesua fram Galeilaia, andbahtjandeins imma,
56 in þaimei vas Marja so Magdalene jah Marja so Iakobis jah Iosez
   aiþei, jah aiþei sunive Zaibaidaiaus.

---

15. hvarjanoh C.-A., L. — 46. sabakþani L. — 48. akeitis L. — 49. Helia L. — 51. rei-
raida L., überall nach ältern irrigen Lesungen. — 56. Josez C.-A., L., Josez(is?) M.
mit Rücksicht auf Marc. XV, 40. 47. Luc. III. 29.

57 Iþ þan seiþu varþ, qam manna gabigs af Areimaþaias, þizuh namo
Iosef, saei jah silba siponida Iesua.

58 Sah atgaggands du Peilatau baþ þis leikis Iesuis. Þanuh Peilatus us-
laubida giban þata leik.

59 Jah nimands þata leik Iosef bivands ita sabana hrainjamma,

60 jah galagida ita in niujamma seinamma hlaiva, þatei ushuloda ana
staina, jah faurvalvjands staina mikilamma daurons þis hlaivis,
galaiþ.

61 Vasuh þan jainar Marja Magdalene jah so anþara Marja sitandeins
andvairþis þamma hlaiva.

62 Iftumin þan daga, saei ist afar paraskaivein, gaqemun auhumistans
gudjans jah Fareisaieis du Peilatau   ,

63 qiþandans: frauja, gamundedum, þatei jains airzjands qaþ nauh libands:
afar þrins dagans urreisa.

64 Hait nu vitan þamma hlaiva und þana þridjan dag, ibai ufto qiman-
dans þai siponjos is binimaina imma jah qiþaina du managein:
urrais us dauþaim, jah ist so speidizei airziþa vairsizei þizai
frumein.

65 Qaþ im Peilatus: habaiþ vardjans, gaggiþ vitaiduh svasve kunnuþ.

66 Iþ eis gaggandans galukun þata hlaiv, faursigljandans þana (*stain miþ*
þaim vardjam).

---

66. *nach* þana *grosse Lücke im C.-A.; die ergänzten Worte nach Uppström.* —

Aivaggeljo þairh Marku

a n a s t o d e i þ.

---

1. KAPITEL.

1 Anastodeins aivaggeljons Iesuis Kristaus sunaus guþs.

2 Sve gameliþ ist in Esaïin praufetau: sai, ik insandja aggilu meinana faura þus, saei gamanveiþ vig þeinana faura þus.

3 Stibna vopjandins in auþidai: manveiþ vig fraujins, raihtos vaurkeiþ staigos guþs unsaris.

4 Vas Iohannes daupjands in auþidai jah merjands daupein idreigos du aflageinai fravaurhte.

5 Jah usiddjedun du imma all Iudaialand jah Iairusaulymeis jah daupidai vesun allai in Iaurdane ahvai fram imma, andhaitandans fravaurhtim seinaim.

6 Vasuþ-þan Iohannes gavasiþs taglam ulbandaus jah gairda filleina bi hup seinana jah matida þramsteins jah miliþ haiþivisk

7 jah merida qiþands: qimiþ svinþoza mis sa afar mis, þizei ik ni im vairþs anahneivands andbindan skaudaraip skohe is.

8 Aþþan ik daupja izvis in vatin, iþ is daupeiþ izvis in ahmin veihamma.

9 Jah varþ in jainaim dagam, qam Iesus fram Nazaraiþ Galeilaias jah daupiþs vas fram Iohanne in Iaurdane.

10 Jah suns usgaggands us þamma vatin gasahv uslukanans himinans jah ahman sve ahak atgaggandan ana ina.

11 Jah stibna qam us himinam: þu is sunus meins sa liuba, in þuzei vaila galeikaida.

12 Jah suns sai, ahma ina ustauh in auþida.

13 Jah vas in þizai auþidai dage fidvor tiguns fraisans fram Satanin jah vas miþ diuzam jah aggileis andbahtidedun imma.

I. 6. *Glosse zu* haiþivisk: vilþi. — 11. in þuzei vaila galeikaida] *am Rande der Zeile:* þukei vilda.

I. 10. usluknans *C.-A.*, *L.*; usluknandans *Uppstr.* — 12. sai] sa *M.*
Ulfilas. 3. Aufl.   2

14 Iþ afar þatei atgibans varþ Iohannes, qam Iesus in Galeilaia merjands aivaggeljon þiudangardjos guþs

15 qiþands, þatei usfullnoda þata mel jah atnehvida sik þiudangardi guþs: idreigoþ jah galaubeiþ in aivaggaljon.

16 Jah hvarbonds faur marein Galeilaias gasahv Seimonu jah Andraian broþar is, þis Seimonis, vairpandans nati in marein; vesun auk fiskjans.

17 Jah qaþ im Iesus: hirjats afar mis jah gatauja igqis vairþan nutans manne.

18 Jah suns afletandans þo natja seina laistidedun afar imma.

19 Jah jainþro inngaggands framis leitilata gasahv Iakobu þana Zaibaidaiaus jah Iohanne broþar is, jah þans in skipa manvjandans natja.

20 Jah suns haihait ins. Jah afletandans attan seinana Zaibaidaiu in þamma skipa miþ asnjam, galiþun afar imma.

21 Jah galiþun in Kafarnaum, jah suns sabbato daga galeiþands in synagogen laisida ins.

22 Jah usfilmans vaurþun ana þizai laiseinai is; unte vas laisjands ins sve valdufni habands jah ni svasve þai bokarjos.

23 Jah vas in þizai synagogen ize manna in unhrainjamma ahmin jah ufhropida

24 qiþands: fralet, hva uns jah þus, Iesu Nazorenai, qamt fraqistjan uns? Kann þuk, hvas þu is, sa veiha guþs.

25 Jah andbait ina Iesus qiþands: þahai jah usgagg ut us þamma, ahma unhrainja.

26 Jah tahida ina ahma sa unhrainja, jah hropjands stibnai mikilai usiddja us imma.

27 Jah afslauþnodedun allai sildaleikjandans, svaei sokidedun miþ sis misso qiþandans: hva sijai þata? hvo so laiseino so niujo, ei miþ valdufnja jah ahmam þaim unhrainjam anabiudiþ jah ufhausjand imma?

28 Usiddja þan meriþa is suns and allans bisitands Galeilaias.

29 Jah suns us þizai synagogen usgaggandans qemun in garda Seimonis jah Andraiins miþ Iakobau jah Iohannen.

30 Iþ svaihro Seimonis lag in brinnon; jah suns qeþun imma bi ija.

31 Jah duatgaggands urraisida þo undgreipands handu izos, jah aflailot þo so brinno suns jah andbahtida im.

32 Andanahtja þan vaurþanamma, þan gasaggq sauil, berun du imma allans þans ubil habandans jah unhulþons habandans.

33 Jah so baurgs alla garunnana vas at daura.

34 Jah gahailida managans ubil habandans missaleikaim sauhtim jah unhulþons managos usvarp jah ni fralailot rodjan þos unhulþons, unte kunþedun ina.

35 Jah air uhtvon usstandands usiddja jah galaiþ ana auþjana staþ jah jainar baþ.

<hr>

J. 19. leitilata] leita C.-d , indem der Schreiber, wie Uppström bemerkt, vom ersten t des Wortes in seiner Vorlage auf das zweite abgeirrt ist; leitil L. —

36 Jah galaistans vaurþun imma Seimon jah þai miþ imma.

37 Jah bigitandans ina qeþun du imma, þatei allai þuk sokjand.

38 Jah qaþ du im: gaggam du þaim bisunjane haimom jah baurgim, ei jah jainar merjau, unte duþe qam.

39 Jah vas merjands in synagogim ize and alla Galeilaian jah unhulþons usvairpands.

40 Jah qam at imma þrutsfill habands, bidjands ina jah knivam knussjands jah qiþands du imma, þatei jabai vileis, magt mik gahrainjan.

41 Iþ Iesus infeinands, ufrakjands handu seina attaitok imma jah qaþ imma: viljau, vairþ hrains.

42 Jah biþe qaþ þata Iesus, suns þata þrutsfill aflaiþ af imma jah hrains varþ.

43 Jah gahvotjands imma, suns ussandida ina

44 jah qaþ du imma: saihv, ei mannhun ni qiþais vaiht; ak gagg þuk silban ataugjan gudjin jah atbair fram gahraineinai þeinai, þatei anabauþ Moses du veitvodiþai im.

45 Iþ is usgaggands dugann merjan filu jah usqiþan þata vaurd, svasve is juþan ni mahta andaugjo in baurg galeiþan, ak uta ana auþjaim stadim vas; jah iddjedun du imma allaþro.

2. KAPITEL.

1 Jah galaiþ aftra in Kafarnaum afar dagans, jah gafrehun, þatei in garda ist.

2 Jah suns gaqemun managai, svasve juþan ni gamostedun nih at daura, jah rodida im vaurd.

3 Jah qemun at imma usliþan bairandans, hafanana fram fidvorim.

4 Jah ni magandans nehva qiman imma faura manageim, andhulidedun hrot, þarei vas Iesus; jah usgrabandans insailidedun þata badi jah fralailotun, ana þammei lag sa usliþa.

5 Gasaihvands þan Iesus galaubein ize, qaþ du þamma usliþin: barnilo, afletanda þus fravaurhteis þeinos.

6 Vesunuh þan sumai þize bokarje jainar sitandans jah þagkjandans sis in hairtam seinaim:

7 hva sa sva rodeiþ naiteinins? hvas mag afletan fravaurhtins, niba ains guþ?

8 Jah suns ufkunnands Iesus ahmin seinamma, þatei sva þai mitodedun sis, qaþ du im: duhve mitoþ þata in hairtam izvaraim?

9 Hvaþar ist azetizo du qiþan þamma usliþin: afletanda þus fravaurhteis þeinos, þau qiþan: urreis jah nim þata badi þeinata jah gagg?

10 Aþþan ei viteiþ, þatei valdufni habaiþ sunus mans ana airþai afletan fravaurhtins, qaþ du þamma usliþin:

---

11 Þus qiþa: urreis nimuh þata badi þein jah gagg du garda þeinamma.

12 Jah urrais suns jah ushafjands badi usiddja faura andvairþja allaize, svasve usgeisnodedun allai jah hauhidedun mikiljandans guþ, qiþandans, þatei aiv sva ni gasehvun.

13 Jah galaiþ aftra faur marein, jah all manageins iddjedun du imma, jah laisida ins.

14 Jah hvarbonds gasahv Laivvi, þana´ Alfaiaus, sitandan at motai jah qaþ du imma: gagg afar mis. Jah usstandands iddja afar imma.

15 Jah varþ, biþe is anakumbida in garda is, jah managai motarjos jah fravaurhtai miþanakumbidedun Iesua jah siponjam is; vesun auk managai jah iddjedun afar imma.

16 Jah þai bokarjos jah Fareisaieis gasaihvandans ina matjandan miþ þaim motarjam jah fravaurhtaim, qeþun du þaim siponjam is: hva ist, þatei miþ motarjam jah fravaurhtaim matjiþ jah driggkiþ?

17 Jah gahausjands Iesus qaþ du im: ni þaurbun svinþai lekeis, ak þai ubilaba habandans; ni qam laþon usvaurhtans, ak fravaurhtans.

18 Jah vesun siponjos Iohannis jah Fareisaieis fastandans; jah atiddjedun jah qeþun du imma: duhve siponjos Iohannes jah Fareisaieis fastand, iþ þai þeinai siponjos ni fastand?

19 Jah qaþ im Iesus: ibai magun sunjus bruþfadis, und þatei miþ im ist bruþfaþs, fastan? sva lagga hveila sve miþ sis haband bruþfad, ni magun fastan.

20 Aþþan atgaggand dagos, þan afnimada af im sa bruþfaþs, jah þan fastand in jainamma daga.

21 Ni manna plat fanins niujis siujiþ ana snagan fairnjana; ibai afnimai fullon af þamma sa niuja þamma fairnjin, jah vairsiza gataura vairþiþ.

22 Ni manna giutiþ vein juggata in balgins fairnjans; ibai aufto distairai vein þata niujo þans balgins jah vein usgutniþ jah þai balgeis fraqistnand; ak vein juggata in balgins niujans giutand.

23 Jah varþ þairhgaggan imma sabbato daga þairh atisk jah dugunnun siponjos is skevjandans raupjan ahsa.

24 Jah Fareisaieis qeþun du imma: sai, hva taujand siponjos þeinai sabbatim, þatei ni skuld ist?

25 Jah is qaþ du im: niu ussuggvuþ aiv, hva gatavida Daveid, þan þaurfta jah gredags vas, is jah þai miþ imma?

26 hvaiva galaiþ in gard guþs uf Abiaþara gudjin jah hlaibans faurlageinais matida, þanzei ni skuld ist matjan, niba ainaim gudjam, jah gaf jah þaim miþ sis visandam?

27 Jah qaþ im: sabbato in mans varþ gaskapans, ni manna in sabbato dagis;

28 svaei frauja ist sa sunus mans jah þamma sabbato.

12. gasehvum L. — 13. jah all manageins iddjedun du imma am Rande des Codex. — 16. þatei miþ motarjam jah fravaurhtaim] fraurhtaim C.-A. — 18. Iohannes] Iohannis L. ohne weitere Bemerkung. — 25. Jah is] jah Iesus L., aber es steht deutlich is, nicht is im Codex. — 26. Abjaþara L.

3. KAPITEL.

1 Jah galaiþ aftra in synagogen, jah vas jainar manna gaþaursana ha-
bands handu.

2 Jah vitaidedun imma, hailidedi-u sabbato daga, ei vrohidedeina ina.

3 Jah qaþ du þamma mann þamma gaþaursana habandin handu: urreis
in midumai.

4 Jah qaþ du im: skuldu ist in sabbatim þiuþ taujan, aiþþau unþiuþ
taujan, saivala nasjan, aiþþau usqistjan? Iþ eis þahaidedun.

5 Jah ussaihvands ins miþ moda, gaurs in daubiþos hairtins ize qaþ du
þamma mann: ufrakei þo handu þeina! Jah gastoþ aftra so han-
dus is.

6 Jah gaggandans þan Fareisaieis sunsaiv miþ þaim Herodianum garuni
gatavidedun bi ina, ei imma usqemeina.

7 Jah Iesus aflaiþ miþ siponjam seinaim du marein, jah filu manageins
us Galeilaia laistidedun afar imma,

8. jah us Iudaia jah us Iairusaulymim jah us Idumaia jah hindana Iaur-
danaus; jah þai bi Tyra jah Seidona, manageins filu, gahausjandans,
hvan filu is tavida, qemun at imma.

9 Jah qaþ þaim siponjam seinaim, ei skip habaiþ vesi at imma in þizos
manageins, ei ni þraiheina ina.

10 Managans auk gahailida, svasve drusun ana ina, ei imma attaitokeina,

11 jah sva managai sve habaidedun vundufnjos jah ahmans unhrainjans,
þaih þan ina gasehvun, drusun du imma jah hropidedun qiþandans,
þatei þu is sunus guþs.

12 Jah filu andbait ins, ei ina ni gasvikunþidedeina.

13 Jah ustaig in fairguni jah athaihait þanzei vilda is, jah galiþun du
imma.

14 Jah gavaurhta tvalif du visan miþ sis, jah ei insandidedi ins merjan

15 jah haban valdufni du hailjan sauhtins jah usvairpan unhulþons.

16 Jah gasatida Seimona namo Paitrus;

17 jah Iakobau, þamma Zaibaidaiaus, jah Iohanne, broþr Iakobaus, jah
gasatida im namna Bauanairgais, þatei ist: sunjus þeihvons;

18 jah Andraian jah Filippu jah Barþaulaumaiu jah Matþaiu jah Þomau
jah Iakobu, þana Alfaiaus, jah Þaddaiu jah Seimona, þana Ka-
naneiten,

19 jah Iudan Iskarioten, saei jah galevida ina.

20 Jah atiddjedun in gard, jah gaïddja sik managei, svasve ni mahtedun
nih hlaif matjan.

21 Jah hausjandans fram imma bokarjos jah anþarai usiddjedun gahahan
ina; qeþun auk, þatei usgaisiþs ist.

22 Jah bokarjos þai af Iairusaulymai qimandans qeþun, þatei Baiailzaibul
habaiþ jah þatei in þamma reikistin unhulþono usvairpiþ þaim un-
hulþom.

III. 2. hailidedi *L.* — 7. Galeilaian *C.-A., L.* — 13. ustaig *C. A.,* usstaig *M.* —

23 Jah athaitands ins in gajukom qaþ du im: hvaiva mag Satanas Satanan usvairpan?

24 Jah jabai þiudangardi viþra sik gadailjada, ni mag standan so þiudangardi jaina.

25 Jah jabai gards viþra sik gadailjada, ni mag standan sa gards jains.

26 Jah jabai Satana usstoþ ana sik silban jah gadailiþs varþ, ni mag gastandan, ak andi habaiþ.

27 Ni manna mag kasa svinþis galeiþands in gard is vilvan, niba faurþis þana svinþan gabindiþ; jah (þan) þana gard is disvilvai.

28 Amen, qiþa izvis, þatei allata afletada þata fravaurhte sunum manne, jah naiteinos sva managos svasve vajamerjand;

29 aþþan saei vajamereiþ ahman veihana, ni habaiþ fralet aiv, ak skula ist aiveinaizos fravaurhtais.

30 Unte qeþun: ahman unhrainjana habaiþ.

31 Jah qemun þan aiþei is jah broþrjus is jah uta standandona insandidedun du imma, haitandona ina.

32 Jah setun bi ina managei; qeþun þan du imma: sai, aiþei þeina jah broþrjus þeinai jah svistrjus þeinos uta sokjand þuk.

33 Jah andhof im qiþands: hvo ist so aiþei meina aiþþau þai broþrjus meinai?

34 Jah bisaihvands bisunjane þans bi sik sitandans qaþ: sai, aiþei meina jah þai broþrjus meinai.

35 Saei allis vaurkeiþ viljan guþs, sa jah broþar meins jah svistar jah aiþei ist.

4. KAPITEL.

1 Jah aftra Iesus dugann laisjan at marein, jah galesun sik du imma manageins filu, svasve ina galeiþan(dan) in skip gasitan in marein; jah alla so managei viþra marein ana staþa vas.

2 Jah laisida ins in gajukom manag, jah qaþ im in laiseinai seinai:

3 hauseiþ! Sai, urrann sa saiands du saian fraiva seinamma.

4 Jah varþ, miþþanei saiso, sum raihtis gadraus faur vig, jah qemun fuglos jah fretun þata.

5 Anþaruþ-þan gadraus ana stainahamma, þarei ni habaida airþa managa, jah suns urrann, in þizei ni habaida diupaizos airþos;

6 at sunnin þan urrinnandin ufbrann, jah unte ni habaida vaurtins, gaþaursnoda.

7 Jah sum gadraus in þaurnuns; jah ufarstigun þai þaurnjus jah afhvapidedun þata, jah akran ni gaf.

8 Jah sum gadraus in airþa goda jah gaf akran urrinnando jah vahsjando; jah bar ain ·l· jah ain ·j· jah ain ·r·

9 Jah qaþ: saei habai ausona hausjandona, gahausjai.

III. 27. (þan) *fehlt in C.-A. und bei L.* —
IV. 1. galeiþan *C.-A., L.* —

10 Iþ biþe varþ sundro, frehun ina þai bi ina miþ þaim tvalibim þizos
gajukons.

11 Jah qaþ im: izvis atgiban ist kunnan runa þiudangardjos guþs, iþ
jainaim þaim uta in gajukom allata vairþiþ,

12 ei saihvandans saihvaina jah ni gaumjaina, jah hausjandans hausjaina
jah ni fraþjaina, nibai hvan gavandjaina sik jah afletaindau im fra-
vaurhteis.

13 Jah qaþ du im: ni vituþ þo gajukon jah hvaiva allos þos gajukons
kunneiþ?

14 Sa saijands vaurd saijiþ.

15 Aþþan þai viþra vig sind, þarei saiada þata vaurd, jah þan gahausjand
unkarjans, suns qimiþ Satanas jah usnimiþ vaurd þata insaiano in
hairtam ize.

16 Jah sind samaleiko þai ana stainahamma saianans, þaiei þan hausjand
þata vaurd, suns miþ fahedai nimand ita,

17 jah ni haband vaurtins in sis, ak hveilahvairbai sind; þaþroh, biþe
qimiþ aglo aiþþau vrakja in þis vaurdis, suns gamarzjanda.

18 Jah þai sind þai in þaurnuns saianans, þai vaurd hausjandans,

19 jah saurgos þizos libainais jah afmarzeins gabeins jah þai bi þata anþar
lustjus innatgaggandans afhvapjand þata vaurd jah akranalaus
vairþiþ.

20 Jah þai sind þai ana airþai þizai godon saianans, þaiei hausjand þata
vaurd jah andnimand jah akran bairand, ain ·l· jah ain ·j· jah
ain ·r·

21 Jah qaþ du im: ibai lukarn qimiþ duþe, ei uf melan satjaidau aiþþau
undar ligr? niu ei ana lukarnastaþan satjaidau?

22 Nih allis ist hva fulginis, þatei ni gabairhtjaidau; nih varþ analaugn,
ak ei svikunþ vairþai.

23 Jabai hvas habai ausona hausjandona, gahausjai.

24 Jah qaþ du im: saihviþ, hva hauseiþ! In þizaiei mitaþ mitiþ, mitada
izvis jah biaukada izvis þaim galaubjandam.

25 Unte þishvammeh, saei habaiþ, gibada imma; jah saei ni habaiþ, afni-
mada imma. ·

26 Jah qaþ: sva ist þiudangardi guþs, svasve jabai manna vairpiþ fraiva
ana airþa.

27 Jah slepiþ jah urreisiþ naht jah daga, jah þata fraiv keiniþ jah liudiþ,
sve ni vait is.

28 Silbo auk airþa akran bairiþ: frumist gras, þaþroh ahs, þaþroh fulleiþ
kaurnis in þamma ahsa.

29 Þanuh biþe atgibada akran, suns insandeiþ gilþa, unte atist asans.

30 Jah qaþ: hve galeikom þiudangardja guþs aiþþau in hvileikai gajukon
gabairam þo?

31 Sve kaurno sinapis, þatei þan saiada ana airþa, minnist allaize fraive
ist þize ana airþai;

32 jah þan saiada, urrinniþ jah vairþiþ allaize grase maist jah gataujiþ
   astans mikilans, svasve magun uf skadau is fuglos himinis ga-
   bauan.
33 Jah svaleikaim managaim gajukom rodida du im þata vaurd, svasve
   mahtedun hausjon.
34 Iþ inuh gajukon ni rodida im, iþ sundro siponjam seinaim andband
   allata.
35 Jah qaþ du im in jainamma daga, at andanahtja þan vaurþanamma:
   usleiþam jainis stadis.
36 Jah afletandans þo managein andnemun ina sve vas in skipa; jah þan
   anþara skipa vesun miþ imma.
37 Jah varþ skura vindis mikila jah vegos valtidedun in skip, svasve ita
   juþan gafullnoda.
38 Jah vas is ana notin ana vaggarja slepands, jah urraisidedun ina jah
   qeþun du imma: laisari, niu kara þuk þizei fraqistnam?
39 Jah urreisands gasok vinda jah qaþ du marein: gaslavai, afdumbn!
   Jah anásilaida sa vinds jah varþ vis mikil.
40 Jah qaþ du im: duhve faurhtai sijuþ sva? hvaiva ni nauh habaiþ
   galaubein?
41 Jah ohtedun sis agis mikil jah qeþun du sis misso: hvas þannu sa
   sijai, unte jah vinds jah marei ufhausjand imma?

5. KAPITEL.

1 Jah qemun hindar marein in landa Gaddarene.
2 Jah usgaggandin imma us skipa, suns gamotida imma manna us aurah-
   jom in ahmin unhrainjamma,
3 saei bauain habaida in aurahjom: jah ni naudibandjom eisarneinaim
   manna mahta ina gabindan.
4 Unte is ufta eisarnam bi fotuns gabuganaim jah naudibandjom eisar-
   neinaim gabundans vas jah galausida af sis þos naudibandjos jah
   þo ana fotum eisarna gabrak, jah manna ni mahta ina gatamjan.
5 Jah sinteino nahtam jah dagam in aurahjom jah in fairgunjam vas
   hropjands jah bliggvands sik stainam.
6 Gasaihvands þan Iesu fairraþro rann jah invait ina,
7 jah hropjands stibnai mikilai qaþ: hva mis jah þus, Iesu, sunau guþs
   þis hauhistins? bisvara þuk bi guþa, ni balvjais mis!
8 Unte qaþ imma: usgagg, ahma unhrainja, us þamma mann!
9 Jah frah ina: hva namo þein? Jah qaþ du imma: namo mein Laigaion,
   unte managai sijum.
10 Jah baþ ina filu, ei ni usdrebi im us landa.
11 Vasuh þan jainar hairda sveine haldana at þamma fairgunja.

V. 4. *Randglosse zu* gatamjan: gabindan.

---

12 Jah bedun ina allos þos unhulþons qiþandeins: insandei unsis in þo
sveina, ei in þo galeiþaima.

13 Jah uslaubida im Iesus suns. Jah usgaggandans ahmans þai unhrain-
jans galiþun in þo sveina, jah rann so hairda and driuson in marein;
vesunuþ-þan sve tvos þusundjos jah afhvapnodedun in marein.

14 Jah þai haldandans þo sveina gaþlauhun jah gataihun in baurg jah in
haimom, jah qemun saihvan, hva vesi þata vaurþano.

15 Jah atiddjedun du Iesua jah gasaihvand þana vodan sitandan jah ga-
vasidana jah fraþjandan þana, saei habaida laigaion, jah ohtedun.

16 Jah spillodedun im, þaiei gasehvun, hvaiva varþ bi þana vodan jah bi
þo sveina.

17 Jah dugunnun bidjan ina galeiþan hindar markos seinos.

18 Jah inngaggandan ina in skip baþ ina, saei vas vods, ei miþ imma
vesi.

19 Jah ni lailot ina, ak qaþ du imma: gagg du garda þeinamma du þei-
naim jah gateih im, hvan filu þus frauja gatavida jah gaar-
maida þuk.

20 Jah galaiþ jah dugann merjan in Daikapaulein, hvan filu gatavida
imma Iesus; jah allai sildaleikidedun.

21 Jah usleiþandin Iesua in skipa aftra hindar marein, gaqemun sik ma-
nageins filu du imma, jah vas faura marein.

22 Jah sai, qimiþ ains þize synagogafade, namin Jaeirus; jah saihvands
ina gadraus du fotum Iesuis,

23 jah baþ ina filu qiþands, þatei dauhtar meina aftumist habaiþ, ei
qimands lagjais ana þo handuns, ei ganisai jah libai.

24 Jah galaiþ miþ imma, jah iddjedun afar imma manageins filu jah þrai-
hun ina.

25 Jah qinono suma visandei in runa bloþis jera tvalif,

29 jah manag gaþulandei fram managaim lekjam jah fraqimandei allamma
seinamma jah ni vaihtai botida, ak mais vairs habaida,

27 gahausjandei bi Iesu, atgaggandei in managein aftana attaitok vast-
jai is.

28 Unte qaþ, þatei jabai vastjom is atteka, ganisa.

29 Jah sunsaiv gaþaursnoda sa brunna bloþis izos jah ufkunþa ana leika,
þatei gahailnoda af þamma slaha.

30 Jah sunsaiv Iesus ufkunþa in sis silbin þo us sis maht usgaggandein;
gavandjands sik in managein qaþ: hvas mis taitok vastjom?

31 Jah qeþun du imma siponjos is: saihvis þo managein þreihandein þuk
jah qiþis: hvas mis taitok.

32 Jah vlaitoda saihvan þo þata taujandein.

33 Iþ so qino ogandei jah reirandei, vitandei þatei varþ bi ija, qam jah
draus du imma jah qaþ imma alla þo sunja.

34 Iþ is qaþ du izai: dauhtar, galaubeins þeina ganasida þuk, gagg in
gavairþi jah sijais haila af þamma slaha þeinamma.

V. 26. botida, habaida *nom. fem. der part. praet.* botiþ-s, habaiþ-s. —

35 Nauhþanuh imma rodjandin, qemun fram þamma synagogafada qiþan-
dans, þatei dauhtar þeina gasvalt; hva þanamais draibeis þana laisari?

36 Iþ Iesus sunsaiv gahausjands þata vaurd rodiþ, qaþ du þamma syna-
gogafada: ni faurhtei; þatainei galaubei.

37 Jah ni fralailot ainohun ize miþ sis afargaggan, nibai Paitru jah Iakobu
jah Iohannen broþar Iakobis.

38 Jah galaiþ in gard þis synagogafadis jah gasahv auhjodu jah gretan-
dans jah vaifairhvjandans filu.

39 Jah innatgaggands qaþ du im: hva auhjoþ jah gretiþ? þata barn ni
gadauþnoda, ak slepiþ.

40 Jah bihlohun ina. Iþ is usvairpands allaim ganimiþ attan þis barnis
jah aiþein jah þans miþ sis, jah galaiþ inn, þarei vas þata barn
ligando.

41 Jah fairgraip bi handau þata barn qaþuh du izai: taleiþa kumei, þatei
ist gaskeiriþ: mavilo, du þus qiþa: urreis.

42 Jah suns urrais so mavi jah iddja; vas auk jere tvalibe; jah usgeis-
nodedun faurhtein mikilai.

43 Jah anabauþ im filu, ei manna ni funþi þata; jah haihait izai giban
matjan.

6. KAPITEL.

1 Jah usstoþ jainþro jah qam in landa seinamma, jah laistidedun afar
imma siponjos is.

2 Jah biþe varþ sabbato, dugann in synagoge laisjan, jah managai haus-
jandans sildaleikidedun qiþandans; hvaþro þamma þata jah hvo, so
handugeino so gibano imma, ei mahteis svaleikos þairh handuns is
vairþaud?

3 Niu þata ist sa timrja, sa sunus Marjins, iþ broþar Iakoba jah Iuse
jah Iudins jah Seimonis? jah niu sind svistrjus is her at unsis? Jah
gamarzidai vaurþun in þamma.

4 Qaþ þan im Iesus, þatei nist praufetus unsvers, niba in gabaurþai
seinai jah in ganiþjam jah in garda seinamma.

5 Jah ni mahta jainar ainohun mahta gataujan, niba favaim siukaim han-
duns galagjands gahailida.

6 Jah sildaleikida in ungalaubeinais ize jah bitauh veihsa bisunjane,
laisjands.

7 Jah athaihait þans tvalif jah dugann ins insandjan tvans hvanzuh, jah
gaf im valdufni ahmane unhrainjaize.

8 Jah faurbauþ im, ei vaiht ni nemeina in vig, niba hrugga aina, nih
matibalg nih hlaif nih in gairdos aiz,

9 ak gaskohai suljom: jah ni vasjaiþ tvaim paidom.

10 Jah qaþ du im: þishvaduh þei gaggaiþ in gard, þar saljaiþ, unte us-
gaggaiþ jainþro.

V. 37. ainohun C.-A., L. für das erwartete ninnohun.
VI. 10. usgaggaggaiþ C.-A. —

11 Jah sva managai sve ni audnimaina izvis, ni hausjaina izvis, usgaggan-
dans jainþro ushrisjaiþ mulda þo undaro fotum izvaraim du veitvo-
diþai im. Amen, qiþa izvis: sutizo ist Saudaumjam aiþþau Gau-
maurrjam in daga stauos þau þizai baurg jainai.

12 Jah usgaggandans meridedun, ei idreigodedeina.

13 Jah unhulþons managos usdribun jah gasalbodedun aleva managans
siukans jah gahailidedun.

14 Jah gahausida þiudans Herodes, svikunþ allis varþ namo is, jah qaþ,
þatei Iohannis sa daupjands us dauþaim urrais, duþþe vaurkjand
þos mahteis in imma.

15 Anþarai þan qeþun, þatei Helias ist; auþarai þan qeþun, þatei prau-
fetes ist sve ains þize praufete.

16 Gahausjands þan Herodes qaþ, þatei þammei ik haubiþ afmaimait Io-
hanne, sa ist: sah urrais us dauþaim.

17 Sa auk raihtis Herodes insandjands gahabaida Iohannen jah gaband
ina in karkarai in Hairodiadins qenais Filippaus broþrs seinis, unte
þo galiugaida.

18 Qaþ auk Iohannes du Heroda, þatei ni skuld ist þus haban qen broþrs
þeinis.

19 Iþ so Herodia naiv imma jah vilda imma usqiman, jah ni mahta;

20 unte Herodis ohta sis Iohannen, kunnands ina vair garaihtana jah vei-
hana, jah vitaida imma jah hausjands imma manag gatavida jah ga-
baurjaba imma andhausida.

21 Jah vaurþans dags gatils, þan Herodis mela gabaurþais seinaizos
nahtamat vaurhta þaim maistam seinaize jah þusundifadim jah þaim
frumistam Galeilaias,

22 jah atgaggandein inn‘ dauhtr Herodiadins jah plinsjandein jah galei-
kandein Heroda jah þaim miþanakumbjandam, qaþ þiudans du þizai
maujai: bidei mik, þishvizuh þei vileis, jah giba þus.

23 Jah svor izai, þatei þishvah þei bidjais mik, giba þus und halba þiu-
dangardja meina.

24 Iþ si usgaggandei qaþ du aiþein seinai: hvis bidjau? Iþ si qaþ: hau-
bidis Iohannis þis daupjandins.

25 Jah atgaggandei sunsaiv sniumundo du þamma þiudana baþ qiþan-
dei: viljau, ei mis gibais ana mesa haubiþ Iohannis þis daup-
jandins.

26 Jah gaurs vaurþans sa þiudans in þize aiþe jah in þize miþanakumb-
jandane ni vilda izai ufbrikan.

27 Jah suns insandjands sa þiudans spaikulatur, anabauþ briggan haubiþ
is. Iþ is galeiþands afmaimait imma haubiþ in karkarai

VI. 11. nihausjaina C.-A., uih hausjaina M. — Gaumaurjam C.-A., L. — janai C.-A. —
19. naiv] Nach Uppströms neueren Untersuchungen hatte im Codex ursprünglich naisvor
gestanden, doch waren die Buchstaben s, o und r von der Hand des Schreibers. wiewol
unvollkommen getilgt. naiv ist nach Uppstr. praet. eines Verbs neivan mit der Bedeutung
turgidum esse, stomachari, zu dem er u. a. auch ags. nivol pronus (wie spivol zu spîvan)
vergleicht. so Herodianai svor L. — 22. dauhtar C.-A., L. —

28 jah atbar þata haubiþ is ana mesa jah atgaf ita þizai maujai, jah so
   mavi atgaf ita aiþein seinai.

29 Jah gahausjandans siponjos is qemun jah usnemun leik is jah galagi-
   dedun ita in hlaiva.

30 Jah gaïddjedun apaustauleis du Iesua jah gataihun imma allata jah
   sva filu sve gatavide(*dun*) — —

53 — — jah duatsnivun.

54 Jah usgaggandam im us skipa, sunsaiv ufkunnandans ina,

55 birinnandans all þata gavi dugunnun ana badjam þans ubil habandans
   bairan, þadei hausidedun, ei is vesi.

56 Jah þishvaduh þadei iddja in haimos aiþþau baurgs aiþþau in veihsa,
   ana gagga lagidedun siukans jah bedun ina, ei þau skauta vastjos
   is attaitokeina; jah sva managai sve attaitokun imma, ganesun.

7. KAPITEL.

1 Jah gaqemun sik du imma Fareisaieis jah sumai þize bokarje, qiman-
   dans us Iairusaulymim.

2 Jah gasaihvandans sumans þize siponje is gamainjaim handum, þat-ist
   unþvahanaim, matjandans hlaibans;

3 iþ Fareisaieis jah allai Iudaieis, niba ufta þvahand handuns, ni mat-
   jand, habandans anafilh þize sinistane,

4 jah af maþla, niba daupjand, ni matjand, jah anþar ist manag, þatei
   andnemun du haban: daupeinius stikle jah aurkje jah katile jah
   ligre;

5 þaþroh þan frehun ina þai Fareisaieis jah þai bokarjos: duhve þai
   siponjos þeinai ni gaggand bi þammei anafulhun þai sinistans, ak
   unþvahanaim handum matjand hlaif?

6 Iþ is andhafjands qaþ du im, þatei vaila praufetida Esaïas bi izvis
   þans liutans, sve gameliþ ist: so managei vairilom mik sveraiþ, iþ
   hairto ize fairra habaiþ sik mis.

7 Iþ svare mik blotand, laisjandans laiseinins, anabusnins manne;

8 afletandans raihtis anabusn guþs habaiþ, þatei anafulhun mannans, dau-
   peinius aurkje jah stikle jah anþar galeik svaleikata manag taujiþ.

9 Jah qaþ du im: vaila invidiþ anabusn guþs, ei þata anafulhano izvar
   fastaiþ.

10 Moses auk raihtis qaþ: sverai attan þeinana jah aiþein þeina; jah saei
   ubil qiþai attin seinamma aiþþau aiþein seinai, dauþau afdauþ-
   jaidau.

11 Iþ jus qiþiþ: jabai qiþai manna attin seinamma aiþþau aiþein: kaur-
   ban, þatei ist maiþms, þishvah þatei us mis gabatnis,

12 jah ni fraletiþ ina ni vaiht taujan attin seinamma aiþþau aiþein
   seinai,

13 blauþjandans vaurd guþs þizai anabusnai izvarai, þoei anafulhuþ; jah
   galeik svaleikata manag taujiþ.

14 Jah athaitands alla þo managein qaþ im: hauseiþ mis allai jah fraþjaiþ.

15 Ni vaiht ist utaþro mans inngaggando in ina, þatei magi ina gamain-
jan; ak þata utgaggando us mann, þata ist þata gamainjando
mannan.

16 Jabai hvas habai ausona hausjandona, gahausjai.

17 Jah þan galaiþ in gard us þizai managein, frehun ina siponjos is bi
þo gajukon.

18 Jah qaþ du im: sva jah jus unvitans sijuþ? Ni fraþjiþ þammei all
þata utaþro inngaggando in mannan ni mag ina gamainjan;

19 unte ni galeiþiþ imma in hairto, ak in vamba jah in urrunsa usgaggiþ,
gahraineiþ allans matins.

20 Qaþuþ-þan, þatei þata us mann usgaggando þata gamaineiþ mannan.

21 Innaþro auk us hairtin manne mitoneis ubilos usgaggand: kalkinassjus,
horinassjus, maurþra,

22 þiubja, faihufrikeins, unseleins, liutei, aglaitei, augo unsel, vajamereins,
hauhhairtei, unviti.

23 Þo alla ubilona innaþro usgaggand jah gagamainjand mannan.

24 Jah jainþro usstandands galaiþ in markos Tyre jah Seidone, jah ga-
leiþands in gard ni vilda vitan mannan jah ni mahta galaugnjan.

25 Gahausjandei raihtis qino bi ina, þizozei habaida dauhtar ahman un-
hrainjana, qimandei draus du fotum is.

26 Vasuþ-þan so qino haiþno, Saurini Fynikiska gabaurþai, jah baþ ina, ei
þo unhulþon usvaurpi us dauhtr izos.

27 Iþ Iesus qaþ du izai: let faurþis sada vairþan barna, unte ni goþ ist
nimau hlaib barne jah vairpan hundam.

28 Iþ si andhof imma jah qaþ du imma: jai, frauja; jah auk hundos un-
daro biuda matjand af drauhsnom barne.

29 Jah qaþ du izai: in þis vaurdis gagg; usiddja unhulþo us dauhtr
þeinai.

30 Jah galeiþandei du garda seinamma bigat unhulþon usgaggana jah þo
dauhtar ligandein ana ligra.

31 Jah aftra galeiþands af markom Tyre jah Seidone qam at marein Ga-
leilaie miþ tveihnaim markom Daikapaulaios.

32 Jah berun du imma baudana stammana jah bedun ina, ei lagidedi imma
handau.

33 Jah afnimands ina af managein sundro, lagida figgrans seinans in au-
sona imma jah spevands attaitok tuggon is,

34 jah ussaihvands du himina gasvogida jah qaþ du imma: aiffaþa, þatei
ist uslukn.

35 Jah sunsaiv usluknodedun imma hliumans jah andbundnoda bandi tug-
gons is jah rodida raihtaba.

36 Jah anabauþ im, ei mann ni qeþeina. Hvan filu is im anabauþ, mais
þamma eis meridedun,

37 jah ufarassau sildaleikidedun qiþandans: vaila allata gatavida, jah bau-
dans gataujiþ gahausjan jah unrodjandans rodjan.

---

8. KAPITEL.

1 In jainaim þan dagam aftra at filu managai managein visandein jah
ni habandam, hva matidedeina, athaitands siponjans qaþuh du im:

2 infeinoda du þizai managein, unte ju dagans þrins miþ mis vesun jah
ni haband, hva matjaina;

3 jah jabai fraleta ins lausqiþrans du garda ize, ufligand ana viga; sumai
raihtis ize fairraþro qemun.

4 Jah andhofun imma siponjos is: hvaþro þans mag hvas gasoþjan hlai-
bam ana auþidai?

5 Jah frah ins: hvan managans habaiþ hlaibans? Iþ eis qeþun: sibun.

6 Jah anabauþ þizai managein anakumbjan ana airþai; jah nimands
þans sibun hlaibans jah aviliudonds gabrak jah atgaf siponjam sei-
naim, ei atlagidedeina faur; jah atlagidedun faur þo managein.

7 Jah habaidedun fiskans favans, jah þans gaþiuþjands qaþ, ei atlagide-
deina jah þans.

8 Gamatidedun þan jah sadai vaurþun; jah usnemun laibos gabruko sibun
spyreidans.

8 Vesunuþ-þan þai matjandans sve fidvor þusundjos; jah fralailot ins.

10 Jah galaiþ sunsaiv in skip miþ siponjam seinaim jah qam ana fera
Magdalan.

11 Jah urrunnun Fareisaieis jah dugunnun miþsokjan imma, sokjandans du
imma taikn us himina, fraisandans ina.

12 Jah ufsvogjands ahmin seinamma qaþ: hva þata kuni taikn sokeiþ?
Amen, qiþa izvis: jabai gibaidau kunja þamma taikne.

13 Jah afletands ins, galeiþands aftra in skip uslaiþ hindar marein.

14 Jah ufarmunnodedun niman hlaibans jah niba ainana hlaif ni habaide-
dun miþ sis in skipa.

15 Jah anabauþ im qiþands: saihviþ, ei atsaihviþ izvis þis beistis Fa-
reisaie jah beistis Herodis.

16 Jah þahtedun miþ sis misso qiþandans: unte hlaibans ni habam.

17 Jah fraþjands Iesus qaþ du im: hva þaggkeiþ, unte hlaibans ni ha-
baiþ? ni nauh fraþjiþ nih vituþ, unte daubata hairto izvar.

18 Augona habandans ni gasaihviþ jah ausona habandans ni gahauseiþ, jah
ni gamunuþ.

19 Þan þans fimf hlaibans gabrak fimf þusundjom, hvan managos tainjons
fullos gabruko usnemuþ? Qeþun du imma: Tvalif.

20 Aþþan þan þans sibun hlaibans fidvor þusundjom, hvan managans
spyreidans fullans gabruko usnemuþ? Iþ eis qeþun: Sibun.

21 Jah qaþ du im: hvaiva ni nauh fraþjiþ?

22 Jah qemun in Beþaniin jah berun du imma blindan jah bedun ina, ei
imma attaitoki.

23 Jah fairgreipands handu þis blindins ustauh ina utana veihsis jah spei-
vands in augona is, atlagjands ana handuns seinos frah ina, gau-
hva-sehvi?

24 Jah ussaihvands qaþ: gasaihva mans, þatei sve bagmans gassaihva gaggandans.

25 Þaþroh aftra galagida handuns ana þo augona is jah gatavida ina us- saihvan: jah aftra gasatiþs varþ jah gasahv bairhtaba allans.

26 Jah insandida ina du garda is qiþands: ni in þata veihs gaggais, ni mannhun qiþais in þamma vehsa.

27 Jah usiddja Iesus jah siponjos is in vehsa Kaisarias þizos Filippaus; jah ana viga frah siponjans seinans qiþands du im: hvana mik qiþand mans visan?

28 Iþ eis andhofun: Iohannen þana daupjand, jah anþarai Helian; sumaih þan ainana praufete.

29 Jah is qaþ du im: aþþan jus, hvana mik qiþiþ visan? Andhafjands þan Paitrus qaþ du imma: þu is Xristus.

30 Jah faurbauþ im, ei mannhun ni qeþeina bi ina.

31 Jah dugann laisjan ins, þatei skal sunus mans filu vinnan jah uskiusan skulds ist fram þaim sinistam jah þaim auhumistam gudjam jah bo- karjam jah usqiman jah afar þrins dagans usstandan.

32 Jah svikunþaba þata vaurd rodida; ·jah aftiuhands ina Paitrus dugann andbeitan ina;

33 iþ is gavandjands sik jah gasaihvands þans siponjons seinans andbait Paitru qiþands: gagg hindar mik, Satana; unte ni fraþjis þaim guþs, ak þaim manne.

34 Jah athaitands þo managein miþ siponjam seinaim qaþ du im: saei vili afar mis laistjan, invidai sik silban jah nimai galgan seinana jah laistjai mik.

35 Saei allis vili saivala seina ganasjan, fraqisteiþ izai; iþ saei fraqistciþ saivalai seinai in meina jah in þizos aivaggeljons, ganasjiþ þo.

36 Hva auk boteiþ mannan, jabai gageigaiþ þana fairhvu allana jah ga- sleiþeiþ sik saivalai seinai?

37 Aiþþau hva gibiþ manna inmaidein saivalos seinaizos?

38 Unte saei skamaiþ sik meina jah vaurde meinaize in gabaurþai þizai horinondein jah fravaurhton·, jah sunus mans skamaiþ sik is, þan qimiþ in vulþau attins seinis miþ aggilum þaim veiham.

9. KAPITEL.

1 Jah qaþ du im: amen, qiþa izvis, þatei sind sumai þize her standan- dane, þai ize ni kausjand dauþaus unte gasaihvand þiudinassu guþs qumanana in mahtai.

2 Jah afar dagans saihs ganam Iesus Paitru jah Iakobu jah Iohannen jah ustauh ins ana fairguni hauh sundro ainans: jah inmaidida sik in andvairþja ize.

3 Jah vastjos is vaurþun glitmunjandeins, hveitos sve snaivs, svaleikos sve vullareis ana airþai ni mag gahveitjan.

4 Jah ataugiþs varþ im Helias miþ Mose; jah vesun rodjandans miþ
Iesua.

5 Jah andhafjands Paitrus qaþ du Iesua: rabbei, goþ ist unsis her visan,
jah gavaurkjam hlijans þrins, þus ainana jah Mose ainana jah ainana
Helijin.

6 Ni auk vissa, hva rodidedi; vesun auk usagidai.

7 Jah varþ milhma ufarskadvjands im, jah qam stibna us þamma milhmin:
sa ist sunus meins sa liuba, þamma haúsjaiþ.

8 Jah anaks insaihvandans ni þanaseiþs ainohun gasehvun, alja Iesu
ainana miþ sis.

9 Dalaþ þan atgaggandam im af þamma fairgunja, anabauþ im, ei mann-
hun ni spillodedeina, þatei gasehvun, niba biþe sunus mans us dau-
þaim usstoþi.

10 Jah þata vaurd habaidedun du sis misso sokjandans: hva ist þata, us
dauþaim usstandan?

11 Jah frehun ina qiþandans: unte qiþand þai bokarjos, þatei Helias skuli
qiman faurþis?

12 Iþ is andhafjands qaþ du im: Helias sveþauh qimands faurþis aftra
gaboteiþ alla; jah hvaiva gameliþ ist bi sunu mans, ei manag vinnai
jah frakunþs vairþai.

13 Akei qiþa izvis, þatei ju Helias qam jah gatavidedun imma, sva filu
sve vildedun, svasve gameliþ ist bi ina.

14 Jah qimands at siponjam gasahv filu manageins bi ins jah bokarjans
sokjandans miþ im.

15 Jah sunsaiv alla managei gasaihvandans ina usgeisnodedun jah durin-
nandans invitun ina. ·

16 Jah frah þans bokarjans: hva sokeiþ miþ þaim?

17 Jah andhafjands ains us þizai managein qaþ: laisari, brahta sunu mei-
nana du þus, hahandan ahman unrodjandan.

18 Jah þishvaruh þei ina gafahiþ, gavairpiþ ina, jah hvaþjiþ jah kriustiþ
tunþuns seinans· jah gastaurkniþ; jah qaþ siponjam þeinaim, ei us-
dribeina ina, jah ni mahtedun.

19 Iþ is andhafjands im qaþ: o kuni ungalaubjando! und hva at izvis
sijau? und hva þulau izvis? Bairiþ ina du mis.

20 Jah brahtedun ina at imma. Jah gasaihvands ina, sunsaiv sa ahma
tahida ina; jah driusands ana airþa valvisoda hvaþjands.

21 Jah frah þana attan is: hvan lagg mel ist, ei þata varþ imma? Iþ is
qaþ: us barniskja.

22 Jah ufta ina jah in fon atvarp jah in vato, ei usqistidedi imma; akei
jabai mageis, hilp unsara, gableiþjands unsis.

23 Iþ Iesus qaþ du imma, þata jabai mageis galaubjan; allata mahteig
þamma galaubjandin.

IX. 8. ainohun C.-A. wie V. 37. — 12. Heliasveþauh C.-A.; doch ist s doppelt zu schreiben wol
nur versäumt. — attragaboteiþ Uppstr. — 13. usdreibeina C.-A., L.; usdribeina M. —

24 Jah sunsaiv ufhropjands sa atta þis barnis miþ tagram qaþ: galaubja; hilp meinaizos ungalaubeinais!

25 Gasaihvands þan Iesus, þatei samaþ rann managei, gahvotida ahmin þamma unhrainjin, qiþands du imma: þu ahma, þu unrodjands jah bauþs, ik þus anabiuda: usgagg us þamma jah þanaseiþs ni galeiþais in ina.

26 Jah hropjands jah filu tahjands ina usiddja; jah varþ sve dauþs, svasve managai qeþun, þatei gasvalt.

27 Iþ Iesus undgreipands ina bi handau urraisida ina; jah usstoþ.

28 Jah galeiþandan ina in gard, siponjos is frehun ina sundro: duhve veis ni mahtedum usdreiban þana?

29 Jah qaþ du im: þata kuni in vaihtai ni mag usgaggan, niba in bidai jah fastubnja.

30 Jah jainþro usgaggandans iddjedun þairh Galeilaian; jah ni vilda, ei hvas vissedi,

31 unte laisida siponjans seinans jah qaþ du im, þatei sunus mans atgibada in handuns manne jah usqimand imma jah usqistiþs þridjin daga usstandiþ.

32 Iþ eis ni froþun þamma vaurda jah ohtedun ina fraihnan.

33 Jah qam in Kafarnaum, jah in garda qumans frah ins: hva in viga miþ izvis misso mitodeduþ?

34 Iþ eis slavaidedun; du sis misso andrunnun, hvarjis maists vesi.

35 Jah sitands atvopida þans tvalif jah qaþ du im: jabai hvas vili frumists visan, sijai allaize aftumists jah allaim andbahts.

36 Jah nimands barn gasatida ita in midjaim im, jah ana armins nimands ita qaþ du im:

37 saei ain þize svaleikaize barne andnimiþ ana namin meinamma, mik andnimiþ; jah sahvazuh saei mik andnimiþ, ni mik andnimiþ, ak þana sandjandan mik.

38 Andhof þan imma Iohannes qiþands: laisari! sehvum sumana in þeinamma namin usdreibandan unhulþons, saei ni laisteiþ unsis, jah varidedum imma, unte ni laisteiþ unsis.

39 Iþ is qaþ: ni varjiþ imma; ni mannahun auk ist, saei taujiþ maht in namin meinamma jah magi sprauto ubilvaurdjan mis;

40 unte saei nist viþra izvis, faur izvis ist.

41 Saei auk allis gadragkjai izvis stikla vatins in namin meinamma, unte Xristaus sijuþ, amen qiþa izvis, ei ni fraqisteiþ mizdon seinai.

42 Jah sahvazuh saei gamarzjai ainana þize leitilane, þize galaubjandane du mis, goþ ist imma mais, ei galagjaidau asiluqairnus ana balsaggan is jah fravaurpans vesi in marein.

43 Jah jabai marzjai þuk handus þeina, afmait þo; goþ þus ist hamfamma in libain galeiþan, þau tvos handuns habandin galeiþan in gaiainnan, in fon þata unhvapnando,

---

IX. 28. mahteduu C.-A. — 39. is] Iesus L. — 42. balsaggan] L. will lieber hals-aggau das Wort ist noch dunkel. — 43. hamfamma L.; das erste m ist im Codex verletzt. —

Ulfilas. 3. Aufl. 3

44 þarei maþa ize ni gasviltiþ jah fon ni afhvapniþ.
45 Jah jabai fotus þeins marzjai þuk, afmait ina; goþ þus ist galeiþan in
    libain haltamma, þau tvans fotuns habandin gavairpan in gaiainnan,
    in fon þata unhvapnando,
46 þarei maþa ize ni gasviltiþ jah fon ni afhvapniþ.
47 Jah jabai augo þein marzjai þuk, usvairp imma; goþ þus ist haihamma
    galeiþan in þiudangardja guþs, þau tva augona habandin atvairpan
    in gaiainnan funins,
48 þarei maþa ize ni gadauþniþ jah fon ni afhvapniþ.
49 Hvazuh auk funin saltada jah hvarjatoh hunsle salta saltada.
50 Goþ salt; iþ jabai salt unsaltan vairþiþ, hve supuda?   Habaiþ in izvis
    salt jah gavairþeigai sijaiþ miþ izvis misso.

10. KAPITEL.

1 Jah jainþro usstandands qam in markom Iudaias hindar Iaurdanau;
    jah gaqemun sik aftra manageins du imma, jah, sve biuhts, aftra
    laisida ins.
2 Jah duatgaggandans Fareisaieis frehun ina, skuldu sijai mann qen af-
    satjan, fraisandans ina.
3 Iþ is andhafjands qaþ: hva izvis anabauþ Moses?
4 Iþ ʼeis qeþun: Moses uslaubida unsis, bokos afsateinais meljan jah
    afletan.
5 Jah andhafjands Iesus qaþ du im: viþra harduhairtein izvara gamelida
    izvis þo anabusn.
6 Iþ af anastodeinai gaskaftais gumein jah qinein gatavida guþ.
7 Inuh þis bileiþai manna attin seinamma jah aiþein seinai,
8 jah sijaina þo tva du leika samin, svasve þanaseiþs ni sind tva, ak
    leik ain.
9 Þatei nu guþ gavaþ, manna þamma ni skaidai.
10 Jah in garda aftra siponjos is bi þata samo frehun ina.
11 Jah qaþ du im: sahvazuh saei afletiþ qen seina jah liugaiþ anþara,
    horinoþ du þizai.
12 Jah jabai qino afletiþ aban seinana jah liugada anþaramma, horinoþ.
13 Þanuh atberun du imma barna, ei attaitoki im; iþ þai siponjos is so-
    kun þaim bairandam du.
14 Gasaihvands þan Iesus unverida jah qaþ du im: letiþ þo barna gaggan
    du mis jah ni varjiþ þo, unte þize ist þiudangardi guþs.
15 Amen, qiþa izvis: saei ni andunimiþ þiudangardja guþs sve barn, ni
    þauh qimiþ in izai.
16 Jah gaþlaihands im, lagjands handuns ana þo þiuþida im.
17 Jah usgaggandin imma in vig, duatrinnands ains jah knussjands baþ

IX. 50. supuda *C.-A. für* supoda. —
    X. 13. 14. bairandam du. Gasaihvands] bairandam. Dugasaihvands *L.* —

ina qiþauds: laisari þiuþeiga, hva taujau, ei libainais aiveinons arbja vairþau?

18 Iþ is qaþ du imma: hva mik qiþis þiuþeigana? ni hvashun þiuþeigs, alja ains guþ.

19 Þos anabusnins kant: ni horinos; ni maurþrjais; ni hlifais; ni sijais galiugaveitvods; ni anamahtjais; sverai attan þeinana jah aiþein þeina.

20 Þaruh andhafjands qaþ du imma: laisari, þo alla gafastaida us jundai meinai.

21 Iþ Iesus insaihvands du imma frijoda ina jah qaþ du imma: ainis þus van ist; gagg, sva filu sve habais, frabugei jah gif þarbam, jah habais huzd in himinam; jah hiri laistjan mik, nimands galgan.

22 Iþ is ganipnands in þis vaurdis galaiþ.gaurs; vas auk habands faihu manag.

23 Jah bisaihvands Iesus qaþ siponjam seinaim: sai, hvaiva agluba þai faiho gahabandans in þiudangardja guþs galeiþand.

24 Iþ þai siponjos afslauþnodedun in vaurde is. Þaruh Iesus aftra andhafjands qaþ im: barnilona, hvaiva aglu ist þaim hugjandam afar faihau in þiudangardja guþs galeiþan.

25 Azitizo ist ulbandau þairh þairko neþlos galeiþan, þau gabigamma in þiudangardja guþs galeiþan.

26 Iþ eis mais usgeisnodedun qiþandans du sis misso: jah hvas mag ganisan?

27 Insaihvands du im Iesus qaþ: fram mannam unmahteig ist, akei ni fram guþa; allata auk mahteig ist fram guþa.

28 Dugann þan Paitrus qiþan du imma: sai, veis aflailotum alla jah laistidedum þuk.

29 Andhafjands im Iesus qaþ: amen, qiþa izvis: ni hvashun ist, saei aflailoti gard aiþþau broþruns aiþþau aiþein aiþþau attan aiþþau qen aiþþau barna aiþþau haimoþlja in meina jah in þizos aivaggeljons,

30 saei ni andnimai ·r· falþ, nu in þamma mela gardins jah broþruns jah svistruns jah attan jah aiþein jah barna jah haimoþlja miþ vrakom, jah in aiva þamma anavairþin libain aiveinon.

31 Aþþan managai vairþand frumans aftumans, jah aftumans frumans.

32 Vesunuþ-þan ana viga gaggandans du Iairusaulymai jah faurbigaggands ins Iesus, jah sildaleikidedun jah afarlaistjandans faurhtai vaurþun. Jah anduimands aftra þans tvalif dugann im qiþan, þoei habaidedun ina gadaban.

33 Þatei sai, usgaggam in Iairusaulyma jah sunus mans atgibada þaim ufargudjam jah bokarjam, jah gavargjand ina dauþau, — —

34 jah bilaikand ina jah bliggvand ina jah speivand ana ina jah usqimand imma jah þridjin daga ustandiþ.

X. 18. is] Iesus L. — 23. faiho C.-A. für faihu. — 24. hugjandam] hunjandam L. hugjandam liest Uppstr., doch nicht ohne Zweifel, da das betreffende n oder g im Codex sehr verletzt ist. — 25. azitizo C.-A. für azetizo. — 27. akei hat C.-A. irrig schon nach qaþ. — 29. aflailailoti. attin C.-A. — 34. ustaudiþ] usstandiþ L. —

35 Jah athabaidedun sik du imma Iakobus jah Iohannes, sunjus Zaibai-
daiaus, qiþandans: laisari, vileima, ei þatei þuk bidjos, taujais
uggkis.

36 Iþ Iesus qaþ im: hva vileits taujan mik igqis?

37 Iþ eis qeþun du imma: fragif ugkis, ei ains af taihsvon þeinai jah ains
af hleidumein þeinai sitaiva in vulþau þeinamma.

38 Iþ Iesus qaþuh du im: ni vituts, hvis bidjats; magutsu driggkan stikl,
þanei ik driggka, jah daupeinai, þizaiei ik daupjada, ei daup-
jaindau?

39 Iþ eis qeþun du imma: magu. Iþ Iesus qaþuh du im: sveþauh þana
stikl, þanei ik driggka, driggkats, jah þizai daupeinai, þizaiei ik
daupjada (daupjanda);

40 iþ þata du sitan af taihsvon meinai aiþþau af hleidumein nist mein du
giban, alja þaimei manviþ vas.

41 Jah gahausjandans þai taihun dugunnun unverjan bi Iakobu jah Io-
hannen.

42 Iþ is athaitands ins qaþ du im: vituþ, þatei (þaiei) þuggkjand reikinon
þiudom, gafraujinond im, iþ þai mikilans ize gavaldand im.

43 Iþ ni sva sijai in izvis; ak sahvazuh saei vili vairþan mikils in izvis,
sijai izvar andbahts;

44 jah saei vili izvara vairþan frumists, sijai allaim skalks.

45 Jah auk sunus mans ni qam at andbahtjam, ak andbahtjan jah giban
saivala seina faur managans lun.

46 Jah qemun in Iairikon. Jah usgaggandin imma jainþro miþ siponjam
seinaim jah managein ganohai, sunus Teimaiaus, Barteimaius blinda,
sat faur vig du aihtron.

47 Jah gahausjands, þatei Iesus sa Nazoraius ist, dugann hropjan jah
qiþan: sunau Daveidis, Iesu, armai mik!

48 Jah hvotidedun imma managai, ei gaþahaidedi; iþ is filu mais hropida:
sunau Daveidis, armai mik!

49 Jah gastandands Iesus haihait atvopjan ina. Jah vopidedun þana blin-
dan, qiþandans du imma: þrafstei þuk; urreis, vopeiþ þuk.

50 Iþ is afvairpands vastjai seinai ushlaupands qam at Iesu.

51 Jah andhafjands qaþ du imma Iesus: hva vileis, ei taujau þus? Iþ sa
blinda qaþ du imma: rabbaunei, ei ussaihvau.

52 Iþ Iesus qaþ du imma: gagg, galaubeins þeina ganasida þuk. Jah
sunsaiv ussahv jah laistida in viga Iesu.

11. KAPITEL.

1 Jah biþe nehva vesun Iairusalem, in Beþsfagein jah Biþaniin at fair-
gunja alevjin, insandida tvans siponje seinaize

X. 36. Iesus] is L. — 38. vituþs C.-A. — 39. (daupjanda) fehlt in C.-A. und bei L., von
Uppström ergänzt. — 42. is] Iesus L. — 42. (þaiei) Ergänzung Uppströms. — 45. managaus
saun L. die ältern vor Uppström lasen im C.-A. managansaun. — 46. Barteimaiaus C.-A., L.

2 jah qaþ du im: gaggats in haim þo viþravairþon iggqis, jah sunsaiv
   inngaggandans in þo baurg bigitats fulan gabundanana, ana þammei
   nauh ainshun manne ni sat; andbindandans ina attiuhats.

3 Jah jabai hvas iggqis qiþai: duhve þata taujats? qiþaits: þatei frauja
   þis gairneiþ; jah sunsaiv ina insandeiþ hidre.

4 Galiþun þan jah bigetun fulan gabundanana at daura uta ana gagga;
   jah andbundun ina.

5 Jah sumai þize jainar standandane qeþun du im: hva taujats andbin-
   dandans þana fulan?

   Iþ eis qeþun du im, svasve anabauþ im Iesus, jah lailotun ins.

6 Jah brahtedun þana fulan at Iesua; jah galagidedun ana vastjos seinos,
   jah gasat ana ina.

8 Managai þan vastjom seinaim stravidedun ana viga; sumai astans mai-
   maitun us bagmam jah stravidedun ana viga.

9 Jah þai fauragaggandans hropidedun qiþandans: osanna, þiuþida sa qi-
   manda in namin fraujins!

10 Þiuþido so qimandei þiudangardi in namin attins unsaris Daveidis,
   osanna in hauhistjam!

11 Jah galaiþ in Iairusaulyma Iesus jah in alh; jah bisaihvands alla, at
   andanahtja juþan visandin hveilai, usiddja in Beþanian miþ þaim
   tvalibim.

12 Jah iftumin daga usstandandam im us Beþaniin gredags vas.

13 Jah gasaihvands smakkabagm fairraþro habandan lauf, atiddja, ei auſto
   bigeti hva ana imma; jah qimands at imma ni vaiht bigat ana imma
   niba lauf; ni auk vas mel smakkane.

14 Jah usbairands qaþ du imma: ni þanaseiþs us þus aiv manna akran
   matjai. Jah gahausidedun þai siponjos is.

15 Jah iddjedun du Iairusaulymai. Jah atgaggands Iesus in alh dugann
   usvairpan þans frabugjandans jah bugjandans in alh jah mesa skatt-
   jane jah sitlans þize frabugjandane ahakim usvaltida.

16 Jah ni lailot, ei hvas þairhberi kas þairh þo alh.

17 Jah laisida qiþands du im: niu gameliþ ist, þatei razn mein razn bido
   haitada allaim þiudom? iþ jus gatavideduþ ita du filigrja vaidedjane.

18 Jah gahausidedun þai bokarjos jah gudjane auhumistans jah sokide-
   dun, hvaiva imma usqistidedeina: ohtedun auk ina, unte alla ma-
   nagei sildaleikidedun in laiseinais is.

19 Jah biþe andanahti varþ, usiddja ut us þizai baurg.

20 Jah in maurgin faurgaggandans gasehvun þana smakkabagm þaursjana
   us vaurtim.

21 Jah gamunands Paitrus qaþ du imma: rabbei, sai, smakkabagms, þanei
   fraqast, gaþaursnoda.

22 Jah andhafjands Iesus qaþ du im: habaiþ galaubein guþs!

23 Amen auk qiþa izvis, þishvazuh ei qiþai du þamma fairgunja: ushafei
   þuk jah vairp þus in marein, jah ni tuzverjai in hairtin seinamma,

---

XI. 2. attiuhats] attiuhits *L*. —

ak galaubjai þata, ei, þatei qiþiþ, gagaggiþ, vairþiþ imma þishvah þei qiþiþ.

24 Duþþe qiþa izvis: allata þishvah þei bidjandans sokeiþ, galaubeiþ þatei nimiþ, jah vairþiþ izvis.

25 Jah þan standaiþ bidjandans, afletaiþ, jabai hva habaiþ viþra hvana, ei jah atta izvar sa in himinam afletai izvis missadedins izvaros.

26 Iþ jabai jus ni afletiþ, ni þau atta izvar sa in himinam afletiþ izvis missadedins izvaros.

27 Jah iddjedun aftra du Iairusaulymai. Jah in alh hvarbondin imma, atiddjedun du imma þai auhumistans gudjans jah bokarjos jah sinistans.

28 jah qeþun du imma: in hvamma valdufnje þata taujis? jah hvas þus þata valdufni atgaf, ei þata taujis?

29 Iþ Iesus andhafjands qaþ du im: fraihna jah ik izvis ainis vaurdis jah andhafjiþ mis, jah qiþa izvis, in hvamma valdufnje þata tauja.

30 Daupeins Iohannis uzuh himina vas, þau uzuh mannam? andhafjiþ mis.

31 Jah þahtedun du sis misso qiþandans, jabai qiþam: us himina, qiþiþ aþþan duhve ni galaubideduþ imma?

32 Ak qiþam: us mannam, uhtedun þo managein. Allai auk alakjo habaidedun Iohannen, þatei bi sunjai praufetes vas.

33 Jah andhafjandans qeþun du Iesua: ni vitum. Jah andhafjands Iesus qaþ du im: nih ik izvis qiþa, in hvamma valdufnje þata tauja.

12. KAPITEL.

1 Jah dugann im in gajukom qiþan: veinagard ussatida manna jah bisatida ina faþom jah usgrof dal uf mesa jah gatimrida kelikn jah anafalh ina vaurstvjam jah aflaiþ aljaþ.

2 Jah insandida du þaim vaurstvjam at mel skalk, ei at þaim vaurstvjam nemi akranis þis veinagardis.

3 Iþ eis nimandans ina usbluggvun jah insandidedun laushandjan.

4 Jah aftra insandida du im anþarana skalk; jah þana stainam vairpandans gaaiviskodedun jah haubiþ vundan brahtedun jah insandidedun ganaitidana.

5 Jah aftra insandida anþarana; jah jainana afslohun jah managans anþaraus, sumans usbliggvandans, sumanzuh þan usqimandans.

6 Þanuh nauhþanuh ainana sunu aigands, liubana sis, insandida jah þana du im spedistana, qiþands, þatei gaaistand sunu meinana.

7 Iþ jainai þai vaurstvjans qeþun du sis misso, þatei sa ist sa arbinumja, hirjiþ! usqimam imma jah unsar vairþiþ þata arbi.

8 Jah undgreipandans ina usqemun jah usvaurpun imma ut us þamma veinagarda.

9 Hva nuh taujai frauja þis veinagardis? Qimiþ jah usqisteiþ þans vaurstvjans jah gibiþ þana veinagard anþaraim.

XI. 30. andhafjiþ] audhafeiþ *L.* — 32. uhtedun *C.-A. für* ohtedun.

XII. 5. si manzuþ] sumansuh *L.* —

10 Nih þata gamelido ussuggvuþ: stains, þammei usvaurpun þai timrjans, sah varþ du haubida vaihstins?

11 Fram fraujin varþ sa jah ist sildaleiks in augam unsaraim.

12 Jah sokidedun ina undgreipan jah ohtedun·þo managein; froþun auk, þatei du im þo gajukon qaþ. Jah afletandans ina galiþun.

13 Jah insandidedun du imma sumai þize Fareisaie jah Herodiane, ei ina ganuteina vaurda.

14 Iþ eis qimandans qeþun du imma: laisari, vitum þatei sunjeins is jah ni kara þuk manshun; ni auk saihvis in andvairþja manne, ak bi sunjai vig guþs laiseis: skuldu ist kaisaragild giban kaisara, þau niu gibaima?

15 Iþ Iesus gasaihvands ize liutein qaþ du im: hva mik fraisiþ? atbairiþ mis skatt, ei gasaihvau.

16 Iþ eis atberun, jah qaþ du im: hvis ist sa manleika jah so ufarmeleins? Iþ eis qeþun du imma: kaisaris.

17 Jah andhafjands Iesus qaþ du im: usgibiþ þo kaisaris kaisara jah þo guþs guþa. Jah sildaleikidedun ana þamma.

18 Jah atiddjedun Saddukaieis du imma, þaiei qiþand usstass ni visan, jah frehun ina qiþandans:

19 Laisari, Moses gamelida unsis, þatei jabai hvis broþar gadauþnai jah bileiþai qenai jah barne ni bileiþai, ei• nimai broþar is þo qen is jah ussatjai barna broþr seinamma.

20 Sibun broþrahans vesun jah sa frumista nam qen jah gasviltands ni bilaiþ fraiva.

21 Jah anþar nam þo jah gadauþnoda jah ni sa bilaiþ fraiva. Jah þridja samaleiko.

22 Jah nemun þo samaleiko þai sibun jah ni biliþun fraiva. Spedumista allaize gasvalt jah so qens.

23 In þizai usstassai, þan usstandand, hvarjamma ize vairþiþ qens? þai auk sibun aihtedun þo du qenai.

24 Jah andhafjands Iesus qaþ du im: niu duþe airzjai sijuþ, ni kunnandans mela nih maht guþs?

25 Allis þan usstandand us dauþaim, ni liugand, ni liuganda, ak sind sve aggiljus þai in' himinam.

26 Aþþan bi dauþans, þatei urreisand, niu gakunnaideduþ ana bokom Mosezis ana aihvatundjai, hvaiva imma qaþ guþ qiþands: ik im guþ Abrahamis jah guþ Isakis jah Iakobis?

27 Nist guþ dauþaize, ak qivaize. Aþþan jus filu airzjai sijuþ.

28 Jah duatgaggands ains þize bokarje, gahausjands ins samana sokjandans, gasaihvands þatei vaila im andhof, frah ina: hvarja ist allaizo anabusne frumista?

29 Iþ Iesus andhof imma, þatei frumista allaizo anabusns: hausei Israel, frauja guþ unsar frauja ains ist.

XII. 24. mela] *Randglosse:* bokos.

30 Jah frijos fraujan guþ þeinana us allamma hairtin þeinamma jah us
    allai saivalai þeinai jah us allai gahugdai þeinai jah us allai mahtai
    þeinai. So frumista anabusns.
31 Jah anþara galeika þizai: frijos nehvundjan þeinana sve þuk silban.
    Maizei þaim anþara anaþusns nist.
32 Jah qaþ du imma sa bokareis: vaila, laisari, bi sunjai qast, þatei ains
    ist jah nist anþar alja imma;
33 jah þata du frijon ina us allamma hairtin jah us allamma fraþja jah
    us allai saivalai jah us allai mahtai, jah þata du frijon nehvundjan
    sve sik silban, managizo ist allaim þaim alabrunstim jah saudim.
34 Jah Iesus gasaihvands ina, þatei frodaba andhof, qaþ du imma: ni
    fairra is þiudangardjai guþs. Jah ainshun þanaseiþs ni gadaursta
    ina fraihnan.
35 Jah andhafjands Iesus qaþ, laisjands in alh: hvaiva qiþand þai bokar-
    jos, þatei Kristus sunus ist Daveidis?
36 Silba auk Daveid qaþ in ahmin veihamma: qiþiþ frauja du fraujin
    meinamma, sit af taihsvon meinai, unte ik galagja fijands þeinans
    fotubaurd fotive þeinaize.
37 Silba raihtis Daveid qiþiþ ina fraujan, jah hvaþro imma sunus ist?
    Jah alla so managei hausidedun imma gabaurjaba.
38 Jah qah du im in laiseinai seinai: saihviþ faura bo(karjam) — —

13. KAPITEL.

16 — — vastja seina.
17 Aþþan vai þaim qiþuhaftom jah daddjandeim in jainaim dagam.
18 Aþþan bidjaiþ, ei ni vairþai sa þlauhs izvar vintrau.
19 Vairþand auk þai dagos jainai aglo svaleika, sve ni vas svaleika fram
    anastodeinai gaskaftais, þoei gaskop guþ, und hita jah ni vairþiþ.
20 Jah ni frauja gamaurgidedi þans dagans, ni þauh ganesi ainhun leike;
    akei in þize gavalidane, þanzei gavalida, gamaurgida þans dagans.
21 Jah þan jabai hvas izvis qiþai: sai, her Xristus aiþþau sai, jainar, ni
    galaubjaiþ;
22 unte urreisand galiugaxristjus jah galiugapraufeteis jah giband taiknins
    jah fauratanja du afairzjan, jabai mahteig sijai, jah þans gava-
    lidans.
23 Iþ jus saihviþ, sai, fauragataih izvis allata.
24 Akei in jainans dagans afar þo aglon jaina sauil riqizeiþ jah mena ni
    gibiþ liuhaþ sein.
25 Jah stairnons himinis vairþand driusandeins jah mahteis þos in himinam
    gavagjanda.
26 Jah þan gasaihvand sunu mans qimandan in milhmam miþ mahtai ma-
    nagai jah vulþau.

XII. 33. alabrunstim] allbrunstim L. —
XIII. 22. galiugaxristjus] galiugaxristjeis L. —

27 Jah þan insandeiþ aggiluns seinans jah galisiþ þans gavalidans seinans af fidvor vindam fram andjam airþos und andi himinis.

28 Aþþan af smakkabagma ganimiþ þo gajukon. Þan þis juþan asts þlaqus vairþiþ jah uskeinand laubos, kunnuþ þatei nehva ist asans.

29 Svah jah jus, þan gasaihviþ þata vairþan, kunneiþ þatei nehva sijuþ at — —

14. KAPITEL.

4 — — (fraqis)teins þis balsanis varþ?

5 Maht vesi auk þata balsan frabugjan in managizo þau þrija hunda skatte jah giban unledaim. Jah andstaurraidedun þo.

6 Iþ Iesus qaþ: letiþ þo! duhve izai usþriutiþ? þannu goþ vaurstv vaurhta bi mis.

7 Sinteino auk þans unledans habaiþ miþ izvis, jah þan vileiþ, maguþ im vaila taujan; iþ mik ni sinteino habaiþ.

8 Þatei habaida so, gatavida; faursnau salbon mein leik du usfilha.

9 Amen, qiþa izvis: þishvaruh þei merjada so aivaggeljo and alla manaseþ, jah þatei gatavida so, rodjada du gamundai izos.

10 Jah Iudas Iskarioteis, ains þize tvalibe, galaiþ du þaim gudjam, ei galevidedi ina im.

11 Iþ eis gahausjandans faginodedun jah gahaihaitun imma faihu giban; jah sokida, hvaiva gatilaba ina galevidedi.

12 Jah þamma frumistin daga azyme, þan paska salidedun, qeþun du imma þai siponjos is: hvar vileis, ei galeiþandans manvjaima, ei matjais paska?

13 Jah insandida tvans siponje seinaize qaþuh du im: gaggats in þo baurg, jah gamoteiþ igqis manna kas vatins bairands: gaggats afar þamma,

14 jah þadei inngaleiþai, qiþaits þamma heivafraujin, þatei laisareis qiþiþ: hvar sind saliþvos, þarei paska miþ siponjam meinaim matjau?

15 Jah sa izvis taikneiþ kelikn mikilata, gastraviþ, manvjata; jah jainar manvjaiþ unsis.

16 Jah usiddjedun þai sipon(jos) —

41 — sai, galevjada sunus mans in handuns fravaurhtaize.

42 Urreisiþ, gaggam! Sai, sa levjands mik atnehvida.

43 Jah sunsaiv nauhþanuh at imma rodjandin, qam Iudas, sums þize tvalibe, jah miþ imma managei miþ hairum jah trivam fram þaim·auhumistam gudjam jah bokarjam jah sinistam.

44 Atuh-þan-gaf sa levjands im bandvon qiþands: þammei kukjau, sa ist: greipiþ þana jah tiuhiþ arniba.

45 Jah qimands sunsaiv, atgaggands du imma qaþ: rabbei, rabbei! jah kukida imma.

46 Iþ eis uslagidedun handuns ana ina jah undgripun ina.

XIII. 29. sijuþ at] siju þan L. der letzte Buchstabe (nach Uppstr. t, nach älteren u) im C.-A. erloschen. —

XIV. 13. gaggast afar þamma C.-A. —

47 Iþ ains sums þize atstandandane imma uslukands hairu sloh skalk au-
humistins gudjins jah afsloh imma auso þata taihsvo.

48 Jah andhafjands Iesus qaþ du im: sve du vaidedjin urrunnuþ miþ
hairum jah trivam, greipan mik.

49 Daga hvammeh vas at izvis in alh laisjands jah ni gripuþ mik: ak ei
usfullnodedeina bokos.

50 Jah afletandans ina gaþlauhun allai.

51 Jah ains sums juggalauþs laistida afar imma, bivaibiþs leina ana naꝗa-
dana; jah gripun is þai juggalaudeis.

52 Iþ is bileiþands þamma leina naqaþs gaþlauh faura im.

53 Jah gatauhun Iesu du auhumistin gudjin; jah garunnun miþ imma au-
humistans gudjans allai jah þai sinistans jah bokarjos.

54 Jah Paitrus fairraþro laistida afar imma, unte qam in garda þis auhu-
mistins gudjins; jah vas sitands miþ andbahtam jah varmjands sik
at liuhada.

55 Iþ þai auhumistans gudjans jah alla so gafaurds sokidedun ana Iesu
veitvodiþa du afdauþjan ina; jah ni bigetun.

56 Managai auk galiug veitvodidedun ana ina, jah samaleikos þos veit-
vodiþos ni vesun.

57 Jah sumai usstandandans galiug veitvodidedun ana ina qiþandans:

58 þatei veis gahausidedum qiþandan ina, þatei ik gataira alh þo handu-
vaurhton jah bi þrins dagans anþara unhanduvaurhta gatimrja.

53 Jah ni sva samaleika vas veitvodiþa ize.

60 Jah usstandands sa auhumista gudja in midjaim frah Iesu qiþands:
niu andhafjis vaiht, hva þai ana þuk veitvodjand?

61 Iþ is þahaida jah vaiht ni andhof. Aftra sa auhumista gudja frah ina
jah qaþ du imma: þu is Kristus sa sunus þis þiuþeigins?

62 Iþ is qaþuh: ik im; jah gasaihviþ þana sunu mans af taihsvon sitandan
mahtais jah qimandan miþ milhmam himinis.

63 Iþ sa auhumista gudja disskreitands vastjos seinos qaþ: hva þanamais
þaurbum veis veitvode?

64 Hausideduþ þo vajamerein is: hva izvis þugkeiþ? Þaruh eis allai ga-
domidedun ina skulan visan dauþau.

65 Jah dugunnun sumai speivan ana vlit is jah huljan andvairþi is jah
kaupatjan ina, jah qeþun du imma: praufetei! jah andbahtos ga-
baurjaba lofam slohun ina.

66 Jah visandin Paitrau in rohsnai dalaþa, jah atiddja aina þiujo þis au-
humistins gudjins,

67 jah gasaihvandei Paitru varmjandan sik, insaihvandei du imma qaþ:
jah þu miþ Iesua þamma Nazoreinau vast.

68 Iþ is afaiaik qiþands: ni vait, ni kann, hva þu qiþis. Jah galaiþ faur
gard, jah hana vopida.

69 Jah þivi gasaihvandei ina aftra dugann qiþan þaim faurastandandam,
þatei sa þizei ist.

70 Iþ is aftra laugnida. Jah afar leitil aftra þai atstandandans qeþun du
Paitrau: bi sunjai, þizei is; jah auk razda þeina galeika ist.

71 Iþ is dugann afaikan jah svaran, þatei ni kann þana mannan, þanei
qiþiþ.

72 Jah anþaramma sinþa hana vopida. Jah gamunda Paitrus þata vaurd,
sve qaþ imma Iesus, þatei faurþize hana hrukjai tvaim sinþam, in-
vidis mik þrim sinþam. Jah dugann greitan.

15. KAPITEL.

1 Jah sunsaiv in maurgin garuni taujandans þai auhumistans gudjans
miþ þaim sinistam jah bokarjam, jah alla so gafaurds gabindandans
Iesu brahtedun ina at Peilatau.

2 Jah frah ina Peilatus: þu is þiudans Iudaie? Iþ is andhafjands qaþ
du imma: þu qiþis.

3 Jah vrohidedun ina þai auhumistans gudjans filu.

4 Iþ Peilatus aftra frah ina qiþands: niu andhafjis ni vaiht? sai, hvan
filu ana þuk veitvodjand.

5 Iþ Iesus þanamais ni andhof, svasve sildaleikida Peilatus.

6 Iþ and dulþ hvarjoh fralailot im ainana bandjan, þanei bedun.

7 Vasuh þan sa haitana Barabbas miþ þaim miþ imma drobjandam ga-
bundans, þaiei in auhjodau maurþr gatavidedun.

8 Jah usgaggandei alla managei dugunnun bidjan, svasve sinteino ta-
vida im.

9 Iþ Peilatus andhof im qiþands: vileidu fraleitan izvis þana þiudan
Iudaie?

10 Vissa auk, þatei in neiþis atgebun ina þai auhumistans gudjans.

11 Iþ þai auhumistans gudjans invagidedun þo managein, ei mais Barab-
ban fralailoti im.

12 Iþ Peilatus aftra andhafjands qaþ du im: hva nu vileiþ, ei taujau
þammei qiþiþ þiudan Iudaie.

13 Iþ eis aftra hropidedun: ushramei ina.

14 Iþ Peilatus qaþ du im: hva allis ubilis gatavida? Iþ eis mais hropi-
dedun: ushramei ina.

15 Iþ Peilatus viljands þizai managein fallafahjan, fralailot im þana Ba-
rabban, iþ Iesu atgaf usbliggvands, ei ushramiþs vesi.

16 Iþ gadrauhteis gatauhun ina innana gardis, þatei ist praitoriaun, jah
gahaihaitun alla hansa

17 jah gavasidedun ina paurpurai jah atlagidedun ana ina þaurneina viþja
usvindandans,

18 jah dugunnun goljan ina: hails þiudan Iudaie!

19 Jah slohun is haubiþ rausa jah bispivun ina jah lagjandans kniva in-
vitun ina.

XIV. 70. þizei C.-A. *für* þize. — 72. faurþize. greitan C.-A. *für* faurþizei. gretan. —
XV. 6. hvarjo C.-A. — 9. fraleitan C.-A. *für* fraletan. —

20 Jah biþe bilailaikun ina, andvasidedun ina þizai paurpurai jah gava-
   sidedun ina vastjom svesaim jah ustauhun ina, ei ushramide-
   deina ina.
21 Jah undgripun sumana manne, Seimona Kyreinaiu, qimandan af akra,
   attan Alaiksandraus jah Rufaus, ei nemi galgan is.
22 Jah attauhun ina ana Gaulgauþa staþ, þatei ist gaskeiriþ hvairneins
   staþs.
23 Jah gebun imma drigkan vein miþ smyrna; iþ is ni nam.
24 Jah ushramjandans ina disdailjand vastjos is', vairpandans hlauta ana
   þos, hvarjizuh hva nemi.
25 Vasuh þan hveila þridjo, jah ushramidedun ina.
26 Jah vas ufarmeli fairinos is ufarmeliþ: sa þiudans Iudaie.
27 Jah miþ imma ushramidedun tvans vaidedjans, ainana af taihsvon jah
   ainana af hleidumein is.
28 Jah usfullnoda þata gamelido þata qiþano: jah miþ unsibjaim rah-
   niþs vas.
29 Jah þai faurgaggandans vajameridedun ina, viþondans haubida seina
   jah qiþandans: o sa gatairands þo alh jah bi þrins dagans gatimr-
   jands þo,
30 nasei þuk silban jah atsteig af þamma galgin!
31 Samaleiko jah þai auhumistans gudjans bilaikandans ina miþ sis misso
   miþ þaim bokarjam qeþun: anþarans ganasida, iþ sik silban ni mag
   ganasjan.
32 Sa Xristus, sa þiudans Israelis, atsteigadau nu af þamma galgin, ei
   gasaihvaima jah galaubjaima. Jah þai miþushramidans imma idvei-
   tidedun imma.
33 Jah biþe varþ hveila saihsto, riqis varþ ana allai airþai und hveila
   niundon.
34 Jah niundon hveilai vopida Iesus stibnai mikilai qiþands: ailoe ailoe,
   lima sibakþanei, þatei ist gaskeiriþ: guþ meins, guþ meins, duhve
   mis bilaist?
35 Jah sumai þize atstandandane gahausjandans qeþun: sai, Helian
   vopeiþ.
36 Þragjands þan ains jah gafulljands svam akeitis, galagjands ana
   raus, dragkida ina qiþands: let, ei saihvam, qimaiu Helias athaf-
   jan ina.
37 Iþ Iesus aftra letands stibna mikila uzon.
38 Jah faurahah alhs disskritnoda in tva iupaþro und dalaþ.
39 Gasaihvands þan sa hundafaþs, sa atstandands in andvairþja is, þatei
   sva hropjands uzon, qaþ: bi sunjai, sa manna sa sunus vas guþs.
40 Vesunuþ-þan qinons fairraþro saihvandeins, in þaimei vas Marja so
   Magdalene jah Marja Iakobis þis minnizins jah Iosezis aiþei jah Salome.
41 Jah þan vas in Galeilaia, jah laistidedun ina jah andbahtidedun imma,
   jah anþaros managos, þozei miþiddjedun imma in Iairusalem.

XV. 24. disdailjandans C.-A., L. — 29. fauragaggandans C.-A., L. — 38. alhs] als C.-A. —

42 Jah juþan at andanahtja vaurþanamma, unte vas paraskaive, saei ist
   fruma sabbato,

43 qimands Iosef af Areimaþaias, gaguds ragineis, saei vas silba beidands
   þiudangardjos guþs, ananþjands galaiþ inn du Peilatau jah baþ
   þis leikis Iesuis.

44 Iþ Peilatus sildaleikida, ei is juþan gasvalt; jah athaitands þan hun-
   dafaþ frah ina, juþan gadauþnodedi.

45 Jah finþands at þamma hundafada, fragaf þata leik Iosefa.

46 Jah usbugjands lein jah usnimands ita bivand þamma leina jah gala-
   gida ita in hlaiva, þatei vas gadraban us staina, jah atvalvida stain
   du daura þis hlaivis.

47 Iþ Marja so Magdalene jah Marja Iosezis sehvun, hvar galagiþs vesi.

16. KAPITEL.

1 Jah invisandins sabbate dagis Marja so Magdalene jah Marja so Iako-
  bis jah Salome usbauhtedun aromata, ei atgaggandeins gasalbode-
  deina ina.

2 Jah filu air þis dagis afarsabbate atiddjedun du þamma hlaiva at ur-
  rinnandin sunnin.

3 Jah qeþun du sis misso: hvas afvalvjai unsis þana stain af daurom
  þis hlaivis?

4 Jah insaihvandeins gaumidedun, þammei afvalviþs ist sa stains; vas
  auk mikils abraba.

5 Jah atgaggandeins in þata hlaiv gasehvun juggalauþ sitandan in taihs-
  vai, bivaibidana vastjai hveitai; jah usgeisnodedun.

6 Þaruh qaþ du im: ni faurhteiþ izvis, Iesu sokeiþ Nazoraiu, þana
  ushramidan; nist her, urrais, sai þana staþ, þarei galagidedun ina.

7 Akei gaggiþ qiþiduh du siponjam is jah du Paitrau, þatei faurbigaggiþ
  izvis in Galeilaian; þaruh ina gasaihviþ, svasve qaþ izvis.

8 Jah usgaggandeins af þamma hlaiva gaþlauhun; dizuh-þan-sat ijos reiro
  jah usfilmei jah ni qeþun mannhun vaiht; ohtedun sis auk.

9 Usstandands þan in maurgin frumin sabbato ataugida frumist Marjin
  þizai Magdalene, af þizaiei usvarp sibun unhulþons.

10 Soh gaggandei gataih þaim miþ imma visandam, qainondam jah gre-
   tandam.

11 Jah eis hausjandans, þatei libaiþ jah gasaihvans varþ fram izai, ni ga-
   laubidedun.

12 Afaruh þan þata — —

---

44. þan] L. M. wollen lieber þana. — juþan] ei juþan L. —
   XVI. 1. invisandin C.-A. — 2. afarsabbate] afar sabbate L. — atiddedun C.-A. —
7. þatei] ei L. — qaþ izvis] qaþ du izvis L.

Aivaggeljo þairh Lukan

a n a s t o d e i þ.

1. KAPITEL.

1 Unte raihtis managai dugunnun meljan insaht bi þos gafullaveisidons in uns vaihtins,

2 svasve anafulhun unsis, þaiei fram frumistin silbasiunjos jah andbahtos vesun þis vaurdis;

3 galeikaida jah mis jah ahmin veihamma, fram anastodeinai allaim glaggvuba afarlaistjandin, gahahjo þus meljan, batista Þaiaufeilu,

4 ei gakunnais þize, bi þoei galaisiþs is, vaurde astaþ.

5 Vas in dagam Herodes, þiudanis Iudaias, gudja, namin Zakarias, us afar Abijins, jah qeins is us dauhtrum Aharons, jah namo izos Aileisabaiþ.

6 Vesunuh þan garaihta ba in andvairþja guþs, gaggandona in allaim anabusnim jah garaihteim fraujins unvaha.

7 Jah ni vas im barne, unte vas Aileisabaiþ stairo, jah ba framaldra dage seinaize vesun.

8 Varþ þan, miþþanei gudjinoda is in vikon kunjis seinis in andvairþja guþs,

9 bi biuhtja gudjinassaus hlauts imma urrann du saljan, atgaggands in alh fraujins.

10 Jah alls hiuhma vas manageins beidandans uta hveilai þymiamins.

11 Varþ þan imma in siunai aggilus fraujins, standands af taihsvon hunslastadis þymiamins.

12 Jah gadrobnoda Zakarias gasaihvands jah agis disdraus ina.

13 Qaþ þan du imma sa aggilus: ni ogs þus, Zakaria, duþe ei andhausida ist bida þeina, jah qens þeina Aileisabaiþ gabairid sunu þus jah haitais namo is Iohannen.

14 Jah vairþiþ þus faheds jah svegniþa, jah managai in gabaurþai is faginond.

I. 5. gudja] gudji *C.-A.* — qeins *C.-A. für* qens. —

15 Vairþiþ auk mikils in andvairþja fraujins jah vein jah leiþu ni drig-
kid jah ahmins veihis gafulljada nauhþan in vambai aiþeins sei-
naizos.

16 Jah managans sunive Israelis gavandeiþ du fraujin, guþa ize.

17 Jah silba fauraqimid in andvairþja is in ahmin jah mahtai Haileiius,
gavandjan hairtona attane du barnam jah untalans in frodein ga-
raihtaize, manvjan fraujin managein gafahrida.

18 Jah qaþ Zakarias du þamma aggilau: bihve kunnum þata? ik raihtis
im sineigs jah qens meina framaldrozei in dagam seinaim.

19 Jah andhafjands sa aggilus qaþ du imma: ik im Gabriel, sa standands
in andvairþja guþs jah insandiþs im rodjan du þus jah vailamerjan
þus þata.

20 Jah sijais þahands jah ni magands rodjan und þana dag, ei vairþai
þata, duþe ei ni galaubides vaurdam meinaim, þoei usfulljanda in
mela seinamma.

21 Jah vas managei beidandans Zakariins, jah sildaleikidedun, hva lati-
dedi ina in þizai alh.

22 Usgaggands þan ni mahta du im rodjan, jah froþun þammei siun gasahv
in alh; jah·silba vas bandvjands im jah vas dumbs.

23 Jah varþ, biþe usfullnodedun dagos andbahteis is, galaiþ du garda
seinamma.

24 Afaruh þan þans dagans inkilþo varþ Aileisabaiþ, qens is, jah ga-
laugnida sik menoþs fimf, qiþandei:

25 þatei sva mis gatavida frauja in dagam, þaimei insahv afniman idveit
mein in mannam.

26 Þanuh þan in menoþ saihstin insandiþs vas aggilus Gabriel fram guþa
in baurg Galeilaias, sei haitada Nazaraiþ,

27 du magaþai in fragibtim abin, þizei namo Iosef, us garda Daveidis.
Jah namo þizos magaþais Mariam.

28 Jah galeiþands inn sa aggilus du izai qaþ: fagino, anstai audahafta,
frauja miþ þus; þiuþido þu in qinom.

29 Iþ si gasaihvandei gaþlahsnoda bi innatgahtai is jah þahta sis, hveleika
vesi so goleins, þatei sva þiuþida izai.

30 Jah qaþ aggilus du izai: ni ogs þus, Mariam, bigast auk anst fram
guþa.

31 Jah sai, ganimis in kilþein jah gabairis sunu jah haitais namo is Iesu.

32 Sah vairþiþ mikils jah sunus hauhistins haitada, jah gibid imma frauja
guþ stol Daveidis, attins is.

33 Jah þiudanoþ ufar garda Iakobis in ajukduþ, jah þiudinassaus is ni
vairþiþ andeis.

34 Qaþ þan Mariam du þamma aggilau:.hvaiva sijai þata, þandei aban
ni kann?

I. 18. bihve] bi hve *L.* — 23. dagos] dagis *C.-A.* — 29. innatgahtai] innagahtai *L.* —
Die Hdschr. hat jedoch vor g *die Spur eines ubergeschriebenen Buchstabens, den Uppstr.*
für t *hält.* —

35 Jah andhafjands sa aggilus qaþ du izai: ahma veihs atgaggiþ ana þuk
jah mahts hauhistins ufarskadveid. þus, duþe ei, saei gabairada veihs,
haitada sunus guþs.

36 Jah sai, Aileisabaiþ, niþjo þeina, jah so inkilþo sunau in aldomin sei-
namma, jah sa menoþs saihsta ist izai, sei haitada stairo,

37 unte nist unmahteig guþa'ainhun vaurde.

38 Qaþ þan Mariam, sai, þivi fraujins, vairþai mis bi vaurda þeinamma.
Jah galaiþ fairra izai sa aggilus.

39 Usstandandei þan Mariam in þaim dagam iddja in bairgahein sniumundo
in baurg Iudins

40 jah galaiþ in gard Zakàriins jah golida Aileisabaiþ.

41 Jah varþ, sve hausida Aileisabaiþ golein Mariins, lailaik barn in qiþau
izos, jah gafullnoda ahmins veihis Aileisabaiþ,

42 jah ufvopida stibnai mikilai jah qaþ: þiuþido þu in qinom jah þiuþido
akran qiþaus þeinis.

43 Jah hvaþro mis þata, ei qemi aiþei fraujins meinis at mis?

44 Sai allis, sunsei varþ stibna goleinais þeinaizos in ausam meinaim, lai-
laik þata barn in svigniþai in vambai meinai.

45 Jah audaga so galaubjandei þatei vairþiþ ustauhts þize rodidane izai
fram fraujin.

46 Jah qaþ Mariam: mikileid saivala meina fraujan

47 jah svegneid ahma meins du guþa nasjand meinamma.

48 Unte insahv du hnaiveinai þiujos seinaizos; sai allis, fram himma nu
audagjand mik alla kunja.

49 Unte gatavida mis mikilein sa mahteiga, jah veih namo is.

50 Jah armahairtei is in aldins alde þaim ogandam ina.

51 Gatavida svinþein in arma seinamma, distahida mikilþuhtans gahugdai
hairtins seinis;

52 gadrausida mahteigans af stolam jah ushauhida gahnaividans;

53 gredagans gasoþida þiuþe jah gabignandans insandida lausans.

54 Hleibida Israela þiumagu seinamma, gamunands armahairteins,

55 svasve rodida du attam unsaraim Abrahama jah fraiva is und aiv.

56 Gastoþ þan Mariam miþ izai sve menoþs þrins jah gavandida sik du
garda seinamma.

57 Iþ Aileisabaiþ usfullnoda mel du bairan jah gabar sunu.

58 Jah hausidedun bisitands jah ganiþjos izos, unte gamikilida frauja ar-
mahairtein seina bi izai, jah miþfaginodedun izai.

59 Jah varþ in daga ahtudin, qemun bimaitan þata barn jah haihaitun
ina afar namin attins is Zakarian.

60 Jah andhafjandei so aiþei is qaþ: ne, ak haitaidau Iohannes.

61 Jah qeþun du izai, þatei ni ainshun ist in kunja þeinamma, saei hai-
taidau þamma namin.

62 Gabandvidedun þan attin is, þata hvaiva vildedi haitan ina.

I. 54. þiumagu C.-A. für þiumagau. — 55. fraiva] fraiv C.-A., L. — 57. iþ] fehlt
bei L. —

63 Iþ is sokjands spilda nam gahmelida qiþands: Iohannes ist namo is; jah sildaleikidedun allai.

64 Usluknoda þan munþs is suns jah tuggo is, jah rodida þiuþjands guþ.

65 Jah varþ ana allaim agis þaim bisitandam ina, jah in allai bairgahein Iudaias merida vesun alla þo vaurda.

66 Jah galagidedun allai þai hausjandans in hairtin seinamma qiþandans: hva skuli þata barn vairþan? jah þan handus fraujins vas miþ imma.

67 Jah Zakarias, atta is, gafullnoda ahmins veihis jah praufetida jah qaþ:

68 þiuþeigs frauja guþ Israelis, unte gaveisoda jah gavaurhta uslausein managein seinai;

69 jah urraisida haurn naseinais unsis in garda Daveidis þiumagaus seinis,

70 svasve rodida þairh munþ veihaize þize fram anastodeinai aivis praufete seinaize,·

71 giban nasein us fijandam unsaraim jah us handau allaize þize hatandane unsis,

72 taujan armahairtiþa bi attam unsaraim jah gamunan triggvos veihaizos seinaizos,

73 aiþis, þanei svor viþra Abraham attan unsarana, ei gebi unsis

74 unagein us handau fijande unsaraize galausidaim skalkinon imma

75 in sunjai jah garaihtein in andvairþja is allans dagans unsarans.

76 Jah þu, barnilo, praufetus hauhistins haitaza; fauragaggis auk faura andvairþja fraujins, manvjan vigans imma

77 du giban kunþi naseinais managein is in afleta fravaurhte ize

78 þairh infeinandein armahairtein guþs unsaris, in ¦þammei gaveisoþ unsara urruns us hauhiþai,

79 gabairhtjan þaim in riqiza jah skadau dauþus sitandam du garaihtjan fotuns unsarans in vig gavairþjis.

80 Iþ þata barn vohs jah svinþnoda ahmin jah vas ana auþidom und dag ustaikneinais seinaizos du Israela.

2. KAPITEL.

1 Varþ þan in dagans jainans, urrann gagrefts fram kaisara Agustau, gameljan allana midjungard.

2 Soh þan gilstrameleins frumista varþ at visandin kindina Syriais [raginondin Saurim] Kyreinaiau.

3 Jah iddjedun allai, ei melidai veseina, hvarjizuh in seinai baurg.

4 Urrann þan jah Iosef us Galeilaia, us baurg Nazaraiþ, in Iudaian, in baurg Daveidis, sei haitada Beþlahaim, duþe ei vas us garda fadreinais Daveidis,

---

I. 63. gahmelida C.-A., Uppstr. jah melida L. gahmelida steht für ga-uh-melida; cf. 2. Cor. 8, 18. — 65. bisitantandam C.-A. — 73. Abrahama C.-A., L. — 79. dauþus C.-A. für dauþaus.

II. 2. raginondin Saurim scheint aus einer Glosse in den Text geraten zu sein. —

5 anameljan miþ Mariin, sei in fragiftim vas imma qeins, visandein in-
kilþon.

6 Varþ þan, miþþanei þo vesun jainar, usfullnodedun dagos du bairan izai.

7 Jah gabar sunu seinana þana frumabaur jah bivand ina jah galagida
ina in uzetin, unte ni vas im rumis in stada þamma.

8 Jah hairdjos vesun in þamma samin landa, þairhvakandans jah vitan-
dans vahtvom nahts ufaro hairdai seinai.

9 Iþ aggilus fraujins anaqam ins jah vulþus fraujins biskain ins, jah ohte-
dun agisa mikilamma.

10 Jah qaþ du im sa aggilus: ni ogeiþ, unte sai, spillo izvis faheid mi-
kila, sei vairþiþ allai managein,

11 þatei gabaurans ist izvis himma daga nasjands, saei ist Kristus frauja,
in baurg Daveidis.

12 Jah þata izvis taikns: bigitid barn bivundan jah galagid in uzetin.

13 Jah anaks varþ miþ þamma aggilau managei harjis himinakundis haz-
jandane guþ jah qiþandane:

14 vulþus in hauhistjam guþa jah ana airþai gavairþi in mannam godis
viljins.

15 Jah varþ, biþe galiþun fairra im in himin þai aggiljus, jah þai mans
þai hairdjos qeþun du sis misso: þairhgaggaima ju und Beþlahaim
jah saihvaima vaurd þata vaurþano, þatei frauja gakannida unsis.

16 Jah qemun sniumjandans jah bigetun Marian jah Iosef jah þata barn
ligando in uzetin.

17 Gasaihvandans þan gakannidedun bi þata vaurd, þatei rodiþ vas du
im bi þata barn.

18 Jah allai þai gahausjandans sildaleikidedun bi þo rodidona fram þaim
hairdjam du im.

19 Iþ Maria alla gafastaida þo vaurda, þagkjandei in hairtin seinamma.

20 Jah gavandidedun sik þai hairdjos mikiljandans jah hazjandans guþ
in allaize, þizeei gahausidedun jah gasehvun, svasve rodiþ vas
du im.

21 Jah biþe usfulnodedun dagos ahtau du bimaitan ina, jah haitan vas
namo is Iesus, þata qiþano fram aggilau, faurþizei ganumans vesi
in vamba.

22 Jah biþe usfulnodedun dagos hraineinais ize bi vitoda Mosezis, brahte-
dun ina in Iairusalem, atsatjan faura fraujin,

23 svasve gamelid ist in vitoda fraujins: þatei hvazuh gumakundaize uslu-
kands qiþu, veihs fraujins haitada,

24 jah ei gebeina fram imma hunsl, svasve qiþan ist in vitoda fraujins,
gajuk hraivadubono aiþþau tvos juggons ahake.

25 Þaruh vas manna in Iairusalem, þizei namo Symaion, jah sa manna
vas garaihts jah gudafaurhts, beidands laþonais Israelis, jah ahma
veihs vas ana imma.

II. 5. qeins *C.-A. für* qens. — 20. faheid *C.-A. für* fahed. — 20. sik] sis *L.* — 21. 22. us-
fulnodedun *C.-A. für* usfullnodedun. —

26 Jah vas imma gataihan fram ahmin þamma veihin ni saihvan dauþu, faurþize sehvi Xristu fraujins.

• 27 Jah qam in ahmin in þizai alh; jah miþþanei inn attauhun berusjos þata barn Iesu, ei tavidedeina bi biuhtja vitodis bi ina,

28 jah is andnam ina ana armins seinans jah þiuþida guþa jah qaþ:

29 nu fraleitais skalk þeinana, fraujinond frauja, bi vaurda þeinamma in gavairþja;

30 þande sehvun augona meina nasein þeina,

31 þoei manvides in andvairþja allaizo manageino,

32 liuhaþ du andhuleinai þiudom jah vulþu managein þeinai Israela.

33 Jah vas Iosef jah aiþei is sildaleikjandona ana þaim, þoei rodida vesun bi ina.

34 Jah þiuþida ina Symaion jah qaþ du Mariin, aiþein is: sai, sa ligiþ du drusa jah usstassai managaize in Israela jah du taiknai and-sakanai.

35 Jah þan þeina silbons saivala þairhgaggiþ hairus, ei andhuljaindau us managaim hairtam mitoneis.

36 Jah vas Anna praufeteis, dauhtar Fanuelis, us kunja Aseris; soh fra-maldra dage managaize libandei miþ abin jera sibun fram magaþein seinai,

37 soh þan viduvo jere ahtautehund jah fidvor, soh ni afiddja fairra alh fastubnjam jah bidom blotande fraujan nahtam jah dagam.

38 Soh þizai hveilai atstandandei andhaihait fraujin jah rodida bi ina in allaim þaim usbeidandam laþon Iairusaulymos.

39 Jah biþe ustauhun allata bi vitoda fraujins, gavandidedun sik in Galei-laian, in baurg seina Nazaraiþ.

40 Iþ þata barn vohs jah svinþnoda ahmins fullnands jah handugeins, jah ansts guþs vas ana imma.

41 Jah vratodedun þai birusjos is jera hvammeh in Iairusalem at dulþ paska.

42 Jah biþe varþ tvalibvintrus, usgaggandam þan im in Iairusaulyma bi biuhtja dulþais,

43 jah ustiuhandam þans dagans, miþþane gavandidedun sik aftra, gastoþ Iesus sa magus in Iairusalem, jah ni vissedun Iosef jah aiþei is.

44 Hugjandona in gasinþjam ina visan, qemun dagis vig jah sokidedun ina in ganiþjam jah in kunþam.

45 Jah ni bigitandona ina, gavandidedun sik in Iairusalem sokjandona ina.

46 Jah varþ afar dagans þrins, bigetun ina in alh sitandan in midjaim laisarjam jah hausjandan im jah fraihnandan ins.

47 Usgeisnodedun þan allai þai hausjandans is ana frodein jah andavaurd-jam is.

48 Jah gasaihvandans ina sildaleikidedun, jah qaþ du imma so aiþei is:

II. 29. fraleitais C.-A. für fraletais. — 37. blotande C.-A. für blotandei. — 41. birusjos C.-A. für berusjos. — 42. tvalibvintrus] tv:lib vintruns L. cf. ags. syfan-vintre, Beóv. 2429. — 23. vissedun] visedun C.-A. — 46. alh] allh C.-A.

magau, hva gatavides uns sva? sai, sa atta þeins jah ik vinnandona
sokidedum þuk.

49 Jah qaþ du im: hva, þatei sokideduþ mik? niu visseduþ, þatei in þaim •
attins meinis skulda visan?

50 Jah ija ni froþun þamma vaurda, þatei rodida du im.

51 Jah iddja miþ im jah qam in Nazaraiþ jah vas ufhausjands im; jah
aiþei is gafastaida þo vaurda alla in hairtin seinamma.

52 Jah ·Iesus þaih frodein jah vahstau jah anstai at guþa jah mannam.

3. KAPITEL.

1 In jera þan fimftataihundin þiudinassaus Teibairiaus kaisaris, raginon-
din Puntiau Peilatau Iudaia, jah fidurraginja þis Galeilaias Heroḍeis,
Filippauzuh þan broþrs is fidurraginja þis Ituraias jah Trakauneiti-
daus landis, jah Lysaniaus Abeileni· fidurraginja,

2 at auhmistam gudjam Annin jah Kajafin, varþ vaurd guþs at Iohannen,
Zaxariins sunau, in auþidai.

3 Jah qam and allans gaujans Iaurdanaus merjands daupein idreigos du
fraleta fravaurhte,

4 svasve gamelid ist in bokom vaurde Esaeiins praufetaus qiþandins:
stibna vopjandins in auþidai, manveid vig fraujins, raihtos vaurkeiþ
staigos is;

5 all dalei usfulljada jah all fairgunje jah hlaine gahnaivjada, jah vairþiþ
þata vraiqo du raihtamma jah usdrusteis du vigam slaihtaim.

6 Jah gasaihviþ all leike nasein guþs.

7 Qaþ þan du þaim atgaggandeim manageim daupjan fram sis: kuni
nadre, hvas gataiknida izvis þliuhan faura þamma anavairþin ha-
tiza?

8 Vaurkjaiþ nu akran vairþata idreigos jah ni duginnaiþ qiþan in izvis:
attan aigum Abraham; qiþa auk izvis, þatei mag guþ us stainam
þaim urraisjan ·barna Abrahama.

9 Aþþan ju so aqizi at vaurtim bagme ligiþ; all nu bagme unbairandane
akran god usmaitada jah in fon galagjada.

10 Jah frehun ina manageins qiþandans: an hva taujaima?

11 Andhafjands þan qaþ: sa habands tvos paidos gibai þamma unhabau-
din, jah saei habai matins, samaleiko taujai.

12 Qemun þan motarjos daupjan jah qeþun du imma: laisari, hva tau-
jaima?

13 Þaruh qaþ du im: ni vaiht ufar þatei garaid sijai izvis, lausjaiþ.

14 Frehun þan ina jah þai militondans qiþandans: jah veis hva taujaima?
Jah qaþ du im: ni mannanhun holoþ, ni mannanhun anamahtjaid
jah valdaiþ annom izvaraim.

III. 14. valdaiþ] *Randglosse:* g a n o h i d a i s i j a i þ.

III. 5. dalei C.-A. *für* dale.

15 At venjandein þan allai managein jah þagkjandam allaim in hairtam seinaim bi Iohannein, niu aufto sa vesi Kristus?

16 andhof þan Iohannes allaim qiþands: ik allis izvis vatin daupja: iþ gaggiþ svinþoza mis‚⁻ þizei ik ni im vairþs andbindan skaudaraip skohis is; sah izvis daupeiþ in ahmin veihamma jah funin.

17 Habands vinþiskauron in handau seinai jah gahraineiþ gaþrask sein jah briggiþ kaurn in bansta seinamma, iþ ahana intandeiþ funin unhvapnandin.

18 Managuþ-þan jah anþar þrafstjands þiuþspilloda managein.

19 Iþ Herodes sa taitrarkes gasakans fram imma bi Herodiadein, qen broþrs is, jah bi alla, þoei gavaurhta ubila Herodes,

20 anaaiauk jah þata ana alla jah galauk Iohannen in karkarai.

21 Varþ þan, biþe daupida alla managein, jah at Iesu ufdaupidamma jah bidjandin usluknoda himins,

22 jah atiddja ahma sa veiha leikis siunai sve ahaks ana ina jah stibna us himina varþ qiþandei: þu is sunus meins sa liuba, in þuzei vaila
-galeikaida.

23 Jah silba vas Iesus sve jere þrijetigive uf gakunþai, svaei sunus munds vas Iosefis, sunaus Heleis,

24 sunaus Matþatis, sunaus Laivveis, sunaus Mailkeis, sunaus Jannins, sunaus Iosefis,

25 sunaus Mattaþivis, sunaus Ammons, sunaus Naumis, sunaus Aizleimis, sunaus Naggais,

26 sunaus Mahaþis, sunaus Mattaþiaus, sunaus Saimaieinis, sunaus Iosefis, sunaus Iodins,

27 sunaus Iohannins, sunaus Resins, sunaus Zauraubabilis, sunaus Salaþielis, sunaus Nerins,

28 sunaus Mailkeins, sunaus Addeins, sunaus Kosamis, sunaus Airmodamis, sunaus Heris,

29 sunaus Iosezis, sunaus Aileiaizairis, sunaus Ioreimis, sunaus Mattaþanis, sunaus Laivveis,

30 sunaus Symaions, sunaus Iudins, sunaus Iosefis, sunaus Iohannins, sunaus Aileiakeimis,

31 sunaus Mailaianis, sunaus Maeinanis, sunaus Mattaþanis, sunaus Naþanis, sunaus Daveidis,

32 sunaus Iaissaizis, sunaus Obeidis, sunaus Bauauzis, sunaus Salmonis, sunaus Nahassonis,

33 sunaus Ameinadabis, sunaus Aramis, sunaus Aizoris, sunaus Faraizis, sunaus Iudins,

34 sunaus Iakobis, sunaus Isakis, sunaus Abrahamis, sunaus Þarins, sunaus Nakoris,

35 sunaus Sairokis, sunaus Ragavis, sunaus Falaigis, sunaus Aibairis, sunaus Salamis,

36 sunaus Kaeinanis, sunaus Arfaksadis, sunaus Semis, sunaus Nauelis, sunaus Lamaikis,

37 sunaus Maþusalis, sunaus Ainokis, sunaus Iaredis, sunaus Maleilaielis,
sunaus Kaeinanis,

38 sunaus Ainosis, sunaus Sedis, sunaus Adamis, sunaus guþs.

4. KAPITEL.

1 Iþ Iesus, ahmins veihis fulls, gavandida sik fram Iaurdanau jah tau-
hans vas in ahmin in auþidai

2 dage fidvor tiguns, fraisans fram diabulau. Jah ni matida vaiht in dagam
jainaim, jah at ustauhanaim þaim dagam, biþe gredags varþ.

3 Jah qaþ du imma diabulus: jabai sunaus sijais guþs, qiþ þamma staina,
ei vairþai hlaibs.

4 Jah andhof Iesus viþra ina qiþands: gamelid ist, þatei ni bi hlaib
ainana libaid manna, ak bi all vaurde guþs.

5 Jah ustiuhands ina diabulaus ana fairguni hauhata, ataugida imma
allans þiudinassuns þis midjungardis in stika melis.

6 Jah qaþ du imma sa diabulus: þus giba þata valdufni þize allata jah
vulþu ize, unte mis atgiban ist, jah þishvammeh þei viljau, giba
þata.

7 Þu nu jabai inveitis mik in andvairþja meinamma, vairþiþ þein all.

8 Jah andhafjands imma Iesus qaþ: gamelid ist: fraujan guþ þeinana in-
veitais jah imma ainamma fullafahjais.

9 Þaþroh gatauh ina in Iairusalem jah gasatida ina ana giblin alhs jah
qaþ du imma: jabai sunus sijais guþs, vairp þuk þaþro dalaþ;

10 gamelid ist auk, þatei aggilum seinaim anabiudiþ bi þuk du ga-
fastan þuk,

11 jah þatei ana handum þuk ufhaband, ei hvau ni gastagqjais bi staina
fotu þeinana.

12 Jah andhafjands qaþ imma Iesus, þatei qiþan ist: ni fraisais fraujan
guþ þeinana.

13 Jah ustiuhands all fraistobnjo diabulus, afstoþ fairra imma und mel.

14 Jah gavandida sik Iesus in mahtai ahmins in Galeilaian, jah meriþa
urrann and all gavi bisitande bi ina.

15 Jah is laisida in gaqumþim ize, mikilids fram allaim.

16 Jah qam in Nazaraiþ, þarei vas fodiþs, jah galaiþ inn bi biuhtja sei-
namma in daga sabbato in synagogein jah usstoþ siggvan bokos.

17 Jah atgibanos vesun imma bokos Eisaeiins praufetus, jah uslukands
þos bokos bigat stad, þarei vas gamelid:

18 ahma fraujins an mis, in þizei gasalboda mik du vailamerjan unle-
daim, insandida mik du ganasjan þans gamalvidans hairtin,

19 merjan frahunþanaim fralet jah blindaim siun, fraletan gamaidans in
gaþrafsteịn, merjan jer fraujins andanem,

20 Jah faifalþ þos bokos jah usgibands andbahta gasat. Jah allaim in
þizai synagogein vesun augona fairveitjandona du imma.

IV. 3. sunaus *C.-A.* *für* sunus. — 5. diabulaus *C.-A.* *für* diabulus. — 13. fraistobnjo
C.-A. *für* fraistubnjo. — 17. praufetus *für* praufetaus. —

21 Dugann þan rodjan du im, þatei himma daga usfullnodedun mela þo
in ausam izvaraim.

22 Jah allai alakjo veitvodidedun imma jah׳ sildaleikidedun bi þo vaurda an-
stais þo usgaggandona us munþa is jah qeþun: niu sa ist sunus
Iosefis?

23 Jah qaþ du im: aufto qiþiþ mis þo gajukon: þu leiki, hailei þuk sil-
ban; hvan filu hausidedum vaurþan in Kafarnaum, tavei jah her in
gabaurþai þeinai.

24 Qaþ þan: amen, izvis qiþa, þatei ni ainshun praufete andanems ist in
gabaurþai seinai:

25 aþþan bi sunjai qiþa izvis, þatei managos viduvons vesun in dagam
Heleiins in Israela, þan galuknoda himins du׳jeram þrim jah menoþs
saihs, sve varþ huhrus mikils and alla airþa;

26 jah ni du ainaihun þizo insandiþs vas Helias, alja in Saraipta Seido-
nais du qinon viduvon.

27 Jah managai þrutsfillai vesun uf Haileisaiu praufetau in Israela, jah ni
ainshun ize gahrainids vas, alja Naiman sa Saur.

28 Jah fullai vaurþun allai modis in þizai synagogein hausjandans þata.

29 Jah usstandandans uskusun imma ut us baurg jah brahtedun ina und
auhmisto þis fairgunjis, ana þammei so baurgs ize gatimrida vas, du
afdrausjan ina þaþro.

30 Iþ is þairhleiþands þairh midjans ins iddja.

31 Jah galaiþ in Kafarnaum, baurg Galeilaias, jah vas laisjands ins in
sabbatim.

32 Jah sildaleikidedun bi þo laisein is, unte in valdufnja vas vaurd is.

33 Jah in þizai synagogein vas manna habands ahman unhulþons unhrain-
jana jah ufhropida

34 qiþands: let! hva uns jah þus, Iesu Nazorenu? qamt fraqistjan unsis?
kann þuk, hvas is, sa veiha guþs.

35 Jah gahvotida imma Iesus qiþands: afdobn jah usgagg us þamma. Jah
gavairpands ina sa unhulþa in midjaim urrann af imma, ni vaihtai
gaskaþjands imma.

36 Jah varþ afslauþnan allans, jah rodidedun du sis misso qiþandans:
hva vaurde þata, þatei miþ valdufnja jah mahtai anabiudiþ þaim
unhrainjam ahmam jah usgaggand?

37 Jah usiddja meriþa fram imma and allans stadins þis bisunjane landis.

38 Usstandands þan us þizai synagogai galaiþ in gard Seimonis. Svaihro
þan þis Seimonis vas anahabaida brinnon mikilai, jah bedun ina
bi þo.

39 Jah atstandands ufar ija gasok þizai brinnon, jah aflailot ija. Sunsaiv
þan usstandandei andbahtida im.

40 Miþþanei þan sagq sunno, allai sva managai sve habaidedun siukans
sauhtim missaleikaim, brahtedun ins at imma: iþ is ainhvarjammeh
ize handuns analagjands gahailida ins.

IV. 27. Haileisaiu *C.-A. für* Haileisaiau.

41 Usiddjedun þan jah unhulþons af managaim hropjandeins jah qiþandeins þatei þus is Kristus, sunus guþs. Jah gasakands im ni lailot þos rodjan, unte vissedun silban Kristu ina visan.

42 Biþeh þan varþ dags, usgaggands galaiþ ana auþjana stad, jah manageins sokidedun ina jah qemun und ina jah gahabaidedun ina, ei ni afliþi fairra im.

43 Þaruh is qaþ du im, þatei jah þaim anþaraim baurgim vailamerjan ik skal bi þiudangardja guþs, unte duþe mik insandida.

44 Jah vas merjands in synagogim Galeilaias.

5. KAPITEL.

1 Jah varþ, miþþanei managei anatramp ina du hausjan vaurd guþs, jah is silba vas standands nehva saiva Gainnesaraiþ,

2 jah gasahv tva skipa standandona at þamma saiva, iþ fiskjans afgaggandans af im usþvohun natja.

3 Galaiþ þan in ain þize skipe, þatei vas Seimonis; haihait ina aftiuhan fairra staþa leitil jah gasitands laisida us þamma skipa manageins.

4 Biþeh þan gananþida rodjands, qaþ du Seimonau: brigg ana diupiþa jah athahid þo natja izvara du fiskon.

5 Jah andhafjands Seimon qaþ du imma: talzjand, alla naht þairharbaidjandans vaiht ni nemum: iþ afar vaurda þeinamma vairpam natja.

6 Jah þata taujandans galukun managein fiske filu, sve natja dishnupnodedun ize.

7 Jah bandvidedun gamanam, þoei vesun in anþaramma skipa, ei atiddjedeina hilpan ize. Jah qemun jah gafullidedun ba þo skipa, sve sugqun.

8 Gaumjands þan Seimon Paitrus draus du knivam Iesuis qiþands: bidja þuk, usgagg fairra mis, unte manna fravaurhts im, frauja.

9 Sildaleik auk dishabaida ina jah allans þans miþ imma in gafahis þize fiske, þanzei ganutun;

10 samaleikoh þan jah Iakobau jah Iohannen, sununs Zaibaidaiaus, þaiei vesun gadailans Seimona. Jah qaþ du Seimona Iesus: ni ogs þus, fram himma nu manne siud nutans.

11 Jah gatiuhandans þo skipa ana airþa afleiþandans allata laistidedun afar imma.

12 Jah varþ, miþþanei vas is in ainai baurge, jah sai, manna fulls þrutsfillis jah gasaihvands Iesu driusands ana andvairþi bad ina qiþands: frauja, jabai vileis, magt mik gahrainjan.

13 Jah ufrakjands handu attaitok imma qiþands: viljau, vairþ hrains. Jah suns þata þrutsfill aflaiþ af imma.

---

14 Jah is faurbaud imma, ei mann ni qeþi; ak gagg jah ataugei þuk silban gudjin jah atbair imma fram þizai gahraineinai þeinai, þatei anabaud Moses du veitvodiþai im.

15 Usmernoda þan þata vaurd mais bi ina, jah garunnun hiuhmans managai hausjon jah leikinon fram imma sauhte seinaizo.

16 Iþ is vas afleiþands ana auþidos jah bidjands.

17 Jah varþ in ainamma dage, jah is vas láisjands. Jah vesun sitandans Fareisaieis jah vitodalaisarjos, þaiei vesun gaqumanai us allamma haimo Galeilaias jah Iudaias jah Iairusaulymon; jah mahts fraujins vas du hailjan ins.

18 Jah sai maus bairandans ana ligra mannan, saei vas usliþa, jah sokidedun, hvaiva ina inn atbereina jah galagidideina in andvairþja is.

19 Jah ni bigitandans, hvaiva inn atbereina ina in manageins, ussteigandans ana hrot and skaljos gasatidedun ina miþ þamma badja in midjaim faura Iesua.

20 Jah gasaihvands galaubein ize qaþ du þamma usliþin: manna, afleitanda þus fravaurhteis þeinos.

21 Jah dugunnun þagkjan þai bokarjos jah Fareisaieis qiþandans: hvas ist sa, saei rodeiþ naiteinins? hvas mag afletan fravaurhtins, alja ains guþ?

22 Ufkunnands þan Iesus mitonins ize andhafjands qaþ du im: hva biþagkeiþ in hairtam izvaraim?

23 hvaþar ist azetizo qiþan: afletanda þus fravaurhteis, þau qiþan: urreis jah gagg?

24 Aþþan ei viteid, þatei valdufni habaid sa sunus mans ana airþai afletan fravaurhtins, qaþ du þamma usliþin: du þus qiþa, urreis jah ushafjands þata badi þeinata gagg in gard þeinana.

25 Jah sunsaiv usstandands in andvairþja ize, ushafjands, ana þammei lag, galaiþ in gard seinana mikiljands guþ.

26 Jah usfilmei dissat allans jah mikilidedun guþ jah fullai vaurþun agisis qiþandans, þatei gasaihvam vulþaga himma daga.

27 Jah afar þata usiddja jah gasahv motari, namin Laivvi, sitandan ana motastada jah qaþ du imma: laistei afar mis.

28 Jah bileiþands allaim, usstandands iddja afar imma.

29 Jah gavaurhta dauht mikila Laivveis imma in garda seinamma, jah vas managei motarje mikila jah anþaraize, þaiei vesun miþ im anakumbjandans.

30 Jah birodidedun bokarjos ize jah Fareisaieis du siponjam is qiþandans: duhve miþ þaim motarjam jah fravaurhtaim matjid jah drigkid?

31 Jah andhafjands Iesus qaþ du im: ni þaurbun hailai leikeis, ak þai unhailans.

V. 28. iddja afar imma] *Randglosse:* laistida.

---

32 Ni qam laþon garaihtans, ak fravaurhtans in idreiga.

33 Iþ eis qeþun du imma: duhve siponjos Iohannes-fastand ufta jah bidos taujand, samaleiko jah Fareisaiei, iþ þai þeinai siponjos matjand jah drigkand?

34 Þaruh is qaþ du im: ni magud sununs bruþfadis, unte sa bruþfads miþ im ist, gataujan fastan.

35 Aþþan qimand dagos, jah þan afnimada af im sa bruþfads, jah.þan fastand in jainaim dagam.

36 Qaþuh þan jah gajukon du im, þatei ainshun plat snagins niujis ni lagjid ana snagan fairnjana, aiþþau jah sa niuja aftaurnid jah þamma fairnjin ni gatimid þata af þamma niujin.

37 Jah ainshun ni giutid vein niujata in balgins fairnjans, aiþþau distairid þata niujo vein þans balgins jah silbo usgutniþ jah þai balgeis fraqistnand;

38 ak vein juggata in balgins niujans giutand jah bajoþs gafastanda.

39 Jah ainshun driggkandane fairni, ni suns vili jugg; qiþiþ auk: þata fairnjo batizo ist.

6. KAPITEL.

1 Jah varþ in sabbato anþaramma frumin gaggan imma þairh atisk, jah raupidedun ahsa siponjos is jah matidedun bnauandans handum.

2 Iþ sumai Fareisaie qeþun du im: hva taujid, þatei ni skuld ist taujan in sabbato dagam?

3 Jah andhafjands viþra ins Iesus qaþ: ni þata ussuggvud, þatei gatavida Daveid, þan gredags vas, silba jah þaiei miþ imma vesun?

4 Hvaiva inn galaiþ in gard guþs jah hlaibans faurlageinais usnam jah matida jah gaf þaim miþ sis visandam, þanzei ni skuld ist matjan, nibai ainaim gudjam?

5 Jah qaþ du im, þatei frauja ist sa sunus mans jah þamma sabbato daga.

6 Jah varþ þan in anþaramma daga sabbato galeiþan imma in synagogein jah laisjan. Jah vas jainar manna, jah handus is so taihsvo vas þaursus.

7 Vitaidedunuh þan þai bokarjos jah Fareisaieis, jau in sabbato daga leikinodedi, ei bigeteina til du vrohjan ina.

8 Iþ is vissuh mitonins ize jah qaþ du þamma mann, þamma þaursja habandin handu: urreis jah stand in midjaim. Þaruh is urreisands gastoþ.

9 Qaþ þan Iesus du im: fraihna izvis, hva skuld ist sabbato dagam, þiuþ taujan, þau unþiuþ taujan, saivala ganasjan, þau usqistjan?

10 Jah ussaihvands allans ins qaþ du imma: ufrakei þo handu þeina. Þaruh is ufrakida, jah gastoþ so handus is, svasve so anþara.

V. 33. Fareisaiei C.-A. für Fareisaie, sc. siponjos. — 39. driggkandane C.-A., L.
VI. 1. bnauandans] Uppstr. in den Addend. schlägt binauandaus vor. —

11 Iþ eis fullai vaurþun unfrodeins jah rodidedun du sis misso, hva tavi-
dideina þamma Iesua.

12 Jah varþ in dagam þaim, ei usiddja Iesus in fairguni bidjan; jah vas
naht þairhvakands in bidai guþs.

13 Jah biþe varþ dags, atvopida siponjans seinans jah gavaljands us im
tvalib, þanzei jah apaustuluns namnida:

14 Seimon, þanei jah namnida Paitru, jah Andraian broþar is; Iakobu
jah Iohannen, Filippu jah Barþulomaiu;

15 Maþþaiu jah Þoman, Iakobu þana Alfaius jah Seimon þana haitanan
zeloten;

16 Iudan Iakobaus jah Iudan Iskarioten, saei jah varþ galevjands ina.

17 Jah atgaggands dalaþ miþ im gastoþ ana stada ibnamma jah hiuma
siponje is jah hansa mikila manageins af allamma Iudaias jah Iairu-
salem, jah þize faur marein Tyre jah Seidone jah anþaraizo
baurge,

18 þaiei qemun hausjan imma jah hailjan sik sauhte seinaizo; jah þa
anahabaidans fram ahmam unhrainjaim jah gahailida vaurþun.

19 Jah alla managei sokidedun attekan imma, unte mahts af imma usiddj a
jah ganasida allans.

20 Jah is ushafjands augona seina du siponjam seinaim qaþ: audagai jus
unledans ahmin, unte izvara ist þiudangardi himine.

21 Audagai jus gredagans nu, unte sadai vairþiþ. Audagai jus gretandans
nu, unte ufhlohjanda.

22 Audagai sijuþ, þan fijand izvis mans jah afskaidand izvis jah idveit-
jand jah usvairpand namin izvaramma sve ubilamma in sunaus mans;

23 faginod in jainamma daga jah laikid, unte sai, mizdo izvara managa
in himinam; bi þamma auk tavidedun praufetum attans ize.

24 Aþþan vai izvis þaim gabeigam, unte ju habaid gaþlaiht izvara.

25 Vai izvis, jus sadans nu, unte gredagai vairþiþ; vai izvis, jus hlahjan-
dans nu, unte gaunon jah gretan duginnid.

26 Vai, þan vaila izvis qiþand allai mans; samaleiko allis tavidedun ga-
liugapraufetum attans ize.

27 Akei izvis qiþa þaim hausjandam: frijod þans hatandans izvis; vaila
taujaid þaim fijandam izvis.

28 Þiuþjaiþ þans fraqiþandans izvis; bidjaid fram þaim anamahtjandam
izvis.

29 Þamma stautandin þuk bi kinnu, galevei imma jah anþara; jah þamma
nimandin af þus vastja, jah paida ni varjais.

30 Hvammeh þan bidjandane þuk gif jah af þamma nimandin þein ni
lausei.

31 Jah svasve vileid, ei taujaina izvis mans, jah jus taujaid im samaleiko.

VI. 27 hatandans] *am Rande* hatjandam, *wohl zu* fijandam *gehörig.*

VI. 12. þairvakands C.-A. — 15. Alfaius C.-A. für Alfaiaus. — 17. atgaggaggauds C.-A. —
hiuma C.-A. für hiuhma. —

32 Aþþan·jabai frijod þans frijondans izvis, hva izvis laune ist? jah auk
   þai fravaurhtans þans frijondans sik frijond.

33 Jah jabai þiuþ taujaid þaim þiuþ taujandam izvis, hva izvis laune ist?
   jah auk þai fravaurhtans þata samo taujand.

34 Jah jabai leihvid, fram þaimei veneid andniman, hva izvis laune ist?
   jah auk fravaurhtai fravaurhtaim leihvand, ei andnimaina samalaud.

35 Sveþauh frijod þans fijands izvarans, þiuþ taujaid jah' leihvaid ni vaih-
   tais usvenans, jah vairþiþ mizdo izvara managa, jah vairþiþ sunjus
   hauhistins, unte is gods ist þaim unfagram jah unseljam.

36 Vairþaid bleiþjandans, svasve jah atta izvar bleiþs ist.

37 Jah ni stojid, ei ni stojaindau; ni afdomjaid, jah ni afdomjanda; frale-
   taid, jah fraletanda.

38 Gibaid jah gibada izvis, mitads goda jah ufarfulla jah gavigana jah
   ufargutana gibada in barm izvarana; þizai auk samon mitadjon,
   þizaiei mitid, mitada izvis.

39 Qaþuh þan gajukon im: ibai mag blinds blindana tiuhan? niu bai in
   dal gadriusand?

40 Nist siponeis ufar laisari seinana; iþ gamanvids hvarjizuh vairþai sve
   laisaris is.

41 Aþþan hva gaumeis gramsta in augin broþrs þeinis, iþ anza in þei-
   namma augin ni gaumeis?

42 Aiþþau hvaiva magt qiþan du broþr þeinamma: broþar fet, ik usvairpa
   gramsta þamma in augin þeinamma, silba in augin þeinamma anza
   ni gaumjands? Liuta, usvairp faurþis þamma anza us augin þei-
   namma, jah þan gaumjais usvairpan gramsta þamma in augin broþrs
   þeinis.

43 Ni auk ist bagms gods taujands akran ubil, nih þan bagms ubils tau-
   jands akran god.

44 Hvarjizuh raihtis bagme us svesamma akrana uskunþs ist; ni auk us
   þaurnum lisanda smakkans, nih þan us aihvatundjai trudanda vei-
   nabasja.

45 Þiuþeigs manna us þiuþeigamma huzda hairtins seinis usbairid þiuþ,
   jah ubils manna us ubilamma huzda hairtins seinis usbairid ubil:
   uzuh allis ufarfullein hairtins rodeid munþs is.

46 Aþþan hva mik haitid frauja, frauja! jah ni taujid, þatei qiþa?

47 Hvazuh sa gaggands du mis jah hausjands vaurda meina jah taujands
   þo, ataugja izvis, hvamma galeiks ist.

48 Galeiks ist mann timrjandin razn, saei grob jah gadiupida jah gasatida
   grunduvaddjau ana staina. At garunjon þan vaurþanai bistagq ahva
   bi jainamma razna jah ni mahta gavagjan ita; gasulid auk vas ana
   þamma staina.

VI. 40. gamanvids] *Randglosse:* u s t a u h a n s.

VI. 36. svasve] svave *C.-A.* — 38. mitid] mitad *C.-A.* — 48. grunduvaddjau *C.-A. für*
grunduvaddju. —

49 Iþ sa hausjands jah ni taujands galeiks ist mann timrjandin razn ana airþai inuh grunduvaddju, þatei bistagq flodus jah suns gadraus, jah varþ so usvalteins þis raznis mikila.

7. KAPITEL.

1 Biþe þan usfullida alla þo vaurda seina in hliumans manageins, galaiþ in Kafarnaum.

2 Hundafade þan sumis skalks siukands svultavairþja (vas), saei vas imma svers.

3 Gahausjands þan bi Iesu insandida du imma sinistans Iudaie, bidjands ina, ei qimi jah ganasidedi þana skalk is.

4 Iþ eis qimandans at Iesua bedun ina usdaudo, qiþandans, þatei vairþs ist, þammei fragibis þata;

5 unte frijoþ þiuda unsara jah synagogein is gatimrida unsis.

6 Iþ Iesus iddjuh miþ im. Jah juþan ni fairra visandin imma þamma garda, insandida du imma sa hundafads frijonds, qiþands du imma: frauja, ni draibei þuk, unte ni im vairþs, ei uf hrot mein inngaggais.

7 Duþei ni mik silban vairþana rahnida at þus qiman; ak qiþ vaurda jah gahailnid sa þiumagus meins.

8 Jah þan auk ik manna im uf valdufnja gasatids, habands uf mis silbin gadrauhtins; jah qiþa du þamma: gagg, jah gaggid; jah anþaramma: qim her, jah qimid; jah du skalka meinamma: tavei þata, jah taujid.

9 Gahausjands þan þata Iesus sildaleikida ina jah vandjands sik du þizai afarlaistjandein sis managein qaþ: amen, qiþa izvis, ni in Israela svalauda galaubein bigat.

10 Jah gavandjandans sik þai insandidans du garda bigetun þana siukan skalk hailana.

11 Jah varþ in þamma afardaga, iddja in baurg, namnida Naen; jah mididdjedun imma siponjos is ganohai jah manageins filu.

12 Biþeh þan nehva vas daura þizos baurgs, þaruh sai, ut baurans vas naus, sunus ainaha aiþein seinai, jah silbo vidovo, jah managei þizos baurgs ganoha miþ izai.

13 Jah gasaihvands þo frauja Iesus infeinoda du izai jah qaþ du izai: ni gret!

14 Jah duatgaggands attaitok hvilftrjom; iþ þai bairandans gastoþun; jah qaþ: juggalaud, du þus qiþa: urreis!

15 Jah ussat sa naus jah dugann rodjan. Jah atgaf ina aiþein is.

16 Dissat þan allans agis, jah mikilidedun guþ qiþandans, þatei praufetus mikils urrais in unsis, jah þatei gaveisoda guþ manageins seinaizos.

VI. 49. flodus] *am Rande* a h v a.

VI. 2. (vas) *fehlt in* C.-A. *und bei* L. — 3. qimi C.-A. *für* qemi. — 11. afardaga] afar daga L. — Naen] Maen C.-A. — mididdjedun] C.-A. *nur hier für* miþiddj. —

17 Jah usiddja þata vaurd and alla Iudaia bi ina jah and allans bi sitands.

18 Jah gataihun Iohannen siponjos is bi alla þo.

19 Jah athaitands tvans siponje seinaize Iohannes insandida ins du Iesua qiþands: þu is sa qimanda þau anþaranu venjaima?

20 Qimandans þan at imma þai vairos qeþun: Iohannes sa daupjands insandida ugkis du þus, qiþands: þu is sa qimanda þau anþaranu venjaima?

21 Inuh þau þizai hveilai gahailida managans af sauhtim jah slahim jah ahmane ubilaize jah blindaim managaim fragaf siun.

22 Jah andhafjands Iesus qaþ du im: gaggandans gateihats Iohannen, þatei gasehvuts jah gahausideduts, þatei blindai ussaihvand, haltai gaggand, þrutsfillai gahrainjanda, baudai gahausjand, naveis urreisand, unledai vailamerjanda;

23 jah audags ist sahvazuh saei ni gamarzjada in mis.

24 At galeiþandam þan þaim airum Iohannes dugann rodjan du managein bi Iohannen: hva usiddjeduþ in auþida saihvan? raus fram vinda vagid?

25 Akei hva usiddjeduþ saihvan? mannan in hnasqjaim vastjom gavasidana? sai, þai in vastjom vulþagaim jah fodeinai visandans in þiudangardjom sind.

26 Akei hva usiddjeduþ saihvan? praufetu? jai, qiþa izvis, jah mai praufetu.

27 Sa ist, bi þanei gamelid ist: sai, ik insandja aggilu meinana faura andvairþja þeinamma, saei gamanveid vig þeinana faura þus.

28 Qiþa allis izvis, maiza in baurim qinono praufetus Iohanne þamma daupjandin ainshun nist; iþ sa minniza imma in þiudangardjai guþs maiza imma ist.

29 Jah alla managei gahausjandei jah motarjos garaihtana domidedun guþ, ufdaupidai daupeinai Iohannis. ·

30 Iþ Fareisaieis jah vitodafastjos runa guþs fraqeþun and sik, ni daupidai fram imma.

31 Hve nu galeiko þans mans þis kunjis jah hve sijaina galeikai?

32 Galeikai sind barnam þaim in garunsai sitandam jah vopjandam seina misso jah qiþandam: sviglodedum izvis jah ni plinsideduþ, gaunodedum izvis jan-ni gaigrotuþ.

33 Urrann raihtis Iohannes sa daupjands, ni hlaif matjands nih vein drigkands, jah qiþiþ: unhulþon habaiþ.

34 Urrann sunus mans matjands jah drigkands, jah qiþiþ: sai, manna afetja jah veindrugkja, frijonds motarje jah fravaurhtaize.

35 Jah gasunjoda varþ handugei fram barnam seinaim allaim.

VII. 32. gaunodedum] *am Rande:* hufum.

VII. 26. *das zweite Mal* praufetu] *C.-A. für* praufetau. — 30. and] *Uppström liest im C.-A. „sine dubior,"* and; *ana* L. — 32. jan-ni] jah ni L. —

36 Baþ þan ina sums Fareisaie, ei matidedi miþ imma; jah atgaggands
in gard þis Fareisaiaus anakumbida.

37 Þaruh sai, qino in þizai baurg, sei vas fravaurhta jah ufkunnandei,
þatei anakumbida in razna þis Fareisaiaus, briggandei alabalstraun
balsanis

38 jah standandei faura fotum is aftaro, greitandei dugann natjan fotuns
is tagram jah skufta haubidis seinis bisvarb jah kukida fotum is.jah
gasalboda þamma balsana.

39 Gasaihvands þan sa Fareisaius, saei haihait ina, rodida sis ains qiþands:
sa iþ vesi praufetus, ufkunþedi þau, hvo jah hvileika so qino, sei
tekiþ imma, þatei fravaurhta ist.

40 Jah andhafjands Iesus qaþ du Paitrau: Seimon, skal þus hva qiþan.
Iþ is qaþ: laisari, qiþ!

41 Tvai dulgis skulans vesun dulgahaitjin sumamma; ains skulda skatte
fimf hunda, iþ anþar fimf tiguns.

42 Ni habandam þan, hvaþro usgebeina, baim fragaf. Hvaþar nu þize,
qiþ, mais ina frijod?

43 Andhafjands þan Seimon qaþ: þana gavenja, þammei managizo fragaf.
Þaruh is qaþ du imma: raihtaba stauides.

44 Jah gavandjands sik du þizai qinon qaþ du Seimona: gasaihvis þo
qinon? atgaggandin in gard þeinana vato mis ana fotuns meinans ni
gaft; iþ si tagram seinaim ganatida meinans fotuns jah skufta sei-
namma bisvarb.

45 Ni kukides mis; iþ si, fram þammei inn atiddja, ni svaif bikukjan fo-
tuns meinans.

46 Aleva haubid meinata ni salbodes; iþ si balsana gasalboda fotuns
meinans.

47 In þizei qiþa þus: afletanda fravaurhteis izos þos managons, unte
frijoda filu; iþ þammei leitil fraletada, leitil frijod.

48 Qaþuh þan du izai: afletanda þus fravaurhteis þeinos.

49 Jah dugunnun þai miþanakumbjandans qiþan in sis silbam: hvas sa
ist, saei fravaurhtins afletai?

50 Iþ is qaþ þan du þizai qinon: galaubeins þeina ganasida þuk, gagg in
gavairþi.

8. KAPITEL.

1 Jah varþ biþe afar þata, ei jah is vratoda and`baurgs jah haimos
merjands jah vailaspillonds þiudangardja guþs, jah þai tvalib miþ
imma

2 jah qinons, þozei vesun galeikinodos ahmane ubilaize jah sauhte, jah
Marja, sei haitana vas Magdalene, us þizaiei usiddjedun unhulþons
sibun,

VIII. 1. vailaspillonds] þiuþspillonds *L., doch liest Uppstr. sicher* vaila. —

3 jah Iohanna, qens Kusins, fauragagjins Herodes, jah Susanna jah an-
þaros managos, þozei andbahtededun im us aiginam ·seinaim.

4 Gaqumanaim þan hiumam managaim jah þaim, þaiei us baurgim gaïdd-
jedun du imma, qaþ þairh gajukon:

5. urrann saiands du saian fraiva seinamma; jah miþþanei saiso, sum
gadraus faur vig jah gatrudan. varþ, jah fuglos himinis fretun
þata.

6 Jah anþar gadraus ana staina jah uskijanata gaþaursnoda, in þizei ni
habaida qrammiþa.

7 Jah sum gadraus in midumai þaurnive jah miþuskeinandans þai þaurn-
jus afhvapidedun þata.

8 Jah anþar gadraus ana airþai godai jah uskeinoda jah tavida akran
taihuntaihundfalþ. þata þan qiþands ufvopida: saei habai ausona
du hausjan, gahausjai.

9 Frehun þan ina siponjos is qiþandans, hva sijai so gajuko.

10 Iþ is qaþ: izvis.atgiban ist kunnan runos þiudinassaus guþs; iþ þaim
anþaraim in gajukom, ei saihvandans ni gasaihvaina, jah gahausjan-
dans ni fraþjaina.

11 Aþþan þata ist so gajuko: þata fraiv ist vaurd guþs.

12 Iþ þai viþra vig sind þai hausjandans; þaþroh qimiþ diabulus jah us-
nimiþ þata vaurd af hairtin ize, ei galaubjandans ni ganisaina.

13 Iþ þai ana þamma staina, ize þan hausjand, miþ faheidai andnimand
þata vaurd, jah þai vaurtins ni haband, þaiei du mela galaubjand
jah in mela fraistubnjos afstandand.

14 Iþ þata in þaurnuns gadriusando þai sind, þaiei gahausjandans jah af
saurgom jah gabein jah gabaurjoþum þizos libainais gaggandans af-
hvapnand jah ni gavrisqand.

15 Iþ þata ana þizai godon airþai þai sind, þai ize in hairtin godamma
jah seljamma gahausjandans þata vaurd gahaband jah akran bairand
in þulainai.

16 Aþþan ni manna lukarn tandjands dishuljiþ ita kasa aiþþau uf ligr ga-
satjiþ, ak ana lukarnastaþin satjiþ, ei þai inngaggandans saihvaina
liuhad.

17 Ni auk ist analaugn, þatei svikunþ ni vairþai, nih fulgin, þatei ni ga-
kunnaidau jah in svekunþamma qimai.

18 Saihviþ nu, hvaiva hauseiþ; unte saei habaiþ, gibada imma, jah saei
ni habaiþ, jah þatei þugkeiþ haban, afnimada af imma.

19 Atiddjedun þan du imma aiþei jah broþrjus is jah ni mahtedun and-
qiþan imma faura managein.

20 Jah gataihan varþ imma, þatei aiþei þeina jah broþrjus þeinai stan-
dand uta gasaihvan þuk gairnjandona.

21 Iþ is andhafjands qaþ du im: aiþei meina jah broþrjus meinai þai sind,
þai vaurd guþs gahausjandans jah taujandans.

VIII. 3. fauragagjis, andbahtededun C.-A. für -gagzjis, andbahtidedun. — 5. gatrudan]
gatrudon L. — 9. is] Iesus L. —

22 Varþ þan in ainamma þize dage, jah is galaiþ in skip jah siponjos is, jah qaþ du im: galeiþam hindar þana marisaiv! Jah galiþun.

23 Þaruh þan sve faridedun, anasaislep; jah atiddja skura vindis in þana marisaiv jah gafullnodedun jah birekjai vaurþun.

24 Duatgaggandans þan urraisidedun ina qiþandans: talzjand, fraqistnam! Iþ is urreisands gasok vinda jah þamma vega vatins; jah anaslavaidedun jah varþ vis.

25 Qaþ þan du im: hvar ist galaubeins izvara? Ogandans þan sildaleikidedun qiþandans du sis misso: hvas siai sa, ei jah vindam faurbiudiþ jah vatnam, jah ufhausjand imma?

26 Jah atfaridedun in gavi Gaddarene, þatei ist viþravairþ Galeilaia.

27 Usgaggandin þan imma ana airþa, gamotida imma vair sums us baurg, saei habaida unhulþons mela lagga, jah vastjom ni gavasiþs vas jah in garda ni gavas, ak in hlaivasnom.

28 Gasaihvands þan Iesu jah ufhropjands draus du imma jah stibnai mikilai qaþ: hva mis jah þus, Iesu, sunau guþs hauhistins? bidja þuk, ni balvjais mis.

29 Unte anabaud ahmin þamma unhrainjin usgaggan af þamma mann; manag auk mel fravalv ina jah bundans vas eisarnabandjom jah fotubandjom fastaiþs vas jah dishniupands þos bandjos draibiþs vas fram þamma unhulþin ana auþidos.

30 Frah þan ina Iesus qiþands: hva ist namo þein? Þaruh qaþ: harjis; unte unhulþons managos galiþun in ina.

31 Jah bad ina, ei ni anabudi im in afgrundiþa galeiþan.

32 Vasuþ-þan jainar hairda sveine managaize, haldanaize in þamma fairgunja; jah bedun ina, ei uslaubidedi im in þo galeiþan. Jah uslaubida im.

33 Usgaggandans þan suns þai unhulþans af þamma mann galiþun in þo sveina jah rann sa vriþus and driuson in þana marisaiv jah afhvapnodedun.

34 Gasaihvandans þan þai haldandans þata vaurþano gaþlauhun jah gataihun in baurg jah in veihsa.

35 Usiddjedun þan saihvan þata vaurþano jah qemun at Iesua jah bigetun sitandan þana mannan, af þammei unhulþons usiddjedun, gavasidana jah fraþjandan faura fotum Iesuis, jah ohtedun.

36 Gataihun þan im jah þai gasaihvandans, hvaiva ganas sa daimonareis.

37 Jah bedun ina allai gaujans þize Gaddarene galeiþan fairra sis, unte agisa mikilamma dishabaidai vesun. Iþ is galeiþands in skip gavandida sik.

38 Baþ þan ina sa vair, af þammei þos unhulþons usiddjedun, ei vesi miþ imma; fralailot þan ina Iesus qiþands:

VIII. 27. unhulþons] *Randglosse*: skohsla.

VIII. 23. anasaislep] anasaisleip L., doch ist das letzte i im C.-A. getilgt, wenn auch noch Spuren blieben. — 33. so vriþus L.

39 gavandei þuk du garda þeinamma jah usspillo, hvan filu gatavida þus
     guþ. Jah galaiþ and baurg alla merjands, hvan filu gatavida imma
     Iesus.
40 Varþ þan, miþþanei gavandida sik Iesus, andnam ina managei; vesun
     auk allai beidandans is.
41 Jah sai, qam vair, þizei namo Iaeirus; sah fauramaþleis synagogais
     vas; jah driusands faura fotum Iesuis bad ina gaggan in gard
     seinana;
42 unte dauhtar ainoho vas imma sve vintrive tvalibe, jah so svalt. Miþ-
     þanei þan iddja is, manageins þraihun ina.
43 Jah qino visandei in runa bloþis jera tvalif, soei in lekjans fraqam
     allamma aigina seinamma, jah ni mahta vas fram ainomehun ga-
     leikinon,
44 atgaggandei du aftaro attaitok skauta vastjos is, jah suns gastoþ sa
     runs bloþis izos.
45 Jah qaþ Iesus: hvas sa tekands mis? Laugnjandam þan allaim qaþ
     Paitrus jah þai miþ imma: talzjand, manageins bihvairband þuk jah
     þreiband, jah qiþis: hvas sa tekands mis?
46 þaruh is qaþ: taitok mis sums; ik auk ufkunþa maht usgaggandein
     af mis.
47 Gasaihvandei þan so qino, þatei ni galaugnida, reirandei jah atdriusan-
     dei du imma, in þizei attaitok imma, gataih imma in andvairþja
     allaizos manageins jah hvaiva gahailnoda suns.
48 Iþ Iesus qaþ du izai: þrafstei þuk, dauhtar: galaubeins þeina ganasida
     þuk; gagg in gavairþja.
49 Nauhþan imma rodjandin, gaggiþ sums manne fram þis fauramaþleis
     synagogeis qiþands du imma, þatei gadauþnoda dauhtar þeina; ni
     draibei þana laisari.
50 Iþ is gahausjands andhof imma qiþauds: ni faurhtei; þatainei galaubeiˈ
     jah ganasjada.
51 Qimands þan in garda, ni fralailot ainohun inn gaggan, alja Paitru
     jah Jakobu jah Iohannen jah þana attan þizos maujos jah aiþein.
52 Gaigrotun þan allai jah ˈfaiflokun þo. þaruh qaþ: ni gretiþ, unte ni
     gasvalt, ak slepiþ.
53 Jah bihlohun ina gasaihvandans, þatei gasvalt.
54 þanuh is usdreibands allans ut jah fairgreipands handu izos vopida
     qiþands: mavi, urreis!
55 Jah gavandida ahman izos, jah ustoþ suns. Jah anabaud izai giban mat·
56 Jah usgeisnodedun fadrein izos; iþ is faurbaud im, ei mann ni qiþeina ·
     þata vaurþano.

9. KAPITEL.

1 Gahaitands þan þans tvalif apaustauluns atgaf im maht jah valdufui
    ufar allaim unhulþom, jah sauhtins gahailjan.

VIII. 46. is [Iesus L. — 49. synagogeis C.-A., L. Uppström schlägt synagogeins vor. —
50. is] Iesus L. — 56. qiþeina C.-A. fur qeþeina. —

2 Jah insandida ins merjan þiudangardja guþs jah gahailjan allans þans
   unhailans.

3 Jah qaþ du im: ni vaiht nimaiþ in vig; nih valuns nih matibalg nih
   hlaib nih skattans, nih þan tveihnos paidos haban.

4 Jah in þanei gard ·gaggaiþ, þar saljiþ jah þaþroh usgaggaiþ.

5 Jah sva managai sve ni andnimaina izvis, usgaggandans us þizai baurg
   jainai jah mulda af fotum izvaraim afhrisjaiþ du veitvodiþai ana ins.

6 Usgaggandans þan þairhiddjedun? and haimos vailamerjandans jah lei-
   kinondans and all.

7 Gahausida þan Herodis sa taitrarkes þo vaurþanona fram imma alla
   jah þahta, unte qeþun sumai, þatei Iohannes urrais us dauþaim.

8 Sumai þan qeþun: Helias ataugida sik; sumaiuþ-þan, þatei praufetus
   sums þize airizane usstoþ.

9 Jah qaþ Herodes: Iohannau ik haubiþ afmaimait, iþ hvas ist sa, bi
   þanei ik hausja svaleik? jah sokida ina gasaihvan.

10 Jah gavandjandans sik apaustauleis usspillodedun imma, sva filu sve
   gatavidedun. Jah andnimands ins afiddja sundro ana staþ auþjana
   baurgs namnidaizos Baidsaiïdan.

11 Iþ þos manageins finþandeins laistidedun afar imma, jah˙ andnimands
   ins rodida du im þo bi þiudangardja guþs jah þans þarbans leiki-
   nassaus gahailida. •

12 Þanuh dags juþan dugann hneivan. Atgaggandans þan du imma þai
   tvalif qeþun du imma: fralet þo managein, ei galeiþandans in þos
   bisunjane haimos jah veihsa saljaina jah bugjaina sis matins, unte
   her in auþjamma stada sium.

13 Þanuh qaþ du im: gibiþ im jus matjan. Iþ eis qeþun du imma: nist
   hindar uns maizo fimf hlaibam jah fiskos tvai, niba þau þatei veis
   gaggandans bugjaima allai þizai manaseidai matins.

14 Vesun auk sve fimf þusundjos vaire. Qaþ þan du siponjam seinaim:
   gavaurkeiþ im anakumbjan kubituns, ana hvarjanoh fimf tiguns.

15 Jah gatavidedun sva jah gatavidedun anakumbjan allans.

16 Nimands þan þans fimf hlaibans jah tvans fiskans, insaihvands du hi-
   mina gaþiuþida ins jah gabrak jah gaf siponjam du faurlagjan þizai
   managein.

17 Jah matidedun jah sadai vaurþun allai; jah ushafan varþ, þatei aflif-
   noda im gabruko, tainjons tvalif.

18 Jah varþ, miþþanei vas is bidjands sundro,· gamotidedun imma siponjos
   is jah frah ins qiþands: hvana mik qiþand visan þos manageins?

19 Iþ eis andhafjandans qeþun: Iohannen þana daupjand, anþarai þan
   Heleian, sumai þan þatei praufetus sums þize airizane usstoþ.

20 Qaþ þan du im: aþþan jus hvana mik qiþiþ visan? Andhafjands þan
   Paitrus qaþ: þu is Kristus, sunus guþs.   •

IX. 13 manaseidai] *Randglosse:* managein.

---

21 Iþ is þan gahvotjands im faurbauþ, ei mann ni qiþeina þata.

22 qiþands, þatei skal sunus mans manag vinnan jah uskusans vairþan fram sinistam jah gudjam jah bokarjam jah usqiman jah þridjin daga urreisan.

23 Qaþ þan du allaim: jabai hvas vili afar mis gaggan, afaikai sik silban jah nimai galgan seinana dag hvanoh jah laistjai mik.

24 Saei allis vili saivala seina nasjan, fraqisteiþ izai; aþþan saei fraqisteiþ saivalai seinai in meina, ganasjiþ þo.

25 Hvo allis þaurfte gataujiþ sis manna, gageigands þo manased alla, iþ sis silbin fraqistjands aiþþau gasleiþjands?¡

26 Saei allis skamaiþ sik meina aiþþau meinaize vaurde, þizuh sunus mans skamaid sik, biþe qimiþ in vulþu seinamma jah attins jah þize veihane aggele.

27 Qiþuh þan izvis sunja: sind sumai þize her standandane, þaiei ni kausjand dauþau, unte gasaihvand þiudinassau guþs.

28 Vaurþun þan afar þo vaurda sve dagos ahtau, ganimands Paitru jah Iakobu jah Iohannen usiddja in fairguni bidjan.

29 Jah varþ, miþþanei baþ is, siuns andvairþjis is anþara jah gavaseins is hveita skeinandei.

30 Jah sai, vairos tvai miþrodidedun imma, þaiei vesun Moses jah Helias;

31 þai gasaihvanans in vulþau qeþun urruns is, þoei skulda usfulljan in Iairusalem.

32 Iþ Paitrus jah þai miþ imma vesun kauridai slepa; gavaknandans þan gasehvun vulþu is jah þans tvans vairans þans miþstandandans imma.

33 Jah varþ, miþþanei afskaiskaidun sik af imma, qaþ Paitrus du Iesua: talzjand, god ist unsis her visan jah gavaurkjaima hleiþros þrins, aina þus jah aina Mose jah aina Helijin, ni vitands, hva qiþiþ.

34 Þata þan imma qiþandin, varþ milhma jah ufarskadvida ins; faurhtidedun þan, in þammei jainai qemun in þamma milhmin.

35 Jah stibna varþ us þamma milhmin qiþandei: sa ist sunus meins sa liuba, þamma hausjaiþ.

36 Jah miþþanei varþ so stibna, bigitans varþ Iesus ains. Jah eis þahaidedun jah mann ni gataihun in jainaim dagam ni vaiht þizei gasehvun.

37 Varþ þan in þamma daga, dalaþ atgaggandam im af fairgunja, gamotida imma manageins filu.

IX. 34. qemun in þamma milhmin] *hierzu am Rande:* jah at im in milhmam atgaggandam, *d. i. nach Uppströms Uebersetzung: et ad eos in nubibus descendentibus.*

IX. 22. uskusans fram sinistam vairþan C.-A., L. — 26. vulþu. aggele C.-A. *für* vulþau. aggile. — 27. þiudinassau C.-A. *für* þiudinassu. — 36. varþ miþþanei C.-A., L. —

38 Jah sai, manna us þizai managein ufvopida qiþands: laisari, bidja þuk
insaihvan du sunu meinamma, unte ainaha mis ist.

39 Jah sai, ahma nimiþ ina unhrains jah anaks hropeiþ jah tahjiþ ina
miþ hvaþon jah halisaiv aflinniþ af imma gabrikands ina.

40 Jah baþ siponjans þeinans, ei usdribeina imma, jah ni mahtedun.

41 Andhafjands þan Iesus qaþ: o kuni ungalaubjando jah invindo, und
hva siau at izvis jah þulau izvis? attiuh þana sunu þeinana hidrei.

42 Þaruh nauhþan duatgaggandin imma, gabrak ina sa unhulþa jah ta-
hida. Gahvotida þan Iesus ahmin þamma unhrainjin jah gahailida
þana magu jah atgaf ina attin is.

43 Usfilmans þan vaurþun allai ana þizai mikilein guþs. At allaim þan
sildaleikjandam bi alla, þoei gatavida Iesus, qaþ Paitrus: frauja,
duhve veis ni mahtedum usdreiban þamma? Iþ Iesus qaþ: þata
kuni ni usgaggiþ, nibai in bidom jah in fastubnja.

44 Qaþ þan du siponjam seinaim: lagjiþ jus in ausona izvara þo vaurda,
unte sunus mans skulds ist atgiban in handuns manne.

45 Iþ eis ni froþun þamma vaurda jah vas gahuliþ faura im, ei ni froþei-
na imma; jah ohtedun fraihnan ina bi þata vaurd.

46 Galaiþ þan mitons in ins, þata hvarjis þau ize maists vesi.

47 Iþ Iesus gasaihvands þo miton hairtins ize, fairgreipands barn gasatida
faura sis.

48 jah qaþ du im: sahvazuh saei andnimiþ þata barn ana namin mei-
namma, mik andnimiþ; jah sahvazuh saei mik andnimiþ, andnimiþ
þana sandjandan mik; unte sa minnista visands in allaim izvis, sa
vairþiþ mikils.

49 Andhafjands þan Iohannes qaþ: talzjand, gasehvum sumana ana þei-
namma namin usdreibandan unhulþons jah varidedum imma, unte ni
laisteiþ miþ unsis.

50 Jah qaþ du im Iesus: ni varjiþ, unte saei nist viþra izvis, faur izvis
ist. Ni ainshun auk ist manne, saei ni gavaurkjai maht in namin
meinamma.

51 Varþ þan in þammei usfulnodedun dagos andanumtais is, jah is and-
vairþi seinata gatulgida du gaggan in Iairusalem.

52 Jah insandida airuns faura sis, jah gaggandans galiþun in haim Sama-
reite, sve manvjan imma.

53 Jah ni andnemun ina, unte andvairþi is vas gaggando du Iairu-
salem.

54 Gasaihvandans þan siponjos is Iakobus jah Iohannes qeþun: frauja,
vileizu, ei qiþaima, fon atgaggai us himina jah fraqimai im, sve jah
Helaias gatavida?

55 Gavandjands þan gasok im jah qaþ du im: niu vituþ, hvis ahmane
sijuþ?

IX. 39. hropeiþ] hropjiþ *L. nach älterer irriger Lesung.* — 42. duatgaggandin imma] duat-
gaggandan ina *L. beruht auf einen Lesefehler, wonach das Beispiel bei Grimm, Gramm.
IV. 900 zu streichen ist.* — 54. Iakubos *C.-A., L.* —

56 Unte sunus mans ni qam saivalom qistjan, ak nasjan. Jah iddjedun
in anþara haim.
57 Varþ þan gaggandam im in viga qaþ sums du imma: laistja þuk þis-
hvaduh þadei gaggis, frauja.
58 Jah qaþ du imma Iesus: fauhons grobos aigun jah fuglos himinis sit-
lans; iþ sunus mans ni habaiþ, hvar haubiþ galagjai.
59 Qaþ þan du anþaramma: laistei mik; iþ is qaþ: frauja, uslaubei mis
galeiþan faurþis jah usfilhan attan meinana.
60 Qaþ þan du imma Iesus: let þans dauþans usfilhan seinans navins; iþ
þu gagg jah gaspillo þiudangardja guþs.
61 Qaþ þan jah anþar: laistja þuk, frauja; iþ faurþis uslaubei mis and-
qiþan þaim, þaiei sind in garda meinamma.
62 Qaþ þan du imma Iesus: ni manna uslagjands handu seina ana hohan
jah saihvands aftra, gatils ist in þiudangardja guþs.

10. KAPITEL.

1 Afaruþ-þan þata ustaiknida frauja jah anþarans sibuntehund jah insan-
dida ins tvans hvanzuh faura andvairþja seinamma in all baurge jah
stade, þadei munaida is gaggan.
2 Qaþuh þan du im: asans managa, iþ vaurstvjans favai; bidjiþ nu frau-
jan asanais, ei ussatjai vaurstvjans in þo asan seina.
3 Gaggiþ, sai ik insandja izvis sve lamba in midumai vulfe.
4 Ni bairaiþ pugg nih matibalg nih gaskohi; ni mannanhun bi vig
goljaiþ.
5 In þanei garde inn gaggaiþ, frumist qiþaiþ: gavairþi þamma garda.
6 Jah jabai sijai jainar sunus gavairþjis, gahveilaiþ sik ana imma gavairþi
izvar; iþ jabai ni, du izvis gavandjai.
7 Inuh þan þamma garda visaiþ, matjandans jah driggkandans þo at im;
vairþs auk ist vaurstvja mizdons seinaizos. Ni faraiþ us garda in
gard.
8 Jah in þoei baurge gaggaiþ jah audnimaina izvis, matjaiþ þata faur-
lagido izvis.
9 Jah lekinoþ þans in izai siukans jah qiþiþ du im: atnehvida ana izvis
þiudangardi guþs.
10 Iþ in þoei baurge inn gaggaiþ jah ni audnimaina izvis, usgaggandans
ana fauradaurja izos qiþaiþ:
11 jah stubju þana gahaftnandan unsis us þizai baurg izvarai ana fotuns
unsarans afhrisjam izvis; sveþauh þata viteiþ, þatei atnehvida sik
ana izvis þiudangardi guþs.
12 Qiþa izvis, þatei Saudaumjam in jainamma daga sutizo vairþiþ þau
þizai baurg jainai.
13 Vai þus Kaurazein, vai þus Baiþsaïdan! Unte iþ in Tyrai jah Sei-

---

donai vaurþeina mahteis, þozei vaurþun in izvis, airis þau in sakkum
jah azgon sitandeins gaïdreigodedeina.

14 Sveþauh Tyrai jah Seidonai sutizo vairþiþ in daga stauos þau izvis.

15 Jah þu Kafarnaum, þu und himin ushauhido, und halja gadrausjaza.

16 Saei hauseiþ izvis, mis hauseiþ, jah saei ufbrikiþ izvis, mis ufbrikiþ;
iþ saei ufbrikiþ mis, ufbrikiþ þamma sandjandin mik.

17 Gavandidedun þan sik þai sibuntehund miþ fahedai qiþandans: frauja,
jah unhulþons ufhausjand unsis in namin þeinamma.

18 Qaþ þan du im: gasahv Satanan sve lauhmunja driusandan us himina.

19 Sai, atgaf izvis valdufni trudan ufaro vaurme jah skaurpjono jah ana
allai mahtai fijandis, jah vaihte ainohun izvis ni gaskaþjiþ.

20 Sveþauh þamma ni faginoþ, ei þai ahmans izvis ufhausjand: iþ faginod
in þammei namna izvara gamelida sind in himinam.

21 Inuh þizai hveilai svegnida ahmin Iesus jah qaþ: andhaita þus, atta,
frauja himinis jah airþos, unte affalht þo faura snutraim jah frodaim
jah andhulides þo niuklahaim. Jai, atta, unte sva varþ galeikaiþ in
andvairþja þeinamma.

22 Jah gavandiþs du siponjam seinaim qaþ: all mis atgiban ist fram attin
meinamma, jah ni hvashun kann, hvas ist sunus, alja atta, jah hvas
ist atta, alja sunus, jah þammei vili sunus andhuljan.

23 Jah gavandiþs du siponjam seinaim sundro qaþ: audaga augona, þoei
saihvand þoei jus saihviþ.

24 Qiþa auk izvis, þatei managai praufeteis jah þiudanos vildedun saihvan,
þatei jus saihviþ, jah ni gasehvun, jah hausjan, þatei jus gahauseiþ,
jah ni hausidedun.

25 Jah sai, vitodafasteis sums ustoþ fraisands ina jah qiþands: laisari, hva
taujands libainais aiveinons arbja vairþa?

26 Þaruh qaþ du imma: in vitoda hva gameliþ ist? hvaiva ussiggvis?

27 Iþ is andhafjands qaþ: frijos fraujan guþ þeinana us allamma háirtin
þeinamma jah us allai saivalai þeinai jah ns allai mahtai þeinai jah
us allai gahugdai þeinai, jah nehvundjan þeinana sve þuk silban.

28 Þanuh qaþ du imma: raihtaba andhoft; þata tavei jah libais.

29 Iþ is viljands usvaurhtana sik domjan qaþ du Iesua: an hvas ist mis
nehvundja?

30 Andhafjands þan Iesus qaþ: manna galaiþ af Iairusalem in Iaireikon
jah in vaidedjans frarann, þaiei jah biraubodedun ina jah banjos
analag(jandans) — —

14. KAPITEL.

9 — — . . na aftumistan haban staþ.

10 Ak þan haitaizau, atgaggands anakumbei ana þamma aftumistin stada,
ei biþe qimai, saei haihait þuk, qiþai du þus: frijond, usgagg hauhis.
Þanuh ist þus hauhiþa faura þaim miþanakumbjandam þus.

XIV. 9. . . . na] *zweite Silbe des pron.* þana. —

11 Unte hvazuh saei hauheiþ sik silba, gahnaivjada, jah s_aei hnaiveiþ sik
silban, ushauhjada.

12 Qaþuþ-þan jah þamma haitandin sik: þan vaurkjais undaurnimat aiþþau
nahtamat, ni haitais frijonds þeinans nih broþruns þeinans nih niþ-
jans þeinans nih garaznans gabeigans, ibai aufto jah eis aftra hai-
taina þuk jah vairþiþ þus usguldan;

12 ak þan vaurkjais dauht, hait unledans, gamaidans, haltans, blindans.

14 Jah audags vairþis, unte eis ni haband usgildan þus; usgildada auk
þus in ustassai þize usvaurhtane.

15 Gahausjands þan sums þizei anakumbjandane þata qaþ du imma: au-
dags, saei matjiþ hlaif in þiudangardjai guþs.

16 Þaruh qaþ imma frauja: manna sums gavaurhta nahtamat mikilana
jah haihait managans.

17 Jah insandida skalk seinana hveilai nahtamatis qiþan þaim haitanam:
gaggiþ, unte ju manvu ist allata.

18 Jah dugunnun suns faurqiþan allai. Sa frumista qaþ: land bauhta jah
þarf galeiþan jah saihvan þata; bidja þuk, habai mik faurqiþanana.

19 Jah anþar qaþ: juka auhsne usbauhta fimf jah gagga kausjan þans;
bidja þuk, habai mik faurqiþanana.

20 Jah sums qaþ: qen liugaida jah duþe ni mag qiman.

21 Jah qimands sa skalks gataih fraujin seinamma þata. Þanuh þvairhs
sa gardavaldands qaþ du skalka seinamma: usgagg sprauto in gat-
vons jah staigos baurgs, jah unledans jah gamaidans jah blindans
jah haltans attiuh hidre.

22 Jah qaþ sa skalks: frauja, varþ sve anabaust, jah nauh stads ist.

23 Jah qaþ sa frauja du þamma skalka: usgagg and vigans jah faþos jah
nauþei inn atgaggan, ei usfulnai gards meins.

24 Qiþa allis izvis, þatei ni ainshun manne jainaize þize faura haitanane
kauseiþ þis nahtamatis meinis.

25 Miþiddjedun þan imma hiuhmans managai, jah gavandjands sik qaþ
du im:

26 Jabai hvas gaggiþ du mis jah ni fijaiþ attan seinana jah aiþein jah
qen jah barna jah broþruns jah svistruns, nauhuþ-þan seina silbins
saivala, ni mag meins siponeis visan.

27 Jah saei ni bairiþ galgan seinana jah gaggai afar mis, ni mag visan
meins siponeis.

28 Izvara hvas raihtis viljands kelikn timbrjan, niu frumist gasitands rah-
neiþ manviþo, habaiu du ustiuhan;

29 ibai aufto, biþe gasatidedi grunduvaddju jah ni mahtedi ustiuhan, allai
þai gasaihvandans duginnaina bilaikan ina,

30 qiþandans, þatei sa manna dustodida timbrjan jah ni mahta us-
tiuhan.

31 Aiþþau hvas þiudans gaggands stigqan viþra anþarana þiudan du vi-
gana, niu gasitands faurþis þankeiþ, siaiu mahteigs miþ taihun þu-

- sundjom gamotjan þamma miþ tvaim tigum þusundjo gaggandin ana sik?

32 Eiþau [jabai nist mahteigs], nauhþanuh fairra imma visandin insand-jands airu bidjiþ gavairþjis.

33 Svah nu hvarjizuh izvara, saei ni afqiþiþ allamma aigina seinamma, ni mag visan meins siponeis.

34 God salt; iþ jabai salt baud vairþiþ, hve gasupoda?

35 Nih du airþai, ni du maihstau fagr ist; ut usvairpand imma. Saei habai ausona gahausjandona, gahausjai.

15. KAPITEL.

1 Vesunuþ-þan imma nehvjandans sik allai motarjos jah fravaurhtai hausjan imma.

2 Jah birodidedun Fareisaieis jah bokarjos qiþandans, þatei sa fravaurh-tans andnimiþ jah miþmatjiþ im.

3 Qaþ þan du im þo gajukon qiþands:

4 hva manna izvara aigands taihuntehund lambe jah fraliusands ainamma þize, niu bileiþiþ þo niuntehund jah niun ana auþidai jah gaggiþ afar þamma fralusanin, unte bigitiþ þata?

5 Jah bigitands uslagjiþ ana amsans seinans faginonds,

6 jah qimands in garda galaþoþ frijonds jah garaznans qiþands du im: faginoþ miþ mis, þammei bigat lamb mein þata fralusano.

7 Qiþa izvis, þatei sva faheds vairþiþ in himina in ainis fravaurhtis id-reigondins þau in niuntehundis jah niune garaihtaize, þaiei ni þaurbun idreigos.

8 Aiþþau suma qino drakmans habandei taihun, jabai fraliusiþ drakmin ainamma, niu tandeiþ lukarn jah usbaugeiþ razn jah sokeiþ glagg-vaba, unte bigitiþ?

9 Jah bigitandei gahaitiþ frijondjos jah garaznons qiþandei: faginoþ miþ mis, unte bigat drakmein, þammei fralaus.

10 Sva qiþa izvis, faheds vairþiþ in andvairþja aggele guþs in ainis id-reigondins fravaurhtis.

11 Qaþuþ-þan: manne sums aihta tvans sununs.

12 Jah qaþ sa juhiza ize du attin: atta, gif mis, sei undrinnai mik, dail aiginis; jah disdailida im sves sein.

13 Jah afar ni managans dagans brahta samana allata sa juhiza sunus jah aflaiþ in land fairra visando jah jainar distahida þata sves sei-nata libands usstiuriba.

---

die neue Linie beginnend. Uppstr. erklärt: du vigan (*sc.* ina) *um (ihn) zu bewegen, zu vertreiben; und* na = *ahd.* ua (*Graff, ahd. Sprachschatz II. 968*), *aber in der Bedeutung profecto, fürwahr. M. gibt die Stelle:* du v(e)igan (i)na. — þaukeiþ] *so C.-A. für* þag-keiþ. —

XIV. 32. jabai nist mahteigs] *scheint ursprünglich erklärende Glosse gewesen zu sein.* —

14 Biþe þan fravas allamma, varþ huhrus abrs and gavi jainata, jah is dugann alaþarba vairþan.

15 Jah gaggands gahaftida sik sumamma baurgjane jainis gaujis, jah insandida ina haiþjos seinaizos haldan sveina.

16 Jah gairnida sad itan haurne, þoei matidedun sveina, jah manna imma ni gaf.

17 Qimands þan in sis qaþ: hvan filu asnje attins meinis ufarassau haband hlaibe, iþ ik huhrau fraqistna.

18 Usstandands gagga du attin meinamma jah qiþa du imma: atta, fravaurhta mis in himin jah in andvairþja þeinamma;

19 ju þanaseiþs ni im vairþs, ei haitaidau sunus þeins; gatavei mik sve ainana asnje þeinaize.

20 Jah usstandands qam at attin seinamma. Nauhþanuh þan fairra visandan gasahv ina atta is jah infeinoda jah þragjands draus ana hals is jah kukida imma.

21 Jah qaþ imma sa sunus: atta, fravaurhta in himin jah in andvairþja þeinamma, ju þanaseiþs ni im vairþs, ei haitaidau sunus þeins.

22 Qaþ þan sa atta du skalkam seinaim: sprauto bringiþ vastja þo frumiston jah gavasjiþ ina jah gibiþ figgragulþ in handu is jah gaskohi ana fotuns is:

23 jah bringandans stiur þana alidan ufsneiþiþ, jah matjandans visam vaila;

24 unte sa sunus meins dauþs vas jah gaqiunoda, jah fralusans vas jah bigitans varþ; jah dugunnun visan.

25 Vasuþ-þan sunus is sa alþiza ana akra jah qimands atiddja nehv razn jah gahausida saggvins jah laikins.

26 Jah athaitands sumana magive frahuh, hva vesi þata.

27 Þaruh is qaþ du imma, þatei broþar þeins qam, jah ufsnaiþ atta þeins stiur þana alidan, unte hailana ina andnam.

28 Þanuh modags varþ jah ni vilda inn gaggan, iþ atta is usgaggands ut bad ina.

29 Þaruh is andhafjands qaþ du attin: sai, sva filu jere skalkinoda þus jah ni hvanhun anabusn þeina ufariddja, jah mis ni aiv atgaft gaitein, ei miþ frijondam meinaim bivesjau;

30 iþ þan sa sunus þeins, saei fret þein sves miþ kalkjom, qam, ufsnaist imma stiur þana alidan.

31 Þaruh qaþ du imma: barnilo, þu sinteino miþ mis vast jah is, jah all þata mein þein ist;

32 vaila visan jah faginon skuld vas, unte broþar þeins dauþs vas jah gaqiunoda, jah fralusans jah bigitans varþ.

XV. 22. bringiþ] C.-A. für briggiþ; vrgl. v. 23 und Cap. XIV. 31. — gaskohi] gaskoh L. — 23. bringandans] briggandans L. — 24. jah dugunnun visan] scil. vaila. — 25. laikins] laikans L. — 27. ufsnaiþ] afsnaiþ C.-A.; cf. v. 23. 30. — 30. fret] Holzmann hält diese nur hier vorkommende Form für unmöglich und will den conj. frêti setzen, Germania IX. 134. Grimm (Gramm. 1², 844 im Gegensatze zu 1³, 57) und L. schlugen frat vor.

16. KAPITEL.

1 Qaþuþ-þan du siponjam seinaim: manne sums vas gabeigs, saei aihta fauragagjan, jah sa fravrohiþs varþ du imma, ei distahidedi aigin is.

2 Jah atvopjands ina qaþ du imma: duhve þata hausja fram þus? usgif raþjon fauragaggjis þeinis, ni magt auk ju þanamais fauragaggja visau.

3 Qaþ þan in sis sa fauragaggja: hva taujau, þandei frauja meins afnimiþ fauragaggi af mis? graban ni mag, bidjan skama mik.

4 Andþahta mik, hva taujau, ei þan, biþe afsatjaidau us fauragaggja, andnimaina mik in gardins seinans.

5 Jah athaitands ainhvarjanoh faihuskulane fraujins· seinis qaþ þamma frumistin: hvan filu skalt fraujin meinamma?

6 Þaruh qaþ: taihuntaihund kase alevis. Jah qaþ du imma: nim þus bokos jah gasitands sprauto gamelei fimf tiguns.

7 Þaþroh þan du anþaramma qaþ: aþþan þu, hvan filu skalt?˙ Iþ is qaþ: taihuntaihund mitade kaurnis. Jah qaþ du imma: nim þus bokos jah melei ahtautehund.

8 Jah hazida sa frauja þana fauragaggjan invindiþos, unte frodaba gatavida: unte þai sunjos þis aivis frodozans sunum liuhadis in kunja seinamma sind.

9 Jah ik izvis qiþa: taujaiþ izvis frijonds us faihuþraihna invindiþos, ei þan ufligaiþ, andnimaina izvis in aiveinos hleiþros.

10 Saei triggvs ist in leitilamma, jah in managamma triggvs ist; jah sa in leitilamma untriggva, jah in managamma untriggvs ist.

11 Jabai nu in invindamma faihuþraihna triggvai ni vaurþuþ, þata sunjeino hvas izvis galaubeiþ?

12 Jah jabai in þamma framaþjin triggvai ni vaurþuþ, þata izvar hvas izvis gibiþ?

13 Ni ainshun þive mag tvaim fraujam skalkinon; andizuh ainana fijaiþ jah anþarana frijoþ, aiþþau ainamma andtiloþ, iþ anþaramma frakann; ni maguþ guþa skalkinon jah faihuþraihna.

14 Gahausidedun þan þo alla jah þai Fareisaieis, faihufrikai visandans, jah bimampidedun ina.

15 Jah qaþ du im: jus sijuþ, juzei garaihtans domeiþ izvis silbans in andvairþja manne; iþ guþ kann hairtona izvara, unte þata hauho in mannam andaset in andvairþja guþs.

16 Vitoþ jah praufeteis und Iohannen; þaþroh þiudangardi guþs vailamerjada jah hvazuh in izai nauþjada.

17 Iþ azetizo ist himin jah airþa hindarleiþan þau vitodis ainana vrit gadriusan.

XVI. 13. faihuþraihna] *am Rande:* mammonim (*für* mammonin).

18 Hvazuh sa afletands qen seina jah liugands anþara horinoþ, jah hvazuh
saei afleitana liugaiþ, horinoþ.

19 Aþþan manne sums vas gabigs jah gavasids vas paurpaurai jah bys-
saun jah vaila visands daga hvammeh bairhtaba.

20 Iþ unleds sums vas namin haitans Lazarus; sah atvaurpans vas du
daura is, banjo fulls.

21 Jah gairnida saþ itan drauhsno þizo driusandeino af biuda þis gabei-
gins; akei jah hundos atrinnandans bilaigodedun banjos is.

22 Varþ þan gasviltan þamma unledin jah briggan fram aggilum in barma
Abrahamis; gasvalt þan jah sa gabeiga jah gafulhans varþ.

23 Jah in haljai ushafjands augona seina visands in balveinim gasahv þan
Abraham fairraþro jah Lazzaru in barmim is.

24 Jah is ufhropjands — —

17. KAPITEL.

3 — — — jabai fravaurkjai broþar þeins, gasak imma; jah þan jabai
idreigo sik, fraletais imma.

4 Jah jabai sibun sinþam ana dag fravaurkjai du þus jah sibun sinþam
ana dag gavandjai sik qiþands: idreigo mik, fraletais imma.
Jah qeþun apaustauleis du fraujin: biauk uns galaubein.

5 Qaþ þan frauja: jabai habaidedeiþ galaubein sve kaurno sinapis, aiþþau
jus [jabai] qiþeiþ du bairabagma þamma· uslausei þuk us vaurtim jah
ussatei þuk in marein, jah andhausidedi þau izvis.

7 Hvas þan izvara skalk aigands arjandan aiþþau haldandan, saei at-
gaggandin af haiþjai qiþai: suns hindarleiþ anuhkumbei?

8 ak niu qiþiþ du imma: manvei, hva du naht matjau, jah bigaurdans
andbahtei mis, unte matja jah drigka, jah biþe gamatjis jah gadrig-
kais þu?

9 Iba þank þus fairhaitis skalka jainamma, unte gatavida, þatei anabu-
dan vas? ni man.

10 Sva jah jus, þan taujaiþ alla þo anabudanona izvis, qiþaiþ, þatei skal-
kos unbrukjai sijum, unte þatei skuldedum taujan, gatavidedum.

11 Jah varþ, miþþanei iddja is in Iairusalem, jah is þairhiddja þairh midja
Samarian jah Galeilaian.

12 Jah inn gaggandin imma in suma haimo, gamotidedun imma taihun
þrutsfillai mans, þaih gastoþun fairraþro.

13 Jah silbans ushofon stibna qiþandans: Iesu, talzjand, armai unsis!

14 Jah gaumjands qaþ du im: gaggandans ataugeiþ izvis gudjam. Jah
varþ, miþþanei galiþun, gahrainidai vaurþun.

15 Iþ ains þan ize gaumjands þammei hrains varþ, gavandida sik miþ
stibnai mikilai hauhjands guþ,

XVI. 18. sn] saei L., doch ist ei im C.-A. getilgt. —
　XVII. 6. [jabai] scheint aus einer Glosse in den Text geraten; cf. L. zu dieser Stelle.
qiþeiþ] so C.-A. fur qeþeiþ. — bairabagma] buinabagma L. — 9. þauk] so C.-A. für þagk. —
13. ushofon] C.-A. für ushofun. —

16 jah draus ana andâvleizn faura fotum is aviliudonds imma: sah vas
Samareites.

17 Andhafjands þan Iesus qaþ: niu taihun þai gahrainidai vaurþun? iþ
þai niun hvar?

18 Ni bigitanai vaurþun gavandjandans giban vulþu guþa, niba sa alja-
kunja?

19 Jah qaþ du imma: usstandands gagg, galaubeins þeina ganasida þuk.

20 Fraihans þan fram Fareisaium: hvan qimiþ þiudangardi guþs? andhof
im jah qaþ: ni qimiþ þiudangardi guþs miþ atvitainai;

21 nih qiþand: sai her, aiþþau sai jainar; sai auk, þiudangardi guþs in
izvis ist.

22 Qaþ þan du siponjam: aþþan qimand dagos, þan gairneiþ ainana þize
dage sunaus mans gasaihvan jah ni gasaihviþ.

23 Jah qiþand izvis: sai her, aiþþau sai jainar; ni galeiþaiþ nih laistjaiþ.

24 Svasve raihtis lauhmoni lauhatjandei us þamma uf himina in þata uf
himina skeiniþ, sva vairþiþ sunus mans in daga seinamma.

25 Aþþan faurþis skal manag gaþulan jah uskiusada fram þamma kunja.

26 Jah svasve varþ in dagam Nauelis, svah vairþiþ jah in dagam sunaus
mans.

27 Etun jah drugkun, liugaidedun jah liugaidos vesun und þanei dag ga-
laiþ Nauel in arka; jah qam midjasveipains jah fraqistida allans.

28 Samaleiko jah sve varþ in dagam Lodis: etun jah drugkun, bauhtedun
jah frabauhtedun, satidedun, timridedun;

29 iþ þammei daga usiddja Lod us Saudaumim, rignida svibla jah funin
us himina jah fraqistida allaim.

30 Bi þamma vairþiþ þamma daga, ei sunus mans andhuljada.

31 In jainamma daga, saei sijai ana hrota jah kasa is in razna, ni at-
steigai dalaþ niman þo; jah saei ana haiþjai, samaleiko ni gavandjai
sik ibukana.

32 Gamuneiþ qenais Lodis.

33 Saei sokeiþ saivala seina ganasjan, fraqisteiþ izai, jah saei fraqisteiþ
izai in meina, ganasjiþ þo.

34 Qiþa izvis, þatei þizai naht tvai vairþand ana ligra samin, ains usni-
mada jah anþar bileiþada;

35 tvos vairþand malandeins samana, aina usnimada jah anþara bileiþada.

36 Jah andhafjandans qeþun du imma: hvar, frauja?

37 Iþ is qaþ im: þarei leik, jaindre galisand sik arans.

18. KAPITEL.

1 Qaþuþ-þan jah gajukon im du þammei sinteino skulun bidjan jah ni
vairþan usgrudjans,

2 qiþands: staua vas sums in sumai baurg, guþ ni ogands jah mannan
ni aistands.

XVII. 22. ainana þize dage sunaus] ainamma þize dage sununs C.-A., L. —

3 Vasuþ-þan jah viduvo in þizai baurg jainai jah atiddja du imma qiþan-
   dei: fraveit mik ana andastaþja meinamma.

4 Jah ni vilda laggai hveilai.   Afaruþ-þan þata qaþ in sis silbin: jabai
   jah guþ ni og jah mannan ni aista,

5 iþ in þizei usþriutiþ mis so viduvo, fraveita þo, ibai und andi qimandei
   usagljai mis.

6 Qaþ þan frauja: hauseiþ, hva staua invindiþos qiþiþ!

7 Iþ guþ niu gavrikai þans gavalidans seinans, þans vopjandans du sis
   dagam jah nahtam jah usbeidands ist ana im?

8 Aþþan qiþa izvis, þatei gavrikiþ ins sprauto. Iþ sveþauh sunus mans
   qimands bi-u-gitai galaubein ana airþai?

9 Qaþ þan du sumaim, þaiei silbans trauaidedun sis, ei veseina garaihtai
   jah frakunnandans þaim anþaraim, þo gajukon:

10 Mans tvai usiddjedun in alh bidjan, ains Fareisaius jah anþar mo-
   tareis.

11 Sa Fareisaius standands sis þo bad: guþ, aviliudo þus, unte ni im
   svasve þai anþarai mans, vilvans, invindans, horos aiþþau svasve sa
   motareis.

12 Fasta* tvaim sinþam sabbataus jah afdailja taihundon dail allis, þize
   gastalda.'

13 Jah sa motareis fairraþro standands ni vilda nih augona seina ushafjan
   du himina, ak sloh in brusts seinos qiþands: guþ, hulþs sijais mis
   fravaurhtamma.

14 Qiþa izvis: atiddja sa garaihtoza gataihans du garda seinamma þau
   raihtis jains; unte sahvazuh saei hauheiþ sik silba, gahnaivjada, iþ
   saei hnaiveiþ sik silba, ushauhjada.

15 Berun þan du imma barna, ei im attaitoki. Gasaihvandans þan sipon-
   jos andbitun ins.

16 Iþ Iesus athaitands ins qaþ: letiþ þo barna gaggan du mis jah ni
   varjiþ þo, unte þize svaleikaize ist þiudangardi guþs.

17 Amen, qiþa izvis: saei ni andnimiþ þiudangardja guþs sve barn, n
   qimiþ in izai.

18 Jah frah ina sums reike qiþands: laisari þiuþeiga, hva taujands libai-
   nais aiveinons arbja vairþau?

19 Qaþ þan du imma Iesus: hva mik qiþis þiuþeigana? ni ainshun þiuþeigs
   niba ains guþ.

20 Þos anabusnins kant: ni horinos; ni maurþrjais; ni hlifais; ni galiuga-
   veitvods sijais; sverai attan þeinana jah aiþein.

21 Iþ is qaþuh: þata allata gafastaida us jundai meinai.

22 Gahausjands þan þata Iesus qaþ du imma: nauh ainis þus van ist: all
   þatei habais, frabugei jah gadailei unledaim, jah habais huzd in hi-
   mina, jah hiri laistjan mik.

23 Iþ is gahausjands þata gaurs varþ; vas auk gabeigs filu.

---

24 Gasaihvands þan ina Iesus gaurana vaurþanana qaþ: hvaiva agluba þai
faihu habandans inn galeiþand in þiudangardja guþs!

25 Raþizo allis ist ulbandau þairh þairko neþlos þairhleiþan þau gabi-
gamma in þiudangardja guþs galeiþan.

26 Qeþun þan þai gahausjandans: an hvas mag ganisan?

27 Iþ is qaþ: þata unmahteigo at mannam mahteig ist at guþa.

28 Qaþ þan Paitrus: sai, veis aflailotum allata jah laistidedum þuk.

29 Iþ is qaþuh du im: amen, qiþa izvis, þatei ni ainshun ist þize afle-
tandane gard aiþþau fadrein aiþþau broþruns aiþþau qen aiþþau
barna in þiudangardjos guþs,

30 saei ni andnimai managfalþ in þamma mela, jah in aiva þamma qiman-
din libain aiveinon.

31 Ganimands þan þans ·ib· qaþ du im: sai, usgaggam in Iairusalem, jah
ustiuhada all þata gamelido þairh praufetuns bi sunu mans.

31 Atgibada auk þiudom jah bilaikada jah anamahtjada jah bispei-
vada,

33 jah usbliggvandans usqimand imma jah þridjin daga usstandiþ.

34 Jah eis ni vaihtai þis froþun, jah vas þata vaurd gafulgin af im jah
ni vissedun þo qiþanona.

35 Varþ þan, miþþanei nehva vas is Iaireikon, blinda sums sat faur vig
du aihtron.

36 Gahausjands þan managein faurgaggandein frah, hva vesi þata.

37 Gataihun þan imma, þatei Iesus Nazoraius þairhgaggiþ.

38 Iþ is ubuhvopida qiþands: Iesu, sunu Daveidis, armai mik!

39 Jah þai faurgaggandans andbitun ina, ei þahaidedi; iþ is und filu mais
hropida: sunau Daveidis, armai mik!

40 Gastandands þan Iesus haihait ina tiuhan du sis. Biþe nehva vas þan
imma, frah ina

41 qiþands: hva þus vileis ei taujau? Iþ is qaþ: frauja, ei ussaihvau.

42 Jah Iesus qaþ du imma: ussaihv, galaubeins þeina ganasida þuk.

43 Jah suns ussahv, jah laistida ina aviliudonds guþa. Jah alla managei
gasaihvandei gaf hazein guþa.

19. KAPITEL.

1 Jah inn galeiþands þairhlaiþ Iaireikon.

2 Jah sai, guma namin haitans Zakkaius, sah vas fauramaþleis motarje
jah vas gabigs;

3 jah sokida gasaihvan Iesu, hvas vesi, jah ni mahta faura managein,
unte vahstau leitils vas.

4 Jah biþragjands faur usstaig ana smakkabagm, ei gasehvi ina, unte is
and þata munaida þairhgaggan.

5 Jah biþe qam ana þamma stada, insaihvands iup Iesus gasahv ina jah

---

qaþ du imma: Zakkaiu, sniumjands dalaþ atsteig; himma daga auk in garda þeinamma skal ik visan.

6 Jah sniumjands atstaig jah andnam ina faginonds.

7 Jah gasaihvandans allai birodidedun qiþandans, þatei du fravaurhtis .mans galaiþ [in gard] ussaljan.

8 Standands þan Zakkaius qaþ du fraujin: sai, halbata aiginis meinis, frauja, gadailja unledaim, jah jabai hvis hva afholoda, fidurfalþ fragilda.

9 Qaþ þan du imma Iesus, þatei himma daga naseins þamma garda varþ, unte jah sa sunus Abrahamis ist;

10 qam auk sunus mans sokjan jah nasjan þans fralusanans.

11 At gahausjandam þan im þata, biaukands qaþ gajukon, bi þatei nehva Iairusalem vas, jah þuhta im, ei suns skulda vesi þiudangardi guþs gasvikunþjan.

12 Qaþ þan: manna sums godakunds gaggida landis franiman sis þiudangardja jah gavandida sik.

13 Athaitands þan taihun skalkans seinans atgaf im taihun dailos jah qaþ du im: kaupoþ, unte ik qimau.

14 Iþ baurgjans is fijaidedun ina jah insandidedun airu afar imma qiþandans: ni vileima þana þiudanon ufar unsis.

15 Jah varþ, biþe atvandida sik aftra, andnimands þiudangardja jah haihait vopjan du sis þans skalkans, þaimei atgaf þata silubr, ei gakunnaidedi, hva hvarjizuh gavaurhtedi.

16 Qam þan sa frumista qiþands: frauja, skatts þeins gavaurhta taihun skattans.

17 Jah qaþ du imma: vaila, goda skalk, unte in leitilamma vast triggvs, sijais valdufni habands ufar taihun baurgim.

18 Jah qam anþar qiþands: frauja, skatts þeins gavaurhta fimf skattans.

19 Qaþ þan jah du þamma: jah þu sijais ufaro fimf baurgim.

20 Jah sums qam qiþands: frauja, sai, skatts þeins, þanei habaida, galagida ina in fanin;

21 ohta mis auk þuk, unte manna hardus is. Nimis, þatei ni lagides, jah sneiþis, þatei ni saisost.

22 Jah qaþ du imma: us munþa þeinamma stoja þuk, unselja skalk jah lata. Visseis, þatei ik manna hardus im, nimands, þatei ni lagida, jah sneiþands, þatei ni saiso;

23 jah duhve ni atlagides þata silubr mein du skattjam? jah qimands miþ vokra galausidedjau þata.

24 Jah du þaim faurastandandam qaþ: nimiþ af imma þana skatt jah gibiþ þamma þos taihun dailos habandin.

25 Jah qeþun du imma: frauja, habaiþ taihun dailos.

XIX. 7. du fravaurhtis mans] *elliptisch su fassen, scil.* du garda fravaurhtis mans (*vergl. Luc. VIII. 49.* fram þis fauramaþleis *scil.* garda). *Zur Erklärung der Ellipse hat einst die Glosse* in gard gedient, *die später in den Text geraten ist.* — 8. gadailja] gadailjau L., *doch ist* u *im C.-A.* getilgt. — 20. galagida ina] galagidana L. —

26 Qiþa allis izvis, þatei hvarjammeh habandane gibada, iþ af þamma un-
habandin jah þatei habaiþ, afnimada af imma.   •

27 Aþþan sveþauh fijands meinans jainans, þaiei ni vildedun mik þiuda-
non ufar sis, briggiþ her jah usqimiþ faura mis.

28 Jah qiþands þata iddja fram, usgaggands in Iairusaulyma.

29 Jah varþ, biþe nehva vas Beþsfagein jah Beþanijin af fairgunja, þatei
haitada alevjo, insandida tvans siponje seinaize

30 qiþands: gaggats in þo viþravairþon haim, in þizaiei inn gaggandans
bigitats fulan asilaus gabundanana, ana þammei ni ainshun aiv manne
sat; andbindandans ina attiuhiþ.

31 Jah jabai hvas inqis fraihnai: duhve andbindiþ? sva qiþaits du imma,
þatei frauja þis gairneiþ.

32 Galeiþandans þan þai insandidans bigetun, svasve qaþ du im.

33 Andbindandam þan im, qeþun þai fraujans þis du im: duhve andbin-
dats þana fulan?

34 Iþ eis qeþun: fraujin þaurfts þis ist.

35 Jah attauhun þana fulan Iesua jah usvairpandans vastjos seinos ana
þana fulan ussatidedun Iesu.

36 Gaggandin þan imma ufstravidedun vastjom seinaim ana viga.

37 Biþe þan is nehva vas juþan at ibdaljin þis fairgunjis alevabagme,
dugunnun alakjo managei siponje faginondans hazjan guþ stibnai mi-
kilai in allaizo, þoze sehvun, mahte,

38 qiþandans: þiuþida sa qimanda þiudans in namin fraujins; gavairþi in
himina jah vulþus in hauhistjam.

39 Jah sumai Fareisaie us þizai managein qeþun du imma: laisari, sak
þaim siponjam þeinaim.

40 Jah andhafjands qaþ du im: qiþa izvis, þatei jabai þai slavand, stainos
hropjand.

41 Jah sunsei nehva vas, gasaihvands þo baurg gaigrot bi þo,

42 qiþands: þatei iþ vissedeis jah þu in þamma daga þeinamma þo du
gavairþja þeinamma! iþ nu gafulgin ist faura augam þeinaim,

43 þatei qimand dagos ana þus jah bigraband fijands þeinai grabai þuk
jah bistandand þuk jah bivaibjand þuk allaþro.

44 Jah airþai þuk gaïbnjand jah barna þeina in þus, jah ni letand in
in þus stain ana staina, in þizei ni ufkunþes þata mel niuhseinais
þeinaizos.

45 Jah galeiþands in alh dugann usvairpan þans frabugjandans in izai
jah bugjandans,

46 qiþands du im: gameliþ ist, þatei gards meins gards bido ist; iþ jus
ina gatavideduþ du filegrja þiube.

47 Jah vas laisjands daga hvammeh in þizai alh: iþ þai auhmistans gud-
jans jah bokarjos sokidedun ina usqistjan jah þai frumistans ma-
nageins.

XIX. 31. inqis] *so C.-A- für* igqis. — **37.** ibdalgin] *nach Uppstr. deutlich in C.-A.;* iddaljin
L. — þoze] *für* þozei *C.-A.* —
    Ulfilas. 3. Aufl.   6

48 Jah ni bigetun, hva gatavidedeina; managei auk alakjo hahaida du haus-
   jan imma.

20. KAPITEL.

1 Jah varþ in sumamma dage jainaize at laisjandin imma þo managein
  in alh jah vailamerjandin, atstoþun þai gudjans jah bokarjos miþ
  þaim sinistam

2 jah qeþun du imma qiþandans: qiþ unsis, in hvamma valdufnje þata
  taujis aiþþau hvas ist, saei gaf þus þata valdufni?

3 Andhafjands þan qaþ du im: fraihna izvis jah ik ainis vaurdis jah
  qiþiþ mis:

4 daupeins Iohannis uzuh himina vas þau uzuh mannam?

5 Iþ eis þahtedun miþ sis misso qiþandans: þatei jabai qiþam: us hi-
  mina, qiþiþ: aþþan duhve ni galaubideduþ imma?

6 iþ jabai qiþam: us mannam, alla so managei stainam afvairpiþ unsis;
  triggvaba galaubjand auk allai Iohannen praufetu visan.

7 Jah andhofun, ei ni vissedeina, hvaþro.

8 Jah Iesus qaþ im: ni ik izvis qiþa, in hvamma valdufnje þata
  tauja.

9 Dugann þan du managein qiþan þo gajukon: manna ussatida veinagard
  jah anafalh ina vaurstvjam jah aflaiþ jera ganoha.

10 Jah in mela insandida du þaim aurtjam skalk, ei akranis þis veina-
   gardis gebeina imma. Iþ þai aurtjans usbliggvandans ina insandide-
   dun lausana.

11 Jah anaaiauk sandjan anþarana skalk; iþ eis jah jainana bliggvandans
   jah unsverandans insandidedun lausana.

12 Jah anaaiauk sandjan þridjan: iþ eis jah þana gavondondans us-
   vaurpun.

13 Qaþ þan sa frauja þis veinagardis: hva taujau? sandja sunu meinana
   þana liuban; aufto þana gasaihvandans aistand.

14 Gasaihvandans þan ina þai aurtjans, þahtedun miþ sis misso qiþan-
   dans: sa ist sa arbinumja; afslaham ina, ei uns vairþai þata
   arbi.   .

15 Jah usvairpandans ina ut us þamma veinagarda usqemun. Hva nu
   taujai im frauja þis veinagardis?

16 Qimiþ jah usqisteiþ aurtjam þaim jah gibiþ þana veinagard anþaraim.
   Gahausjandans qeþun þan: nis-sijai.

17 Iþ is insaihvands du im qaþ: aþþan hva ist þata gamelido: stains,
   þammei uskusun timrjans, sah varþ du haubida vaihstins.

18 Hvazuh saei driusiþ ana þana stain, gakrotuda; iþ ana þanei driusiþ,
   disvinþeiþ ina.

19 Jah sokidedun þai bokarjos jah auhumistans gudjans uslagjan ana ina

---

XX. 10. geb ena C.-A. — 12. gavondondans] so C.-A. für gavundondans.

handuns in þizai hveilai jah ohtedun þo managein; froþun auk, þatei du im þo gajukon qaþ.

20 Jah afleiþandans insandidedun ferjans, þans us liutein taiknjandans sik garaihtans visan, ei gafaifaheina is vaurdei jah atgebeina ina reikja jah valdufnja kindinis.

21 Jah frehun ina qiþandans: laisari, vitum þatei raihtaba rodeis jah laiseis jah ni andsaihvis andvairþi, ak bi sunjai vig guþs laiseis:

22 skuldu ist unsis kaisara gild giban þau niu?

23 Bisaihvands þan ize unselein Iesus qaþ du im: hva mik fraisiþ?

24 Augeiþ mis skatt: hvis habaiþ manleikan jah ufarmeli? Andhafjan-dans þan qeþun: kaisaris.

25 Iþ is qaþuh du im: us-nu-gibiþ þo kaisaris kaisara jah þo guþs guþa.

26 Jah ni mahtedun gafahan is vaurde in andvairþja manageins jah silda-leikjandans andavaurdi is gaþahaidedun.

27 Duatgaggandans þan sumai Saddukaie, þaiei qiþand usstass ni visan, frehun ina

28 qiþandans: laisari, Moses gamelida uns, jabai hvis broþar gadauþnai aigands qen jah sa unbarnahs gadauþnai, ei nimai broþar is þo qen jah urraisjai fraiv broþr seinamma.

29 Sibun nu broþrjus vesun jah sa frumista nimands qen gadauþnoda un-barnahs.

30 Jah nam anþar þo qen, jah sa gasvalt unbarnahs.

31 Jah þridja nam þo samaleiko; samaleiko þan jah þai sibun jah ni bi-liþun barne jah gasvultun.

32 Spedista allaize gadauþnoda jah so qens.

33 In þizai usstassai nu, hvarjis þize vairþiþ qens? þai auk sibun aihte-dun þo du qenai.

34 Jah andhafjands qaþ du im Iesus: þai sunjus þis aivis liugand jah liuganda;

35 iþ þaiei vairþai sind jainis aivis niutan jah usstassais us dauþaim, ni liugand ni liuganda;

36 nih allis gasviltan þanaseiþs magun, ibnans aggilum auk sind jah sun-jus sind guþs, usstassais sunjus visandans.

37 Aþþan þatei urreisand dauþans, jah Moses bandvida ana aihvatundjai, sve qiþiþ: sahv fraujan guþ Abrahamis jah guþ Isakis jah guþ Iakobis.

38 Aþþan guþ nist dauþaize, ak qivaize; allai auk imma liband.

39 Andhafjandans þan sumai þize bokarje qeþun: laisari, vaila qast.

40 Niþ-þan þanaseiþs gadaurstedun fraihnan ina ni vaihtais.

41 Qaþ þan du im: hvaiva qiþand Kristu sunu Daveidis visan?

XX. 20. vaurdei] so C.-A.; vaurde L. — 26. andavaurdi] andavaurde C.-A., L. anda-vaurdeis M.; vergl. Luc. VII. 9. Skeir. 51b. — 37. bandvida] banvida C.-A., L. —

42 jah silba Daveid qiþiþ iu bokom psalmo: qaþ frauja du fraujin mei-
namma: sit af taihsvon meinai,

43 unte ik galagja fijands þeinans fotubaurd fotive þeinaize.

44 Daveid ina fraujan haitiþ, jah hvaiva sunus imma ist?

45 At gahausjandein þan allai managein, qaþ du siponjam seinaim:

46 atsaihviþ faura bokarjam þaim viljandam gaggan in hveitaim — —

Aivaggeljo þairh Iohannen.

1. KAPITEL.

29 Sai, sa ist viþrus guþs, saei afnimiþ fravaurht þizos manasedais. —

3. KAPITEL.

3 — Amen, amen, qiþa þus, niba saei gabairada iupaþro, ni mag ga-
saihvan þiudangardja guþs.

4 — Hvaiva mahts ist manna gabairan, alþeis visands? ibai mag in
vamba aiþeins seinaizos aftra galeiþan jag-gabairaidau?

5 — Amen, amen, · qiþa þus, niba saei gabairada us vatin jah ahmin, ni
mag inn galeiþan in þiudangardja guþs.

23 — (vatna ma)naga vesun jainar; þaruh qemun jah daupidai vesun.

24 Ni nauhþanuh galagiþs vas in karkarai Iohannes.

25 Þaþroh þan varþ sokeins us siponjam Iohannes miþ Iudaium bi
sviknein.

26 — — Rabbei, saei vas miþ þus hindar Jaurdanau, þammei þu veit-
vodides, sai, sa daupeiþ jah allai gaggand du imma.

29 — So nu faheþs meina usfullnoda.

30 Jains skal vahsjan, iþ ik minznan.

31 Sa iupaþro qimands ufaro allaim ist. — Sa us himina qumana ufaro
allaim ist.

32 Jah þatei gasahv jag-gahausida, þata veitvodeiþ, jah þo veitvodida is
ni ainshun nimiþ. —

5. KAPITEL.

21 Svasve auk atta urraiseiþ dauþans jah liban gataujiþ, sva jah sunus,
þanzei vili, liban gataujiþ.

Die Ueberschrift rührt von den älteren Herausgebern her. —
I. 29. — V. 45. *aus der Skeireins.* —
III. 4. *in der Skeir.* zweimal (39 b, 40 c), *das zweite Mal* manna alþeis visands gabairan.
— 31 *Nach dem ersten* ist setzen *M. und Uppstr. aus der Anmerkung L's. hinzu:* sa vi-
sands us airþai us airþai ist jah us airþai rodeiþ; *die Skeir. bezieht sich auf diese ergänzte
Stelle durch die Worte* (44 c): iþ sik airþakundana jah us airþai rodjandau (*scil.* qiþands).

22 Nih þan atta ni stojiþ ainohun, ak staua alla atgaf sunau,

23 ei allai sveraina sunu, svasve sverand attan. —

35 Jains vas lukarn brinnando jah liuhtjando; iþ jus vildeduþ svignjan du hveilai in liuhada is.

36 Aþþan ik haba veitvodiþa maizein þamma Iohanne. Þo auk vaurstva, þoei atgaf mis atta, ei ik taujau þo, þo vaurstva, þoei ik tauja, veitvodjand bi mik, þatei atta mik sandida.

37 Jah saei sandida mik atta, sah veitvodeiþ bi mik; nih stibna is hvanhun gahausideduþ nih siun is gasehvuþ.

38 Jah vaurd is ni habaiþ visando in izvis, þande þanei insandida jains, þammuh·jus ni galaubeiþ.

45 — þatei ik vrohidedjau izvis du attin; ist, saei vrohida izvis, Moses, du þammei jus veneiþ.

46 Jabai allis Mose galaubidedeiþ, ga-þau-laubidedeiþ mis; bi mik auk jains gamelida.

47 Þande nu jainis melam ni galaubeiþ, hvaiva meinaim vaurdam galaubjaiþ?

6. KAPITEL.

1 Afar þata galaiþ Iesus ufar marein þo Galeilaie jah Tibairiade.

2 Jah laistida ina manageins filu, unte gasehvun taiknins, þozei gatavida bi siukaim.

3 Usiddja þan ana fairguni Iesus jah jainar gasat miþ siponjam seinaim.

4 Vasuh þan nehva pasxa, so dulþs Iudaie.

5 Þaruh ushof augona Iesus jah gaumida þammei manageins filu iddja du imma, qaþuh du Filippau: hvaþro bugjam hlaibans, ei matjaina þai?

6 Þatuh þan qaþ fraisands ina; iþ silba vissa', þatei habaida taujan.

7 Andhof imma Filippus: tvaim hundam skatte hlaibos ni ganohai sind þaim, þei nimai hvarjizuh leitil.

8 Qaþ ains þize siponje is, Andraias, broþar Paitraus Seimonaus:

9 ist magula ains her, saei habaiþ ·e· hlaibans barizeinans jah ·b· fiskans; akei þata hva ist du sva managaim?

10 Iþ Iesus qaþ: vaurkeiþ þans mans anakumbjan. Vasuh þan havi manag ana þamma stada. Þaruh anakumbidedun vairos raþjon svasve fimf þusundjos.

11 Namuh þan þans hlaibans Iesus jah aviliudonds gadailida þaim anakumbjandam; samaleiko jah þize fiske, sva filu sve vildedun.

V. 45. hier beginnt C.-A. wieder. —

VI. 4. pasxa] so stets in Ioh. für paska. — 9.— 13. auch in der Skeireins. — 10. In der Skeireins (49 a. b.)' lautet der Vers: iþ frauja . . . qaþ: vaurkeiþ þans mans anakumbjan. Iþ eis, at hauja managamma visandin iu þamma stada, þo filusna anakumbjan gatavidedun, fimf þusundjos vaire iuuh qiuons jah barna. — 11. samaleiko] samaleikoh þan Skeir. 50 c. —

12 Þanuh, biþe sadai vaurþun, qaþ du siponjam seinaim: galisiþ þos
aflifnandeins drauhsnos, þei vaihtai ni fraqistnai.

13 Þanuh galesun jah gafullidedun ·ib· tainjons gabruko us fimf hlaibam
þaim barizeinam, þatei aflifuoda þaim matjandam.

14 Þaruh þai mans gasaihvandans, þoei gatavida taikn Iesus, qeþun, þatei
sa ist bi sunjai praufetus sa qimanda in þo manaseþ.

15 Iþ Iesus kunnands, þatei munaidedun usgaggan jah vilvan, ei tavide-
deina ina du þiudana, afiddja aftra in fairguni is ains.

16 Iþ sve seiþu varþ, atiddjedun siponjos is ana marein

17 jah usstigun in skip, iddjedunuh ufar marein in Kafarnaum. Jah riqis
juþan varþ jah ni atiddja nauhþan du im Iesus.

18 Iþ marei vinda mikilamma vaiandin urraisida vas.

19 Þaruh farjandans ˎsve spaurde ·k· jah ·e· aiþþau ·l· gasaihvand Iesu
gaggandau ana marein jah nehva skipa qimandan, jah ohtedun sis.

20 Þaruh is qaþ: ik im, ni ogeiþ izvis.

21 Þaruh vildedun ina niman in skip, jah sunsaiv þata skip varþ aua
airþai, ana þoei eis iddjedun.

22 Iftumin daga managei, sei stoþ hindar marein, sehvun, þatei skip anþar
ni vas jainar alja ain jah þatei miþ-ni-qam siponjam seinaim Iesus
in þata skip, ak ainai siponjos is galiþun.

23 Anþara þan skipa qemun us Tibairiadau nehva þamma stada, þarei
matidedun hlaif, ana þammei aviliudoda frauja.

24 Þaruh þan gasahv managei, þatei Iesus nist jainar nih siponjos is,
gastigun in skipa jah qemun in Kafarnaum sokjandans Iesu.

25 Jah bigetun ina hindar marein qeþunuh du imma: rabbei, hvan her
qamt?

26 Andhof im Iesus jah qaþ: amen amen qiþa izvis, sokeiþ mik, ni þatei
sehvuþ taiknins jah fauratanja, ak þatei matideduþ þize hlaibe jah
sadai vaurþuþ.

27 Vaurkjaiþ ni þana mat þana fralusanan, ak mat þana visandan du
libainai aiveinon, þanei sunus mans gibiþ izvis; þanuh auk atta ga-
siglida guþ.

28 Þaruh qeþun du imma: hva taujaima, ei vaurkjaima vaurstva guþs?

29 Andhof Iesus jah qaþ du im: þat-ist vaurstv guþs, ei galaubjaiþ þam-
mei insandida jains.

30 Qeþun du imma: aþþan hva taujis þu taikne, ei saihvaima jah ga-
laubjaima þus? hva vaurkeis?

31 Attans unsarai manna matidedun ana auþidai, svasve ist gameliþ: hlaif
us himina gaf im du matjan.

32 Þaruh qaþ im Iesus: amen, amen, qiþa izvis, ni Moses gaf izvis hlaif
us himina, ak atta meins gaf izvis hlaif us himina þana sunjeinan.

VI. 12. qaþ du] du *fehlt Skeir.* 50 b. — drauhsnos] drausnos *Skeir. ibid.* — þei] ei *Skeir.
ibid.* — 13. us fimf hlaibam þaim barizeinam] us þaim ·c· hlaibam barizeinam jah ·b· fiskam
Skeir. ibid. — aflifuoda þaim] aflifuoda at þaim *Skeir. ibid.* — 20. is] *in C.-A. fast er-
loschen, fehlt bei L.* — 28. vaursva C-A. —

33 Sa auk hlaifs guþs ist, saei atstaig us himina jah gaf libain þizai ma-
nasedai.

34 Þanuh qeþun du imma: frauja, framvigis gif unsis þana hlaif.

35 Jah qaþ du im Iesus: ik im sa hlaifs libainais; þana gaggandan du
mis ni huggreiþ jah þana galaubjandan du mis ni þaurseiþ hvanhun.

36 Akei qaþ izvis, þatei gasehvuþ mik jah ni galaubeiþ.

37 All, þatei gaf mis atta, du mis qimiþ, jah þana gaggandan du mis ni
usvairpa ut;

38 unte atstaig us himina, nih þeei taujau viljan meinana, ak viljan þis
· sandjandins mik.

40 Þatuh þan ist vilja þis sandjandins mik, ei hvazuh saei saihviþ þana
sunu jah galaubeiþ du imma, aigi libain aiveinon, jah urraisja ina
ik in spedistin daga.

41 Birodidedun þan Iudaieis bi ina, unte qaþ: ik im hlaifs sa atsteigands
us himina;

42 jah qeþun: niu sa ist Iesus sa sunus Iosefis, þizei veis kunþedum attan
jah aiþein? hvaiva nu qiþiþ sa, þatei us himina atstaig.

43 Andhof þan Iesus jah qaþ du im: ni birodeiþ miþ izvis misso.

44 Ni manna mag qiman at mis, nibai atta, saei sandida mik, atþinsiþ
ina, jah ik urraisja ina in þamma spedistin daga.

45 Ist gameliþ ana praufetum: jah vairþand allai laisidai guþs. Hvazuh
nu sa gahausjands at attin jah ganam gaggiþ du mis.

46 Ni þatei attan sehvi hvas, nibai saei vas fram attin, sa sahv attan.

47 Amen amen qiþa izvis, saei galaubeiþ du mis, aih libain aiveinon.

48 Ik im sa hlaifs libainais.

49 Attans izvarai matidedun manna in auþidai jah gasvultun.

50 Sa ist hlaifs, saei us himina atstaig, ei, saei þis matjai, ni ga-
dauþnai.

51 Ik im hlaifs sa libanda, sa us himina qumana; jabai hvas matjiþ þis
hlaibis, libaiþ in ajukduþ; jah þan sa hlaifs, þanei ik giba, leik mein
ist, þatei ik giba in þizos manasedais libainais.

52 Þanuh sokun miþ sis misso Iudaieis qiþandans: hvaiva mag sa unsis
leik giban du matjan?

53 Þaruh qaþ du im Iesus: amen amen qiþa izvis, nibai matjiþ leik þis
sunaus mans jah driggkaiþ is bloþ, ni habaiþ libain in izvis silbam.

54 Saei matjiþ mein leik jah driggkiþ mein bloþ, aih libain aiveinon, jah
ik urraisja ina in þamma spedistin daga.

55 Þata auk leik meinata bi sunjai ist mats jah þata bloþ mein bi sunjai
ist draggk.

56 Saei matjiþ mein leik jah driggkiþ mein bloþ, in mis visiþ jah ik in
imma.

57 Svasve insandida mik libands atta, jah ik liba in attins, jah saei matjiþ
mik, jah sa libaiþ in meina.

VI. 39. *ist wegen des gleichen Anfanges mit dem folgenden Verse vom Schreiber des*
C.-A. übersehen. — 46. vas] ist L. nach früherer irriger Lesung. —

58 Sa ist hlaifs, saei us himina atstaig, ni svasve matidedun attans izvarai
manna jah gadauþnodedun; iþ saei matjiþ þana hlaif, libaiþ in
ajukduþ.

59 Þata qaþ in synagoge, laisjands in Kafarnaum.

60 Þanuh managai gahausjandans þize siponje is qeþun: hardu ist þata
vaurd, hvas mag þis hausjon?

61 Iþ vitands Iesus in sis silbin, þatei birodidedun þata þai siponjos is,
qaþ du im: þata izvis gamarzeiþ?

62 jabai nu gasaihviþ sunu mans ussteigan, þadei vas faurþis?

63 Ahma ist, saei liban taujiþ, þata leik ni boteiþ vaiht. Þo vaurda,
þoei ik rodida izvis, ahma ist jah libains ist.

64 Akei sind izvara sumai, þaiei ni galaubjand. Vissuh þan us frumistja
Iesus, hvarjai sind þai ni galaubjandans jah hvas ist, saei galei-
veiþ ina.

65 Jah qaþ: duþe qaþ izvis, þatei ni ainshun mag qiman at mis, nibai
ist atgiban imma fram attin meinamma.

66 Uzuh þamma mela managai galiþun siponje is ibukai jah þanaseiþs
miþ imma ni iddjedun.

67 Þaruh qaþ Iesus du þaim tvalibim: ibai jah jus vileiþ galeiþan?

68 Þanuh andhof imma Seimon Paitrus: frauja, du hvamma galeiþaima?
vaurda libainais aiveinons habais.

69 Jah veis galaubidedum jah ufkunþedum, þatei þu is Xristus, sunus
guþs libandins.

70 Andhof im Iesus: niu ik izvis ·ib· gavalida jah izvara ains diabau-
lus ist?

71 Qaþuh þan þana Iudan Seimonis, Iskariotu; sa auk habaida ina ga-
levjan, ains visands þize tvalibe.

7. KAPITEL.

1 Jah hvarboda Iesus afar þata in Galeilaia; ni auk vilda in Iudaia
gaggan, unte sokidedun ina þai Iudaieis usqiman.

2 Vasuh þan nehva dulþs Iudaie, so hleþrastakeins.

3 Þanuh qeþun du imma broþrjus is: usleiþ þaþro jah gagg in Iudaian,
ei jah þai siponjos saihvaina vaurstva þeina, þoei þu taujis.

4 Ni manna auk in analaugnein hva taujiþ jah sokeiþ sik uskunþana
visan. Jabai þata taujis, bairhtei þuk silban þizai manasedai.

5 Ni auk þai broþrjus is galaubidedun imma.

6 Þaruh qaþ im Iesus: mel mein ni nauh ist, iþ mel izvar sinteino ist
manvu.

7 Ni mag so manaseþs fijan izvis, iþ mik fijaiþ; unte ik veitvodja bi ins,
þatei vaurstva ize ubila sind.

8 Jus galeiþiþ in dulþ þo, iþ ik ni nauh galeiþa in þo dulþ, unte mei-
nata mel ni nauh usfulliþ ist.

VI. 64. galeiveiþ] so C.-A. für galeveiþ. —

9 Þatuh þan qaþ du im, visands in Galeilaia.

10 Iþ biþe galiþun þai broþrjus is, þanuh jah is galaiþ in þo dulþ ni and-
augjo, ak sve analaugniba.

11 Þanuh Iudaieis sokidedun ina in þizai dulþai jah qeþun: hvar ist jains?

12 Jah birodeins mikila vas in managein: sumaih qeþun, þatei sunjeins
ist; anþarai qeþun: ne, ak airzeiþ þo managein.

13 Nih þan ainshun sveþauh balþaba rodida bi ina in agisis Iudaie.

14 Iþ juþan ana midjai dulþ usstaig Iesus in alh jah laisida.

15 Jah sildaleikidedun manageins qiþandans: hvaiva sa bokos kann unus-
laisiþs?

16 Andhof þan Iesus jah qaþ: so meina laiseins nist meina, ak þis sand-
jandins mik.

17 Jabai hvas vili viljan is taujan, ufkunnaiþ bi þo laisein, framuh guþa
sijai, þau iku fram mis silbin rodja.

18 Saei fram sis silbin rodeiþ, hauhiþa seina sokeiþ; iþ saei sokeiþ hau-
hiþa þis sandjandins sik, sah sunjeins ist jah invindiþa in imma nist.

19 Niu Moses gaf izvis vitoþ? Jah ni ainshun izvara taujiþ þata vitoþ;
hva mik sokeiþ usqiman?

20 Andhof so managei jah qeþun: unhulþon habais; hvas þuk sokeiþ
usqiman?

21 Andhof Iesus jah qaþ du im: ain vaurstv gatavida jah allai silda-
leikeiþ.

22 Duþþe Moses atgaf izvis bimait, ni þatei fram Mose sijai, ak us attam,
jah in sabbato bimaitiþ mannan.

23 Jabai bimait nimiþ manna in sabbato, ei ni gatairaidau vitoþ þata
Mosezis; iþ mis hatizoþ, unte allana mannan hailana gatavida in
sabbato?

24 Ni stojaiþ bi siunai, ak þo garaihton staua stojaiþ.

25 Qeþunuh þan sumai þize Iairusaulymeite: niu sa ist, þammei sokjand
usqiman?

26 Jah sai, andaugiba rodeiþ jah vaiht du imma ni qiþand; ibai aufto bi
sunjai ufkunþedun þai reiks, þatei sa ist bi sunjai Xristus?

27 Akei þana kunnum, hvaþro ist; iþ Kristus, biþe qimiþ, ni manna vait,
hvaþro ist.

28 Hropida þan in alh laisjands Iesus jah qiþands: jah mik kunnuþ jah
vituþ, hvaþro im; jah af mis silbin ni qam, ak ist sunjeins, saei
sandida mik, þanei jus ni kunnuþ.

29 Iþ ik kann ina, unte fram imma im, jah is mik insandida.

30 Sokidedun þan ina gafahan, jah ni ainshun uslagida ana ina handu,
unte nauhþanuh ni atiddja hveila is.

31 Iþ managai þizos manageins galaubidedun imma jah qeþun: ei Xristus,
þan qimiþ, ibai managizeins taiknins taujai þainei sa tavida?

VII. 31. ei Xristus þan qimiþ ibai] Xristus þan qimiþ ibai ei C.-A., L. die hier ge-
machte Aenderung ward bereits von L. vorgeschlagen; das vor Xristus versetzte ei steht so
fur þatei, das griech. ὅτι übersetzend. —

32 Hausidedun þan Fareisaieis þo managein birodjandein bi ina þata,
inuhsandidedun andbahtans þai Fareisaieis jah þai auhumistans gud-
jans, ei gafaifaheina ina.

33 Þanuh qaþ Iesus: nauh leitila hveila miþ izvis im jah þan gagga du
þamma sandjandin mik.

34 Sokeiþ mik jah ni bigitiþ, jah þarei im ik, jus ni maguþ qiman.

35 Þaruh qeþun þai Iudaieis du sis misso: hvadre sa skuli gaggan, þei
veis ni bigitaima ina? nibai in distahein þiudo skuli gaggan jah lais-
jan þiudos?

36 Hva sijai þata vaurd, þatei qaþ: sokeiþ mik jah ni bigitiþ, jah þarei
im ik, jus ni maguþ qiman?

37 Iþ in spedistin daga þamma mikilin dulþais stoþ Iesus jah hropida
qiþands: jabai hvana þaursjai, gaggai du mis jah driggkai.

38 Saei galaubeiþ du mis, svasve qaþ gameleins, ahvos us vambai is rin-
nand vatins libandins.

39 Þatuh þan qaþ bi ahman, þanei skuldedun niman þai 'galaubjandans
du imma; unte ni nauhþanuh vas ahma sa veiha ana im, unte Iesus
nauhþanuh ni hauhiþs vas.

40 Managai þan þizos manageins hausjandans þize vaurde qeþun: sa ist
bi sunjai sa praufetes.

41 Sumaih qeþun: sa ist Kristus; sumaih qeþun: ibai þau us Galeilaia
Kristus qimiþ?

42 Niu gameleins qaþ, þatei us fraiva Daveidis jah us Beþlaihaim veihsa,
þarei vas Daveid, Xristus qimiþ?

43 Þanuh missaqiss in þizai managein varþ bi ina.

44 Sumaih þan ize vildedun fahan ina; akei ni ainshun uslagida ana ina
handuns.

45 Galiþun þan þai andbahtos du þaim auhumistam gudjam jah Farei-
saium; þaruh qeþun du im jainai: duhve ni attauhuþ ina?

46 Andhofun þai andbahtos: ni hvanhun aiv rodida manna, svasve sa
manna.

47 Andhofun þan im þai Fareisaieis: ibai jah jus afairzidai sijuþ?

48 Sai, jau ainshun þize reike galaubidedi imma aiþþau Fareisaie?

49 alja so managei, þaiei ni kunnun vitoþ, fraqiþanai sind.

50 Qaþ Nikaudemus du im, saei atiddja du imma in naht, sums visands
izei:

51 ibai vitoþ unsar stojiþ mannan, nibai faurþis hauseiþ fram imma jah
ufkunnaiþ, hva taujai?

52 Andhofun jah qeþun du imma: ibai jah þu us Galeilaia is? Ussokei
jah saihv, þatei praufetus us Galeilaia ni urreisiþ. — —

VII. 41. þau] þu C.-A., L. — 44. von den Worten . . hun uslagida bis v. 52. saihv, þatei . .
auch in der Skeireins (51a — 52d). — 46. andhofun þai andbahtos] andhofun þan þai
andbahtos qiþandans þatei Skeir. — 47. andhofun . . . Fareisaieis] in der Skeir.
umschrieben. — sijuþ] siuþ Skeir. — 48. aiþþau Fareisaie] aiþþau þize Fareisaie Skeir. —
50. in der Skeir. umschrieben. — 51. nibai . . . taujai] fehlt in der Skeir. manna nibai C.-A. —
52. andhofun . . imma] andhofun qiþandans Skeir. — VII. 53. — VIII. 11. in C.-A. ausgelassen.

8. KAPITEL.

12 Aftra du im Iesus rodida qaþuh: ik im liuhaþ manasedais; saei laisteiþ
mik, ni gaggiþ in riqiza, ak habaiþ liuhaþ libainais.

13 Þanuh qeþun du imma þai Fareisaieis: þu bi þuk silban veitvodeis;
so veitvodiþa þeina nist sunjeina.

14 Andhof Iesus jah qaþ du im: jah jabai ik veitvodja bi mik silban,
sunja ist so veitvodiþa meina, unte vait, hvaþro qam jah hvaþ ga-
leiþa, iþ jus ni vituþ, hvaþro qima aiþþau hvaþ galeiþa.

15 Jus bi leika stojiþ, iþ ik ni stoja ainnohun.

16 Aþþan jabai stoja ik, staua meina sunjeina ist, unte ains ni im, ak ik
jah saei sandida mik atta.

17 Jah þan in vitoda izvaramma gameliþ ist, þatei tvaddje manne veit-
vodiþa sunja ist.

18 Ik im, saei veitvodja bi mik silban, jah veitvodeiþ bi mik, saei sandida mik atta.

19 Qeþun þan du imma: hvar ist sa atta þeins? Andhof Iesus: ni mik
kunnuþ nih attan meinana; iþ mik kunþedeiþ, jah þau attan mei-
nana kunþedeiþ.

20 Þo vaurda rodida in gazaufylakio, laisjands in alh; jah ainshun ni
faifah ina, unte nauhþanuh ni qam hveila is.

21 Þanuh qaþ aftra du im Iesus: ik galeiþa jah sokeiþ mik jah in fra-
vaurhtai izvarai gadauþniþ. Þadei ik gagga, jus ni maguþ qiman.

22 Qeþun þan Iudaieis: nibai usqimai sis silbin, ei qiþiþ: þadei ik gagga,
jus ni maguþ qiman?

23 Jah qaþ du im Iesus: jus us þaim dalaþro sijuþ, iþ ik us þaim iupaþro
im; jus us þamma fairhvau sijuþ, iþ ik ni im us þamma fairhvau.

24 Qaþ nu izvis, þatei gadauþniþ in fravaurhtim izvaraim; jabai auk ni ga-
laubeiþ, þatei ik im, gadauþniþ in fravaurhtim izvaraim.

25 Þaruh qeþun du imma: þu hvas is? Jah qaþ du im Iesus: anasto-
deins, þatei jah rodja du izvis.

26 Manag skal bi izvis rodjan jah stojan; akei saei sandida mik, sunjeins
ist; jah ik, þatei hausida at imma, þata rodja in þamma fairhvau.

27 Ni froþun, þatei attan im qaþ.

28 Qaþuh þan du im Iesus: þan usbauheiþ þana sunu mans, þanuh uf-
kunnaiþ, þatei ik im jah af mis silbin tauja ni vaiht, ak svasve lai-
sida mik atta meins, þata rodja.

29 Jah saei sandida mik, miþ mis ist; ni bilaiþ mis ainamma atta, unte
ik, þatei leikaiþ imma, tauja sinteino.

30 Þata imma rodjandin, managai galaubidedun imma.

31 Þanuh qaþ Iesus du þaim galaubjandam sis Iudaium: jabai jus gastan-
diþ in vaurda meinamma, bi sunjai siponjos meinai sijuþ,

32 jah ufkunnaiþ sunja jah so sunja frijans izvis briggiþ.

33 Andhofun imma; fraiv Abrahamis sijum jah ni mannhun skalkinodedum
aiv hvanhun; hvaiva þu qiþis, þatei frijai vairþiþ?

34 Andhof im Iesus: amen amen qiþa izvis, þatei hvazuh saei taujiþ
fravaurht, skalks ist fravaurhtai.

35 Sah þan skalks ni visiþ in garda du aiva, sunus visiþ du aiva.

36 Jabai nu sunus izvis frijans briggiþ, bi sunjai frijai sijuþ.

37 Vait, þatei fraiv Abrahamis sijuþ; akei sokeiþ mis usqiman, unte vaurd mein ni gamot in izvis.

38 Ik, þatei gasahv at attin meinamma, rodja, jah jus, þatei hausideduþ fram attin izvaramma, taujiþ.

39 Andhofun jah qeþun du imma: atta unsar Abraham ist. Qaþ im Iesus: iþ barna Abrahamis veseiþ, vaurstva Abrahamis tavidedeiþ.

40 Iþ nu sokeiþ mik usqiman, mannan, izei sunja izvis rodida, þoei hausida fram guþa; þatuh Abraham ni tavida.

41 Jus taujiþ toja attins izvaris. Þanuh qeþun imma: veis us horinassau ni sijum gabauranai; ainana attan aigum, guþ.

42 Qaþ du im Iesus: jabai guþ atta izvar vesi, friodedeiþ þau mik, unte ik fram guþa urrann jah qam; nih þan auk fram mis silbin ni qam, ak is mik insandida.

43 Duhve maþlein meina ni kunnuþ? Unte ni maguþ hausjan vaurd mein.

44 Jus us attin diabaulau sijuþ jah lustuns þis attins izvaris vileiþ taujan. Jains manamaurþrja vas fram frumistja jah in sunjai ni gastoþ; unte nist sunja in imma. Þan rodeiþ liugn, us seinaim rodeiþ, unte liugnja ist jah atta is.

45 Iþ ik, þatei sunja rodida, ni galaubeiþ mis.

46 Hvas izvara gasakiþ mik bi fravaurht? Þande sunja qiþa, duhve ni galaubeiþ mis?

47 Sa visands us guþa vaurda guþs hauseiþ; duþe jus ni hauseiþ, unte us guþa ni sijuþ.

48 Andhofun þan þai Iudaieis jah qeþun du imma: niu vaila qiþam veis, þatei Samareites is þu jah unhulþon habais?

49 Andhof Iesus: ik unhulþon ni haba, ak svera attan meinana, jah jus unsveraiþ mik.

50 Ik ni sokja hauhein meina; ist saei sokeiþ jah stojiþ.

51 Amen amen qiþa izvis: jabai hvas vaurd mein fastaiþ, dauþu ni gasaihviþ aiva dage.

52 Þanuh qeþun du imma þai Iudaieis: nu ufkunþedum, þatei unhulþon habais. Abraham gadauþnoda jah praufeteis, jah þu qiþis: jabai hvas mein vaurd fastai, ni kausjai dauþau aiva dage.

53 Ibai þu maiza is attin unsaramma Abrahama, saei gadauþnoda? jah praufeteis gadauþnodedun. Hvana þuk silban taujis þu?

54 Andhof Iesus: jabai ik hauhja mik silban, so hauheins meina ni vaihts ist; ist atta meins, saei hauheiþ mik, þanei jus qiþiþ, þatei guþ unsar ist.

55 Jah ni kunnuþ ina; iþ ik kann ina; jah jabai qeþjau, þatei ni kunnjau ina, sijau galeiks izvis liugnja; ak kann ina jah vaurd is fasta.

56 Abraham atta izvar sifaida, ei gasehvi dag meinana; jah gasahv jah faginoda.

---

57 Þanuh qeþun þai Iudaieis du imma: fimf tiguns jere nauh ni habais
   jah Abraham sahvt?

58 Qaþ im Iesus: amen, amen, qiþa izvis: faurþizei Abraham vaurþi,
   im ik.

59 Þanuh nemun stainans, ei vaurpeina ana ina; iþ Iesus þan gafalh sik
   jah usiddja us alh, usleiþands þairh midjans ins jah hvarboda sva.

9. KAPITEL.

1 Jah þairhgaggands gaumida mann blindamma us gabaurþai.

2 Þaruh frehun ina siponjos is qiþandans: rabbei, hvas fravaurhta, sau
   þau fadrein is, ei blinds gabaurans varþ?

3 Andhof Iesus: nih sa fravaurhta nih fadrein is, ak ei bairhta vaurþeina
   vaurstva guþs ana immá.

4 Ik skal vaurkjan vaurstva þis sandjandins mik, unte dags ist; qimiþ
   nahts, þanei ni manna mag vaurkjan.

5 Þan in þamma fairhvau im, liuhaþ im þis fairhvaus.

6 Þata qiþands gaspaiv dalaþ jah gavaurhta fani us þamma spaiskuldra
   jah gasmait imma ana augona þata fani þamma blindin,

7 jah qaþ du imma: gagg þvahan in svumfsl Siloamis, þatei gaskeir-
   jada: insandiþs. Galaiþ jah afþvoh jah qam saihvands.

8 Þanuh garaznans jah þai saihvandans ina faurþis, þatei is bidagva vas,
   qeþun: niu sa ist, saei sat aihtronds?

9 Sumaih qeþun: þatei sa ist; sumaih, þatei galeiks þamma ist; iþ is
   qaþ: þatei ik im.

10 Þanuh qeþun du imma: hvaiva usluknodedun þus þo augona?

11 Andhof jains jah qaþ: manna, haitans Iesus, fani gavaurhta jah bi-
   smait mis augona jah qaþ mis: gagg afþvahan in þata svumfsl Siloa-
   mis; iþ ik galaiþ jah biþvahands ussahv.

12 Qeþun þan du imma: hvar ist sa? Iþ is qaþ: ni vait.

13 Gatiuhand ina du Fareisaium, þana, saei vas blinds.

14 Vasuh þan sabbato, þan þata fani gavaurhta Iesus jah uslauk imma
   augona.

15 Aftra þan frehun ina jah þai Fareisaieis, hvaiva ussahv; iþ is qaþ
   jah þaim: fani galagida mis ana augona jah afþvoh jah saihva.

16 Qeþun þan sumai þize Fareisaie: sa manna nist fram guþa, þande
   sabbate daga ni vitaiþ. Sumaih qeþun: hvaiva mag manna fra-
   vaurhts svaleikos taiknins taujan? Jah missaqis varþ miþ im.

17 Qeþunuh du þamma faurþis blindin aftra: þu hva qiþis bi þana, ei us-
   lauk þus augona? Iþ is qaþuh, þatei praufetus ist.

VIII. 58. im ik] ik im *L.* —

IX. 4. þanei] þa . . ei *L. mit Raum in der Mitte für zwei fehlende Buchstaben* (ud),
*da die Hdschr. hier durchlöchert ist; Uppstr. dagegen bezeugt, dass nur Raum für einen
Buchstaben sei und schliesst aus übrig gebliebenen Spuren auf* n, *womit übereinstimmend
auch M.* þanei *gibt. Vgl. Malth.* XXV. 40. 45. — 7. svumfsl] svumslf *C.-A. ursprünglich,
doch ist f radiert und an richtiger Stelle nicht übergeschrieben;* svumsl *L. cf. v. 11.* —

18 Ni galaubidedun þan Iudaieis bi ina, þatei is blinds vesi jah ussehvi, unte atvopidedun þans fadrein is, þis ussaihvandins.

19 Jah frehun ins qiþandans: sau ist sa sunus izvar, þanei jus qiþiþ, þatei blinds gabaurans vaurþi? hvaiva nu saihviþ?

20 Andhofun þan im þai fadrein is jah qeþun: vitum, þatei sa ist sunus unsar jah þatei blinds gabaurans varþ;

21 iþ hvaiva nu saihviþ, ni vitum, aiþþau hvas uslauk imma þo augona, veis ni vitum; silba usvahsans ist, ina fraihniþ, silba bi sik rodjai.

22 Þata qeþun þai fadrein is, unte ohtedun sis Iudaiuns; juþan auk gaqeþun sis Iudaieis, ei, jabai hvas ina andhaihaiti Kristu, utana synagogais vairþai.

23 Duhþe þai berusjos is qeþun, þatei usvahsans ist, silban fraihniþ.

24 Atvopidedun þan anþaramma sinþa þana mannan, saei vas blinds, jah qeþun du imma: gif hauhein guþa! Veis vitum, þatei sa manna fravaurhts ist.

25 Þanuh andhof jains: jabai fravaurhts ist, ik ni vait; þat-ain vait, ei blinds vas, iþ nu saihva.

26 Þanuh qeþun aftra: hva gatavida þus? hvaiva uslauk þus augona?

27 Andhof im: qaþ izvis ju jah ni hausideduþ; hva aftra vileiþ hausjan? ibai jah jus vileiþ þamma siponjos vairþan?

28 Þanuh lailoun imma jah qeþun: þu is siponeis þamma, iþ veis Mose siponjos sijum.

29 Veis vitum, þatei du Mose rodida guþ, iþ þana ni kunnum, hvaþro ist.

30 Andhof sa manna jah qaþ du im: auk in þamma sildaleik ist, þatei jus ni vituþ, hvaþro ist, jah uslauk mis augona.

31 Vitumuh þan, þatei guþ fravaurhtaim ni andhauseiþ, ak jabai hvas guþblostreis ist jah viljan is taujiþ, þamma hauseiþ.

32 Fram aiva ni gahausiþ vas, þatei uslukiþ hvas augona blindamma gabauranamma.

33 Nih vesi sa fram guþa, ni mahtedi taujan ni vaiht.

34 Andhofun jah qeþun du imma: in fravaurhtim þu gabaurans varst alls jah þu laiseis unsis? Jah usvaurpun imma ut.

35 Hausida Iesus, þatei usvaurpun imma ut, jah bigat ina qaþuh du imma: þu ga-u-laubeis du sunau guþs?

36 Andhof jains jah qaþ: an hvas ist, frauja, ei galaubjau du imma?

37 Qaþ þan imma Iesus: jah gasahvt ina jah saei rodeiþ miþ þus, sa ist.

38 Iþ is qaþuh: galaubja, frauja; jah invait ina.

39 Jah qaþ Iesus: du stauai ik in þamma fairhvau qam, ei þai unsaihvandans saihvaina jah þai saihvandans blindai vairþaina.

40 Jah hausidedun þize Fareisaie sumai þata, þai visandans miþ imma, jah qeþun du imma: ibai jah veis blindai sijum? .

41 Qaþ im Iesus: iþ blindai veseiþ, ni þau habaidedeiþ fravaurhtais; iþ nu qiþiþ, þatei gasaihvam; eiþan fravaurhts izvara þairhvisiþ.

IX. 28. Mose] Moses C.-A, L. — 41. qiþiþ] qiqiþiþ *irrtümlich* C.-A. —

10. KAPITEL.

1 Amen, amen, qiþa izvis, saei inn ni atgaggiþ þairh daur in gardan lambe, ak steigiþ aljaþro, sah hliftus ist jah vaidedja.

2 Iþ sa inn gaggands þairh daur hairdeis ist lambe.

3 Þammuh dauravards uslukiþ, jah þo lamba stibnai is hausjand, jah þo svesona lamba haitiþ bi namin jah ustiuhiþ þo.

4 Jah þan þo svesona ustiuhiþ, faura im gaggiþ, jah þo lamba ina laistjand, unte kunnun stibna is.

5 Iþ framaþjana ni laistjand, ak þliuhand faura imma, unte ni kunnun þize framaþjane stibna.

6 Þo gajukon qaþ im Iesus; iþ jainai ni froþun, hva vas, þatei rodida du im.

7 Þanuh qaþ aftra du| im Iesus: amen amen qiþa izvis, þatei ik im daur þize lambe.

8 Allai sva managai sve qemun, þiubos sind jah vaidedjans; akei ni hausidedun im þo lamba.

9 Ik im þata daur. Þairh mik jabai hvas inn gaggiþ, ganisiþ jah inn gaggiþ jah ut gaggiþ jah vinja bigitiþ.

10 Þiubs ni qimiþ, nibai ei stilai jah ufsneiþai jah fraqistjai; iþ ik qam, ei libain aigeina jah managizo aigeina.

11 Ik im hairdeis gods. Hairdeis sa goda saivala seina lagjiþ faur lamba.

12 Iþ asneis jah saei nist hairdeis, þizei ni sind lamba svesa, gasaihviþ vulf qimandan jah bileiþiþ þaim lambam jah þliuhiþ, jah sa vulfs fravilviþ þo jah distahjiþ þo lamba.

13 Iþ sa asneis afþliuhiþ, unte asneis ist jah ni kar-ist ina þize lambe.

14 Ik im hairdeis sa goda jah kann meina jah kunnun mik þo meina,

15 svasve kann mik atta jah ik kann attan, jah saivala meina lagja faur þo lamba.

16 Jah anþara lamba aih, þoei ni sind þis avistris, jah þo skal briggan, jah stibnos meinaizos hausjand jah vairþand ain aveþi, ains hairdeis.

17 Duhþe atta mik frijoþ, unte ik lagja saivala meina, ei aftra nimau þo.

18 Ni hvashun nimiþ þo af (*mis, akei ik lagja þo af*) mis silbin; valdufni haba aflagjan þo jah valdufni haba aftra niman þo. Þo anabusn nam at attin meinamma.

19 Þanuh missaqiss aftra varþ miþ Iudaium in þize vaurde.

20 Qeþunuh managai ize: unhulþon habaiþ jah dvalmoþ; hva þamma hauseiþ?

21 Sumaih qeþun: þo vaurda ni sind unhulþon habandins; ibai mag unhulþo blindaim augona uslukan?

22 Varþ þan inniujiþa in Iairusaulymai jah vintrus vas.

23 Jah hvarboda Iesus in alh in ubizvai Saulaumonis.

X. 18. *Das cursie gedruckte im C.-A. überschlagen; ergänzt nach L.* —

24 Þanuh birunnun ina Iudaieis jah qeþun du imma: und hva saivala unsara hahis? jabai þu sijais Kristus, qiþ unsis andaugiba.

25 Andhof Iesus: qaþ izvis, jah ni galaubeiþ; vaurstva, þoei ik tauja in namin attins meinis, þo veitvodjand bi mik;

26 akei jus ni galaubeiþ, unte ni sijuþ lambe meinaize, svasve qaþ izvis.

27 Lamba meina stibnai meinai hausjand, jah ik kann þo, jah laistjand mik.

28 Jah ik libain aiveinon giba im, jah ni fraqistnand aiv; jah ni fravilviþ hvashun þo us handau meinai.

29 Atta meins þatei fragaf mis, maizo allaim ist, jah ni aiv ainshun mag fravilvan þo us handau attins meinis.

30 Ik jah atta meins ain siju.

31 Nemun aftra stainans þai Iudaieis, ei vaurpeina ana ina.

32 Andhof im Iesus: managa goda vaurstva ataugida izvis us attin meinamma, in hvarjis þize vaurstve staineiþ mik?

33 Andhofun imma þai Iudaieis: in godis vaurstvis ni stainjam þuk, ak in vajamereins jah þatei þu manna visands taujis þuk silban du guþa.

34 Andhof im Iesus: niu ist gameliþ in vitoda izvaramma: ik qaþ, guda sijuþ?

35 Jabai jainans qaþ guda, du þaimei vaurd guþs varþ, jah ni maht ist gatairan þata gamelido;

36 þanei atta gaveihaida jah insandida in þana fairhvu, jus qiþiþ, þatei vajamerjau, unte qaþ: sunus guþs im.

37 Niba taujau vaurstva attins meinis, ni galaubeiþ mis;

38 iþ jabai taujau, niba mis galaubjaiþ, þaim vaurstvam galaubjaiþ, ei ufkunnaiþ jah galaubjaiþ, þatei in mis atta jah ik in imma.

39 Sokidedun ina aftra gafahan jah ussidja us handum ize.

40 Jah galaiþ aftra ufar Iaurdanu in þana stad, þarei vas Iohannes frumist daupjands, jah salida jainar.

41 Jah managai qemun at imma jah qeþun, þatei Iohannes gatavida taikne ni ainohun; iþ allata, þatei qaþ Iohannes bi þana, sunja vas.

42 Jah galaubidedun managai du imma jainar.

11. KAPITEL.

1 Vasuh þan sums siuks Lazarus af Beþanias, us haimai Marjins jah Marþins, svistrs izos.

2 Vasuh þan Marja, soei salboda fraujan balsana jah bisvarb fotuns is skufta seinamma, þizozei broþar Lazarus siuks vas.

3 Insandidedun þan þos svistrjus is du imma qiþandeins: frauja, sai, þanei frijos, siuks ist.

4 Iþ is gahausjands qaþ: so siukei nist du dauþau, ak in hauheinais guþs, ei hauhjaidau sunus guþs þairh þata.

5 Frijoduh þan Iesus Marþan jah svistar izos jah Lazaru.

6 Sve hausida, þatei siuks vas, þannh þan salida in· þammei vas stada tvans dagans.

7 Þaþroh þan afar þata qaþ du siponjam: gaggam in Iudaian aftra.

8 Qeþun du imma þai siponjos: rabbei, nu sokidedun þuk afvairpan stainam Iudaieis, jah aftra gaggis jaind?

9* Andhof Iesus: niu tvalif sind hveilos dagis? Jabai hvas gaggiþ in dag, ni gastiggqiþ, unte liuhaþ þis fairhvaus gasaihviþ;

10 aþþan jabai hvas gaggiþ in naht, gastiggqiþ, unte liuhad nist in imma.

11 Þo qaþ jah afar þata qiþiþ du im: Lazarus, frijonds unsar, gasaizlep; akei gaggam, ei usvakjau ina.

12 Þanuh qeþun þai siponjos is: frauja, jabai slepiþ, hails vairþiþ.

13 Qaþuh þan Iesus bi dauþu is; iþ jainai hugidedun, þatei is bi slep qeþi.

14 Þanuh þan qaþ du im Iesus svikunþaba: Lazarus gasvalt,

15 jah fagino in izvara, ei galaubjaiþ, unte ni vas jainar; akei gaggam du imma.

16 Þanuh qaþ Þomas, saei haitada Didimus, þaim gahlaibam seinaim: gaggam jah veis, ei gasviltaima miþ imma.

17 Qimands þan Iesus bigat ina juþan fidvor dagans habandan in hlaiva.

18 Vasuh þan Beþania nehva Iairusaulymiam, svasve ana spaurdim fimftaihunim.

19 Jah managai Iudaie gaqemun· bi Marþan jah Marjan, ei gaþrafstidedeina ijos bi þana broþar izo.

20 Iþ Marþa, sunsei hausida, þatei Iesus qimiþ, viþra ïddja ina; iþ Marja in garda sat.

21 Þanuh qaþ Marþa du Iesua: frauja, iþ veseis her, ni þau gadauþnodedi broþar meins.

22 Akei jah nu vait, ei þishvah þei bidjis guþ, gibiþ þus guþ.

23 Qaþ izai Iesus: usstandiþ broþar þeins.

24 Qaþ du imma Marþa: vait, þatei usstandiþ in usstassai in þamma spedistin daga.

25 Qaþ þan Iesus: ik im so usstass jah libains; saei galaubeiþ du mis, þauh ga-ba-dauþniþ, libaid;

26 jah hvazuh saei libaiþ jah galaubeiþ du mis, ni gadauþniþ aiv. Galaubeis þata?

27 Qaþ imma: jai, frauja, ik galaubida, þatei þu is Kristus, sunus guþs, sa in þana fairhvu qimanda.

28 Jah þata qiþandei galaiþ jah vopida Marjan, svistar seina, þiubjo qiþandei: laisareis qam jah haitiþ þuk.

29 Iþ jaina, sunsei hausida, urrais sprauto jah iddja du imma.

XI. 5. Lazaru] so C.-A.; Lazarun L. — 24. spedistan C.-A. — 25. þauhjaba dauþniþ L. þauh gabadauþniþ mit C.-A. und Uppstr. festzuhalten und ba als enclitische Partikel anzusehen. cf. auch Bopp, vergl. Grammatik. 2. Ausg. II. 199. III. 484. —

30 Niþ-þan nauhþanuh qam Iesus in veihsa, ak vas nauhþanuh in þamma
    stada, þarei gamotida imma Marþa.
31 Iudaieis þan þai visandans miþ izai in garda þrafstjandans ija, ga-
    saihvandans Marjan þatei sprauto usstoþ jah usiddja, iddjedunuh afar
    izai qiþandans, þatei gaggiþ du hlaiva, ei greitai jainar.
32 Iþ Marja, sunsei qam, þarei vas Iesus, gasaihvandei ina draus imma
    du fotum, qiþandei du imma: frauja, iþ veiseis her, ni þauh gasvulti
    meins broþar.
35 Þanuh Iesus, sunsei gasahv ija greitandein jah Iudaiuns, þaiei qemun
    miþ izai, gretandans, inrauhtida ahmin jah invagida sik silban
34 jah qaþ: hvar lagidedun ina? Qeþun du imma: frauja, hiri jah
    saihv.
35 Jah tagrida Iesus.
36 Þaruh qeþun þai Iudaieis: sai, hvaiva frioda ina.
37 Sumai þan ize qeþun: niu mahta sa, izei uslauk augona þamma blin-
    din, gataujan, ei jah sa ni gadauþnodedi?
38 Þanuh Iesus aftra inrauhtiþs in sis silbin gaggiþ du þamma hlaiva.
    Vasuh þan hulundi jah staina ufarlagida vas ufaro.
39 Qaþ Iesus: afnimiþ þana stain. Qaþ du imma svistar þis dauþins
    Marþa: frauja, ju fuls ist; fidurdogs auk ist.
40 Qaþ izai Iesus: niu qaþ þus, þatei jabai galaubeis, gasaihvis vulþu
    guþs?
41 Ushofun þan þana stain, þarei vas. Iþ Iesus uzuhhof augona iup jah
    qaþ: atta, aviliudo þus, unte andhausides mis;
42 jah þan ik vissa, þatei sinteino mis andhauseis; akei in manageins
    þizos bistandandeins qaþ, ei galaubjaina, þatei þu mik insandides.
43 Jah þata qiþands stibnai mikilai hropida: Lazaru, hiri ut!
44 Jah urrann sa dauþa gabundans handuns jah fotuns faskjam, jah vlits
    is auralja bibundans. Qaþ du im Iesus: andbindiþ ina jah letiþ
    gaggan.
45 Þanuh managai þize Judaiei þai qimandans at Marjin jah saihvandans,
    þatei gatavida, galaubidedun imma.
46 Sumaiþ-þan ize galiþun du Fareisaium jah qeþun du im, þatei gata-
    vida Iesus.
47 Galesun þan þai auhumistans gudjans jah þai Farei(saieis) — —

12. KAPITEL.

1 — — in Beþanijin, þarei vas Lazarus sa dauþa, þanei urraisida us
    dauþaim Iesus.
2 Þaruh gavaurhtedun imma nahtamat jainar, jah Marþa andbahtida; iþ
    Lazarus vas sums þize anakumbjandane miþ imma.

XI. 31. greitai. 32. veiseis. 33. greitandein] C.-A. für gretai. veseis, gretandein; doch
scheinen die ersten i der Wörter greitai, greitandin, wie Uppstr. meldet, in der Hdschr.
radiert zu sein. —

3 Iþ Marja nam pund balsanis nardaus pistikeinis filugalaubis jah gasai-
boda fotuns Iesua jah bisvarb fotuns is skufta seinamma; iþ sa gards
fulls varþ daunais þizos salbonais.

4 Qaþ þan ains þize siponje is, Judas Seimonis sa Iskariotes, izei skaf-
tida sik du galevjan ina:

5 duhve þata balsan ni frabauht vas in ·t· skatte jah fradailiþ vesi
þarbam?

6 Þatuþ-þan qaþ, ni þeei ina þize þarbane kara vesi, ak unte þiubs vas
jah arka habaida jah þata inn vaurpano bar.

7 Qaþ þan Iesus: let ija; in dag gafilhis meinis fastaida þata.

8 Iþ þans ×nledans sinteino habaiþ miþ izvis, iþ mik ni sinteino habaiþ.

9 Fanþ þan manageins filu Iudaie, þatei Iesus jainar ist jah qemun, ni
in Iesuis ainis, ak ei jah Lazaru sehveina, þanei urraisida us dau-
þaim.

10 Munaidedunuþ-þan auk þai auhumistans gudjans, ei jah Lazarau us-
qemeina,

11 unte managai in þis garunnun Iudaiei jah galaubidedun Iesua.

12 Iftumin daga manageins filu, sei qam at dulþai, gahausjandans, þatei
qimiþ Iesus in Iairusaulymai,

13 nemun astans peikabagme jah urrunnun viþra gamotjan imma jah-hro-
pidedun: osanna, þiuþida sa qimanda in namin fraujins, þiudans
Israelis.

14 Bigat þan Iesus asilu (jah) gasat ana ina, svasve ist gameliþ:

15 ni ogs þus, dauhtar Sion, sai, þiudans þeins qimiþ sitands ana fulin
asilaus.

16 Þatuþ-þan ni kunþedun siponjos is frumist; ak biþe gasveraiþs vas
Iesus, þanuh gamundedun, þatei þata vas du þamma gameliþ, jah
þata gatavidedun imma.

17 Veitvodida þan so managei, sei vas miþ imma, þan Lazaru vopida us
hlaiva jah urraisida ina us dauþaim.

18 Duþþe iddjedun gamotjan imma managei, unte hausidedun, ei gatavi-
dedi þo taikn.

19 Þanuh þai Fareisaieis qeþun du sis misso: saihviþ, þatei ni boteiþ
vaiht; sai, so manaseds afar imma galaiþ.

20 Vesunuþ-þan sumai þiudo þize urrinnandane, ei inviteina in þizai
dulþai.

21 Þai atiddjedun du Filippau, þamma fram Beþsaeida Galeilaie, jah be-
dun ina qiþandans: frauja, vileima Iesu gasaihvan.

22 Gaggiþ Filippus jah qiþiþ du Andraiin, jah aftra Andraias jah Filippus
qeþun du Iesua.

23 Iþ Iesus andhof im qiþands: qam hveila, ei sveraidau sunus mans.

24 Amen amen qiþa izvis, nibai kaurno hvaiteis gadriusando in airþa
gasviltiþ, silbo ainata aflifniþ; iþ jabai gasviltiþ, manag akran
bairiþ.

XII. 14. (Jah) *fehlt in C.-A. und bei L., von Uppstr. zur Ergänzung vorgeschlagen.* —

25 Saei frijoþ saiⱳala seina, fraqisteiþ izai, jah saei fiaiþ saiwala seina in
þamma fairhvau, in libainai aiveinon bairgiþ izai.
26 Jabai mis hvas andbahtjai, mik laistjai; jah þarei im ik, þaruh sa
andbahts meins visan habaiþ; jah jabai hvas mis andbahteiþ, sveraiþ
ina atta.
27 Nu saivaia meina gadrobnoda, jah hva qiþau? atta, nasei mik us þizai
hveilai. Akei duþþe qam in þizai hveilai.
28 Atta, hauhei namo þeinata! Qam þan stibna us himina: jah hauhida
jah aftra hauhja.
29 Managei þan, sei stoþ gahausjandei, qeþun þeihvon vairþan; sumaih
qeþun: aggilus du imma rodida.
30 Andhof Iesus jah qaþ: ni in meina so stibna varþ, ak in izvara.
31 Nu staua ist þizai manasedai, nu sa reiks þis fairhvaus usvair-
pada ut.
32 Jah ik jabai ushauhjada af airþai, alla atþinsa du mis.
33 Þatuh-þan qaþ bandvjands, hvileikamma dauþau skulda gadauþnan.
34 Andhof imma so managei: veis hausidedum ana vitoda, þatei Kristus
sijai du aiva, jah hvaiva þu qiþis, þatei skulds ist ushauhjan sa
sunus mans? hvas ist sa sunus mans?
35 Qaþ þan du im Iesus: nauh leitil mel liuhaþ in izvis ist. Gaggiþ þande
liuhaþ habaiþ, ei riqiz izvis ni gafahai; jah saei gaggiþ in riqiza, ni
vait, hvaþ gaggiþ.
36 Þande liuhaþ habaiþ, galaubeiþ du liuhada, ei sunjus liuhadis vairþaiþ.
Þata rodida Iesus jah galaiþ jah gafalh sik faura im.
37 Sva filu imma taikne gataujandin in andvairþja ize, ni galaubidedun
imma,
38 ei þata vaurd Esaeiins praufetaus usfullnodedi, þatei qaþ: frauja, hvas
galaubida hauseinai unsarai? jah arms ᾽ fraujins hvamma andhuliþs
varþ?
39 Duþþe ni mahtedun galaubjan; unte aftra qaþ Esaeias:
40 gablindida ize augona jah gadaubida ize hairtona, ei ni gaumidedeina
augam jah froþeina hairtin jah gavandidedeina jah ganasidedjau ins.
41 Þata qaþ Esaeias, þan sahv vulþu is jah rodida bi ina.
42 Þanuh þan sveþauh jah us þaim reikam managai galaubidedun du
imma, akei faura Fareisaium ni andhaihaitun, ei us synagogein ni
usvaurpanai vaurþeina.
43 Frijodedun auk mais hauhein manniska þau hauhein guþs.
44 Iþ Iesus hropida jah qaþ: saei galaubeiþ du mis, ni galaubeiþ du
mis, ak du þamma sandjandin mik.
45 Jah saei saihviþ mik, saihviþ þana sandjandan mik.
46 Ik liuhad in þamma fairhvau qam, ei hvazuh saei galaubjai du mis,
in riqiza ni visai.

XII. 26. andbahteiþ] andbaht᾽þ C.-A., L. — 29. sumaih C.-A., sumai L. — 42. synagogein]
synagogeinusvaurpanai C.-A., ni ursprunglich ausgelassen, dann nur sein letzter Buchstabe
i über das Schluss-n von synagogein überschrieben. —

47 Jah jabai hvas meinaim hausjai vaurdam jah galaubjai, ik ni stoja ina; nih þan qam, ei stojau manased, ak ei ganasjau manased.

48 Saei frakann mis jah ni andnimiþ vaurda meina, habaid þana stojandan sik. Vaurd þatei rodida, þata stojiþ ina in spedistin daga.

49 Unte ik us mis silbin ni rodida, ak saei sandida mik atta, sah mis anabusn at(gaf) — —

13. KAPITEL.

11 — — — qaþ: ni allai hrainjai sijuþ.

12 Biþeh þan usþvoh fotuns ize jah nam vastjos seinos, anakumbjands aftra qaþ du im: vitudu, hva gatavida izvis?

13 Jus vopeid mik: laisareis jah frauja.

14 Vaila qiþiþ, im auk. Jabai nu usþvoh izvis fotuns, frauja jah laisareis, jah jus skuluþ izvis misso þvahan fotuns.

15 Du frisahtai auk atgaf izvis, ei svasve ik gatavida izvis, sva jus taujaiþ.

16 Amen amen qiþa izvis: nist skalks maiza fraujin seinamma, nih apaustaulus maiza þamma sandjandin sik.

17 Þande þata vituþ, audagai sijuþ, jabai taujiþ þata.

18 Ni bi allans izvis qiþa. Ik vait, hvarjans gavalida; ak ei usfulliþ vaurþi þata gamelido: saei matida miþ mis hlaib, ushof ana mik fairzna seina.

19 Fram himma qiþa izvis, faurþizei vaurþi, ei biþe vairþai, galaubjaiþ, þatei ik im.

20 Amen, amen, qiþa izvis: saei andnimiþ þana, þanei ik insandja, mik andnimiþ; iþ saei mik andnimiþ, andnimiþ þana sandjandan mik.

21 Þata qiþands Iesus indrobnoda ahmin jah veitvodida jah qaþ: amen amen qiþa izvis, þatei ains izvara galeveiþ mik.

22 Þanuh sehvun du sis misso þai siponjos þagkjandans, bi hvarjana qeþi.

23 Vasuh þan anakumbjands ains þize siponje is in barma Iesuis, þanei frijoda Iesus.

24 Bandviduh þan þamma Seimon Paitrus du fraihnan, hvas vesi, bi þanei qaþ.

25 Anakumbida þan jains sva ana barma Iesuis qaþuh imma: frauja, hvas ist?

26 Andhof Iesus: sa ist, þammei ik ufdaupjands þana hlaif giba. Jah ufdaupjands þana hlaif gaf Iudin Seimonis, Skariotau.

27 Jah afar þamma hlaiba þan galaiþ in jainana Satana. Qaþ þan du imma Iesus: þatei taujis, tavei sprauto.

28 Þatuh þan ainshun ni vissa þize anakumbjandane, duhve qaþ imma.

29 Sumai mundedun, ei unte arka habaida Iudas, þatei qeþi imma Iesus: bugei þizei þaurbeima du dulþai, aiþþau þaim unledam ei hva gibai.

XII. 47. manased *das erste Mal*] mananased C.-A. —
XIII. 13. laisareis] laisareisareis C.-A. — 29. gibai] gibau C.-A., L. —

30 Biþe andnam þana hlaib jains, suns galaiþ ut. Vasuh þan nahts, þan galaiþ ut.

31 Qaþ þan Iesus: nu gasveraids varþ sunus mans jah guþ hauhiþs ist in imma.

32 Jabai nu guþ hauhiþs ist in imma, jah guþ hauheiþ ina in sis jah suns hauhida ina.

33 Barnilona, nauh leitil mel miþ izvis im. Sokeiþ mik, jah svasve qaþ du Iudaium, ei þadei ik gagga, jus ni maguþ qiman, jah izvis qiþa nu.

34 Anabusn niuja giba izvis, ei frijoþ izvis misso sve ik frijoda izvis, þei jah jus frijoþ misso izvis.

35 Bi þamma ufkunnanda allai, þei meinai siponjos sijuþ, jabai friaþva habaid miþ izvis misso.

36 Þanuh qaþ du imma Seimon Paitrus: frauja, hvad gaggis? Andhafjands Iesus qaþ: þadei ik gagga, ni magt mik nu laistjan; iþ biþe laisteis.

37 Þaruh Paitrus qaþ du imma: frauja, duhve ni mag þuk laistjan nu? saivala meina faur þuk lagja.

38 Andhof Iesus: saivala þeina faur mik lagjis? Amen amen qiþa þus, þei hana ni hrukeiþ, unte þu mik afaikis kunnan þrim sinþam.

14. KAPITEL.

1 Ni indrobnai izvar hairto; galaubeiþ du guþa jah du mis galaubeiþ.

2 In garda attins meinis saliþvos managos sind; aþþan niba veseina, aiþþau qeþjau du izvis: gagga manvjan stad izvis.

3 Jah þan jabai gagga (jah) manvja izvis stad, aftra qima jah franima izvis du mis silbin, ei þarei im ik, þaruh sijuþ jah jus.

4 Jah þadei ik gagga, kunnuþ jah þana vig kunnuþ.

5 Þaruh qaþ imma Þomas: frauja, ni vitum hvaþ gaggis, jah hvaiva magum þana vig kunnan?

6 Qaþ imma Iesus: ik im sa vigs jah sunja jah libains. Ainshun ni qimiþ at attin, niba þairh mik.

7 Iþ kunþedeiþ mik, aiþþau kunþedeiþ jah attan meinana; jah þan fram himma kunnuþ ina jah gasaihviþ ina.

8 Iþ Filippus qaþuh du imma: frauja, augei unsis þana attan; þatuh ganah unsis.

9 Þaruh qaþ imma Iesus: svalaud melis miþ izvis vas, jah ni ufkunþes mik, Filippu? saei gasahv mik, gasahv attan, jah hvaiva þu qiþis: augei unsis þana attan?

10 Niu galaubeis, þatei ik in attin jah atta in mis ist? Þo vaurda, þoei ik rodja izvis, af mis silbin ni rodja, ak atta, saei in mis ist, sa taujiþ þo vaurstva.

XIV. 3. (jah) *fehlt in C.-A. und bei L.* —

11 Galaubeiþ mis, þatei ik in attin jah atta in mis; iþ jabai ni, in þize vaurstve galaubeiþ mis.

12 Amen amen qiþa izvis: saei galaubeid mis, þo vaurstva, þoei ik tauja, jah is taujiþ jah maizona þaim taujiþ; unte ik du attin gagga.

13 Jah þatei hva bidjiþ in namin meinamma, þata tauja, ei hauhjaidau atta in sunau.

14 Jabai hvis bidjiþ mik in namin meinamma, ik tauja.

15 Jabai mik frijoþ, anabusnins meinos fastaid.

16 Jah ik bidja attan, jah anþarana parakletu gibiþ izvis, ei sijai miþ izvis du aiva,

17 ahma sunjos, þanei so manaseiþs ni mag niman, unte ni saihviþ ina, nih kann ina; iþ jus kunnuþ ina, unte is miþ izvis visiþ jah in izvis ist.

18 Ni ieta izvis viduvairnans; qima at izvis.

19 Nauh leitil, jah so manaseiþs mik ni þanaseiþs saihviþ; iþ jus saihviþ mik, þatei ik liba, jah jus libaiþ.

20 In jainamma daga ufkunnaiþ jus, þatei ik in attin meinamma jah jus in mis jah ik in izvis.

21 Saei habaid anabusnins meinos jah fastaiþ þos, sa ist saei frijoþ mik: jah þan saei frijoþ mik, frijoda fram attin meinamma, jah ik frijo ina jah gabairhtja imma mik silban.

22 Þaruh qaþ imma Iudas, ni sa Iskarjotes: frauja, hva varþ, ei unsis munais gabairhtjan þuk silban, iþ þizai manasedai ni?

23 Andhof Iesus jah qaþ du imma: jabai hvas mik frijoþ jah vaurd mein fastaiþ, jah atta meins frijoþ ina, jah du imma galeiþos jah saliþvos at imma gataujos.

24 Iþ saei ni frioþ mik, þo vaurda meina ni fastaiþ; jah þata vaurd, þatei hauseiþ, nist mein, ak þis sandjandins mik attins.

25 Þata rodida izvis at izvis visands.

26 Aþþan sa parakletus, ahma sa veiha, þanei sandeiþ atta in namin meinamma, sa izvis laiseiþ allata jah gamaudeiþ izvis allis, þatei qaþ du izvis.

27 Gavairþi bileiþa izvis, gavairþi mein giba izvis; ni svasve so manaseþs gibiþ, ik giba izvis. Ni indrobnaina izvara hairtona, nih faurht-jaina.

28 Hausideduþ, ei ik qaþ izvis: galeiþa jah qima at izvis; jabai frijode-deiþ mik, aiþþau jus faginodedeiþ, ei ik gagga du attin: unte atta meins maiza mis ist.

29 Jah nu qaþ izvis, faurþizei vaurþi, ei biþe vairþai, galaubjaiþ.

30 Þanaseiþs filu ni maþlja miþ izvis; qimiþ, saei þizai manasedai reiki-noþ, jah in mis ni bigitiþ vaiht.

31 Ak ei ufkunnai so manaseþs, þatei ik frijoda attan meinana jah svasve anabaud mis atta, sva tauja. Urreisiþ, gaggam þaþro.

XIV. 11. ni] *haben* C.-A. *und* L. *erst nach* vaurstve. —

15. KAPITEL.

1 Ik im veinatriu þata sunjeino, jah atta meins vaurstvja ist.

2 All taine in mis unbairandane akran goþ, usnimiþ ita: jah all akran bairandane, gahraineiþ ita, ei managizo akran bairaina.

3 Ju jus hrainjai sijuþ in þis vaurdis, þatei rodida du izvis.

4 Visaiþ in mis jah ik in izvis. Sve sa veinatains ni mag akran bairan af sis silbin, niba ist ana veinatriva, svah nih jus, niba in mis sijuþ.

5 Ik im þata veinatriu, iþ jus veinatainos; saei visiþ in mis jah ik in imma, sa bairiþ akran manag, þatei inuh mik ni maguþ taujan ni vaiht.

6 Niba saei visiþ in mis, usvairpada ut sve veinatains jah gaþaursniþ jah galisada jah in fon galagjand jah inbranjada.

7 Aþþan jabai sijuþ in mis, jah vaurda meina in izvis sind, þatahvah þei vileiþ, bidjiþ, jah vairþiþ izvis.

8 In þamma hauhiþs ist atta meins, ei akran manag bairaiþ jah vairþaiþ meinai siponjos.

9 Svasve frijoda mik atta, svah ik frijoda izvis; visaiþ in friaþvai meinai.

10 Jabai anabusnins meinos fastaid, sijuþ in friaþvai meinai, svasve ik anabusnins attins meinis fastaida jah visa in friaþvai is.

11 Þata rodida izvis, ei faheþs meina in izvis sijai jah faheds izvara usfulljaidau.

12 Þata ist anabusns meina, ei frijoþ izvis misso, svasve ik frijoda izvis.

13 Maizein þizai friaþvai manna ni habaiþ, ei hvas saivala seina lagjiþ faur frijonds seinans.

14 Jus frijonds meinai sijuþ, jabai taujiþ, þatei ik anabiuda izvis.

15 Þanaseiþs izvis ni qiþa skalkans; unte skalks ni vait, hva taujiþ is frauja, iþ ik izvis qaþ frijonds, unte all, þatei hausida at attin meinamma, gakannida izvis.

16 Ni jus mik gavalideduþ, ak ik gavalida izvis, ei jus snivaiþ jah akran bairaiþ jah akran izvar du aiva sijai, ei þatahvah þei bidjaiþ attan in namin meinamma, gibiþ izvis.

17 Þata anabiuda izvis, ei frijoþ izvis misso.

18 Jabai so manaseds izvis fijai, kunneiþ, ei mik fruman izvis fijaida.

19 Jabai þis fairhvaus veseiþ, aiþþau so manaseds svesans frijodedi; aþþan unte us þamma fairhvau ni sijuþ, ak ik gavalida izvis us þamma fairhvau, duþþe fijaid izvis so manaseþs.

20 Gamuneiþ þis vaurdis, þatei ik qaþ du izvis: nist skalks maiza fraujin seinamma. Jabai mik vrekun, jah izvis vrikand; jabai mein vaurd fastaidedeina, jah izvar fastaina.

21 Ak þata allata taujand izvis in namins meins, unte ni kunnun þana sandjandan mik.

XV. 5. sa] sva *C.-A.*, *L.* — 6. inbranjada] *so C.-A. für* inbrannjada. —

22 Nih qemjau jah rodidedjau du im, fravaurht ni habaidedeina; iþ nu
inilons ni haband bi fravaurht seina.

23 Saei mik fijaiþ, jah attan meinana fijaiþ.

24 Iþ þo vaurstva ni gatavidedjau in im, þoei anþar ainshun ni gatavida,
fravaurht ni habaidedeina; iþ nu jah gasehvun mik jah fijaidedun
jah mik jah attan meinana.

25 Ak ei usfullnodedi vaurd þata gamelido in vitoda ize: ei fijaidedun
mik arvjo

26 Aþþan þan qimiþ parakletus, þanei ik insandja izvis fram attin, ahman
sunjos, izei fram attin urrinniþ, sa veitvodeiþ bi mik.

27 Jah þan jus veitvodeiþ, unte fram fruma miþ mis sijuþ.

16. KAPITEL.

1 Þata rodida izvis, ei ni afmarzjaindau.

2 Us gaqumþim dreiband izvis; akei qimiþ hveila, ei sahvazuh, izei us-
qimiþ izvis, þuggkeiþ hunsla saljan guþa.

3 Jah þata taujand, unte ni ufkunþedun attan nih mik.

4 Akei þata rodida izvis, ei biþe qimai so hveila ize, gamuneiþ þize,
þatei ik qaþ izvis. Iþ þata izvis fram fruma ni qaþ, unte miþ izvis vas.

5 Iþ nu gagga du þamma sandjandin mik, jah ainshun us izvis ni fraih-
niþ mik: hvaþ gaggis?

6 Akei unte þata rodida izvis, gauriþa gadaubida izvar hairto.

7 Akei ik sunja izvis qiþa: batizo ist izvis, ei ik galeiþau; unte jabai ik
ni galeiþa, parakletus ni qimiþ at izvis; aþþan jabai gagga, sandja
ina du izvis.

8 Jah qimands is gasakiþ þo manaseþ bi fravaurht jah bi garaihtiþa jah
bi staua;

9 bi fravaurht raihtis, þatei ni galaubjand du mis;

10 iþ bi garaihtiþa, þatei du attin meinamma gagga jah ni þanaseiþs
saihviþ mik;

11 iþ bi staua, þatei sa reiks þis fairhvaus afdomiþs varþ.

12 Nauh ganoh skal qiþan izvis, akei ni maguþ frabairan nu.

13 Iþ þan qimiþ jains, ahma sunjos, briggiþ izvis in allai sunjai; nih þan
rodeiþ af sis silbin, ak sva filu sve hauseiþ, rodeiþ jah þata ana-
vairþo gateihiþ izvis.

14 Jains mik hauheiþ, unte us meinamma nimiþ jah gateihiþ izvis.

15 All þatei aih atta, mein ist; duhþe qaþ, þatei us meinamma nimiþ jah
gateihiþ izvis.

16 Leitil nauh jah ni saihviþ mik; jah aftra leitil jah gasaihviþ mik, unte
ik gagga du attin.

17 Þaruh qeþun us þaim siponjam du sis misso: hva ist þata, þatei qiþiþ
unsis: leitil, ei ni saihviþ mik, jah aftra leitil jah gasaihviþ mik, jah
þatei ik gagga du attin?

XVI. 9. þatei] þata þatei C.-A. L. —

18 Qeþunuh: þata hva sijai, þatei qiþiþ: leitil; ni vitum, hva qiþiþ.

19 Iþ Iesus vissuh, þatei vildedun ina fraihnan, jah qaþ im: bi þata so-
keiþ miþ izvis misso, þatei qaþ: leitil jah ni saihviþ mik, jah aftra
leitil jah gasaihviþ mik.

20 Amen amen qiþa izvis, þei greitiþ jah gaunoþ jus, iþ manaseþs fa-
ginoþ; jus saurgandans vairþiþ, akei so saurga izvara du fahedai
vairþiþ.

21 Qino, þan bairiþ, saurga habaid, unte qam hveila izos; iþ biþe ga-
bauran ist barn, ni þanaseiþs ni gaman þizos aglons faura fahedai,
unte gabaurans varþ manna in fairhvau.

22 Jah þan jus auk nu saurga habaiþ, iþ aftra saihva izvis jah faginoþ
izvar hairto, jah þo fahed izvara ni ainshun nimiþ af izvis.

23 Jah in jainamma daga mik ni fraihniþ vaihtais. Amen amen qiþa
izvis, þatei þishvah þei bidjiþ attan in namin meinamma, gibiþ izvis.

24 Und hita ni beduþ ni vaihtais in namin meinamma; bidjaiþ jah nimiþ,
ei faheþs izvara sijai usfullida.

25 Þata in gajukom rodida izvis; akei qimiþ hveila, þanuh izvis ni þa-
naseiþs in gajukom rodja, ak andaugiba bi attan gateiha izvis.

26 In jainamma daga in namin meinamma bidjiþ, jah ni qiþa izvis, þei
ik bidjau attan bi izvis;

27 ak silba atta frijoþ izvis, unte jus mik frijodeduþ jah galaubideduþ,
þatei ik fram guþa urrann.

28 Uzuhiddja fram attin jah atiddja in þana fairhvu; aftra bileiþa þamma
fairhvau jah gagga du attin.

29 Þaruh qeþun þai siponjos is: sai, nu andaugiba rodeis jah gajukono
ni ainohun qiþis.

30 Nu vitum, ei þu kant alla jah ni þarft, ei þuk hvas fraihnai; bi þamma
galaubjam, þatei þu fram guþa urrant.

31 Andhof im Iesus: nu galaubeiþ?

32 Sai, qimiþ hveila jah nu qam, ei distahjada hvarjizuh du seina, jah
mik ainana bileiþiþ; jah ni im ains, unte atta miþ mis ist.

33 Þata rodida izvis, þei in mis gavairþi aigeiþ. In þamma fairhvau
aglons habaid; akei þrafsteiþ izvis, ik gajiukaida þana fairhvu.

17. KAPITEL.

1 Þata rodida Iesus uzuhhof augona seina du himina jah qaþ: atta, qam
hveila, hauhei þeinana sunu, ei sunus þeins hauhjai þuk;

2 svasve atgaft imma valdufni·allaize leike, ei all þatei atgaft imma,
gibai im libain aiveinon.

3 So þan ist so aiveino libains, ei kunneina þuk ainana sunja guþ jah
þanei insandides, Iesu Xristu.

XVI. 32. du seina] *mit Grimm (Gramm. IV. 769) und Uppstr. als acc. plur. neutr. zu
fassen, genau übersetzend das griech. εἰς τὰ ἴδια; nicht mit L. und M. als gen. sg. in
elliptischer Construct.* —

XVII. 3. sunja] *adverbialer acc. sg. fem., s. Wörterbuch. Uppstr. fasst* sunja guþ *als
Vocatio.* —

4 Ik þuk hauhida ana airþai; vaurstv ustauh, þatei atgaft mis du vaurkjan.

5 Jah nu hauhei mik, þu atta, at þus silbin þamma vulþau, þanei habaida at þus, faurþizei sa fairvhus vesi.

6 Gabairhtida þeinata namo mannam, þanzei atgaft mis us þamma fairhvau.. Þeinai vesun jah mis atgaft ins, jah þata vaurd þeinata gafastaidedun.

7 Nu ufkunþa, ei aila, þoei atgaft mis, at þus sind;

8 unte þo vaurda, þoei atgaft mis, atgaf im, jah eis nemun bi sunjai, þatei fram þus urrann, jah galaubidedun, þatei þu mik insandides.

9 Ik bi ins bidja; ni bi þo manaseþ bidja, ak bi þans, þanzei atgaft mis, unte þeinai sind.

10 Jah meina alla þeina sind jah þeina meina jah hauhiþs im in þaim.

11 Ni þanaseiþs im in þamma fairhvau; iþ þai in þamma fairhvau sind, jah ik du þus gagga. Atta veiha, fastai ins in namin þeinamma, þanzei atgaft mis, ei sijaina ain svasve vit.

12 Þan vas miþ im in þamma fairhvau, ik fastaida ins in namin þeinamma. Þanzei atgaft mis, gafastaida, jah ainshun us im ni fraqistnoda niba sa sunus fralustais, ei þata gamelido usfulliþ vaurþi.

13 Iþ nu du þus gagga jah þata rodja in manasedai, ei habaina fahed meina usfullida in sis.

14 Ik atgaf im vaurd þeinata, jah so manaseþs fijaida ins, unte ni sind us þamma fairhvau, svasve ik us þamma fairhvau ni im.

15 Ni bidja, ei usnimais ins us þamma fairhvau, ak ei bairgais im faura þamma unseljin.

16 Us þamma fairhvau ni sind, svasve ik us þamma fairhvau ni im.

17 Veihai ins in sunjai; vaurd þeinata sunja ist.

18 Svasve mik insandides in manaseþ, svah ik insandida ins in þo manased.

19 Jah fram im ik veiha mik silban, ei sijaina jah eis veihai in sunjai.

20 Aþþan ni bi þans bidja ainans, ak bi þans galaubjandans þairh vaurda ize du mis,

21 ei allai ain sijaina, svasve þu, atta, in mis jah ik in þus, ei jah þai in uggkis ain sijaina, ei so manaseþs galaubjai, þatei þu mik insandides.

22 Jah ik vulþu, þanei gaft mis, gaf im, ei sijaina ain, svasve vit ain siju.

23 Ik in im jah þu in mis, ei sijaina ustaubanai du ainamma jah kunnei so manaseþs, þatei þu mik insandides jah frijodes ins, svasve mik frijodes.

24 Atta, þatei atgaft mis, viljau ei, þarei im ik, jah þai sijaina miþ mis, ei saihvaina vulþu meinana, þanei gaft mis, unte frijodes mik faur gaskaft fairhvaus.

25 Atta garaihta, jah so manaseþs þuk ni ufkunþa; iþ ik þuk kunþa jah þai ufkunþedun, þatei þu mik insandides.

26 Jah gakannida im namo þeinata jah kannja, ei friaþva, þoei frijodes mik, in im sijai jah ik in im.

18. KAPITEL.

1 Þata qiþands Iesus usiddja miþ siponjam seinaim ufar rinnon þo Kaidron, þarei vas aurtigards, in þanei galaiþ Iesus jah siponjos is.

2 Vissuh þan jah Iudas sa galevjands ina þana stad, þatei ufta gaïddja Iesus jainar miþ siponjam seinaim.

3 Iþ Iudas nam hansa jah þize gudjane jah Fareisaie andbahtans iddjuh jaindvairþs miþ skeimam jah haizam jah vepnam.

4 Iþ Iesus vitands alla, þoei qemun ana ina, usgaggands ut qaþ im: hvana sokeiþ?

5 Andhafjandans imma qeþun: Iesu, þana Nazoraiu. Þaruh qaþ im Iesus: ik im. Stoþuh þan jah Iudas sa levjands ina miþ im.

6 Þaruh sve qaþ im, þatei ik im, galiþun ibukai jah gadrusun dalaþ.

7 Þaþroh þan ins aftra frah: hvana sokeiþ? Iþ eis qeþun: Iesu, þana Nazoraiu.

8 Andhof Iesus: qaþ izvis, þatei ik im; jabai nu mik sokeiþ, letiþ þans gaggan.

9 Ei usfullnodedi þata vaurd, þatei qaþ, ei þanzei atgaft mis, ni fraqistida ize ainummehun.

10 Iþ Seimon Paitrus habands hairu, uslauk ina jah sloh þis auhumistins gudjins skalk jah afmaimait imma auso taihsvo; sah þan haitans vas namin Malkus.

11 Þaruh qaþ Iesus du Paitrau: lagei þana hairu in fodr; stikl, þanei gaf mis atta, niu drigkau þana?

12 Þaruh hansa jah sa þusundifaþs jah andbahtos Iudaie undgripun Iesu jah gabundun ina

13 jah gatauhun ina du Annin frumist; sa vas auk svaihra Kajafin, saei vas auhumists veiha þis ataþnjis.

14 Vasuh þan Kajafa, saei garaginoda Iudaium, þatei batizo ist ainana mannan fraqistjan faur managein.

15 Þaruh laistida Iesu Seimon Paitrus jah anþar siponeis. Sah þan siponeis vas kunþs þamma gudjin, jah miþ inn galaiþ miþ Iesua in rohsn þis gudjins.

16 Iþ Paitrus stoþ at daurom uta. Þaruh usiddja ut sa siponeis anþar, saei vas kunþs þamma gudjin, jah qaþ dauravaurdai jah attauh inn Paitru.

17 Þaruh qaþ jaina þivi, so dauravardo, du Paitrau: ibai jah þu þize siponje is þis mans? Iþ is qaþ: ni im.

18 Þaruh stoþun skalkos jah andbahtos haurja vaurkjandans, unte kald vas, jah varmidedun sik; jah þan vas miþ im Paitrus standands jah varmjands sik.

19 Iþ sa auhumista gudja frah Iesu bi siponjans is jah bi laisein is.

20 Andhof imma Iesus: ik andaugjo rodida manasedai; ik sinteino laisida

---

in gaqumþai jah in gudhusa, þarei sinteino Iudaieis gaqimand, jah
þiubjo ni rodida vaiht.

21 Hvis mik fraihnis? fraihu þans hausjandans, hva rodidedjau du im;
sai, þai vitun, þatei qaþ ik.

22 Iþ þata qiþandin imma, sums andbahte standands gaf siah lofin Iesua,
qaþuh: svau andhafjis þamma reikistin gudjin?

23 Andhof Iesus: jabai ubilaba rodida, veitvodei bi þata ubil, aiþþau jabai
vaila, duhve mik slahis?

24 Þanuh insandida ina Annas gabundanana du Kajafin, þamma maistin
gudjin.

25 Iþ Seimon Paitrus vas standands jah varmjands sik. Þaruh qeþun du
imma: niu jah þu þize siponje þis is? Iþ is afaiaik jah qaþ: ne,
ni im.

26 Qaþ sums þize skalke þis maistins gudjins, sah niþjis vas þammei
afmaimait Paitrus auso: niu þuk sahv ik in aurtigarda miþ imma?

27 Þaruh aftra afaiaik Paitrus, jah suns hana hrukida.

28 Iþ eis tauhun Iesu fram Kajafin in praitoriaun. Þanuh vas maurgins.
Iþ eis ni iddjedun in praitoria, ei ni bisaulnodedeina, ak matide-
deina pasxa.

29 Þaruh atiddja ut Peilatus du im jah qaþ: hvo vrohe bairiþ ana þana
mannan?

30 Andhofun jah qeþun du imma: nih vesi sa ubiltojis, ni þau veis atge-
beima þus ina.

31 Þaruh qaþ im Peilatus: nimiþ ina jus jah bi vitoda izvaramma stojiþ
ina. Iþ eis qeþunuh du imma Iudaieis: unsis ni skuld ist usqiman
manne ainummehun.

32 Ei vaurd fraujins usfullnodedi, þatei qaþ bandvjands, hvileikamma
dauþau skulda gasviltan.

33 Galaiþ in praitauria aftra Peilatus jah vopida Iesu qaþuh imma: þu is
þiudans Iudaie?

34 Andhof Iesus: abu þus silbin þu þata qiþis þau anþarai þus qeþun
bi mik?

35 Andhof Peilatus: vaitei ik Iudaius im? so þiuda þeina jah gudjans
anafulhun þuk mis; hva gatavides?

36 Andhof Iesus: þiudangardi meina nist us þamma fairhvau; iþ us þamma
fairhvau vesi meina þiudangardi, aiþþau andbahtos meinai usdaudi-
dedeina, ei ni galeviþs vesjau Iudaium. Iþ nu þiudangardi meina
nist þaþro.

37 Þaruh qaþ imma Peilatus: an nuh þiudans is þu? Andhafjands Iesus
(qaþ): þu qiþis, ei þiudans im ik; ik du þamma gabaurans im jah
du þamma qam in þamma fairhvau, ei veitvodjau sunjai. Hvazuh
saei ist sunjos, hauseiþ stibnos meinaizos.

38 Þanuh qaþ imma Peilatus: hva ist so sunja? jah þata qiþands galaiþ
ut du Iudaium jah qaþ im: ik ainohun fairino ni bigita in þamma.

XVIII. 36. usdaudedideina C.-A. — 37. (qaþ) fehlt in C.-A. und bei L. —

39 Iþ ist biuhti izvis, ei ainana izvis fraletau in pasxa; vileidu nu, ei fra-
letau izvis þana þiudan Iudaie?

40 Iþ eis hropidedun aftra allai qiþandans: ne þana, ak Barabban. Sah
þan vas sa Barabba vaidedja.

19. KAPITEL.

1 Þanuh þan nam Peilatus Iesu jah usblaggv.

2 Jah þai gadrauhteis usvundun vipja us þaurnum jah galagidedun imma
ana haubid jah vastjai paurpurodai gavasidedun ina

3 jah qeþun: hails þiudans Iudaie! jah gebun imma slahins lofin.

4 Atiddja aftra ut Peilatus jah qaþ im: sai, attiuha izvis ina ut, ei viteiþ,
þatei in imma ni ainohun fairino bigat.

5 Þaruh usiddja ut Iesus bairands þana þaurneinan vaip jah þo paur-
purodon vastja. Jah qaþ im: sa ist sa manna.

6 Þaruh biþe sehvun ina þai maistans gudjans jah andbahtos, hropide-
dun qiþandans: ushramei, ushramei ina! Qaþ im Peilatus: nimiþ
ina jus jah hramjiþ; iþ ik fairina in imma ni bigita.

7 Andhofun imma Iudaieis: veis vitoþ aihum, jah bi þamma vitoda un-
saramma skal gasviltan, unte sik silban guþs sunu gatavida.

8 Biþe gahausida Peilatus þata vaurd, mais ohta sis.

9 Jah galaiþ in praitauria aftra jah qaþ du Iesua: hvaþro is þu? Iþ
Iesus andavaurdi ni gaf imma.

10 Þaruh qaþ imma Peilatus: du mis ni rodeis? niu vaist, þatei valdufni
aih ushramjan þuk jah valdufni aih fraletan þuk?

11 Andhof Iesus: ni aihtedeis valdufnje ainhun ana mik, nih vesi þus at-
giban iupaþro; duhþe sa galevjands mik þus maizein fravaurht
habaid.

12 Framuh þamma sokida Peilatus fraletan ina. Iþ Iudaieis hropidedun
qiþandans: jabai þana fraletis, ni is frijonds kaisara; sahvazuh, izei
þiudan sik silban taujiþ, andstandiþ kaisara.

13 Þanuh Peilatus hausjands þize (*vaurde*) — — —

XIX. 2. vippja *C.-A., L.* — 5. sa ist sa manna *C.-A. L.* sai sa manna *M.*

AIPISTAULEINS PAVLAUS.

Die Briefe Pauli.

Du Rumonim.

6. KAPITEL.

23 Þo auk launa fravaurhtais dauþus; iþ ansts guþs libains aiveino in Kristau Iesu, fraujin unsaramma.

7. KAPITEL.

1 Þau niu vituþ, broþrjus, kunnandam auk vitoþ rodja, þatei vitoþ frau-jinoþ mann, sva lagga hveila sve libaiþ?

2 Jah auk uf vaira qens at libandin abin gabundana ist vitoda; aþþan jabai gasviltiþ aba, galausjada af þamma vitoda abins.

3 Þannu þan at libandin abin haitada horinondei, jabai vairþiþ vaira anþaramma; iþ jabai gasviltiþ vair, frija ist þis vitodis, ei ni sijai ho-rinondei, vaurþana abin anþaramma.

4 Svaei nu jah jus, broþrjus meinai, afdauþidai vaurþuþ vitoda þairh leik Kristaus, ei vairþaiþ anþaramma, þamma us dauþaim urreisandin, ei akran bairaima guþa.

5 Þan auk vesum in leika, vinnons fravaurhti, þos þairh vitoþ, vaurhte-dun in liþum unsaraim du akran bairan dauþau;

6 iþ nu, sai, andbundanai vaurþum af vitoda, gadauþnandans in þammei gahabaidai vesum, svaei skalkinoma in niujiþai ahmins jah ni fair-niþai bokos.

7 Hva nu qiþam? Vitoþ fravaurhts ist? Nis-sijai! Ak fravaurht ni uf-kunþedjau, nih þairh vitoþ, unte iustu nih kunþedjau, nih vitoþ qeþi: ni gairnjais.

8 Iþ ⁻lev nimaudei fravaurhts þairh anabusn gavaurhta in mis allana iustu; unte inu vitoþ fravaurhts vas naus.

Die gothischen Fragmente des Römerbriefes sind in folgenden Codices enthalten: Cap. VI. 23 — XI. 33 *bis zu dem Worte* haudugeins in *Cod. Ambros. A.* — XI. 33 *von den Worten* jah vitubnjis — XII. 5 *im Cod. Carol.* — XII. 8 — XIV. 5 *in Cod. Ambr. A.; XII. 17 von den Worten* in andvairþja guþs — XIII. 5 *zu den Worten* duþþe ufhausjaiþ *auch in Carol.* — XIV. 9—XV. 13 *in Cod. Carol.* — XVI. 21 *bis zu Ende in Cod. Ambros. A.* — *Ueber die Codices s. Einleitung.*

VII. 1. mann sva] manns *C. Ambr. A.* — 3. iþ jabai] so *Cod.*, *cf. Leo Meyer, Germania X. 225. f.* — 5. fravaurhti] *so Cod. für* fravaurhte. — 7. nis-sijai] *ebenso.* — 8. 11. nimandei] so *im Codex*, nimands *L.* — 8. naus] *ebenso; cf. Germania IX. 144.* navis *L.* —

9 Iþ ik qius inu vitoþ simle, iþ qimandein anabusnai fravaurhts gaqiunoda;

10 iþ ik gadauþnoda, jah bigitana varþ mis anabusns, sei vas du libainai, visan du dauþau.

11 Unte fravaurhts, lev nimandei þairh anabusn, uslutoda mik jah þairh þo usqam.

12 Aþþan nu sveþauh vitoþ veihata jah anabusns veiha jah garaihta jah þiuþeiga.

13 Þata nu þiuþeigo varþ mis dauþus? Nis-sijai! ak fravaurhts, ei us-kunþa vaurþi fravaurhts, þairh þata þiuþeigo mis gavaurkjandei dauþu, ei vaurþi ufarassau fravaurhta fravaurhts þairh anabusn.

14 Vitum auk, þatei vitoþ ahmein ist; iþ ik leikeins im, frabauhts uf fravaurht.

15 Þatei (auk) vaurkja, ni fraþja; unte ni þatei viljau, tauja, ak þatei hatja, þata tauja.

16 Iþ jabai þatei ni viljau, þata tauja, gaqiss im vitoda, þatei goþ.

17 Iþ nu ju ni ik vaurkja þata, ak so bauandei in mis fravaurhts.

18 Vait auk, þatei ni bauiþ in mis, þat-ist in leika meinamma, þiuþ; unte viljan atligiþ mis, iþ gavaurkjan goþ ni.

19 Unte ni þatei viljau, vaurkja goþ, ak þatei ni viljau ubil, (þata) tauja.

20 Jabai nu þatei ni viljau ik, þata tauja, ju ni ik vaurkja ita, ak sei bauiþ in mis, fravaurhts.

21 Bigita nu vitoþ, viljandin mis goþ taujan, unte mis atist ubil.

22 Gavizneigs im auk vitoda guþs bi þamma innumin mann;

23 aþþan gasaihva anþar vitoþ in liþum meinaim, andveihando vitoda ahmins meinis jah frahinþando mik in vitoda fravaurhtais, þamma visandin in liþum meinaim.

24 Vainags ik manna! hvas mik lauseiþ us þamma leika dauþaus þis?

25 Aviliudo guþa þairh Iesu Xristu, fraujan unsarana; sai nu silba ik skalkino gahugdai vitoda guþs, iþ leika vitoda fravaurhtais.

8. KAPITEL.

1 Ni vaiht þannu nu vargiþos þaim in Xristau Iesu ni gaggandam bi leika.

2 Unte vitoþ ahmins libainais in Kristau Iesu frijana brahta mik vitodis fravaurhtais jah dauþaus.

3 Unte þata unmahteigo vitodis, in þammei siuks vas þairh leik, guþ seinana sunu insandjands in galeikja leikis fravaurhtais jah bi fra-vaurht gavargida fravaurht in leika,

4 ei garaihtei vitodis usfulljaidau in uns, þaim ni bi leika gaggandam, ak bi ahmin.

5 Unte þai bi leika visandans þo, þoei_ leikis sind, mitond; iþ þai bi ahmin þo, þoei ahmins.

VII. 9. cf. Germania X. 229. — 10. gadauþ ... Cod. Ergänzung von Castiglione. — 13. nis-sijai] so Cod. — 15. (auk) fehlt im Cod. und bei L. — 19. (þata) desgl. — 23. andveihando] so Cod. — 24. vainags] so Cod. — 25. sai] jau Cod., L. —

VIII. 4. ak bi ahmin] bisher übersehen. —

6 Aþþan fraþi leikis dauþus, iþ fraþi ahmins libains jah gavairþi;

7 unte fraþi leikis fijands du guþa, vitoda guþs ni ufhauseiþ, iþ nih mag;

8 aþþan in leika visandans guþa galeikan ni magun.

9 Iþ jus ni sijuþ in leika, ak in ahmin, sveþauh jabai ahma guþs bauiþ in izvis. Iþ jabai hvas ahman Xristaus ni habaiþ, sa nist is.

10 Jabai auk Kristus in izvis, leik raihtis — —

34 — —: saei ist in taihsvon guþs, saei jah bidjiþ faur uns.

35 Hvas uns afskaidai af friaþvai Kristaus? aglo þau aggviþa þau vrakja þau huhrus þau naqadei þau sleiþei þau hairus?

36 Svasve gameliþ ist, þatei in þuk gadauþjanda all dagis; rahnidai vesum sve lamba slauhtais.

37 Akei in þaim allaim jiukam þairh þana frijondan uns.

38 Gatraua auk, þatei ni dauþus nih libains nih aggeljus, ni reikja ni mahteis, nih andvairþo nih anavairþo,

39 nih hauhiþa nih diupiþa nih gaskafts anþara magi uns afskaidan af friaþvai guþs, þizai in Xristau Iesu, fraujin unsaramma.

9. KAPITEL.

1 Sunja qiþa, ni vaiht liuga, miþ veitvodjandein mis miþvissein meinai in ahmin veihamma,

2 þatei saúrga mis ist mikila jah unhveilo aglo hairtin meinamma.

3 Usbida auk anaþaima visan silba ik af Xristau faur broþruns meinans, þans samakunjans bi leika,

4 þaiei sind Israeleitai, þizeei ist frastisibja jah vulþus jah vitodis garaideins jah triggvos jah skalkinassus jah gahaita;

5 þizeei attans, jah us þaimei Kristus bi leika, saei ist ufar allaim guþ þiuþiþs in aivam, amen.

6 Aþþan sveþauh ni usdraus vaurd guþs; ni auk allai þai us Israela þai sind Israel,

7 niþ-þaiei sijaina fraiv Abrahamis, allai barna, ak in Isaka haitada þus fraiv,

8 þat-ist: ni þo barna leikis barna guþs, ak barna gahaitis rahnjanda du fraiva.

9 Gahaitis auk vaurd þat-ist: bi þamma mela qima jah vairþiþ Sarrin sunus;

10 aþþan ni þat-ain, ak jah Raibaikka us ainamma galigrja habandei Isakis, attins unsaris.

11 Aþþan nauhþanuh ni gabauranai vesun, aiþþau tavidedeina hva þiuþis aiþþau unþiuþis, ei bi gavaleinai muns guþs visai, ni us vaurstvam, ak us þamma laþondin,

12 qiþan ist izai, þatei sa maiza skalkinoþ þamma minnizin,

VIII. 9. habaiþ, sa nist] *so im Cod.* — 38. libaius nih] *steht im Cod., fehlt bei L.* — reikja] *nach Castiglione im Cod. nicht mehr zu lesen.* —
IX. 3. usbid(j)a *M. nach Grimm, Gramm. IV. 101.* — 4. Israeleitai. 6. Israela *Cod.* —

13 svasve gameliþ ist: Iakob frijoda, iþ Esav fijaida.

14 Hva nu qiþam? Ibai invindiþa fram guþa? Nis-sijai!

15 Du Mose auk qiþiþ: gaarma, þanei arma, jah gableiþja, (þanei
bleiþja),

16 þannu nu ni viljandins ni rinnandins, ak armandins guþs.

17 Qiþiþ auk þata gamelido du Faraona, unte du þamma silbin urraisida
þuk, ei gabairhtjau bi þus maht meina jah gateihaidau namo mein
and alla airþa.

18 þannu nu jai, þanei vili armaiþ, iþ þanei vili gahardeiþ.

19 Qiþis mis nu: aþþan hva nauh faianda? unte viljin is hvas and-
standiþ?

20 Þannu nu jai, manna, þu hvas is, ei andvaurdjais guþa? ibai qiþiþ
gadigis du þamma digandin: hva mik gatavides sva?

21 Þau niu habaiþ kasja valdufni þahons us þamma samin daiga' taujan
sum du galaubamma kasa, sumuþ-þan du ungalaubamma?

22 Iþ jabai viljands guþ ustaiknjan þvairhein jah uskannjan þata mahteigo,
usbeidands in managai laggamodein bi kasam þvairheins gamanvidaim
du fralustai,

23 ei gakannidedi gabein vulþus seinis bi kasam armaions, þoei fauraga-
manvida du vulþau;

24 þanzei jah laþoda uns ni þatainei us Iudaium, ak jah us þiudom,

25 svasve jah in Osaien qiþiþ: haita þo ni-managein meina managein meina
jah þo unliubon liubon;

26 jah vairþiþ in þamma stada, þarei qiþada im: ni managei meina jus,
þai haitanda sunjus guþs libandins.

27 Iþ Esaïas hropeiþ bi Israel: jabai vesi raþjo sunive Israelis svasve
malma mareins, laibos ganisand.

28 Vaurd auk ustiuhands jah gamaurgjands in garaihtein, unte vaurd ga-
maurgiþ taujiþ frauja ana airþai.

29 Jah svasve fauraqaþ Esaïas: nih frauja Sabaoþ biliþi unsis fraiva, sve
Saudauma þau vaurþeima jah sve Gaumaurra þau galeikai vaur-
þeima.

30 Hva nu qiþam? Þatei þiudos, þos ni laistjandeins garaihtein, gafai-
fahun garaihtein, aþþan garaihtein þo us galaubeinai;

31 iþ Israel, laistjands vitoþ garaihteins, bi vitoþ garaihteins ni gasnau.

32 Duhve? unte ni us galaubeinai, ak us vaurstvam vitodis; bistuggqun
du staina bistuggqis,

33 svasve gameliþ ist: sai, galagja in Sion stain bistuggqis jah hallu ga-
marzeinais, jah sa galaubjands du imma ni gaaiviskoda.

IX. 13. fijaida] *am Rande fast verwischt und unsicher zu lesen:*
and vaih.

IX. 15. þanei bleiþja] *fehlt im Cod. und bei L., von M. ergänzt.* — 17. Faraona. du þamma
silbin urraisida] *so Cod.* — 19. antstandiþ] *so Cod.* — 20. gadigis] *so Cod.* — 23. vulþus]
Cod. für vulþaus. — 27. hropeiþ] *so Cod.* — 30. galaubeinai *L.* galaubei *Cod.* — 33. laub-
jands *Cod.* —

10. KAPITEL.

1 Broþrjus, sa raihtis vilja meinis hairtins jah bida du guþa bi ins du naseinai.

2 Veitvodja auk im, þatei aljan guþs haband, akei ni bi kunþja.

3 Unkunnandans auk guþs garaihtein jah seina garaihtein sokjandans stiurjan, garaihtein guþs ni ufhausidedun.

4 Ustauhts auk vitodis Kristus du garaihtein allaim þaim galaubjandam.

5 Moses auk meleiþ þo garaihtein us vitoda, þatei sa taujands þo manna libaiþ in izai.

6 Iþ so us galaubeinai garaihtei sva qiþiþ: ni qiþais in hairtin þeinamma: hvas ussteigiþ in himin? þat-ist Kristu dalaþ attiuhan;

7 aiþþau, hvas gasteigiþ in afgrundiþa? þat-ist Kristu us dauþaim iup ustiuhan.

8 Akei hva qiþiþ? Nehva þus þata vaurd ist in munþa þeinamma jah in hairtin þeinamma, þat-ist vaurd galaubeinais, þatei merjam.

9 Þei jabai andhaitis in munþa þeinamma fraujin Iesu jah galaubeis in hairtin þeinamma, þatei guþ ina urraisida us dauþaim, ganisis.

10 Hairto auk galaubeiþ du garaihtiþai, iþ munþa andhaitada du' ganistai.

11 Qiþiþ auk þata gameliþ: hvazuh sa galaubjands du imma ni gaaiviskoda.

12 Ni auk ist gaskaideins Iudaiaus jah Krekis; sa sama auk frauja allaize, gabigs in allans þans bidjandans sik.

13 Hvazuh auk saei anahaitiþ bidai namo fraujins, ganisiþ.

14 Hvaiva nu bidjand, du þammei ni galaubidedun? aiþþau hvaiva galaubjand, þammei ni hausidedun? iþ hvaiva hausjand inu merjandan?

15 iþ hvaiva merjand, niba insandjanda? svasve gameliþ ist: hvaiva skaunjai fotjus þize spillondane gavairþi, þize spillondane þiuþ.

16 Akei ni allai ufhausidedun aivaggeljon; Esaïas auk qiþiþ: frauja, hvas galaubida hauseinai unsarai?

17 Þannu galaubeins us gahauseinai, iþ gahauseins þairh vaurd Xristaus.

18 Akei qiþa: ibai ni hausidedun? raihtis and alla airþa galaiþ drunjus ize jah and andins midjungardis vaurda ize.

19 Akei qiþa: ibai Israel ni fanþ? Frumist Moses qiþiþ: ik in aljana izvis brigga in unþiudom, in þiudai unfraþjandein in þvairhein izvis brigga.

20 Iþ Esaïas anananþeiþ jah qiþiþ: bigitans varþ þaim mik ni gasokjandam, svikunþs varþ þaim mik ni gafraihnandam.

21 Iþ du Israela qiþiþ: allana dag usbraidida handuns meinos du managein ungalaubjandein jah andstandandein.

X. 7. iup] *am Rande Reste einer Glosse:* . . . rjo.

X. 9. fraujin] *so Cod.* — Iesu] *Cod.* ũi *für* iũ. — 10. garaihtiþai] garaihtiþa *Cod.* — 12. s a sama. — 14. d u þammei] *so Cod.* — 19. in unþiudom, in þiudai] *so Cod.* — 20. varþ miþ þaim *L. irrig.* —

11. KAPITEL.

1 Qiþa nu: ibai afskauf guþ arbja seinamma? Nis-sijai. Jah auk ik Is-
raeleites im — —

11 — — ei gadruseina? Nis-sijai! ak þizai ize missadedai varþ ganists
þiudom du in aljana briggan ins.

12 Iþ aþþan jabai missadeds ize gabei fairhvau jah vanains ize gabei þiu-
dom, hvan mais fullo ize?

13 Izvis auk qiþa þiudom: sva lagga sve ik im þiudo apaustaulus, and-
bahti mein mikilja,

14 ei hvaiva in aljana briggau leik mein jah ganasjau sumans us im.

15 Jabai auk usvaurpa ize gabei fairhvaus, hva so andanumts, nibai libains
us dauþaim?

16 Þandei ufarskafts veiha, jah daigs, jah jabai vaurts veiha, jah astos.

17 Jah jabai sumai þize aste usbruknodedun, iþ þu vilþeis alevabagms
visands intrusgiþs varst in ins jah gamains þizai vaurtai jah smairþra
alevabagmis varst,

18 ni hvop ana þans astans; iþ jabai hvopis, ni þu þo vaurt bairis, ak
so vaurts bairiþ þuk.

19 Qiþis nu: usbruknodedun astos, ei ik intrusgjaidau.

20 Vaila! ungalaubeinai usbruknodedun, iþ þu galaubeinai gastost; ni hugei
hauhaba, ak ogs.

21 Þandei guþ þans us gabaurþai astans ni freidida, ibai aufto ni þuk
freidjai.

22 Sai nu selein jah hvassein garaihta guþs; aiþþau ana þaim, þaiei ga-
drusun, hvassein, iþ ana þus selein, jabai þairhvisis in selein; aiþþau
jah þu usmaitaza,

23 jah jainai, niba gatulgjand sik in ungalaubeinai, intrusgjanda; mahteigs
auk ist guþ aftra intrusgjan ins.

24 Jabai auk þu us vistai usmaitans þis vilþjis alevabagmis jah aljakuns
visands, intrusgiþs varst in godana alevabagm, hvan filu mais þai
bi vistai intrusgjanda in svesana alevabagm?

25 Ni auk viljau izvis, broþrjus, unveisans þizos runos, ei ni sijaiþ in
izvis silbam frodai, unte daubei (bi) sumata Israela varþ, und þatei
fullo þiudo inn galeiþai.

26 Jah sva allai Israel ganisand, svasve gameliþ ist: urrinniþ us Sion sa
lausjands du afvandjan afgudein af Iakoba.

27 Jah so im fram mis triggva, þan afnima fravaurhtins ize.

28 Aþþan bi aivaggeljon fijandans in izvara, iþ bi gavaleinai liubai ana
attans.

29 Inu idreiga sind auk gibos jah laþons guþs.

XI. 1. arbja seinamma] *so Cod.* — 14. briggan] *so Cod.* — 15. hva so] *so Cod.* —
17. vaurtai] *so Cod.* — 18. astans] anstans *Cod.* — vaurt] *so Cod.* — 19. quiþis] *so Cod.* —
22. aiþþau] *so Cod.* — 24. intrusgiþs] *so Cod.* — 25. unveisans] *steht wirklich im Cod.* —

30 Svasve raihtis jus suman ni galaubideduþ guþa, iþ nu gaarmaidai vaúrþuþ þizai ize ungalaubeinai,

31 sva jah þai nu ni galaubidedun izvarai armaion, ei jah eis gaarmaindau.

32 Galauk auk guþ allans in ungalauþeinai, ei allans gaarmai.

33 O diupiþa gabeins handugeins jah vitubnjis guþs! hvaiva unusspilloda sind stauos is jah unbilaistidai vigos is!

34 Hvas auk ufkunþa fraþi fraujins, aiþþau hvas imma ragineis vas?

35 Aiþþau hvas imma fruma gaf jah fragildaidau imma?

36 Unte us imma jah þairh ina jah in imma alla; immuh vulþus du aivam, amen.

12· KAPITEL.

1 Bidja nu izvis, broþrjus, þairh bleiþein guþs, usgiban leika izvara saud qivana, veihana, vaila galeikaidana guþa, andaþahtana blotinassu izvarana.

2 Ni galeikoþ izvis þamma aiva, *ak inmaidjaiþ* ananiujiþai fraþjis izvaris du gakiusan, hva sijai vilja guþs, þatei goþ jah galeikaiþ jah ustauhan.

3 Qiþa auk þairh anst guþs, sei gibana ist mis, allaim visandam in izvis, ni mais fraþjan þau skuli fraþjan, ak fraþjan du vaila fraþjan, hvarjammeh svasve guþ gadailida mitaþ galaubeinais.

4 Svasve raihtis in ainamma leika liþuns managans habam, þaiþ-þan liþjus allai ni þata samo taui haband;

5 sva managai ain leik sijum in Xristau, aþþan ainhvarjizuh anþar (*anþaris liþjus*).

8 — — sa dailjands in allsverein, sa faurastandands in usdaudein, sa armands in hlasein.

9 Friaþva unliuta; fiandans ubila, haftjandans godamma;

10 broþralubon in izvis misso friaþvamildjai; sveriþai izvis misso faurarahnjandans;

11 usdaudein ni latai; ahmin vulandans; fraujin skalkinondans;

12 venai faginondans; aglons usþulandans; bidai haftjandans;

13 andaviznim veihaize gamainjandans; gastigodein galaistjandans;

14 þiuþjaiþ þans vrikandans izvis; þiuþjaiþ jah ni unþiuþjaiþ;

15 faginon miþ faginondam, gretan miþ gretandam.

16 Þata samo in izvis misso fraþjandans; ni hauhaba hugjandans, ak þaim hnaivam miþ gavisandans; ni vairþaiþ inahai bi izvis silbam.

17 Ni ainummehun ubil und ubilamma usgibandans; bisaihvandans godis ni þatainei in andvairþja guþs, ak jah in andvairþja manne allaize.

18 Jabai magi vairþan us izvis, miþ allaim mannam gavairþi habandans.

XI. 33. jah vitubnjis] *Cod. Carol. beginnt, s. zu Anfang.* — unusspilloda] *so Cod. Carol.,* unusspillodos *M.* —

XII. 2. ak inmaidjaiþ] *Ergänzung L's.; Cod. Carol. nur . . þ.* — fraþjis] framaþjis *Cod. Carol.* — 5. (anþaris liþjus) *fehlt im Cod. Carol. und bei L. M.* — 16. bauhaba hugjandans, ak þaim hnaivam] *so Cod.* —

19 Ni izvis silbans gavrikandans, liubans, ak gibiþ staþ þvairhein; ga-
meliþ ist auk: mis fraveit letaidau, ik fragilda, qiþiþ frauja.

20 Jabai gredo fijand þeinana, mat gif imma; iþ jabai þaursjai, dragkei
ina; þata auk taujands haurja funins rikis ana haubiþ is.

21 Ni gajiukaizau af unþiuþa, ak gajiukais af þiuþa unþiuþ.

13. KAPITEL.

1 All saivalo valdufnjam ufarvisandam ufhausjai; unte nist valdufni alja
fram guþa, iþ þo visandona fram guþa gasatida sind.

2 Svaei sa andstandands valdufnja guþs garaideinai andstoþ; iþ þai and-
standandans silbans sis vargiþa nimand.

3 Þai auk reiks ni sind agis godamma vaurstva, ak ubilamma; aþþan
vileis, ei ni ogeis valdufni, þiuþ taujais jah habais hazein us þamma;

4 unte guþs andbahts ist þus in godamma. Iþ jabai ubil taujis, ogs;
unte ni svare þana hairu bairiþ; guþs auk andbahts ist, fraveitands
in þvairhein þamma ubil taujandin.

5 Duþþe ufhausjaiþ ni þatainei in þvairheins, ak jah in miþvisseins.

6 Inuþ-þis auk jah gilstra ustiuhaiþ; unte andbahtos guþs sind, in þamma
silbin skalkinondans.

7 Usgibiþ nu allaim skuldo: þammei gabaur gabaur, þammei mota mota,
þammei agis agis, þammei sveriþa sveriþa.

8 Ni ainummehun vaihtais skulans sijaiþ, niba þatei izvis misso frijoþ;
unte saei frijoþ nehvundjan, vitoþ usfullida.

9 Þata auk: ni horinos, ni maurþrjais, ni hlifais, nih faihugeigais jah ja-
bai hvo anþaraizo anabusne ist, in þamma vaurda usfulljada, þamma:
frijos nehvundjan þeinana sve þuk silban.

10 Friaþva nehvundjins ubil ni vaurkeiþ; usfulleins nu vitodis ist friaþva.

11 Jah þata, vitandans þata þeihs, þatei mel ist uns ju us slepa urreisan;
unte nu nehvis ist naseins unsara þau þan galaubidedum.

12 Nahts framis galaiþ, iþ dags atnehvida; usvairpam nu vaurstvam
riqizis, iþ gavasjam sarvam liuhadis.

13 Sve in daga garedaba gaggaima, ni gabauram jah drugkaneim, ni
ligram jah aglaitjam, ni haifstai jah aljana;

14 ak gahamoþ fraujin unsaramma Xristau Iesua jah leikis mun ni taujaiþ
in lustuns.

14. KAPITEL.

1 Iþ unmahteigana galaubeinai andnimaiþ, ni·du tveifleinai mitone.

2 Sums raihtis galaubeiþ matjan allata; iþ saei unmahteigs ist, gras
matjiþ.

3 Sa matjands þamma ni matjandin ni frakunni, iþ sa ni matjands
þana matjandan ni stojai; guþ auk ina andnam.

XII. 19. letaidau C.-Ambr. A., leitaidau Cod. Carol. —
    XIII. 4. hairu C. Car. hairau C.-Ambr. A. — 6. in þamma. 8. izvis misso. - 9. faihu-
geigais. anabusne ist] so Cod.
    XIV. 3. frakunni] frakuni C.-Ambr. A. — matjandan] matjandin Cod. —

4 Þu hvas is, þuei stojis framaþjana skalk? Scinamma fraujin standiþ
aiþþau driusiþ; aþþan standiþ; mahteigs auk ist˙frauja gasto-
þanan ina.   ,

5 Sums raihtis stojiþ dag hindar daga — —

9 — — jah qivaim jah dauþaim fraujinoþ.

10 Iþ þu, hva stojis broþar þeinana? aiþþau jah þu, hva frakant broþr
þeinamma? allai auk gaśatjanda faura stauastola Xristaus.

11 Gameliþ ist auk: liba ik, qiþiþ frauja, þatei mis all knive biugiþ jah
andhaitiþ all razdo guþa.

12 Þannu nu hvarjizuh unsara fram sis raþjon usgibiþ guþa.

13 Ni þanamais nu uns misso stojaima, ak þata stojaiþ mais, ei ni satjaiþ
bistugq broþr aiþþau gamarzein.

14 Vait jag-gatraua in fraujin Iesua, þatei ni vaiht gavamm þairh sik
silbo, niba þamma munandin *hva unhrain visan*, þamma ga-
main ist.

15 Iþ jabai in matis broþar þeins gaurjada, ju ni bi friaþvai gaggis.
Ni nunu mata þeinamma jainamma fraqistjais, faur˙þanei Xristus
gasvalt.

16 Ni vajamerjaidau unsar þiuþ.

17 Nist auk þiudangardi guþs´mats jah dragk, ak garaihtei jah gavairþi
jah faheþs in ahmin veihamma.

18 Saei auk in þaim skalkinoþ Xristau,˙vaila galeikaiþ guþa jah gakusans
ist mannam.

19 Þannu nu þoei gavairþjis sind, laistjaima, jah þoei timreinais sind in
uns misso.

20 Ni nunu in matis gatair vaurstv guþs — —

15. KAPITEL.

3 — — þize idveitjandane þuk gadrusun ana mik.

4 Svà filu auk sve fauragameliþ varþ, du unsarai laiseinai gameliþ varþ,
ei þairh þulain jah gaþrafstein boko ven habaima.

5˙Iþ guþ þulainais jah þrafsteinais gibai izvis þata samo fraþjan in izvis
misso bi Kristu Iesu,

6 ei gaviljai ainamma munþa hauhjaiþ guþ jah attan fraujins unsaris
Iesuis Kristaus.

7 In þizei andnimaiþ izvis misso, svasve jah Kristus andnam izvis du
vulþau guþs.

8 Qiþa auk Kristu Iesu andbaht vaurþanana *bimaitis* fram sunjai guþs
du gatulgjan gahaita attane,

9 iþ þiudos in armahairteins hauhjan guþ, svasve gameliþ ist: duþþe
andhaita þus in þiudom, frauja, jah namin þeinamma liuþo.

10 Jah aftra qiþiþ: sifaiþ þiudos miþ managein is.

XIV. 4. gastoþanan] *so Cod., Uppstr. will* gastoþan. — 11. all] *so Cod. Car.;* alla *L.* —
14. *hva unhrain visan*] *von L. ergänzt; im Cod. Carol. Lücke.* —
    XV. 8. *bimaitis*] *desgl.*

11 Jah aftra qiþiþ: hazjiþ allos þiudos fraujan jah hazjaina ina allos ma-
nageins.

12 Jah aftra Esaeias qiþiþ: vairþiþ vaurts Iaissaizis, jah sa usstandands
reikinoþ þiudom; du imma þiudos venjand.

13 Iþ guþ lubainais fulljai izvis allaizos fahedais — —

16. KAPITEL.

21 — — jah Lukius jah Iasson jah Soseipatrus, þai niþjos meinai;

22 golja izvis ik Tairtius sa meljands þo aipistaulein in fraujin;

23 goleiþ izvis Gaius, vairdus meins jah allaizos aikklesjons. Goleiþ izvis
Airastus, fauragaggja baurgs, jah Qartus sa broþar.

24 Ansts fraujins unsaris Iesuis Kristaus miþ ahmin izvaramma. Amen.

Du Rumonim ustauh.

Du Rumonim meliþ ist us Kaurinþon.

XVI. 22. Tairtius] so Cod., Tertius L.

Du Kaurinþium ·a·

1. KAPITEL.

12 — Ik im Pavlaus, iþ ik Apaullons, iþ ik Kefins, iþ ik Kristaus.

13 Disdailiþs ist *Xristus*? ibai Pavlus ushramiþs varþ in izvara aiþþau in namin Pavlaus daupidai veseiþ?

14 Aviliudo guþa, ei ainnohun izvara ni daupida, niba Krispu jah Gaiu,

15 ei hvas ni qiþai, þatei in meinamma namin daupidedjau.

16 Ik daupida auk jaþ-þans Staifanaus gadaukans; þata anþar ni vait, ei ainnohun daupidedjau.

17 Niþ-þan insandida mik Xristus daupjan, ak vailamerjan; ni in snutrein vaurdis, ei ni lausjaidau galga Xristaus.

18 Unte þata vaurd galgins þaim fralusnandam dvaliþa ist, iþ þaim ganisandam mahts guþs ist.

19 Gameliþ ist auk: fraqistja snutrein þize snutrane, jah frodein þize frodane uskiusa.

20 Hvar handugs? hvar bokareis? hvar sokareis þis aivis? Ni dvala gatavida guþ handugein þis fairhvaus?

21 Unte auk in handugein guþs ni ufkunnaida sa fairhvus þairh handugein guþ, galeikaida guþa, þairh þo dvaliþa þizos vailamereinais ganasjan þans galaubjandans.

22 Unte Iudaieis taikne bidjand, iþ Krekos handugein sokjand;

23 iþ veis merjam Iesu ushramidana, Iudaium gamarzein, iþ þiudom dvaliþa;

24 iþ þaim galaþodam Iudaie jah þiudo Xristu, guþs maht jah guþs handugein.

25 Unte so dvaliþa guþs handugozei mannam — —

Die Fragmente des ersten Korintherbriefes erhalten in Cod. Ambros. A. (mit Ausnahme von Cap. XVI. 11—22, welche darin fehlen) und von Cap. XV. 48 bis Ende auch in Cod. Ambros. B. —

I. 13. (Xristus) *fehlt im Cod. und bei* L. — 21. ni ufkunnaida] *so Cod.* ni kunnaida L. — 25. handugozei] zei *im Cod. erloschen.* —

.4. KAPITEL.

2 — — ei hvas triggvs bigitaidau.

3 Aþþan mis in minnistin ist, ei fram izvis ussokjaidau aiþþau fram man-
niskamma daga; akei nih mik silban ussokja.

4 Nih vaiht auk mis silbin miþ vait; akei ni in þamma garaihtiþs im, iþ
saei ussokeiþ mik, frauja ist.

5 Þannu nu faur mel ni stojaiþ, unte qimai frauja, saei jah galiuhteiþ
analaugn riqizis jah galiuhteiþ runos hairtane; jaþ-þan hazeins vairþiþ
hvarjammeh fram guþa.

6 Þata þan, broþrjus, þairhgaleikoda in mis jah Apaullon in izvara, ei
in ugkis ganimaiþ ni ufar þatei gameliþ ist fraþjan, ei ains faur
ainana ana anþarana ufblesans ni sijai.

7 Hvas auk þuk ussokeiþ? Hvauþ-þan habais, þatei ni namt? Aiþþau
jabai andnamt, hva hvopis sve ni nemeis?

8 Ju sadai sijuþ, ju gabigai vaurþuþ, inu uns þiudanodeduþ; jah vainei
þiudanodedeiþ, ei jah veis izvis miþ þindanoma.

9 Man auk, þei guþ uns apaustauluns spedistans ustaiknida, svasve dau-
þubljans, unte fairveitl vaurþum þizai manasedai jah aggilum jah
mannam.

10 Veis dvalai in Xristaus, iþ jus frodai *in Xristau*; veizuþ-þan un-
mahteigai, iþ jus svinþai; juzuþ-þan vulþagai, iþ veis unsverai.

11 Und þo nu hveila jah huggridai jah þaursidai jah naqadai jah kaupa-
tidai jah ungastoþai.

12 Jah — —

5. KAPITEL.

3 — — ju gastauida sve andvairþs þana sva þata gataujandan,

4 in namin fraujins unsaris Iesuis Xristaus, samaþ gagaggandam izvis
jah meinamma ahmin, miþ mahtai fraujins unsaris Iesuis Kristaus,

5 atgiban þana svaleikana unhulþin du qisteinai leikis, ei ahma ganisai
in daga fraujins Iesuis.

6 Ni goda hvoftuli izvara; ni vituþ, þatei leitil beistis allana daig ga-
beisteiþ?

7 Ushraineiþ þata fairnjo beist, ei sijaiþ niujis daigs, svasve sijaiþ un-
beistjodai; jah auk paska unsara ufsniþans ist faur uns Xristus.

8 Þannu dulþjam ni in beista fairnjamma, niþ-þan in beista balvaveseins
jah unseleins, ak in unbeistein unvammeins jas-sunjos.

9 Gamelida izvis ana þizai aipistaulein: ni blandaiþ izvis horam,

10 ni þaim horam þis fairhvaus aiþþau þaim faihufrikam jah vilvam
aiþþau galiugam skalkinondam; unte skuldedeiþ þan(nu) us þamma
fairhvau usgaggan.

IV. 5. þannu nu] þannu nu ei *Cod., L.* — 6. þata þau] aþþan *Cod., L.* — þairhgaleikonda
Cod., L. — 10. in Xristau] *fehlt bei L. und im Cod.?* — 11. hugridai *Cod., L.* — ungasto-
þai] *so Cod.* —
V. 7. ushrainaiþ *L. im Text.* — 10. þannu] þan *Cod., L.* —

11 Iþ nu sai, melida izvis ni blandan, jabai hvas broþar namnids sijai
 hors aiþþau faihufriks *aiþþau* galiugam skalkinonds aiþþau ubil-
 vaurds aiþþau afdrugkja aiþþau vilvs, þamma svaleikamma ni miþ
 matjan.

12 Hva *auk* mik jah þans uta stojan? Niu þans inna jus stojiþ?

13 Iþ þans uta guþ stojiþ. Usnimiþ þana ubilan us izvis silbam.

6. KAPITEL.

1 Gadars hvas izvara, viþra anþarana staua habands, stojan fram invin-
 daim jah ni fram *veihaim*? —

7. KAPITEL.

5 — — izvara misso,. niba þau us gaqissai hvo hveilo, ei uhteigai sijaiþ
 fastan jah bidan; þaþroþ-þan samaþ gavandjaiþ, ei ni fraisai izvara
 Satana in ungahobainais izvaraizos.

6 Þatuþ-þan qiþa gakunnands, ni bi haitjai.

7 Iþ viljau allans mans visan sve mik silban; akei ,hvarjizuh svesa giba
 habaiþ fram guþa, sums sva, sumsuh sva.

8 Aþþan qiþa þaim unqenidam jah viduvom: goþ ist im, jabai sind
 sve ik.

9 Iþ jabai ni gahabaina sik, liugandau; batizo ist auk liugan þau in-
 tundnan.

10 Iþ þaim liugom haftam anabiuda, ni ik, ak frauja, qenai fairra abin
 ni skaidan;

11 iþ jabai gaskaidnai, visan unliugaida aiþþau du abin seinamma aftra
 gagavairþjan, jah abin qen ni fraletan.

12 Iþ þaim anþaraim ik qiþa, ni frauja: jabai hvas broþar qen aigi un-
 galaubjandein, jah so gavilja ist bauan miþ imma, ni afletai þo qen;

13 jah qens, soei aig aban ungalaubjandan, jah sa gavilja ist hauan miþ
 izai, ni afletai þana aban.

14 Veihaida ist qens so ungalaubjandei in abin jah gaveihaids ist aba sa
 ungalaubjands in qenai; aiþþau barna izvara unhrainja veseina, iþ
 nu veiha sind.

15 Iþ jabai sa ungalaubjands skaidiþ sik, skaidai; nist gaþivaids broþar
 aiþþau svistar in þaim svaleikaim; aþþan in gavairþja laþoda
 uns guþ.

16 Hva nuk-kant, þu qino, ei aban ganasjais? aiþþau hva kant, guma,
 þatci qen þeina ganasjais?

17 Ni ei, hvarjammeh svasve gadailida guþ, ainhvarjanoh svasve galaþoda
 guþ, sva gaggai; jah sva in allaim aikklesjom anabiuda.

V. 11. (aiþþau) *fehlt im Cod.* — 12. (auk) *fehlt im Cod. und bei L.* —
 VI. 1. (veihaim) *von M. ergänzt.* — 5. bidan] bid(j)au *M.*; *cf. Röm. IX. 3.* — 11. un-
liugaidai *Cod., L.* — abin] aban *Cod., L.* — 16. qino] qiuon *Cod., L.* — kant] kannt *Cod.,
L.* — 17. ni ei *für* nibai? — ainhvarjanoh] ainhvarjizuh *L., spätere Lesung* ainhvarjatoh;
aber wol ainhvarjanoh, *wie Cap. XVI. 2.* —

18 Bimaitans galaþoþs varþ hvas, ni ufrakjai; miþ faurafillja galaþoþs varþ hvas, ni bimaitai.

19 Þata bimait ni vaihts ist jah þata faurafilli ni vaihts ist, ak fastubnja anabusne guþs.

20 Hvarjizuh in laþonai, þizaiei laþoþs vas, in þizai siĵai.

21 Skalks galaþoþs vast, ni karos; akei þauhjabai freis magt ₑvairþan, mais brukei.

22 Saei auk in fraujin haitans ist skalks, fralets fraujins ist; samaleiko saei freis haitada, skalks ist Xristaus.

23 Vairþa galaubamma usbauhtai sijuþ; ni vairþaiþ skalkos mannam.

24 Hvarjizuh, in þammei galaþoþs vas, broþrjus, in þamma gastandai at guþa.

25 Aþþan bi maujos anabusn fraujins ni haba; iþ ragin giba, sve gaarmaiþs fram fraujin, du triggvs visan.

26 Man nu þata goþ visan in þizos andvairþons þaurftais, þatei goþ ist mann sva visan:

27 gabundans is qenai, ni sokei lausjan; galausiþs is qenai, ni sokei qen.

28 Aþþan jabai nimis qen, ni fravaurhtes, jah jabai liugada mavi, ni fravaurhta; iþ aglon leikis gastaldand þo svaleika. Iþ ik izvis freidja.

8. KAPITEL.

9 — — vairþai þaim unmahteigam.

10 Jabai auk hvas gasaihviþ þuk þana hahandan kunþi in galiuge stada anakumbjandan, niu miþvissei is siukis visandins timrjada du galiugagudam gasaliþ matjan?

11 Fraqistniþ auk sa unmahteiga ana þeinamma vitubnja broþar, in þize Xristus gasvalt.

12 Aþþan (sva) fravaurkjandans viþra broþruns, slahandans izē gahugd siuka, du Xristau fravaurkeiþ.

13 Duþþe jabai mats gamarzeiþ broþar, ni matja mimz aiv, ei ni gamarzjau broþar meinana.

9. KAPITEL.

1 Niu im apaustaulus? ni im freis? niu Iesu Xristau fraujan sahv? niu vaurstv meinata jus sijuþ in fraujin?

2 Jabai anþaraim ni im apaustaulus, aþþan izvis im; unte sigljo meinaizos apaustauleins jus sijuþ.

3 Meina andahafts viþra þans mik ussokjandans þat-ist.

4 Ibai ni habam valdufni matjan jah drigkan?

5 Ibai ni habam valdufni svistar, qinon bitiuhan, svasve þai anþarai apaustauleis jah broþrjus fraujins jah Kefas?

---

6 Þau ainzu ik jah Barnabas ni habos valdufni du ni vaurkjan?
7 Hvas drauhtinoþ svesaim annom hvan? hvas satjiþ veinatriva jah akran þize ni matjai? hvas haldiþ aveþi jah miluks þis aveþjis ni matjai?
8 Ibai bi mannan þata qiþa aiþþau jah vitoþ þata (ni) qiþiþ?
9 In vitoda auk Mosezis gameliþ ist: ni faurmuljais auhsan þriskandan. Ni þatei hi auhsans — —
19 — — ei managizans gageigaidedjau.
20 Jah varþ Iudaium sve Judaius, ei Judaiuns gageigaidedjau; þaim uf vitoda sve uf vitoda, ni visands silba uf vitoda, ak uf austai, ei þans uf vitoda gageigaidedjau;
21 þaim vitodalausam sve vitodalaus, ni visands vitodis laus guþs, ak invitoþs Xristaus, ei gageigau vitodalausans.
22 Vas þaim unmahteigam sve unmahteigs, ei unmahteigans gageigaidedjau; allaim vas all, ei hvaiva sumans ganasjau.
23 Þatuþ-þan tauja in aivaggeljis, ei gadaila is vairþau.
24 Niu vituþ þatei þai in spaurd rinnandans allai rinnand, iþ ains nimiþ sigislaun? Sva rinnaiþ, ei garinnaiþ.
25 Iþ hvazuh saei haifstjan sniviþ, allis sik gaþarbaiþ; aþþan eis, ei riurjana vaip nimaina, iþ veis unriurjana.
26 Aþþan ik nu sva rinna, ni (sve) du unvisamma; sva jiuka, ni sve luftu bliggvands;
27 ak leik mein vlizja jah anaþiva, ibai anþaraim merjands silba uskusans vairþau.

10. KAPITEL.

1 Ni viljau (auk) izvis unvitans, broþrjus, þatei attans unsarai allai uf milhmin vesun jah allai marein þairhiddjedun,
2 jah allai in Mose daupidai vesun in milhmin jah in marein,
3 jah allai þana saman mat ahmeinan matidedun
4 jah þata samo dragk ahmeino drugkun —
15 — (fro)daim qiþa; domeiþ jus, þatei qiþa.
16 Stikls þiuþiqissais, þanei gaveiham, niu gamainduþs bloþis fraujins ist? Hlaifs, þanei brikam, niu gamainduþs leikis fraujins ist?

IX. 9. auhsan þriskandan] am Rande Reste einer Glosse: (ni faurvaipjai)s munþ a(uhsin) þr(iskandin). Ergänzung nach I. Tim. V, 18. 19. gageigaidedjau] am Rande: gastalstaldjau. 21. gageigau] am Rande: gavandidedjau. 22. hvaiva] am Rande: vaila.

IX. 8. ibai] Cod. nach M. nur iba. — (ni) fehlt im Cod. und bei L. — 9. auhsan þriskandau] so Cod. — auhsaus] auhsunus Cod.? auhsum us L. — 20. das zweite Mal, 22. gageiggaidedjau Cod., L. — 21. gageiggau ebenso. —Xinvitoþs] so Cod. — 24. spaurd] spraud Cod., L. — 25. gaþarbiþ Cod., L., vergl. I. Tim. IV. 3. — 26. (sve) fehlt im Cod. und bei L. —
X. 1. (auk) fehlt im Cod. und bei L. —

17 Unte ains hlaifs, ain leik þai managans sium, þaiei auk allai ainis-
hlaibis jah ainis stiklis brukjam.

18 Saihviþ Israel bi leika: niu þai matjandans hunsla gamainjandans
hunslastada sind?

19 Hva nu qiþam? þatei þo galiugaguda hva sijaina, aiþþau þatei galiu-
gam saljada hva sijai?

20 [Ni þatei þo galiugaguda vaihts sijaina,] ak þatei saljand þiudos, skohs-
lam saljand, jan-ni guþa. Ni viljau auk izvis skohslam gadailans
vairþan.

21 Ni maguþ stikl fraujins drigkan jah stikl skoshle; ni maguþ biudis
fraujins fairaihan jab-biudis skohsle.

22 Þau inaljanom fraujan? Ibai svinþozans imma sium?

23 All binah, akei ni all daug; all mis binauht ist, akei ni all timreiþ.

24 Ni ainshun sein sokjai, ak anþaris hvarjizuh.

25 All þatei at skiljam frabugjaidau, matjaiþ, ni vaiht andhruskandans in
miþvisseins.

26 Fraujins ist auk airþa jah fullo izos.

27 Iþ jabai hvas laþo izvis þize ungalaubjandane jah vileiþ gaggan, all
þatei faurlagjaidau izvis, matjaiþ, ni vaiht andsitandans bi gahugdai.

28 Iþ jabai hvas qiþai, þatei galiugam gasaliþ ist, ni matjaiþ in jainis
þis bandvjandins jah þuhtaus: fraujins ist auk airþa jah fullo izos;

29 þuhtuþ-þan qiþa ni silbins, ak anþaris. Duhve auk frijei meina stojada
þairh ungalaubjandins þuhtu?

30 Jabai ik anstai andnima, duhve anaqiþaidau in þize ik aviliudo?

31 Jaþþe nu matjaiþ jaþþe drigkaiþ jaþþe hva taujiþ, allata du vulþau
guþs taujaiþ.

32 Unufbrikandans sijaiþ jah Iudaium jah þiudom jah aikklesjon guþs,

33 svasve (jah) ik allaim all leika, ni sokjands þatei mis bruk sijai, ak
þatei þaim managam, ei ganisaina.

11. KAPITEL.

1 Galeikondans meinai vairþaiþ, svasve (jah) ik Xristaus.

2 Hazjuþ-þan izvis, broþrjus, þei allata mein gamunandans sijuþ, jas-
svasve anafalh izvis, anabusnins gafastaiþ.

3 Viljauþ-þan izvis vitan, þatei allaize abne haubiþ Xristus ist; iþ haubiþ
qinons aba, iþ haubiþ Xristaus guþ.

4 Hvazuh abne bidjands aiþþau praufetjands gahulidamma haubida gaai-
viskoþ haubiþ sein.

5 Iþ hvoh qinono bidjandei aiþþau praufetjandei andhulidamma hauhida
gaaiviskoþ haubiþ sein; ain auk ist jah þata samo þizai biskabanon.

X. 30. andnima] am Rande: brukja.

X. 20. Die eingeklammerten Worte sind wahrscheinlich aus einer Randbemerkung in den
Text geraten. — 21. fairnihan] fairauan Cod. (?), fairainan L. — 28. þuhtaus] þuhtu Cod-
L. — 33. (jah) fehlt im Cod. und bei L. —
XI. 1. (jah) desgl. —

6 Unte jabai ni huljai sik qino, skabaidau; iþ jabai agl ist qinon du ka-
   pillon aiþþau skahan, gahuljai haubiþ sein. — —

21 — — seinamma faursniviþ du matjan, jah þan sums gredags sumzuþ-
   þan drugkans ist.

22 Ibai gardins ni habaiþ du matjan jah drigkan? þau aikklesjon guþs
   frakunnuþ jah gaaiviskoþ þans unhabandans? Hva qiþau izvis?
   hazjau izvis? In þamma ni hazja.

23 Unte ik andnam at fraujin, þatei jah anafalh izvis, þatei frauja Iesus
   in þizaiei naht galeviþs vas, nam hlaif,

24 jah aviliudonds gahrak jah qaþ: nimiþ, matjiþ, þata ist leik mein,
   þata in izvara gabrukano; þata vaurkjaiþ du meinai gamundai.

25 Sva samaleiko jah stikl afar nahtamat qiþands: sa stikls so niujo
   triggva ist in meinamma bloþa; þata vaurkjaiþ, sva ufta sve drig-
   kaiþ, du meinai gamundai.

26 Sva ufta auk sve matjaiþ þana hlaif jaþ-þana stikl drigkaiþ, dauþau
   fraujins gakannjaiþ, unte qimai.

27 Eiþan hvazuh saei matjiþ þana hlaif aiþþau drigkai þana stikl fraujins
   unvairþaba fraujins, skula vairþiþ leikis jah bloþis fraujins.

28 Aþþan gakiusai sik silban manna jah sva þis hlaibis matjai jaþ-þis
   stiklis drigkai.

29 Saei auk matjiþ jah drigkiþ unvairþaba, staua sis silbin matjiþ, ni
   domjands leik fraujins.

30 Duþþe in izvis managai siukai jah unhailai, jag-gaslepand ganohai.

31 Iþ jabai silbans uns stauidedeima, ni þau — —

12. KAPITEL.

10 — — sumammuh skeireins razdo.

11 Þatuþ-þan all·vaurkeiþ ains jah sa sama ahma, daileiþ sundro hvar-
   jammeh svasve vili.

12 Sve leik raihtis ain ist, iþ liþuns habaiþ managans, þaiþ-þan liþjus
   allai us leika þamma ainamma, managai visandans, ain ist leik, sva
   jah Xristus.

13 Jah auk in ainamma ahmin veis allai du ainamma leika daupidai sium,
   jaþþe Judaieis jaþþe þiudos, jaþþe skalkos jaþþe frijai, jah allai
   ainamma ahmin dragkidai sijum.

14 Jaþ-þan leik nist ains liþus, ak managai.

15 Jabai qiþai fotus, þatei ni im handus, ni im þis leikis, nih at þamma
   leika; nist us þamma leika?

16 Jabai qiþai auso, þatei ni im augo, ni im þis leikis, ni at þamma leika;
   nist us þamma leika?

17 Jabai all leik augo, hvar hliuma? jabai all hliuma, hvar dauns?

18 Iþ nu guþ gasatida liþuns ainhvarjanoh ize in leika, svasve vilda.

19 Iþ veseina þo alla ains liþus, hvar leik?

XI. 26. dauþau] Cod., L. für dauþu. —

20 Iþ nu managai liþjus, iþ ain leik.

21 Niþ-þan mag augo qiþan du handau: þeina ni þarf; aiþþau aftra; hau-
   biþ du fotum: iggqara ni þarf;.

22 ak mais filu, þaiei þugkjand liþive leikis lasivostai visan, :þaurfta
   sind — —

13. KAPITEL.

1 — — aiþþau klismo klismjandeï.

2 Jah jabai habau praufetjans jah vitjau allaize runos jah all kunþi jah
   habau alla galaubein, svasve fairgunja miþ satjau, iþ friaþva ni habau,
   ni vaihts im.

3 Jah jabai fraatjau allos aihtins meinos jah jabái atgibau leik mein, éi-
   gabrannjaidau, iþ friaþva (ni) habau, ni vaiht botos mis taujau.

4 Friaþva usbeisneiga ist, sels ist; friaþva ni aljanoþ; friaþva ni flauteiþ,
   ni ufblesada,

5 ni aiviskoþ, ni sokeiþ sein ain, ni ingramjada, nih mitoþ ubil,

6 nih faginoþ invindiþai, miþ faginoþ sunjai;

7 allata þulaiþ, allata galaubeiþ, all veneiþ, all gabeidiþ.

8 Friaþva aiv ni gadriusiþ, iþ jaþþe praufetja, gatairanda; jaþþe razdos,
   gahveiland; jaþþe kunþi, gataurniþ.

9 Suman kunnum, suman praufetjam.

10 Biþe qimiþ, þatei ustauhan ist, gataurniþ þata us dailai.

11 Þan vas niuklahs, sve niuklahs rodida, sve niuklahs froþ, sve niuklahs
   mitoda; biþe varþ vair, barniskeins aflagida.

12 Saihvam nu þairh skuggvan in frisahtai, iþ þan andvairþi viþra and-
   vairþi; nu vait us dailai, (iþ) þan ufkunna — —

14. KAPITEL.

20 — — barniskai sijaiþ, akei fraþjam fullaveisai sijaiþ.

21 In vitoda gameliþ ist, þatei in anþaraim razdom jah vairilom anþaraim
   rodja managein þizai, jan-ni sva andhausjand mis, qiþiþ frauja.

22 Svaei nu razdos du bandvai sind ni þaim galaubjandam, ak þaim un-
   galaubjandam; iþ praufetja ni þaim ungalaubjandam, ak þaim ga-
   laubjandam. '·   ·

23 Jabai gaqimiþ alla aikklesjo samana jah rodjand razdom allai, atuþ-
   þan-gaggand inn jah unveisai aiþþau ungalaubjandans, 'niu qiþaud,
   þatei dvalmoþ?'   :

24 Iþ jabai allai praufetjand, iþ inn atgaggai hvas ungalaubjands aiþþau
   unveis, gasakada fram allaim, ussokjada fram allaim,

XIII. 3. ei gabrannjaidau] *am Rande* ei hvop(jau); *für* καυϑήσωμαι
lasen andere Codices καυχήσωμαι. — 5. ni sokeiþ sein ain] *am Rande*
ni inaljanoþ sein ain.

XII. 22. þaurfta] *so Cod. und L.*; þaurftai M. *vergl. Röm. XI. 33.* —
XIII. 3. (ui) *fehlt im Cod. und bei L.* — 12. (iþ) *desgleichen.* —

25 þo analaugnjona hairtins is svikunþa vairþand, þanuh driusands ana
andavleizn inveitiþ guþ, gateihands, þatei bi sunjai guþ in izvis ist.
26 Hva nu ist, broþrjus? Þan samaþ garinnaiþ,· hvarjizuh izvara psalmon
habaiþ, laisein habaiþ, andhulein habaiþ,· razda habaiþ, skerein ha-
baiþ, allata du timreinai vairþai.
27 Jaþþe razdai hvas rodjai, bi tvans aiþþau maist þrins jah — —

15. KAPITEL.

1 Aþþan kannja izvis, broþrjus, þatei aivaggeli, þatei merida· izvis, þatuh
jah andnemuþ, in þammei jah standiþ,
2 þairh þatei·jah ganisiþ, in hvo sauþo, vailamerida. izvis, skuluþ gamu-
nan, niba svare galaubideduþ.
3 Atgaf auk izvis in frumistjam, þatei. andnam, ei Xristus gasvalt faur
fravaurhtins unsaros, afar bokom,
4 jaþ-þatei ganavistroþs vas jaþ-þatei urrais þridjin daga, afar bokom,
5 jaþ-þatei ataugids ist Kefin jah afar þata þaim ainlibim;
6 þaþroh gasaihvans ist managizam þau fimfhundam [taihun tevjam]
broþre suns, þizeei þai managistans sind und hita, sumaiþ-þan ga-
saizlepun.
7 þaþroh þau ataugida sik Iakobau, þaþroþ-þan ·apaustaulum allaim;
8 iþ spedistamma allaize, svasve usvaurpai, ataugida sik jah mis.
9 Ik auk im sa smalista apaustaule, ikei ni im vairþs, ei' haitaidau' apau-
.staulus, duþe ei vrak aikklesjon guþs.
10 Aþþan anstai. guþs im, saei im, jas-so ansts is in mis halka ni varþ,
ak managizo im allaim arbaidida jah usaivida, aþþan ni ik, ak ansts
guþs miþ mis.
11 Iþ jaþþe ik jaþþe jainai, sva merjam jah sva galaubideduþ.
12 Þande nu Xristus merjada, þatei urrais us dauþaim, hvaiva qiþand
sumai in izvis, þatei usstass dauþaim nist?
13 Iþ jabai usstass dauþaim nist, nih Xristus urrais.
14 Aþþan jabai Xristus ni urrais, svare þau jas-so mereins unsara jah so
galaubeins unsara lausa.
15 Biþ-þan-gitanda galiugaveitvods guþs, unte veitvodidedum bi guþa,
þatei urraisida Xristu, þanei ni urraisida.
16 Jah jabai auk dauþans ni urreisand, nih Xristus urrais.
17 Iþ jabai Xristus ni urrais, svare jah so galaubeins izvara ist jan-nauh
sijuþ in fravaurhtim izvaraim.
18 Þauuh jaþ-þai gaslepandans in Xristau fraqistnodedun.
19 Jabai in þizai libainai in Xristau venjandans sijum þatainei, armostai
.sium allaize manne. .

XIV. 26. razda — skereiu] Cod. und L. in umgekehrter Ordnung, doch ist nach Castigt.
im Cod. über skerein (für skeireiu) ein b, uber razda ein a zum Zeichen der nötigen
Transposition gesetzt. —
XV. 6. fífhundamtaihuntevjam C.; [fífhundam] taihun tevjam L. — 19. in þizai libai-
nai ainai C., L.; doch ist ainai wol nur irrige Wiederholung der vorhergehenden Silben. —

20 Iþ nu þande Xristus urrais us dauþaim, anastodeins gaslepandane
vaurþans;

21 unte auk þairh mannań dauþus, jah þairh mannan usstass dauþaize;

22 unte svasve in Adama allai gadauþnand, svah' in ¡Xristau allai ga-
qiunand.

23 Aþþan hvarjizuh in seinai tevai: anastodeins Xristus, þaþroþ-þan þai
Xristaus, þaiei in quma is *venjand*;

24 þaþroþ-þan andeis, þan anafilhiþ þiudinassu guþa jah attin, þan ga-
tairiþ all reikjis jah valdufnjis jah mahtais.

25 Skal auk is þiudanon und þatei galagjiþ guþ allans fijands is uf fo-
tuns imma.

26 Alluh auk ufhnaivida uf fotuns imma; aftumista fijands gatairada
dauþus.

27 Iþ biþe qiþiþ: alla ufhnaivida sind, bairht, þatei inu þana, izé ufhnai-
vida uf ina þo alla.

28 Þanuh biþe alla gakunnun sik faura imma, þanuþ-þan is silba sunus
gakann sik faura þamma ufhnaivjandin uf ina þo alla, ei sijai guþ
alla iń allaim.

29 Aiþþau hva vaurkjand þai daupjandans faur dauþans, jabai allis dau-
þans ni urreisand? Duhve þau daupjand faur ins?

30 Duhve þau veis bireikjai sijum hveilo hvoh?

31 Daga hvammeh gasviltandans in izvaraizos hvoftuljos, broþrjus, þoei
haba in Xristau Iesu fraujin unsaramma.

32 Jabai bi mannan du diuzam vaih in Aifaison, hvo mis boto, jabai dau-
þans ni urreisand? Matjam jah drigkam, unte du maurgina gasviltam.

33 Ni afairzjaindau: riurjand sidu godana gavaurdja ubila.

34 Usskavjiþ izvis garaihtaba jan-ni fravaurkjaiþ; unkunþi guþs sumai
haband; du aiviskja izvis rodja.

35 Akei qiþiþ sums: hvaiva urreisand dauþans? — —

46 — — ahmeino.

47 Sa fruma manna us airþai muldeins, sa anþar manna, frauja, us himina.

48 Hvileiks sa muldeina, svaleikai jah þai muldeinans; hvileiks sa ufar-
himinakunda, svaleikai jah þai ufarhiminakundans.

49 Jah svasve berum manleikan þis airþeinins, sva bairaima jah frisaht
þis himinakundins.

50 Þata auk qiþa, broþrjus, þei leik jah bloþ þiudinassu guþs ganiman
ni magun, nih riurei unriureins arbjo vairþiþ.

51 Sai, runa izvis qiþa: allai auk ni gasviltam, iþ allai inmaidjanda.

52 Suns, in brahva augins, in spedistin þuthaurna; þuthaurneiþ auk jah
dauþans usstandand unriurjai, jah veis inmaidjanda.

53 Skuld ist auk þata riurjo gahamon unriurein jah þata divano gahamon
undivanein.

XV. 23. *venjand*] *im Cod. fehlend*, *von L. zur Ergänzung vorgeschlagen.* — 48. hvileiks
das zweite Mal] *hier beginnt Cod.* Ambr. B. — 49. manuleikau Cod. A. — sva] *fehlt in*
Cod. A. — 53. skuld ist auk] *so Cod.* B., skuld auk ist Cod. A. *nach* Uppstr., skula ist auk L. —

54 Þanuþ-þan þata divano gavasjada undivanein, þanuh vairþiþ vaurd
þata gamelido: ufsaggqiþs varþ dauþus in sigis.

55 Hvar ist gazds þeins, dauþu? Hvar ist sigis þein, halja?

56 Aþþan gazds dauþaus fravaurhts, iþ mahts fravaurhtais vitoþ.

57 Iþ guþa aviliuþ, izei gaf unsis sigis þairh fraujan unsarana, Iesu
Xristu.

58 Svaei nu, broþrjus meinai liubans, tulgjai vairþaiþ, ungavagidai, ufar-
fulljandans in vaurstva fraujins sinteino, vitandans, þatei arbaids iz-
vara nist lausa in fraujin.

16. KAPITEL.

1 Iþ bi gabaur þata þaim veiham, svasve garaidida aikklesjom Galatiais,
sva jah jus taujiþ.

2 Ainhvarjanoh sabbate hvarjizuh izvara fram sis silbin lagjai huhjands
þatei vili, ei ni, biþe qimau, þan gabaur vairþai.

3 Aþþan biþe qima, þanzei gakiusiþ, þairh bokos þans sandja briggan
anst izvara in Iairusalem.

4 Jah þan jabai ist mis vairþ galeiþan, galeiþand miþ mis.

5 Aþþan qima at izvis, þan Makidonja usleiþa; Makidonja auk þairh-
gagga.

6 Iþ at izvis vaitei salja aiþþau jah vintru visa, ei jus mik gasandjaiþ
þishvaduh þe ik vrato.

7 Ni viljau auk izvis nu þairhleiþands saihvan; unte venja mik hvo hveilo
saljan at izvis, jabai frauja fraletiþ.

8 Visuh þan in Aifaison und paintekusten.

9 Haurds auk mis usluknoda mikila jah vaurstveiga, jah andastaþjos
managai.

10 Aþþan jabai qimai Teimauþaius, saihvaiþ, ei unagands sijai at izvis,
unte vaurstv fraujins vaurkeiþ, svasve jah ik.

11 Ni hvashun imma frakunni, iþ insandjaiþ ina in gavairþja, ei qimai at
mis; usbeida auk ina miþ broþrum.

12 Aþþan bi Apaullon, •þana broþar, bandvja izvis, þatei filu ina bad, ei
is qemi at izvis miþ broþrum, jah aufto ni vas vilja, ei nu qemi; iþ
qimiþ, biþe uhtiug.

13 Vakaiþ standaiduh in galaubeinai; vairaleiko taujaiþ, gaþvastidai sijaiþ.

14 Allata izvar in friaþvai vairþai.

15 Bidja izvis, broþrjus, vituþ gard Staifanaus, þatei sind anastodeins
Akaïje jah du andbahtja þaim veiham gasatidedun sik,

XV. 57. sigis] sihu Cod. B. am Rande (nicht sihv, wie L. gibt).

XV. 54. þanuþ-þan — — undivanein] fehlt im Cod. B. — ufsagqiþs Cod. A. — 57. aviliud
ize Cod. A. Xristau Cod. A. — 58. vairþiþ Cod. A. —
XVI. 1. Galatie Cod. A. — 2. lagjai] taujai Cod. B., L. — huhjands] so beide Codd. nach L.;
letzterer will huzdjands bessern. — 5. auk] fehlt in Cod. B. — 6. þe] þei Cod. A. —
7. venja] venjan Cod. A. — 8. visuh-þan Cod. A. — 10. saihviþ. unagans ·Cod. A. — 11. iþ]
Lücke im Cod. A von hier an bis zu Ende des Verses 22. — 15. Akaïje] Akaije L. —

16 ei nu jah jus ufhausjaiþ þaim svaleikaim jah allaim þaim gavaurstvam, jah arbaidjandam.

17 Aþþan fagino in qumis Staifanaus·jah Faurtunataus jah Akaïkaus, unte izvarana vaninassu þai usfullidedun.

18 Gaþrafstidedun· auk jah meinana ahman jah izvara(na); ufkunnaiþ nu þans svaleikans.

19 Goljand izvis aikklesjons Asiais. Goleiþ izvis in fraujin filu Akyla jah Priska miþ ingardjon seinai aikklesjon, at þaimei jah salja.

20 — — Goleiþ izvis misso in frijonai veihai.

21 Goleins meinai handau Pavlus.

22 Jabai hvas ni frijoþ fraujan Iesu Xristu, anaþaima: maran aþa.

23 Ansts fraujins Iesuis miþ izvis!

24 Friaþva meina miþ allaim izvis in Xristau Iesu.   Amen.

Du Kaurinþium ·a· ustauh.

Du Kaurinþium frume melida ist us Filippai, sve qeþun sumai; iþ mais þugkeiþ hi silbins apaustaulaus insahtai melida visan us Asiai.

XVI. 18. izvara Cod. B., L. — 19. Akyla Cod. nach Uppstr.; Akvila L. — Die Unterschrift fehlt in Cod. B. — frume Cod. A. für frumei. — silbins] silbons Cod. A:, L.

Du Kaurinþium anþara

d u s t o d e i þ.

---

1. KAPITEL.

1 Pavlus apaustaulus Iesuis Xristaus þairh viljan guþs jah Teimauþaius broþar aikklesjon guþs þizai visandein in Kaurinþon miþ allaim þaim veiham þaim visandam in allai Akaïjai.

2 Ansts izvis jah gavairþi fram guþa attin unsaramma jah fraujin Iesu Kristau.

3 Þiuþiþs guþ jah atta fraujins unsaris Iesuis Xristaus, atta bleiþeino jah guþ allaizo gaþlaihte,.

4 saei gaþrafstida uns ana allai aglon unsarai, ei mageima veis gaþrafstjan þans in allaim aglom þairh þo gaþlaiht, þizaiei gaþrafstidai sijum silbans fram guþa.

5 Unte svasve ufarassus ist þulaine.Xristaus in uns, sva jah þairh Xristu ufar filu ist jah gaþrafsteins unsara.

6 Aþþan jaþþe þreihanda in izvaraizos gaþlaihtais jah naseinais þizos vaurstveigons in stivitja þizo samono þulaine, þozei jah veis vinnam, jah vens unsara gatulgida faur izvis; jaþþe gaþrafstjanda in izvaraizos gaþlaihtais jah naseinais,

7 vitandans, þatei svasve gadailans þulaine sijuþ, jah gaþlaihtais vairþiþ.

8 Unte ni vileima izvis unveisans, broþrjus, bi aglon unsara þo vaurþanon uns in Asiai, unte ufarassau kauridai vesum ufar maht, svasve skamaidedeima uns jah liban.

9 Akei silbans in uns silbam andahaft dauþaus habaidedum, ei ni sijaima trauandans du uns silbam, ak du guþa þamma urraisjandin dauþans,

---

Die 2. Epistel an die Corinther wird vollständig gewährt im Cod. Ambros. B., von I. 8 — IV. 10. V. 1 — IX. 7. XII. 1 bis Ende auch im. Cod. A.

Kaurinþium *in der Ueberschrift*] Kaurinþaium Cod., L..

I. 8. svasve] *hier beginnt Cod. A.* — svasve skamaidedeima uns jah liban] svasve afsvagg vidai veseima jal-liban Cod. A. —

10 izei us svaleikaim dauþum uns galausida jah galauseiþ, du þammei
   venidedum, ei galauseiþ,
11 at hilpandam jah izvis hi uns bidai, ei in managamma andvairþja so
   in uns giba þairh managans aviliudodau faur uns.
12 Unte hvoftuli unsara so ist, veitvodei miþvisseins unsaraizos, þatei in
   ainfalþein jah hlutrein guþs, ni in handugein leikeinai, ak in anstai
   guþs usmetum in þamma fairhvau, iþ ufarassau at izvis.
13 Unte ni alja meljam izvis, alja þoei anakunnaiþ aiþþau jah ufkunnaiþ;
   aþþan venja, ei und andi ufkunnaiþ,
14 svasve gakunnaideduþ uns bi sumata, unte hvoftuli izvara sijum, svasve
   jah jus unsara in daga fraujins Iesuis Xristaus.
15 Jah þizai trauainai vilda faurþis qiman at izvis, ei anþara anst habai-
   dedeiþ,
16 jah þairh izvis galeiþan in Makidonja jah aftra af Makidonjai qiman
   at izvis jah fram izvis gasandjan mik in Iudaia.
17 þatuþ-þan nu mitonds, ibai aufto leihtis bruhta? aiþþau þatei mito, bi
   leika þagkjau, ei sijai at mis þata ja ja jah þata ne ne?
18 Aþþan triggvs guþ, ei þata vaurd unsar þata du izvis nist ja jah ne.
19 Unte guþs sunus Iesus Kristus, saei in izvis þairh uns vailamerjada,
   þairh mik jah Silbanu jah Teimauþaiu, nih varþ ja jah ne, ak ja in
   imma varþ.
20 Hvaiva managa gahaita guþs, in imma þata ja, duþþe jah þairh ina
   Amen, guþa du vulþau þairh uns.
21 Aþþan sa gaþvastjands unsis miþ izvis in Xristau jah salbonds uns guþ
22 jah sigljands uns jah gibands vadi ahman in hairtona unsara.
23 Aþþan ik veitvod guþ anahaita ana meinai saivalai, ei freidjands izvara
   þanaseiþs ni qam in Kaurinþon;
24 ni þatei fraujinoma izvarai galaubeinai, ak gavaurstvans sijum anstais
   izvaraizos, unte galaubeinai gastoþuþ.

2. KAPITEL.

1 Aþþan gastauida þata silbo at mis, ei aftra in saurgai ni qimau at
   izvis.
2 Unte jabai ik gaurja izvis, jah hvas ist, saei gailjai mik, nibai sa
   gaurida us mis?
3 Jah þata silbo gamelida izvis, ei qimands saurga ni habau, fram þaimei
   skulda faginon, gatrauands in allaim izvis, þatei meina faheds allaize
   izvara ist.
4 Aþþan us managai aglon jah aggviþai hairtins gamelida izvis þairh

---

I. 12. usmeitum Cod. A. — 14. Xristaus] fehlt im Cod. A. — 16. jah þairh] jaþ-þairh Cod. A.
Makidonja] Makaidonja Cod. A. — 17. ei] ei ni Cod. B., L. — 18. jah ne] jan-ne Cod. A. —
19. vaila merjada] merjada Cod. A. — Teimaiþaiu Cod. B. — 20. jah þairh] jaþ-þairh Cod. A.
— 21. unsis] uns Cod. A. — salbonsd Cod. A. — 24. fraujinoma] fraujoma Cod. B. —
II. 2. nibai] niba Cod. A. — 3. jah þata] jaþ-þata Cod. A. — faheþs Cod. A. —

managa tagra, ni þeci sauŕgaiþ, ak ei friaþva kunneiþ, þoei haba ufarassau du izvis.

5 Aþþau jabai hvas gaurida, ni mik gaurida, ak bi sumata, ei ni anakaurjau allans izvis.

6 Ganah þamma svaleikamma andabeit þata fram managizam,

7 svaei þata andaneiþo izvis mais fragiban jah gáþlaihau, ibai aufto managizein saurgai gasiggqai sa svaleiks.

8 Inuh þis bidja izvis tulgjan in imma friaþva.

9 Duþþe gamelida, ei uŕkunnau kústu izvarana, 'sijaidu 'in allamma ufhausjandans.

10 Aþþan þammei hva fragibiþ, jah ik; jah þan ik, jabai hva fŕagiba, fragiba in izvara in andvairþja Xristaus,

11 ei ni galiginondau fram Satanin; unte ni sijum unvitandans munins is.

12 Aþþan qimands in Trauadai in aivaggeljon Xristaus jah at haurdai mis uslukanai in fraujin,

13 ni habaida gahveilain ahmin meinamma, ·in þammei ni bigat Teitaun broþar meinana; ak tvisstandands im galaiþ in Makidonja.

14 Aþþau guþa aviliud þamma sinteino ustaiknjandin hroþeigans uns in Kristau jah daun kunþjis seinis gabairhtjandin in allaim stadim þairh uns;

15 unte Xristaus dauns sijum voþi guþa in þaim ganisandam jah in þaim fraqistnandam;

16 sumaim auk dauns dauþaus du dauþau, sumaimuþ-þan dauns us libainai du libainai; jah du þamma hvas vairþs?

17 Unte ni sijum sve sumai maidjandans vaurd guþs, ak us hlutriþai, ak svásve us guþa in andvairþja guþs in Xristau rodjam.

3. KAPITEL.

1 Duginnam aftra uns silbans anafilhan? aiþþau ibai þaurbum sve sumai auafilhis boko du izvis aiþþau us izvis auafilhis?

2 Aipistaule unsara jus sijuþ, gamelida in hairtain unsaraim, kunþa jah anakunnaida fram allaim mannam.

3 Svikunþ, þatei sijuþ aipistaule Xristaus, andbahtida fram uns, inna gamelida ni svartizla, ak ahmin guþs libandins, ni in spildom staineinaim, ak in spildom hairtane leikeinaim.

II. 11. galiginondau] gafaihondau am Rande des Cod. A. — 15. fra'qistnandam] Randglosse des Cod. A.: fralusnaudam.

II. 4. frijaþva Cod. A. — 7. jag-gaþlaihau Cod. A. — 8. inuþ-þis Cod. A. — 10. fragiba zwei Mal] fragaf Cod. A. — 11. für das dunkle, jedoch in beiden Codd. gewährte galigi-nondau schlägt L. das im goth. sonst unbezeugte ganiginondau vor. — 12. aivaggeljons Cod. A. — 13. tvistandands Cod. B., L. — 14. aviliuþ Cod. A. — gabairhjandin ·þairh uns in allaim stadim Cod. A. — 15. Xristaus] fehlt im Cod. A. — 16. auk] fehlt im Cod. A. — dauns dauþaus] dauns us dauþau Cod. A. — jah du] jad-du Cod. A. — 17. sijum] sium Cod. A. — sve] fehlt im Cod. B, —

III. 2. jus sijuþ] jusijuþ Cod. B. — 3. svikunþai Cod. A. — siuþ Cod. A. —'svartizlai Cod. B.? s. L's. Anmerkung zu dieser Stelle. —

4 Aþþan trauain svaleika habam þairh Xristu du guþa, ·-   ·'· ·ι

5 ni þatei vairþai sijaima þagkjan hva af uns silbam, svasve af uns sil-
bam, ak so vairþida unsara us guþa ist, ·

6 izei jah vairþans brahta uns andbahtans niujaizos triggvos, ni bokos,.
ak ahmins; unte boka usqimiþ, iþ ahma gaqiujiþ. · · ·'

7 Aþþan jabai andbahti dauþaus in gameleinim, gafrisahtiþ in stainam
varþ vulþag, svaei ni mahtedeina sunjus Israelis fairveitjan du vlita
Mosezis in vulþaus vlitis is þis gataurnandins,· ·: ·, · · · ·, ·

8 hvaiva nei mais andbahti ahmins vairþai in vulþau? ·   · ; · ' ·'

9 Jabai auk andbahti vargiþos vulþus, und filu mais ufarist andbahti ga-
● _ raihteins in vulþau.   · ; :

10 Unte ni vas vulþag þata vulþago in þizai halbai in ufarassaus vulþaus;.

11 jabai auk þata gataurnando þairh vulþu, und filu mais þata visando·
in vulþau. ·   · ι ·

12 Habandans nu svaleika ven managaizos balþeins brukjaima,   ·,

13 jah ni svasve Moses lagida hulistr ana andavleizn, duþe ei ni fairvei-
tidedeina sunjus Israelis in andi þis gataurnandins; ·   · · ·,

14 ak afdaubnodedun fraþja ize, unte und hina dag þata samo hulistr in
anakunnainai þizos fairnjons triggvos visiþ unandhuliþ, unte in Xristau
gatairada.

15. Akei und hina dag miþþanei siggvada Moses, hulistr ligiþ ana hair-
tin ize.

16 Aþþan miþþanei gavandeiþ du fraujin, afnimada þata hulistr. ., ·

17 Aþþan frauja ahma ist; aþþan þarei ahma fraujins, þaruh freihals ist.

18 Aþþan veis allai andhulidamma andvairþja vulþu fraujins þairhsaihvan-
dans, þo samon frisaht ingaleikonda af vulþau in vulþu, svasve af
fraujins ahmin.

4. KAPITEL.

1 Duþþe habandans þata andbahti, svasve gaarmaidai vaurþum, ni vair-
þaima usgrudjans,

2 ak afstoþum þaim analaugnjam aiviskjis, ni gaggandans in varein nih
galiug taujandans vaurd guþs, ak bairhtein sunjos ustaiknjandans
uns silbans du allaim miþvisseim manne in andvairþja guþs.

3 Aþþan jabai ist gahulida aivaggeljo unsara, in þaim fralusnandam ist
gahulida,

4 in þaimei guþ þis aivis gablindida fraþja þize ungalaubjandane, ei ni
liuhtjai im liuhadei aivaggeljons vulþaus Xristaus, saei ist frisahts
guþs ungasaihvanins.

III. 14. afdaubnodedun] *Randglosse in Cod. A.:* gablindnodedun.

III. 5. svasve af uns silbam] *fehlt im Cod. A.* — 7. mahtededeina *Cod. B.* — 9. andbahtja
Cod. A. — in] us *Cod. B., L.* — 13. jan-ni svasve Mosez *Cod. A.* — 17. freijhals *Cod. A.* —
18 ahmins *Cod. B.* —
   IV, 1. andbahtei *Cod. A.* — vairþaima] vairþam *Cod. A.* — 2. nih] ni *Cod. A.* —
4. liuhadein *Cod. B., L.,* liuhadeins *Cod. A.* — ungasaihvanins] *fehlt im Cod. A.* —,

5 Aþþan ni uns silbans merjam, ak Iesu"Xristu fraujan, iþ uns skalkans izvarans in Iesuis.

6 Unte guþ, saei qaþ ur-riqiza liubaþ skeinan, saei jah liuhtida in hairtam unsaraim du liuhadein kunþjis vulþaus guþs in andvairþja Iesuis Xristaus.

7 Aþþan habandans þata huzd in airþeinaim kasam, ei ufarassus sijai mahtais guþs jah ni us unsis.

8. In allamma þraihanai, akei ni gaaggvidai; andbitanai; akei ni afslau-
. þidai;

9 vrikanai, akei ni bíliþanai; gadrausidai, akei ni fraqistidai,

10 sinteino dauþein fraujins Iesuis ana leika unsaramma — — uskunþa sijai.

11 Sinteino veis libandans in dauþu atgibanda in Iesuis, ei jah libains Iesuis svikunþa vairþai in riurjamma leika unsaramma.

12 Svaei nu dauþus in uns vaurkeiþ, iþ libains in izvis.

13 Habandans nu þana saman ahman galaubeinais bi þamma gamelidin: galaubida, in þizei jah rodida, jah veis galaubjam, in þizei jah rodjam

14 vitandans, þatei sa urraisjands fraujan jah unsis þairh Iesu urraiseiþ jah faúragasatjiþ miþ izvis.

15 Þatuh þan allata in izvara, ei ansts managnandei þairh managizans aviliud ufarassjai du vulþau guþa.

16 Inuh þis ni vairþam usgrudjans, akei þaubjabai sa utana unsar manna fravardjada, aþþan sa innuma ananiujada daga jah daga.

17 Unte þata andvairþo hveilahvairb jah leiht aglons unsaraizos bi ufarassau aiveinis vulþaus kaurein vaurkjada unsis,

18 ni fairveitjandam þizei gasaihvanane, ak þizei ungasaihvanane; unte þo gasaihvanona riurja sind, iþ þo ungasaihvanona aiveina.

5. KAPITEL.

1 Vitum auk, þatei, jabai sa airþeina unsar gards þizos hleiþros gatairada, ei gatimrjon us guþa habam, gard unhanduvaurhtana aiveinana in himinam.

2 Unte jah in þamma svogatjam, bauainai unsarai þizai us himina ufarhamon gairnjandans,

3 jabai sveþauh jah gavasidai, ni naqadai bigitaindau.

4 Jah auk visandans in þizai hleiþrai svogatjam kauridai, ana þammei ni vileima afhamon, ak anahamon, ei fraslindaidau þata divano fram. libainai.

IV. 8. akei das erste Mal] fehlt in Cod. B. — 10. mit unsaramma brıcht Cod. A. ab. Cod. B. hat die Uebersetzung der Worte περιφέροντες ἵνα καὶ ἡ ζωή τοῦ Ἰησοῦ ἐν τῷ σώματι ἡμῶν aus Versehen ausgelassen. — 17. leiht] veiht Cod.; cf. cap. I, 17. — kaurein] nach Uppstr. steht im Cod. kaurei.

V. 1. sa airþeina uusar] so in Cod. nach Uppstr.; airþeina unsara L. — Mit us beginnt Cod. A. wieder. — 3. jah] fehlt im Cod. A. —

5 Aþþan saei jah gamanvida uns du þamma guþ, saei jah gaf unsis 'vadi
ahman.

6 Gatrauandans nu sinteino jah vitandans, þatei visandans in þamma
leika afhaimjai sijum fram fraujin;

7 unte þairh galaubein gaggam, ni þairh siun.

8 Aþþan gatrauam jah valjam mais usleiþan us þamma leika jah aná-
haimjaim visan at fraujin.

9 Inuh þis usdaudjam, jaþþe anahaimjai jaþþe afhaimjai, vaila galeikan imma.

10 Unte allai veis ataugjan skuldai sijum faura stauastola Kristaus, ei
ganimai hvarjizuh þo svesona leikis, afar þaimei gatavida, jaþþe
þiuþ jaþþe unþiuþ.

11 Vitandans nu agis fraujins mannans fullaveisjam, iþ guþa svikunþai
sijum. Aþþan venja jah in miþvisseim izvaraim svikunþans visan uns,

12 ni ei aftra uns silbans uskannjaima izvis, ak lev gibandans izvis hvof-
tuljos fram uns, ei habaiþ viþra þans in andvairþja hvopandans jah
ni in hairtin.

13 Unte jaþþe usgeisnodedum, guþa, jaþþe fullafraþjam, izvis.

14 Unte friaþva Kristaus dishabaiþ uns,

15 domjandans þata, þatei ains faur allans gasvalt, þannu allai gasvultun,
jah faur allans gasvalt, ei þai libandans ni þanaseiþs sis silbam li-
baina, ak þamma faur sik gasviltandin jah urreisandin.

16 Svaei veis fram þamma nu ni ainnohun kunnum bi leika; iþ jabai uf-
kunþedum bi leika Xristu, akei nu ni þanaseiþs ni kunnum ina.

17 Svaei jabai hvo in Kristau niuja gaskafts, þo alþjona usliþun; sai,
·   vaurþun niuja alla.

18 Aþþan alla us guþa þamma gafriþondin uns sis þairh Xristu jah gi-
bandin uns andbahti gafriþonais.

19 Unte sveþauh guþ vas in Xristau manaseþ gafriþonds sis, ni rahnjands
im missadedins ize jah lagjands in uns vaurd gafriþonais.

20 Faur Xristu nu airinom, sve at guþa gaþlaihandin þairh uns; bidjam
faur Xristu, gagavairþnan guþa.

21 Unte þana, izei ni kunþa fravaurht, faur uns gatavida fravaurht, ei
veis vaurþeima garaihtei guþs in imma.

6. KAPITEL.

1 Gavaurstvans jah þan bidjandans, ni svarei anst guþs niman izvis.

2 Mela auk, qiþiþ, andanemjamma andhausida þus jah in daga naseinais
gahalp þeina. Sai, nu mel vaila andanem; sai, nu dags naseinais.

V. 12. uskannjaima] *Randglosse des Cod. A.*: anafilhaima.

V. 5. jag-gaf Cod. A. — 9. inuþ-þis Cod. A. — jaþþe *das zweite Mal]* þe Cod. A. — 12. uns]
unsis Cod. A. — jan-ni Cod. A. — iu *das zweite Mal]* fehlt im Cod. B. — 15. sis] fehlt
in Cod. A. — libainai Cod. B. — 16. ina] fehlt im Cod. A. — 13. uns sis] unsis Cod.· B.,
uns Cod. A. — jag-gibandin Cod. A. — uns] uusis Cod. A. — 20. bidjam] bidjandans
Cod. A. — 21. izei] ize Cod. A.

VI. 1. jaþ-þan Cod. A. — svare Cod. A. — 2. andnem Cod. B. —

3 Ni ainhun þannu in vaihtai gibandans bistuggqei, ei ni anavammjaidau andbahti unsar;

4 ak in allamma ustaiknjandans uns sve guþs andbahtos in stivitja managamma, in aglom, in nauþim, in aggviþom,

5 in slahim, in karkarom, in unsutjam, in arbaidim, in vokainim, in lausqiþrein,

6 in svikniþai, in kunþja, in laggamodein, in selein, in ahmin veihamma, in friaþvai unhindarveisai,

7 in vaurda sunjos, in mahtai guþs þairh vepna garaihteins taihsvona jah hleidumona,

8 þairh vulþu jah unsverein,' þairh vajamerein jah vailamerein, sve airzjandans jah sunjeinai, sve unkunþai jah ufkunnaidai,

9 sve gasviltandans jah sai libam, sve talzidai jah ni afdauþidai,

10 sve saurgandans, iþ sinteino faginondans, sve unledai, iþ managans gabigjandans, sve ni vaiht aihandans jah allata disnimandans.

11 Munþs unsar· usluknoda du izvis, Kaurinþius, hairto unsar urrumnoda.

12 Ni þreihanda jus in uns, iþ þreihanda in hairþram izvaraim.

13 Aþþan þata samo andalauni, sve frastim qiþa, urrumnaiþ jah jus.

14 Ni vairþaiþ gajukans ungalaubjandam; unte hvo dailo garaihtein miþ ungaraihtein aiþþau hvo gamainduþe liuhada miþ riqiza?

15 Hvouh þan samaqisse Xristau miþ Bailiama aiþþau hvo daile galaubjandin miþ ungalaubjandin?

16 Hvouh þan samaqisse alhs guþs miþ galiugam? unte jus alhs guþs sijuþ libandins; qiþiþ auk guþ: þatei baua in im jah inna gagga jah vairþa ize guþ jah eis vairþand mis managei.

17 Inuh þis usgaggiþ us midumai ize jah afskaidiþ izvis, qiþiþ frauja, jah unhrainjamma ni attekaiþ, jah ik andnima izvis

18 jah vairþa izvis du attin jah jus vairþiþ mis du sunum jah dauhtrum, qiþiþ frauja allvaldands.

7. KAPITEL.

1 Þo habandans nu gahaita, liubans, hrainjam unsis af allamma bisauleino leikis jah ahmins, ustiuhandans veihiþa in agisa guþs.

2 Gamoteima in izvis; ni ainummehun gaskoþum, ni ainnohun fravardidedum, ni ainnohun bifaihodedum.

3 Ni du gavargeinai qiþa; fauraqaþ auk, þatei in hairtam unsaraim sijuþ du gasviltan jah samana liban.

4 Managa mis trauains du izvis, managa mis hvoftuli faur izvis, usfulliþs im gaþlaihtais, ufarfulliþs im fahedais in allaizos managons aglons unsaraizos.

VI. 3. bistuggqei] so (für bistuggqe) Cod. B., bistugq Cod. A.; bistiggq L. — 6. frijaþvai Cod. A. — 8. þairh zu Anfang] jah þairh Cod. A. — 11. munþs] so die Codd. nach Uppströms munþ L. — usrumnoda Cod. B. — 15. 16. Hvouþ-þan Cod. A. — 16. siuþ Cod. A.— 17. Innuþ-þis Cod. A.

VII. 1. bisauleino] bilauseino Cod. B. — 3. sijum Cod. B. — miþgasviltan Cod. A. —

5 Jah auk qimandam unsis in Makidonjai ni vaiht habaida gahveilainais
leik unsar, ak in allamma anapragganai, utana vaihjons, innana
agisa.

6 Akei sa gaþlaihands hnaividaim gaþrafstida uns guþ in quma Teitaus;

7 aþþan ni þatainei in quma is, ak jah in gaþlaihtai, þizaiei gaþrafstiþs
vas ana izvis, gateihands uns izvara gairnein, izvara gaunoþa, izvar
aljan faur mik, svaei mis mais faginon varþ.

8 Unte jabai gaurida izvis in þaim bokom, ni idreigo mik, jah jabai id-
reigoda; gasaihva auk, þatei so aipistaule jaina, jabai dul-leitilai
hveilai, gaurida izvis;

9 nu fagino, ni unte gauridai vesuþ, ak unte gauridai vesuþ du idreigai;
saurgaideduþ auk bi guþ, ei in vaihtai ni gasleiþjaindau us unsis.

10 Unte sol bi guþ saurga idreiga du ganistai gatulgidai ustiuhadà; iþ
þis fairhvaus saurga dauþu gasmiþoþ.

11 Saihv auk silbo þata bi guþ saurgan izvis, hvelauda gatavida izvis us-
daudein, akei sunjon, akei unverein, akei agis, akei gairnein, akei
aljan, akei fraveit! in allamma ustaiknideduþ izvis hlutrans visan
þamma toja.

12 Aþþan jabai melida, ni in þis anamahtjandins, ni in þis anamahtidins,
ak du gabairhtjan usdaudein unsara, þoei faur izvis habam viþra
izvis in andvairþja guþs.

13 Inuh þis gaþrafstidai sium; aþþan ana gaþrafsteinai unsarai filaus mais
faginodedum ana fahedai Teitaus, unte anahveilaiþs varþ ahma is fram
allaim izvis.

14 Unte jabai hva imma fram izvis hvaihvop, ni gaaiviskoþs varþ; ak
svasve allata izvis in sunjai rodidedum, sva jah hvoftuli unsara so
du Teitau sunja varþ.

15 Jah brusts is ufarassau du izvis sind, gamunandins, þo allaize izvara
ufhausein, sve miþ agisa jah reiron andnemuþ ina.

16 Pagino nu, unte in allamma gatraua in izvis.

8. KAPITEL.

1 Aþþan kannja izvis, broþrjus, anst guþs þo gibanon in aikklesjom Ma-
kidonais,

2 þatei in managamma kustau aglons managduþs fahedais ize jah þata
diupo unledi ize usmanagnoda du gabein ainfalþeins ize.

3 Unte bi mahtai, veitvodja, jah ufar maht silbaviljos vesun,

4 miþ managai usbloteinai bidjandans uns niman aust seina jah gamai-
nein andbahtjis in þans veihans.

VII. Makaidonjai Cod. A. — 6. gaþlaihans Cod. B. — izvara gaunoþa] izvarana Codd. —
8. þaim] fehlt in Cod. A. gasaihva auk] unte gasaihva Cod. A. — 8. du leitilai Cod. A. —
9. saurgideduþ Cod. B. — 10. so] fehlt in Cod. A. — gatulgida Cod. A. — 11. saihva
Cod. A. — 13. inuþ-þis. sijum Cod. A. — ana das erste Mal] fehlt in Cod. A. — 15. jah-
brusts Cod. A. — ina] ine Cod. B.
    VIII. 1. aikklesjou Cod. B., L. — 2. jaþ-þata Cod. A. — 4. usbloþeinai Cod. A. —

5 Jah ni svasve venidedum, ak sik silbans atgebun frumist fraujin, þaþroh
þan uns þairh viljan guþs,

6 svaei bedeima Teitaun, ei svasve faura dustodida, svah ustiuhai in
izvis jah þo anst.

7 Akei sve raihtis in allamma managniþ, galaubeinai jah vaurda jah
kunþja jah in allai usdaudein jah ana þizai us izvis in uns friaþvai,
ei jah in þizai anstai managnaiþ.

8 Ni svasve fraujinonds qiþa izvis, ak in þizos anþaraize usdaudeins jah
izvaraizos friaþvos airkniþa kiusands.

9 Unte kunnuþ anst fraujins unsaris Iesuis Xristaus, þatei in izvara gaun-
ledida sik gabigs visands, ei jus þamma is unledja gabeigai vairþaiþ.

10 Jah ragin in þamma giba, unte þata izvis batizo ist, juzei ni þatainei
viljan, ak jah taujan dugunnuþ af fairnin jera.

11 Iþ nu sai, jah taujan ustiuhaiþ, ei svasve faura ïst muns du viljan, sva
jah du ustiuhan us þammei habaiþ.

12 Jabai auk vilja in gagreiftai ist, svasve habai, vaila andanem ist, ni
svasve ni habai.

13 Ni sva auk ei anþaraim iusila, iþ izvis aglo, ak us ibnassau;

14 in þamma nu mela izvar ufarassus du jainaize þarbom, ei.jah jainaize
ufarassus vairþai du izvaraim þarbom, ei vairþai ibnassus,

15 svasve gameliþ ist: saei filu, ni managizo, jah saei leitil, ni favizo.

16 Aþþan aviliud guþa, izei gaf þo samon usdaudein faur izvis in hairto
Teitaus;

17 unte raihtis bida andnam, aþþan usdaudoza visands silba viljands ga-
laiþ du izvis.

18 Gaþ-þan-miþsandidedum imma broþar, þizei hazeins in aivaggeljons and
allos aikklesjons.

19 Aþþan ni þat-ain, ak jah gateviþs fram aikklesjom miþgasinþa uns
miþ anstai þizai andbahtidon fram uns du fraujins vulþau jah gair-
nein unsarai;

20 bivandjandans þata, ibai hvas uns fairinodedi in !digrein þizai andbahti-
don fram uns;

21 garedandans auk goda ni þatainei in andvairþja guþs, ak jah in and-
vairþja manne.

22 Insandidedum þan miþ im broþar unsarana, þanei gakausidedum in
managaim ufta usdaudana visandan, aþþan nu, sai, filaus mais us-
daudozan trauainai managai in izvis;

23 jaþþe bi Teitu, saei ist gaman mein jah gavaurstva in izvis; jaþþe
broþrjus unsarai, apaustauleis aikklesjono, vulþus Kristaus.

VIII. 5. Jan-ni. þaþroþ-þan *Cod. A.* — 7. frijaþvai *Cod. A.* — 8. usdaudein *Cod. B.* —
frijaþvos *Cod. A.* — 9. gabigai *Cod. A.* — 10. Jar-ragin *Cod. A.* — 10. ni þatainei viljau
ak jah taujan) ni þatainei taujan ak jah viljan *Cod. A.* — 11. habai *Cod. A.* — 15. jas-saei
Cod. A. — 16. aviliuþ *Cod. A.* —ize *Cod. A.* —faur izvis] *fehlt im Cod. B.* — 18. *init.* Gah þan
Cod. A. jaþ-þan *L.* cf. *Luc. I. 63; 2. Tim. I. 5.* — 18. andj *scheint B. zu haben;* aua
Cod. A. cf. *L's. addenda.* — þizai *Cod. A.* — 19. miþgasinþa] miþ gasinþam *Cod. B., L.*
— 20. bivandjandam *Cod. B., L.* — 20. digrjin *Cod. B.* — 22. usdauda *Cod. B.* — filaus]
filu *Cod. A.* — 23. jag-gavaurstva *Cod. A.* — vulþaus *Cod. A.* —

24 Aþþan ustaiknein friaþvos izvaraizos jah unsaraizos hvoftuljos faur izvis
in im ustaiknjandans in andvairþja aikklesjono.

9. KAPITEL.

1 Aþþan bi andbahti, þatei rahtoda du veihaim, ufjo mis ist du meljan
izvis;

2 unte vait gairnein izvara, þizaiei fram izvis hvopa at Makidonim, unte
Axaja gamanvida ist fram fairnin jera, jah þata us izvis aljau gava-
gida þans managistans izei.

3 Aþþan faura gasandida broþruns, ei hvoftuli unsara so fram izvis ni
vaurþi lausa in þizai halbai, ei, svasve qaþ, gamanvidai sijaiþ;

4 ibai jabai qimand miþ mis Makidoneis jah bigitand izvis unmanvjans,
gaaiviskondau veis, ei ni qiþau jus, in þamma stomin þizos hvof-
tuljos.

5 Naudiþaurft nu man bidjan broþruns, ei galeiþaina du izvis jah faura
gamanvjaina þana fauragahaitanan aivlaugian izvarana, þana manv-
jana visan, svasve vailaqiss jah ni svasve bifaihon.

6 Þatuþ-þan, saei saiiþ us gaþagkja, us gaþagkja jah sneiþiþ, jah saei
saiiþ in þiuþeinai, us þiuþeinai jah sneiþiþ.

7 Hvarjizuh svasve faura gahugida hairtin, ni us trigon aiþþau us nauþai,
unte hlasana giband frijoþ guþ.

8 Aþþan mahteigs ist guþ alla anst ufarassjan in izvis, ei in allamma
sinteino allis ganauhan habandans ufarassjaiþ in allamma vaurstve
godaize,

9 svasve gameliþ ist: tahida, gaf unledaim; usvaurhts is visiþ du
aiva.

10 Aþþan sa andstaldands fraiva þana saiandan jah hlaiba du mata and-
staldiþ jah managjai fraiv izvar jah vahsjan gataujai akrana usvaurh-
tais izvaraizos;

11 in allamma gabignandans, in allai ainfalþein, sei vaurkeiþ þairh uns
aivxaristian guþa.

12 Unte andbahti þis gudjinassaus ni þatainei ist usfulljando gaidva þize
veihane, ak jah ufarassjando þairh managa aviliuda guþa,

13 þairh gakust þis andbahtjis mikiljandans guþ ana ufhauseinai anda-
haitis izvaris in aivaggeljon Xristaus jah in ainfalþein gamainduþais
du im jah du allaim,

14 jah izei bidai faur izvis gairnjandans izvara in ufarassau anstais guþs
ana izvis.

15 Aviliud guþa in þizos unusspillodons is gibos.

VIII. 24. frijaþvos Cod. A.

IX. 2. hvopam Cod. A. — Makidounim Cod. B., L. — Akaja Cod. A. — gavagida]
usvagida Cod. A. — izei fehlt in Cod. A. — 4. jab-bigitand. unmanvjands. gaaiviskouda
Cod. A. — þizos fehlt in Cod. A. — 5. manvjana] manvjau L. — jan-ni Cod. A. — 6. saijiþ
Cod. A. — 7. mit nauþai bricht Cod. A. wiederum ab. — 9. usvaurts Cod. — 14. izei Cod.
für ize. — 15. unusspillidons Cod.

10. KAPITEL.

1 Aþþan ik silba Pavlus bidja izvis bi qairrein jah mukamodein Xristaus, ikai ana andaugi raihtis hauns im in izvis, aþþan aljar visands gatraua in izvis.

2 Aþþan bidjam, ei ni andvairþs gatrauau trauainai, þizaiei man gadaursan ana sumans þans munandans uns sve bi leika gaggandans.

3 In leika auk gaggandans ni bi leika drauhtinom.

4 Unte vepna unsaris drauhtinassaus ni leikeina, ak mahteiga guþa du gataurþai tulgiþo,

5 mitonins gatairandans jah all hauhiþos ushafanaizos viþra kunþi guþs, jah frahinþandans all fraþje jah in ufhausein Xristaus tiuhandans

6 jah manvuba habandans du fraveitan all ufarhauseino, þan usfulljada izvara ufhauseins.

7 Þo bi andvairþja saihviþ. Jabai hvas gatrauaiþ sik silban Xristaus visan, þata þagkjai aftra af sis silbin, ei svasve is Kristaus, sva jah veis.

8 Aþþan sveþauh jabai hva managizo hvopam bi valdufni unsar, þatei atgaf frauja unsis du timreinai jah ni du gataurþai izvarai, ni gaaiviskonda.

9 Ei ni þugkjaima sve þlahsjandans izvis þairh bokos;

10 unte þos raihtis bokos, qiþand, kaurjos sind jah svinþos, iþ qums leikis lasivs jah vaurd frakunþ;

11 þata þagkjai sa svaleiks, þatei hvileikai sium vaurda þairh bokos aljar visandans, svaleikai jah andvairþai vaurstva.

12 Unte ni gadaursum domjan unsis silbans aiþþau gadomjan uns duþaim sik silbans anafilhandam; ak eis in sis silbam sik silbans mitandans jah gadomjandans sik silbans du sis silbam ni fraþjand.

13 Iþ veis — — ak bi mitaþ garaideinais, þoei gamat unsis guþ, mitaþ fairrinnandein und jah izvis.

14 Ni auk svasve ni fairrinandans und izvis ufarassau ufþanjam uns, unte jah und izvis gasniumidedum in aivaggeljon Kristaus.

15 Ni inu mitaþ hvopandans in framaþjaim arbaidim, aþþan ven habam at vahsjandein galaubeinai izvarai in izvis mikilnan bi garaideinai unsarai du ufarassau,

16 ufarjaina izvis aivaggeljon merjan, ni in framaþjaim arbaidim du manvjaim hvopan.

17 Aþþan sa hvopands in fraujin hvopai.

18 Unte ni saei sik silban gasvikunþeiþ, jains ist gakusans, ak þanei frauja gasvikunþeiþ.

X. 2. bidjan *Cod.* — gatrauau] gatraiau *Cod.* — 13. iþ veis — —] *der Schreiber hat die dem griech.* οὐχὶ εἰς τὰ ἄμετρα καυχησόμεθα *entsprechenden Worte übersehen.* — 18. gakusands *Cod.*

10*

11. KAPITEL.

1 Vainei usþulaidedeiþ meinaizos leitil hva unfrodeins; akei jah usþulaiþ mik.

2 Untẹ aljanonds izvis guþs aljana; gavadjoda auk izvis ainamma vaira mauja svikna du usgiban Xristau.

3 Aþþan og, ibai aufto svasve vaurms Aivvan uslutoda filudeisein seinai, riurja vairþaina fraþja izvara af ainfalþein jah sviknein þizai in Kristau.

4 Jabai nu sa qimanda anþarana Iesu mereiþ, þanei veis ni meridedum, aiþþau ahman anþarana nimiþ, þanei ni nemuþ, aiþþau aivaggeljon anþara, þoei ni andnemuþ, vaila usþulaididuþ.

5 Man auk ni vaihtai mik minnizo gataujan þaim ufar mikil visandam apaustaulum.

6 Jabai unhrains im vaurda, akei ni kunþja; aþþan in allamma gabairhtidai iu allaim du izvis.

7 Aiþþau ibai fravaurht tavida, mik silban haunjands, ei jus ushauhjaindau, unte arvjo guþs aivaggeljon merida izvis?

8 Anþaros aikklesjons birauboda, nimands andavizn du izvaramma andbahtja, jah visands at izvis jah ushaista ni ainnohun kaurida;

9 unte þarbos meinos usfullidedun broþrjus qimandans af Makidonai, jah in allaim unkaureinom izvis mik silban fastaida jah fasta.

10 Ist sunja Xristaus in mis, unte so hvoftuli ni faurdammjada in mis in lande Akaje.

11 In hvis? Unte ni frijo izvis? Guþ vait.

12 Iþ þatei tauja jah taujan haba, ei usmaitau inilon þize viljandane inilon, ei in þammei hvopand, bigitaindau svasve jah veis.

13 unte þai svaleikai galiugaapaustauleis, vaurstvjans hindarveisai, gagaleikondans sik du apaustaulum Xristaus.

14 Jah nist sildaleik, unte silba Satana gagaleikoþ sik aggillau liuhadis.

15 Nist mikil, jabai andbahtos is gagaleikond sik sve andbahtos garaihteins, þizeei andeis vairþiþ (bi) vaurstvam ize.

16 Aftra qiþa, ibai hvas mik muni unfrodana; aiþþau vaila þau sve unfrodana nimaiþ mik, ei jah ik leitil hva hvopau.

17 Þatei rodja, ni rodja bi fraujin, ak sve in unfrodein in þamma stomin þizos hvoftuljos.

18 Unte managai hvopand bi leika, jah ik hvopa.

19 Unte azetaba usþulaiþ þans unvitans, frodai visandans.

20 Usþulaiþ, jabai hvas izvis gaþivaiþ, jabai hvas fraïtiþ, jabai hvas usnimiþ, jabai hvas in arbaidai briggiþ, jabai hvas izvis in andavleizn slahiþ.

XI. 2. usgiban] usgaban Cod., L. — 4. ahma Cod. — nimiþ] steht im Cod. nach Uppström; nemuþ L. — 4. aivaggeljo Cod. — 5. apauslum Cod. — 6. gabairhtida Cod., L. — 3. izvis] vis Cod. — 14. aggillau Cod. für aggilau. — 15. (bi) durch ein Loch im Pergamente zerstört. —

21 Bi unsveriþai qiþa, sve þatei veis siukai veseima; iþ in þammei hve
hvas ananauþeiþ, in unfrodein qiþa, gadars jah ik.

22 Haibraieis sind, jah ik; Israeleiteis sind, jah ik; fraiv Abrahamis sind,
jah ik;

23 andbahtos Kristaus sind, svasve unvita qiþa, mais ik; in arbaidim ma-
nagizein, in karkarom ufarassau, in slahim ufarassau, in dauþei-
nim uita;

24 fram Iudaium fimf sinþam fidvortiguns ainamma vanans nam;

25 þrim sinþam vandum usbluggvans vas; ainamma sinþa stainiþs vas;
þrim sinþam usfarþon gatavida us skipa; naht jah. dag in diupiþai
vas mareins;

26 vratodum ufta, bireikeim ahvo, bireikeim vaidedjane, bireikeim us
kunja, bireikeim us þiudom, bireikeim in baurg, bireikeim in auþi-
dai, bireikeim in marein, bireikeim in galiugabroþrum,

27 (in) aglom jah arbaidim, in vokainim ufta, in gredau jah þaurstein, in
lausqiþreim ufta, in friusa jah naqadein;

28 inuh þo afar þata arbaiþs meina seiteina, saurga meina allaim aik-
klesjom.

29 Hvas siukiþ, jah ni siukau? Hvas afmarzjada, jah ik ni tundnau?

30 Jabai hvopan skuld sijai; þaim siukeins meinaizos hvopau.

31 Guþ jah atta fraujins Iesuis vait, sa þiuþeiga du aivam, þatei ni
liuga.

32 In Damaskon fauramaþleis þiudos Araitins þiudanis vitaida baurg Da-
maskai, gafahan mik viljands,

33 jah þairh augadauro in snorjon athahans vas and baurgsvaddjau jah
unþaþlauh handuns is.

12. KAPITEL.

1 Hvopan binah, akei ni batizo ist, jah þan qima in siunins jah andhu-
leinins fraujins.

2 Vait mannan in Kristau faur jera fidvortaihun, jaþþe in leika, ni vait,
jaþþe inuh leik, ni vait, guþ vait, fravulvanana þana svaleikana und
þridjan himin;

3 jah vait þana svaleikana mannan, jaþþe in leika jaþþe inuh leik, nih
vait, guþ vait,

4 þatei fravulvans varþ in vagg jah hausida unqeþja vaurda, þoei ni
skulda sind mann rodjan.

5 Faur þana svaleikana hvopa, iþ faur mik silban ni vaiht hvopa, niba
in unmahtim meinaim.

XI. 27. (in) *fehlt im Cod. und bei L.* — 28. seiteina] *so Cod. für* siuteina. — 33. han-
dus *Cod.*

XII. 1. andhuleinins] *mit der letzten Silbe beginnt Cod. A. wieder.* — 2. fidvortaihun]
vidvortaihune *Cod. B.;* ·id· *Cod. A.;* fidvortaihune *L.* — iuuh] inu *Cod. A.* — 3. inu. ni
Cod. A. —

6 Aþþan jabai viljau hvopan, ni sijau unvita, unte sunja qiþa, iþ freidja, ibai hvas in mis hva muni ufar þatei gasaihviþ aiþþau gahauseiþ hva us mis.

7 Jah bi filusnai andhuleino, ei ni ufarhafnau, atgibana ist mis hnuto leika meinamma, aggilus Satanins, ei mik kaupastedi, ei ni ufarhugjau.

8 Bi þatei þrim sinþam fraujan baþ, ei afstoþi af mis;

9 jah qaþ mis: ganah þuk ansts meina, unte mahts in siukein ustiuhada. Filu gabaurjaba nu mais hvopa in siukeim meinaim, ei ufarhleiþrjai ana mis mahts Xristaus.

10 In þizei mis galeikaiþ in siukeim, in anamahtim, in nauþim, in vrekeim, in þreihslam faur Kristu; unte þan siuka, þan mahteigs im.

11 Varþ unvita hvopands, jus mik gabaidideduþ; aþþan ik skulds vas fram izvis gakannjan, unte ni vaihtai mins habaida þaim ufar filu apaustaulum, jah jabai ni vaihts im.

12 Aiþþau sveþauh taikneis apaustaulaus gatavidos vaurþun in izvis in allai þulainai, taiknim jah fauratanjam jah mahtim.

13 Hva auk ist, þize vanai veseiþ ufar anþaros aikklesjons, niba þatei ik silba ni kaurida izvis? Fragibiþ mis þata skaþis.

14 Sai, þridjo þata manvus im qiman at izvis, jah ni kaurja izvis; unte ni sokja izvaros aihtins, ak izvis; ni auk skulun barna fadreinam huzdjan, ak fadreina barnam.

15 Aþþau ik gabaurjaba fraqima jah fraqimada faur saivalos izvaros, sveþauh ei ufarassau izvis frijonds mins frijoda.

16 Aþþan siai nu, ik ni kaurida izvis, ak visands aufto listeigs hindarveisein izvis nam.

17 Ibai þairh hvana, þizeei insandida du izvis, bifaihoda izvis?

18 Baþ Teitu jah miþ insandida imma broþar; ibai hva bifaihoda izvis Teitus? niu þamma samin ahmin iddjedum? niu þaim samam laistim?

19 Aftra þugkeiþ izvis, ei sunjoma uns viþra izvis? In andvairþja guþs in Xristau rodjam, þatuþ-þan all, liubans, in izvaraizos gatimreinais.

20 Unte og, ibai aufto qimands ni svaleikans, sve viljau, bigitau izvis jah ik bigitaidau izvis svaleiks, sve ni vileiþ mik, ibai aufto þvairheins, aljan, jiukos, bihaita, birodeinos, haifsteis, bifaiha, ufsvalleinos, drobnans;

21 ibai aftra qimandan mik guþ gahaunjai at izvis jah qaino managans þize faura fravaurkjandane jah ni idreigondane ana unhrainiþai, þoei gatavidedun, horinassau jah aglaitein.

XII. 7. hnuto] *Glosse in Cod. A.*: gairu.

XII. 6. aiþþau aiþþau *Cod. A.* — 7. hnuþo *Cod. A.* — 8. frauja *Cod. B.* — 9. siukeim *Cod. B., L.* — 10. þleihslam *Cod. B.* — 12. apaustaulus *Cod. A.* — 14. jan-ni *Cod. A.* — 15. gabaurjaba] laþaleiko *Cod. A. und am Rande die Lesart des Cod. B.* — mins] minz *Cod. B., L.* — 16. siai] sai *Codd., L.* — 18. laistim] laustim *Cod. B.* — 19. þukeiþ. sunjodama *Cod. B.* — 20. hafsteis *Cod. B.* — bifaiha, ufsvalleinos] *fehlt im Cod. B.* — 21. jan-ni .*Cod. A.* — aglaitein] *so nach Uppstr. im Cod. A.;* aglaiteino *Cod. B.;* agleitja *nach früherer irriger Lesung L.*

13. KAPITEL.

1 Þridjo þata qima at izvis. Ana munþa tvaddje veitvode jah þrije ga-standiþ all vaurde.

2 Faura qaþ jah aftra faura gateiha, svasve andvairþs anþaramma sinþa jah aljaþro nu melja þaim faura fravaurkjandam jah anþaraim al-laim, þatei jabai qima, aftra ni freidja.

3 Unte kustu sokeiþ þis in mis rodjandins Kristaus, saei ni siukiþ in izvis, ak mahteigs ist in izvis.

4 Aþþan jabai jah ushramiþs vas us siukein, akei libaiþ us mahtai guþs; jah auk veis siukam in imma, akei libam miþ imma us mahtai guþs in izᴦis.

5 Izvis silbans fraisiþ, sijaidu in galaubeinai; silbans izvis kauseiþ, þauh niu kunnuþ izvis, þatei Iesus Kristus in izvis ist? nibai aufto unga-kusanai sijuþ.

6 Aþþan venja, ei kunneiþ, þatei veis ni sijum ungakusanai.

7 Aþþan bidja du guþa, ei ni vaiht ubilis taujaiþ; ni ei veis gakusanai þugkjaima, ak ei jus þata godo taujaiþ, iþ veis ungakusanai þugk-jaima.

8 Ni auk magum hva viþra sunja, ak faur sunja.

9 Aþþan faginom, þan veis siukam, iþ jus svinþai sijuþ; þizuh auk jah bidjam, izvaraizos ustauhtais.

10 Duþþe þata aljaþro melja, ei andvairþs harduba ni taujau bi valdufnja, þammei frauja fragaf mis du gatimreinai jah ni du gataurþai.

11 Þata anþar, broþrjus, faginoþ, ustauhanai sijaiþ, gaþrafstidai sijaiþ, þata samo fraþjaiþ, gavairþi taujandans sijaiþ, jah guþ gavairþeis jah friaþvos vairþiþ miþ izvis.

12 Goljaiþ izvis misso in frijonai veihai. Goljand izvis þai veihans allai.

13 Ansts fraujins unsaris Iesuis Xristaus jah friaþva guþs jah gaman ahmins veihis miþ allaim izvis. Amen.

Du Kaurinþium anþara ustauh.

Du Kaurinþium ·b· meliþ ist us Filippai Makidonais.

<hr>

XIII. 1. jaþ-þrije *Cod. A.* — gastandiþ *Cod. A.;* gastandai *Cod. B.;* *L.* — 3. sokeiþ þis] sokeiþis *Cod. B.* — sinkeiþ *Cod. B.;* *L.* — 4. jabai jah] jah *fehlt in B. und bei L.* — veis] *ebenso.* — 5. Izvis *das erste Mal] fehlt in A.* — fraisiþ] fragiþ *Cod. B.* — þauh] þau *Cod. A.* — izvis *das dritte Mal] fehlt in B.* ibai *B., L.* — 6. ei kunneiþ þatei] þatei kunneiþ ei *Cod. A.* — 7. gakusanai] ungakusanai *Cod. A.* — 7. iþ] ei *Cod. B.;* *L.* — veis] veis sve *Cod. A.* — 9. siuþ *Cod. A.* — 10. hardaba. jan-ni *Cod. A.* — 11. gaþrafstidai sijaiþ] *fehlt in Cod. B.* — þata] *fehlt in den Codd. und bei L.* — frijaþvos *Cod. A.* — 13. unsaris] *fehlt in A.* — frijaþva *Cod. A.*

Unterschrift: du Kaurinþaium anþara *Cod. B., L.* du Kaurinþium ·b· *Cod. A.* — *Der letzte Satz fehlt in B.*

Du Galatim.

1. KAPITEL..

1 Pavlus, apaustaulus, ni af mannam nih þairh mannan, ak þairh Iesu
Kristu jah guþ attan, ize urraisida ina us dauþaim,

2 jah þai miþ mis allai broþrjus aikklesjom Galatiais.

3 Ansts izvis jah gavairþi fram guþa attin jah fraujin unsaramma Iésu
Kristau,

4 izei gaf sik silban faur fravaurhtins unsaros, ei uslausidedi uns us
þamma andvairþin aiva ubilin bi viljin guþs jah attins unsaris,

5 þammei vulþus du aivam, amen.

6 Sildaleikja, ei sva sprauto afvandjanda af þamma laþondin izvis in an-
stai Kristaus du anþaramma aivaggelja,

7 þatei nist anþar, alja sumai sind þai drobjandans izvis jah viljandans
invandjan aivaggeli Xristaus. — —

20 Aþþan þatei melja izvis, sai, in andvairþja guþs, ei ni liuga.

21 Þaþro qam ana fera Saurais jah Kileikiais.

22 Vasuþ-þan unkunþs vlita aikklesjom Iudaias þaim in Kristau;

23 þatainei hausjandans vesun, þatei saei vrak uns simle, nu mereiþ ga-
laubein, þoei suman brak;

24 jah in mis mikilidedun guþ.

2. KAPITEL.

1 Þaþro bi fidvortaihun jera usiddja aftra in Iairusaulyma miþ Barnabin,
ganimands miþ mis jah Teitu.

---

*Die Bruchstücke des Galaterbriefes finden sich in Cod. A. von I. 22 — II. 8; II. 17
— III. 6; III. 28 — IV. 23; V. 17 bis zu Ende; in Cod. B. von I. 1 — II. 17; IV. 19
bis zu Ende.*

Ueberschrift von Castiglione ergänzt.

I. 4. andvairþin] anavairþin *Cod. B.* — 6. sva] svasve *B., L.* — 22. unkunþs] *hier be-
ginnt Cod. A.* — 24. mikilidedun] melidedun *Cod. A.*

II. 1. þaþroh *Cod. A.* — fidvortaihun *Cod. A.*, ·di· (*für* ·id·) *Cod. B.* —

2 Uzuþ-þau-iddja bi andhuleinai jah ussok im aivaggeli, þatei merja in
þiudom, iþ sundro þaimei þuhta, ibai svare rinnau aiþþau runnjau.

3 Akei nih Teitus, sa miþ mis, kreks visands, baidiþs vas bimaitan. ˙

4 Aþþan in þize ufsliupandane galiugabroþre, þaiei inn ufslupun biniuhs-
jan freihals unsarana, þanei aihum in Kristau Iesu, ei unsis gaþivai-
dedeina;

5 þaimei ni hveilohun gakunþedum ufhnaivein, ei sunja aivaggeljons ga-
standai at izvis.

6 Aþþan af þaim þugkjandam visan hva, hvileikai simle vesun, ni vaiht
mis vulþris ist, guþ mans andvairþi ni andsitiþ; aþþan mis þai
þugkjandans ni vaiht ana ïnsokun;

7 ak þata viþravairþo, gasaihvandans, þatei gatrauaida vas mis aivag-
geljo faurafilljis, svasve Paitrau bimaitis,

8 unte saei vaurstveig gatavida Paitrau du apaustaulein bimaitis, vaurst-
veig gatavida jah mis in þiudos,

9 jah ufkunnandans anst þo gibanon mis, Paitrus jah Iakobus jah Iohan-
nes, þaiei þuhtedun sauleis visan, taihsvons atgebun mis jah Barna-
bin gamaineins, svaei veis du þiudom, iþ eis du bimaita;

10 þatainei þizei unledane ei gamuneima, þatei usdaudida, þata silbo
taujan.

11 Aþþan þan qam Paitrus in Antiokjai, in andvairþi imma andstoþ, unte
gatarhiþs vas.

12 Unte faurþizei qemeina sumai fram Iakobau, miþ þiudom matida; iþ
biþe qemun, ufslaup jah afskaiskaid sik, ogands þans us˙bimaita.

13 Jah miþ litidedun imma þai anþarai Iudaieis, svaei Barnabas miþ ga-
tauhans varþ þizai litai ize.

14 Ake biþe ik gasahv, þatei ni raihtaba gaggand du sunjai aivaggeljons,
qaþ du Paitrau faura allaim: jabai þu Indaius visands þiudisko libais
jah ni iudaivisko, hvaiva þiudos baideis iudaiviskon?

15 Veis raihtis Iudaieis visandans jah ni us þiudom fravaurhtai;

16 aþþan vitandans, þatei ni vairþiþ garaihts manna us vaurstvam vito-
dis, alja þairh galaubein Iesuis Xristaus, jah veis in Xristau Iesua
galaubidedum, ei garaihtai vairþaima us galaubeinai Kristaus Iesuis
jah ni us vaurstvam vitodis; unte ni vairþiþ garaihts us vaurstvam
vitodis ainhun leike.

17 Aþþan jabai sokjandans, ei garaihtai domjaindau in Kristau, bigitanai
sijum jas-silbans fravaurhtai, þannu Kristus fravaurhtais andbahts?
Nis-sijai.

II. 5. gastandai] *Randglosse in Cod. A.:* þairhvisai. — 6. andsitaiþ]
ebendaselbst: nimiþ. — 8. vaurstveig gatavida] *ebendaselbst:* vaurhta.

II. 2. þiudos *Cod. A.* — 4. þize] þizei *Cod. A.* — freijhals *Cod. A.* — 5. ni] nih *Cod. A.*
— hveilohum *Cod. B.* — 6. vulþris] vulþrais *Cod. A* — andsitaiþ *Cod. B.* — 7. viþravairþo]
viþraþo *Cod. A.* — 8. Paitru *Cod. A.* — *mit* þiudos *bricht A. ab.* — 11. gaþarhiþs *Cod. B.*
— 12. ogans *Cod. B.* — 14. ake] *so Cod. B. für* akei. — ik gasahv] *so im Cod. nach Upp-
ström;* usgasahv *L.* — 17. sokjandans] *hier beginnt A. wieder.* — in] *Lücke in B. bis IV.19.* —

18 Unte jabai þatei gatar, þata aftra timrja, missataujandan mik silban ustaiknja.

19 Unte ik þairh vitoþ vitoda gasvalt, ei guþa libau.

20 Kristau miþ ushramiþs varþ, iþ liba, nu ni þanaseiþs ik, iþ libaiþ in mis Kristus. Aþþan þatei nu liba in leika, in galaubeinai liba sunus guþs, þis frijondins mik jah atgibandins sik silban faur mik.

21 Ni faurqiþa anstai guþs; unte jabai þairh vitoþ garaihtei, aiþþau jah Kristus svare gasvalt.

3. KAPITEL.

1 O unfrodans Galateis! hvas izvis afhugida sunjai ni ufhausjan? izvizei faura augam Iesus Kristus faurameliþs vas, in izvis ushramiþs?

2 Þat-ain viljau vitan fram izvis, uzu vaurstvam vitodis ahman nemuþ þau uzu gahauseinai galaubeinais?

3 Sva unfroþans sijuþ? anastodjandans ahmin nu leika ustiuhiþ?

4 Sva filu gavunnuþ svare? aþþan jabai svare!

5 Saei nu andstaldiþ izvis ahmin jah vaurkeiþ mahtins in izvis, uzu vaurstvam vitodis þau uzu gahauseinai galaubeinais?

6 Svasve jah Abraham galaubida guþa — —

27 Sva managai auk sve in Kristau daupidai vesuþ, Xristau gahamodai sijuþ.

28 Nist Iudaius nih Kreks, nist skalks nih freis, nist gumakund nih qinakund; unte allai jus ain sijuþ in Xristau Iesu.

29 Aþþan þande jus Xristaus, þannu Abrahamis fraiv sijuþ jab-bi gahaitam arbjans.

4. KAPITEL.

1 Aþþan qiþa: svalaud melis sve arbinumja niuklahs ist, ni und vaiht iusiza ist skalka, frauja allaize visands;

2 akei uf raginjam ist jah fauragaggam und garehsn attins.

3 Sva jah veis, þan vesum barniskai, uf stabim þis fairhvaus vesum skalkinondans.

4 Iþ biþe qam usfulleins melis, insandida guþ sunu seinana, vaurþanana us qinon, vaurþanana uf vitoda,

5 ei þans uf vitoda usbauhtedi, ei sunive sibja andnimaina.

6 Aþþan þatei sijuþ jus sunjus guþs, insandida guþ ahman sunaus seinis in hairtona izvara hropjandan: abba, fadar!

7 Svaei ni þanaseiþs is skalks, *ak sunus; iþ* þande sunus, jah arbja guþs þairh Kristu.

IV. 3. uf stabim þis fairhvaus] *Glosse in A.:* uf tugglam.

II. 18. missataujandin *Cod. A.* — 20. sunus] *Cod. A. für* sunaus. —
III. 29. abrjans *Cod. A.* —
IV. 7. *ak sunus; iþ*] *fehlt im Cod. und bei L.* —-

8 Akei þan sveþauh ni kunnandans guþ, þaim, þoei vistai ni sind guþa,
skalkinodeduþ;

9 iþ nu sai, ufkunnandans guþ, maizuþ-þan gakunnaidai fram guþa, hvaiva
gavandideduþ izvis aftra du þaim unmahteigam jah halkam stabim,
þaimei aftra iupana skalkinon vileiþ?

10 Dagam vitaiþ jah menoþum jah melam jah aþnam.

11 Og izvis, ibai svare arbaididedjau in izvis.

12 Aþþan vairþaiþ sve ik, unte jah ik sve jus. Broþrjus, bidja izvis, ni
vaiht mis gaskoþuþ.

13 Vituþ, þatei þairh siukein leikis aivaggelida izvis þata frumo,

14 jah fraistubnjai ana leika meinamma ni frakunþeduþ, ni andspivuþ, ak
sve aggelu guþs andnemuþ mik, sve Kristu Iesu.

15 Hvileika vas nu audagei izvara? Veitvodja auk izvis, þatei jabai
mahteig vesi, augona izvara usgrabandans atgebeiþ mis.

16 Iþ nu sve fijands izvis varþ, sunja gateihands izvis?

17 Aljanond izvis ni vaila, ak usletan izvis vileina, ei im aljanoþ.

18 Aþþan goþ ist aljanon in godamma sinteino jan-ni þatainei in þammei
ik sijau andvairþs at izvis.

19 Barnilona meina, þanzei aftra fita, unte gabairhtjaidau Kristus in izvis.

20 Aþþan vilda qiman at izvis nu jah inmaidjan stibna meina; unte afslau-
þiþs im in izvis.

21 Qiþiþ mis, jus uf vitoda viljandans visan, þata vitoþ niu hauseiþ?

22 Gameliþ ist auk, þatei Abraham tvans aihta sununs, ainana us þiujai
jah ainana us frijai;

23 akei þan sa us þiujai bi leika gabaurans vas, iþ sa us frijai bi ga-
haita;

24 þatei sind aljaleikodos; þos auk sind tvos triggvos: aina raihtis af
fairgunja Seinai in þivadv bairandei, sei ist Agar;

25 Seina fairguni ist in Arabia, gamarko þizai nu Iairusalem, iþ skalkinoþ
miþ seinaim harnam.

26 Iþ so iupa Iairusalem frija ist, sei ist aiþei unsara.

27 Gameliþ ist auk: sifai stairo so unbairandei, tarmei jah hropei so ni
fitandei, unte managa barna þizos auþjons mais þau þizos aigan-
deins aban.

28 Aþþan veis, broþrjus, hi Isakis gahaita harna sium.

29 Akei þan svasve sa bi leika gabaurana vrak þana bi ahmin, svah
jah nu.

. **IV. 13.** siukein] *Glosse in A:* unmaht. — **19.** gabairhtjaidau] *am Rande
des Cod. A. die Reste einer andern Lesart:* d . . . laudjai gafrisah , .
naim, *nach L's. Herstellung:* du ludjai gafrisahtnai in (*scil.* izvis)
d. h. ad speciem conformetur in izvis. — **21.** niu hauseiþ] *am Rande
des Cod. A.:* niu ussuggvuþ.

IV. 11. arbaidedidjau *Cod. A.* — 19. þanzei] *hier beginnt Cod. B. wieder.* — Xristaus *Cod.
B., L.* — 23. leika] *hier bricht Cod. A. ab.* — 24. aljaleikaidos *Cod. B., L.* —

30 Akei hva qiþiþ þata gamelido? Usvairp þizai þiujai jah þamma sunau
     izos; unte ni nimiþ arbi sunus þiujos miþ sunau frijaizos.

31 Þannu nu, broþrjus, ni sijum þiujos barna, ak frijaizos; þammei frei-
     halsa uns Kristus frijans brahta.

5. KAPITEL.

1 Standaiþ nu; ni aftra skalkinassaus jukuzja usþulaiþ.

2 Sai, ik Pavlus qiþa izvis, þatei jabai bimaitiþ, Xristus izvis nist du
     botai.

3 Aþþan veitvodja hvammeh manne bimaitanaize, þatei skula ist all
     vitoþ taujan.

4 Lausai sijuþ af Xristau, juzei in vitoda garaihtans qiþiþ izvis; us an-
     stai usdrusuþ;

5 aþþan veis ahmin us galaubeinai venais garaihteins beidam;

6 unte in Kristu Iesu nih bimait vaiht gamag nih faurafilli, ak galau-
     beins þairh friaþva vaurstveiga.

7 Runnuþ vaila; hvas izvis galatida sunjai ni ufhausjan?

8 So gakunds ni us þamma laþondin izvis ist.

9 Leitil beistis allana daig distairiþ.

10 Ik gatraua in izvis in fraujin, þatei ni vaiht aljis hugjiþ; aþþan sa
     drobjands izvis sa bairai þo vargiþa, sahvazuh saei sijai.

11 Aþþan ik, broþrjus, jabai bimait merjau, duhve þanamais vrikada?
     Þannu gatauran ist marzeins galgins.

12 Vainei jah usmaitaindau þai drobjandans izvis.

13 Jus auk du freihalsa laþodai sijuþ, broþrjus; þatainei ibai þana frei-
     hals du leva leikis taujaiþ, ak in friaþvos ahmins skalkinoþ izvis
     misso.

14 Unte all vitóþ in izvis in ainamma vaurda usfulljada, in þamma: frijos
     nehvundjan þeinana sve þuk silban.

15 Iþ jabai izvis misso beitiþ jah fairinoþ, saihviþ, ibai fram izvis misso
     fraqimaindau.

16 Aþþan qiþa, ei ahmin gaggaiþ jah lustu leikis ni ustiuhaiþ.

17 Unte leik gairneiþ viþra ahman, iþ ahma viþra leik, þo nu sis misso
     andstandand, ei ni þishvah þatei vileiþ, þata taujaiþ.

18 Aþþan jabai ahmin tiuhanda, ni sijuþ uf vitoda.

19 Aþþan svikunþa sind vaurstva leikis, þatei ist: horinassus, kalkinassus,
     unhrainiþa, aglaitei,

20 galiugagude skalkinassus, lubjaleisei, fiaþvos; haifsteis, aljan, hatiza,
     jiukos, tvisstasseis, birodeinos, hairaiseis,

21 neiþa, maurþra, drugkaneins, gabauros jah þata galeiko þaim, þatei

---

V. 3. hvamme *Cod. B.* — 6. Xristu *Cod. B. für* Xristau. — 8. laþodin *Cod. B.* —
9. beitis *Cod. B.* — 10. bairai þo] *so nach Uppström im Cod.;* bairaiþ *L.* — 15. fairrinoþ
Cod. B., L., fairinoþ *M.* — 17. *mit* iþ *beginnt Cod. A. wieder.* — 20. tvistasseis
Cod. A. —

faura qiþa izvis, sve ju faura qaþ, þatei þai þata svaleik taujandans
þiudangardjos guþs arbjans ni vairþand.

22 Iþ akran ahmins ist friaþva, faheþs, gavairþi, usbeisnei, selei, bleiþei,
galaubeins,

23 qairrei, gahobains, sviknei; viþra þo svaleika nist vitoþ.

24 Iþ þaiei sind Kristaus, leik sein ushramidedun miþ vinnom jah lustum.

25 Jabai libam ahmin, ahmin jah gaggam.

26 Ni vairþaima flautai, uns misso ushaitandans, misso in neiþa vi-
sandans.

6. KAPITEL.

1 Broþrjus, jabai gafahaidau manna in hvizai missadede, jus þai ahmei-
nans gaþvastjaiþ þana svaleikana in ahmin qairreins, atsaihvands
þuk silban, ibai jah þu fraisaizau.

2 Izvaros misso kauriþos bairaiþ, jah sva usfulleiþ vitoþ Kristaus.

3 Iþ jabai þugkeiþ hvas hva visan, ni vaiht visands, sis silbin fraþjamar-
zeins ist.

4 Iþ vaurstv sein silbins kiusai hvarjizuh, jah þan in sis silbin hvoftulja
habai jah ni in anþaramma;

5 hvarjizuh auk svesa baurþein bairiþ.

6 Aþþan gamainjai sa laisida vaurda þamma laisjandin in allaim go-
daim.

7 Ni vairþaiþ airzjai; guþ ni bilaikada. Manna auk, þatei saiiþ, þatuh
jah sneiþiþ.

8 Unte saei saiiþ in leika seinamma, us þamma leika jah sneiþiþ riu-
rein; iþ saei saiiþ in ahmin, us ahmin jah sneiþiþ libain aiveinon.

9 Aþþan þata godo taujandans ni vairþaima usgrudjans; unte at mel
svesata sneiþam ni afmauidai.

10 Þannu nu, þandei mel habam, vaurkjam þiuþ viþra allans, þishun viþra
svesans galaubeinai.

11 Sai, hvileikaim bokom izvis gamelida meinai handau.

12 Sva managai sve vileina samjan sis in leika, þai nauþjand izvis bimai-
tan, ei hveh vrakja galgins Kristaus ni vinnaina.

13 Nih þan sveþauh þai, izei bimaitanai sind, vitoþ fastand, ak vileina
izvis bimaitan, ei in izvaramma leika hvopaina.

14 Iþ mis ni sijai hvopan in ni vaihtai, niba in galgin fraujins unsaris

---

VI. 3. sis silbin fraþjamarzeins ist] *Randglosse in A. (sehr ver-
blichen):* sik silban uslutonds ist.

V. 21. faurqiþa *Codd., L.* — svaleik taujandans *Cod. B.* — 22. frijaþva *Cod. A.* — 26. flautai
uns] *so die Codd. nach Uppstr.;* flautaudans *L.*

VI. 1. andsaihvands *Cod. A.* — ibai] iba *Cod. A.* — 3. vaiht *Codd. A. B.,* vaihts *L.;*
cf v. 15 und Marc. 7, 15. — 4. ni] *fehlt in A.* — 5. baurþein] baurein *Cod. A.* — 7. saiiþ
þatuh] saijiþ þata *Cod. A.* — 8. saiiþ *zweimal*] saijiþ *Cod. A.* — 9. sneiþa *Cod. A.* — af-
mauidai] *so im Cod. nach Uppstr.;* afmaindai *L.* — 11. gamelida izvis *Cod. A.* — 12. vraka
Cod. A. — 13. niþ-þan. ize *Cod. A.* —

Iesuis Kristaus, þairh þanei mis fairhvus ushramiþs ist jah ik fairhvau.

15 Unte nih bimait vaiht ist, ni faurafilli, ak niuja gaskafts.

16 Jah sva managai sve þizai garaideinai galaistans sind, gavairþi ana im jah armaio jah ana Israela guþs.

17 Þanamais arbaide ni ainshun mis gansjai; unte ik stakins fraujins unsaris Iesuis Kristaus ana leika meinamma baira.

18 Ansts fraujins unsaris Iesuis Xristaus miþ ahmin izvaramma, broþrjus. Amen.

Du Galatim ustauh.

VI. 14. fairhvaus *Cod. B. L.*

Aipistaule Pavlaus du Aifaisium

anastodeiþ.

---

1. KAPITEL.

1 Pavlus, apaustaulus Xristaus Iesuis þairh viljan guþs, þaim veiham þaim visandam in Aifaison jah triggvaim in Kristau Iesu.

2 Ansts izvis jah gavairþi fram guþa attin unsaramma jah fraujin Iesu Kristau.

3 Þiuþiþs guþ jah atta fraujins unsaris Iesuis Kristaus, izei gaþiuþida uns in allai þiuþeinai ahmeinai in himinakundaim in Kristau.

4 Svasve gavalida unsis in imma faur gasatein fairhvaus, ei sijaima veis veihai jah unvammai in andvairþja is in friaþvai.

5 Faura garairoþ uns du sunive gadedai þairh Iesu Xristu in imma bi leikainai viljins seinis,

6 du hazeinai vulþaus anstais seinaizos, in þizaiei ansteigs vas uns in þamma liubin sunau seinamma,

7 in þammei habam faurbauht þairh bloþ is, fralet fravaurhte bi gabein [vulþaus] anstais is,

8 þoei ufarassau ganohida in uns in allai handugein jah frodein,

9 kannjan unsis runa viljins seinis bi viljin, saei faura galeikaida imma

10 du fauragaggja usfulleinais mele, aftra usfulljan alla in Kristau, þo ana himinam jah ana airþai in imma,

11 in þammei hlauts gasatidai vesum, fauragaredanai bi viljin guþs þis alla in allaim vaurkjandins bi muna viljins seinis,

---

I. 9. bi viljin, saei faura galeikaida imma] *am Rande des Cod. A.:* ana leikainai, þoei garaidida in imma.

Von den Bruchstücken des Epheserbriefes gewährt uns Cod. A. Cap. I. 1 — II. 20 III. 9 — V. 3. V. 17—29. VI. 9—19; Cod. B. I. 1 — IV. 6. IV. 17 — V. 11. VI. 8 bis zu Ende.

Ueberschrift nur in Cod. A. anastodiþ *Cod. A., L.*

I. 4. unsis] uns *Cod. A.* — veis *fehlt in A.* — frijaþvai *Cod. A.* — 5. imma] ina *Cod. A.* — 7. faurbauht þairh bloþ is, fralet fravaurhte] faurbauht fralet fravaurhte þairh bloþis *Codd. L.* — [vulþans] *Zusatz der Codd.* — 10. jah] jaþ-þo *Cod. A.* —

12 ei sijaima veis du hazeinai vulþaus is þai fauravenjandans in Xristau,

13 in þammei jah jus gahausjandans vaurd sunjos, aivaggeli ganistais iz-
varaizos, þammei galaubjandans gasiglidai vaurþuþ ahmin gahaitis
þamma veihin,

14 izei ist vadi arbjis unsaris du faurbauhtai gafreideinais, du hazeinai
vulþaus is.

15 Duþþe jah ik, gahausjands izvara galaubein in fraujin Iesu Kristau jah
friaþva in allans þans veihans,

16 unsveibands aviliudo in izvara, gamund *izvara* vaurkjands in bidom
meinaim, ,

17 ei guþ·fraujins unsaris Iesus Xristaus, atta vulþaus, gibai izvis ahman
handugeins jah andhuleinais in ufkunþja seinamma,

18 inliuhtida augona hairtins izvaris, ei viteiþ jus, hva ist vens laþonais
is, hvileiku gabei vulþaus arbjis is in veihaim,

19 jah hva ufarassus mikileins mahtais is in. uns þaim galaubjandam bi
vaurstva mahtais svinþeins is,

20 þatei gavaurhta in Kristau, urraisjands ina us dauþaim jah gasatida
in taihsvon seinai in himinam

21 ufaro allaize reikje jah valdufnje jah mahte jah fraujinassive jah allaize
namne namnidaize ni þatainei in þamma aiva, ak jah in þamma
anavairþin.

22 Jah all ufhnaivida uf fotuns imma jah ina atgaf haubiþ ufar alla
aikklesjon,

23 sei ist leik is, fullo þis alla in allaim usfulljandins.

2. KAPITEL.

1 Jah izvis visandans dauþans missadedim jah fravaurhtim izvaraim,

2 in þaimei simle iddjeduþ bi þizai aldai þis aivis, bi reik valdufnjis
luftaus, ahmins þis nu vaurkjandins in sunum ungalaubeinais,

3 in þaimei jah veis allai usmetum suman in lustum leikis unsaris, tau-
jandans viljans leikis jah gamitone, jah vesum vistai barna hatizis,
svasve jah anþarai.

4 Iþ guþ, gabeigs visands in armahairtein, in þizos managons frijaþvos,
in þizaiei frijoda uns,

I. 14. gafreideinais] *Randglosse in A:* ganistais. — 19. in uns]
am Rande des Cod. A.: in izvis.

II. 3. viljans] *Randglosse in A.:* lustuns. — jah vesum vistai barna
hatizis] *am Rande desselben Cod.:* ussateinai urrugkai (*ab origine
reprobati*).

I. 13. sunjos] sunjus *Cod. A.* — 14. izei] saei *Cod. A.* — arbjis, *nicht* arbjos, *steht nach*
Uppstr. in den Codd. — 15. frijaþva *Cod. A.* — 16. (izvara) *fehlt in den Codd. und bei L.*
— 18. inliuhtitida *Cod. B.* — 22. all] alla *Cod. A.*

    II. 2. aivis] fairhvaus *Cod. A.* — suuum] sumun *Cod. B.* — 3. vesum] visum *Cod. B.*
— hatizis] *die Lesart ist nicht sicher, cf. L. zu dieser Stelle.* — 4. gabigs *Cod. A.* —

5 jah visandans uns dauþans fravaurhtim, miþ gaqivida uns Kristau, anstai sijuþ ganasidai,

6 jah miþ urraisida jah miþ gasatida in himinakundaim in Kristau Iesu,

7 ei ataugjai in aldim þaim' anagaggandeim ufarassu gabeins anstais seinaizos in selein bi uns in Xristau Iesu.

8 Unte anstai sijuþ ganasidai þairh galaubein, jah þata ni us izvis, ak guþs giba ist;

9 ni us vaurstvam, ei hvas ni hvopai,

10 ak is sijum tani, gaskapanai in Kristau Iesu du vaurstvam godaim, þoei faura gamanvida guþ, ei in þaim gaggaima.

11 Duþþe gamuneiþ, þatei jus þiudos simle in leika vesuþ, namnidans unbimaitanai fram þizai namnidon bimait in leika handuvaurht.

12 Unte vesuþ þan in jainamma mela inuh Kristau, framaþjai usmetis Israelis jah gasteis gahaite trausteis, ven ni habandans jah gudalausai in manasedai.

13 Iþ nu sai, in Kristau Iesu jus, juzei simle vesuþ fairra, vaurþuþ nehva in bloþa Kristaus.

14 Sa.auk ist gavairþi unsar, saei gatavida þo ba du samin jah miþgardavaddju faþos gatairands,

15 fijaþva, ana leika seinamma vitoþ anabusne garaideinim gatairands, ei þans tvans gaskopi in sis silbin du ainamma niujamma mann, vaurkjands gavairþi,

16 jah gafriþodedi þans bans in ainamma leika guþa þairh galgan, afslahands fijaþva in sis silbin.

17 Jah qimands vailamerida gavairþi izvis, juzei fairra, jah gavairþi þaim, izei nehva;

18 unte þairh ina habam atgagg hajoþs in ainamma ahmin du attin.

19 Sai nu ju ni sijuþ gasteis jah aljakonjai, ak sijuþ gabaurgjans þaim veiham jah ingardjans guþs,

20 anatimridai ana grunduvaddjau apaustaule jah praufete, at visandin auhumistin vaihstastaina silbin Xristau Iesu,

21 in þammei alla gatimrjo gagatiloda vahseiþ du alh veihai in fraujin,

22 in þammei jah jus miþgatimridai sijuþ du banainai guþs in ahmin.

3. KAPITEL.

1 In þizozei vaihtais ik Pavlus bandja Kristaus Iesuis in izvara þiudo,

2 jabai sveþauh hausideduþ fauragaggi guþs anstais, sei gibana ist mis in izvis;

II. 10. godaim] *Randglosse in A.:* þiuþeigaim.

II. 5. sijuþ] sijum *Cod. B., L.* — 6. jah miþ urraisidai jah miþ gasatidai *Cod. B., L.* — 7. aldaim *Cod. A.* — 8. siuþ *Cod. A.* — 10. sium *Cod. A.* — 11. in leika vesuþ] vesuþ in leika *Cod. A.* — þai·namnidans *Cod. A.* — 12. inuh] inu *Cod. A.;* Xristau *für* Xristu *beide Codd.* — 16. aislahaus *Cod. B.* — 17. izei] ize *Cod. A.* — 19. ju] *fehlt in A.* — 20. *mit* anatimridai *bricht Cod. A. ab.*

3 unte bi andhuleinai gakannida vas mis so runa, sve fauragamelida in
    leitilamma,

4 duþþe ei siggvandans mageiþ fraþjan frodein meinai in runai Kristaus,

5 þatei anþaraim aldim ni kunþ vas sunumⁱ manne, svasve nu andhuliþ
    ist þaim veiham is apaustaulum jah praufetum in ahmin,

6 visan þiudos gaarbjans jah galeikans jah gadailans gahaitis is in Xri-
    stau Iesu þairh aivaggeljon,

7 þizozei varþ andbahts ik bi gibai anstais guþs þizai gibanon mis bi
    toja mahtais is.

8 Mis, þamma undarleijin allaize þize veihane, atgibana varþ ansts so,
    in þiudom vailamerjan þo unfairlaistidon gabein Kristaus

9 jah inliuhtjan allans, hvileik þata fauragaggi runos þizos gafulginons
    fram aivam in guþa þamma alla gaskapjandin,

10 ei kanniþ vesi nu reikjam jah valdufnjam in þaim himinakundam þairh
    aikklesjon so managfalþo handugei guþs,

11 bi muna aive, þanei gatavida in Kristau Iesu fraujin unsaramma,

12 in þammei habam balþein, freihals (jah) atgagg in trauainai þairh ga-
    laubein is.

13 In þize bidja, ni vairþaiþ usgrudjans in aglom meinaim faur izvis, þatei
    ist vulþus izvar.

14 In þis biuga kniva meina du attin fraujins unsaris Iesuis Kristaus,

15 us þammei all fadreinis in himina jah ana airþai namnjada,

16 ei gibai izvis bi gabein vulþaus seinis mahtai gasvinþnan þairh ahman
    seinana in innuman mannan,

17 bauan Xristu þairh galaubein in hairtam izvaraim,

18 ei, in friaþvai gavaurhtai jah gasulidai, mageiþ gafahan miþ allaim þaim
    veiham, hva sijai braidei jah laggei jah hauhei jah diupei;

19 kunnan þo ufarassau mikilon þis kunþjis friaþva Kristaus, ei fullnaiþ
    du allai fullon guþs.

20 Aþþan þamma mahteigin ufar all taujan maizo þau bidjam aiþþau
    fraþjam bi mahtai þizai vaurkjandein in uns,

21 imma vulþus in aikklesjon in Kristau Iesu in allos aldins aive, amen.

III. 10. managfalþo handugei] *am Rande des Cod. A. die teilweise
zerstörte Glosse:* managna(*ndei*) managei.

III. 8. undarleijin] *Cod. B. und L., ein bisher unerklärtes Wort; das von L. dafür
vorgeschlagene* undaraistin *fällt, cf. zu IV. 9, abgesehen von anderen Gründen; unter den
gemachten Conjecturen würde die Massmannsche* uudarleikin *mit Rücksicht auf das ahd.*
undaralih (*obliquus, impar, indignus, vilis*) *das meiste für sich haben.* — 9. mit *in beginnt
Cod. A. wieder.* — managfalþo] filufaiho *Cod. A. nach Uppstr.* — 12 freihals *fehlt in
Cod. B., jah in beiden Handschriften.* — 16. gasviⁿþnan — — in innuman mannan] in-
svinþjan — — innuman mannan *Cod. A.* — 18. frijaþvai *Cod. A.* — gavaurhtai}
*beide Codd. Dieses dem Sinne nicht widerstrebende Wort auf Grund des an derselben
Stelle im griech. Texte stehenden* ἐρριζωμένοι *in das sonst ganz unbelegte* gavaurtidai *zu
ändern, schien bedenklich.* — jah laggei] jah·lagei *Cod. A.* — 19. frijaþva. fulnaiþ *Cod. A.*
— du] in *Cod. A.* — 20 bidjan. unsis *Cod. A.* — 21. immuh vulþus in Xristan Iesu in
aikklesjon *Cod. A.*

4. KAPITEL.

1 Bidja nu izvis ik bandja in fraujin, vairþaba gaggan þizos laþonais,
 * þizaiei laþodai sijuþ,
2 miþ allai hauneinai jah qairrein, miþ usbeisnai usþulandans izvis misso
in friaþvai,
3 usdaudjandans fastan ainamundiþa ahmins in gabundjai gavairþeis.
4 Ain leik jah ains ahma, svasve atlaþodai sijuþ in aina ven laþonais
izvaraizos.
5 Ains frauja, aina galaubeins, aina daupeins,
6 ains guþ jah atta allaize, saei ufar allaim jah and allans jah in al-
laim uns.
7 Iþ ainhvarjammeh unsara atgibana ist ansts bi mitaþ gibos Kristaus;
8 in þizei qiþiþ: ussteigands in hauhiþa ushanþ huuþ jah at-uh-gaf gibos
mannam.
9 Þatuþ-þan usstaig, hva ist, niba þatei jah atstaig faurþis in undaristo
airþos?
10 Saei atstaig, sa ist jah saei usstaig ufar allans himinans, ei usfullidedi
allata.
11 Jah silba gaf sumans apaustauluns, sumanzuþ-þan praufetuns, suman-
suþ-þan aivaggelistans, sumansuþ-þan hairdjans jah laisarjans,
12 du ustauhtai veihaize, du vaurstva andbahtjis, du timreinai leikis Xri-
staus,
13 unte garinnaima allai in ainamundiþa galaubeinais jah ufkunþjis sunus
guþs, du vaira fullamma, du mitaþ vahstaus fullons Kristaus,
14 ei þanaseiþs ni sijaima niuklahai usvagidai jah usflaugidai vinda hvam-
meh laiseinais, liutein manne, in filudeisein du listeigai usvandeinai
airzeins,
15 iþ sunja taujandans in frijaþvai vahsjaima in ina þo alla, ize ist hau-
biþ, Xristus,
16 us þammei all leik gagatiloþ (jah) gagahaftiþ þairh allos gavissins and-
staldis, bi vaurstva in mitaþ ana ainhvarjoh fero, usvahst leikis taujiþ
du timreinai seinai in frijaþvai.
17 Þata nu qiþa jah veitvodja in fraujin, ei þanaseiþs ni gaggaiþ, svasve
jah anþaros þiudos gaggand in usvissja hugis seinis,

IV. 8. ussteigands] *am Rande des Cod. A.:* psalmo '(die Textes-
worte sind aus Psalm 68, 19 entlehnt). — 13. du vaira fullamma] *am
Rande des Cod. A. Reste einer Glosse:* guma . . . ma.

IV. 1. siuþ *Cod. A.* — 2. frijaþvai *Cod. A.* — 6. saei] *Lücke in B. bis v. 17.* — 8. ushanþ]
steht nach Uppstr. im Cod., nicht ushunþ, *wie L. angiebt.* — 9. undaristo] *so im Cod. nach
Uppström*; undaraisto *L.* — 10. ustauhtai] ustauhein *L. nach früherer, durch Uppström
berichtigter Lesung.* — 13 sunus] *Cod. A. für* sunaus. — 14. usflaugidai] *so im Cod. nach
Uppstr.;* usvalugidai *L.* — vinda] *so im Cod.;* in *L.* — liutein] hutei *wahrscheinlich im
Cod.,* liuteis *L.* — du listeigai usvandeinai] *so im Cod. nach Uppstr.;* du listeigan usvand-
jai *L.* — 16. (jah) *fehlt im Cod. und bei L.* — ana ainhvarjoh] *so im Cod.,* ainis hvarjoh *L.*
— 17. *mit* þata *beginnt Cod. B. wieder.* —

18 riqizeinai gahugdai visandans, framaþjai libainais guþs in unvitjis þis
visandins in im, in daubiþos hairtane seinaize,

19 þaiei usvenans vaurþanai sik silbans atgebun aglaitein in vaurstvein
unhrainiþos allaizos, in faihufrikein.

20 Iþ jus ni sva ganemuþ Kristu,

21 jabai sveþauh ina hausideduþ jah in imma uslaisidai sijuþ, svasve ist
sunja in Iesu,

22 ei aflagjaiþ jus bi frumin usmeta þana fairnjan mannan þana riurjan
bi lustum afmarzeinais.

23 Anuþ-þan-niujaiþ ahmin fraþjis izvaris

24 jah gahamoþ þamma niujin mann þamma bi guþa gaskapanin in ga-
raihtein jah veihiþai sunjos.

25 In þizei aflagjandans liugn rodjaiþ sunja hvarjizuh miþ nehvundjin
_ seinamma, unte sijum anþar anþaris liþus.

26 Þvairhaiþ-þan sijaiþ jah ni fravaurkjaiþ; sunno ni dissiggqai ana þvair-
hein izvara.

27 Ni gibiþ staþ unhulþin.

28 Saei hlefi, þanaseiþs ni hlifai, ak mais arbaidjai, vaurkjands svesaim
handum þiuþ, ei habai dailjan þaurbandin.

29 Ainhun vaurde ubilaize us munþa izvaramma ni usgaggai, ak þatei goþ
sijai du timreinai galaubeinais, ei gibai anst hausjandam.

30 Jah ni gaurjaiþ þana veihan ahman guþs, in þammei gasiglidai sijuþ
in daga uslauseinais.

31 Alla baitrei jah hatis jah þvairhei jah hrops jah vajamereins afvairpai-
dau af izis miþ allai unselçin.

32 Vairþaiduh miþ izvis misso sèljai, armahairtai, fragibandans izvis misso,
svasve guþ in Kristau fragaf izvis.

5. KAPITEL.

1 Vairþaiþ nu galeikondans guþa, sve barna liuba,

2 jah gaggaiþ in friaþvai, svasve jah Xristus frijoda uns jah atgaf sik
silban faur uns hunsl jah sauþ guþa du daunai voþjai.

3 Aþþan horinassus jah allos unhrainiþos aiþþau faihufrikei nih namnjai-
dau in izvis, svasve gadob ist veihaim,

4 aiþþau *aglaitivaurdei aiþþau* dvalavaurdei aiþþau saldra, þoei du
þaurftai ni fairrinnand, ak·mais aviliuda.

5 Þata auk viteiþ kunnandans, þatei allzuh hors aiþþau unhrains aiþþau
faihufriks, þatei ist galiugagude skalkinassaus, ni habaiþ arbi in þiu-
dangardjai Kristaus jah guþs.

IV. 19. faihufaikein *Cod. A.* — 24. jag-gahamoþ *Cod. A.* — 25. sijum *Cod. A.*, sijuþ *Cod.*
B. L. — 26. dissiggqni *Cod. A.* disiggqai *Cod. B.*, *L.* — 27. nih gibaiþ *Cod. A.* — 28. ak]
iþ *Cod. A.* — in þammei] in *fehlt in B. und bei L.* — 31. hrops] *so nach Uppstr. in bei-*
den Codd.; hropi *L. im Text,* hropei *als Lesart des Cod. A.*

V. 2. frijaþvai *Cod. A.* — 3. namnjaidau] *Lücke in Cod. A. bis v. 17.* — 4. (aglaiti-
vaurdi aiþþau) *fehlt im Cod. B. und bei L.* — 5. allzuh] alizuh *L. im Texte,* hvazu *im*
Nachtrage. — skalkinassaus] *so Cod. B. für* skalkinassus. —

6 Ni manna izvis usluto lausaim vaurdam, þairh þoei qimiþ hatis guþs
ana sunum ungalaubeinais.

7 Ni vairþaiþ nu gadailans im.

8 Vesuþ auk suman riqiz, iþ nu liuhaþ in fraujin; sve ·barna liuhadis
gaggaiþ.

9 Aþþan akran liuhadis ist in allai selein jah garaihtein jah sunjai.

10 Gakiusandans, þatei sijai vailagaleikaiþ fraujin,

11 jah ni gamainjaiþ vaurstvam riqizis — —

17 Duþþe ni vairþaiþ unfrodai, ak fraþjandans, hva sijai vilja fraujins.

18 Jah ni anadrigkaiþ izvis veina, in þammei ist usstiurei, ak fullnaiþ in
ahmin,

19 rodjandans izvis in psalmom jah hazeinim jah saggvim ahmeinaim,
siggvandans in hairtam izvaraim fraujin,

20 aviliudondans sinteino fram allaim in namin fraujins unsaris Iesuis Xri-
staus attin.jah guþa,

21 ufhausjandans izvis misso in agisa Kristaus.

22 Qenes seinaim abnam ufhausjaina, svasve fraujin;

23 unte vair ist haubiþ qenais, svasve jah Xristus haubiþ aikklesjons, jah
is ist nasjands leikis.

24 Akei svasve aikklesjo ufhauseiþ Xristu, svah qenes abnam seinaim in
allamma.

25 Jus vairos frijoþ qenins izvaros, svasve jah Xristus frijoda aikklesjon
jah sik silban atgaf faur þo,

26 ei þo gaveihaidedi gahrainjands þvahlą vatins in vaurda,

27 ei ustauhi silba sis vulþaga aikklesjon, ni habandein vamme aiþþau
maile aiþþau hva svaleikaize, ak ei sijai veiha jah unvamma.

28 Sva jah vairos skulun frijon seinos qenins, sve leika seina. [Sein sil-
bins leik frijoþ.] Saei seina qen frijoþ, jah sik silban frijoþ.

29 Ni auk manna hvanhun sein leik fijaida, ak fodeiþ ita jah ̣varmeiþ,
svasve jah Xristus aikklesjon. — —

6. KAPITEL.

8 — — taujiþ þiuþis, þata ganimiþ at fraujin, jaþþe skalks jaþþe
freis,

9 Jah jus fraujans þata samo taujaiþ viþra ins, fraletandans im hvotos,
vitandans, þatei im jah izvis sama frauja ist in himinam, jah vilja-
halþei nist at imma.

10 þata nu anþar, broþrjus meinai, insvinþjaiþ izvis in fraujin jah in
mahtai svinþeins is.

V. 6. usluto] uslusto Cod. B., L. — 17.—29 nur im Cod. A. — 18. anadrigkaiþ] so im
Cod.; anadriggaiþ L. — 22. 24. qenes] Cod. für qeneis. — 24. Xristu] Cod. fur Xristau. —
28. [sein — — frijoþ] fehlt in allen griech. Hdschr.

VI. 8. Fortsetzung von Cod. B. — 9. jah jus fraujans] zweimal in B. — fraletandans]
Fortsetzung von Cod. A. — 10. insvinjaiþ Cod. B. —

11 Gahamoþ izvis sarvam guþs, ei mageiþ standan viþra listins unhulþins;

12 unte nist izvis brakja viþra leik jah bloþ, ak viþra reikja jah val-
dufnja, viþra þans fairhvu habandans riqizis þis, viþra þo ahmeinona
unseleins in þaim himinakundam.

13 Duþþe nimiþ sarva guþs, ei mageiþ andstandan in þamma daga ubilin
jah in allamma usvaurkjandans standan.

14 Standaiþ nu, ufgaurdanai hupins izvarans sunjai jah gapaidodai brunjon
garaihteins,

15 jah gaskohai fotum in manviþai aivaggeljons gavairþjis;

16 ufar all andnimandans skildu galaubeinais, þammei maguþ allos arhvaz-
nos þis unseljins funiskos afhvapjan;

17 jah hilm naseinais nimaiþ jah meki ahmins, þatei ist vaurd guþs;

18 þairh allos aihtronins jah bidos aihtrondans in alla mela in ahmin jah
du þamma vakandans sinteino in allai usdaudein jah bidom fram
allaim þaim veiham

19 jah fram mis, ei mis gibaidau vaurd in usluka munþis meinis in bal-
þein kannjan runa aivaggeljons,

20 faur þoei airino in kunavidom, ei in izai gadaursjau, sve skuljau
rodjan.

21 Aþþan ei jus viteiþ, hva bi mik ist, hva ik tauja, kanneiþ izvis allata
Tykeikus sa liuba broþar jah triggva andbahts in fraujin,

22 þanei insandida du izvis duþþe ei kunneiþ, hva bi ugk ist jah ga-
þrafstjai hairtona izvara.

23 Gavairþi broþrum jah friaþva miþ galaubeinai fram guþa attin jah
fraujin Iesu Kristau.

24 Ansts miþ allaim, þaiei frijond fraujan unsarana Iesu Kristu in unriu-
rein. Amen.

Du Aifaisium ustauh.

VI. 11. unhulþins] diabulaus Cod. A. — 16. unselvins Cod. B. — 18. vakandans] duva-
kandans Cod. A. — in allai fehlt in Cod. A. — 19. mit vaurd hört Cod. A. auf. — 20. ku-
navidom] so nach Uppstr. Cod. B.; kunavedom L. — 21. (aþþan) fehlt im Cod. B. und bei L.
— 21. Tykeikus] so nach Uppstr. Cod. B.; Tukeikus L. — 22. ugk] Cod. für ugkis.

Du Filippisium.

1. KAPITEL.

14 — . . . *(managis)*taus broþre in fraujin gatrauandans baudjom meinaim mais gadaursan unagandans vaurd guþs rodjan.

15 Sumai raihtis jah in neiþis jah haifstais, sumai þan in godis viljins Kristu merjand,

16 sumai þan in friaþvai, vitandans, þatei du sunjonai aivaggeljons gasatiþs im;

17 iþ þaiei us haifstai Xristu merjand, ni sviknaba, munandans sik aglous urraisjan baudjom meinaim.

18 Hva auk? þandei allaim haidum, jaþþe inilon jaþþe sunjai, Xristus merjada; jah in þamma fagino, akei jah faginon duginna.

19 Unte vait, ei þata mis gagaggiþ du ganistai þairh izvara bida jah andstald ahmins Kristaus Iesuis,

20 bi usbeisnai jah venai meinaim, unte ni in vaihtai gaaiviskoþs vairþa, •ak in allai trauainai, sve sinteino jah nu mikiljada Xristus in leika meinamma, jaþþe þairh libain jaþþe þairh dauþu.

21 Aþþan mis liban Kristus ist jah gasviltan gavaurki.

22 Iþ jabai liban in leika, þata mis akran vaurstvis ist, jah hvaþar valjau, ni kann.

23 Aþþan dishabaiþs *im* us þaim tvaim: þanuh lustu habands andletnau jah miþ Kristau visan, und filu mais batizo ist;

24 aþþan du visan in leika þaurftozo in izvara.

25 Jah þata triggvaba vait, þatei visa jah þairhvisa at allaim izvis du izvarai framgahtai jah fahedai galaubeinais izvaraizos,

26 ei hvoftuli izvara biauknai in Kristau Iesu in mis þairh meinana qum aftra du izvis.

Die Bruchstücke des Philipperbriefes gewährt Cod. B., von II. 26 bis ,IV. 7. auch Cod. A.

Ueberschrift fehlt im Cod.

I. 22. hvaþar] *so nach Uppstr. im Cod.;* hva þau *L.* — 23, (im) *fehlt im Cod. und bei L.* — þaurftozo] *so nach Uppstr. im Cod.;* þaurftizo *L.* —

27 Hveh þatainei vairþaba aivaggeljons Xristaus usmitaiþ, ei jaþþe qimau
jah gasaihvau izvis, jaþþe aljaþro gahausjau bi izvis, þatei standiþ
in ainamma ahmin, ainai saivalai samana arbaidjandans galaubeinai
aivaggeljons,

28 jah ni in vaihtai afagidai fram þaim andastaþjam, þatei ist im ustaik-
neins fralustais, iþ izvis ganistais, jah þata fram guþa.

29 *Unte* izvis fragiban ist faur Kristu ni þatainei du imma galaubjan, ak
jah þata faur ina vinnan,

30 þo samon haifst habandans, þoei gasaihviþ in mis jah nu hauseiþ
in mis.

2. KAPITEL.

1 Jabai hvo nu gaþrafsteino in Kristau, jabai hvo gaþlaihte friaþvos,
jabai hvo gamainduþe ahmins, jabai hvo mildiþo jah gableiþeino,

2 usfulleiþ meina fahed, ei þata samo hugjaiþ, þo samon friaþva haban-
dans, samasaivalai, samafraþjai;

3 ni vaiht bi haifstai aiþþau lausai hauheinai, ak in allai hauneinai ga-
hugdais anþar anþarana munands sis auhuman;

4 ni þo seina hvarjizuh mitondans, ak jah þo anþaraize hvarjizuh.

5 þata auk fraþjaidau in izvis, þatei jah in Xristau Iesu,

6 saei in guþaskaunein visands ni vulva rahnida, visan sik galeiko guþa,

7 ak sik silban uslausida, vlit skalkis nimands, in galeikja manne
vaurþans

8 jah.manaulja bigitans sve manna. Gahaunida sik silban, vaurþans uf-
hausjands attin und — —

22 — þatei sve attin barn miþ skalkinoda mis in aivaggeljon.

23 þanuh nu venja sandjan, biþe gasaihva, hva bi mik ist, suns.

24 Aþþan gatraua in fraujin, þammei jah silba sprauto qima.

25 Aþþan þarb munda, Aipafraudeitu broþar jah gavaurstvan jah gahlai-
ban meinana, iþ izvarana apaustulu jah andbaht þaurftais meinaizos
sandjan du izvis;

26 unte gairnjands vas allaize izvara jah unvunands, in þizei hausideduþ
ina siukan.

27 Jah auk siuks vas nehva dauþau, akei guþ ina gaarmaida; aþþau ni
þatainei ina, ak jah mik, ei gaurein ana gaurein ni habau.

28 Sniumundos nu insandida ina, ei gasaihvandans ina aftra faginoþ jah
ik hlasoza sijau ufkuunnands, hva bi izvis ist.

29 Andnimaiþ nu ina in fraujin miþ allai fahedai jah þans svaleikans sve-
rans habaiþ.

I. 29. (unte) *M., fehlt im Cod. und bei L.* — þata] þatei *Cod., L.*

II. 5. fraiþjaidau *Cod. B.* — 8. manaulja] *uber dieses* ἅπαξ λεγόμενον *geben die mir
zur Benuizung stehenden Uppstr. Notizen keine Auskunft; die Aenderung in* manaugja *ist
bedenklich.* — 25. izvarana] izvana *Cod. B.* — 26. mit in beginnt Cod. A.* — þizei] þize
Cod. A. — 28. ufkuunnauds] *so die Codd. nach Uppstr.;* ufmunnands *L.* — 29. habaiþ] hai-
baiþ *Cod. B.*

30 Unte in vaurstvis Kristaus und dauþu atnehvida, ufarmunnond$ saivalai seinai, ei usfullidedi izvar gaidv bi mein andbahti.

3. KAPITEL.

1 þata anþar, broþrjus meinai, faginoþ in fraujin; þo samona izvis meljan mis sveþauh ni•latei, iþ izvis þvastiþa.

2 Saihviþ þans hundans, saihviþ þans ubilans vaurstvjans, saihviþ þo gamaitanon.

3 Aþþan veis sijum bimait, veis ahmin guþa skalkinondans jah hvopandans in Kristau Iesu, jah ni in leika gatrauam,

4 jah þan ik habands trauain jah in leika. Jabai hvas anþar þugkeiþ trauan in leika, ik mais:

5 bimait ahtaudogs, us knodai Israelis, kunjis Baineiameinis, Haibraius us Haibraium, bi vitoda Fareisaius,

6 bi aljana vrakjands aikklesjon, bi garaihtein þizai, sei in vitoda ist, visands usfairina.

7 Akei þatei vas mis gavaurki, þatuh rahnida in Kristaus sleiþa visan.

8 Aþþan sveþauh all domja sleiþa visan in ufarassaus kunþjis Iesuis Kristaus fraujins meinis, in þizei allamma gasleiþiþs im jah domja smarnos visan allata, ei Xristau du gavaurkja habau

9 jah bigitaidau in imma ni habands meina garaihtein þo us vitoda, ak þo þairh galaubein Iesuis Xristaus, sei us guþa ist garaihtei ana galaubeinai,

10 du kunnan ina jah maht usstassais is jah gamainduþ þulaine is, miþkauriþs vas dauþau is,

11 ei hvaiva gaqimau in usstassai us dauþaim.

12 Ni þatei ju andnemjau aiþþau ju garaihts gadomiþs sijau; aþþan ik afar gagga, ei gafahau, in þammei gafahans varþ fram Xristau.

13 Broþrjus, ik mik silban ni þau man gafahan;

14 aþþan ain sveþauh, þaim afta ufarmunnonds, iþ du þaim, þoei faura sind, mik ufþanjands, bi mundrein afargagga afar sigislauna þizos iupa laþonais guþs in Kristau Iesu.

15 Sva managai nu sve sijaima fullavitans, þata hugjaima; jah jabai hva aljaleikos hugjiþ, jah þata izvis guþ andhuljiþ.

16 Aþþan sveþauh du þammei gasnevum, ei samo hugjaima jah samo fraþjaima (jah) samon gaggaima garaideinai.

17 Miþgaleikondans meinai vairþaiþ, broþrjus, jah mundoþ izvis þans sva gaggandans, svasve habaiþ frisaht unsis.

III. 3. sium. jan-ni. gatrauan 'Cod. A. — 5. Bainiameinis Cod. A. — 8. Xristaus Iesuis Cod. A. — 9. þo] Cod. A. hat das erste þo, Cod. B. das zweite ausgelassen; L. mit Cod. B. — Xristaus Iesuis Cod. A. — 12. ik] fehlt im Cod. A. — gafahan Cod. B. — 13. þau] nauh Cod. A. nach L. — 15. andhuljiþ] andhugjiþ Cod. B. — 16. (jah) samon gaggaima garaideinai] fehlt in B., Cod. A. samon gaggan garaideinai; Besserung von M. — 17. jammundoþ Cod. A. —

18 Unte managai gaggand, þanzei ufta qaþ izvis, iþ nu jah gretands qiþa
    þans fijands galgins Xristaus,
19 þizeei andeis vairþiþ fralusts, þize guþ vamba ist jah vulþus in skan-
    dai ize, þaiei airþeinaim fraþjand.
20 Iþ unsara bauains in himinam ist, þaþroei jah nasjand usbeidam frau-
    jan Iesu Kristu,   •
21 saei inmaideiþ leika hauneinais unsaraizos du ibnaskaunjamma leika
    vulþaus seinis bi vaurstva, unte mag jah ufhnaivjan sis alla.

4. KAPITEL.

1 Svaei nu, broþrjus meinai liubans jah lustusamans, faheþs jah vaips
    meins, sva standiþ in fraujin.
2 Aiodian bidja jah Syntykein bidja þata samo fraþjan in fraujin.
3 Jai, bidja jah þuk, valiso gajuko, niþais þos, þozei miþ arbaididedun
    mis in aivaggeljon miþ Klemaintau jah anþaraim gavaurstvam mei-
    naim, þizeei namna sind in bokom libainais.
4 Nunu nu faginoþ in fraujin sinteino; aftra qiþa, faginoþ!
5 Anavilje izvara kunþa siai allaim mannam; frauja nehva ist.
6 Ni vaihtai maurnaiþ, ak in allai bidai jah aihtronai miþ aviliudam bidos
    izvaros kunþos sijaina at guþa.
7 Jah gavairþi guþs, þatei ufar ist all ahane, fastaiþ hairtona jah leika
    izvara in Kristau Iesu.
8 Þata anþar, broþrjus, þishvah þatei ist sunjein, þishvah þatei gariud,
    þishvah þatei garaiht, þishvah þatei veih, þishvah þatei liubaleik,
    þishvah þatei vailamer, jabai hvo godeino, jabai hvo hazeino, þata
    mitoþ;
9 þatei jah galaisideduþ izvis jah ganemuþ jah gahausideduþ jah gase-
    hvuþ in mis, þata taujaiþ jah guþ gavairþeis sijai miþ izvis.
10 Aþþan faginoda in fraujin mikilaba, unte ju hvan gaþaihuþ du
    faur mik fraþjan, ana þammei jah froþuþ; aþþan analatidai
    vaurþuþ.
11 Ni þatei bi þarbai qiþau, unte ik galaisida mik, in þaimei im, gano-
    hiþs visan.
12 Lais jah haunjan mik, lais jah ufarassu haban; in allamma jah in
    allaim usþroþiþs im, jah sads vairþan jah gredags, jah ufarrassau
    haban jah þarbos þulan.
13 All mag in þamma insvinþjandin mik Xristau.
14 Aþþan sveþauh vaila gatavideduþ gamainja briggandans meina aglon.

III. 19. þizeei] þizeiei Cod. A. — þize] þizeei Cod. A. — vulþaus Cod. A. — 21. \ulþaus]
vusþaus Cod. B.

    IV. 3. bidja] in den Codd. und bei L. erst zwischen valiso und gajuko. — Klaimaintau
Cod. A. — 5. anavilje] Codd. für anaviljei. — sijai Cod. A. — 7. ufarist] hier bricht Cod. A.
ab. — 8. vailamer] so Cod. (cf. Germania IX. 141.); vailameri L. — 12. ufarassau] Cod.
fur ufarassu. —

15 Aþþan vituþ jah jus, Filippisius, þatei in anastodeinai aivaggeljons, þan usiddja af Makidonai, ni ainnohun aikklesjono mis gamainida in raþjon gibos jah andanemis, alja jus ainai.

16 Unte jah in Þaissalauneikai jah ainamma sinþa jah tvaim andavizn mis insandideduþ.

17 Ni þatei gasokjau giba, ak gasokja ak(ran) — —

— — — ———

IV. 15. ainnohun] *Cod. für* ainohun; *wegen des umgekehrten Falles vergl.* Marc. V. 37. IX. 8. Luc. VIII. 51 u. ö.

Du Kaulaussaium.

1. KAPITEL.

6 — — in sunjai;

7 svasve ganemuþ af Aipafrin þamma liubin gaskalkja unsaramma, saei ist triggvs faur izvis andbahts Xristaus Iesuis,

8 saei jah gakannida uns izvara friaþva in ahmin.

9 Duþþe jah veis, fram þamma daga ei hausidedum, ni hveilaidedum faur izvis bidjandans jah aihtrondans, ei fullnaiþ kunþjis viljins is in allai handugein jah frodein ahmeinai;

10 ei gaggaiþ vairþaba fraujins in allamma, þatei galeikai, in allamma vaurstve godaize akran bairandans in ufkunþja guþs,

11 in allai mahtai gasvinþidai bi mahtai vulþaus is, in allai usþulainai jah usbeisnai miþ fahedai,

12 aviliudondans attin, saei laþoda izvis du dailai hlautis veihaize in liuhada,

13 saei galausida izvis us valdufnja riqizis jah atnam in þiudangardja sunaus friaþvos seinaizos,

14 in þammei habam faurbauht, fralet fravaurhte,

15 saei ist frisahts guþs ungasaihvanis, frumabaur allaizos gaskaftais;

16 unte in imma gaskapana vaurþun alla in himina jah ana airþai, þo gasaihvanona jah þo ungasaihvanona, jaþþe sitlos jaþþe fraujinassjus, jaþþe reikja jaþþe valdufnja, alla þairh ina jah in imma gaskapana sind.

17 Jah is ist faura allaim jah alla in imma ussatida sind.

18 Jah is ist haubiþ leikis, aikklesjons, saei ist anastodeins, frumabaur us dauþaim, ei sijai in allaim is frumadein habands;

Von den Fragmenten des Briefes an die Colosser gewährt Cod. B. cap. I. 6 — 29;
II. 11. bis zu Ende; Cod. A. I. 10 — 29; II. 20 — III. 8; IV. 4 — 13.
Ueberschrift fehlt in den Codd.
    I. 7. triggvs] so *Cod. B. nach Uppstr.*; triggva L. — 10. vairþaba] *hier beginnt Cod. A.*
— 14. frayaurte *Cod. B.* — 16. himinam. jaþ-þo *Cod. A.* —

19 unte in imma galeikaida alla fullon bauan

20 jah þairh ina gafriþon alla in imma, gavairþi taujands þairh bloþ gal-
gins is þairh ina, jaþþe þo ana airþai jaþþe þo ana himinam.

21 Jah izvis simle visandans framaþidans jah fijands gahugdai in vaurst-
vam ubilaim,

22 iþ nu gafriþodai in leika mammons is þairh dauþu du atsatjan izvis
veihans jah unvammans jah usfairinans faura imma,

23 jabai sveþauh þairhvisiþ in galaubeinai gaþvastidai jah gatulgidai jah
ni afvagidai af venai aivaggeljons, þoei hausideduþ, sei merida ist
in alla gaskaft, þo uf himina, þizozei varþ ik Pavlus andbahts.

24 Nu fagino in þaimei vinna faur izvis jah usfullja gaidva aglono Xri-
staus in leika meinamma faur leik is, þatei ist aikklesjo,

25 þizozei varþ ik andbahts bi ragina guþs, þatei giban ist mis in izvis
du usfulljan vaurd guþs,

26 runa, sei gafulgina vas fram aivam jah fram aldim, iþ nu gasvikunþida
varþ þaim veiham is,

27 þaimei vilda guþ gakannjan gabein vulþaus þizos runos in þiudom,
þatei ist Xristus in izvis, vens vulþaus,

28 þanei veis gateiham talzjandans all manne jah laisjandans all manne
in allai handugein, ei atsatjaima all manne fullavitan in Xristau
Iesu,

29 du þammei arbaidja usdaudjands bi vaurstv (is), þatei innana usvaur-
keiþ in mis in mahtai.

2. KAPITEL.

11 — — fravaurhte leikis, in bimaita Kristaus,

12 miþ ganavistrodai imma in daupeinai, in þizaiei jah miþ urrisuþ þairh
galaubein vaurstvis guþs, saei urraisida ina us dauþaim.

13 Jah izvis dauþans visandans (in) missadedim jah unbimaita leikis iz-
varis miþ gaqivida miþ imma', fragibands uns allos missadedins,

14 afsvairbands þos ana uns vadjabokos raginam seinaim, þatei vas
andanciþo uns, jah þata usnam us midumai ganagljands ita du
galgin,

15 andhamonds sik leika, reikja jah valdufnja gatarhida balþaba, gablauþ-
jands þo bairhtaba in sis.

16 Ni manna nu izvis bidomjai in mata aiþþau in dragka aiþþau in dailai
dagis dulþais aiþþau fulliþe aiþþau sabbato,

17 þatei ist skadus þize anavairþane, iþ leik Kristaus.

18 Ni hvashun izvis gajiukai, viljands in hauneinai jah blotinassau aggile,

---

I. 22. usfairinans] so die Codd. nach *Uppström;* unfairinans *L. cf. Phil. III, 6; 1. Thess.
III. 13. V. 23.* — 23. gatulgidai jah gaþvastidai *Cod. A.* — 29. nu bi *bricht Cod. B.
ab.* — (is) *fehlt im Cod. und bei L.* — innana usvaurkeiþ *L.* innu . . . svaurkeiþ *Cod. nach
Castiglione.*

II. 11—20. *nur in Cod. B.* — 13. (in) *fehlt im Cod. und bei L.* — galgin] k̄ḡin *Cod. B.*
— 14. ana] ama *Cod. B.* — 16. sabbato] sabbatum *Cod. B., L.* —

þatei ni sahv ushafjands sik, svare ufblesans fram fraþja leikis
seinis,

19 jah ni habands haubiþ, us þammei all leik, þairh gavissins jah gabin-
dos auknando jah þeihando vahseiþ du vahstau guþs.

20 Jabai gasvultuþ miþ Xristau af stabim þis fairhvaus, hva þanaseiþs
sve qivai in þamma fairhvau urrediþ?

21 Ni tcikais, ni atsnarpjais, ni kausjais!

22 þatei ist all du riurein þairh þatei is brukjaidau bi anabusnim jah lai-
seinim manne,

23 þoei sind sveþauh vaurd habandona haudugeins in fastubnja þuhtaus
jah hanneinai hairtins jah unfreideinai leikis, ni in sveriþo hvizai du
soþa leikis.

3. KAPITEL.

1 Jabai nu miþ urrisuþ Xristau, þoei iupa sind, sokeiþ, þarei Xristus ist
in taihsvai guþs sitands.

2 þaimei iupa sind, fraþjaiþ, ni þaim, þoei ana airþai sind.

3 Unte gadauþnodeduþ jah libains izvara gafulgina ist miþ Xristau in
guþa.

4 þan Kristus svikunþs vairþiþ, libains izvara, þanuh jah jus bairhtai
vairþiþ miþ imma in vulþau.

5 Dauþeiþ nu liþuns izvarans, þans þaiei sind ana airþai, horinassu, un-
hrainein, vinnon, lustu ubilana jah faihugeigon, sei ist galingagude
skalkinassus;

6 þairh þoei qimiþ hatis guþs ana sunum ungalaubeinais,

7 in þaimei jah jus iddjeduþ simle, þan libaideduþ in þaim.

8 Iþ nu aflagjiþ jah jus þo alla, hatis, þvairhein, unselein, anaqiss, aglai-
tivaurdein; us munþa izvaramma ni usgaggai.

9 Ni liugaiþ izvis misso, afslaupjandans izvis þana fairnjan mannan miþ
tojam is,

10 jah gahamoþ niujamma, þamma ananividin du ufkunþja bi frisahtai
þis, saei gaskop ina;

11 þarei nist Kreks jah Iudaius, bimait jah faurafilli, Barbarus jah Skyþus,
skalks jah freis, ak alla jah in allaim Xristus.

12 Gahamoþ izvis nu sve gasalidai guþs, veihans jah valisans, brusts,
bleiþein, armahairtein, selein, haunein a*hins*, qairrein, usbeisnein,

13 þulandans izvis misso jah fragibandans silbam, jabai hvas viþra hvana
habai fairina; svasve jah Xristus fragaf izvis, sva jah jus taujaiþ.

14 Aþþan ufar alla friaþva, sei ist gabinda ainamundiþos.

II. 20. *mit* þis *führt Cod. A. fort.* — 21. ni *das zweite und dritte Mal]* nih *Cod. A.* —
23. þuhtaus *in den Codd. und bei L. nach* haudugeins. — unfrcidei *Cod. B.*

III. 1. þarei] þar *Cod. A.* — 5. horinassau. vinna *Cod. A.* — ubila *Cod. B.* — faihu-
geigon] *so die Codd. nach Uppstr.;* faihugeironi *L. cf. Röm. XIII. 9; 1. Tim. VI. 10.* —
8. aflagjiþ] *so Uppstr.,* aflageiþ *L.* — izvaramma] *hier bricht Cod. A. ab.* — 10. gaskop
Cod. B. nach Uppstr., gaskof *L.* — 12. gasalidai] *so der Cod.* gavalisai *L.* ⚓ ahins] a . . .
Cod. B., L. — 13. silbam] silbans *Cod., L.* — 14. gabinda ainamundiþos] *so im Cod. nach*
Uppstr.; gabindi ustauhtais *L.* —

15 Jah gavairþi guþs svignjai þan in hairtam izvaraim, in þammei jah
laþodai vesuþ in ainamma leika, jah aviliudondans vairþaiþ.

16 Vaurd Kristaus banai in izvis gabigaba, in allai handugein jah frodein
ahmeinai laisjandans jah talzjandans izvis silbans psalmom, hazeinim,
saggvim ahmeinaim, in anstai siggvandans in hairtam izvaraim fraujin.

17 All þishvah þatei taujaiþ in vaurda aiþþau in vaurstva, all in namin
fraujins Iesuis, aviliudondans guþa attin þairh ina.

18 Jus qinons, ufhausjaiþ vairam izvaraim, sve gaqimiþ in fraujin

19 Vairos, frijoþ qenins izvaros jah ni sijaiþ baitrai viþra þos.

20 Barna, ufhausjaiþ fadreinam bi all; unte þata vaila galeikaiþ ist in
fraujin.

21 Jus attans, ni gramjaiþ barna izvara du þvairhein, ei ni vairþaina in
unlustau.

22 Þevisa, ufhausjaiþ bi all *þaim bi* leika fraujam, ni in augam skalki-
nondans, sve mannam samjandans, ak in ainfalþein hairtins, ogan-
dans guþ.

23 Þishvah þatei taujaiþ, us saivalai vaurkjaiþ sve fraujin, ni mannam,

24 vitandans þatei af fraujin nimiþ andalauni arbjis; unte fraujin Kristau
skalkinoþ.

25 Sa auk skaþula andnimiþ, þatei skoþ, jah nist viljahalþei at guþa.

4. KAPITEL.

1 Jus fraujans, garaiht jah ibnassu þevisam atkunnaiþ, vitandans, þatei
aihuþ jah jus fraujan in himinam.

2 Bidai haftjandans izvis, vakandans in izai in aviliudam;

3 bidjandans samana jah bi uns, ei guþ uslukai unsis haurd vaurdis du
rodjan runa Xristaus, in þizozei jah gabundans im,

4 ei gabairhtjau þo, svasve skuljau rodjan.

5 In handugein gaggaiþ du þaim uta, þata mel usbugjandans.

6 Vaurd izvar sinteino in anstai salta gasupoþ siai, ei viteiþ, hvaiva
skuleiþ ainhvarjammeh andhafjan.

7 Þatei bi mik ist, all gakanneiþ izvis Tykeikus, sa liuba broþar jah
triggva andbahts jah gaskalki in fraujin,

8 þanei insandida du izvis duþþe, ei kunnjai, hva bi izvis ist, jah ga-
þrafstjai hairtona izvara,

9 miþ Aunisimau þamma liubin jah triggvin broþr, saei ist us izvis, þaiei
all izvis gakannjand, þatei her ist.

10 Goleiþ izvis Areistarkus, sa miþfrahunþana mis, jah Markus, gadiliggs
Barnabins, bi þanei nemuþ anabusnins; jabai qimai at izvis, andni-
maiþ ina;

III. 15. svignjai þan] *steht nach Uppstr. wahrscheinlich im Cod.*; svignjaiþ *L.* — 22. (þaim
bi) *fehlt im Cod. und bei L.* — 25. skaþula *Cod. B.*, *cf. Germ. IX. 141*; skuþaila *L.* —
viljahalþein *Cod. B.*

IV. 4. *mit* svasve *beginnt Cod. A. wieder.* — 5. þata] *fehlt in A.* — 6. gasupoþ] *so die
Codd. nach Uppstr*, gasuqoþ *L.* — sijai *Cod. A.* — 7. Tykekus *Cod. B., L.* — 10. Ariastar-
kus *Cod. A.* — bi þanei] *so Codd. nach Uppstr.* du þanei *L.* —

11 jah Iesus, saei haitada Justus, þaiei sind us bimaita. Þai ainai ga-
vaurstvans sind þiudangardjos guþs, þaiei vesun mis du gaþrafsteinai.

12 Goleiþ izvis Aipafras, sa us izvis, skalks Kristaus, sa sinteino usdaud-
jands bi izvis in bidom, ei standaiþ allavaurstvans jah fullavitans in
allamma viljin guþs.

13 Veitvodja auk imma, þatei habaiþ manag aljan bi izvis jah bi þans,
þaiei sind in Laudeikaia jah Iairaupaulein.

14 Goleiþ izvis Lukas, leikeis sa liuba.

15 Goleiþ þans in Laudeikaia broþruns jah Nymfan jah þo ingardjon ¹s
aikklesjon.

16 Jah þan ussiggvaidau at izvis so aipistaule, taujaiþ ei jah in Laude-
kaion aikklesjon ussiggvaidau, jah þo, ei ist us Laudeikaion, jus
ussiggvaid.

17 Jah qiþaiþ Arkippau: saihv þata andbahti, þatei andnamt in fraujin,
ei ita usfulljais.

18 Goleins meinai handau Pavlaus.

19 Gamuneiþ meinaizos bandjos. Ansts miþ izvis, amen.

          Du Kaulaussaium ustauh.

IV. 13. bi þaus] *Codd.*, du þans *L.; vergl. v. 10. — mit* sind *bricht Cod. A. ab. —* 16. Lau-
dekaion *das erste Mal]* Laudekaiom *Cod. B. — Unterschrift:* k̄aussaim *Cod.*, Kaulaus-
saim *L,*

Du þaissalauneikaium ·a·

2. KAPITEL.

10 — jah guþ, hvaiva veihaba jah garaihtaba jah unfairinodaba izvis þaim galaubjandam vesum,

11 svasve vituþ, *hvaiva* ainhvarjanoh izvara, sve atta barna seina, bidjandans izvis jah gaþlaihandans

12 jah veitvodjandans du gaggan izvis vairþaba guþs, saei laþoda izvis du seinai þiudangardjai jah vulþau.

13 Duþe jah veis avilindom guþa unsveibandans, unte nimandans at, uns vaurd hauseinais guþs andnemuþ ni svasve vaurd manne, ak svasve ist sunjaba vaurd guþs, þatei jah vaurkeiþ in izvis, juzei galaubeiþ.

14 Jus auk galeikondans vaurþuþ, broþrjus, aikklesjom guþs þaim visandeim in Iudaia in Xristau Iesu, unte þata samo vunnuþ jah jus fram izvaraim inkunjam, svasve jah veis fram Iudaium,

15 þaiei jah fraujin usqemun Iesua jah svesaim praufetum jah uns fravrekun jah guþa ni galeikandans jah allaim mannam andaneiþaus sind,

16 varjandans uns du þiudom rodjan, ei ganisaina du usfulljan seinos fravaurhtins sinteino; aþþan snauh ana ins hatis guþs und andi.

17 Aþþan veis, broþrjus, gaainanaidai af izvis du mela hveilos, andvairþja, ni hairtin, ufarassau sniumidedum andaugi izvara gasaihvan in managamma lustau.

18 Unte vildedum qiman at izvis, ik raihtis Pavlus, jah ainamma sinþa jah tvaim, jah analatida uns Satana.

19 Hva auk ist unsara vens aiþþau faheþs aiþþau vaips hvoftuljos, niu jus in andvairþja fraujins unsaris Iesuis Xristaus in is qima?

20 Jus auk siuþ vulþus unsar jah faheþs.

Die Fragmente dieses Briefes enthält Cod. B., von Cap. V. v. 22 an bis zu Ende auch Cod. A.

Ueberschrift fehlt im Cod.

I. 11. (hvaiva) *fehlt im Cod. und bei L.* — 13. unsveibandanei *Cod.,* L. — 17. andaugja *M.* —

Ulfilas. 3. Aufl.

3. KAPITEL.

1 In þizei ju ni usþulandans þanamais, galeikaida uns, ei biliþanai ve-
seima in Aþeinim ainai,

2 jah insandidedum Teimauþaiu, broþar unsarana jah andbaht guþs in
aivaggeljon Kristaus, ei izvis gatulgjai jah bidjai bi galaubein iz-
vara,

3 ei ni ainshun afagjaidau in þaim aggviþom; silbans auk vituþ, þatei
du þamma gasatidai sijum.

4 Jah auk þan vesum at izvis, faura qeþum izvis, þatei anavairþ vas uns
du vinnan agliþos, svasve jah varþ jah vituþ.

5 Duþþe jah ik ju ni usþulands insandida du ufkunnan galaubein izvara,
ibai aufto usfaifraisi izvis sa fraisands jah svare vairþai arbaiþs
unsara.

6 Aþþan nu at qimandin Teimauþaiu at unsis fram izvis jah gateihandin
uns galaubein (jah) friaþva izvara, jah þatei gaminþi unsar habaiþ
god sinteino, gairnjandans unsis gasaihvan, svasve jah veis izvis,

7 inuh þis gaþrafstidai sijum, broþrjus, fram izvis ana allai nauþai jah
aglon unsarai in izvaraizos galaubeinais;

8 unte sai, liham, jabai jus gastandiþ in fraujin.

9 Hva auk aviliude magum usgildan fraujin guþa bi izvis ana allai fahe-
dai, þizaiei faginom in izvara faura guþa unsaramma?

10 Naht jah daga ufarassau bidjandans, ei gasaihvaima andvairþja izvara
jah ustiuhaima vaninassu galaubeinais izvaraizos.

11 Aþþan silba guþ jah atta unsar jah frauja unsar Iesus Kristus garaiht-
jai vig unsarana du izvis.

12 Aþþan izvis frauja managjai jah ganohnan gataujai friaþvai in izvis
misso jah allans, svasve jah veis in izvis,

13 du tulgjan hairtona izvara usfairinona in veihiþai faura guþa jah attin
unsaramma in quma fraujins unsaris Iesuis Kristaus miþ allaim þaim
veiham seinaim.

4. KAPITEL.

1 Þannu nu, broþrjus, anahaitam bidai izvis jah bidjam in fraujin Iesua,
ei svasve andnemuþ at uns, hvaiva skuluþ gaggan jah galeikan guþa,
svasve jah gaggiþ, jah gaaukaiþ mais.

2 Vituþ auk, hvarjos anabusnins atgebum izvis þairh fraujan Iesu Kristu.

3 Þata auk ist vilja guþs, veihiþa izvara, ei gahabaiþ izvis af kalki-
nassau,

4 ei viti hvarjizuh izvara gastaldan sein kas in veihiþai jah sveriþai,

5 ni in gairnein lustaus, svasve jah þiudos, þozei ni kunnun guþ,

---

III. 3. gasatidai] gatidai *Cod. nach Uppström's Lesung*, ratidai *L.* — 5. usþulaus *Cod. B.*
— 6. (jah) *fehlt im Cod. und bei* L. — 13. usfairinona] *so Cod. B. nach Uppstr.*, un-
fairinona *L.*, cf. *Col. I. 22.*

IV. 2. hvarjos] hvaizos *Cod.*, *L.* — 3. kalkinassaus *Cod. B.* — 5. gairnein] gairnei *Cod.*
nach Uppstr.; gairunja *L.* —

6 ei hvas ni ufargaggai nih bifaiho in toja broþar seinana, unte fraveitands frauja ist allaize, svasve jah faura qeþum izvis jah veitvodidedum.

7 Ni auk laþoda uns guþ du unhrainiþai ak du veihiþai.

8 Inuh þis nu saei ufbrikiþ, ni mann ufbrikiþ, ak guþa, saei gaf ahman seinana veihana izvis.

9 Aþþan bi broþrulubon ni þaurbum meljan izvis, unte silbans jus at guþa uslaisidai sijuþ du frijon izvis misso.

10 Jah auk taujiþ þata in allans broþruns in allai Makidonai; aþþan bidjam izvis, broþrjus, biauknan mais

11 jah biarbaidjan anasilan jah taujan svesa jah vaurkjan handum izvaraim, svasve jah izvis anabudum,

12 ei gaggaiþ gafehaba du þaim, þaiei uta sind, jah ni ainishun hvis þaurbeiþ.

13 Aþþan ni vileima izvis unveisans, broþrjus, bi þans anaslepandans, ei ni saurgaiþ sve þai anþarai, þaiei ni haband ven.

14 Unte jabai galaubjam, þatei Iesus gasvalt jah usstoþ, sva jah guþ þans, þaiei anasaislepun, þairh Iesu tiuhiþ miþ imma.

15 þatuþ-þan izvis qiþam in vaurda fraujins, þatei veis þai libandans, þai bilaibidans in quma fraujins ni bisnivam faur þans anaslepandans;

16 unte silba frauja in haitjai, in stibnai arkaggilaus jah in þuthaurna guþs dalaþ atsteigiþ af himina jah dauþans þai in Kristau usstandand faurþis.

17 þaþro þan veis þai libandans, þai aflifnandans suns miþ imma fravilvanda in milhmam du gamotjan fraujin in luftau jah framvigis miþ fraujin vairþam.

18 Svaei nu þrafsteiþ izvis misso in þaim vaurdam.

5. KAPITEL.

1 Aþþan bi þo þeihsa jah mela, broþrjus, ni þaurbum, ei izvis meljaima;

2 unte silbans glaggvo vituþ, þatei dags fraujins, sve þiubs in naht, sva qimiþ.

3 þan qiþand: gavairþi jah tulgiþa, þanuh unveniggo ins biqimiþ fralusts, svasve sair qiþuhafton, jah ni gaþliuhand.

4 Aþþan jus, broþrjus, ni sijuþ in riqiza, ei sa dags izvis sve þiubs gafahai;

5 unte allai jus sunjus liuhadis sijuþ jah sunjus dagis; ni siuþ nahts ni riqizis.

6 þannu nu ni slepaima sve þai anþarai, ak vakaima jah varai sijaima;

IV. 6. bifaiho in toja] *so Cod. B. nach Uppstr.*, bifaih . . . . *L.* — 11. anasilan] anasilä *Cod. nach Uppström;* anaqal *L.* — 14. tiuhiþ] *so Cod.*, tiubiþ *L.*

V. 2. glaggvo *Cod.*, gaaggvo *L.* — 3. qiþuhafton *Cod.*, qiþuhaftons *L.* — jah ni gaþliuhand] jah unþaþliubaud *L. mit dem Cod.?* — 5. nahs *Cod. B.* —

7 unte þaiei slepand, nahts slepand, jah þaiei drugkanai vairþand, nahts drugkanai vairþand.

8 Iþ veis dagis visandans usskavai sijaima, gahamodai brunjon galaubeinais jah friaþvos, jah hilma, venai naseinais.·

9 Unte ni·satida uns guþ in hatis, ak du gafreideinai ganistais þairh fraujan unsarana Iesu Kristu,

10 saei gasvalt faur uns, ei, jaþþe slepaima jaþþe vakaima, samana miþ imma libaima.

11 Inuh þis þrafsteiþ izvis misso jah timrjaiþ ainhvarjizuh anþar anþarana, svasve jah taujiþ.

12 Aþþan bidjam izvis, broþrjus, kunnan þans arbaidjandans in izvis jah faurstassjans izvarans in fraujin.

13 Sveraiþ ins ufarassau in friaþvai in ·vaurstvis ize jah gavairþi habaiþ in izvis.

14 Bidjamuþ-þan izvis, broþrjus, talzjaiþ þans ungatassans, þrafstjaiþ·þans grindafraþjans, usþulaiþ þans siukans, usbeisneigai sijaiþ viþra allans.

15 Saihviþ,· ibai hvas ubil und ubilamma hvamma usgildai, ak sinteino þiuþ laistjaiþ miþ izvis misso jah viþra allans.

16 Sinteino faginoþ in fraujin.

17 Unsveibandans bidjaiþ; in allamma aviliudoþ.

18 Þata auk ist vilja guþs in Xristau Iesu in izvis.

19 Ahman ni afhvapjaiþ.

20 Praufetjam ni frakunneiþ.

21 Aþþan all uskiusaiþ; þatei goþ sijai, gahabaiþ.

22 Af allamma vaihte ubilaizo afhabaiþ izvis.

23 Aþþan silba guþ gavairþjis gaveihai izvis allandjo; jah gahails izvar ahma jah saivala jah leik usfairinona in quma fraujins unsaris Iesuis Kristaus gafastaidau.

24 Triggvs, saei laþoda izvis, saei jah taujiþ.

25 Broþrjus, bidjaiþuþ-þan jah bi uns.

26 Goljaiþ broþruns allans in gafrijonai veihai.

27 Bisvara izvis in fraujin, ei ussiggvaidau so aipistaule þaim veiham broþrum.

28 Ansts fraujins unsaris Iesuis Kristaus miþ izvis. Amen.

V. 7. uahtslepaud *Cod.*, naht slepand *L.* — 8. unskavai *Cod.*, *L.* — nasseinais *Cod.*, *L.* — 12. broþjus *Cod.* — 15. und] ana *Cod.*, *L.* — 22. ubilaizo] *hier beginnt Cod. A.* — 23. gahails izvar ahma] gahailana izvarana ahman *Codd.*, *L.* — usfairinona *Codd. nach Uppstr.*, unfairinona *L.* — 27. *Vor* þaim *scheint im Cod. A. noch* allaim *gestanden zu haben.*

Du þaissalauneikaium anþara anastodeiþ.

1. KAPITEL.

1 Pavlus jah Silbanus jah Teimauþaius aikklesjon Þaissalauneikaie in guþa attin unsaramma jah fraujin Iesu Kristau.

2 Ansts izvis jah gavairþi fram guþa attin unsaramma jah fraujin Iesu Kristau.

3 Aviliudon skulum guþa sinteino in izvara, broþrjus, svasve vairþ ist, unte ufarvahseiþ galaubeins izvara jah managniþ friaþva ainhvarjizuh allaize izvara in izvis misso;

4 svaei veis silbans in izvis hvopam in aikklesjom guþs in stivitjis izvaris jah galaubeinais in allaim vrakjom izvaraim jah aglom, þozei usþulaiþ,

5 taikn garaihtaizos stauos guþs du vairþans briggan izvis þiudangardjos guþs, in *þizozei jah vinniþ;*

6 *sveþauh* jabai garaiht ist at guþa, usgildan þaim gaþreihandam uns aggviþa,

7 iþ izvis gaþraihanaim *iusila* miþ uns in andhuleinai fraujins unsaris Iesuis. Kristaus af himinam miþ aggilum mahtais is,

8 in funins lauhmonjai gibandins fraveit ni kunnandam guþ jah ni ufhausjandam aivaggeljon fraujins unsaris Iesuis Xristaus,

9 þaiei andnimand fralust aiveinon fram andvairþja fraujins jah fram vulþau mahtais is,

10. þan *qimiþ* ushauhnan in þaim veiham is jah sildaleiknan in allaim þaim galaubjandam, unte galaubida ist veitvodei unsara (in) izvis in jainamma daga.

Von den Fragmenten dieses Briefes gewährt Cod. A. Cap. I. 1 — II. 4. III. 7. — Ende; Cod. B I. 1 — 5; II. 15 bis zu Ende.

Ueberschrift: du þaissalauneikaum ·b· anas(todeiþ) *Cod. A.*

I. 4. iu das erste Mal] fehlt im Cod. B. — 5. mit iu bricht Cod. B. ab; das folgende cursiv gedruckte im Cod. A. fast erloschen. — 8. hauhmonai Cod. A., L. — 9. andnimand] erst von Uppstr. im Cod. gelesen. — 10. ushauhnan Cod. A. nach Uppstr.; ushauhjan L. — sildaleiknan] so Cod. A. nach Uppstr., le . . . ba . . L. — (in) fehlt im Cod. und bei L.

11 Du þammei jah bidjam sinteino bi izvis, ei izvis vairþans briggai þizos
laþonais guþ unsar jah fulljai alla leikain þiuþeinais seinaizos jah
vaurstv galaubeinais in mahtai,

12 ei ushauhnai namo fraujins unsaris Iesuis in izvis jah jus in imma bi
anstai guþs unsaris jah fraujins unsaris Iesuis Xristaus.

2. KAPITEL.

1 Aþþan bidjam izvis broþruns in qumis fraujins unsaris Iesuis Xristaus
  jah . . gaqumþais unsaraizos du imma,

2 du ni sprauto vagjan *izvis ahin nih drobnan, nih þairh ahman nih
  þairh vaurda nih þairh aipistaulein sve þairh uns, þatei instandai
  dags fraujins.*

3 *Nih hvashun izvis* usluto *hvamma haidau,* unte *niba qimiþ afstass
  faurþis* jah andhulids vairþai manna fravaurhtais, sunus fralustais,

4 sa andstandands jah ufarhafjands sik ufar all qiþanaize guþ aiþþau
  allata blotinassu, svaei (ina) in guþs alh sitan — —

15 — — — unsaros.

16 Aþþan silba frauja unsar Iesus Kristus jah guþ jah atta unsar, saei
  frijoda uns jah atgaf gaþlaiht aiveina jah ven goda in anstai,

17 gaþrafstjai hairtona izvara jah gatulgjai in allaim vaurstvam jah vaur-
  dam godaim.

3. KAPITEL.

1 þata anþar, ei bidjaiþ jah bi unsis, broþrjus, ei vaurd fraujins þragjai
  jah mikiljaidau, svasve jah at izvis,

2 jah ei us*laus*jaindau afgastoþanaim jah ubilaim mannam; ni auk ist
  allaim galaubeins.

3 Aþþan triggvs frauja, saei gatulgeiþ izvis jah galausjai izvis af þamma
  ubilin.

4 Aþþan gatrauam in fraujin, ei þatei anabudum izvis, jah taujiþ jah
  taujan habaiþ.

5 Frauja garaihtjai hairtona izvara in friaþvai guþs jah in usþulainai
  Xristaus.

6 Aþþan anabiudam izvis, broþrjus, in namin fraujins unsaris Iesuis Xri-
  staus, ei gaskaidaiþ izvis af allamma broþre hvairbandane ungatas-
  saba jah ni bi anafilham, þoei andnemuþ at uns.

7 Silbans auk kunnuþ, hvaiva skuld ist galeikon unsis, unte ni ungate-
  vidai vesum in izvis,

8 nih arvjo hlaib matidedum at hvamma, ak vinnandans arbaidai naht
  jah daga vaurkjandans, ei ni kauridedeima hvana izvara.

II. 2. izvis — dags fraujins] *im Cod. beinahe ganz erloschen, ebenso das cursiv ge-
druckte in v. 3.* — fraujins] Xristaus L. — 4. qiþanaize Cod. nach U., qiþana L. — (ina)
fehlt im Cod. und bei L. — alh] al Cod. — 15. unsaros] *hier beginnt Cod. B.*
  III. 2. afgastoþanaim] af gastoþanaim Cod. B., L. — 7. ist] *hier beginnt Cod. A.
wieder.* — 8. nih] ni Cod. B., L. —

9 Ni þatei ni habaidedeima valdufni, ak ei uns silbans du frisahtai ge-
beima du galeikon unsis.

10 Jah auk þan vesum at izvis, þata izvis anabudum, ei jabai hvas ni
vili vaurkjan, ni matjai.

11 Hausjam auk sumans hvairbandans in izvis ungatassaba, ni vaiht vaurk-
jandans, ak fairveitjandans.

12 Þaimuh svaleikaim anabiudam jah bidjam in fraujin Iesua Xristau, ei
miþ rimisa vaurkjandans seinana hlaib matjaina.

13 Aþþan jus, broþrjus, ni vairþaiþ usgrudjans vaila taujandans.

14 Iþ jabai hvas ni ufhausjai vaurda unsaramma þairh þos bokos, þana
gatarhjaiþ; ni blandaiþ izvis miþ imma, ei gaskamai sik.

15 Jah ni svasve fijand ina rahnjaiþ, ak talzjaiþ sve broþar.

16 Aþþan silba frauja gavairþeis gibai izvis gavairþi sinteino in allaim
stadim; frauja miþ allaim izvis.

17 So goleins meinai handau Pavlaus, þatei ist bandvo ana allaim aipistau-
lem meinaim; sva melja.

18 Ansts fraujins unsaris Iesuis Kristaus miþ allaim izvis. Amen.

Du þaissalauneikaium anþara ustauh.

III. 17. aipistaulemeinaim *Cod. B.*

Unterschrift: anþara] frumei *Cod. B.; Cod. A. erloschen.*

Du Teimauþaiau frumei dustodeiþ.

1. KAPITEL.

1 Pavlus apaustaulus Kristaus Iesuis bi anabusnim guþs nasjandis unsaris jah Xristaus Iesuis, venais unsaraizos,

2 Teimauþaiau, valisin barna in galaubeinai: ansts, armaio, gavairþi fram guþa attin jah Kristau Iesu fraujin unsaramma.

3 Svasve baþ þuk saljan in Aifaison galeiþands Makidonais, ei faurbiudais sumaim, ei anþarleiko ni laisjaina,

4 niþ-þan atsaihvaina spille jah gabaurþivaurde andilausaize, þoei soknim andstaldand mais þau timreinai guþs þizai visandein in galaubeinai.

5 Aþþan andeis ist anabusnais friaþva us hrainjamma hairtin jah miþvissein godai jah galaubeinai unhindarveisai,

6 af þaimei sumai afairzidai usvandidedun du lausavaurdein,

7 viljandans visan vitodalaisarjos, ni fraþjandans nih hva rodjand nih bi hva stiurjand.

8 Aþþan vitum, þatei god ist vitoþ, jabai hvas is vitodeigo brukeiþ,

9 vitands, þatei garaihtamma vitoþ nist satiþ, ak vitodalausaim jah untalaim jah unsibjaim jah fravaurhtaim jah unairknaim jah usveihaim, attans bliggvandam jah aiþeins bliggvandam, mannans maurþrjandam,

---

I. 5. miþvissein] *Randglosse in Cod. A.:* gamundai. — 9. unsibjaim] *desgl. daselbst:* afgudaim.

Von dieser Epistel enthält Cod. B. Cap. I. 1 — III. 4; IV. 1 — V. 10; V. 21 bis zu Ende; Cod. A. I. 1—9; I. 18 — IV. 8; V. 4. — VI. 13.

Ueberschrift fehlt in A. Teimauþaiau] þaimaauþaiau *Cod. B.,* þeimauþaiau *L.* — dustodeiþ] ustauh *Cod. B.*

I. 2. þeimauþaiu *Cod. B., L.* þeimauþaiau *Cod. A.* — 3. galeiþans *Cod. B.,* — Makedonais *Cod. A.* — 4. andalausaize. visandin *Cod. A.* — 5. aþþan andeis] aþþandeis *B.* — 7. ni] nih *Cod. A.* — 8. vitum] vituþ *Cod. A.* — vitodeigo] vitoda *Cod. A.* — 8. vitans *Cod. B.* nist vitoþ *Cod. A.* — *mit* aiþeins *bricht Cod. A. ab.* —

10 horam, mannans gaþivandam, liugnjam, ufarsvaram, jah jabai hva alja
   þizai hailon laiseinai andstandand,

11 sei ist bi aivaggeli vulþaus þis audagins guþs, þatei gatrauaiþ ist mis.

12 Jah aviliudo þamma insvinþjandin mik Kristau Iesu fraujin unsaramma,
   unte triggvana mik rahnida, gasatjands in andbahtja,

13 ikei faura vas vajamerjands jah vraks jah ufbrikands, akei gaarmaiþs
   vas, unte unvitands gatavida in ungalaubeinai.

14 Iþ ufarassida ansts fraujins miþ galaubeinai jah friaþvai þizai in
   Kristau.

15 Triggv þata vaurd jah allaizos andanumtais vairþ, þatei Kristus Iesus
   qam in þamma fairhvau fravaurhtans nasjan, þizeei frumists im ik.

16 Akei duþe gaarmaiþs varþ, ei in mis frumistamma ataugidedi Xristaus
   Iesus alla usbeisnein du frisahtai þaim, ize anavairþai vesun du ga-
   laubjan imma du libainai aiveinon.

17 Aþþan þiudana aive, unriurjamma, ungasaihvanamma, ainamma, fro-
   damma guþa sveriþa jah vulþus in aldins aive. Amen.

18 Þo anabusn anafilha þus, barnilo Teimauþeiu, bi þaim faura faursni-
   vandam ana þuk praufetjam, ei driugais in þaim þata godo drauhti-
   vitoþ,

19 habands galaubein jah goda miþvissein, þizaiei sumai afskiubandans bi
   galaubein naqadai vaurþun,

20 þizeei ist Hymainaius jah Alaiksandrus, þanzei anafalh Satanin, ei ga-
   talzjaindau ni vajamerjan.

2. KAPITEL.

1 Bidja nu frumist allis taujan bidos, aihtronins, liteinins, aviliuda fram
   allaim mannam,

2 fram þiudanam jah fram allaim þaim in ufarassau visandam, ei slavan-
   dein jah sutja ald bauaima in allai gagudein jah gariudja.

3 Þatuþ-þan ist god jah andanem in andvairþja nasjandis unsaris guþs,

4 saei allans mans vili ganisan jah in ufkunþja sunjos qiman.

5 Ains allis guþ, ains jah midumonds guþs jah manne, manna Kristus
   Iesus,

6 sa gibands sik silban andabauht faur allans, veitvodein melam sve-
   saim,

7 du þammei gasatiþs im ik merjands jah apaustaulus, sunja qiþa in
   Xristau, ni liuga, laisareis þiudo in galaubeinai jah sunjai.

8 Viljau nu vairans bidjan in allaim stadim ushafjandans sviknos han-
   duns inuh þvairhein jah tveiflein.

I. 10. gaþivandam] im Cod. sehr unsicher. — 12. triggvana mik rahnida] so im Cod. nach
Uppstr., galaubjandan mik gahugida L. — 14. ufarassida] ufarassiþ Cod. (unsicher), L. —
17. unriurjamma Cod., nicht undivanjamma, L. — frodamma] fridomma Cod. B. — 18. faura]
Cod. A. fährt fort.
    II. 2. jas-sutja Cod. A. — ald beide Codd. nach Uppstr.; los L. — 4. in] fehlt in B. —
6. andabauht Codd., L. —

9 Samaleiko jah qinons in gafeteinai hrainjai miþ gariudjon jah inahein
   fetjandeins sik, ñi in flahtom .aiþþau gulþa aiþþau marikreitum aiþþau
   vastjom .galubaim,
10 ak þatei gadoh ist qinom gabaitandeim guþ blotan þairh .vaurstva
   goda.
11 Qino in. hliuþa galaisjai sik in allai ufhauseinai;
12 iþ galaisjan qinon ni uslaubja, ni fraujinon faura vaira, ak visan in
   þahainai.
13 Adam auk fruma gadigans varþ, þaþroh Aivva;
14 jah Adam ni varþ uslutoþs, iþ qino uslutoda in missadedai varþ.
15 Iþ ganisiþ þairh barne gabaurþ, jabai gastandand in galaubeinai jah
   friaþvai jah veihiþai miþ gafraþjein.

3. KAPITEL.

1 Triggv þata vaurd: jabai hvas aipiskaupeins gairneiþ, godis vaurstvis
   gairneiþ.
2 Skal nu aipiskaupus ungafairinods visan, ainaizos qenais aba, anda-
   þahts, gariuds, froþs, gafaurs, gastigods, laiseigs,
3 nih veinuls, ni slahals, ak suts, qairrus, ni sakuls, ni faihufriks,
4 seinamma garda vaila fauragaggands, barna habands ufhausjandona
   miþ allai anaviljein.
5 Iþ jabai hvas seinamma garda fauragaggan ni mag, hvaiva aikklesjon
   guþs gakaroþ?
6 Nih niujan satidana, ibai aufto ufarhaubiþs in staua atdriusai un-
   hulþins.
7 Skal auk is veitvodiþa goda haban fram þaim uta, ei ni atdriusai in
   idveit jah hlamma unhulþins.
8 Jah sva diakaununs gariudans, nih faihufrikans, ni veina filu haftjan-
   dans, nih aglaitgastaldans,
9 habandans runa galaubeinais in hrainjai gahugdai.
10 Jah þai þan gakiusaindau frumist jas-sva andbahtjaina ungafairinodai
   visandans.
11 Qinons samaleiko gariudos, ni diabulos, gafaurjos, triggvos in allamma.
12 Diakaunjus sijaina ainaizos qenais abans, barnam vaila fauragaggan-
   dans jah seinaim gardim.

III. 11. gafaurjos] *am Rande des Cod. A.:* an . . þ . . . . . (*wahr-
scheinlich für* andaþahtos).

II. 9. inahein] mahein *Codd.* (?) *L.* — gulþa] gulþ *Cod. B.* — marikreitum *Codd. nach U.,* mar-
kreitum *L.* — 10. bloþan *Cod. B.* — 11.ˑ hliuþa *liest jetzt Uppström wirklich in den Codd.;*
hauiþa *L.* — 13. gadigands *Cod. B., Cod. A. hier unlesbar.* — 15. frijaþvai *Cod.,_A.*
III. 2. ungafairinonds *Codd., L.* — 3. veinuls *Codd.* (*Germ. IX. 141*), veinnas *L.* ⸺
slahals *Cod. B.,* slahuls *Cod. A.* — suts *Codd.,* sutis *L.* — qairrus *Codd.,* airknis₁ *L.* —
sakuls *Codd.,* sakjis *L.* — 4. *mit* ufhausjandona *bricht Cod. B. ab.* — anaviljin. *Cod. A.*
— 5. gakaroþ *Cod. A. nach U.,* gakarai *L.* — 6. satidina *Cod. A.* —

13 Þai auk vaila andbahtjandans grid goda (sis) fairvaurkjand jah ma-
naga balþein (in) galaubeinai þizai in Kristau Iesu.

14 Þata þus melja, venjands qiman at þus sprauto;

15 aþþan jabai sainjau, ei viteis, hvaiva skuld ist in garda guþs usmitan,
saei ist aikklesjo guþs libandins, sauls jah tulgiþa sunjos.

16 Jah unsahtaba mikils ist gagudeins runa, saei gabairhtiþs varþ in
leika, garaihts gadomiþs varþ in ahmin, ataugids varþ þaim aggilum,
merids varþ in þiudom, galaubiþs varþ in fairhvau, andnumans varþ
in vulþau.

4. KAPITEL.

1 Aþþan ahma svikunþaba qiþiþ, þatei in spedistaim dagam afstandand
sumai galaubeinai atsaihvandans ahmane airziþos jah laiseino un-
hulþono,

2 in liutein liugnavaurde jah gatandida habandane svesa miþvissein,

3 varjandane liugos, gaþarban mate, þanzei guþ gaskop du andniman
miþ aviliudam galaubjandam jah ufkunnandam sunja.

4 Unte all gaskaftais guþs goþ jah ni vaiht du usvaurpai miþ aviliudam
andnuman;

5 gaveihada auk þairh vaurd guþs jah bida.

6 Þata insakands broþrum goþs vairþis andbahts Kristaus Iesuis, alands
vaurdam galaubeinais jah godaizos laiseinais, þoei galaistides.

7 Iþ þo usveihona sve usalþanaizo spilla bivandei, iþ þroþei þuk silban
du gagudein.

8 Aþþan leikeina usþroþeins du favamma ist bruks, iþ gagudei du al-
lamma ist bruks, gahaita habandei libainais þizos nu jah þizos ana-
vairþons.

9 Triggv þata vaurd jah allaizos andanumtais vairþ.

10 Duþþe allis arbaidjam jah idveitjanda, unte venidedum du guþa liban-
din, saei ist nasjands allaize manne, þishun galaubjandane.

11 Anabiud þata jah laisei.

12 Ni manna þeinai juundai frakunni, ak frisahts sijais þaim galaubjandam
in vaurda, in usmeta, in friaþvai, in galaubeinai, in svikniþai.

13 Unte qima, gaumei saggva boko, gaþlaihtai, laiseinai.

14 Ni sijais unkarja þizos in þus anstais, sei gibana varþ þus þairh prau-
fetjans afar analageinai handive praizbytairei(n)s.

15 Þo sido, inuþ-þaim sijais, ei þatei þeihais þu, svikunþ sijai allaim.

16 Atsaihv du þus silbin jah du laiseinai, usdaudo þairhvis in þaim; þatuh
auk taujands jah þuk silban ganasjis jah hausjandans þus.

III. 13. (sis).· (iu) *fehlen im Cod. und bei L.* — 15. viteis *Cod. nach U.*, vitais *L.*

IV. 1. aþþan] *Cod. B. beginnt wieder.* — spedistaim *Cod. A.*, spidistaim *Cod. B., L.*
— 3. mate] amte *Cod. B., im Cod. A erloschen.* — 8. gagudein *Cod. B., im Cod. A. er-
loschen.* — anavairþons] *Cod. A. bricht ab.* — 12. frisaht *Cod. B. wegen des folgen-
den mit s beginnenden Wortes.* — 14. praizbytaireis *Cod. B., L.* — 15. þo sido þize
Cod., L. —

.5. KAPITEL.

1 Seneigana ni andbeitais, ak gaþlaih sve attin, juggans sve broþruns;
2 seneigos sve aiþeins, juggos sve svistruns in allai sviknein.
3 Viduvons sverai, þozei bi sunjai sijaina viduvons.
4 Iþ jabai hvo viduvono barna aiþþau barne barna habai, galaisjaina
   sik faurþis svesana gard barusnjan jah andalauni usgiban fadreinam;
   · þata auk ist god jah andanem in andvairþja guþs.
5 Aþþan soei bi sunjai viduvo ist jah ainakla, venida du guþa jah þairh-
   visiþ in bidom nahtam jah dagam.
6 Iþ so vizondei in azetjam· jah libandei dauþa ist.
7 Jah þata anabiud, ei ungafairinodos sijaina.
8 Aþþan jabai hvas svesaim, þishun ingardjam ni gaþlaihiþ, galaubein
   invidiþ jah ist ungalaubjandin vairsiza.
9 Viduvo gavaljaidau ni mins saihstigum jere, sei vesi ainis abins
   qens,
10 in vaurstvam godaim veitvodiþa habandei, jau barna fodidedi jau
   gastins andnemi jau veihaim fotunş þvohi jau aglons vinnandam
   andbahtidedi jau allamma vaurstve godaize afarlaistidedi.
11 Iþ juggos viduvons bivandei; —
12 — galaubein vana gatavidedun.
13 Aþþan samana jah unvaurstvons laisjand sik þairhgaggan gardins,
   aþþan ni þatain unvaurstvons, ak jah unfaurjos jah fairveitjandeins
   jah rodjandeins, þoei ni skulda sind.
14 Viljau nu juggos liugan, barna bairan, garda valdan — —
16 — viduvons, andbahtjai im, jah ni kaurjaidau aikklesjo, ei þaim bi
   sunjai — —
17 — iu vaurda jah laiseinai.
18 Qaþ auk gameleins; auhsau þriskandin munþ ni faurvaipjais; jah:
   vairþs sa vaurstva mizdons is.
19 Bi praizbyterein vroh ni andnimais, niba *in andvairþja* tvaddje aiþþau
   þrije veitvode.
20 Iþ þans fravaurhtans in andvairþja allaize gasak, ei jah þai anþarai
   agis habaina.
21 Veitvodja in andvairþja guþs jah fraujins unsaris Iesuis Kristaus jah
   þize gavalidane aggile, ei þata fastais inu faurdomein, ni vaiht tau-
   jands bi viljahalþein.
22 Handuns sprauto ni mannhun lagjais, ni gamainja siais fravaurhtim
   framaþjaim; þuk silban sviknana fastais.

V. 2. aiþeis *Cod. B. — 4. mit* galaisjaina *fährt Cod. A. fort. —* god jah| *fehlt im Cod. A.
— 7.* ungafairidos *Cod. B. — 10.* jau *fünf Mal] so die Codd. nach Uppstr.,* jah¹ *L. — mit*
allamma *bricht Cod. B. ab. — 11.* bivandei| *das folgende bis v. 12.* galaubein *im Cod. A.*
gänzlich erloschen. — 14—17. Von dem sehr zerstörten Texte sind nur die oben stehen-
den Bruchstücke zu lesen. — 19. in andvairþja| *so L., im Cod. nur noch* . . rþ . . . —
tvaddje| tvadje *Cod. A.? L. — 21.* viljahalþein| *Cod. B. beginnt wieder. — 22.* mannhun
Cod. B., im Cod. A. zerstört. —

23 Ju ni drigkais þanamais vato, ak veinis leitil brukjais in qiþaus þeinis jah þizo ufta sauhte þeinaizo.

24 Sumaize manne fravaurhteis svikunþos sind, faurbisnivandeins du stauai; sumaize þan jah afargaggand.

25 Samaleiko þan jah vaurstva goda svikunþa sind, jah þo aljaleikos sik habandona filhan ni mahta sind.

6. KAPITEL.

1 Sva managai sve sijaina uf jukuzjai þivos, seinans fraujans allaizos sveriþos vairþans rahnjaina, ei namo fraujins jah laiseins ni vajamerjaidau.

2 Aþþan þaiei galaubjandans haband fraujans, ni frakunneina, unte broþrjus sind, ak mais skalkinona, unte galaubjandans sind jah liubai, þaiei vailadedais gadailans sind. Þata laisei jah gaþlaih.

3 Jabai hvas aljaleikos laisjai jah ni atgaggai du hailaim vaurdam þaim fraujins unsaris Iesuis Kristaus jah þizai bi gagudein laiseinai,

4 iþ hauhþuhts, ni vaiht vitands, ak siukands bi soknins jah vaurdajiukos, us þaimei vairþand neiþa, maurþra, haifsteis, anaqisseis, anamindeis ubilos,

5 usbalþeins fravardidaize manne ahin, at þaimei gatarniþ ist sunja, hugjandane faihugavaurki visan gagudein.

6 Aþþan ist gavaurki mikil gagudei miþ ganauhin.

7 Ni vaiht auk brahtedum in þamma fairhvau; bi sunjai, þatei ni usbairan hva magum.

8 Aþþan habandans usfodein jah gaskadvein, þaimuh ganohidai sijaima.

9 Aþþan þaiei vileina gabigai vairþan, atdriusand in fraistubnja jah hlamma unhulþins jah lustuns managans unnutjans jah skaþulans, þaiei saggqjand mans in fravardein jah fralust.

10 Vaurts allaize ubilaize ist faihugeigo, þizozei sumai gairnjandans afairzidai vaurþun af galaubeinai jah sik silbans gaþivaidedun sairam managaim.

11 Iþ þu, jai manna guþs, þata þliuhais, iþ laistjais garaihtein, gagudein, galaubein, friaþva, þulain, qairrein.

12 Haifstei þo godon haifst galaubeinais, undgreip libain aiveinon, du þizaiei laþoþs is jah andhaihaist þamma godin andahaita in andvairþja managaize veitvode.

V. 23. qiþaus] *Cod. A. (nicht B.) am Rande:* suþnis *(nicht* suqnis).

VI. 24. sumaizeh *Cod. A.*

VI. 1. þivos] *so die Codd. nach U.;* skalkans *L.* — 3. atgaggiþ *Cod. A.* — 5. gagudein] *fehlt im Cod. B., im Cod. A. höchst unsicher.* — 9. sagqjand *Cod. A.* — 10. faihugeigo *Codd. nach U.,* faihugeiro *L. cf. Col. III. 5.* — 11. frijaþva *Cod. A.* —

13 Anabiuda in andvairþja guþs, þis gaqiujandins alla, jah Kristaus Ie-
  suis, þis veitvodjandins uf Pauntjau Peilatau þata godo andahait,
14 fastan þuk þo anabusn unvamma, ungafairinoda und qum fraujins un-
  saris Iesuis Kristaus,
15 þanei in melam svesaim taikneiþ sa audaga jah ains mahteiga jah þiu-
  dans þiudanondane jah frauja fraujinondane,
16 saei ains aih undivanein jah liuhaþ bauiþ. unatgaht, þanei sahv manne-
  ni ainshun nih sai(*hvan mag*) . . . — —

VI. 13. andvairþja] *Cod. A. bricht ab.* — Pauntjau] Paunteau *Cod. B.*(*); *L.*

Du Teimauþaiau anþara.

1. KAPITEL.

1 Pavlus, apaustaulus Iesuis Kristaus þairh viljan guþs bi gahaitam libainais þizos in Kristau Iesu,

2 Teimauþaiau, liubin barna, ansts, armaio, gavairþi fram guþa attin jah Kristau Iesu fraujin unsaramma.

3 Aviliudo guþa meinamma, þammei skalkino fram fadreinam in hrainjai gahugdai, hvaiva unsveibando haba bi þuk gaminþi in bidom meinaim naht jah daga,

4 gairnjands þuk gasaihvan, gamunands tagre þeinaize, ei fahedais usfullnau,

5 gamaudein andnimands þizos, sei ist in þus, unliutons galaubeinais, sei bauaida faurþis in avon þeinai Lauidja jah aiþein þeinai Aivneika, gaþ-þan-traua þatei jah in þus.

6 In þizozei vaihtais gamaudja þuk, anaqiujan anst guþs, sei ist in þus þairh analagein handive meinaizo.

7 Unte ni gaf unsis guþ ahman faurhteins, ak mahtais jah friaþvos jah inaheins.

8 Ni nunu skamai þuk veitvodiþos fraujins unsaris Iesuis nih meina, bandjins is, ak miþ arbaidei aivaggeljon bi mahtai guþs,

9 þis nasjandins uns jah laþondins laþonai veihai, ni bi vaurstvam unsaraim, akbi seinai leikainai jah anstai, sei gibana ist unsis in Xristau Iesu faur mela aiveina,

10 iþ gasvikunþida nu þairh gabairhtein nasjandis unsaris Iesuis Kristaus, gatairandins railtis dauþau, iþ galiuhtjandins libain jah unriurein þairh aivaggeljon,

---

11 in þoei gasatiþs im ik merjands jah apaustaulus jah laisareis þiudo,

12 in þizozei fairinos jah þata vinna; akei nih skama mik, unte vait, hvamma galaubida, jah gatraua þammei mahteigs ist þata anafilh- mein fastan in jainana dag.

13 Frisaht habands hailaize vaurde, þoei at mis hausides in galaubeinai jah friaþvai in Kristau Iesu,

14 þata godo anafilh fastai þairh ahman veihana, saei bauiþ in uns.

15 Vaist, þatei afvandidedun sik af mis allai, þaiei sind in Asiai, þizei ist Fygailus jah Airmogaineis.

16 Gibai armaion frauja Auneiseifauraus garda, unte ufta mik anaþrafstida jah naudibandjo meinaizo ni skamaida sik;

17 ak qimands in Rumai usdaudo sokida mik jah bigat.

18 Gibai frauja imma bigitan armahairtein at fraujin in jainamma daga; jah hvan filu in Aifaison andbahtida mis, mais vaila þu kant.

2. KAPITEL.

1 Þu nu, barn mein valiso, insvinþei þuk in anstai þizai in Kristau Iesu,

2 jah þoei hausides at mis þairh managa veitvodja, vaurda guþs, þo anafilh triggvaim mannam, þaiei vairþai sijaina jah anþarans laisjan.

3 Þu nu arbaidei sve gods gadrauhts Kristaus Iesuis.

4 Ni ainshun drauhtinonds fraujin dugavindiþ sik gavaurkjam þizos al- dais, ei galeikai þammei drauhtinoþ.

5 Jah þan jabai haifsteiþ hvas, ni veipada, niba vitodeigo brikiþ.

6. Arbaidjands airþos vaurstvja skal frumist akrane andniman.

7 Fraþei, þatei qiþa; gibiþ auk þus frauja fraþi us allaim.

8 Gamuneis Kristu Iesu urrisanana us dauþaim us fraiva Davidis bi aivag- geljon meinai,

9 in þizaiei arbaidja und bandjos sve ubiltojis; akei vaurd guþs nist gabundan..

10 Inuh þis all gaþula bi þans gavalidans, ei jah þai ganist gatilona, sei ist in Kristau Iesu miþ vulþau aiveinamma.

11 Triggv þata vaurd: jabai miþ gadauþnodedum, jah miþ libam;

12 jabai gaþulam, jah miþ þiudanom; jabai afaikam, jah is afaikiþ uns;

13 jabai ni galaubjam, jains triggvs visiþ; afaikan sik silban ni mag.

14 Þizei gamaudei, veitvodjands in andvairþja fraujins. Vaurdam veihan du ni vaihtai daug, niba usvalteinai þaim hausjondam.

15 Usdaudei þuk silban gakusanana usgiban guþa vaurstvjan unaiviskana, raihtaba raidjandan vaurd sunjos.

16 Iþ þo dvalona, usveihona lausavaurdja bivandei; unte filu gaggand du afgudein,

---

I. 12. in jainamma dag(a?) *Cod. B.* — 13. frijaþvai *Cod. A., vor einer Lücke, in der der Artikel* þizai *gestanden haben könnte.* — 18. majs] *haben Cod. B. und L. hinter* filu. *Lücke in Cod. A. bis II. 21.*

II. 2. triggvaimannuam *Cod. B.* — 6. arbaidjans *Cod. B.* —

17 jah vaurd ize sve gunds aliþ; þizeei vesun Ymainaius jah Filetus,

18 þaiei bi sunja usvissai usmetun, qiþandans usstass ju vaurþana, jah galaubein sumaize usvaltidedun.

19 Aþþan tulgus grunduvaddjus guþs standiþ, habands sigljo þata: kunþa frauja þans, þaiei sind is, jah: afstandai af unselein hvazuh, saei namnjai namo fraujins.

20 Aþþan in mikilamma garda ni sind þatainei kasa gulþeina jah silubreina, ak jah triveina jah digana, jah suma du sverein sumuþ-þan du unsverein.

21 Aþþan jabai hvas gahrainjai sik þizei, vairþiþ kas du sveriþai, gaveihaiþ (jah) bruk fraujin, du allamma vaurstve godaize gamanviþ.

22 Aþþan juggans lustuns þliuh; iþ laistei garaihtein, galaubein, friaþva, gavairþi miþ þaim bidai anahaitandam fraujan us hrainjamma hairtin.

23 Iþ þos dvalons jah untalons soknins bivandei, vitands, þatei gabairand sakjons.

24 Iþ skalks fraujins ni skal sakan, ak qairrus visan viþra allans, laiseigs, usþulands,

25 in qairrein talzjands þans andstandandans, niu hvan gibai im guþ idreiga du ufkunþja sunjos,

26 jah usskavjaindau us unhulþins vruggon, fram þammei gafahanai tiuhanda afar is viljin.

3. KAPITEL.

1 Aþþan þata kunneis, ei in spedistaim dagam atgaggand jera sleidja,

2 jah vairþand mannans sik friondans, faihugairnai, bihaitjans, hauhhairtai, vajamerjandans, fadreinam ungahvairbai, launavargos, unairknai,

3 unhunslagai, unmildjai, fairinondans, ungahabandans sik, unmanariggvai, unseljai,

4 fralevjandans, untilamalskai, ufbaulidai, frijondans viljan seinana mais þau guþ,

5 habandans hivi gagudeins, iþ maht izos invidandans; jah þans afvandei.

6 Unte us þaim sind, þaiei sliupand in gardins jah frahunþana tiuhand qineina afhlaþana fravaurhtim, þoei tiuhanda du lustum missaleikaim,

7 sinteino laisjandona sik jan-ni aiv hvanhun in ufkunþja sunjos qiman mahteiga.

III. 2. friondans] *Cod. A. am Rande:* seinaigairnai (*für* seinagairnai).

II. 17. gunds aliþ] *so Cod. B. nach U.*; gund vuliþ *L.* — 18. sunjai *Cod. B.* — 20. svereinunsvereinj *so Cod. B. nach U.*; sverain-unsverain *L.* — 21. (jah) *fehlt im Cod. und bei L.* — mit du *fährt Cod. A. fort.* — 22. frijaþva *Cod. A.* — 26. usskarjaindau *Cod. A.*

III. 2. frijondans *Cod. A.* — hauhairtai *Cod. B.* — unairknans *Cod. A.* — 3. unmanarigvai *Cod. A.* — 5. jaþ-þan *Cod. A.* — 6. þaiei] þoei *Cod. B.* — 7. jan-ni] ni *Cod. B.· L.* —

8 Aþþan þamma haidau ei Jannis jah Mambres andstoþun Moseza, svå
jah þai andstandand sunjai; mannans fravaurþanai ahin, uskusanai
bi galaubein; ...

9 akei ni þeihand du filusnai, unte unviti ize svikunþ vairþiþ allaim,
svasve jah jainaize vas...

10 Iþ þu galaista is laiseinai meinai, usmeta, muna, sidau, galaubeinai,
usbeisnai, friaþvai, þulainai; ...

11 vrakjom, vunnim, hvileika mis. vaurþun in Antiaukiai, in Eikaunion, in
Lystrys, hvileikos vrakos usþulida, jah us allaim mik galausida frauja.

12 Jah þan allai, þaiei vileina gagudaba liban in Xristau Iesu, vrakos
vinnand.

13 Iþ ubilai mannans jah liutai þeihand du; vairsizin, airzjai jah airz-
jandans.

14 Iþ þu framvairþis visais in þaimei galaisides þuk jah gatrauaida sind
þus, vitands, at hvamma ganamt,

15 jah þatei us barniskja veihos bokos kunþes; þos mahteigons þuk us-
fratvjan du ganistai þairh galaubein þo in Xristau Iesu.

16 All boko gudiskaizos ahmateinais jah þaurftos du laiseinai, du gasah-
tai, du garaihteinai, du talzeinai in garaihtein,

17 ei ustauhans sijai manna guþs, du allamma vaurstve godaize ga-
manviþs.

4. KAPITEL.

1 Veitvodja in andvairþja guþs jah fraujins Kristaus Iesuis, saei skal
stojan qivans jah dauþans bi qum is (jah) þiudinassu is:

2 merei vaurd, instand uhteigo, unuhteigo, gasak, gaþlaih, gahvotei in
allai usbeisnai jah laiseinai.

3 Vairþiþ mel, þan haila laisein ni usþuland, ak du seinaim lustum ga-
dragand sis laisarjans, suþjondans hausein;

4 aþþan af sunjai hausein afvandjand, iþ du spillam gavandjand sik.

5 Iþ þu andaþahts sijais in allaim, arbaidei, vaurstv vaurkei aivaggeli-
stins, andbahti þein usfullei.

6 Aþþan ik ju hunsljada jah mel meinaizos disvissais atist.

7 Haifst þo godon haifstida, run ustauh, galaubein gafastaida;

8 þaþroh galagiþs ist mis vaips garaihteins, þanei usgibiþ mis frauja in
jainamma daga, sa garaihta staua; aþþan ni þatainei mis, ak jah
allaim, þaiei frijond qum is.

III. 9. svikunþ] *Randglosse des Cod. A.:* gatarhiþ. — 10. galaista
is] *desgleichen* galaisides (*für* galaistides). — 13. du vairsizin] *Rand-*
glosse in A.: du ubelamma (*für* du ubilamma).

IV. 6. disvissais] *Cod. A. am Rande:* gamalteinais.

III. 8. Jannes *Cod. A.* — 10. frijaþvai *Cod. A.* — 11. Lystrys] *so die Codd. nach Uppstr.;*
Lystros *L.* — usþulida] *in beiden Codd., daher vorläufig nicht zu ändern.*
IV. 1. (jah) *fehlt in den Codd. und bei L.* — 2. instand] stand *Cod. B., L.* — ohteigo
Cod. B. — 3. gadragand *A.*, dragand *B., L.* — suþjondans *Cod. A.* — 8. þaþroh *Cod. A.,*
þuþro þan *B., L.* — garaihta *Cod. A.*, raihta *B., L.* —

9 Sniumei qiman at mis sprauto;

10 unte Demas mis bilaiþ, frijonds þo nu ald, jah galaiþ du þaissalau-
neikai, Kreskus du Galatiai, Teitus du Dalmatiai.

11 Lukas ist miþ mis ains. Marku andnimands brigg miþ þus silbin, unte
ist mis bruks du andbahtja.

12 Aþþan Tykeiku insandida in Aifaison.

13 Hakul, þanei bilaiþ in Trauadai at Karpau, qimands atbair jah bokos,
þishun maimbranans.

14 Alaiksandrus aizasmiþa managa mis unþiuþa ustaiknida; usgildiþ imma
frauja bi vaurstvam is;

15 þammei jah þu vitai, filu auk andstoþ unsaraim vaurdam.

16 In frumiston·meinai sunjonai 'ni manna'mis miþ vas, ak allai mis bili-
þun; ni rahnjai(dau im). —

IV. 10. jag-galaiþ *Cod. A.* — Kreskus *Cod. A.*, Krispus *Cod. B.*, *L.* — 11. andbahtja] *hier*
bricht Cod. B. ab. — 14. Alaiaiksandrus *Cod. A.* — 16. miþvasa *Cod. A.*

Du Teitau anastodeiþ.

1. KAPITEL.

1 Pavlus, skalks guþs, iþ apaustaulus Iesuis Kristaus bi galaubeinai ga-
validaize guþs jah ufkunþja sunjos, sei bi gagudein ist,

2 du venai libainais aiveinons, þoei gahaihait unliugands guþ faur mela
aiveina,

3 iþ ataugida mela svesamma vaurd sein in mereinai, sei gatrauaida ist
mis bi anabusnai nasjandis unsaris guþs,

4 Teitau, valisin barna bi gamainjai galaubeinai, ansts jah gavairþi fram
guþa attin jah Kristau Iesu nasjand unsaramma.

5 In þizozei vaihtais bilaiþ þus in Kretai, in þize ei vanata atgaraihtjais
jah gasatjais and baurgs praizbytairein, svasve ik þus garaidida,

6 jabai hvas ist ungafairinods, ainaizos qenais aba, barna habands ga-
laubeina, ni in usqissai usstiureins aiþþau ungahvairba.

7 Skaluþ-þan aipiskaupus ungafairinoþs visan, sve guþs fauragaggja, ni
hauhhairts, ni bihaitja, ni þvairhs, ni veinuls, ni slahals, ni aglait-
gastalds;

8 ak gastigods, bleiþs, andaþahts, garaihts, veihs, gaþaurbs,

9 andanemeigs bi laiseinai vaurdis triggvis, ei mahteigs sijai jah gaþlaihan
in laiseinai hailai jaþ-þans andstandandans gasakan.

10 Sind auk managai ungahvairbai, lausavaurdai, lutondans, þishun þai
us bimaita,

11 þanzei skal gasakan; þaiei gardins allans usvaltjand, laisjandans, þatei
ni skuld ist, in faihugairneins.

12 Qaþ auk sums ize, sves ize praufetus: Kretes sinteino liugnjans, ubila
unbiarja, vambos latos.

Von dieser Epistel gewährt Cod. B. cap. I. 1 — 10, Cod. A. cap. I. 9 — II. 1.

Ueberschrift: von anastodeiþ *ist im Cod. nach Castiglione nur noch der erste Buch-
stabe lesbar.*

I. 3. ataugida] *so im Cod. nach Uppstr.,* atbairhtida *L.* — 7. veinuls] *so Cod. (Germ.
IX. 141)*; veinnas *L.* — 9. *mit* vaurdis *beginnt Cod. A.* — triggvs *Cod. A.* — 10. lausai-
vaurdai *Cod. A.* — *mit* þishun *bricht Cod. B. ab.* — 12. unbiarja] *so im Cod. A.*; biarja *L.* —

13 So ist veitvodei sunjeina. In þizozei fairinos gasak ins hvassaba, ei hailai sijaina in galaubeinai,

14 ni atsaihvandans judaiviskaize spilli jah anabusne manne 'afvandjandane sis sunja.

15 Aþþan all hrain hrainjaim, ¡þ bisaulidaim jah ungalaubjandam ni vaiht hrain, ak bisaulida sind ize jah aha jah miþvissei.

16 Guþ andhaitand kunnan, ¡þ vaurstvam invidand, andasetjai visandans jah ungalaubjandans jah du allamma vaurstve godaize uskusanai.

2. KAPITEL.

1 Iþ þu rodei, þatei gadof ist þizai hailon laiseinai — —

I. 16. uskusanai] *am Rande des Cod. A.:* ungakusanai.

I. 13. hvassaba] *das Wort ist im Cod. unsicher, da die ersten Buchstaben desselben zerstört sind.* — 14. spilli *Cod. für* spille.

Du Filemauna.

11 — iþ nu þus jah mis bruks,
12 þanuh insandida; iþ þu ina, þat-ist meinos brusts, ,andnim;
13 þanei ik vilda at mis gahaban', ei faur þuk mis andbahtidedi in band-
   jom .aivaggeljons.
14 Iþ inu þein ragin ni vaiht vilda taujan, ei ni svasve bi nauþai þiuþ
   þein sijai, ak us lustum.
15 Aufto auk duþe afgaf sik du hveilai, ei aiveinana ina andnimais,
16 ju ni svasve skalk, ak ufar skalk broþar liubana, ussindo mis, iþ hvan
   filu mais þus jah in leika jah in fraujin.
17 Jabai nu mik habais du gamana, andnim þana sve mik.
18 Iþ jabai hva gaskoþ þus aiþþau skula ist, þata mis rahnei.
19 Ik Pavlus gamelida meinai handau: ik usgiba; ei ni qiþau þus, þatei
   jaþ-þuk silban mis skula is.
20 Jai, broþar, ik þeina niutau in fraujin; anaþrafstei meinos brusts in
   Kristau.
21 Gatrauands ufhauseinai þeinai gamelida þus, vitands, þatei jah ufar
   þatei qiþa, taujis.
22 Bijandzuþ-þan manvei mis saliþvos; venja auk, ei þairh bidos izvaros
   fragibaidau izvis.
23 Goleiþ þuk Aipafras, sa miþ frahunþana mis in Xristau Iesu — — —

---

12. meinos brusts] *Cod. A. am Rande:* meina h[air]þra. — 14. us
lustum] *Randglosse:* gabaurjaba.

Das Bruchstück dieser Epistel ist nur im Cod. A. erhalten.
Ueberschrift fehlt daselbst.
14. þiuþeinssijai *Cod. A.*

FAIRNJA TRIGGVA.

Der alte Bund.

I. Aus dem Buche Esdras

(*Vulgata:* 1. Buch Esdras).

2. KAPITEL.

8 — — . . . (*niun*) hunda ·m· ·e·
9 Sunjus Zaxxaiaus ·hv· ·j·
10 Sunive Banauis ·x· ·m· ·b·
11 Sunive Babavis ·x· ·k· ·g·
12 Sunive Asgadis þusundi ·hv· ·u· ·q·
13 Sunive Adauneikamis ·x· ·j· ·q·
14 Sunive Bagvauis tva þusundja ·j· ·q·
15 Sunive Addin ·v· ·n· ·d·
16 Sunjus Ateiris, sunaus Aizaikeiins, niuntehund jah ·h·
17 Sunive Bassaus ·t· ·l· ·g·
18 Sunive Iorins ·r· ·i· ·b·
19 Sunive Assaumis ·s· ·k· ·g·
20 Sunive Gabairis ·𐍁· ·e·
21 Sunive Baiþlaem ·r· ·k· ·g·
22 Sunive Naitoïaþeis ·r· ·m· ·q·
23 Sunive Anaþoþis ·r· ·k· ·h·
24 Sunive Asmoþis ·r· ·n· ·h·
25 Vairos Kareiaþiareim jah Kafira jah Beroþ ·hv· ·m· ·g·
26 Vairos Rama jah Gabaa ·x· ·i· ·b·
27 Vairos Makmas ·r· ·k· ·b·
28 Vairos Baiþelis jah Aïa ·s· ·k· ·g·
29 Vairos Nabavis ·n· ·b·
30 Sunjus Makeibis ·r· ·n· ·q·
31 Sunjus Aillamis anþaris þusundi ·s· ·n· ·d·

Ueber den Codex s. die Einleitung.

II. 10. Banauis] Baggauis *Cod. nach Castiglione.* — 14. Bagvauis] Baggeisis *Cod., L.* — 16. sunjus] sunaus *Cod.* — niunhund *Cod.* — 25. Kafira] Kafairi *Cod., L.* — 28. Baiþilis jah Aai *Cod., L.* —

32 Sunjus Eiramis ·t· ·k·

33 Sunjus Lyddomaeis jah Anos ·hv· ·k· ·e·

34 Sunjus Iaireikons ·t· ·m· ·e·

35 Sunjus Sainnaïns ·g· þusundjos ·x· ·l·,

36 jah gudjans: sunjus Aidduins us garda Iesuis niunhunda ·u· ·g·

37 Sunjus Aimmeirins þusundi ·n· ·b·

38 Sunjus Fassuris þusundi ·s· ·m· ·z·

39 Sunjus Iareimis þusundi ·i· ·z·

40 Jah Laivveiteis: sunjus Iesuis jah Kaidmeielis us sunum Odueiins ·u· ·d·

41 Sunjus Asabis liuþarjos ·r· ·n· ·h·

42 Sunjus dauravarde: sunjus. Saillaumis jah sunjus Ater . . . .·

_____

II. 34. Eaireikons *Cod.* (?), *L.* — 35. sunjûsaiúnaïus *Cod.* — 38. Fassuris] Falassuris *Cod.*, *L.* — 42. sunjus *das zweite Mal]* sunaus *Cod.*

II. Aus dem Buche Nehemias

(*Vulgata*: 2. Buch Eşdras).

5. KAPITEL.

13 — — — jah qaþ alla gamainþs: Amen. Jah hazidedun fraujan jah
gatavidedun þata vaurd alla so managei.

14 Jah fram þamma daga ei anabauþ mis, ei veisjau fauramaþleis ize in
Iudaia, fram jera ·k· und jer ·l· jah anþar Artarksairksaus þiudanis
·i· ·b· jera, ik jah broþrjus meinai hlaif fauramaþl'eis meinis ni'ma-
tidedum.

15 Iþ fauramaþljos, þaiei veisun faura mis, kauridedun þo managein jah
nemun at im hlaibans jah vein jah nauhþanuh silubris sikle ·m· jah
skalkos ize fraujinodedun þizai managein; iþ ik ni tavida sva faura
andvairþja agisis guþs.

16 Jah vaurstv þizos baurgsvaddjaus ni svinþida jah þaurp ni gastaistald
jah þivos meinai jah allai þai galisanans du þamma vaurstva.

17 Jah Iudaieis jah þai fauramaþljos ·r· jah ·n· gumane jah þai qimand-
dans at unsis us þiudom þaim bisunjane unsis ana biuda meinamma
andnumanai veisun.

18 Jah vas fraquman dagis hvizuh stiur ·a·, lamba gavalida ·q· jah gaits
·a· gamanvida vas mis; jah bi ·i· dagans gaf vein allai þizai filusnai
[jah allai þizai managein]; jah ana þo alla hlaif fauramaþleis meinis
ni sokida, in þis ei ni kauridedjau þo managein in þaim vaurst-
vam — —

6. KAPITEL.

14 — — — (*praufe*)te, þaiei þlahsidedun mik.

15 Jah ustauhana varþ so baurgsvaddjus ·e· jah ·k· daga menoþis *Ailulis*,
·n· dage jah ·b·

V. 13. gaits ·a·] *so der Cod.*; gaitsa *L*. — 18. jah ana þo alla hlaif] *so im Cod. nach U.*;
jah allamma þo alla hlaif *L*. — þis] *so im Cod. nach U.*, þize *L*. —
VI. þlahsidedun] þrafstidedun *Cod.* (?); *L*. — 15. menoþis *Cod. nach U.*, menoþs *L*. —

16 Jah varþ, sve hausidedun fiands unsarai allai, jah ohtedun allos þiudos þos bisunjane unsis, jah atdraus agis in ausona ize abraba; jah ufkunþedun, þatei fram guþa unsaramma varþ usfulliþ þata vaurstv.

17 Jah in dagam jainaim managai veisun þize reikjane Iudaie, þaiei sandidedun aipistulans du Tobeiin, jah Tobeias du im.

18 Managai auk in Iudaia ufaiþjai veisun imma, unte megs vas Saikaineiins, sunaus Aieirins, jah Ioanan sunus is nam dauhtar Maisaullamis, sunaus Barakeiins, du qenai.

19 Jah rodidedun imma vaila in andvairþja meinamma, jah vaurda meina spillodedun imma, jah aipistulans insandida Tobeias ogjan mik.

7. KAPITEL.

1 Jah varþ, sve gatimrida varþ so baurgsvaddjus, jah gasatida haurdins jah gaveisodai vaurþun dauravardos jah liuþarjos jah Laivveiteis;

2 jah anabauþ Ananiin broþr meinamma jah Ananeiin fauramaþlja baurgs Iairusalems, unte sa vas vair sunjeins jah ogands fraujan ufar managans;

3 jah qaþ im: ni uslukaindau daurons Iairusalems, und þatei urrinnai sunno. — — ......

Skeireins

aivaggeljons þairh Iohannen.

I.

a — saei fraþjai aiþþau·sokjai guþ. Allai usvandidedun, samana un-
-37 brukjai vaurþun, jah ju uf dauþaus atdrusun staua. Inuh þis qam
gamains allaize nasjands, allaize fravaurhtins afhrainjan. Ni ibna nih
galeiks unsarai garaihtein, ak silba garaihtei visands, ei gasaljands sik
faur uns hunsl jas-sauþ guþa þizos manasedais gavaurhtedi uslunein.

b þata nu gasaihvands Iohannes þo, sei ustauhana habaida || vairþan
fram fraujin, garehsn, miþ sunjai qaþ: sai sa ist viþrus guþs, saei
afnimiþ fravaurht þizos manasedais. Mahtedi· sveþauh jah inu mans
leik, valdufnja þataine gudiskamma galausjan allans us diabulaus
anamahtai; akei kunnands, þatei svaleikamma valdufnja mahtais
nauþs ustaiknida vesi jan-ni þanaseiþs fastaida garaihteins ga-
38 rehsns, || ak nauþai gavaurhtedi manne ganist. Jabai auk diabulau

c fram anastodeinai nih nauþjandin, ak uslutondin || mannan jah þairh
liugn gahvatjandin ufargaggan anabusn, þatuh vesi viþra þata ga-
dob, ei frauja qimands mahtai gudiskai jah valdufnja þana galausi-
dedi jah nauþai du gagudein gavandidedi; ne auk þuhtedi þau in
garaihteins gaaggvein ufargaggan þo faura ju us anastodeinai garai-
don garehsn? Gadoh nu vas mais, þans svesamma viljin ufhausjan-
dans diabulau du ufargaggan anabusn guþs, þanzuh aftra svesamma

d viljin gaqissans vairþan nasjandis lai||seinai jah frakunnan unselein þis
faurþis uslutondins, iþ sunjos kunþi du aftraanastodeinai þize in guþa
usmete gasatjan. Inuh þis nu jah leik mans andnam, ei laisareis
uns vairþai þizos du guþa garaihteins; sva auk skulda, du galeikon

---

Die Fragmente dieser Abhandlung sind teils im Cod. Ambros. G. 147., teils im Cod.
Vatican. 5750 enthalten.

1. *Aus Cod. Ambr.* — a. staua *Cod.*, stauai *L.* — uslunein *Cod.*, ussaunein *L.* — b. ga-
rehsns] garehsn *Cod. Uppstr.* — c. gahvatjandin *Cod.*, gahvotjandin *L.* — gaagvein *Cod.*
·*Uppstr.* — d. uslutondis *L.* —

seinai frodein, jah mans aftra galaþon vaurdam jah vaurstvam jah
spilla vairþan aivaggeljons usmete. Iþ in þizei nu vitodis gaaggvei
ni þatain gavaudeinai —

II.

a 39 — (*sei*)nai galaubeinai vairþands ju faur ina balþeiþ, || in mela raihtis
þulainais leikis afar þulain svikunþaba miþ Ioseba usfilhands, gasvi-
kunþjands, ei ni afvandida sik in fauramaþlje hvotos. Inuh þis jah
nasjands nauh miþþan anastodjands ustaiknida þana iupa briggandan
in þiudangardjai guþs vig, qiþands: amen, amen, qiþa þus, niba saei
b gabairada iupaþro, ni mag'gasaihvan· þiudangardja guþs. Iupaþ¦ro
þan qaþ þo veihon jah himinakundon gabaurþ anþara þairh þvahl
usþulan. Þammuh þan ni froþ Nekaudemus, in þis ei miþþan frumist
hausida fram laisarja, inuh þis qaþ: hvaiva mahts ist manna gabai-
ran alþeis visands? ibai mag in vamba aiþeins seinaizos aftra galei-
40 þan jag-gabairaidau? || Unkunnands auk nauh visands jah ni kun-
nands biuhti jah þo leikeinon us vambai munands gabaurþ, in tveifl
c atdraus, inuh' þis qaþ: hvaiva || mahts ist manna alþeis visands ga-
bairan? ibai mag in vamba aiþeins seinaizos aftra galeiþan jah ga-
bairaidau? Iþ nasjands þana anavairþan dom is gasaihvands jah
þatei in galaubeinai þeihan habaida, gaskeirjands imma, sve miþþan
unkunnandin, qiþands: amen, amen, qiþa þus, niba saei gabairada
us vatin jah ahmin, ni mag inn galeiþan in þiudangardja guþs.
d Naudiþaurfts auk vas jah gadob vistai du garehsn dauʼpeinais and-
niman, at raihtis manu us missaleikom vistim ussatidamma, us sai-
valai raihtis jah leika, jah anþar þize anasiun visando, anþaruh þan
ahmein; duþþe gatemiba and þana þize laist jah tvos ganamnida
vaihts, svesa bajoþum du daupeinais garehsnai, jah þata raihtis ana-
siunjo vato jah þana andaþahtan ahman; ei raihtis þata gasaihvan —

III.

a — (*ma*)naga vesun jainar; þaruh qemun jah daupidai vesun; ni
41 nauhþanuh galagiþs vas in karkarai Iohannes. Þatuh þan qiþands
aivaggelista ataugida, ei so garehsns bi ina nehva andja vas þairh
Herodes birunain. Akei faur þata at bajoþum daupjandam jah ain-
hvaþarammeh scina anafilhandam daupein, miþ sis misso sik undrun-
nun sumai ni kunnandans, hvaþar skuldedi maiza. Þaþroh þan varþ
b sokeins || us siponjam Iohannes miþ Iudaium bi sviknein, in þizei
ju jah leikis hraineino inmaidiþs vas sidus jah so bi guþ hrainei
anabudana vas, ni þanaseiþs judaiviskom ufarranneinim jah sinteino
daupeinim brukjan usdaudjaina, ak Iohanne hausjandans, þamma

I. d. gavandei . . *L.*

II. *Aus Cod. Ambr.* ⇁ b. in þis ei *Cod.*, in þizei *L.* — d. garehsnai] garehsnais *Cod.*
III. *Aus Cod. Vat.* — a. undruunuu *Cod.*, andruunun *L.* —

.faurrinnandin aivaggeljon.· ·iVasuh þan ,jah· frauja þo ähmeinou ana-
filhands daupein; ciþan garaihtaba varþ bi sviknein sokeins·:gava-
c gida, unte vitoþ þize unfaurveisane missadede ainaizos || vitoþ rai-
42 dida az'gon kalbons gabrunnidaizos utana bibaurgeinais; afaruh þan
þo in vato vairpandans hrain jah hyssopon jah vullai raudai ufar-
· ·-trusnjandans, ,svasve gadoh þans ,ufarmitou munandans. Iþ Iohannes
· ,· ,·,d idreigos ,daupein merida jah missadede,,aflet þaim ainfalþaba·;gavand-
-·:· :jandam gahaihait; iþ fraujins, at afleta fravaurhte jah fragift veihis
· · d.,ahurius jah fragibands im, þatei sunjus þiudangardjos vairþaina. || Svaei
·'r· sijai, daupeins Iohannes ana ·midumai tvaddjé ligandei, ufarþeihandei
·· ·· ,raihtis vitodis hrainein, iþ minnizei · filaus.· aiväggeljons· ·daupeinai;
,inuh þis bairhtaba uns laiseiþ · qiþands: aþþan ik -in·· vatin izvis
daupja, iþ sa afar mis gaggauda, svinþoza,mis ist, þizei ik ·ni im
vairþs, ei anahneivands andbindau skaudaraip skohis is; ·sah þan
izvis daupeiþ in ahmin veihamma. · Bi garehsnai nu — · ·· ·,·

· IV.

a — So nu faheþs meina usfullnoda; jains skal vahsjau, iþ ik minznau.
·43 Eiþan ,nu siponjam seinaim þaim bi sviknein du Iudaium sokjandam
jah qiþandam sis: Rabbei, saei vas miþ þus hindar Jaurdanau, þam-
mei þu veitvodides, sai sa daupeiþ jah allai gaggand du imma, nauh
·. unkunnandans þo bi nasjand: inuh þis laiseiþ ins qiþands: jains skal
b vahsjau, iþ ik minznan. Aþþan so bi ina garehsns du leiti||lamma
mela ·raihtis bruks vas jah fauramanvjandei saivalos þize daupidane
fralailot aivaggeljons mereinai; iþ fraujins laiseins anastodjandei af
Iudaia jah and allana midjungard gaþaih, and hvarjano þeihandei
und hita nu jah aukandei all manne du guþs kunþja tiuhandei, inuh
þis jah skeirs visandei. Mikilduþ fraujins vulþaus kannida qiþands:
sa iupaþro qimands ufaro allaim ist; ni þatei ufaro visandan svare
c 44 kannidedi, ak || jah svalauda is mikil'|duþais maht insok jah himi-
nakundana jah iupaþro·qumanana qiþands, iþ sik airþakundana jah
us airþai rodjandan, in þizei vistai manna vas, jaþþe veihs jaþþe
praufetus visands jag-garaihtein veitvodjands, akei us airþai vas jah
us vaurdahai vistai rodjands: iþ sa us himina qumana, jabai in leika
visan þuhta, akei ufaro allaim ist, jah þatei gasahv jag-gahausida,
þata veitvodeiþ, jah þo veitvodida is ni ainshun nimiþ. Jah þauh-
d jabai || us himina ana airþai in manne garehsnais qam, akei ni þe
haldis airþeins vas nih us airþai rodjands, ak himinakunda anafil-
hands fulhsnja, þoei gasahv jag-gahausida at attin. Þo nu insakana
vesun fram Iohanne, ni in þis þatainei, ei fraujins mikilein gakanni-
dedi, ak du gatarhjan jah gasakan þo afgudon haifst Sabailliaus jah

---

III. c. munandans] munandane Cod., U. — d. minizei Cod.
IV. Aus Cod. Vat. — a. sokjaudam] sokjandaus Cod. — b. visandei Cod., L., visands
M., Uppstr. — ·d. an airþai Cod. — airþai] Cod. nur þai.

Markailliaus, þaiei ainana anananþidedun qiþan attan jah sunu.　Iþ
anþar sa veiha —

V.

a — (alla)ma du attin sveriþos, at allamma vaurstve ainaizos anabus-
45 nais beidiþ.　Iþ þatei raihtis þana frijondan anþaranuh þan þana
frijodan, anþarana taiknjandan anþaranuh þan galeikondan jainis
vaurstvam, þatuh þan insok kunnands þize anavairþane airzein, ei
galaisjaina sik bi þamma tva andvairþja attins jah sunaus andhaitan,
b jah ni miþ qiþaina.　Anduh þana laist skeiris bruk‖jands vaurdis
qaþ: svasve auk atta urraiseiþ dauþans jah liban gataujiþ, sva jah
sunus, þanzei vili, liban gataujiþ, ei svesamma viljin jah svesai
mahtai, galeikonds þamma faurþis gaqiujandin dauþans, gahaitands,
þize ungalaubjandane þrasabalþein andbeitands gasok.　Nih þan atta
ni stojiþ ainohun, ak staua alla atgaf sunau.　Iþ nu ains jah sa
46 sama vesi bi Sabailliaus insahtai, missaleikaim bandviþs nam‖nam,
c hvaiva stojan jah ni sto‖jan sa sama mahtedi? ni auk þatainei
namne inmaideins tvaddje andvairþje anþarleikein bandveiþ, ak
filaus mais vaurstvis ustaikneins, anþarana raihtis ni ainnohun sto-
jandan, ak fragibandan sunau stauos valdufni, jah is andnimands bi
attin þo sveriþa jah alla staua bi jainis viljin taujands, ei allai sve-
raina sunu, svasve sverand attan.　Skulum nu allai veis at svaleikai
jah sva bairhtai insahtai guþa unbauranamma andsatjan baura-
d nana ‖ jah ainabaura sunau guþs guþ visandan kunnan; eiþan ga-
laubjandans sveriþa ju hvaþaramma usgibaima bi vairþida, unte þata
qiþano: ei allai sveraina sunu svasve sverand attan, ni ibnon, ak
galeika sveriþa usgiban uns laiseiþ.　Jah silba nasjands bi sipon-
jans bidjands du attin qaþ: ei frijos ins, svasve frijos mik, ni
ibnaleika frijaþva, ak galeika þairh· þata ustaikneiþ.　Þammuh
samin haidau —

VI.

a — (usfull)nands, unsvikunþozei varþ bi nauþai jainis insahts, sve sama
47 is qiþiþ: jains skal vahsjan, iþ ik minznan; in þizei nu du leitilai
hveilai galaubjan Iohanne hausjan þuhtedun, iþ afar ni filu ufarmaudein
þo bi ina atgebun; eiþan vaila ins maudeiþ qiþands: jains vas lukarn
brinnando jah liuhtjando; iþ jus vildeduþ svignjan du hveilai in

---

V. Aus Cod. Ambr. — a. frijodan] Cod. ursprünglich frijondan, doch ist das erste n
radiert. — taiknjanda Cod. — b. ainohun Cod. für ainnohun. — c. bauranana] der Cod.
ist an dieser Stelle ganz unleserlich; die Ausfüllung nach Uppstr.; M. setzt sveriþa. —
d. visandan Cod., visaudin M., L. — hvaþaramma] so Cod., hvaþaramme M., L. — vairþida
Cod., vaiⁿþidai M., L. — qiþano] so Cod., qiþlo M., L. — haidau am Schlusse liest Uppstr.
noch ziemlich sicher; M. nur h . . . —
VI. Aus Cod. Ambr. — a. sama] so Cod., nicht silba. — miznan Cod. —

b liubada is. Aþþan ik haba veitvodiþa maizein þamma Iohaun|ne:
þo auk vaurstva, þoei atgaf mis atta ei ik taujau þo, þo vaurstva,
þoei ik tauja, veitvodjand bi mik, þatei atta mik insandida. Jains
auk manniskaim vaurdam veitvodjands tveifljan þuhta, sunjeins vi-
sands, þaim unkunnandam mahta; iþ attins þairh meina vaurstva
veitvodei all ufar insaht manniskodaus Iohannes unandsok izvis und-
redan mag kunþi. Unte hvarjatoh vaurde at mannam in mundai
c maht ist anþarleikein inmaidjan, iþ þo veihona vaurstva, || unand-
48 sakana visandona, || gasvikunþjandona þis vaurkjandins dom, bairh-
taba gabandvjandona, þatei fram attin insandiþs vas us himina.
Inuh þis qiþiþ: jah saei sandida mik atta, sah veitvodeiþ bi mik.
Aþþan missaleiks jah in missaleikaim melam attins bi ina varþ veit-
vodeins, suman þairh praufete vaurda sumanuh þan þairh stibna us
himina sumanuh þan þairh taiknins; iþ in þizei þaim sva vaurþanam
d hardizo þizei ungalaubjandane varþ || hairto, inuh þis garaihtaba
anaaiauk qiþands: nih stibna is hvanhun gahausideduþ, nih siun is
gasehvuþ jah vaurd is ni habaiþ visando in izvis, þande þanei in-
sandida jains, þammuh jus ni galaubeiþ, unte at þaim gahvairbam
frakunnan ni skuld ist. Iþ sumai jah stibna is gahausidedun, sumai
þan is siun sehvun; audagai auk þan qaþ þai hrainjahairtans, unte
þai guþ gasaihvand. Jah ju þaþro sve vadi þairh —

VII.

a — (mann)ahun kunnandins fraujins maht jah andþaggkjandins sik
49 is valdufneis. Nih Stains, ak jah Andraias, saei qaþ: ist magula
ains her, saei habaiþ ·e· hlaibans barizeinans jah tvans fiskans, ana-
leiko sve Filippus gasakada, ni vaiht mikilis hugjands nih vairþidos
laisareis andþaggkjands, þairh þoei usbar qiþands: akei þata hva
b ist du sva managaim? Iþ frauja andtilonds ize niuklahein || qaþ:
vaurkeiþ þans mans anakumbjan. Iþ eis, at hauja managamma vi-
sandin in þamma stada, þo filusna anakumbjan gatavidedun, fimf
þusundjos vaire inuh qinons jah barna. Sve at mikilamma nahta-
mata anakumbjandans at ni visandein aljai vaihtai ufar þans fimf
hlaibans jah tvans fiskans, þanzei nimands jah aviliudonds gaþiuþida,
jah sva managai ganohjands ins vailaviznai ni þatainei ganauhan
c þaurftais im fra||gaf, ak filaus maizo; afar þatei matida so managei,
50 || bigitan vas þizei hlaibe ·ib· tainjons fullos, þatei aflifnoda. Sa-
maleikoh þan jah þize fiske, sva filu sve vildedun. Nih þan ana
þaim hlaibam ainaim seinaizos mahtais filusna ustaiknida, ak jah in
þaim fiskam; sva filu auk sve gamanvida ins vairþan, svaei ainhvar-
jammeh sva filu sve vilda andniman ist, tavida; jah ni in vaihtai

---

VI. b. insandida Cod., saudida M., L. — þuhtu] so Cod., M. þuhtu L. — in mundai Cod.,
in sunau M., L. — c. bi ina] bi inna Cod.
   VII. Aus Cod. Ambr. — b. visandin Cod., Uppstr. — c. matida Cod., matjan M, L.
— gamanvida Cod. nach Uppstr. Lesung, garahnida L. — ainhvarjammeh Cod., ainhvar-
janoh L. — andniman ist tavida] so Cod. nach Uppstr., andniman is gatavida M., L.
   Ulfilas. 3. Aufl. 14

d vaninassu þizai filusnai vairþan gatavida. Akei || nauh us þamma
filu mais siponjans fullafahida jah anþarans gamaudida gaumjan,
þatei is vas sa sama, saei in auþidai ·m· jere attans ize fodida.
Þanuh, biþe sadai vaurþun, qaþ siponjam seinaim: galisiþ þos aflif-
nandeins drausnos, ei vaihtai ni fraqistnai. Þanuh galesun jah ga-
fullidedun ·ib· tainjons gabruko us þaim ·e· hlaibam barizeinam jah
·b· fiskam þatei aflifnoda at þaim —

VIII.

a — (ains)hun uslagida ana ina handuns, at veihai auk is mahtai unana-
51 siuniba unselein ize nauh disskaidandein jah ni uslaubjandein faur
mel sik gahaban. Galiþun þan þai andbahtos du þaim auhumistam
gudjam jah Fareisaium. Þaruh qeþun du im jainai: duhve ni attau-
huþ ina? Andhofun þan þai andbahtos qiþandans: þatei ni hvanhun
b aiv rodida manna, svasve sa manna. Soh þan || andahafts du ga-
sahtai, maizuh þan du afdomeinai jainaize ungalaubeinai varþ. And-
hofun auk jainaim anahaitandam im, in þizei ni attauhun ina, ni
andsitandans jainaize unselein þize anahaitandane im, ak mais silda-
leikjandans fraujins laisein svikunþaba in allaim alamannam faura
visan rahnidedun. Iþ jainai in unseleins seinaizos balþein ize ni us-
þulandans, miþ hatiza andhofun viþra ins qiþandans: ibai jah jus
c || afairzidai siuþ? Sai, jau ainshun þize reike galaubidedi imma
aiþþau þize Fareisaie? alja so managei, þaiei ni kunnun vitoþ, fra-
52 qiþanai sind. || Þoh þan miþ baitrein þvairheins rodidedun, in þammei
liugandans bigitanda, ei ni ainshun reike aiþþau Fareisaie galaubi-
dedi imma, at Neikaudaimau bi garehsnai guþs qimandin at imma in
naht jah miþ balþein faur sunja insakandin jah qiþandin im: ibai
d vitoþ unsar stojiþ mannan? || at jainaim qiþandam, þatei ni ainshun
þize reike jah Fareisaiei galaubida, ni fraþjandans, þatei sa raihtis
Fareisaius vas jah ragineis Judaie, jah ains reike ustaikniþs us þaim
fraqiþanam, vas galaubjands fraujin, du gasahtai jainaize unseleins
faur ina rodjands. Iþ eis ni usþulandans þo gasaht andhofun qiþan-
dans: ibai jah þu us Galeilaia is? ussokei jah saihv, þatei — —

VIII. *Aus Cod. Vat.* — b. þan] þa *Cod.* — c. miþ baitrein þvairhains *M.*, *Uppstr.*; miþ
baitreins þvairheins *Cod.*, miþ baitreins þvairhein *L.* — in þammei *Cod.* in þamma ei *L.*

Fragment eines gothischen Kalenders.

·kg· þize ana gutþiudai managaize marytre jah Friþareikeis.

·kd·

·ke·

·kq·

·kz·

·kh·

·kþ· gaminþi marytre þize bi Verekan papan jah Batvin bilaif. aikkles-
jons fullaizos ana gutþiudai gabrannidai.

·l·

Naubaimbair: fruma Jiuleis ·l·

·a·		·iq·	
·b·		·iz·	
·g·	Kustanteinus þiudanis.	·ih·	
·d·		·iþ·	þize alþjane in Bairaujai
·e·		·m·	samana.
·q·	Dauriþaius aipiskaupus.	·k·	
·z·		·ka·	
·h·		·kb·	
·þ·		·kg·	
·i·		·kd·	
·ia·		·ke·	
·ih·		·kq·	
·ig·		·kz·	
·id·		·kh·	
·ie·	Filippaus apaustaulus in Jairupulai.	·kþ·	Andriins apaustaulus.
		·l·	

Aus Cod. Ambr. — friþarcikeikeis *Cod.* — gabrannidai *Cod.,* gabrannidaize *L.* — alþ-
janoine *Cod.*

14*

Die Urkunde zu Neapel.

Ik Merila bokareis handau meinai ufmelida jah andnemum skilliggans ·j· jah faurþis þairh kavtsjon jah miþ diakuna Alamoda unsaramma jah miþ gahlaibam unsaraim andnemum skilliggans ·rk· vairþ þize saive.

Die Urkunde zu Arezzo.

Ik Gudilub diakun þo frabauhta; boka fram mis gavaurhta þus diakun Alamoda; fidvor unkjans hugsis Kaballarja jah (s)killiggans ·rlg· andnam jah ufmelida. —

Von den vier Unterschriften der Urkunde zu Neapel wird hier als Probe nur eine gegeben; die übrigen sind dieser gleich bis auf die Namen der Aussteller, wie Ufitahari papa, Sunjaifriþas diakun, Viljariþ bokareis, *oder ausgelassene Worte und ungleiche Schreibweise.* — gahlaibam] gahlaibim *L.*

Urk. zu Arezzo: unkjana *L.*

GRAMMATIK

der

gothischen Sprache.

———

Dritte, verbesserte Auflage.

Erster Theil.

Lautlehre.

§. 1. Die fünf und zwanzig Buchsaben des gothischen Alphabets werden in Schrift und Druck meist durch die entsprechenden lateinischen wiedergegeben. Aus ihrem Zahlenwerthe (§. 35.) ergibt sich diese Reihenfolge:

$$a, \; b, \; g, \; d, \; e, \; q, \; z, \; h, \; þ,$$
$$i, \; k, \; l, \; m, \; n, \; j, \; u, \; p, \; —,$$
$$r, \; s, \; t, \; v, \; f, \; x, \; hv, \; o, \; —.$$

Zu lexicalischen Zwecken scheint es jedoch gerathen, nach Anderer Vorgange die geläufige deutsche Ordnung einzuhalten:

$$a, \; b, \; d, \; e, \; f, \; g, \; h, \; hv, \; i, \; j, \; k, \; l, \; m, \; n,$$
$$o, \; p, \; q, \; r, \; s, \; t, \; þ, \; u, \; v, \; x, \; (y), \; z.$$

Anmerk. Die vier Zeichen: q, $þ$, x, hv stehen an der Stelle einfacher gothischer Buchstaben.

q hat für sich allein schon den Laut *kw*, daher *qam*, *qemun* statt *quam*, *quemun* = *kwam*, *kwemun*.

$þ$ ein dem Isländischen entlehntes Zeichen, ist aspirirtes *d* oder *t*, daher = *dh* oder *th*. Doch schmelzen anstossende *d* und *h* oder *t* und *h* nie in *þ* zusammen, z. B. *athaban*, *andhuljan*.

x kommt standig nur in dem Namen *Xristus* vor, in allen übrigen Fällen wechselt es mit *k* und muss daher auch mit diesem gleichen Laut gehabt haben. Griechisches ξ gibt der Gothe durch *ks*.

hv ist aspirirtes *v*, wofür Andere auch *w* schreiben. Gothisches *v*, in lateinischer Schrift wiedergegeben, bezeichnet überall den Consonant *v* und gleicht in der Aussprache unserm heutigen *w*. In Eigennamen und Fremdwörtern gebraucht Ulfilas dasselbe Zeichen für griech. υ, was wir mit lateinischer Schrift durch *y* geben.

s wird gewöhnlich als unser scharfes, *z* als unser weiches *s* angesetzt; vielleicht klang *s* im Anlaute wie unser *s* in *singen*, *sagen*, nur im Auslaute scharfer, wesshalb *s* in gewissen Fällen (§. 9, 4) auch in *z*, gleich unserm weichen *s*, übergeht: *hatis*, *hatizon*.

z immer wie unser weiches *s*.

g lautet vor einem andern *g*, oder überhaupt vor Gaumbuchstaben, nach dem Vorgange der Griechen wie *n*, z. B. *aggvus* = *angvus*, wofür bei Lukas auch oft *ng* steht; vor *k* und *q* steht es oft auch unnothiger Weise doppelt: *ggk* oder *ggq* statt *gk*, *gq* = *nk*, *nq*. In anderen Fällen steht einfaches *g*, wo man doppeltes erwartet, wie *fauragagja*, *hugridai*, *gaagvein* statt *fauragaggja*, *huggridai*, *gaaggvein*. Sonst lautet *g* im Anfange der Silben wie unser *g* oder wie ein gelindes *k*, am Ende fast wie *ch*.

h lautete wahrscheinlich schwach gehaucht: vor Vocalen überall wie unser *h*, im Silben-
anlaute vor Consonanten wie schwaches *ch*, am Ende der Wörter fast lautlos, doch so,
dass es den vorhergehenden Vocal schärfte, wesshalb es auch hier oft dem nachfolgen-
den Consonanten ¦sich assimilirt (§. 10.) oder ganz wegfällt, letzteres namentlich vor
einem andern Consonanten oder am Ende des Wortes, wie in *liuteiþ* statt *liuhteiþ*,
drausnos st. *drauhsnos*, *hvamme* st. *hvammeh*.

I. Vocale.

§. 2. Einfache Vocale sind: *a, e, i, o, u* (und in Fremdwörtern un-
gothisches *y*, vergl. *v* vorher); doppelte: *ai, au, ei, iu*; gebrochene:
ai, au.

a ist unter allen gothischen Vocalen der am häufigsten vorkommende,
gleichsam der Urvocal, sein Laut überall wie unser neuhochdeutsches
a in Kraft, Macht, und zwar ist es ein allezeit kurzer, einfacher,
kein langer Laut: *afar, magan, dal*. Selbst in der Position, d. h.
wo in derselben Silbe zwei Consonanten folgen, bleibt der Laut kurz,
wenn auch die Silbe als grammatische Länge anzusehen ist: *standan,
handus*. Diese Kürze ist so durchgreifend, dass sie selbst noch einer
Schärfung fähig ist, welche namentlich vor *s, z, h* statt findet. Die
Schärfung des *a* vor *h* tritt besonders in dem Worte *jah* hervor, in-
dem sie bewirkt, dass das *h* mit einem folgenden Consonanten assi-
milirt: *jaþ-þan* st. *jah þan* (§. 10.). Die Länge von *a* ist *o* und *e*:
Rumoneis (Romani), *gahobains* von *haban*, *ahtaudogs* von *dags*; *gab,
gebun, nam, nemun*.

i ist nächst *a* der am häufigsten vorkommende Vocal, sein Laut einfach
wie unser *i* und gleichfalls kurz. Wegen seiner nahen Verwandt-
schaft zu *ei* und *e* wechselt es jedoch nicht selten mit diesen und
muss dann als Länge gelten; ebenso in Fremdwörtern, wo es zur
Wiedergabe der griechischen *η* und *ει* dient. Solche Fälle sind:

1. für *ei*: *digands* Röm. 9, 20., *laisaris* Luc. 6, 40., *gabigs* Mt. 27,
57. u. a., besonders in Eigennamen, wie *Ananias* Neh. 7, 2., *Bai-*
niamein Phil. 3, 5.
2. für *e*: *spidist, azitizo, svigniþa, birusjos, snivun, qimi* u. a.
3. für griech. *η*: *Aunisimus, Baiþil, Jannis, Biþania, Filip-*
pisius;
4. für griech. *ει*: *Antiaukia*.

Die eigentliche Länge von *i* ist *ei*.

u der dritte unter den einfachen gothischen Vocalen, ist gleichfalls in
der Regel kurz, kommt jedoch, nicht bloss stellvertretend wie *i*,
sondern zum öftern auch als eigentliche Länge vor. Die Fälle, wo *u*
lang erscheint, sind:

1. so oft es stellvertretend statt *o* steht, wie in *krotûda, supûda,*
ûhtedun;
2. wo es griechisches *ου* oder *ω* wiedergibt, wie in *Fanûel, Iairû-*
salem, Iesûs, Idûmaia, Itûraia, Iûdas, Iûdaia, Kûsa, Lûkas,
Maþûsal, Naûm, Odûcia; Iûse, spaikulatûr, Rûmoneis;
2. als organische Länge, so oft es ungebrochen (§. 4.) vor *h, r* sich

findet, wie *jûhiza*, *þûhta*, *hûhrus*, *brûhta*, *-ûh*, *nûh*, *ûhteigs*, *ûhtvo*, *skûra*, *ûrreisan*, *ûrrinnan* u. a.

4. auch in *hrûkjan*, *brûkjan* (§. 48.) wegen *hrukeiþ*, *brukeiþ* Joh. 13, 38., 1. Tim. 1, 8. und in *lûkan;*

5. endlich wahrscheinlich auch in *mûl*, *fûls*, *hûs*, *rûms*, *brûþs*, *dûbo*, *stûbjus*, *rûna*, *þûsundi*, *dûgan*, *vûlan* u. a.
Die Aussprache scheint der unsrigen gleich, doch mit einiger Hinneigung zu *o* gewesen zu sein. Die eigentliche Länge von *u* ist *iu*.

e und *o* sind beide nur lang und gedehnt; ersteres lautet wie unser langes, geschlossenes *e* in S e e, L e h n e, nie wie ä, letzteres wie unser offenes, gedehntes *o* in L o h n, K r o n e.

§. 3. Von den Doppelvocalen bezeichnet

ai einen einfachen gothischen Laut, der wie unser *ä* oder *e* in V ä t e r, B e r g, r e c h t klingt,*) und ist sowohl lang, als kurz. Wo in gothischen Wörtern Länge oder Kürze statt hat, ist schwer zu bestimmen, im Allgemeinen ist Länge anzunehmen. In Fremdwörtern, wo es hauptsächlich zur Wiedergabe der griechischen αι und ε dient, ist es im ersten Falle lang (*Iudaius*, *kaisar*), im zweiten kurz (*aikklesjo*, *Baiailzaibul*, *Bauanairgais*). Ueber die Brechung *ai* s. den folg. §.

au verhält sich grade wie *ai*. Sein Laut ist gleich unserm deutschen *o* in K o r n, H o l z, d o c h. Ueber die Brechung *au* s. den folg. §.
Ueber *au* zweisilbig s. bei *iu*.

ei lautet in allen Fällen wie langes und wahrscheinlich möglichst breit ausgesprochenes *i*, so dass es eigentlich eine Zusammenschmelzung der beiden Buchstaben *e* und *i* in einen Laut *i* mit schwachem, unhörbaren Vorschlage von *e* darstellt.

iu verhält sich fast wie *ei*. Es ist gleichfalls eine Verbindung von *i* und *u* zu einem Laute, doch so, dass zwar beide Buchstaben gehört werden, aber der Ton auf *i* ruhet, während er über *u* leicht hinstreift.

Anmerk. Eine Ausnahme machen Fremdwörter wie *I-udas*, *Filippisi-us*, dann die Fragpartikel *niu*, oder Wörter wie *sium*, *siuþ* statt *sijum*, *sijuþ*, wo das *iu* nicht ein-, sondern zweisilbig (*i-u*) ist. — Ebenso verhält es sich mit *au* in Fremdwörtern wie *Naum*, *Kafarnaum*, sowie überall da, wo *u* die Fragpartikel ist, z. B. in *gau*, *sau*, *svau*, *hvauh* = *ga-u*, *sa-u*, *sva-u*, *hva-uh*, oder wo *a* und *u* überhaupt zwei getrennten Silben angehören, wie *iu gaunledjan* = *ga-un-ledjan*.

§. 4. Von den Doppelvocalen *ai* und *au* wohl zu unterscheiden sind zwei andere *ai* und *au*, die man als durch Brechung entstanden bezeichnet. Sie lauten ebenso wie die erwähnten Doppelvocale, also *ai* wie *ä*, *au* wie *o*, aber beide allemal k u r z und s c h a r f. Diese Brechung oder Umwandlung des *i* und *u* in *ai* und *au* tritt ein, so oft *i* und *u* als wirkliche Kürzen vor *r*, *h* zu stehen kommen würden (vergl. hierüber beim Ablaut §. 44).

---

*) Dietrich hat in seiner Schrift „über die Aussprache des Gothischen während der Zeit seines Bestehens", Marburg 1862, im Gegenteile überzeugend nachgewiesen, dass der Gothe in den Diphthongen *ai* und *au* beide Vocale hören liess. **H.**

Anmerk. Nicßt in allen Fällen sind indess *ai, au* vor *r* und *h* gebrochene Laute, sondern es hangt dies lediglich von ihrer Entstehung aus kurzem *i* und *u* ab. Man vergleiche hieruber wieder beiɱ starken Verbum, wo durch den Ablaut ein Wechsel in den Vocalen statt hat, und unterscheide darnach mit Berücksichtigung der Quantität z. B. den Diphthong in *laihv, tauh* (praet. sing.) von der Brechung in *laihvum, tauhum* (praet. plur.) u. a.

§. 5. Ohne Regel und willkürlich hat sich der Gothe auch die Freiheit genommen, zuweilen einen Vocal mit einem andern, lautlich mit ihm verwandten zu verwechseln. Dieser, jedoch nicht allzu häufig vorkommende Wechsel findet sich

1. zwischen *e, i* und *ei,* und zwar

a. in Stammsilben, z. B. *spevan* statt *speivan, svekunþ* st. *svikunþ, azitizo* st. *azetizo, afleitan* st. *afletan, galeivjan* st. *galevjan, greitan* st. *gretan, saislcip* st. *saislep;*

b. in Ablautsilben (§. 44. 45.), z. B. *duatsnivun* st. *duatsnevun,* besonders im Präteritum des Conjunctivs der starken Verba, z. B. *usdrebi, usdrebeina* st. *usdribi, usdribeina, qimi* st. *qemi, qiþeina* st. *qeþeina, veiseis* st. *veseis;*

c. in Endungen, besonders des Genitiv Pluralis, z. B. *dalei, gardei, Fareisaiei* st. *dale, garde, Fareisaie,* oder *fravaurhti, spilli* st. *fravaurhte, spille;* ebenso im Dativ und Accusativ von Fremdwörtern, z. B. *Iohannein, aipistaulein* st. *Iohannen, aipistaulen;* ferner beim indeclinabeln *ize* st. *izei,* im Accusativ des Relativs *þane* st. *þanei,* in der Feminin-Endung *blotande* st. *blotandei.*

2. zwischen *au* und *u* sehr häufig in den Endungen der dritten starken Substantiv-Declination, und zwar in allen Casus des Singular, wie Nom. *sunus* und *sunaus,* Gen. *sunaus* und *sunus,* Dat. *sunau* und *sunu* u. s. w.

3. zwischen *u* und *o* äusserst selten, wie *uhtedun* st. *ohtedun, supuda* st. *supoda, faiho* st. *faihu, fraistobni* st. *fraistubni;*

4. *e* und *ai* finden sich nur versetzt in *tehund* statt *taihund.*

§. 6. Der Wegfall von Vocalen ist auf wenige nnd bestimmte Fälle beschränkt. Mit Uebergehung dessen, was noch späterhin bei der Declination einiger Pronomina oder bei der Präteritumsbildung gewisser Verba sich ergeben wird, kommt dieser Wegfall vor:

1. in den Wörtern *þat-ist, kar-ist, nist, nibai* st. *þata ist, kara ist, ni ist, ni ibai;*

2. so oft die Anhängepartikel *-uh* an ein Wort gefügt wird, welches mit Vocal endigt. Dabei gilt folgende Regel:

a. bei einsilbigen Wörtern fällt allemal das *u* der Partikel weg, z. B. *sah, soh, hvah, hvoh, svah, nih, duh* st. *sa-uh, so-uh, hva-uh, hvo-uh* u. s. w.

b. bei mehrsilbigen Wörtern fällt das *u* der Partikel dann fort, wenn der Endvocal des Wortes, woran *-uh* antritt, lang ist, z. B. *sumaih, viljauh, samaleikoh* st. *sumai-uh, viljau-uh, samaleiko-uh;* dagegen fällt der Endvocal des ersten Wortes aus, wenn dieser kurz ist, z. B. *þat-uh, anþaran-uh* st. *þata-uh anþarana-uh.*

Anmerk. Hiervon zu unterscheiden sind *hvauh, hvouh* als Fragpronomina, wo das die Frage anzeigende -*u* (§. 98, 3.) stehen geblieben ist, also *hva-u-uh = hva-uh*, vergl. §. 3. Anmerk.

II. Halbvocale.

§. 7. Den Uebergang zu den Consonanten vermitteln die Halbvocale *j* und *v*. Sie heissen so, weil sie, obgleich an sich consonantischer Natur, unter Umständen aus *i* und *u* entstehen und ebenso in sie zurückkehren. Es entsteht nämlich

1. *j* aus *i*, wenn auf dieses in einer Bildungssilbe ein Vocal folgt, z. B. *handjus* st. *hand-i-us, nasja* st. *nas-i-a;* umgekehrt geht dieses aus *i* entstandene *j* wieder in *i* zurück, wenn statt des folgenden Vocals ein Consonant eintritt, daher aus *nasja* das Präteritum *nas-i-da*. Das in Stammsilben vorkommende *i* mit folgendem Vocal bleibt also von dieser Regel unberührt, wie *vaian, saian, þius*, ebenso in Fremdwörtern, wie *Asia;* nur *ajukduþ* von *aivs*, und *vaja* von *vai* machen hiervon eine Ausnahme. — Zuweilen hat ein eingeschobenes *j* nur den Zweck, den Zusammenstoss zweier Vocale zu verhindern, und zwar, wenn auf wurzelhaftes *i* oder *ai* wieder ein Vocal folgt, wie in *sijai, sijum, saijiþ, fijaþva* st. *si-ai, sium, saiiþ, fiaþva*. Bei Fremdwörtern dient zu gleichem Zwecke *h: Aharon, Nahasson* st. *Aaron, Naasson*.

2. Auf ähnliche Weise entsteht *v* aus *u* überhaupt z w i s c h e n zwei Vocalen und kehrt wieder in *u* zurück, wenn der darauf folgende Vocal wegfällt. Diese Verwandlung des *u* in *v* tritt ein bei *au* mit folgendem *i, ei* oder *e*, und bei *iu* mit jedem folgenden Vocal, z. B. *tavida* von *taujan, navis, naveis* von *naus, kniva, knive, knivis* von *kniu*. Doch kommen Ausnahmen vor, wie *stauida*.

In Fremdwörtern steht *v* für griechisches *v* nach Vocalen, z. B. *Pavlus, Esav, aivlaugia, aivxaristia;* zuweilen steht es hier doppelt: *Aivva, Laivveis*, zuweilen wird es ganz weggelassen: *Aiodia, Agustus*.

III. Consonanten.

§. 8. Die Consonanten theilen sich in

1. liquidae (flüssige): *l, r, m, n;*
2. sibilantes (zischende): *s* und *z;*
3. mutae (stumme), und zwar
   a. adspiratae (scharfe): *f, h, þ,*
   b. mediae (mittlere): *b, g, d,*
   c. tenues (dünne): *p, k, t.*

Die Mutae zerfallen nochmal nach den Organen, womit sie gesprochen werden, in Lippenbuchstaben (labiales): *b, p, f,*

Zungenbuchstaben (linguales): *d, t, þ,*

Gaumbuchstaben (gutturales): *g, k, h.*

Zu den Gaumbuchstaben zählen noch *x*, das nur in Fremdwörtern vorkommt, sowie *q* und *hv* wegen des vorherrschenden Organs, das bei ihrer Aussprache thätig ist.

§. 9. Wie bei den Vocalen, so geht ‚auch von den Consonanten oft der eine in den andern über oder wechselt mit ihm, jedoch·nicht so zufällig und willkürlich wie dort, sondern meist nach gewissen Gesetzen.

Die wichtigeren Gesetze, nach welchen diese Uebergänge stattfinden, sind:

1. *b* geht am Ende der Wörter gewöhnlich in *f* über, und kehrt in *b* zurück, wenn es aufhört, am Ende zu stehen und Vocal folgt, z. B. *giba, gif, gaf, gebum; tvalif, tvalibim.*

b und *p* wandeln sich vor *t* gern in *f*, z. B. *fragifts* von *giban, gaskafts* von *skapjan, hafts* von *haban, hvoftuli* von *hvopan.*

2. *d* wechselt mit *þ* am Ende der Wörter und vor dem *s* des Nominativs, d. h. es steht sowohl *d* als *þ*, z. B. *bad* und *baþ*, *faheds* und *faheþs;* indess ist *þ* am Ende und vor *s* als Regel anzunehmen. Folgt Vocal, so geht das aus *d* entstandene *þ* wieder in *d* zurück; z. B. *faheþs, fahedais, standaiduh* aus *standaiþ-uh.* — Statt *d* steht *t*, wenn Muta oder *s* vorhergeht, so namentlich im Präteritum der anomalen Verba *aihta, mahta, ohta, brahta, þahta, þuhta, bauhta, þaurfta, mosta* statt *aihda, mahda* u. s. w.

3. *g* wechselt zuweilen mit *h*, wie in *aigands* und *aihands*, oder es entsteht aus *h*, wie in *fulgins* von *filhan;* am Ende der Silben geht es oft in *h* über, wie *vaih* von *veigan, mahta* von *magan, gahts* von *gaggan.*

Regelmässig geht *k* vor *t* in *h* über, so *bruhta* von *brukjan, sahts* von *sakan, vahtvo* von *vakan.*

4. *s* geht zwischen zwei Vocalen, oder zwischen Liquida und Vocal in *z* über, und zwar in folgenden Fällen:

a. in Zusammensetzungen, z. B. *uzon* von *us-anan, uzeta* von *us-itan;* besonders tritt dies ein, wenn die Partikeln -*u*, -*uh*, und -*ei* einem Worte, das mit *s* endigt, angehängt werden: *vileizu, uzuh, þizei* st. *vileis-u, us-uh, þis-ei;*

b. in Wortbildungen, z. B. *hatizon* von *hatis, riqizeins* von *riqis.*

c. in der Declination, wie *hatiza* von *hatis, riqiza* von *riqis, ansa* von *ans;* auch in Eigennamen, wie *Bauauzis* von *Bauaus, Iosezis* von *Ioses.* — Noch öfter steht *z* statt *s*, z. B. *riqiz, saizlep, anabuzns,* aber nie umgekehrt *s* statt *z.*

5. *s* entsteht aus *d, t, þ* vor einem derselben Consonanten, namentlich vor *t*, und zwar

a. in der 2. Pers. Sing. Praet. der starken Verba, wie *anabaust* st. *anabaudt* von *biudan, qast* st. *qaþt* von *qiþan, haihaist* st. *haihaitt* von *haitan;*

b. im Praeteritum der unregelmässigen Verba *motan, kaupatjan, vitan,* welche die Praeteritumsendung -*da* unmittelbar an den Stamm fügen (eigentlich *mot-da, kaupat-da, vit-da*). Hier geht zuerst das *d* der Endung wegen des vorhergehenden *t* in *t* über (vergl. Nr. 2 dieses §.), also *mot-ta, kaupat-ta, vit-ta,* dann tritt die Verwandlung des ersten *t* in *s* ein, also *mosta, kaupasta, vis-ta.* Letzteres geht nun noch einen Schritt weiter und assimilirt auch das zweite *t* dem vorhergehenden *s*, also *vissa.*

c. in Wortbildungen, namentlich bei Verbalsubstantiven, wenn der Stamm auf *d*, *t*, *þ* endigt, und hieran ein Bildungselement mit denselben Consonanten anzufügen sein würde, wo dann beide Zungenlauter in *s* (also *ss*) übergehen. So entsteht aus *standan* (Wurzel *staþ*), *qiþan*, *vidan*, *vitan* durch Hinzutretung des Bildungselements erst *staþþs*, *qiþþs*, *vidþs*, *vitþei*, und hieraus durch Verwandlung der beiden anstossenden Zungenlauter in *ss* die Formen: *stass*, *qiss*, *viss*, *vissei*. — Auch vor *n* zeigt sich dieser Uebergang in *s* in den Bildungen: *anabusns* von *anabiudan*, *usbeisns* von *usbeidan*.

Anmerk. Im Allgemeinen stellt sich heraus, dass im Inlaute die Consonanten gern erweichen, im Auslaute dagegen erharten, ebenso dass vor *t* die Mediae und Tenues gern in die Adspirata übergehen.

§. 10. Eine eigenthümliche Art von Consonantübergang oder Doppelung ist die s. g. Assimilation zwischen zwei sich berührenden Wörtern. Wenn nämlich ein Pronomen oder eine Partikel mit Vocal, mit *h* oder *þ* schliesst, und eine unmittelbar darauf folgende Partikel oder ein Pronomen mit *þ* anhebt, so incliniren beide Wörter und assimiliren häufig ein doppeltes *þ*, z. B. *þaiþþan* st. *þai þan*, *sumaiþ-þan* st. *sumai þan*, *niþ-þan* st. *nih þan*. Am häufigsten tritt dies ein mit *h* in den Partikeln *jah*, *nih*, *-uh*, und zwar so, dass *jah* fast mit jedem folgenden Consonanten und mit jeder beliebigen Wortart assimiliren kann, z. B. *jab-biudis*, *jag-gabairaidau*, *jas-sunjos*; *nih*, *-uh* erscheinen regelrecht, *nih* aber auch mit *s* in der Formel: *nis-sijai*. Andere Assimilationen, wie *dul-leitila*, *nuk-kant*, sind selten. In Zusammensetzungen assimilirt *us* noch mit folgendem *r*, z. B. *ur-reisan* st. *us-reisan*, und ungewöhnlich auch als Präposition in *ur-riqiza* st. *us riqiza*. — Regelrechter erscheint die Assimilation im Codex argenteus, die ungewöhnlicheren Fälle kommen fast nur in den übrigen Handschriften vor.

§. 11. Bei Eigennamen, oder doch nur bei Fremdwörtern ist zuweilen einer der flüssigen Buchstaben überflüssig eingeschoben oder angehängt, z. B. *alabalstraun* st. *alabastraun*, *Nauel* st. *Naue*, *Mariam* st. *Maria*. Bei andern, aber gothischen Wörtern und nur in der Mitte derselben geschieht diese Einschiebung zur Verlängerung einer kurzen Stammsilbe, um Position zu bewirken, und fällt wieder aus, wenn die Silbe auf andere Weise lang wird. Hierzu dient *n*, oder vor Gaumbuchstaben das stellvertretende *g*, z. B. *standan*, *stoþ*, *þagkjan*, *þahta*, *þugkjan*, *þuhta*, *briggan*, *brahta*. Aehnlich verhält sich *seiteins* st. *sinteins*, *dobnan* st. *dumbnan*.

§. 12. Eigentliche Interpunktionszeichen finden sich im Ulfilas nicht; der einfache oder doppelte Punkt gilt statt aller unserer neueren Zeichen. Ebenso ist nur eine Art Alphabet gebraucht und kein Unterschied zwischen grossen und kleinen Buchstaben in unserm Sinne gemacht. Als Lesezeichen finden sich zwei Punkte über jedem *i*, welches ein Wort beginnt oder innerhalb eines Wortes nach *i*, *ei*, *ai* eine neue Silbe anhebt. Geht *au* vorher, so wird folgendes *i* entweder auch zweipunktig, wie *tauï*, *sauïl*, *stauïda*, oder *u* geht in *v* über und *i* bleibt, wie *tavida*, *kniva*, *stravida* von *taujan*, *kniu*, *straujan*. Verwandelt sich *i* in *j*, was geschieht, wenn Vocal folgt, so bleibt *au* und wird nie zu *v*, wie *taujan*, *maujos*. — Ungeachtet des ganz gleichen Verhältnisses hat *u* kein Anlaut- oder Trennungszeichen bekommen, und muss man daher in vorkommenden Fällen das *u* von dem vortretenden Vocale abzusondern wissen (vergl. §. 3. Anmerk.), wie *Na-um, La-udeikaia, ja-u, sva-u*, ebenso wie *ni-u, si-um*. Wir lassen im einen wie im andern Falle die Punktirung weg, da sie heutiges Tages, wo die Wörter in Schrift und Druck getrennt werden, im Anfange der Wörter überflüssig ist, im Inlaute aber (ausser in *aï* zur Unterscheidung von *ai*, wo wir sie einzig beibehalten), bei nur einiger Aufmerksamkeit kaum je ein Zweifel dadurch entstehen wird.

Zweiter Theil.

Formenlehre.

I. Vom Substantiv.

§. 13. Die unterscheidenden Merkmale der verschiedenen Declinationen sind die drei Grundvocale *a*, *i*, *u*, mit welchen ursprünglich jedes declinirbare gothische Wort endigte. Durch Hinzufügung eines dieser Vocale an den reinen Stamm des Wortes ergibt sich eine Form desselben, aus welcher sich sowohl die verschiedenen Declinationen und deren Casusendungen, wie die von dem Worte vorkommenden Ableitungen erklären lassen. Man kann diese Gestalt des Wortes die Grundform desselben nennen. — Eine weitere Hauptverschiedenheit der Declination bildete sich auf der Grundlage von *a* durch ein am Ende des Wortes hinzugefügtes *n*, welches dadurch ein characteristisches Merkmal einer besondern Declinationsart wurde.

§. 14. Alle Declination zerfällt hiernach in zwei Haupteintheilungen, je nachdem die Grundform des Wortes auf einen der drei Vocale *a*, *i*, *u*, oder consonantisch auf *n* ausgeht. Erstere Art nennt man die vocalische oder starke, letztere mit dem Endconsonanten *n* die consonantische oder schwache Declination. Ausserdem veranlasst noch in der starken Declination ein vor die erwähnten Grundvocale tretendes *i* oder *u* (also *j*, *v* nach §. 7.) eine Verschiedenheit, so dass solche Wörter dann eine durch *i* oder *u* getrübte Grundform auf -*ja*, -*ju*, -*va* oder *vi* erhalten (-*ji* und -*vu* kommen nicht vor, vergl. p. 7.). Dabei mag in Betreff der Wandelung dieser trübenden Vocale gleich allgemein bemerkt werden, dass *i* und *u* da stehen, wo der Grundvocal in der Declination wegfällt, also am Ende der Wörter und vor dem Endconsonanten *s* im Nominativ Singular. der Masculina, *j* und *v* aber überhaupt vor Vocalen.

A. Starke oder vocalische Declination.

§. 15. Die starke oder vocalische Declination zerfällt in drei Classen, je nachdem ihrer Casusbildung entweder *a* oder *i* oder *u* zu Grunde liegt.

Um den zu Grunde liegenden Vocal zu erkennen genügt meistens noch nicht, dass man den einen oder andern Casus des Wortes kennt, wesshalb es bei einer Anzahl Wörter, die gerade in einem entscheidenden Casus, namentlich im Plural, nicht vorkommen, zum öftern zweifelhaft bleibt, zu welcher Declination sie gehören (auch das Geschlecht der Wörter bleibt oftmals aus Mangel an beweisenden Stellen ungewiss). Am reinsten erscheint der Grundvocal, und damit das unterscheidende Declinationszeichen allemal im Dativ Plural., wenn man nur bemerkt, dass das Femininum der ersten oder *a*-Declination daselbst verlängertes *a*, d. i. *o* statt *a* zeigt.

§. 16. Es ist daher von Wichtigkeit, die Casuszeichen, sowie die Veränderungen zu kennen, welche die Grundvocale in den verschiedenen Casus und Declinationen erleiden. Hierfür folgende Regeln:

1. Der Nominativ Singular. fügt ein *s* an die Grundform. Die Masculina lassen dabei *a* ausfallen (nur in den Grundformen auf *-ja* wird es theils zu *i* geschwächt, theils mit *j* zu *ei* verlängert), *i* fällt gleichfalls weg, und nur *u* bleibt. — Die Feminina behalten *a* und nehmen dafür *s* nicht an (nur die Formen auf *-ja* behalten theils *a*, theils schwächen sie es mit Ausstossung von *j* zu *i*); *i* fällt auch hier aus und *u* bleibt, beide jedoch mit Beibehaltung des *s* am Ende. — Die Neutra nehmen *s* der Endung nicht an, *a* wird theils abgeworfen, theils (in der Grundform auf *-ja*) zu *i* geschwächt.

2. Der Genitiv Singular. endigt auf *s* mit vortretendem Grundvocale. Im Masculin wird dabei wieder *a* zu *i* geschwächt (nur die Formen auf *-ja* haben auch hier theils *i*, theils *ei*), *i* bleibt, und *u* wird zu *au* verstärkt. — Das Feminin verlängert *a* zu *o*, und verstärkt *i* und *u* zu *ai* und *au*. — Die Neutra verhalten sich wie die Masculina.

3. Der Dativ Singular. nimmt *a* an den Stamm des Wortes. Die Masculina und Neutra der Grundform auf *a* werden dadurch der Grundform gleich, bei *i* fällt dieses weg, und *u* wird mit *a* zu *au*. — Das Feminin hat bei *a* die verstärkte Form *ai*, bei *i* und *u*, *ai* und *au*.

4. Accusativ und Vocativ Singular. sind dem Nominativ gleich, doch überall mit Wegfall des *s* der Endung. Nur die Feminina auf *-ja* mit geschwächtem *i* im Nominativ bilden Accusativ und Vocativ verschieden, letzteren dem Nominativ gleich, ersteren mit beibehaltenem *a* auf *-ja*.

5. Nominativ und Vocativ Plural. haben *s* am Ende; dabei verlängern sie den vorstehenden Grundvocal: *a* zu *o*, *i* zu *ei*, und *u* zu *ju* statt *iu*. — Die Neutra endigen auf *a*.

6. Genitiv Plural. endigt auf *e*; nur die Feminina der Grundform auf *-a* mit verlängertem Grundvocal auf *o*.

7. Der Dativ Plural. hängt *m* an die Grundform; nur die Feminina auf *-a* verlängern auch hier den Grundvocal zu *o*.

8. Der Accusativ Plural. hängt bei der Grundform auf *-a* im Masc. *-ns* an den einfachen Grundvocal (*-ans*), im Fem. ein *s* an den verlängerten Grundvocal (*-os*), bei den Grundformen auf *-i* und *-u* aber *ns* an den einfachen Grundvocal (*-ins*, *-uns*). — Im Neutrum ist der Accusativ dem Nominativ gleich.

Erste starke Declination.

Grundvocal: *a*.

§. 17. Grundformen: *fiska, giba, vaurda.*

	Mascul.	Femin.	Neutr.
Sing. Nom.	*fisk-s*	*gib-a*	*vaurd*
Gen.	*fisk-is*	*gib-os*	*vaurd-is*
Dat.	*fisk-a*	*gib-ai*	*vaurd-a*
Acc.	*fisk*	*gib-a*	*vaurd*
Voc.	*fisk*	*gib-a*	*vaurd*
Plur. Nom.	*fisk-os*	*gib-os*	*vaurd-a*
Gen.	*fisk-e*	*gib-o*	*vaurd-e*
Dat.	*fisk-am*	*gib-om*	*vaurd-am*
Acc.	*fisk-ans*	*gib-os*	*vaurd-a*
Voc.	*fisk-os.*	*gib-os.*	*vaurd-a.*

Anmerkungen.

I. **Für Masculina.** 1. Solche Substantive männlichen Geschlechts, welche *j* vor dem Grundvocale haben, schwächen den Vocal des Nominativ und Genitiv Sing. zu *i*, wenn der Endung eine kurze Wurzelsilbe vorhergeht (wie *harja* zu *harjis*); geht aber eine lange Wurzelsilbe oder eine Ableitungssilbe vorher, so wird er *ei* (wie *hairdja, bokarja* zu *hairdeis, bokareis*). Der Accusativ und Vocativ bewahren *j* am Ende, welches in *i* übergeht. Ihre Declination wird demnach folgende:

Sing. Nom.	*har-jis*	*haird-eis*	
Gen.	*har-jis*	*haird-eis*	
Dat.	*har-ja*	*haird-ja*	
Acc.	*har-i*	*haird-i*	
Voc.	*har-i*	*haird-i*	
Plur. Nom.	*harjos*	*haird-jos* u. s. w.	

2. Männliche Substantive mit *v* vor dem Grundvocale, wie *þiva*, gehen von *fisks* nicht verschieden, wenn man nur beachtet, was §. 14. am Ende uber den Wechsel von *v* und *u* bemerkt ist, also Nom. *þius*, Gen. *þivis*, Dat. *þiva*, Acc. und Voc. *þiu*; Plural Nom. *þivos* u. s. w.

3. Solche Substantive, deren Stamm schon auf *s* ausgeht, nehmen im Nominativ Sing. ein weiteres *s* nicht mehr an, bewahren aber ihr zum Stamme gehorendes *s* die ganze Declination hindurch, z. B. Nom. *ans*, Gen. *ansis* (wegen *z s*. §. 9, 4), *hals*, Gen. *halzis*. Auch einige mit auslautendem *r* haben den Nom. Sing. flexionslos, wie *vair, stiur*, Gen. *vairis, stiuris*.

4. Abweichende Casus mit Uebergang in die zweite Declination zeigen: *vegs*, die Welle, im Dat. Plur. *vegim*, und *aivs*, die Zeit, im Acc. Plur. *aivins*. — *Reiks* und *veitvods* haben den Nom. Plur. abgekürzt auf *reiks, veitvods*, im übrigen regelmässig.

II. **Für Feminina.** 1. Weibliche Substantive mit *j* vor dem Grundvocale richten sich nach der allgemeinen Regel, wenn eine kurze Stammsilbe vorhergeht, wie *sunja*; geht aber eine lange Stammsilbe oder eine Ableitungssilbe vorher, so lassen sie im Nom. Sing. *j* ausfallen und schwächen *a* zu *i*. Der Vocativ Singul. wird dabei diesem, der Accus. dem regelmässigen Nominativ gleich. Von den Grundformen: *sunja, bandja, hvoftulja* ist demnach die Declination:

Sing. Nom.	*sun-ja*	*band-i*	*hvoftul-i*
Gen.	*sun-jos*	*band-jos*	*hvoftul-jos*
Dat.	*sun-jai*	*band-jai*	*hvoftul-jai*
Acc.	*sun-ja*	*band-ja*	*hvoftul-ja*
Voc.	*sun-ja*	*band-i*	*hvoftul-i*
Plur. Nom.	*sun-jos*	*band-jos*	*hvoftul-jos* u. s. w.

Auch die Grundformen *mauja* und *þiuja* gehören hierher, also Sing. Nom. *mavi*, *þivi*, Gen. *maujos*, *þiujos*.

2. Wörter mit *v* vor dem Grundvocale, wie *bandva*, *nidva*, gehen ganz wie *giba* und bewahren ihr *v* die ganze Declination hindurch, weil überall vor Vocalen.

III. Für Neutra. 1. Bei den neutralen Substantiven mit *j* vor dem Grundvocale kommt noch eine zweite Form des Gen. Sing. auf *-eis* vor. Die Fälle, wo diese erscheint, sind alle solche, deren Endung zwei Consonanten vorhergehen, wie Gen. *gavairþjis* und *gavairþeis*, *andbahtjis* und *andbahteis*.

2. Wörter mit *v* vor dem Grundvocale gehen regelmässig wie *vaurd* (vergl. §. 14 am Ende), z. B. Nom. *kniu*, Gen. *knivis* u. s. w.

3. Der Name *guþ*, Gott, hat neutrale Form und gehört als solche hierher, wird aber im Sing. männlich gebraucht. Der Genitiv bildet anomal *guþs* statt *guþis*.

Zweite starke Declination.

Grundvocal: *i.*

§. 18. Grundformen: *balgi, ansti.*

		Mascul.	Femin.	Neutr.
Sing.	Nom.	*balg-s*	*anst-s*	
	Gen.	*balg-is*	*anst-ais*	
	Dat.	*balg-a*	*anst-ai*	kommt nicht vor.
	Acc.	*balg*	*anst*	
	Voc.	*balg*	*anst*	
Plur.	Nom.	*balg-eis*	*anst-eis*	
	Gen.	*balg-e*	*anst-e*	
	Dat.	*balg-im*	*anst-im*	
	Acc.	*balg-ins*	*anst-ins*	
	Voc.	*balg-eis*	*anst-eis.*	

Anmerkungen.

1. Wie bei der ersten Declination, so nehmen auch hier solche Substantive sowohl männlichen wie weiblichen Geschlechts, deren Stamm schon auf *s* oder *r* ausgeht, das Declinations-*s* des Nom. Sing. nicht an, bewahren aber ihr schon zum Stamme gehörendes *s* die ganze Declination hindurch, z. B. *urruns*, *baur*, Gen. *urrunsis*, *bauris*; *garuns* (fem.), Gen. *garunsais*.

2. Mit der Grundform auf *vi* oder mit *v* vor dem Grundvocale kommt nur ein Beispiel (*navi*) vor. Die Declination ist nach §. 14: Nom. *naus*, Gen. *navis*, Dat. *nava*, Acc. und Voc. *nau*; Plur. Nom. *naveis* u. s. w.

3. Alle von Verbis abgeleiteten Feminina auf *-eins* gehen nach dieser Declination, nur mit der Abweichung, dass sie den Nom. und Gen. Plur. auf *-os*, *-o*, statt auf *-eis* und *-e* bilden, z. B. *daupeins*, Gen. *daupeinais*, Plur. Nom. *daupeinos*, Gen. *daupeino*. Die Verbalia auf *-ons* und *-ains* scheinen regelmässig (nach *ansts*) zu gehen.

4. *Haims*, das Dorf, geht im Sing. nach dieser Declination: Gen. *haimais*. Im Plur. nach der ersten: Nom. *haimos*, Gen. *haimo* u. s. w.

Dritte starke Declination.

Grundvocal: *u.*

§ 19. Grundformen: *sunu, handu, faihu.*

		Mascul.	Femin.	Neutr.
Sing.	Nom.	*sun-us*	*hand-us*	*faih-u*
	Gen.	*sun-aus*	*hand-aus*	*faih-aus*
	Dat.	*sun-au*	*hand-au*	*faih-au*
	Acc.	*sun-u*	*hand-u*	*faih-u*
	Voc.	*sun-u*	*hand-u*	*faih-u.*

Mascul.	Femin.	Neutr.
Plur. Nom. *sun-jus*	*hand-jus*	
Gen. *sun-ive*	*hand-ive*	
Dat. *sun-um*	*hand-um*	fehlt.
Acc. *sun-uns*	*hand-uns*	
Voc. *sun-jus.*	*hand-jus.*	

Anmerkungen.

1. Eine geringe Anzahl Wörter mit *j* vor dem Grundvocale, wie *stubjus* (masc.), *vaddjus* (fem.), unterscheiden sich nicht: Gen. *stubjaus, vaddjaus.* Der Plural kommt nicht vor.

2. Ueber den öfteren Wechsel von *u* und *au* bei dieser Declination s. §. 5, 2.

B. Schwache oder consonantische Declination.

§. 20. Das characteristische Zeichen der schwachen Declination ist ein an den Grundvocal des Wortes tretendes *n*, welches nicht Casuszeichen ist. Der Grundvocal erscheint überall im Dativ Plur., woraus durch Verwandlung des *m* in *n* die Grundform hervortritt. Ueber die einzelnen Casus sind folgende Regeln zu beachten:

1. Der Nom. Sing. endigt vocalisch mit Abwerfung des *n* der Grundform; der Vocativ ist dem Nom. gleich.

2. Der Gen. Sing. hängt *s* an die Grundform und schwächt *a* der Bildungssilbe zu *i*.

3. Der Dat. hat die Grundform ohne Zusatz, jedoch gleichfalls mit Schwächung des *a* zu *i*, was in beiden Fällen, sowohl hier wie im Gen. ein verloren gegangenes *a* voraussetzen lässt, wie z. B. Gen. *hananas* st. *hanins*, Dat. *hanana* st. *hanin*.

4. Der Acc. hat die reine Grundform, mit Ausnahme der Neutra, welche den Acc. dem Nom. gleich haben.

5. Der Nom. Plur. hängt *s* an die Grundform, nur im Neutro *a* mit Verlängerung des *a* der Grundform zu *o*.

6. Der Gen. Plur. hängt *e* an die Grundform, nur die Feminina *o*.

7. Der Dativ verwandelt *n* der Grundform in *m*.

8. Accus. und Voc. Plur. sind dem Nom. gleich.

a. *Masculinum.*

§. 21. Grundform: *hanan.*

Singular.	Plural.
Nom. *han-a*	*han-ans*
Gen. *han-ins*	*han-ane*
Dat. *han-in*	*han-am*
Acc. *han-an*	*han-ans*
Voc. *han-a.*	*han-ans.*

Anmerk. Syncopirte Casus zeigen: *auhsa* der Ochse, Gen. Plur. *auhsne* statt *auhsane*, und *aba*, der Mann, Gen. Plur. *abne* statt *abane*, Dat. Plur. *abnam* statt *abanam.*

b. *Feminina.*

Grundformen: *tuggon, managein.*

Sing. Nom.	*tugg-o*	*manag-ei*
Gen.	*tugg-ons*	*manag-eins*
Dat.	*tugg-on*	*manag-ein*
Acc.	*tugg-on*	*manag-ein*
Voc.	*tugg-o*	*manag-ei*
Plur. Nom.	*tugg-ons*	*manag-eins*
Gen.	*tugg-ono*	*manag-eino*
Dat.	*tugg-om*	*manag-eim*
Acc.	*tugg-ons*	*manag-eins*
Voc.	*tugg-ons.*	*manag-eins* .

Anmerk. Die Bildungen mit *j* vor dem Grundvocale, sowohl männliche: *vilja*, Gen. *viljins*, wie weibliche: *raþjo*, Gen. *raþjons* machen keinen Unterschied und gehen regelmässig.

c. *Neutrum.*

Grundform: *hairtan.*

	Singular.	Plural
Nom.	*hairt-o*	*hairt-ona*
Gen.	*hairt-ins*	*hairt-ane*
Dat.	*hairt-in*	*hairt-am*
Acc.	*hairt-o*	*hairt-ona*
Voc.	*hairt-o*	*hairt-ona.*

Anmerk. Wie die Masculina *auhsa* und *aba*, so werfen auch hier *namo* und *vato* im Plural das *a* der Bildungssilbe (verlängert *o*) aus und zeigen die verkürzten Formen: Plur. Nom. und Acc. *namna*, Gen. *namne*, Dat. *namnam*, — *vatnam.*

Unregelmässige Formen.

§. 22. Ausser den bei den einzelnen Declinationen schon aufgeführten Ausnahmen sind noch folgende allgemeinere hier nachzutragen, die theils durch Abschleifung und Contraction, theils durch Vermischung starker und schwacher Form oder verschiedener Declination entstanden sind.

1. Alle Participia Praesentis decliniren, wenn sie als Substantiva gebraucht werden, auf diese Art:

	Singular.	Plural.
Nom.	*nasjand-s*	*nasjand-s*
Gen.	*nasjand-is*	*nasjand-e*
Dat.	*nasjand*	*nasjand-am*
Acc.	*nasjand*	*nasjand-s*
Voc.	*nasjand*	*nasjand-s.*

Anmerk. Auch *menoþs*, der Monat, schliesst sich dieser Declinationsart an, nur im Dat. Plur. *menoþum.*

2. Folgende Verwandtschaftsbenennungen: *broþar, fadar, dauhtar, svistar*, zeigen diese Declination:

	Singular.	Plural.
Nom.	*broþ-ar*	*broþ-rjus*
Gen.	*broþ-rs*	*broþ-re*
Dat.	*broþ-r*	*broþ-rum*
Acc.	*broþ-ar*	*broþ-runs*
Voc.	*broþ-ar*	*broþ-rjus.*

3. Einige Feminina, wie *alhs, baurgs, brusts, dulþs, mitoþs, miluks, nahts, spaurds, vaihts* decliniren:

	Singular.	Plural.
Nom.	*baurg-s*	*baurg-s*
Gen.	*baurg-s*	*baurg-e*
Dat.	*baurg*	*baurg-im*
Acc.	*baurg*	*baurg-s*
Voc.	*baurg*	*baurg-s.*

Anmerk. *Dulþs* und *vaihts* gehen auch regelmässig nach zweiter starker Declination: Gen. *dulþais. Nahts* hat im Dat. Plur. *nahtam* statt *nahtim.*

4. *Manna*, der Mensch, zeigt folgende Formen:

	Singular.	Plural.
Nom.	*manna*	*mannans* und *mans*
Gen.	*mans*	*manne.*
Dat.	*mann*	*mannam*
Acc.	*mannan*	*mannans* und *mans.*
Voc.	*manna*	

5. *Fadrein*, eigentlich ein Neutrum Sing., wird doch im Nominativ und Accus. als Masculin Plur. gebraucht: *þai fadrein, þans fadrein* die Eltern. Ausserdem declinirt es regelmässig, im Singular in der Bedeutung: Vaterschaft, im Plural (*fadreina*) Eltern.

Declination der Eigennamen und Fremdwörter.

§. 23. Eigennamen und überhaupt aus andern Sprachen herübergenommene Wörter hat der Gothe meist seinen Declinationsformen angepasst, öfter aber auch die fremde Casusform beibehalten oder nachgeahmt. Griechische Nachahmungen sind z. B. die

Nominative Sing. auf *-as, -e, es, -eis* in *Annas, synagoge, praufetes* und *praufeteis;* die

Genitive auf *-as, -os* in *Iudaias, Daikapaulaios;* die

Dative auf *-a, -e, -o,* in *Iudaia, Mose, Magdalene, gazaufylakio;* die

Accusative auf *-an, -en, -aun* in *Iudaian, synagogen, Teitaun, praitoriaun;* der

Vocativ *Nazorenai;* auch einige im Plural, wie

Nom. *Israelitai, Kretes, hairaiseis,*

Gen. *Laudeikaion,*

Dat. *Lystrys* (Λύστροις),

Acc. *aromata* u. a.

Eine kleine Anzahl Wörter blieben undeclinirt, wie sie sich vorfan-
den, oder waren an sich indeclinabel, wie *Aileisabaiþ*, *Beþlahaim*, *Gain-
nesaraiþ*, *Iuse*, *Kafarnaum*, *sabbato*, *paska*, *raka*, *manna*, *amen*,
aiffaþa u. a.

In den meisten Fällen ist jedoch die gothische Declinationsform zur
Anwendung gekommen, und dann vertheilen sich die Namen und Fremd-
wörter nach folgenden Regeln unter die aufgestellten Declinationen.

A. Starke Formen.

§. 24. I. Die erste starke Declination begreift

1. (mit dem Grundvocal -*a*) männliche Eigennamen und Fremdwörter,
die im Nominativ Singular consonantisch auslauten (ausgenommen auf -*s*,
was hier unbeachtet bleibt, und einige auf *n*, die gleich unten, §. 25. II. 2.
erwähnt werden), z. B.

Abjaþar, Gen. *Abjaþaris*, *Adam*, Gen. *Adamis*, *Salmon*, Gen. *Salmo-
nis*, *Kaisar*, Gen. *Kaisaris*.

Anmerk. Von den auf -*s* endigenden Eigennamen gehören hierher nur solche, bei
denen der Gothe das End-*s* als zum Stamme gehörend ansah, wesshalb es denn auch im
Genitiv bleibt und gewöhnlich in *s* übergeht. Es sind überhaupt nur folgende:
Bauaus, *Iaissais*, *Ioses*, *Moses*, *Ainos* und a. Gen. *Bauauzis*, *Iaissaizis* u. s. w.

2. (Mit dem Grundvocal *ja*) einige wenige Personennamen auf -*eis*
und das Fremdwort *praisbytaireis* (?), z. B. *Laivveis*, Gen. *Laivveis*, Acc.
Laivvi; *Mailkeis*, Gen. *Mailkeis* (und schwach *Mailkeins* wie vom Nom.
Mailkein s. §. 25, II, 2.);

3. (mit dem Grundvocal *a* der Feminina) eine Anzahl weiblicher
Länder- und Städtenamen und die beiden Personennamen
Aivneika und *Lauidja*; doch hat nur *Iairusaulyma* den regelmässigen
Genitiv auf -*os*, alle übrigen haben dafür -*ais*:

Galatia, Gen. *Galatiais*, *Seidona*, Gen. *Seidonais*.

Andere schwache Feminina auf -*a* s. §. 25, I, 2.

II. Zur zweiten starken Declination (Grundvocal *i*) gehören die vor-
kommenden Volksnamen, besonders die Pluralia auf -*eis*, wie *Rumo-
neis*, *Makidoneis* (*Saudaumeis*, mit dem Dat. auf -*mim*, und anom. -*jam*,
gen. -*je*; *Gaumaurreis* mit dem anom. dat. auf -*jam*, also wie nach
erster Declination); dann *Saur*, der Syrier, und einige mit dem Nom.
Sing. auf -*es*, wie *Samareites*, *Israeleites* (Plur. -*teis* und -*tai*), *Iairu-
saulymeites*.

Anmerk. *Kreks*, der Grieche, declinirt regelmässig nach erster starker Declination
Plur. *Krekos*. — *Aþeineis* (die Stadt Athen) ist ein Femininum plurale, vielleicht auch *Iai-
rusaulymeis* (Jerusalem), Dat. *Aþeinim*, *Iairusaulymim* (und anom. *Iairusaulymiam*; vergl.
Saudaumim und *Saudaumjam*).

III. Zur dritten Declination (Grundvocal *u*) gehören die Endungen
-*us*, -*aius*, *ius*, aber durchweg mit dem Unterschiede, dass -*us*, -*aius*
im Nom. und Gen. Plur. auf -*eis*, -*e* (wie bei der zweiten Declination)
ausgehen, und dass die auf -*ius* im Nom. Plur. unverändert bleiben.

Anmerk. Doppelte Formen haben: *Mattaþius*, Gen. *Mattaþiaus* und *Mattaþivis*, *sab-batus* im Dat. Plur. *sabbatum* und *sabbatim*, *aggilus* im Nom. Plur. *aggileis* und *aggiljus*. — Der Name *Iesus* bildet seine Casus nach 1. Declination: Gen. *Iesuis*, Dat. *Iesua*, Acc. *Iesu*.

Nachtrag. Zwar starker Form, aber keiner bestimmten Declination angehörig sind noch: *Ano*, Gen. *Anos*, *Helei*, Gen. *Heleis*, *Naggai*, Gen. *Naggais*; ferner Nom. *Herodes* und *Herodis*, Gen. *Herodis*, *Herodes* und *Herodeis*, Dat. *Heroda*; ferner Nom. *Iohannes* und *Iohannis*, Gen. *Iohannis* und *Iohannes*, Dat. *Iohanne*, *Iohannen* und *Iohannau*. Acc. *Iohannen*, *Iohannein* und *Iohanne*.

B. Schwache Formen.

§. 25. Auch seine schwache Declinationsform hat der Gothe auf Namen und Fremdwörter angewandt, und zwar gehen

I. nach schwacher Form der Masculina

1. sämmtliche Masculina auf -*a* und -*as*, wie *Iora*, Gen. *Iorins*, *Annas*, *þymiama*, u. a.

2. die weiblichen Personennamen auf -*a*, wie *Maria*, Gen. *Mariins*, *Marþa* u. a. (cf. §. 24. I. 3.),

weibliche Fremdwörter, wie *aivxaristia*, *gaiainna*, *drakma* (Dat. *drakmin* und *drakmein*) u. a.

die beiden Städtenamen: *Beþania* (doch mit dem Gen. *Beþanias*) und *Samaria*.

Anmerk. Das Femininum *Herodias* flectirt anomal Gen. *'Herodiadins*, Dat. *Herodiadein*.

II. Nach schwacher Form der Feminina gehen

1. alle übrigen Feminina auf -*o*, *·jo*, -*ei*, wie *Iaireiko*, Gen. *Iaireikons*, *kavtsjo*, Gen. *kavtsjons*, *Beþsfagei*, Gen. *Beþsfageins*, *apaustaulei*; ebenso die griech. Nom. auf -*e* statt -*ei*, wie *paraskaive*, Gen. *paraskaiveins* u. a. *Synagoge* hat den starken Gen. *synagogais*, Dat. -*gai*, -*gein*, und -*gen* (statt -*gein*) und griech. -*ge*, Acc. -*gein* und griech. -*gen*; Dat. Plur. -*gim*. Von *aipistaule* findet sich: Dat. -*lein*, Dat. Plur. -*lem* statt -*leim*, und der Acc. Plur. -*lans* nach Art der schwachen Masculina.

2. folgende männliche Namen mit auslautendem *n* (cf. §. 24, I, 1.) und *o*: *Aharon*, Gen. *Aharons*, *Symaion*; *Ammo*, Gen. *Ammons*, *Apaullo*; *Nerin*, Gen. *Nerins* (vielleicht auch der Acc. *Batvin*), *Addein*, Gen. *Addeins*, *Mailkein*, Gen. *Mailkeins* (und *Mailkeis*); endlich auch mit Beibehaltung seines Consonanten: *Iairusalem*, Gen. *Iairusalems*, Dat. und Acc. *Iairusalem*.

II. Vom Adjectiv.

§. 26. Jedes Adjectiv hat zugleich starke und schwache Form. Es finden sich zwei starke und eine schwache Declination. Die starken Declinationen unterscheiden sich, je nachdem den Endungen entweder *a* (*ja*) oder *u* zu Grunde liegt. Eine Grundform der Adjective auf -*i* gibt es nicht.

Erste starke Declination der Adjective.

Grundvocal: *a*; Grundform: *blinda*.

§. 27.

Singular.

	Masc.	Fem.	Neutr.
Nom.	*blind-s*	*blind-a*	*blind, blind-ata*
Gen.	*blind-is*	*blind-aizos*	*blind-is*
Dat.	*blind-amma*	*blind-ai*	*blind-amma*
Acc.	*blind-ana*	*blind-a*	*blind, blind-ata*

Plural.

Nom.	*blind-ai*	*blind-os*	*blind-a*
Gen.	*blind-aize*	*blind-aizo*	*blind-aize*
Dat.	*blind-aim*	*blind-aim*	*blind-aim*
Acc.	*blind-ans.*	*blind-os.*	*blind-a.*

Anmerkungen.

1. Solche Adjective, deren Stamm schon auf *s* ausgeht, nehmen wie die Substantive (§. 17. I. 3.) im Nom. Sing. Masc. das *s* der Endung nicht mehr an, bewahren aber ihr zum Stamme gehörendes *s* die ganze Declination hindurch, z. B. *sves*, Gen. *svesis*; auch *anþar*, Gen. *anþaris* nimmt dies *s* des Nominativ nicht an, wohl aber die übrigen Adjective, deren Stamm auf *r* ausgeht, wie *svers, vars, gaurs*, Gen. *sveris, gauris*.

2. Die Neutralform im Sing. auf reinen Stamm (*blind*) und mit der Endung *ata* (*blindata*) wird abwechselnd und ohne Unterschied gebraucht.

3. Der Vocativ, welcher dem Nominativ gleich ist, kommt in starker Form selten (im Plural gar nicht) vor; es steht dafür sonst immer die schwache Form.

4. Die Adjective mit der Grundform auf *ja* zeigen im Nom. Sing. verschiedene Formen. Eine Anzahl werfen das *ja* der Ableitung in der Endung aller Geschlechter (beim Neutrum daher auch im Accus.) aus und bilden ausserdem das Feminin dem Masculin ganz gleich. Die vorkommenden Fälle sind solche, wo in der Stammsilbe ein langer Vocal oder Diphthong vorhergeht, wie in *hrains, gamains, gafaurs, andanems, sûts, bleiþs, bruks*, doch auch *aljakuns*. Mit mehr oder weniger Wahrscheinlichkeit werden noch eine Anzahl Adjective diesen gleich angesetzt. Sie decliniren daher:

		Masc.	Femin.	Neutr.
Sing.	Nom.	*hrains*	*hrains*	*hrain*
	Gen.	*hrain-jis*	*hrain-jaizos*	*hrain-jis*
	Dat.	*hrain-jamma*	*hrain-jai*	*hrain-jamma*
	Acc.	*hrain-jana*	*hrain-ja*	*hrain, hrain-jata*
Plur.	Nom.	*hrain-jai*	*hrain-jos*	*hrain-ja*
	Gen.	*hrain-jaize*	*hrain-jaizo*	*hrain-jaize*
	Dat.	*hrain-jaim*	*hrain-jaim*	*hrain-jaim*
	Acc.	*hrain-jans.*	*hrain-jos.*	*hrain-ja.*

5. Solche Adjective, deren Stammsilbe vocalisch auslautet, schieben im Nom. (und Gen.) Sing. *j* zwischen Stamm und Endung, wie *niu-j-is*, oder, wenn der Stammvocal *i* ist, so verschmilzt dies mit dem *i* der Endung zu *ei*: aus *fri-is* daher *freis*. Das Feminin endigt auf *-ja*, das Neutrum hat wahrscheinlich nur die volle Form auf *-jata* gehabt. Es ist daher anzusetzen:

		Masc.	Femin.	Neutr.
Sing.	Nom.	*niu-jis*	*niu-ja*	*niu-jata*
		freis	*fri-ja*	*fri-jata*
	Gen.	*niu-jis*	*niu-joizos*	*niu-jis*
		freis	*fri-jaizos*	*fri-jis*
	Dat.	*niu-jamma*	*niu-jai*	*niu-jamma*
		fri-jamma	*fri-jai*	*fri-jamma*

u. s. w. die übrigen Casus wie vorher.

6. Auch in *alþeis, vilþeis* hat das *i* der Ableitung eine ähnliche Verschmelzung erlitten, wie in *freis*. Ob und bei welchen Adjectiven dieser Fall noch eintritt, ist zweifelhaft, und unsicher, auf diese vereinzelten Beispiele Folgerungen zu bauen. Von *vilþeis* findet sich das Neutrum *vilþi* nur in einer Randglosse des silbernen Codex.

Zweite starke Declination der Adjective.
Grundvocal *u*, Grundform *hardu*.

§. 29. Die zweite Declination schiebt im Nom. Sing. zwischen Stamm und Endung ein Ableitungs-*u*, welches in den übrigen Casus sich in *j* wandelt (also Uebergang in die vorige Declination); Masculin und Feminin lauten im Nom. Sing. gleichmässig auf *-us* aus, das Neutrum hat *-u* und *-jata* zugleich.

Singular.

	Masc.	Fem.	Neutr.
Nom.	hard-us	hard-us	hard-u, hard-jata
Gen.	hard-jis	hard-jaizos	hard-jis
Dat.	hard-jamma	hard-jai	hard-jamma
Acc.	hard-jana	hard-ja	hard-u, hard-jata

Plural.

	Masc.	Fem.	Neutr.
Nom.	hard-jai	hard-jos	hard-ja
Gen.	hard-jaize	hard-jaizo	hard-jaize
Dat.	hard-jaim	hard-jaim	hard-jaim
Acc.	hard-jans.	hard-jos.	hard-ja.

Schwache Declination der Adjective.

§. 30. Um die schwache Form der Adjective zu bilden, fügt man an den Stamm des Wortes für den Nom. Sing.

a. bei Adjectiven mit der Grundform auf *-a*
   im Masc. *-a*, im Fem. *-o*, im Neutr. *-o*,
b. bei Adjectiven mit der Grundform auf *-ja* und *-u*
   im Masc. *-ja*, im Fem. *-jo*, im Neutr. *-jo*;
die Endungen der übrigen Casus sind regelmässig wie die der schwachen Substantivä: *hana, tuggo, hairto*, z. B.

a. mit der Grundform auf *-a:*
Singular.

	Masc.	Fem.	Neutr.
Nom.	blind-a	blind-o	blind-o
Gen.	blind-ins	blind-ons	blind-ins
Dat.	blind-in	blind-on	blind-in
Acc.	blind-an	blind-on	blind-o

Plural.

	Masc.	Fem.	Neutr.
Nom.	blind-ans	blind-ons	blind-ona
Gen.	blind-ane	blind-ono	blind-ane
Gat.	blind-am	blind-om	blind-am
Acc.	blind-ans.	blind-ons.	blind-ona.

b. mit der Grundform auf *-ja:*

Singular.

	Masc.	Fem.	Neutr.
Nom.	*hrain-ja*	*hrain-jo*	*hrain-jo*
Gen.	*hrain-jins*	*hrain-jons*	*hrain-jins*
Dat.	*hrain-jin*	*hrain-jon*	*hrain-jin*
Acc.	*hrain-jan*	*hrain-jon*	*hrain-jo*

Plural.

Nom.	*hrain-jans*	*hrain-jons*	*hrain-jona*
Gen.	*hrain-jane*	*hrain-jono*	*hrain-jane*
Dat.	*hrain-jam*	*hrain-jom*	*hrain-jam*
Acc.	*hrain-jans.*	*hrain-jons.*	*hrain-jona.*

Ebenso decliniren Adjective mit der Grundform auf *-u*, z. B. *hard-ja*, fem. *hard-jo*, neutr. *hard-jo*, Gen. *hard-jins*, *hard-jons*, *hard-jins* u. s. w.

Anmerk. *Ainahá*, einziger, bildet das Femiuin unregelmässig: *ainoho*. — Mehre Adjective, z. B. *alaparba*, *unvita*, *ingardja* u. a. kommen nur in schwacher Form vor.

Steigerung der Adjective.

§. 31. Der Comparativ wird aus dem Positiv gebildet, indem unter Vortritt eines der Vocale *i* oder *o* der Buchstabe *z* sich an den Stamm des Adjectivs fügt und hieran die Flexionsendung gehängt wird. Der Vocal *o* wird nur bei Adjectiven der ersten Declination gebraucht; der Vocal *i* dagegen kommt bei Adjectiven beider Declinationen vor.

Alle Comparative decliniren nur schwach, jedoch im Feminin, verschieden vom Positiv, nach Art der schwachen Substantive mit der Endung *-ei* (*managei*), also

Singular.

	Masc.	Fem.	Neutr.
Nom.	*blind-oza*	*blind-ozei*	*blind-ozo*
Gen.	*blind-ozins*	*blind-ozeins*	*blind-ozins*
Dat.	*blind-ozin*	*blind-ozein*	*blind-ozin*
Acc.	*blind-ozan*	*blind-ozein*	*blind-ozo*

Plural.

Nom.	*blind-ozans*	*blind-ozeins*	*blind-ozona*
Gen.	*blind-ozane*	*blind-ozeino*	*blind-ozane*
Dat.	*blind-ozam*	*blind-ozeim*	*blind-ozam*
Acc.	*blind-ozans.*	*blind-ozeins.*	*blind-ozona.*

Ebenso mit dem Ableitungsvocale *i*, z. B. von *manags* der Comparativ: *managiza*, *managizei*, *managizo*, Gen. *managizins*, *managizeins*, *managizins* u. s. w.

Anmerk. Ganz wie diese, das Feminin gleichfalls mit der Endung *-ei*, decliniren auch die alten Comparative: *auhuma*, *aftuma*, *hleiduma*, *iftuma*, *innuma*, *fruma*.

§. 32. Der Superlativ wird durch *-st* gebildet, welches an den Ableitungsvocal (*i* oder *o*) des Comparativs tritt und am Ende die Flexionsendung annimmt. So bildet sich z. B. von *hauhs* der Comp. *hauhiza*, Superl. *hauhist;* von *arms* der Comp. *armoza*, Superl. *armost.* Der Superlativ hat übrigens sowohl starke, als schwache Form und declinirt ganz wie die Adjective erster Declination, z. B. (cf. §. 27 und §. 30)

	Masc.	Fem.	Neutr.
stark:	hauhist-s	hauhist-a	hauhist
Gen.	hauhist-is	hauhist-aizos	hauhist-is
schwach:	hauhist-a	hauhist-o	hauhist-o
Gen.	hauhist-ins	hauhist-ons	hauhist-ins.

oder

	Masc.	Fem.	Neutr.
stark:	blindost-s	blindost-a	blindost
Gen.	blindost-is	blindost-aizos	blindost-is
schwach:	blindost-a	blindost-o	blindost-o
Gen.	blindost-ins	blindost-ons	blindost-ins.

Anmerk. Unregelmässige Steigerungsgrade haben:

gods,	Comp.	batiza,	Superl.	batists,	
ubils,	„	vairsiza,	„	———	
leitils,	„	minniza,	„	minnists,	
mikils,	„	maiza,	„	maists.	
juggs,	„	juhiza,	„	—	

Declination der Participia.

§. 33. I. Die **Participia Praesentis** können sowohl substantivisch als adjectivisch gebraucht werden:

  a. **substantivisch** — s. die Declination unter den Anomalien §. 22, 1.

  b. **adjectivisch** erscheint nur Nominativ (und Vocativ) Sing. des Masculins in starker Form, sonst decliniren sie nur schwach wie die Comparative, im Feminin gleichfalls mit der Endung *-ei,* z. B.

Singular.

	Masc.	Fem.	Neutr.
Nom.	giband-s	—	—
„	giband-a	giband-ei	giband-o
Gen.	giband-ins	giband-eins	giband-ins
Dat.	giband-in	giband-ein	giband-in
Acc.	giband-an	giband-ein	giband-o

Plural.

	Masc.	Fem.	Neutr.
Nom.	giband-ans	giband-eins	giband-ona
Gen.	giband-ane	giband-eino	giband-ane
Dat.	giband-am	giband-eim	giband-am
Acc.	giband-ans.	giband-eins	giband-ona.

  II. Die **Participia Praeteriti** decliniren überall in beiden Formen, sowohl stark als schwach, und zwar ganz wie die Adjective der ersten Declination, z. B.

1. ein Partic. Praet. I. Conjugation:
    stark: *giban-s*, — *giban-a*, — *giban*,
    schwach: *giban·a*, — *giban-o*, — *giban·o ;*
2. ein Partic. Praet. II. Conjugation:
    stark: *nasiþ-s*, — *nasid-a*, — *nasiþ*,
    schwach: *nasid-a*, — *nasid-o*, — *nasid-o.*
Die übrigen Casus ganz wie bei
    blinds, — *blinda*, — *blind* (§. 27) und
    blinda, — *blindo*, — *blindo* (§. 30, a).
Ueber den Consonantenwechsel in *nasiþs, nasida* s. §. 9, 2.

III. Vom Zahlworte.

§. 34.   Die Gothen gebrauchten ihre Buchstaben auch als Zahlzeichen,
nur schalteten sie, um auszureichen, wie dies auch die Griechen mit ihrem
Koppa und Sampi machten, zwischen *p* und *r* das Zeichen ⊔ für 90 ein
und fügten am Ende des Alphabets noch das Zeichen ↑ für 900 hinzu.
Alle Buchstaben, die als Zahlen stehen, bekommen zum Zeichen ihres
Zahlenwerthes einen Querstrich darüber und einen Punkt vorn und hinten,
oder auch nur eins von beiden, gewöhnlich letzteres.

1. Die Grundzahlen.

§. 35.   Von den Grundzahlen werden 1—3, dann 20—60 und weiter
die Hunderte und Tausende vollständig declinirt, theils substantivisch,
theils adjectivisch.   Die Zahlen 4 und 9—19 dncliniren unvollständig, alle
übrigen sind indeclinabel.
    Die Grundzahlen, deren Declination und Zeichen sind:

Masc.	Fem.	Neutr.
˙a˙ = 1, *ains*	— *aina*	— *ain, ainata*
Gen. *ainis*	— *ainaizos*	— *ainis* u. s. w. §. 27.
˙b˙ = 2, *tvai*	— *tvos*	— *tva*
Gen. *tvaddje*	— *tvaddjo?*	— *tvaddje*
Dat. *tvaim*	— *tvaim*	— *tvaim*
Acc. *tvans*	— *tvos*	— *tva.*
˙g˙ = 3, *þreis*	— *þrijos, þreis?*	— *þrija*
Gen. *þrije*	— *þrijo?*	— *þrije*
Dat. *þrim*	— *þrim*	— *þrim*
Acc. *þrins*	— *þrins (þrijos?)*	— *þrija.*

˙d˙ = 4, *fidvor*, Dat. *fidvor* und *fidvorim.*
˙e˙ = 5, *fimf.*
˙q˙ = 6, *saihs.*
˙z˙ = 7, *sibun.*
˙h˙ = 8, *ahtau.*
˙þ˙ = 9, *niun*, Gen. *niune.*
˙i˙ = 10, *taihun*, Dat. *taihunim.*

·ia· = 11, *ain-lif*, Dat. *ainlibim* (...*lif* in Zusammensetzungen bedeutet so viel als zehn, also *ainlif* — 1 und 10; oder vom starken Verbum *leiban*, bleiben, übrig bleiben = übrig, darüber, nämlich über zehn).

·ib· = 12, *tva-lif*, Gen. *tvalibe*, Dat. *tvalif* und *tvalibim.*

·ig· = 13, (*þrija-taihun*).

·id· = 14, *fidvor-taihun.*

·ie· = 15, *fimf-taihun*; dat. *fimf-ţaihunim.*

·iq· = 16, (*saihs-taihun*).

·iz· = 17, (*sibun-taihun*).

·ih· = 18, (*ahtau-taihun*).

·iþ· = 19, (*niun-taihun*).

·k· = 20, *tvai-tigjus;* (beide Zusammensetzungstheile werden vollständig flectirt: *tigus* als starkes Substantiv dritter Declination in der Bedeutung Zehner = ...zig, also Plur. Nom. *tigjus*, Gen. *tigive*, Dat. *tigum*, Acc. *tiguns*).

·l· = 30, *þreis-tigjus.*

·m· = 40, *fidvor-tigjus.*

·n· = 50, *fimf-tigjus.*

·j· = 60, *saihs-tigjus.*

·u· = 70, *sibun-tehund* (*tehund* oder *taihund* bedeutet gleichfalls Zehner = ...zig und kommt gewöhnlich undeclinirt vor).

·p· = 80, *ahtau-tehund.*

·Ч· = 90, *niun-tehund*, Gen. *niun-tehundis.*

·r· = 100, *taihun-tehund* oder *taihun-taihund.*

·s· = 200, *tva-hunda* (*hunda* ist ein neutrum plurale, nur in Zusammensetzungen vorkommend), Dat. *tvaim-hundam.*

·t· = 300, *þrija-hunda.*

·v· = 400, (*fidvor-hunda*).

·f· = 500, *fimf-hunda.*

·x· = 600, (*saihs-hunda*).

·hv· = 700, (*sibun-hunda*).

·o· = 800, (*ahtau-hunda*).

·↑· = 900, (*niun-hunda*).

þusundi, 1000, (þusundi ist weiblich und flectirt nach erster Declination starker Feminina mit *j* vor dem Grundvocale, §. 17, II, 1).

tvos þusundjos, 2000; nur einmal kommt neutral *tva þusundja* vor.

Anmerkungen.

1. Die Ordnung der Zahlzeichen bei grösseren Zahlen ist die, dass in der Regel die grössere Zahl voransteht, die kleinere folgt, z. B. ·snd· oder ·s· ·n· ·d· = 200 + 50 + 4 = 254.

2. Für die Zweizahl existirt noch *bai*, alle zwei, beide, Acc. masc. *bans*, Dat. *baim;* neutr. *ba.* — In gleicher Bedeutung *bajoþs* mit dem Dat. *bajoþum* (§. 70, 2.).

2. Die Ordnungszahlen.

§. 36. Die Ordnungszahlen decliniren schwach adjectivisch; nur *anþar* ∙declinirt stark (§. 27), *fruma* als alter Comparativ im Feminin mit der

Endung *-ei* (§. 31), *frumists* als Superlativ stark und schwach zugleich (§. 32). Es kommen indess überhaupt nur folgende vor:

Masc.	Fem.	Neutr.
fruma	*frumei*	*frumo*, der erstere, erste,
frumists	*frumista*	*frumist* ⎫
frumista	*frumisto*	*frumisto* ⎬ der erste,
anþar	*anþara*	*anþar*, der andere,
þridja	*þridjo*	*þridjo*, der dritte,
saihsta	*saihsto*	*saihsto*, der sechste,
ahtuda	*ahtudo*	*ahtudo*, der achte,
niunda	*niundo*	*niundo*, der neunte,
taihunda	*taihundo*	*taihundo*, der zehnte,

fimfta-taihunda (der erste Theil unflectirt, z. B. im Dat. [masc. und] neutr. *fimftataihundin*) der fünfzehnte.

Anmerkungen.

1. Die Endung *-da* entspricht unserm heutigen *-te* in zweite, neunte, daher in *taihunda* die letzten beiden Silben nicht mit *hunda* (Hunderte) zu verwechseln sind.

2. Als einzige Vertheilungszahl kommt *tveihnai*, je zwei, vor, welches stark declinirt; die übrigen werden umschrieben.

IV. Vom Fürworte.

1. Die persönlichen Fürwörter.

§. 37. Die persönlichen Fürwörter haben allein von den declinirbaren Redetheilen einen Numerus mehr, nämlich neben Singular und Plural noch einen Dualis für die Zweizahl. Da dieser jedoch lediglich in der Rede, nie in der Erzählung vorkommt, so geht ihm auch die dritte Person ab. Die persönlichen Fürwörter decliniren:

a. das Fürwort der ersten Person.

	Singular.	Dual.	Plural.
Nom.	*ik* ich	*vit* wir (beide)	*veis* wir
Gen.	*meina* meiner	*ugkara* unser	*unsara* unser.
Dat.	*mis* mir	*ugkis* uns	*unsis, uns* uns
Acc.	*mik* mich	*ugkis* uns	*uns, unsis* uns.

b. das Fürwort der zweiten Person.

Nom.	*þu* du	(*jut*) ihr (beide)	*jus* ihr
Gen.	*þeina* deiner	*iggara* euer	*izvara* euer
Dat.	*þus* dir	*igqis* euch	*izvis* euch
Acc.	*þuk* dich	*igqis* euch	*izvis* euch.

c. das Fürwort der dritten Person.

		Masc.	Fem.	Neutr.
Sing.	Nom.	*is* er	*si* sie	*ita* es
	Gen.	*is* desselben	*izos* derselben	*is* desselben
	Dat.	*imma* ihm	*izai* ihr	*imma* ihm
	Acc.	*ina* ihn	*ija* sie	*ita* es

	Masc.	Fem.	Neutr.
Plur. Nom.	*eis* sie	(*ijos*) sie	*ija* sie
Gen.	*ize* derselben	*izo* derselben	*ize* derselben
Dat.	*im* ihnen	*im* ihnen	*im* ihnen
Acc.	*ins* sie	*ijos* sie	*ija* sie.

Reflexiv.

Gen.	*seina*, seiner, ihrer	⎫
Dat.	*sis*, sich, ihm, ihr, ihnen	ohne Nominativ, aber für alle
Acc.	*sik*, sich, ihn, sie	Geschlechter und Zahlen. ⎭

2. Die zueignenden Fürwörter.

§. 38. Sie werden für die erste und zweite Person von den Genitiven der persönlichen Fürwörter gebildet, für die dritte Person vom Reflexiv, und decliniren sämmtlich stark adjectivisch erster Declination. Zu merken ist nur, dass die Formen auf -*ar* weder im Nom. Sing. Masc. -*s* annehmen, noch im Neutr. die volle Form auf -*ata*. Es sind folgende:

Masc.	Fem.	Neutr.
meins mein	*meina* meine	*mein, meinata* mein
unsar unser	*unsara* unsere	*unsar* unser
þeins dein	*þeina* deine	*þein, þeinata* dein
izvar euer	*izvara* eure	*izvar* euer
(*seins*) sein	(*seina*) ihre	(*sein*) sein

Letzteres (*seins, seina, sein*) wird im Nom. Sing. und Plural aller Geschlechter nicht gebraucht, wofür der Genitiv des persönlichen Fürworts. (*is, izos, ize, izo*) eintritt, wohl aber in den übrigen Casus.

Als Declinationsbeispiel stehe hier:

Sing. Nom.	*meins*	*meina*	*mein, meinata*
Gen.	*meinis*	*meinaizos*	*meinis*
Dat.	*meinamma*	*meinai*	*meinamma*
Acc.	*meinana*	*meina*	*mein, meinata*
Voc.	*meins*	*meina*	*mein*
Plur. Nom.	*meinai*	*meinos*	*meina*
Gen.	*meinaize*	*meinaizo*	*meinaize*
Dat.	*meinaim*	*meinaim*	*meinaim*
Acc.	*meinans*	*meinos*	*meina*
Voc.	*meinai*	*meinos*	*meina*.

Anmerk. Die vom Dual gebildeten Formen würden lauten:
ugkar, ugkara, ugkar, unser, uns beiden gehörig,
iggar, iggara, iggara, euer, euch beiden gehörig;
es kommt aber nur von letzterem der Dat. Sing. Fem. *iggarai* (*iggqarai*) wirklich vor.

3. Die zeigenden Fürwörter.

§. 39. Diese sind:

a. *sa — so — þata,* der, die, das, — dieser, diese, dieses.

	Masc.	Fem.	Neutr.
Sing. Nom.	*sa*	*so*	*þata`*
Gen.	*þis*	*þizos*	*þis*
Dat.	*þamma*	*þizai*	*þamma*
Acc.	*þana*	*þo*	*þata*
Plur. Nom.	*þai*	*þos*	*þo*
Gen.	*þize*	*þizo*	*þize*
Dat.	*þaim*	*þaim*	*þaim*
Acc.	*þans*	*þos*	*þo*

Anmerk. Von diesem Pronomen existirt noch. eine alte Instrumentalform: *þe*, doch nur vor dem Comparativ in der Bedeutung **desto** und in den Partikeln *duþe* und *biþe*.

b. *Sah — soh — þatuh*, dieser, diese, dieses.

	Masc.	Fem.	Neutr.
Sing. Nom.	*sah*	*soh*	*þatuh*
Gen.	*þizuh*	*þizozuh*	*þizuh*
Dat.	*þammuh*	*þizaih*	*þammuh*
Acc.	*þanuh*	*þoh*	*þatuh*
Plur. Nom.	*þaih*	*þozuh*	*þoh*
Gen.	*þizeh*	*þizoh*	*þizeh*
Dat.	*þaimuh*	*þaimuh*	*þaimuh*
Acc.	*þanzuh*	*þozuh*	*þoh*

c. *His*, dieser, nur bei Zeitbestimmungen noch erhalten in den beiden Casus: Dat. *himma*, diesem, Acc. *hina*, diesen, Neutr. *hita*, dieses.

d. *Jains — jaina — jainata*, jener, jene, jenes, declinirt stark adjectivisch, §. 27.

e. *Sama — samo — samo*, derselbe, dieselbe, dasselbe, gewöhnlich mit Artikel *sa sama* der selbe, der nämliche.

f. *Silba — silbo — silbo*, selbst.
Beide letztere decliniren schwach adjectivisch, §. 30.

4. Die beziehenden Fürwörter.

§. 40. Diese werden durch die Partikel *ei* gebildet, welche sich theils an persönliche, theils an das erste der zeigenden Fürwörter anfügt. So entstehen von persönlichen Fürwörtern z.· B.

ikei, ich welcher, ich der,
þuei, du welcher, du der,
þuzei, du welchem, du dem,
þukei, du welchen, du den,
juzei, ihr welche, ihr die,
izvizei, euch welchen, euch denen,

und schliesslich das indeclinable *izei* oder *ize* für Nom. Sing. und Plural. Masc.: welcher, welche.

Durch Anfügung von *ei* an das zeigende Fürwort *sa* entsteht das eigentliche declinirbare Relativpronomen: welcher, welche, welches, dessen, Declination diese ist:

	Masc.	Fem.	Neutr.
Sing. Nom.	saei	soei (sei)	þatei
Gen.	þizei	þizozei.	þizei
Dat.	þammei	þizaiei	þammei
Acc.	þanei	þoei	þatei
Plur. Nom.	þaiei	þozei	þoei
Gen.	þizeei	þizoei	þizeei
Dat.	þaimei	þaimei	þaimei
Acc.	þanzei	þozei	þoei

5. Die fragenden Fürwörter.

§. 41. Sie unterscheiden sich, je nachdem von einer, von zweien oder von mehren Personen die Rede ist. Es sind folgende:

a. von einer Person: wer, — was?

	Masc.	Fem.	Neutr.
Sing. Nom.	hvas	hvo	hva
Gen.	hvis	(hvizos)	hvis
Dat.	hvamma	hvizai	hvamma
Acc.	hvana	hvo	hva

Anmerk. Der Plural kommt nicht vor. — Eine alte Instrumentalform ist *hve* in der Bedeutung: womit, um was, um wie viel? und mit Präpositionen: *bi hve*, woran, an was, *du hve (duhve)*, wozu, warum?

b. von zwei Personen;

hvaþar, wer, was (von beiden)?

Es kommt nur im Nominativ (Masc. und Neutr.) vor; in den übrigen Casus steht dafür das erste Fragpronomen.

c. von mehren Personen:

hvarjis — hvarja — hvarjata, wer, — was?

Es declinirt regelmässig wie *niujis*, §. 27, Anmerk.

6. Die unbestimmten Fürwörter.

§. 42. Von diesen brauchen der Declination wegen nur aufgeführt zu werden:

a. *ainshun*, irgend Einer (ohne Mehrheit).

	Masc.	Fem.	Neutr.
Nom.	ainshun	ainohun	ainhun
Gen.	ainishun	(ainaizoshun)	ainishun
Dat.	ainummehun	ainaihun	ainummehun
Acc.	ainnohun, ainohun	ainohun, ainnohun	ainhun.

b. *hvazuh*, Jeder; wenn Relative folgen: *sahvazuh*.

	Masc.	Fem.	Neutr.
Nom.	hvazuh	hvoh	hvah
Gen.	hvizuh	(hvizozuh)	hvizuh
Dat.	hvammeh	(hvizaih)	hvammeh
Acc.	hvanoh	hvoh	hvah.

Acc. plur. masc. *hvanzuh*.

c. *hvarjizuh, ainhvarjizuh,* Jeder, ein Jeder.

	Masc.	Fem.	Neutr.
Nom.	*hvarjizuh*	*hvarjoh*	*hvarjatoh*
Gen.	*hvarjizuh*	—	*hvarjizuh*
Dat.	*hvarjammeh*	—	*hvarjammeh*
Acc.	*hvarjanoh*	*hvarjoh*	*hvarjatoh.*

V. Vom Verbum.

§. 43. Das Genus des Verbums ist im Gothischen dreifach: ein Activ, Passiv (unvollständig) und Medium (nur in wenigen Resten).

Der Modus ist vierfach: Indicativ, Conjunctiv, Imperativ und Infinitiv.

Das Tempus ist nur zweifach: Praesens und Praeteritum; der Numerus dreifach: Singular, Dual (für die erste und zweite Person) und Plural.

Nach der Art endlich, wie ein Verbum abgewandelt wird, gibt es eine dreifache Conjugation: die

I. oder starke Conjugation, deren Grundform consonantisch auslautet; die Flexionsendungen treten unmittelbar an den Wortstamm, zur Bildung des Praeteritums dient Ablaut und Reduplication; die

II. oder schwache Conjugation, deren Grundform vocalisch auslautet; zwischen Stamm und Endung tritt ein Ableitungsvocal und das Praeteritum schaltet — *d* — ein; die

III. oder gemischte Conjugation endigt in ihrer Grundform zwar auch consonantisch, aber allezeit auf angefügtes *n*, an welches die Flexionsendungen treten, dabei flectirt das Praesens nach Art der starken, das Praeteritum nach Art der schwachen Conjugation.

Die Grundform des Verbums ist gleich dem Imperativ Sing. (2. Pers.); nur die erste schwache Conjugation mit der Grundform auf *i* hat im Imperativ Sing. verlängertes *i*, also *ei*.

Die I. oder starke Conjugation.

§. 44. Hier kommen zunächst die beiden Ausdrücke: Ablaut und Reduplication zur Sprache.

a. Unter Ablaut versteht man die regelmässige, von keiner äussern Ursache bedingte Abstufung oder Wandelung des Vocals der Stamm- oder Wurzelsilbe in einen andern Laut. Schon das Gothische hat seine bestimmte und fest geregelte Ablautordnung. Nehmen wir von irgend einem starken Verbum, z. B. von *stila* den Vocal des Praesens als wurzelhaft an, so enthält die Stammsilbe des Praesens (*stil*) den Laut, die des Praet. Sing. (*stal*) den ersten Ablaut, im Praeteritum Plur. (*stelum*) erscheint der zweite und im Particip. Praet. (*stulans*) der dritte Ablaut.

Die verschiedenen Ablautreihen, welche beim starken Verbum vorkommen, sind folgende:

Laut.	1. Ablaut.	2. Ablaut.	3. Ablaut.
1. *i*	*a*	*u*	*u*
2. *i*	*a*	*e*	*u*
3. *i*	*a*	*e*	*i*
4. *ei*	*ai*	*i*	*i*
5. *iu*	*au*	*u*	*u*
6. *a*	*o*	*o*	*a*

endlich, aber nur in Verbindung mit der gleich zu erwähnenden Reduplication, erscheint noch die Reihe:

$$\left.\begin{array}{l} ai \\ e \end{array}\right\} - o - o \left\{\begin{array}{l} ai \\ e \end{array}\right.$$

In allen diesen von 1—6 aufgeführten Reihen macht noch die §. 4 erwähnte Brechung durchweg ihren Einfluss in der Weise geltend, dass überall da, wo in den Ablautreihen *i* oder *u* als Kürzen vor *r*, *h* zu stehen kommen würden, diese Vocale in die gebrochenen (kurzen) Laute *ai* und *au* übergehen. Die gleich folgende Tabelle wird dies anschaulich machen.

b. Die Reduplication ist ein Zusatz, den das Verbum vorn bekommt, um das Praeteritum (Sing. und Plural) darzustellen, nämlich der Vocal *ai*. Dabei gelten folgende Regeln: ist der Anlaut des betreffenden Verbums ein Vocal, so wird *ai* demselben einfach vorgesetzt, z. B. *aukan — aiauk*; ist er ein Consonant, so wird auch dieser, oder, wenn es zwei sind, der erste derselben dem Reduplicationszeichen noch vorgesetzt, z. B. *fahan — faifah, fraisan — faifrais*; nur die zwei Doppelconsonanten *st* und *sk* gelten als untrennbare und fügen sich daher beide ungetrennt dem Reduplicationsvocale vorn an, z. B. *staldan — staistald, skaidan — skaiskaid*.

§. 45. Die starke Conjugation zerfällt in drei Classen, je nachdem das Verbum

A. nur ablautet, oder

B. nur Reduplication annimmt, oder

C. Ablaut und Reduplication zugleich hat.

Um sodann ein Verbum conjugiren zu können, muss Folgendes von ihm bekannt sein:

a. die erste Person des Praesens Sing.,

b. die erste Person des Praeteritum Sing.,

c. die erste Person des Praeteritum Plur.,

d. das Participium Praeteriti.

Die folgende Tabelle giebt diese Grundformen für alle starken Verba nach Ordnung der im vorhergehenden Paragraphen aufgeführten Ablautreihen. Unter 1—6 sind die ablautenden aufgeführt und diesen jedes Mal ein Verbum, bei welchem neben dem Ablaut auch noch die §. 4 und 44 erwähnte Brechung hinzukommt, gegenüber gestellt; Nr. 7 begreift alle reduplicirenden und Nr. 8 die reduplicirend-ablautenden Verba.

Grundformen sämmtlicher starken Verba.

	Praes.	Praet. sing.	Praet. plur.	Partic. praet.
1.	*hilpa*	*halp*	*hulpum*	*hulpans*
	bairga	*barg*	*baurgum*	*baurgans*
2.	*stila*	*stal*	*stelum*	*stulans*
	baira	*bar*	*berum*	*baurans*
3.	*giba*	*gab*	*gebum*	*gibans*
	saihva	*sahv*	*sehvum*	*saihvans*
4.	*steiga*	*staig*	*stigum*	*stigans*
	leihva	*laihv*	*laihvum*	*laihvans*
5.	*giuta*	*gaut*	*gutum*	*gutans*
	tiuha	*tauh*	*tauhum*	*tauhans*
6.	*fara*	*for*	*forum*	*farans*
7.	*salta*	*saisalt*	*saisaltum*	*saltans*
	skaida	*skaiskaid*	*skaiskaidum*	*skaidans*
	stauta	*staistaut*	*staistautum*	*stautans*
	slepa	*saizlep*	*saizlepum*	*slepans*
8.	*laia*	*lailo*	*lailoum*	*laians*
	teka	*taitok*	*taitokum*	*tekans.*

Anmerkungen.

1. Aeussere Kennzeichen der sechs ersten Ablautreihen sind: bei den ersten drei Reihen der auf den Stammvocal folgende Consonant, nämlich bei 1. liquida und muta oder doppelte liquida, bei 2. einfache liquida, bei 3. einfache muta; bei den folgenden drei Reihen ist der Stammvocal charakteristisch.

2. Obgleich bei sämmtlichen zur ersten Ablautreihe gehörenden Verben oder, wie man kürzer sagt, bei allen Verben der ersten starken Conjugation durchweg Positionslange (§. 2 bei a.) der Stammsilbe stattfindet, so waltet doch, eben wohl wegen der geschärften Aussprache, die ursprüngliche Vocalkürze vor, und es tritt daher die §. 4 und 44 erwähnte Brechung der Vocale *i* und *u* in *ai* und *au* unter den genannten Bedingungen auch hier ein, z. B. *bairga* statt *birga*; *baurgum*, *baurgans* st. *burgum*, *burgans*, weil aus den darüber stehenden *hilpa*, *hulpum*, *hulpans* erhellet, dass kurzer Vocal erfordert wird. Es mag in dieser Hinsicht gut sein, auf das Quantitätsverhältniss der Verbalzeiten, wenigstens für die ablautenden Verba, besonders aufmerksam zu machen. Da *a*, *i*, *u* an sich Kürzen, *e* und *o* nothwendig Langen, ebenso auch die Diphthonge lang sind, so hat hiernach die

1. Conj. überall kurzen Vocal,
2. 3. Conj. kurzen Vocal, nur lang im Praet. Plur.
4. 5. Conj. langen Vocal im Praesens und Praeteritum Sing., kurzen im Particip und Plur. Praet.,
6. Conj. kurzen Vocal im Praesens und Particip, langen im Praeteritum Sing. und Plur.

Paradigma für alle starken Verba.

Indicativ.	*Conjunctiv.*
Praesens.	
Sing. 1. *nim-a*	*nim-au*
2. *nim-is*	*nim-ais*
3. *nim-iþ*	*nim-ai*
Dual. 1. *nim-os*	*nim-aiva*
2. *nim-ats*	*nim-aits*

	Indicativ.	Conjunctiv.
Plur.	1. *nim-am*	*nim-aima*
	2. *nim-iþ*	*nim-aiþ*
	3. *nim-and.*	*nim-aina.*

Praeteritum.

		Indicativ	Conjunctiv
Sing.	1. *nam*	*nem-jau*
	2. *nam-t*	*nem-eis,*
	3. *nam*	*nem-i*
Dual.	1. *nem-u*	*nem-eiva*
	2. *nem-uts*	*ncm-eits*
Plur.	1. *nem-um*	*nem-eima*
	2. *nem-uþ*	*nem-eiþ*
	3. *nem-un.*	*nem-eina.*

Imperativ.

Sing. 2. *nim*

Dual. 2. *nim-ats*

Plur. 1. *nim-am*

2. *nim-iþ.*

Participium.

Praes. *nim-ands*

Praet. *numans.*

Infinitiv.

niman, nehmen.

§. 46. Um nach vorstehendem Paradigma jedes beliebige starke Verbum flectiren zu können, müssen folgende Regeln beachtet werden:

1. Der Conjunctiv sowohl im Praesens wie im Praeteritum wird aus dem Indicativ gebildet, und zwar mit dem Stammvocale des Plurals, z. B. aus dem Plural des Praes. Indicativ *nim-am* entsteht der Conj. Praes. *nim-au;* aus dem Plur. Praet. Ind. *nem-um* der Conj. Praet. *nem-jau.*

2. Der Dual hat allezeit den Stammvocal des Plurals, z. B. Plur. Praes. *nim-am*, Dual *nim-os;* Praet. Plur. *nem-um*, Dual *nem-u.* Auch bewahrt der Dual in seiner zweiten Person allezeit *t* (nie *þ*) vor *s: . nim-ats; nimaits, nemuts, nemeits.*

3. Die dritte Person Plur. Praet. wirft *d* am Ende hinter *n* allezeit ab: *nemun* statt *nemund.*

4. Die erste und dritte Person Sing. Praet. sind ganz ohne Flexionsendung, die zweite Person nimmt *t* an, wodurch vorhergehendes *d, t, þ* in *s* übergeht (§. 9, 5.), z. B. von *qiþan* (3. Ablautreihe), Praet. *qaþ,* zweite Person *qast* statt *qaþ-t;* von *maitan* (7. Reihe) Praet. *maimait,* zweite Person *maimaist* statt *maimait-t.*

5. Der Imperativ ist in der zweiten Person Sing. ganz ohne Flexion, Dual und Plural sind gleich den entsprechenden Personen des Praesens im Indicativ.

6. Das Participium Praes. hängt *and* an den Stamm des Verbums; die Declination s. §. 22, 1. und §. 33. — Das Partic. Praet. wird durch die Silbe -*an* gebildet, in den Ablautreihen 1—6 mit Ablaut, in 7 und 8 aber nimmt es weder Ablaut noch Reduplication an. Die Declination s. §. 33. II.

7. Der Infinitiv hat allezeit den Stammvocal im Praesens.

Die II. oder schwache Conjugation.

§. 47. Diese Conjugation zerfällt in drei Classen, je nachdem die Grundform auf *i*, *ai* oder *o* auslautet. Im Praeteritum tritt *d* an den Grundvocal, oder, wenn man die Endungen genauer ansieht, namentlich im Dual und Plural und im ganzen Conjunctiv, so bilden sie für sich das vollständige Praeteritum eines starken Verbums, welches durch Vermittlung der Schlussvocale *i*, *ai*, *o* der Grundform sich mit dem Wortstamme der schwachen Verba verbindet. Dieses zu Hilfe gezogene Verbum mit der Bedeutung „thun" würde in seinen Grundformen lauten:

didan — dad — dedum — didans,

und die regelmässige Flexion des Praeteritums würde sein:

		Indicativ.	*Conjunctiv.*
Sing.	1.	*dad*	*dedjau*
	2.	*dast*	*dedeis*
	3.	*dad*	*dedi*
Dual.	1.	*dedu*	*dedeiva*
	2.	*deduts*	*dedeits*
Plur.	1.	*dedum*	*dedeima*
	2.	*deduþ*	*dedeiþ*
	3.	*dedun.*	*dedeina.*

Mit geringer Aenderung im Singular des Indicativ sind dies die Praeteritumsendungen der schwachen Conjugation.

Die II. 1. oder erste schwache Conjugation.

§. 48. Die erste schwache Conjugation endigt in ihrer Grundform auf *i*, woran die Flexionsendung tritt. Für die Flexion des Praesens und Imperativ (Plur.) findet hier eine Verschiedenheit statt. Geht nämlich der Flexionsendung eine kurze oder mit Vocal auslautende Stammsilbe voraus, so wandelt sich das *i* der Grundform nach §. 7 einfach in *j*; geht aber eine lange Stammsilbe oder eine kurze Ableitungssilbe voraus, so schmilzt *i* der Grundform mit folgendem *i* der Endung in die Verlängerung *ei* zusammen. Die zweite Person Sing. des Imperativ endigt jedoch ohne Unterschied bei allen Verben dieser Conjugation auf verlängertes *i* d. i. *ei*.

Paradigma der II. 1. Conjugation.

Grundform i: nas-i, sok-i.

Praesens Indicativ.

Sing.	1.	*nas-ja*	*sok-ja*
	2.	*nas-jis (sto-jis)*	*sok-eis*
	3.	*nas-jiþ (sto-jiþ)*	*sok-eiþ*

Dual. 1. *nas-jos*   *sok-jos*
      2. *nas-jats*   *sok-jats*
Plur. 1. *nas-jam*   *sok-jam*
      2. *nas-jiþ (sto-jiþ)*   *sok-eiþ*
      3. *nas-jand.*   *sok-jand.*

Praesens Conjunctiv.

Sing. 1. *nas-jau*   *sok-jau*
      2. *nas-jais*   *sok-jais*
      3. *nas-jai*   *sok-jai*
Dual. 1. *nas-jaiva*   *sok-jaiva*
      2. *nas-jaits*   *sok-jaits*
Plur. 1. *nas-jaima*   *sok-jaima*
      2. *nas-jaiþ*   *sok-jaiþ*
      3. *nas-jaina.*   *sok-jaina.*

Praeteritum Indicativ.

Sing. 1. *nas-i-da*   *sok-i-da*
      2. *nas-i-des*   *sok-i-des*
      3. *nas-i-da*   *sok-i-da*
Dual. 1. *nas-i-dedu*   *sok-i-dedu*
      3. *nas-i-deduts*   *sok-i-deduts*
Plur. 1. *nas-i-dedum*   *sok-i-dedum*
      2. *nas-i-deduþ*   *sok-i-deduþ*
      3. *nas-i-dedun.*   *sok-i-dedun.*

Praeteritum Conjunctiv.

Sing. 1. *nas-i-dedjau*   *sok-i-dedjau*
      2. *nas-i-dedeis*   *sok-i-dedeis*
      3. *nas-i-dedi*   *sok-i-dedi*
Dual. 1. *nas-i-dedeiva*   *sok-i-dedeiva*
      2. *nas-i-dedeits*   *sok-i-dedeits*
Plur. 1. *nas-i-dedeima*   *sok-i-dedeima*
      2. *nas-i-dedeiþ*   *sok-i-dedeiþ*
      3. *nas-i-dedeina.*   *sok-i-dedeina.*

Imperativ.

Sing. 2. *nas-ei*   *sok-ei*
Dual. 2. *nas-jats*   *sok-jats*
Plur. 1. *nas-jam*   *sok-jam*
      2. *nas-jiþ (sto-jiþ).*   *sok-eiþ.*

Participium.

Praes. *nas-jands*   *sok-jands*
Praes. *nas-iþs.*   *sok-iþs.*

Infinitiv.

nas-jan (sto-jan)   *sok-jan.*

Anmerk. Zur Bildung der Partic. Praet. tritt *-d* an das *i* der Grundform, wodurch ersteres auslautend und vor *s* in *þ* übergeht, daher z. B.

stark: *nasiþs — nasida — nasiþ*

schwach: *nasida — nasido — nasido*, cf. §. 33.

Die II. 2. oder zweite schwache Conjugation.

§. 49. Die zweite schwache Conjugation endigt in ihrer Grundform auf *-ai*, welches vor Vocalen der Endung verschwindet, ausgenommen vor *i*, welches ihm selbst weichen muss.

Paradigma.

Grundform *ai: habai.*

	Indicativ.	*Conjunctiv.*
	Praesens.	
Sing. 1.	*hab-a*	*hab-au*
2.	*hab-ais*	*hab-ais*
3.	*hab-aiþ*	*hab-ai*
Dual. 1.	*hab-os*	*hab-aiva*
2.	*hab-ats*	*hab-aits*
Plur. 1.	*hab-am*	*hab-aima*
2.	*hab-aiþ*	*hab-aiþ*
3.	*hab-and*	*hab-aina*
	Praeteritum.	
Sing. 1.	*hab-aida*	*hab-aidedjau*
2.	*hab-aides*	*hab-aidedeis*
3.	*hab-aida*	*hab-aidedi*
Dual. 1.	*hab-aidedu*	*hab-aidedeiva*
2.	*hab-aideduts*	*hab-aidedeits*
Plur. 1.	*hab-aidedum*	*hab-aidedeima*
2.	*hab-aideduþ*	*hab-aidedeiþ*
3.	*hab-aidedun.*	*hab-aidedeina.*
	Imperativ.	**Participium.**
Sing. 2.	*hab-ai*	Praes. *hab-ands*
Dual. 2.	*hab-ats*	Praet. *hab-aiþs*
Plur. 1.	*hab-am*	**Infinitiv.**
2.	*hab-aiþ.*	*hab-an,* haben.

Die II. 3. oder dritte schwache Conjugation.

§. 50. Die Grundform dieser Conjugation endigt auf *-o*, nach welchem alle Vocale der Endung ohne Unterschied wegfallen und überall der Vocal *o* bleibt.

Paradigma.

Grundform *-o; salbo.*

	Indicativ.	*Conjunctiv.*
	Praesens.	
Sing. 1.	*salb-o*	*salb-o*
2.	*salb-os*	*salb-os*
3.	*salb-oþ*	*salb-o*

Dual.	1. *salb-os*	*salb-ova*
	2. *salb-ots*	*salb-ots*
Plur.	1. *salb-om*	*salb-oma*
	2. *salb-oþ*	*salb-oþ*
	3. *salb-ond.*	*salb-ona.*

Praeteritum.

Sing.	1. *salb-oda*	*salb-odedjau*
	2. *salb-odes*	*salb-odedeis*
	3. *salb-oda*	*salb-odedi*
Dual.	1. *salb-odedu*	*salb-odedeiva*
	2. *salb-odeduts*	*salb-odedeits*
Plur.	1. *salb-odedum*	*salb-odedeima*
	2. *salb-odeduþ*	*salb-odedeiþ*
	3. *salb-odedun.*	*salb-odedeina.*

Imperativ.	**Participium.**
Sing. 2. *salb-o*	Praes. *salb-onds*
Dual. 2. *salb-ots*	Praet. *salb-oþs*
Plur. 1. *salb-om*	**Infinitiv.**
2. *salb-oþ.*	*salb-on,* salben.

Die III. oder gemischte Conjugation.

§. 51. Diese Conjugation ist an sich keine neue Form, sondern lediglich die Anwendung starker und schwacher Flexion bei ein und demselben Verbo. Die Grundform endigt consonantisch auf -*n*, an welches sich die Flexion fügt, und zwar im Praesens nach Art der starken, im Praeteritum nach Art der schwachen Verba mit der Grundform auf -*o*. Die Bedeutung ist durchweg passivisch oder reflexiv, z. B. *fulljan* füllen, *fullnan* erfüllt werden; *andbindan* lösen, *andbundnan* gelöst werden; *uslukan* öffnen, *usluknan* geöffnet werden, sich öffnen.

Paradigma.

Grundform *n: fulln.*

Indicativ.	*Conjunctiv.*

Praesens.

Sing.	1. *full-na*	*full-nau*
	2. *full-nis*	*full-nais*
	3. *full-niþ*	*full-nai*
Dual.	1. *full-nos*	*full-naiva*
	2. *full-nats*	*full-naits*
Plur.	1. *full-nam*	*full-naima*
	2. *full-niþ*	*full-naiþ*
	3. *full-nand*	*full-naina.*

Praeteritum.

Sing.	1. *full-noda*	*full-nodedjau*
	2. *full-nodes*	*full-nodedeis*
	3. *full-noda*	*full-nodedi*

Dual.	1.	*full-nodedu*	*full-nodedeiva*
	2.	*full-nodeduts*	*full-nodedeits*
Plur.	1.	*full-nodedum*	*full-nodedeima*
	2.	*full-nodeduþ*	*full-nodedeiþ*
	3.	*full-nodedun.*	*full-nodedeina*

Imperativ.			Participium.	
Sing.	2.	*full-n*	Praes.	*full-nands*
Dual.	2.	*full-nats*	Praet.	fehlt.
Plur.	1.	*full-nam*	**Infinitiv.**	
	2.	*full-niþ.*	*full-nan,* erfüllt werden.	

Anmerk. Die Verba der I. oder starken Conjugation sind überhaupt als ursprüngliche anzusehen, d. h. als solche, die unmittelbar aus einer vorhandenen Sprachwurzel gebildet sind, wenn auch in einzelnen Fällen eine nähere Herleitung, namentlich einer höheren Reihe aus einer niedrigeren stattgefunden hat. Dagegen sind sammtliche Verba der II. schwachen, sowie der III. oder gemischten Conjugation abgeleitete. Ueber Bildung und Herleitung derselben kommt Folgendes in Betracht:

1. Die Verba der ersten schwachen Conjugation mit der Grundform auf -*i* werden meist von starken Verben, doch auch von Substantiven und Adjectiven hergeleitet. Bei ihrer Bildung tritt gleich unmittelbar an den Stamm des Ursprungswortes erst *i* der Grundform und hieran die Flexionsendung. Geschieht die Herleitung von einem starken Verbum, so ist in der Regel der Ablautvocal des Praeteritum Sing. der Stammvocal (z. B. von *ligan, lag* — *lagjan*), selten der des Participii Praeteriti (z. B. von *hil, hal, helum, hulans* — *huljan*); nur zuweilen sind Bildungselemente zwischen Stammwort und das *i* der Grundform getreten, wie *malan* — *mal-v-jan, tairan* — *tar-m-jan, tilan* — *tal-z-jan, liuh-an* — *lauh-at-jan, kniu* — *knu-ss-jan.* Den meisten derselben liegt der Begriff „machen" zu Grunde, z. B. *ligan* liegen — *lagjan* liegen machen, d. i. legen, *ganisan* genesen — *nasjan* genesen machen, d. i. heilen, retten.

2. Die Verba der zweiten schwachen Conjugation mit der Grundform auf -*ai* stossen nach der Regel vor Vocalen der Endung dies *ai* aus und fugen ihre Flexion unmittelbar an den Wortstamm sowohl von Verben, wie von Substantiven und Adjectiven, z. B. *þivan* (I. 3. Conj.) dienen — *gaþivan, anaþivan* dienstbar machen, *hahan* (I. 7. Conj.) hängen — *hahan* sich hängen; von Substantiven: *hveila* Weile, Zeit — *hveilan* weilen, dauern, *saurga* Sorge, Kummer — *saurgan* sorgen, betrubt sein; von Adjectiven: *svers* geehrt — *sveran* ehren, verherrlichen, *veihs* heilig — *veihan* heiligen, heilig halten. Die Falle, wo ein anderer als der Stammvocal angenommen ist, sind selten; als Bildungszusatz findet sich nur die Silbe -*an*- in *gaain-an-an* (*gaainanan*) von *ains*, und in *gastoþanan* von *standan, stoþ*.

3. Auch bei der dritten schwachen Conjugation mit dem Grundvocale auf -*o* geschieht die Ableitung durch unmittelbare Aufügung der Endung an den Wortstamm, meist von Substantiven, doch auch von Adjectiven und Verben, z. B. *karon* von *kara, fiskon* von *fisks, vundon* von *vunds, vairþon* von *vairþs, miton* von *mitan.* Die Fälle, dass bei Verbalableitung der Ablaut angenommen ist, sind auch hier selten; als Bildungszusatze erscheinen nur -*in*- bei *faginon, airinon, gudjinon,* -*is*- bei *valvison* und -*m*- bei *dvalmon* von *dvals, valvjan, fahjan, gudja, airus.*

4. Die Verba der III. oder gemischten Conjugation werden sämmtlich von Verben hergeleitet. Bei ihrer Ableitung von starken Verben nehmen sie regelmässig den Ablaut des Particips an, ausgenommen *infeinan* von *feian, keinan* von *keian, usgeisnan* von *geisan*; von schwachen Verben hergeleitet hängen sie die Endung mit dem *n* der Grundform unmittelbar an den Stamm.

Anomalien der Conjugation.

§. 52. Die im Gothischen vorkommenden Anomalien der Conjugation gründen sich theils auf Anwendung starker und schwacher Flexion nebeneinander, theils auf Mischung verschiedener Wortstämme. Es sind folgende

I. zur starken Conjugation.

a. *briggan* (I. 1. Conj.) geht im Praesens regelmässig, im Praeteritum aber (nicht *bragg*) nach schwacher Form: *brahta, brahtes,* Plur. *brahtedum.*

b. Folgende Verba bilden dagegen das Praeteritum nach starker, das Praesens aber und seine Ableitungen nach schwacher Form:

bidjan (auch *bidan*), *baþ, bedum, bidans,*

fraþjan, froþ, froþum, fraþans,

hafjan, hof, hofum, hafans,

hlahjan, hloh, hlohum, hlahans,

raþjan, roþ, roþum, raþans,

skapjan, skop, skopum, skapans,

skaþjan, skoþ, skoþum, skaþans,

fraþjan, froþ, froþum, fraþans.

c. *Lukan* (nach I. 5.) hat *u* im Praesens statt *iu*, wahrscheinlich auch *vulan* sieden.

d. *Standan* (nach I. 6.) schiebt überall nach *a* der Stammsilbe, wahrscheinlich zur Verlängerung derselben *n* ein, welches da wieder ausfällt, wo der Vocal lang wird, bildet also: *standan, stoþ, stoþum, standans. Fraihnan,* fragen, schiebt im Praesens und seinen Bildungen *n* zwischen Stamm und Endung, also Praes. *fraihna, fraihnis* u. s. w., Imper. *fraihn.* Auf die Bedeutung hat dies *n* keinen Einfluss. Das Praeteritum geht regelmässig nach I. 3: *frah, frehum, frahans.*

e. *Gaggan* (I. 7.) geht im Praes. und seinen Bildungen nach starker Form, im Praeteritum aber tritt die schwache Form *gaggida* ein, die indess auch nur einmal gebraucht ist, in allen übrigen Fällen steht dafür von einem verlornen Verbum *iddja, iddjes, iddjedum.*

f. *Saian* (I. 8.) bildet die 2. Pers. Praet. *saisost* statt *saisot.*

II. Zur schwachen Conjugation.

Fünf Verba der ersten schwachen Conjugation gehen im Praesens regelmässig, ziehen aber ihr schwaches Praeteritum zusammen und verwandeln kurzsilbiges *u* in *au* (§. 4.):

bugjan kaufen, Praeter. *bauhta,*

brûkjan brauchen, „ *brûhta,*

þugkjan dünken, „ *þûhta,*

þagkjan denken, „ *þahta*

vaurkjan wirken, „ *vaurhta.*

Das Verbum *kaupatjan* ohrfeigen, bildet im Praet. *kaupasta* (§. 9, 5.).

III. Zwölf Verba sind Praeterito-Praesentia, sie haben nämlich ein doppeltes Praeteritum: nach starker Form mit der Bedeutung des Praesens, und nach schwacher Form mit Praeteritumsbedeutung. Es sind folgende:

Praes. sing.	Praes. plur.	Praeter.	Part. Praet.	Infin.
mag ich kann	*magum*	*mahta*	*mahts*	*magan*
kann ich kenne	*kunnum*	*kunþa*	*kunþs*	*kunnan*
þarf ich bedarf	*þaurbum*	*þaurfta*	*þaurfts*	*þaurban*
dars ich wage	*daursum*	*daursta*	*daursts*	*daursan*
man ich meine	*munum*	*munda*	*munds*	*munan*
skal ich soll	*skulum*	*skulda*	*skulds*	*skulan*
nah es genügt	*nauhum*	*nauhta*	*nauhts*	*nauhan*
aih ich habe	*aigum*	*aihta*	*aihts*	*aigan*
vait ich weiss	*vitum*	*vissa*	(*vits*)	*vitan*
daug es taugt	*dugum*	*dauhta*	*dauhts*	*dugan*
mot ich kann	*motum*	*mosta*	*mosts*	*motan*
og ich fürchte	*ogum*	*ohta*	*ohts*	*ogan.*

Anmerk. *Munan* und *vitan*, sowie die Composita *gakunnan* und *ufkunnan* werden mit etwas veränderter Bedeutung auch regelmässig nach zweiter schwacher Conj. flectirt.

IV. Das Verbum *viljan*, wollen, entbehrt im Praesens der Indicativform gänzlich und flectirt nur conjunctivisch:

Praesens (Indicat. und) Conj.

Sing. 1. *viljau*,   2. *vileis*,   3. *vili*,
Dual. 1. *vileiva*,   2. *vileits*,   —
Plur. 1. *vileima*,   2. *vileiþ*,   3. *vileina*.

Indicativ.   *Conjunctiv.*
Praeteritum.

	Indicativ.	*Conjunctiv.*
Sing. 1.	*vilda*	*vildedjau*
2.	*vildes*	*vildedeis*
3.	*vilda*	*vildedi*
Dual. 1.	*vildedu*	*vildedeiva*
2.	*vildeduts*	*vildedeits*
Plur. 1.	*vildedum*	*vildedeima*
2.	*vildeduþ*	*vildedeiþ*
3.	*vildedun.*	*vildedeina.*

V. Das Hilfsverbum *visan*, sein, gehört in seiner Flexion drei verschiedenen Stämmen an, von denen zwei im Praesens, der dritte im Praeteritum, Infinitiv und Particip erscheinen. Es flectirt:

Indicativ.   *Conjunctiv.*
Praesens.

	Indicativ.	*Conjunctiv.*
Sing. 1.	*im*	*sijau*
2.	*is*	*sijais*
3.	*ist*	*sijai*
Dual. 1.	*siju*	*sijaiva*
2.	*sijuts*	*sijaits*
Plur. 1.	*sijum*	*sijaima*
2.	*sijuþ*	*sijaiþ*
3.	*sind*	*sijaina.*

Praeteritum.

Sing.	1.	*vas*	*vesjau*
	2.	*vast*	*veseis*
	3.	*vas*	*vesi*
Dual.	1.	*vesu*	*veseiva*
	2.	*vesuts*	*veseits*
Plur.	1.	*vesum*	*veseima*
	2.	*vesuþ*	*veseiþ*
	3.	*vesun*	*veseina.*

Particip. praes.   Infinitiv.

visands   *visan*, sein.

Anmerk. In der Bedeutung bleiben flectirt *visan* regelmässig nach I. 3. Conj.

Das Passivum.

§. 53. Ausser der ganzen dritten Conjugation hat das Gothische noch eine eigene Passivform, aber nur mit dürftiger Flexion und lediglich für Praesens Indicativ und Conjunctiv ohne Dual. Zur Darstellung derselben tritt die Flexionsendung gleich an den Stamm der Verba, und zwar bei starken Verben unmittelbar, bei schwachen Verben mit Berücksichtigung der Vocale der Grundform, von denen *i* in *j* übergeht, *ai* überall ausfällt, *o* überall bleibt und dafür den anstossenden Vocal der Endung vertreibt. Die Flexion ist:

1. von starken Verben, z. B. *haitan:*

Indicativ.   *Conjunctiv.*

Praesens.

		Indicativ	Conjunctiv
Sing.	1.	*hait-ada*	*hait-aidau*
	2.	*hait-aza*	*hait-aizau*
	3.	*hait-ada*	*hait-aidau*
Plur.	1.	*hait-anda*	*hait-aindau*
	2.	*hait-anda*	*hait-aindau*
	3.	*hait-anda*	*hait-aindau.*

2. von schwachen Verben, z. B.

Indic. Sing.	1.	*nas-jada,*	*hab-ada,*	*salb-oda*
	2.	*nas-jaza,*	*hab-aza,*	*salb-oza* u. s. w.
Sing.	1.	*nas-jaidau,*	*hab-aidau,*	*salb-odau*
	2.	*nas-jaizau,*	*hab-aizau,*	*salb-ozau* u. s. w.

Das Medium.

§. 54. Noch dürftiger als das Passiv ist das Medium vertreten. Auch hier existirt nur noch eine Zeit, das Praesens, aber für diese nur die dritte Person Sing. und Plural, Indic. und Conj. Der Indicativ fällt noch dazu mit dem Passiv zusammen, und nur der Conjunctiv zeigt geringen Unterschied. Die Flexion ist z. B.

Praesens.

Indic. Sing. 3. *vaurk-jada*
Plur. 3. *vaurk-janda*
Conj. Sing. 3. *vaurk-jadau*
Plur. 3. *vaurk-jandau.*

Man vergleiche die Stellen:

Matth. 27, 42: *atsteigadau*, descendat;
  ,,   27, 43: *lausjadau*, liberet;
Joh.   13, 35: *ufkunnanda*, cognoscant,
1. Cor. 7, 9: *liugandau*, nubant;
  ,,   15, 54: *gavasjada*, induit;
2. Cor. 4, 17: *vaurkjada*, operàtur;
  ,,   7, 10: *ustiuhada*, efficit, operatur.

Anmerk. *Ufkunnanda* und die drei letzteren werden von Massmann nicht als Media anerkannt; auch setzt derselbe im Texte *ustiuhiþ* für *ustiuhada* und streicht in *ufkunnanda* das End-*a.*

VI. Vom Adverbium.

§. 55. Die folgenden Redetheile sind flexionslose; doch mag hier das Nöthigste über ihre Form, Rection oder Stellung gleich beigefügt werden.

1. Die von Adjectiven hergeleiteten Adverbia werden auf doppelte Art gebildet:

a. mit der Endung -*ba*, welche an die Grundform des Adjectivs tritt. Zu merken ist nur, dass *i* in *j* übergeht, wenn die vorhergehende Stammsilbe kurz ist; auch steht zuweilen -*aba* statt -*uba*. Z. B.

abraba von *abrs,*
arniba ,, *arneis,*
sunjaba ,, *sunis,*
harduba (auch *hardaba*) von *hardus.*

b. mit der Endung -*o*, die an den Wortstamm tritt, wobei in Betreff der Vocale der Grundform *a* und *u* ausfallen, *i* in *j* übergeht, z. B.

sinteino von *sinteins,*
glaggvo ,, *glaggvus*
þiubjo ,, *þiubs* (Grundf. *þiubi*).

2. Die von Comparativen und Superlativen herstammenden Adverbia werfen nur die Flexionsendung ab, wobei sich das comparative *z* in *s* wandelt, z. B.

hauhis von *hauhiza,*
frumist ,, *frumists.*

3. Viele Ortsadverbia zeigen regelmässig wiederkehrende Endung und von ihr abhängige Bedeutung.

a. Der Frage wo? entsprechen Adverbia mit der Endung: -*a*: *faura* vorn, *afta* hinten, *iupa* oben, *dalaþa* unten, *inna*, innen, *uta* aussen; -*r*, -*ar*: *aljar* anderswo, *þar* daselbst, *jainar* dort, *war* wo.

b. der Frage **woher?** entspricht die Endung *-þro*, z. B. *hvaþro* woher, *þaþro* daher, *iupaþro* von oben, *allaþro* von allen Seiten.

c. Der Frage **wohin?** entsprechen die Endungen *-þ (-d)*, *-þre (-dre)* oder der blosse consonantisch auslautende Stamm, z. B. *hvaþ*, *hvadre* wohin, *jaindre* dorthin, *iup* hinauf, *inn* hinein.

4. Manche Adverbia sind' an sich Substantive, die nur wegen ihrer Bedeutung in. dem einen oder andern Casus mit oder ohne Praeposition adverbial genommen werden, wie· *sunja, bi sunjai* wahrhaftig, *dagis hvizuh* täglich, *landis* über Land, fernhin, *gistradagis* gestern, *himma daga* heute, *aiv* (Accus. von *aivs* die Zeit) je, jemals, *ni aiv* niemals, (*bisunjane* umher, in der Nähe).

5. Andere Adverbia sind Zusammensetzungen, wie *halis-aiv*, *þanamais, þan-nu, ufar-jaina, du-hve, þis-hvaruh.*

6. Andere sind eigentlich Verba, wie *sai, hiri, hirjats* und *hirjiþ* u. a.

7. Auch Praepositionen stehen öfter adverbial ohne Formänderung, aber dann allemal ihrem Verbo nachgesetzt; *in* und *us* haben die adverbialen Formen *inn* und *ut*.

VII. Die Praepositionen.

§. 56. Die Praepositionen stehen unmittelbar vor dem Casus, den sie regieren; nur die Anhängepartikeln *-u, -uh,* oder solche Wörter, die zu Anfange des Satzes nicht stehen, wie *raihtis, þan, auk* u. a. trennen sie davon. Sie regieren folgende Casus:

1. den **Genitiv** die einzige Praep. *in* in der Bedeutung **wegen, für,** und die adverbiale Praep. *utana* ausserhalb;

2. den **Dativ:** *alja* ausser, *af* von, von — her, von — herab, *du* zu *miþ* mit, *nehva* nahe bei, *undaro* unter, *us* aus, aus — heraus, von — weg, *faura* vor, *fram* von, von — aus, von — her.

3. den **Accusativ:** *and* an — herab, an — hin, längs, *þairh* durch, *inuh* ohne, *undar* unter, *viþra* gegen (freundlich und feindlich), vor (in Gegenwart, bei), *faur* vor, für.

4. den **Genitiv** und **Dativ:** *ufaro* über, auf;

5. den **Dativ** und **Accusativ:** *ana* an, auf, *at* bei, zu, *afar* nach, *bi* bei, um, an, *hindar* hinter, über, *in* in, nach, auf (und den Genitiv in der Bedeutung **wegen** s. Nr. 1.), *uf* unter, *ufar* über, *und* mit **Dat.** um, für, mit **Acc.** bis, zu.

VIII. Die Conjunctionen.

§. 57. Es sind folgende:

1. *jah, -uh* und, auch; *jah — jah* sowohl — als auch; *ni þatainei — ak jah* nicht nur — sondern auch; *nih — ak jah*

nih, jah ni und nicht, auch nicht;

$$\left.\begin{array}{l} ni \ — \ nih \\ nih \ — \ nih \\ ni \ — \ ni \\ nih \ — \ ni \end{array}\right\} \text{ weder — noch.}$$

Anmerk. Die Partikel *-uh* wird allezeit einem Worte angehängt, in der Regel dem ersten Worte des Satzes, und trennt dadurch nicht blos die Praeposition von ihrem Casus (*inuh þizai hveilai*), sondern auch vom Verbum, mit dem sie componirt war (*atuhgaf* statt *atgaf-uh*). In beiden Fällen können selbst noch Partikeln, die an erster Stelle des Satzes nicht stehen, dazwischen treten (*afaruh þan þata; dizuh þan sat* statt *dissat;* auch ohne *-uh* bewirken manche Partikeln diese Trennung, wie *us nu gibiþ* statt *usgibiþ nu; miþ ni qam* statt *ni miþqam*). Dabei erweicht *-uh* die Consonanten *f, þ, s,* wenn es an dieselben tritt, in *b, d, z* (*ubuh* statt *ufuh, qaduh* st. *qaþuh, hvazuh* st. *hvasuh*); auch assimilirt (§. 10) *h* leicht mit dem folgenden Consonanten: in *jah* fast mit jedem, in *nih* oft mit folgendem *þ* oder *s,* in *-uh* häufig bei folgendem *þ,* selten mit andern Consonanten. Ueber den Wegfall des *u* in *-uh* s. §. 6, 2.

2. *aiþþau* oder:

$$\left.\begin{array}{l} andizuh \ — \ aiþþau \\ jabai \ — \ aiþþau \end{array}\right\} \text{ entweder — oder;}$$

jaþþe — jaþþe sei es dass — oder.

Anmerk. *Aiþþau* steht nie doppelt um entweder — oder wiederzugeben; *jaþþe* allein stehend heisst: für den Fall dass = wenn.

3. *sve* wie, *svasve* sowie;

$$\left.\begin{array}{l} sve \ — \ sva \ jah \\ sve \ — \ svah \\ sve \ — \ jah \\ svasve \ — \ sva \end{array}\right\} \text{ wie — so auch;}$$

hvaiva wie? in der Frage.

4. *þauhjabai, jah jabai, jabai* obgleich, worauf im Nachsatze *akei, aþþan, iþ* doch, aber, oder auch keine Partikel folgt. *sveþauh* zwar, doch (*sveþauh ei* obgleich); oft gibt *sveþauh* dem Worte, bei dem es steht, nur einen Nachdruck.

5. *jabai* wenn (dafür auch *þande, þandei,* selbst *iþ*);
nibai, niba, nih wenn nicht;

$$\left.\begin{array}{l} jabai \ sveþauh \\ sveþauh \ jabai \end{array}\right\} \text{ wenn nämlich.}$$

6. *nu, nuh,* dafür auch *þanuh, þaruh, eiþan* nun, also, daher; *þannu,* dafür auch *þanuh, eiþan,* selbst *aþþan* somit, demnach, also. Beim verbietenden Imperativ steht *nunu.*

7. *unte, þande* (auch *þan,* aber dann allemal mit vorhergehendem *-uh*) denn, weil;
auk, allis, raihtis denn, denn nämlich.

8. *ei, þei, þatei, unte* dass, dass nämlich, weil;
ei, svaei, svasve, sve sodass;
ei dass, damit, *ei ni* damit nicht;
ni þei oder *nih þei* nicht dass;
ibai (iba) dass, dass nicht, nach Verbis, die eine Furcht, Besorgniss und dergl. ausdrücken.

9. *iþ, þan, aþþan* aber, von denen letzteres den Gegensatz schärfer hervorhebt, erstere beiden leiser, oft nur den Uebergang andeutend und selbst für *jah* und; auch stehen zuweilen beide, *iþ* und *þan*, zusammen oder durch dazwischen gesetzte Wörter getrennt;

aþþan — iþ
raihtis — iþ, þan, aþþan
auk — iþ } zwar — aber;
þan — iþ, þan, aþþan
akei aber, aber doch;
ak sondern, selten aber.

10. *þan, þande, biþe* als, da, so lange als, wann, wenn;
biþe, afar þatei nachdem;
sve wie, da, indem;
faurþizei bevor;
miþþanei während;
sunsei sobald als;
unte, und þatei, þande bis, bis dass, so lange als.

XI. Interjectionen.

§. 58. Die wenigen hierher gehörigen Wörter sind: *o!* o, ei! — *vai*, wehe! — oder imperativische, wie *sai* sieh; *hiri* hierher; *hirjats* hierher (ihr zwei); *hirjiþ* hierher (kommet). —

Dritter Theil.

Zur Wortbildung.

§. 59. Die Lehre von der Wortbildung sucht die Wörter auf ihre einfachsten Bestandtheile zurückzuführen, oder sie will nachweisen, wie aus diesen einfachen Bestandtheilen Wörter, aus den Wörtern wieder Wörter, abgeleitete und zusammengesetzte, entstanden sind.

Man unterscheidet zunächst bei jedem Worte zwischen Wurzel und Stamm desselben. Die Wurzel bezeichnet den Grundstoff des Wortes, das, was noch nicht Wort ist, aber woraus zunächst der Wortstamm, dann das Wort selbst hervorwachsen kann. Die Wurzel als solche existirt nicht mehr in der Sprache, wie sie uns vorliegt, sondern nur der Wortstamm, aus dem durch den Hinzutritt gewisser Bildungs- und Biegungselemente das Wort entsteht. Die Wurzel für sich hat noch keine Bedeutung; nur wo Wurzel und Stamm eines Wortes gleich sind, enthält letzterer die Bedeutung.

Die Wurzeln aller Wörter sind einsilbig, zuweilen nur ein einzelner Buchstabe, wie

i, Wurzel des Pronomen *is*,

u, Fragpartikel,

hi, *þa*, Wurzeln zu *his*, *þata*,

al, *an*, *aik*, *auk* zu *alan*, *anan*, *aikan*, *aukan*,

mait, *sun*, *bairg* zu *maitan*, *sunus*, *bairgan*, *bairgs*.

Je nach den Wörtern, die aus den Wurzeln entstehen, spricht man von Verbal-, Nominal-, Pronominal- und Partikelwurzeln. Verbalwurzeln geniessen noch den Vorzug, ihren Wurzelvocal nach festen Gesetzen wandeln zu können (Ablaut §. 44).

§. 60. Der Stamm ist das, was aus der Wurzel hervorgewachsen und so weit gediehen ist, dass durch den Hinzutritt gewisser Bildungs- und Biegungselemente Wörter daraus entstehen und alle innerhalb ihrer Wortclasse erforderlichen Veränderungen damit vorgenommen werden können. Z. B.

gib, Stamm vom Verbum *giban (gab, gebum)*, vom Subst. *giba*;

sun, Stamm von den Subst. *sunus, sunja*;

hilp, Stamm vom Verbum *hilpan (halp, hulpum)*, vom Subst.
   hilpa;

bairg, Stamm vom Verbum *bairgan (barg, baurgum)*, vom Subst.
   bairgs;

blind, Stamm vom Adjectiv *blinds*, von den Verben *blindjan,
blindnan*.

Auch der Stamm des Wortes ist in seinem reinen Zustande nur ein-
silbig; doch insofern schon Bildungselemente hinzugetreten sind, kann er
auch ein abgeleiteter und mehrsilbig sein, wie *nim*, Stamm vom Verbum
niman, *numt* (mit hinzugetretenem *t*) der Stamm vom Subst. *numts (an-
danumts)*, *nemeig* (mit der Bildungssilbe *eig*) der Stamm vom Adjectiv
nemeigs (andanemeigs).

§. 61. An den Stamm des Wortes schliessen sich zunächst, wo solche
überhaupt hinzutreten:

a. die Ableitungsvocale (*a, i, u; ai, o*), wie wir solche bei den Decli-
   nationen und der schwachen Conjugation kennen gelernt haben, die
   den Uebergang vermitteln, dann

b. gewisse Bildungselemente (ein oder mehre Consonanten, allein oder
   in Verbindung mit Vocalen, bei Weiterbildungen von schon ab-
   geleiteten Wörtern selbst ganze Silben), die für sich allein zwar
   ohne Bedeutung sind, aber in Verbindung mit dem Wortstamme die
   Gestalt und Bedeutung des Wortes verschieden modifiziren;

c. zuletzt tritt die Flexionsendung hinzu.

Bei allen Wortbildungen, mögen Bildungs- und Ableitungselemente
zwischen Wortstamm und Endung eingetreten sein oder nicht, überall
geht diesen oder doch der Endung allein der reine Wortstamm vor-
her, z. B.

ain-s, ain-aha, ain-akls;

mag-us, mag-ula, mag-aþs;

lais-jan, lais-areis, lais-eigs;

skalk-s, skalk-i (gaskalk-i), skalk-inon, skalk-inassus.

§. 62. Aus den vorhandenen Sprachwurzeln geschieht die Bildung
der Wörter auf doppelte Weise: durch eigentliche Bildung oder Ableitung
und durch Zusammensetzung.

I. Wortbildung oder Ableitung.

Erste Regel: die der neu zu bildenden Wortclasse entsprechende
Endung wird unmittelbar an die vorhandene Wurzel gehängt, wobei
Verbalwurzeln auch die bekannte Wandelung durch den Ablaut erfah-
ren. Z. B.

alþ; alþ-an, alþ-s, alþ-eis; ·

gib; gib-an, gib-a, gab-ei, gab-igs;

deig; deig-an, daig-s;

17*

bairg; bairg-an, bairg-s, baurg-s;
þa; þa-n, þa-ta, þa-r, þa-rei u. s. w.

Zweite .Regel: zwischen Wurzel und Endung treten erst noch
die (§. 61) erwähnten Bildungs- und Ableitungselemente, wobei auch hier
bei Verbalwurzeln starker Verba der bekannte Lautwechsel (Ablaut)
statt hat. Die ableitenden Consonanten und Silben sind sehr man-
nigfach, von ersteren meist die Liquiden und Zungenbuchstaben, so-
wohl allein, wie in Verbindung mit Vocalen und andern Consonan-
ten. Z. B.

stik-an, stik-ls; sit-an, sit-ls;
ah-an, ah-ma; alþ-an, ald-omo;
filh-an, fulh-sni; fast-an, fast-ubni;
fah-s, fah-eþs; agl-s, agl-iþa;
mal-an, mal-vjan; tair-an, tar-mjan;
liuh-an, lauh-atjan; til-an, tal-zjan;
dal, dal-aþa, dal-aþro; u. a.

II. Wortbildung durch Zusammensetzung.

§. 63. Alle Zusammensetzung kann nicht unmittelbar mit Wurzeln,
sondern lediglich mit Wortstämmen geschehen, und es gilt dabei die all-
gemeine Regel, dass der erste Theil der Zusammensetzung den reinen
Wortstamm zeige, und dass dieser durch die Grundvocale *a, i,` u* mit
dem letzten Theile, der allein Form- oder Flexionsendung annimmt, ver-
bunden werde, .z. B.

dulg-a-haitja, mat-i-balgs, grund-u-vaddjus.

Wörter aus der schwachen Declination verhalten sich eben so, nur
wandeln sie die langen Vocale der Grundform in die entsprechenden kur-
zen, z. B.

mit dem Grundvocal *a: smakk-a-bagms,*
mit dem Grundvocal *o: qin-a-kunds, aug-a-dauro,*
mit dem Grundvocal *ei: mar-i-saivs.*

Indess stehen die Bindevocale nicht immer, sondern fallen vielmehr
regelmässig aus:

1. wenn der erste Theil der Zusammensetzung eine Partikel ist, wie
ga-kunnan, fra·qiman, svi-kunþs; nur die Partikel *und* findet sich in
unþa verwandelt in *unþ-a-þliuhan* (?), eben so die Adverbialpartikeln
miss und *sild* in *miss-a-deds* u. a. *sild-a-leiks* u. a.

2. wenn der Stamm ein mehrsilbiger ist, wie *sigis-laun, þiudan-gardi,*
anþar-leiks, manag-falþs;

3. wenn der Stamm des Wortes auf Vocal auslautet, wie *þiu-magus,*
niu-klahs, frei-hals.

' Ausnahmen hiervon, dass nämlich der Bindevocal in Fällen, wo er
eigentlich stehen müsste, weggeblieben ist, sind selten, z. B. *vein-drugkja,*
veit-vods, gud-hus, guþ-blostreis, all-sverei, hauh-hairts, laus-qiþrs u. a.

— Die anomalen Substantive schwanken zwischen Annahme des blossen Stammes ohne Bindevocal, wie *bruþ-faþs, man-leika,* und der Annahme einer scheinbaren Genitiv-Endung, wie *baurg-s-vaddjus,* auch *þrut-s-fill.*

Anmerk. Uneigentliche oder unvollkommne Zusammensetzung findet dann Statt, wenn beide *T*heile der Zusammensetzung ihre Flexionsfähigkeit behalten, wie *þreis-tigus, þrije-tigive,* oder wenn der erste *T*heil flectirt, während der letzte nur eine Partikel ist, wie *ains-hun, ainis-hun; sa-ei, þiz-ei, hva-zuh, hviz-uh* u. a.

Vierter Theil.

Zur Syntax.

I. Artikel und Substantiv.

§. 64. Es gibt im Gothischen nur einen Artikel, den bestimmenden oder bestimmten, und als solcher dient das zeigende Pronomen: *sa, so, þata* dieser, diese, dieses, — der, die, das. Er bezeichnet daher auch seiner Natur nach etwas Bestimmtes, etwas, was schon bekannt oder näher bezeichnet ist. So steht derselbe

1. wenn der Gegenstand mit demselben oder einem ähnlichen Worte schon vorher genannt ist, wie Mt. 5, 25: *sijais vaila hugjands andastauin* (ohne Art.) *þeinamma, ibai hvan atgibai þuk sa andastaua* (mit dem Art.) *stauin* (ohne Art.) *jah sa staua* (mit dem Art.) *þuk atgibai andbahta.* — 27, 11: *Iesus stoþ faura kindina jah frah ina sa kindins.* — 9, 32. 33: *atberun mannan baudana; jah biþe usdribans varþ unhulþo, rodida sa dumba.* — Mc. 14, 56: *managai auk galiug veitvodidedun ana ina, jah samaleikos þos veitvodiþos ni vesun.*

2. zum öftern bei Wörtern, die in der Erzählung der biblischen Geschichten als bekannte gelten, wie *þai Fareisaieis, bokarjos, gudjans; sinistans, siponjos;* auch *so baurgs,* nämlich Jerusalem, *so alhs,* nämlich der zu Jerusalem, *so dulþs,* nämlich das Osterfest, *so aivaggeljo* u. a.

3. bei Wörtern, die durch einen folgenden Relativsatz näher bestimmt werden, wie Mc. 2, 4: *þata badi, ana þammei lag sa usliþa.* — 10, 39: *þana stikl, þanei ik driggka;* — oder bei denen ein solcher leicht zugedacht werden kann, wie Joh. 12, 3: *sa gards* (nämlich: wo dies vorging) *fulls varþ daunais.*

4. oft auch bei Wörtern, die durch verschiedene Attribute näher bestimmt werden, wie durch Adjective und Participia, durch Genitive und Possessivpronomina, auch durch *alls* und *jains.* Mt. 27, 64: *jah ist so spedizei airziþa vairsizei þizai frumein.* Röm. 7, 17: *ni ik vaurkja þata, ak so bauandei in mis fravaurhts.* — 10, 6: *so us galaubeinai garaihtei.* 1. Cor. 1, 16: *ik daupida þans Staifanaus gadaukans.* Mt. 9, 4:

vitands þos mitonins ize. — *Alla so hairda; so nu faheþs meina; þana xig jainana.*

5. in der Apposition nach einem Substantiv, wie Mc. 6, 14: *Iohannes sa daupjands.* Luc. 2, 43: *Iesus sa magus.* Mt. 26, 69: *miþ Iesua þamma Galeilaiau.*

6. Zuweilen steht auch der Artikel allein mit einem dazu gehörenden Genitiv, entweder substantivisch, wie Mt. 5, 46: *þai þiudo* (die der Heiden, die aus den Heiden); Mc. 1, 27: *hvo so laiseino so niujo* (die der Lehren, was für eine Lehre ist diese neue, welch neue Lehre ist das?); Joh. 6, 1: *ufar marein þo Galeilaie* (das der Galiläer); oder elliptisch, wie Mc. 12, 17: *usgibiþ þo* (Neutr. Plur.) *kaisaris kaisara jah þo guþs guþa* (das des Kaisers, Gottes). Mc. 3, 17: *Jakobau þamma* (nämlich Sohne) *Zaibaidaiaus.* 8, 33: *ni fraþjis þaim guþs, ak þaim manne* (du bist nicht verständig für das, für die Dinge Gottes).

Anmerk. Indessen ist der Gebrauch des Artikels nicht so streng, und kann derselbe auch gar oft fehlen, wo er eigentlich stehen müsste.

§. 65. Dagegen nehmen andere Substantive bei Ulfilas den Artikel nie an, wie *guþ, frauja, atta* (letztere beiden, wenn Gott darunter verstanden wird), auch *sunno, himins, airþa, halja, daupus, dags, nahts* (letztere beiden, wenn die Erscheinung am Himmel damit gemeint ist; doch können sie den Artikel annehmen, wenn damit ein gewisses Zeitmass angegeben werden soll) u. a. Der Grund ist wohl, weil diese Substantive (von den ersten drei abgesehen) dem Heidenthume göttliche Wesen bezeichneten, die in ihrer Individualität feststanden und durch keinen Artikel mehr belebt zu werden brauchten. — Auch die Eigennamen stehen ohne Artikel, weil sie schon an sich hinlänglich individualisiren; nur bei besonderm Nachdrucke oder in der Apposition nehmen sie ihn an. Joh. 6, 71. Mc. 16, 1.

§. 66. Der unbestimmte Artikel existirt im Gothischen nicht; wo wir ihn heutiges Tages setzen, steht das Substantiv allein ohne Artikel: *veinagard ussatida manna* ein Mensch pflanzte einen Weinberg. Soll die Einzelheit bestimmter bezeichnet werden, so steht das Zahlwort *ains* oder unbestimmte Fürwörter: *ains bokareis, reiks ains, ains þize synagogafade, sums þize atstandandane, qinono suma;* auch *ains sums þize atstandandane, ains sums juggalauþs,* oder *ains us im.*

II. Vom Adjectiv, starke und schwache Form, Vergleichung.

§. 67. Mit wenigen Ausnahmen kann jedes Adjectiv im Positiv und Superlativ, sowie alle Participia Praeteriti zugleich stark und schwach declinirt werden. Indess gibt es verschiedene Adjective und ihnen verwandte Wörter, die ständig nur in der einen oder andern Form vorkommen. Solche sind

I. nur in starker Form:

1. alle Pronomina, ausgenommen *sama* und *silba,*

2. alle Grundzahlen und die Ordnungszahl *anþar,*

3. die Adjective *alls, ganohs, halbs, midis, sums, svaleiks* und *falls;*

II. nur schwache Form zeigen:

1. die Pronomina *sama* und *silba,*

2. alle Ordnungszahlen, ausgenommen *anþar* und *frumists,*

3. alle Comparative, auch die alten: *auhuma, aftuma, fruma, hleiduma, iftuma, innuma,*

4. alle Participia des Praesens, jedoch mit Ausnahme des Nom. Sing. masc., der beide Formen hat, ja bei dem die starke Form die häufigere ist,

5. mehre Adjective, meist mit substantivischer Geltung, wie *alaþarba, fullavita, gavilja, ingardja* und *ingardjo, inkilþo, usfairina, usfilma, ushaista, usgrudja, usvena, unkarja* u. a.

§. 68. Für alle übrigen Adjective und in gleicher Geltung stehende Wörter ist es von Wichtigkeit, den Unterschied im Gebrauche der starken und schwachen Form festzustellen. Im Allgemeinen tritt bei der starken Form mehr die adjectivische, daher für sich unbestimmte, allgemeine und abstracte, bei der schwachen Form aber mehr die substantivische, daher bestimmte, individualisirte und concrete Bedeutung hervor. Im Besondern aber steht

I. die starke Form überall, wo das Adjectiv allein ohne Substantiv als Prädicat steht, am häufigsten bei den Verben sein und werden, z. B. Mt. 5, 48: *sijaiþ nu jus fullatojai, svasve atta izvar fullatojis ist.* Mc. 8, 8: *gamatidedun þan jah sadai vaurþun.* Luc. 4, 16: *qam in Nazaraiþ, þarei vas fodiþs.* 1, 15: *vairþiþ mikils.* Mc. 9, 35: *sijai allaize aftumists.* 43: *goþ þus ist hamfamma in libain galeiþan.* Luc. 7, 10: *bigetun þana siukan skalk hailana.*

II. Auch als Attribut gebührt dem Adjectiv die starke Form, wenn das damit verbundene Substantiv ohne Artikel steht, also *hairdeis gods, ahma veihs, in ahmin veihamma, stibnai mikilai.*

Anmerk. Eine regelmässige Ausnahme hiervon macht 1. das Adjectiv als Attribut beim Vocativ, weil der Vocativ als Anrede schon hinreichend individualisirt und bestimmt, daher *atta veiha, goda skalk, broþrjus liubans.* — Nur Luc. 1, 28 steht *fagino anstai audahafta,* wenn *fagino* nicht vielleicht als dritte Pers. Conj. (gaudeat) zu nehmen ist. Auch Mc. 9, 25: *þu ahma, þu unrodjands jah bauþs* steht die starke Form; vielleicht hat hier das Particip des Praesens, welches die starke Form liebt, die des folgenden Adjectivs nach sich gezogen. 2. Einige Adjective, die durch häufige Verbindung mit demselben Substantiv eine gewisse gangbare Ausdrucksweise bilden, können auch ohne Artikel in schwacher Form stehen, wie *libains aiveino* Röm. 6, 23. *at fairgunja alevjin* Mc. 11, 1. *uf* oder *fram fairnin jera* 2. Cor. 8, 10. 9, 2.

III. Dagegen hat das Adjectiv als Attribut die schwache Form, wenn es vom Artikel begleitet ist: *sa liuba broþar, hairdeis sa goda, in þamma daga ubilin, þana mat ahmeinan, þana mat þana fralusanan, þamma liubin jah triggvin broþr.* — Nur wenn ein zweites und drittes Adjectiv zu weit vom Artikel abzustehen kommt, wird die starke Form wieder zulässig, wie Ephes. 1, 1: *þaim veiham þaim visandam in Aifai-son jah triggvaim in Xristau Iesu.*

IV. Adjective, die in substantivische Bedeutung übergehen, d. h. selbstständig ohne Substantiv verwendet werden, nehmen mit dem Artikel stets die schwache Form an, ohne Artikel aber kann sowohl starke wie schwache Form stehen: *sa veiha, sa dumba, þata riurjo, þis dauþins, þai blindans;* aber Luc. 6, 39: *ibai mag blinds blindana tiuhan?* oder Luc. 18, 35: *blinda sums sat faur vig.* Mt. 11, 5: *blindai ussaihvand jah haltai gaggand;* oder Luc. 20, 37: *þatei urreisand dauþans.*

§. 69. Zu Vergleichungen im Positiv dienen die Vergleichungspar-tikeln (§. 57, 3). Statt des Comparativs kann auch *mais* mit dem Positiv gesetzt werden, z. B. Mc. 9, 42: *goþ ist imma mais* es ist ihm besser. Als nach dem Comparativ heisst *þau,* oder es wird die Partikel wegge-lassen und das verglichene Substantiv oder Pronomen in den Dativ ge-setzt; mehr als wird durch *ufar* mit d. Accus. gegeben. Luc. 10, 12: *qiþa izvis, þatei Saudaumjam sutizo vairþiþ þau þizai baurg jainai.* Mt. 6, 25: *niu saivala mais ist fodeinai?* Luc. 6, 40: *nist siponeis ufar laisari seinana.*

III. Die Zahlwörter.

§. 70. Ueber diese ist nur so viel zu merken:

1. die Grundzahlen stehen entweder adjectivisch, oder mit dem Ge-nitiv nach sich. Mc. 6, 9: *ni vasjaiþ tvaim paidom.* 11, 1: *insandida tvans siponje seinaize.*

2. Für die Zahl beide hat das Gothische zwei Formen: *bai* und *ba-joþs.* Erstere wird von Dingen gebraucht, die zusammen gehören, auf einer Seite stehen oder gedacht werden, letztere von zweierlei Gegenstän-den oder Parteien. Luc. 6, 39: *ibai mag blinds blindana tiuhan? niu bai in dal gadriusand?* Ephes. 2, 18: *þairh ina habam atgagg bajoþs* (beide, ihr Heiden und wir Juden) *du attin.*

3. Die Vertheilungszahlen (ausser *tveihnai* je zwei) werden durch *hvazuh* oder *hvarjizuh* oder durch die Praeposition *bi* umschrieben. Luc. 10, 1: *insandida ins tvans hvanzuh* (paarweise, je zwei). Luc. 9, 14: *gavaurkeiþ im anakumbjan kubituns, ana hvarjanoh fimftiguns* (auf jedes funfzig, je funfzig). 1. Cor. 14, 27: *bi tvans aiþþau maist þrins.*

4. Die Zahladverbien einmal, zweimal u. s. w. werden substanti-visch: zu einem Male, zu zweien Malen gegeben: *ainamma sinþa, tvaim sinþam.* Mit Ordnungszahlen: zum ersten, zweiten, dritten Male — drückt das Neutrum im Accusativ aus. 2. Cor. 12, 14: *sai, þridjo þata manvus im qiman at izvis.*

IV. Die Fürwörter.

§. 71. Die persönlichen Fürwörter: ich, du, er, wir, ihr, sie liegen als Subject schon in den Flexionsendungen des Verbums; doch können sie beigesetzt werden, wenn eine Person besonders hervorgehoben werden soll. Joh. 10, 14: *ik im hairdeis sa goda; . . . svasve kann mik atta, jah ik kann attan.* Mt. 27, 11: *þu is þiudans Iudaie? Iþ Iesus qaþ du imma: þu qiþis.* Luc. 2, 28: *jah is andnam ina ana armins seinans.* Mc. 6, 24: *iþ si usgaggandei qaþ.* — Mt. 9, 31: *iþ eis usgaggandans usmeridedun ina.* Das Fürwort der dritten Person steht hier im Grunde anstatt des zeigenden Fürworts: *sa, so, þata,* dieser, jener, wie dieses auch an manchen Stellen nicht nur im Nominativ, sondern auch in den abhängigen Casus sich wirklich gesetzt findet, und zwar

1. zu besonderer Hervorhebung: Mt. 5, 8: *audagai þai hrainjahairtans, unte þai guþ gasaihvand.*

2. am Ende eines Satzes der Volltönigkeit wegen: Mt. 6, 8: *ni galeikoþ nu þaim.* Mc. 4, 4: *sum gadraus faur vig, jah qemun fuglos jah fretun þata.*

3. Auch wechseln *is* und *sa,* wenn sie mehrmals auf dasselbe Subject bezogen werden, Mt. 10, 39: *saei bigitiþ saivala seina, fraqisteiþ izai, jah saei fraqisteiþ saivalai seinai in meina, bigitiþ þo.*

§. 72. Das zurückbeziehende Fürwort *sik, sis* bezieht sich allezeit auf das Subject seines Satzes, im Hauptsatze auf das Subject des Hauptsatzes, im abhängigen Satze auf das Subject des abhängigen Satzes, — oder auf einen ausserhalb des Satzes genannten Gegenstand: das Fürwort der dritten Person (*is*) dagegen bezieht sich in seinen Objectcasus im Hauptsatze auf das Object dieses, im abhängigen Satze auf das Subject des Hauptsatzes. Mt. 11, 20: *dugann idveitjan baurgim, þatei ni idreigodedun sik.* Mc. 12, 6: *þanuh nauhþanuh ainana sunu aigands liubana sis.* Joh. 8, 31: *qaþ Iesus du þaim galaubjandam sis Iudaium.*

Anmerk. Das deutsche einander wird gegeben
1. durch das indeclinable *misso* in Verbindung mit dem persönlichen Fürworte: Rom. 14, 13: *uns misso;* Joh. 13, 14: *izvis misso;* Mc. 4, 41: *sis misso;* Luc. 7, 32: *seina misso;* Joh. 13, 35: *misso izvis;* auch steht *misso* mit dem Possessivpronomen Gal. 6, 2.
2. durch *anþar anþaris* der Eine des Andern, Ephes. 4, 25: *unte sijum anþar anþaris liþus;* — *anþar anþarana* der Eine den Andern Phil. 2, 3.

§. 73. Die zueignenden oder besitzanzeigenden Fürwörter stehen adjectivisch mit ihrem Substantiv in gleichem Geschlecht, Zahl und Casus, gewöhnlich nach demselben, doch auch, besonders wenn ein Nachdruck auf ihnen ruht, vor dem Substantiv. Allein und substantivisch gebraucht stehen sie mit und ohne Artikel. Luc. 20, 42: *qaþ frauja du fraujin meinamma, sit af taihsvon meinai.* Joh. 12, 26: *sa andbahts meins.* 10, 14: *ik im hairdeis sa goda jah kann meina* (nämlich *lamba*) *jah kunnun mik þo meina.* Luc. 15, 31: *jah all þata mein þein ist.* Das zueignende Fürwort der dritten Person bezieht sich allezeit auf das Subject des Satzes; in Beziehung auf das Object oder auf einen ausserhalb des Satzes genannten Gegenstand wird der Genitiv des persönlichen Fürworts (*is, izos, ize, izo*) gebraucht, der auch allemal statt des fehlenden Nominativs steht. Mc. 4, 4: *urrann sa saiands du saian fraiva seinamma.* 1, 5: *daupidai vesun allai andhaitandans fravaurhtim seinaim.*

Mt. 8, 14: *jah qimands Iesus in garda Paitraus gasahv svaihron is li-gandein in heiton jah attaitok handau izos.*

§: 74. Von den zeigenden Fürwörtern steht

1. *sama* selb, derselbe sowohl substantivisch als adjectivisch, ge-wöhnlich mit dem Artikel. Tritt in letzterm Falle zu dem Substantiv noch ein Adjectiv, so muss auch dies allezeit die schwache Form annehmen. Mt. 5, 47: *niu jah motarjos þata samo taujand?* Phil. 3, 16: *ei samo hugjaima jah samo fraþjaima.* Luc. 2, 8: *in þamma samin landa.* 1. Cor. 10, 3: *þana saman mat ahmeinan.* — Ohne Artikel heisst es: ein, ein und derselbe, Mac. 10, 8: *sijaina þo tva du leika samin.* Röm. 10, 12: *sama auk frauja gabigs in allans.*

2. *silba* selbst nur substantivisch, und zwar

a. als Subject gewöhnlich allein: ich selbst, du selbst, er selbst u. s. w. Luc. 1, 17: *silba fauraqimiþ.* 6, 42: *silba in augin þeinamma anza ni gaumjands.* 6, 3: *ni þata ussuggvud, þatei gatavida Da-veid, þan gredags vas, silba jah þaiei miþ imma vesun?* 5, 1: *is silba vas standands nehva saiva.*

b. Steht bei *silba* noch ein Substantiv, so ist dieses als Apposition zu betrachten und nachgesetzt. Mc. 12, 36: *silba auk Daveid qaþ.* Luc. 20, 42: *silba Daveid.* Joh. 16, 27: *silba atta.*

c. In Verbindung mit dem persönlichen Fürworte wird *silba* nachge-setzt: *mis silbin, mik silban.*

d. Mit dem besitzanzeigenden Fürworte verbunden kommt *silba* in den Genitiv zu stehen und zwar in Geschlecht und Zahl mit demjenigen Substantiv übereinstimmend, worauf sich das zueignende Fürwort be-zieht. Gal. 6, 4: *vaurstv sein silbins kiusai hvarjizuh.*

§. 75. Das Relativpronomen *saei, soei* oder *sei, þatei* welcher, welche, welches (derjenige welcher —) steht zuweilen nicht in demjenigen Casus, den sein Verbum erfordert, sondern in dem Casus eines ausgelassenen und in Gedanken zu supplirenden zeigenden Fürworts, worauf sich das Relativ eigentlich bezieht (Attraction). Dies kann selbst dann eintreten, wenn gar nicht das Relativ, sondern nur die Partikel *ei* (dass) zu folgen hätte. Mc. 15, 12: *hva nu vileiþ, ei taujau þammei* (statt *þamma, þanei*) *qiþiþ þiudan Iudaie?* Luc. 2, 20: *hazjandans guþ in allaize þizeei* (statt *þize, þoei*) *gahausidedun.* — Mc. 7, 18: *ni fraþiþ þammei* (statt *þamma, ei*) *all þata utaþro inngaggando in mannan ni mag ina gamainjan?* 4, 38: *niu kara þuk þizei* (statt *þis, ei*) *fraqistnam?*

Anmerk. Auch die Conjunction dass, *þatei*, ist im Gothischen eigentlich Relativ, wesshalb man auch, wenn das Verbum des Hauptsatzes, worauf sich *þatei* bezieht, den Dativ regiert, statt *þatei — þammei* gesetzt findet. Mc. 16, 4: *gaumidedun, þammei* (statt *þatei*) *afvalviþs ist sa stains.* Joh. 6, 5: *gaumida, þammei* (dass) *manageins filu iddja du imma.*

§. 76. Statt des Relativpronomens *saei* steht auch

1. die Partikel *ei* allein; doch geht dann allemal das zeigende Für-wort vorher, welches man in Gedanken nochmal mit *ei* zu verbinden hat; auch lässt sich hier *ei* oft als Zeit- oder Erklärungspartikel nehmen und

mit da, wie, dass übersetzen. Luc. 1, 20: *und þana dag, ei vairþai þata*. 17, 30: *bi þamma* (ebenso) *vairþiþ þamma daga, ei sunus mans andhuljada*. Joh. 9, 17: *hva qiþis bi þana, ei uslauk þus augona?*

  2. im Nominativ die Partikel *ize* oder *izei*, meist mit unmittelbar vorhergehendem Demonstrativ, doch auch mit vortretendem Substantiv oder persönlichem Fürwort. Mc. 9, 1: *amen qiþa izvis, þatei sind sumai þize her standandane, þai ize ni kausjand dauþaus*. Mt. 7, 15: *þaim izei qimand*. Joh. 11, 37: *sa izei uslauk augona*. 8, 40: *mannan izei sunja izvis rodida*. Ephes. 4, 15: *vahsjaima in ina þo alla* (in allen Stücken), *ize* (auf *ina* bezogen) *ist haubiþ, Xristus*.

  3. das zeigende Fürwort mit angehängtem *uh: sah, soh, þatuh*. Luc. 17, 12: *taihun mans, þaih gastoþun fairraþro*. Joh. 18, 26: *qaþ sums þize skalke þis maistins gudjins, sah niþjis vas þammei* (statt *þamma, þammei*) *afmaimait Paitrus auso*. Philem. 12: *þanuh insandida* (statt *þanei*).

  4. an wenigen Stellen das zeigende Eürwort allein ohne *-uh*. Luc. 9, 30. 31: *jah sai, vairos tvai miþrodidedun imma, þai* (welche) *qeþun urruns is*.

  §. 77. Die Fragpronomina: *hvas, hvaþar, hvarjis* stehen alle drei nur substantivisch, daher nie mit einem Hauptwort in gleichem Casus, sondern nehmen dasselbe im Genitiv zu sich. *Hvas, hvo, hva*, wer, was ist allgemeines Fragwort und ohne Plural; *hvaþar* in Beziehung auf zwei Personen oder Gegenstände kommt nur im Nominativ Singul. vor; *hvarjis, hvarja, hvarjata* in Beziehung auf mehre, wird im Singul. und Plur. gebraucht. Mt. 6, 27: *hvas izvara* wer von euch? Mc. 3, 33: *hvo ist so aiþei meina?* 2, 7: *hva sa sva rodeiþ naiteinins?* 11, 28: *in hvamma valdufnje þata taujis?* Luc. 9, 55: *ni vituþ, hvis ahmane* (wessen der Geister = wessen Geistes) *sijuþ*. Mt. 5, 46: *hvo mizdono habaiþ?* — 9, 5: *hvaþar ist azetizo?* Luc. 7, 42: *hvaþar nu þize?* — Mc. 9, 34: *hvarjis maists vesi?* Joh. 6, 64: *vissuh þan Iesus, hvarjai sind þai ni galaubjandans*. 10, 32: *in hvarjis* (Gen.) *þize vaurstve staineiþ mik?* Mc. 12, 28: *hvarja ist allaizo anabuzne frumista?* —

  §. 78. Von den unbestimmten Fürwörtern steht

  1. *hvas, hvo, hva*, Jemand, irgend Einer, Eine, Eines — nur substantivisch und allezeit affirmativ, auch wenn der Satz negativ ist. Mc. 8, 4: *hvaþro þans mag hvas gasoþjan ana auþidai?* Luc. 7, 40: *Seimon, skal þus hva qiþan*. Joh. 7, 4: *ni manna auk in analaugnein hva taujiþ*. Mc. 12, 19: *jabai hvis broþar gadauþnai*.

  2. *hvashun* dagegen kommt nur mit der Negation, *ni hvashun* Niemand, vor, steht übrigens auch substantivisch und nur im Nominativ Singul. des Masculins. Mc. 10, 18: *ni hvashun þiuþeigs, alja ains guþ*. Sonst steht dafür *ni mannahun* (auch *ni manna*), welches anomal wie das Substantiv *manna* mit angehängtem *-uh* declinirt.

  3. *ainshun, ainohun, ainhun*, irgend Einer, Eine, Eines, gleichfalls substantivisch und allezeit in negativem Sinne: Joh. 7, 48: *sai, jau ainshun þize reike galaubidedi imma*. 1. Cor. 1, 16: *ni vait, ei ainnohun*

daupidedjau; sonst immer mit vorhergehender oder nachfolgender Negation: Niemand, Keiner, und in allen Casus und Geschlechtern des Singular. Mc. 11, 2: *bigitats fulan gabundanana, ana þammei nauh ainshun manne ni sat.* 1. Thess. 4, 12: *ei ni ainishun hvis þaurbeiþ,* dass ihr von Niemand etwas bedürfet.

4. *hvazuh, hvoh, hvah,* Jeder, voviel wie Alle, und

5. *hvarjizuh, hvarjoh, hvarjatoh,* Jeder, soviel wie Jeder einzeln. Beide stehen in der Regel substantivisch, d. i. allein, oder nehmen das zu ihnen gehörende Substantiv im Genitiv Plur. zu sich; adjectivisch mit dem Substantiv in gleichem Casus jedoch bei Zeitbestimmungen, wie Jahr, Tag, Stunde, auch Fest (als Zeitbestimmung in biblischem Gebrauche) oder in Verbindung mit substantivisch gebrauchten Adjectiven. Mc. 9, 49: ·*hvazuh auk funin saltada jah hvarjatoh hunsle salta saltada.* Luc. 2, 23: *hvazuh gumakundaize.* 6, 30: *hvammeh bidjandane.* 6, 47: *hvazuh sa gaggands.* Mc. 14, 49: *daga hvammeh.* 15, 6: *and dulþ hvarjoh.* — Auf *hvazuh* folgen meist Relative: *hvazuh saei* Jeder welcher, oder ein Particip mit dem Artikel: *hvazuh sa gaggands,* selbst Mt. 5, 22 ein Adjectiv statt eines Particips: *hvazuh modags* Jeder welcher zürnt. Im erstern Falle, d. i. wenn Relative folgen, nimmt *hvazuh* gern *sa-* oder *þis-* vor sich, Mt. 10, 32: *sahvazuh nu saei andhaitiþ mis.* 10, 33: *þishvanoh* (Accus.) *saei afaikiþ mik,* — *afaika jah ik ina.*

6. *alls, alla, all (allata)* kommt in folgenden Constructionen vor:

a. substantivisch, und zwar im Singul. (Neutr.) in der Bedeutung: Alles, im Plur.: Alle (auch das Neutrum im Plur. heisst Alles). Mt. 5, 18: *unte allata vairþiþ.* Mc. 9, 12: *aftra gaboteiþ alla.* 1, 27: *afslauþnodedun allai.* 2, 12: *faura andvairþja allaize.*

b. adjectivisch, und zwar im Singular in der Bedeutung: jeder, all, ganz; das Neutrum nimmt dabei sein Substantiv im Genitiv Plur. zu sich, selten im Genitiv Singul. Mt. 6, 29: *Salaumon in allamma vulþau seinamma.* Mc. 12, 33: *us allai saivalai.* 3, 28: *allata fravaurhte;* — im Plural in der Bedeutung: alle, mit seinem Substantiv in gleichem Casus: *allai Iudaieis; allaim þiudom.* Endlich

7. *sums, suma, sum,* irgend Einer, ein, ein gewisser, im Plural: einige — wird adjectivisch und substantivisch gebraucht; auch kann in beiden Fällen noch *ains* hinzutreten. Joh. 11, 1: *vasuh þan sums siuks Lazarus.* Mc. 14, 51: *jah ains sums juggalauþs.* — Mt. 9, 3: *sumai þize bokarje.* Mc. 5, 25: *qinono suma.* 14, 47: *ains sums þize atstandane.* Luc. 7, 2: *hundafade þan sumis skalks.* Mc. 14, 65: *jah dugunnun sumai speivan ana vlit is.*

V. Vom Verbum.

§. 79. Die persönlichen Fürwörter: ich, du, er, wir, ihr, sie werden dem Verbo nur beigesetzt, wenn ein Nachdruck auf ihnen ruhet (§. 71), oder im Gegensatze; das Pronomen der dritten Person insbesondere auch dann, wenn der Gegenstand, von dem die Rede ist, noch nicht genannt

war, oder die Rede von ihm nach einer Zwischenrede wieder aufgenommen
wird. Mt. 5, 21: *hausidedup, patei qiþan ist: ni maurþrjais; aþþan ik
qiþa izvis —.* Mc. 1, 8: *aþþan ik daupja izvis in vatin, iþ is daupeiþ
izvis in ahmin veihamma.* Mt. 26, 73: *bi sunjai jah þu þize is.* Mc. 2,
15: *biþe is anakumbida —.* 15, 44: *ei is juþan gasvalt.* Luc. 14, 12:
ibai aufto jah eis aftra haitaina þuk.

§. 80. Der Numerus (Singular, Dual, Plural) richtet sich nach dem
Numerus des Subjectes; nur. pflegen die Collective (Sammelbegriffe, wie
Menge, Heerde) dem Sinne, nicht der grammatischen Form nach construirt
zu werden und haben daher ihr Verbum meist im Plural bei sich. Mc. 3, 32:
jah setun bi ina managei. 2, 13: *all manageins iddjedun du imma.*
9, 25: *þatei samaþ rann managei.*

§. 81. Das gothische Verbum hat für die Activform nur zwei Zeiten:
Gegenwart (Praesens) und Vergangenheit (Praeteritum); für die Passiv-
(und Medial-) Form gar nur eine: die Gegenwart. Wo diese Zeiten nicht
ausreichen, treten Umschreibungen ein.

I. das Praesens bezeichnet

1. wie im Deutschen eine gegenwärtige, in sich oder ihren Folgen
fortdauernde oder allgemein gültige Thätigkeit;

2. steht es häufig statt des Futurs und selbst des Futuri exacti (zu-
künftig vergangenen Zeit, Joh. 14, 29: *ei, biþe vairþai, galaubjaiþ,*
wenn es geschehen sein wird);

3. auch im abhängigen Satze, wo wir jetzt das Imperfect des Con-
junctivs gebrauchen, Mc. 10, 47: *gahausjands, þatei Iesus sa Nazoraius
ist.* Joh. 6, 24: *þaruh þan gasahv managei, þatei Iesus nist jainar —.*

II. das Praeteritum bezeichnet allgemein eine als vergangen gedachte
Handlung. Die Umschreibung des Praeteriti Passivi geschieht durch das
Particip Praeteriti und die Zeiten von *visan* und *vairþan.* Mc. 1, 5:
daupidai vesun allai in Iaurdane ahvai. 1, 9: *qam Iesus jah daupiþs
vas fram Iohanne.* 1, 14: *afar þatei* (nachdem) *atgibans varþ Iohannes.*
Mt. 10, 30: *izvara jah tagla haubidis alla garaþana sind.*

III. Das Futur drückt der Gothe aus

1. gewöhnlich durch das Praesens. Mc. 14, 44: *þammei kukjau, sa
ist.* 58: *ik gataira alh — jah gatimrja.* 62: *gasaihviþ þana sunu
mans.* Joh. 6, 35: *þana gaggandan du mis ni huggreiþ — ni þaurseiþ
hvanhun.* 12, 28: *hauhida jah aftra hauhja.* 13, 21: *ains izvara gale-
veiþ mik.*

2. durch Umschreibungen, und zwar ausser *anavairþs visan* (1. Thess.
3, 4: *fauraqeþum izvis, þatei anavairþ vas uns du vinnan agliþos*) —
besonders durch

skulan, Luc. 1, 66: *qiþandans, hva skuli þata barn vairþan?* Joh.
7, 35: *hvadre sa skuli gaggan? niba in distahein þiudo skuli
gaggan?*

haban, Joh. 12, 26: *þarei ik im, þaruh sa andbahts meins visan
habaiþ* (wird sein). 2. Thess. 3, 4: *gatrauam ei, þatei anabudum.
izvis, jah taujiþ jah taujan habaiþ* (thun werdet).

duginnan, Luc. 6, 25: *unte gaunon jah gretan duginnid.* Philipp.
1, 18: *in þamma fagino jah faginon duginna.*

§. 82. Der Indicativ drückt den Begriff des Verbums als gewiss,
wirklich und bestimmt aus und steht sowohl unabhängig, wie nach Con-
junctionen, die einen positiven Satz ankündigen. Nur das Verbum *viljan*
hat kein Praesens Indicativi, sondern gebraucht dafür durchweg den Con-
junctiv; im Praeteritum steht dagegen wollen (auch sollen, müssen —
skulan) in der Regel im Indicativ, wo wir meist den Conjunctiv setzen.
Mt. 9, 13: *armahairtiþa viljau jah ni hunsl.* 8, 3: *viljau, vairþ
hrains.* 2. Cor. 2, 3: *jah þata silbo gamelida izvis, ei saurga ni habau
fram þaimei skulda faginon.* Doch steht auch der Conjunctiv, 1. Cor.
5, 10: *unte skuldedeiþ us þamma fairhvau usgaggan.*

§. 83. Der Conjunctiv bezeichnet das Mögliche, Ungewisse, von der
Zukunft Abhängige, auch den Befehl: „sie sollen, du, er, ihr sollt
oder sollt nicht." Die Aufforderung: „lasst uns!" steht sowohl mit
dem Indicativ (Imperativ), als Conjunctiv. Mt. 6, 2 — 32. Luc. 1, 38:
vairþai mis bi vaurda þeinamma. Röm. 15, 5: *iþ guþ þulainais gibai
izvis þata samo fraþjan.* Luc. 18, 20: *ni hlifais, ni maurþrjais.*
1. Thess. 5, 6: *þannu nu ni slepaima, ak vakaima jah varai sijaima.*
Mc. 14, 42: *urreisiþ, gaggam!*

Der Conjunctiv steht ferner im abhängigen Satze:

1. nach Relativen (auch *þatei*, *ei*), wenn eine Negation oder ein Frag-
wort vorhergeht. Mc. 10, 29: *ni hvashun ist, saei aflailoti gard aiþþau
broþruns . . ., saei ni andnimai . . .* 7, 15: *ni vaiht ist utaþro mans
inngaggando in ina, þatei magi ina gamainjan.* Luc. 1, 61: *ni ains-
hun ist in kunja þeinamma, saei haitaidau þamma namin.* 2. Cor. 12,
13: *hva auk ist, þizei vanai veseiþ?* Mc. 8, 2: *ni haband hva mat-
jaina.* Mt. 9, 28: *ga-u-laubjats* (das fragende -*u*- zwischen Partikel und
Verbum gesetzt; glaubet ihr), *þatei magjau þata taujan?* 8, 4: *saihv, ei
mann ni qiþais.*

2. gewöhnlich in der indirecten Frage, Mc. 9, 34: *du sis misso and-
runnun, hvarjis maists vesi?*

3. nach *taujan*, *gataujan*, *biuhti ist*, wenn mit *ei* die Wirkung an-
gegeben wird, Col. 4, 16: *jah þan* (wenn) *ussiggvaidau at izvis so ai-
pistaule, taujaiþ, ei jah in Laudeikaion aikklesjon ussiggvaidau.* Joh.
18, 39: *ist biuhti izvis, ei ainana izvis fraletau in pasxa.*

4. die Absicht zu bezeichnen: dass, damit (*ei*), dass nicht (*ei ni*), be-
sonders nach wollen, bitten, befehlen, verbieten, beschliessen; nach Ver-
ben, die ein Dürfen, Sollen, Müssen anzeigen; nach *ganauhan*, *ganoh ist*,
goþ ist, *in minnistin ist* u. a. Mc. 9, 30: *jah ni vilda, ei hvas vissedi.*
12, 13: *insandidedun du imma, ei ina ganuteina vaurda.* Mt. 10, 25:
ganah siponi, ei vairþai sve laisareis is. Joh. 6, 17: *tvaimhundam
skatte hlaibos ni ganohai sind, þei nimai hvarjizuh leitil.*

5. nach der Conjunction *faurþizei*, ehe, bevor, Mt. 6, 8: *faurþizei
jus bidjaiþ ina.*

§. 84. Der Imperativ, welcher einen Befehl, eine Bitte, Ermahnung,

Aufforderung und dergl. ausdrückt, fällt oft mit dem Conjunctiv zusammen; insbesondere aber bezeichnet derselbe etwas, was auf der Stelle, sogleich, geschehen soll, der Conjunctiv etwas, wornach man sich überhaupt und auch fernerhin zu richten habe. Mt. 8, 9: *jah qiþa du þamma: gagg! jah gaggiþ; jah anþaramma: qim! jah qimiþ; jah du skalka meinamma: tavei þata! jah taujiþ.* — Dagegen: *ni maurþrjais, ni hlifais,* du sollst nicht tödten, stehlen.

§. 85. Der Infinitiv ist das abstracte Verbum und wird in dieser Gestalt sowohl verbal, wie substantivisch gebraucht. In letzterer Hinsicht z. B. als Subject Mt. 9, 5: *hvaþar ist raihtis azetizo qiþan: afletanda þus fravaurhteis, þau qiþan: urreis jah gagg?* 27, 6: *ni skuld ist lagjan þans skattans in kaurbanaun;* als Object nach vielen Verben, besonders nach wollen, erlauben, suchen, streben, bekennen, leugnen, heissen, lehren, lernen, sollen, dürfen, müssen, können und vielen andern; auch in Fällen, wo wir jetzt zu oder um zu noch davor setzen, wie schon nach einigen der vorgenannten Verba, ferner z. B. Luc. 16, 3: *bidjan skama mik.* Mt. 27, 15: *biuhts vas sa kindins, fraletan ainana bandjan.* Mc. 9, 32: *ohtedun ina fraihnan.* Luc. 3, 16: *ni im vairþs andbindan.* Im Allgemeinen tritt im Gothischen nur, wenn eine Absicht oder Bestimmung ausgedrückt werden soll, die Praeposition *du* noch vor den Infinitiv, welche auch durch dazwischen gesetzte, zu seiner nähern Bestimmung gehörende Wörter davon getrennt sein kann. Mc. 10, '46: *sat faur vig du aihtron.* 12, 33: *þata du frijon guþ jah þata du frijon nehvundjan, managizo ist allaim þaim alabrunstim.* Röm. 11, 11: *du in aljana briggan* (um in Eifer zu bringen). 1. Cor. 8, 10: *niu miþvissei is timrjada du galiugagudam gasaliþ matjan?*

Die Infinitiva Passivi werden gegeben:

1. oft durch blossen Infinitiv des Activs, besonders *daupjan, bimaitan;* dann wo eine Absicht angezeigt wird, sowie nach den Verbis wollen, befehlen, geben, *skuld visan* müssen, werden, es ist erlaubt, und *mahts visan* möglich sein; Luc. 3, 12: *qemun þan motarjos daupjan* (um getauft zu werden). Mt. 26, 2: *sa sunus mans atgibada du ushramjan.* Luc. 9, 44: *unte sunus mans skulds ist atgiban in handuns manne.* Mt. 27, 64: *hait nu vitan þamma hlaiva* (lass bewachen, befiehl dass bewacht werde). 6, 1: *du saihvan im* (um von ihnen gesehen zu werden). Mc. 9, 45: *goþ þus ist, galeiþan in libain haltamma* (der Dativ auf *þus* bezogen), *þau tvans fotuns habandin gavairpan* (geworfen zu werden) *in gaiainnan.* Luc. 16, 22: *varþ þan gasviltan þamma unledin* (von *varþ* abhängig) *jah briggan* (gebracht werden) *fram aggilum in barma Abrahamis.* Auch steht dafür selbst das Participium Praesentis, Mc. 15, 15: (*Peilatus) atgaf Iesu usbliggvands* (übergab ihn zur Geisselung, dass er gegeisselt werde).

2. gewöhnlich durch Umschreibung mit Hülfsverben und dem Particip Praeteriti, Luc. 9, 22: *skal sunus mans manag vinnan jah uskusans vairþan.*

3. durch *skulds visan,* schuldig sein, müssen, mit passiver Bedeutung

des dazu gehörigen Verbums: Joh. 12, 34: *hvaiva þu qiþis, þatei skulds ist ushauhjan sa sunus mans?*

4. mit dem Reflexiv-Pronomen *sik*, Luc. 6, 18: *qemun hausjan imma jah hailjan sik sauhte seinaizo*

§. 86. Das Particip ist adjectivischer Natur, d. h. es wird ganz wie ein Adjectiv (auch substantivisch, z. B. *sa nasjands* der Heiland, *þata ut gaggando* das Ausgehende, das, was ausgeht) gebraucht. Dabei ist jedoch der Unterschied zu beachten, dass das Partic. activ. (Praesent.), substantivisch gebraucht, anomal (§. 22, 1) declinirt, während es in adjectivischer Stellung regelmässige (§. 33) Flexion hat. Nur in letzterm Falle erfordert es den Casus des Verbums bei sich. Die Participia dienen vorzüglich

1. in Verbindung mit den Hülfsverben *visan* und *vairþan* zur Umschreibung der Verbalzeiten, z. B. Mc. 1, 4: *vas Iohannes daupjands, — merjands* (war taufend, predigend, d. i. taufte, predigte). 1, 6: *vas Iohannes gavasiþs* (war bekleidet). 1, 14: *atgibans varþ* (wurde überliefert). 1, 2: *svc gameliþ ist* (wie geschrieben ist).

2. zur Zusammenziehung der Sätze, indem der Gothe gern die häufige Wiederkehr der Conjunctionen: als, da, weil, indem —, oder des Relativs: welcher, welche, welches — vermeidet und dafür das Particip setzt. Hierbei findet eine doppelte Constructionsart statt.

a. eine abhängige, s. g. Particip-Construction: ist nämlich in beiden Sätzen ein und dasselbe Subject, so kann die Partikel, wie auch das Relativ wegfallen, das abhängige Verbum aber in das Particip gesetzt werden, und zwar mit dem Substantiv, worauf es sich bezieht, in gleichem Geschlechte und gleicher Zahl; der Casus wird dabei vom Verbum des Hauptsatzes bestimmt. Im Deutschen lassen sich auch beide Sätze wieder herstellen und durch die Conjunction und mit einander verbinden. Mc. 1, 5: *daupidai vesun allai — andhaitandans fravaurhtim seinaim.* 10: *usgaggands Iesus us þamma vatin gasahv ahman atgaggandan ana ina.* 13: *vas Iesus in þizai auþidai dage fidvortiguns fraisans fram satanin* (war in der Wüste und wurde versucht).

b. eine unabhängige, s. g. absoluter Dativ: hat nämlich jeder der beiden Sätze sein eigenes und zwar verschiedenes Subject, so wird zwar gleichfalls mit Weglassung der Partikel oder des Relativs das Particip gesetzt, dieses aber kommt dann allemal, mit seinem Bezugsworte in Geschlecht und Zahl übereinstimmend, in den Dativ zu stehen. Z. B. Mt. 8, 1: *dalaþ þan atgaggandin imma af fairgunja, laistidedun afar imma iumjons managos* (als er herabging, folgten ihm). 8, 5: *innatgaggandin imma in Kafarnaum, duatiddja imma hundafaþs* (als er hineinging, trat zu ihm —). 9, 27: *hvarbondin Iesua jainþro, laistidedun afar imma tvai blindans* (als Jesus von dannen ging, folgten ihm —). Auch tritt wohl noch die Praeposition *at* zum Particip, z. B. Mt. 8, 16: *at andanahtja þan vaurþanamma, atberun du imma daimonarjans managans;* und selbst einmal der Accus. mit *at* bei der Zeitbestimmung: *at maurgin þan vaurþanana runa nemun allai gudjans.* Mt. 27, 1.

Anmerk. Der eigentliche absolute Casus ist hier zwar der Dativ, doch kommen auch andere Casus, jedoch nur ausnahmsweise und äusserst selten vor,·z. B. der Nominativ Mc. 6, 21: *vaurþans dags gatils;* der Genitiv 16, 1: *invisandins sabbate dagis;* der Accusativ Mt. 6, 3: *iþ þuk taujandan armaion, ni viti hleidumei þeina —.* Auch findet sich die Partikel *jah* noch überflüssig eingeschoben Mc. 14, 66: *visandın Paitrau in rohsnai jah atiddja aina þiujo.*

Der einfache Satz, Construction und Rection.

1. Der Nominativ.

§. 87. Das Subject des Satzes auf die Frage: wer oder was? steht im Nominativ (ausgenommen beim absoluten Dativ §. 86 und beim s. g. Accusative mit dem Infinitiv §. 93) und kann an jeder Stelle des Satzes stehen. Luc. 5, 29: *jah gavaurhta dauht mikila Laivveis imma.* Wenn zeigende, fragende oder beziehende Fürwörter das Subject des Satzes sind, so brauchen sie mit dem folgenden Prädicate im Geschlechte nicht überein zu stimmen, sondern können auch im Neutro stehen, wie wir heute z. B. noch sagen: das ist mein Sohn, Tochter statt der ist, mein Sohn, die ist meine Tochter. Mc. 6, 3: *niu þata ist sa timrja, sa, sunus Marjins?* 1. Cor. 9, 3: *meina andahafts viþra þans mik ussokjandans þat-ist.* Ephes. 1, 18:. *ei viteiþ jus, hva ist vens laþonais is.* Ebenso stehen Pronomina überhaupt und das Zahlwort *bai* beide, wenn sie als Subject des Satzes sich auf zwei Personen verschiedenen Geschlechtes beziehen, im Neutro. Luc. 2, 6: *miþþanei þo* (nämlich Joseph und Maria) *vesun jainar.* 1, 6: *vesun garaihta ba* (Zacharias und Elisabeth). Gal. 5, 17: (*leik, ahma*), *þo nu sis misso andstandand.*

Anmerk. Das deutsche unbestimmte man wird durch die dritte Person Plur. des Verbums ausgedrückt, wobei das Subject: die Menschen, Leute ausgelassen ist. Fehlt das Subject bei der dritten Person Singul., so pflegt Gott, Schrift, heilige Schrift ausgelassen zu sein. Mc. 14, 12: *þan* (als) *paska salidedun.* 2, 22: *vein juggata in balgıns niujans giutand.* Ephes. 4, 7:. *ainhvarjammeh unsara atgibana ist ansts bi mitaþ gibos Xristaus, in þizei qiþiþ* (nämlich *gameleins* oder *þata gamelido*).

§. 88. Das Adjectiv, sowie Alles, was dem Substantiv in der Eigenschaft eines Adjectivs (als Attribut) beigefügt wird (Zahlwort, Fürwort, Particip), muss mit dem Substantiv, zu dem es gehört, in Geschlecht, Zahl und Casus übereinstimmen. Zugleich stehen solche Attribute in der Regel nach dem Substantiv, vor demselben gewöhnlich nur dann, wenn ein Nachdruck darauf ruhet, oder wenn mehre verbundene Attribute zu einem Substantiv gehören. Mt. 5, 29: *augo þein þata taihsvo.* 30: *taihsvo þeina handus.* Auch Adjective des Raumes, der Zeit, Grösse u. s. w. stehen als Attribute beim Substantiv, nicht adverbial, wie im Neudeutschen. Luc. 2, 46: *in midjaim laisarjam.* 5, 19: *in midjaim faura Iesua.* Joh. 7, 14: *ana midjai dulþ.* Mc. 7, 31: *miþ tveihnaim markom.*

Anmerk. Die Ausnahmen, dass nämlich der Superlativ, Zahlwörter und unbestimmte Fürwörter ihr Substantiv gern im Genitiv zu sich nehmen, siehe beim Genitiv §. 94. 4.

§. 89. ·Auch als Prädicat im Satze sollte das Adjectiv mit seinem
Substantiv allezeit in Geschlecht, Zahl und Casus übereinstimmen; doch
finden sich viele Fälle, wo dasselbe (ebenso das Particip und Zahlwort)
im Geschlechte nicht harmonirt, besonders wenn das Prädicat voransteht,
z. B. Gal. 2, 16: *ni vairþaþ garaihts us vaurstvam vitodis ainhun leike.*
Ephes. 3, 10: *ei kanniþ vesi handugei guþs.* Gal. 5, 11: *gatauran ist
marzeins galgins.* Mt. 3, 31: *iþ þo skohsla bedun ina qiþandans —.*
9, 33: *jah liþe usdribans varþ unhulþo —.* Collective werden meist
auch hier dem Sinne nach construirt, z. B. Mc. 9, 15: *alla managei ga-
saihvandans ina.* Luc. 1, 10: *alls hiuhma vas beidandans.* Wenn ein
Adjectiv oder Particip sich auf mehre Subjecte von gleichem Geschlechte
bezieht, so steht dasselbe natürlich in demselben Geschlechte; sind aber
die Subjecte verschiedenen Geschlechts, so steht das Neutrum. Mc. 3, 31:
*qemun jah aiþei is jah broþrjus is jah uta standandona insandidedun
du imma.* Luc. 1, 6: *vesun garaihta ba, gaggandona in allaim ana-
busnim fraujins.*

§. 90. Die Verba: sein, werden, bleiben, scheinen, nehmen
das, wie, wer oder was ein Gegenstand ist, wozu oder wie er wird,
bleibt oder scheint — als Prädicat im Nominativ zu sich. Joh. 10, 11:
ik im hairdeis gods. 2. Tim. 2, 13: *jabai ni galaubjam, jains triggvs
visiþ* Mt. 5, 45: *ei vairþaiþ sunjus attins izvaris.* Luc. 3, 23: *jah
silba vas Iesus sve jere þrijetigive, · svaei sunus munds vas Iosefis.* —
Doch steht bei *visan* und *vairþan* auch öfter *du* mit dem Dativ. 2. Cor.
6, 18: *jah vairþa izvis du attin jah jus vairþiþ mis du sunum.* Ephes.
1, 12: *ei sijaima veis du hazeinai vulþaus is.*

2. Der Accusativ.

§. 91. Die meisten Verba erfordern zur Ergänzung ihres Begriffes
noch einen Gegenstand, worauf sich die Handlung entweder unmittelbar
und direct, oder mittelbar bezieht. Diese Beziehungen werden theils durch
die abhängigen Casus (Accusativ, Genitiv, Dativ), theils durch Praepo-
sitionen ausgedrückt. Doch kommt hierbei viel auf den Genius der einen
oder andern Sprache oder auf die Anschauungsweise dieses oder jenes
Volkes an, indem gar oft ein Verbum, was in der einen Sprache den Ac-
cusativ erfordert, in der andern den Dativ oder Genitiv zu sich nimmt.
Einige Verba können sogar gleichgültig den einen oder andern Casus,
z. B. den Dativ oder Accusativ annehmen, andere dagegen erleiden alle-
mal mit dem Casuswechsel auch eine Aenderung in der ·Bedeutung, z. B.
uskiusan mit dem Dativ: verwerfen, mit dem Accusativ: prüfen.
Diese Unterschiede müssen indess, als hier zu weit führend, einer aus-
führlichen Grammatik oder eigener aufmerksamer Lectüre überlassen
bleiben.

Im Allgemeinen erfordern alle transitiven Verba auf die Frage: wen
oder was? den Accusativ, und es findet dieses auch bei den bei weitem
meisten Verben wirklich Statt, d. h. der Gegenstand, auf den sich der

Begriff des Verbums oder die Thätigkeit des Subjects zunächst und unmittelbar bezieht, steht in der Regel im Accusativ, z. B. *frijon þana attan; insandjan airu; merjan daupein.*

Auch die unpersönlichen Verba: *huggreiþ, gredoþ* es hungert, *þaurseiþ* es dürstet, *karist* oder bloss *kara* es kümmert, nehmen die Person, welche hungert, dürstet, sich kümmert im Accusativ zu sich; bei *karist* steht die Sache, um die ich mich kümmere, im Genit. Joh. 6, 35: *þana gaggandan du mis ni huggreiþ jah þana galaubjandan du mis ni þaurseiþ hvanhun.* 10, 13: *ni karist ina þize lambe.*

§. 92. Mehre Verba haben einen doppelten Accusativ bei sich, von denen der zweite im Deutschen meist durch **als, für, zu** gegeben wird. Solche Verba sind:

1. nennen, heissen; Luc. 6, 13: *þanzei jah apaustauluns namnida.* Mc. 12, 37: *silba Daveid qiþiþ ina fraujan.* Luc. 1, 59: *haihaitun ina Zakarian.* Doch steht der Titel, womit ich Jemand nenne, bei *vopjan* im Nominativ; Joh. 13, 13: *jus vopeid mik laisareis jah frauja.*

2. halten, rechnen; machen, berufen, erklären, darstellen, zeigen, nehmen, geben u. a. Luc. 7, 29: *garaihtana domidedun guþ.* 1. Tim. 1, 12: *unte triggvana mik rahnida.* 2. Thess. 3, 15: *jah ni svasve fijand ina rahnjaiþ.* Joh. 19, 12: *sahvazuh, izei þiudan sik silban taujiþ.* Mc. 10, 45: *qam sunus mans, giban saivala seina faur managans lun.* 2. Cor. 11, 16: *aftra qiþa, ibai hvas mik muni unfrodana; aiþþau — sve unfrodana nimaiþ mik.* Gal. 2, 18: *missataujandan mik silban ustaiknja.* — Doch findet sich zuweilen, wie bei *visan* und *vairþan* statt des Nominativs (§. 90), so hier statt des Accusativs bei mehren der hier aufgeführten Verba die Praeposition *du* mit dem Dativ. Joh. 10, 33: *taujis þuk silban du guþa.* — Ein doppelter Accusativ, der Person und Sache steht auch bei *laisjan* Mc. 4, 2: *jah laisida ins in gajukom manag;* und bei *bidjan* 10, 35: *þatei þuk bidjos* (was — um was — wir dich bitten); bei *bidjan* jedoch gewöhnlich der Genitiv der Sache, um die ich bitte, Mt. 27, 58: *baþ þis leikis Iesuis.*

§. 93. Ein Accusativ des Subjectes steht beim s. g. **Accusativ mit dem Infinitiv.** In solchen Sätzen nämlich, die unmittelbar von einem Hauptsatze abhangen und im Deutschen gewöhnlich durch die Conjunction **dass** gegeben werden, kann in gewissen Fällen die Conjunction (*ei, þatei*) wegfallen, das Subject des abhängigen Satzes in den Accusativ und sein Verbum in den Infinitiv gesetzt werden. Es geschieht dies besonders nach Verben, deren Grundbedeutung **sagen, glauben, wissen, thun, machen, bereiten** u. s. w. ist; ebenso nach es **geschieht, gefällt, geziemt sich, es ist leicht, besser, Zeit** u. a. Luc. 9, 20: *hvana mik qiþiþ visan.* 19, 15: *haihait vopjan du sis þans skalkans.* Mc. 10, 36: *hva vileits, taujan mik iggis?* 7, 24: *ni vilda vitan mannan.* 7, 37: *baudans gataujiþ gahausjan.* 8, 25: *gatavida ina ussaihvan.* 14, 64: *allai gadomidedun ina skulan visan dauþau.* Luc. 4, 36: *jah varþ afslaupnan allans.* Joh. 6, 10: *vaurkeiþ þans mans anakumbjan.* — Wo sich in einigen Fällen statt des Accusativs der Dativ findet, da ist dieser zum Verbum des Hauptsatzes gezogen und der Infinitiv steht allein, z. B. Luc 6, 1: *varþ in sabbato anþaramma gaggan imma,* = *varþ imma, gaggan.* Ebenso Mc. 9, 45: *goþ þus ist galeiþan in libain haltamma,* = *þus haltamma goþ ist, galeiþan.* Auch der Folgesatz wird zuweilen mit dem Accus. und Infinitiv ausgedrückt; doch muss dann allemal zugleich die Conjunction *svaei, svasve* stehen bleiben; Mc. 4, 1: *jah galesun sik du imma manageins filu, svasve ina galeiþan in skip.* Mt. 8, 24: *svasve þata skip gahuliþ vairþan.* Gewöhnlicher ist indess die regelmässige Construction, Mt. 27, 14: *svasve sildaleikida sa kindins.* Mt. 1, 27: *jah afslauþnodedun allai, svaei sokidedun miþ sis misso.*

A n m e r k. Nach einigen Verben, besonders solchen, die ein Empfinden oder Denken ausdrücken, steht häufig statt des Infinitivs das Particip, z. B. Mc. 7, 30: *bigat unhulþon usgaggana.* Luc. 5, 2: *jah gasahv tva skipa standandona at saiva.* 18, 36: *gahausjands þan (sa blinda) managein faurgaggandein, frah, hva vesi þata?* —

3. Der Genitiv.

§. 94. Der Genitiv bezeichnet im Allgemeinen das Zusammengehören zweier Gegenstände, ein Streben nach Trennung oder Vereinigung, eine Beziehung von Ursache und Wirkung; insbesondere aber steht derselbe

1. bei Substantiven und als Substantive gebrauchten Neutris von Adjectiven und Fürwörtern auf die Frage w e s s e n, w a s f ü r e i n? *Anastodeins aivaggeljons, stibna vopjandins, vigs fraujins, hairda sveine, managei fiske, managizo garaihteins, all bagme, all manageins;* oder mit Auslassung des regierenden Substantivs, Mc. 15, 43: *af Areimaþaias;* Joh. 11, 1: *af Beþanias* (nämlich Stadt); Luc. 8, 49: *gaggiþ sums manne fram* (nämlich *mannam* von den Leuten) *þis fauramaþleis.*

2. auch in passivem Sinne, was wir heutiges Tages durch Praepositionen ausdrücken: *vaurd guþs* das Wort von Gott, *valdufni ahmane unhrainjaize* über unreine Geister, *daupeins idreigos* zur Busse, *aljan guþs* für Gott;

3. bei verschiedenen Adjectiven, als: *vairþs,, fulls, freis, framaþeis, laus,* z. B. Mt. 10, 37: *nist meina vairþs.* Luc. 10, 7: *vairþs auk ist vaurstva mizdons seinaizos.* Doch auch *jabai mis vairþ ist galeiþan* 1. Cor. 16, 4 und *du þamma vas vairþs* 2. Cor. 2, 16; *ahmins veihis fulls, vitodis laus* (auch *lausai sijuþ af Xristau* Gal. 5, 4), *frija (qens) þis vitodis;*

4. häufig bei Zahlwörtern, unbestimmten Fürwörtern und Superlativen, z. B. Luc. 7, 19: *athaitands tvans siponje seinaize; ains lipive, aina anabuzne, þans þrinstiguns silubrinaize; sumai þize bokarje, hvarjatoh hunsle, ainhun vaurde; minnist allaize fraive, armostai sium allaize manne.* Bei Zahlwörtern jedoch auch der gleiche Casus: *tvaim fraujam. tvai blindans;* ebenso bei Superlativen: *maists gudja, aftumistan haban staþ,* oder mit Praepositionen: *minnista in allaim izvis.* In Betreff der Fürwörter ist bei diesen nachzusehen.

§. 95. Der Genitiv ist ferner ein sehr häufiger Casus bei Verben, namentlich solchen, die

1. den Begriff einer Trennung, Absonderung, Befreiung von etwas enthalten, als *laus, freis, framaþeis visan, frijana briggan* befreien von —, *gahrainjan, gahailjan, leikinon,* doch steht bei ihnen öfter auch *af* mit dem Dativ oder der Dativ allein. Röm. 8, 2: *vitoþ ahmins·frijana brahta mik vitodis dauþaus.* 2. Tim. 2, 21: *jabai hvas gahrainjai sik þize* sich davon reiniget. Luc. 6, 18: *qemun, hailjan sik sauhte seinaizo* von ihren Krankheiten. 5, 15: *leikinon sauhte.*

2. die Fülle oder Mangel anzeigen, wie *fulljan, fullnan, þaurban, van ist.* Mt. 27, 48: *fulljands aketis* füllend mit Essig. Luc. 1, 41: *gafullnoda ahmins veihis* wurde erfüllt vom heil. Geiste, voll des heil. Geistes. Mt. 6, 8: *vait atta, þizei jus þaurbuþ.* Mc. 10, 21: *ainis þus van ist.*

3. nach *visan* in der Bedeutung: Einem gehören, von —, aus etwas sein; *sves visan* eigen sein, gehören; *veihs visan* heilig sein; *skula* und *vairþs visan,* schuldig, würdig sein; nach *vairþana briggan* mit Accus. der Person und Genitiv der Sache, deren ich Jemand würdige. Mc. 10, 14: *þize ist þiudangardi guþs.* 12, 16: *hvis ist sa manleika.* Mt. 26, 73: *bi sunjai jah þu þize is.* Mc. 9, 41: *unte Xristaus sijuþ.* Joh. 18, 37: *hvazuh saei ist sunjos.* 10, 12: *þizei ni sind lamba· sv̊esa.* Luc. 2, 23: *veihs fraujins haitada* dem Herrn heilig. 2. Cor. 3, 6: *izei vairþans brahta uns* (der uns würdig, tüchtig machte) *niujaizos triggvos.* Auch in der Bedeutung: alt sein steht bei *visan* die Bestimmung der Zeit im Genitiv, Mc. 5, 42: *vas auk jere tvalibe;* bei *vairþan* aber der Accus. Luc. 2, 42: *biþe varþ tvalib vintruns.*

4 nach mehren andern Verben, als: theilnehmen an etwas, berühren, nützen, gebrauchen, kosten, versuchen, begehren, bitten, fragen, erwarten, sorgen, helfen, schonen, erinnern und gedenken, auch bei sich schämen, verwundern, beklagen über — u. a.; öfter indess auch andere Casus theils mit gleicher, theils mit verschiedener Bedeutung, worüber eigene Lectüre belehren mag.

§. 96. Ein weiterer häufiger Gebrauch des Genitivs als Object findet da Statt, wo nicht so sehr das Ganze, sondern nur ein unbestimmter Theil desselben gemeint ist, was im Deutschen meist ohne Artikel oder durch von gegeben wird, besonders bei *haban* und *visan* mit der Negation. Oefter steht indess auch die Praeposition *us.* Mt. 9, 36: *vesun sve lamba ni habandona hairdeis* (Genit. — die keinen Hirten haben). Mc. 8, 12: *amen qiþa izvis, jabai gibaidau kunja þamma taikne.* 12, 2: *insandida du þaim vaurstvam skalk, ei nemi akranis þis veinagardis.* 19: *jabai hvis broþar gadauþnai jah bileiþai qenai jah barne ni bileiþai.* Luc. 1, 7: *jah ni vas im barne.*

Anmerk. Zur Angabe von ·Orts- und Zeitbestimmungen dienen meist Adverbia und Praepositionen; doch steht auch, wie das entfernte Ziel erstrebend, der Genitiv nach Verben der Bewegung auf die Frage: wohin? Luc. 15, 15: *insandida ina haiþjos seinaizos* schickte ihn auf sein Landgut. 19, 12: *gaggida landis.* Mc. 4, 35: *usleiþam jainis stadis.* Die Zeitbestimmung wann? hat den Genitiv in *nahts* und *dagis,* sonst den Dativ (*vintrau* im Winter), besonders mit nähern Bestimmungen (*mela* und *hveilai* mit dem Gen.) z. B. Luc. 1, 10: *hveilai þymiamins.* — Wie lange? drückt der Accus. aus, Joh. 13, 33: *nauh leitil*

mel miþ izeis im; andere Zeitbestimmungen geben Praepositionen. — Wie weit? gibt der
Accus. oder *ana* mit dem Dativ, wie theuer? der Dativ oder *in* mit dem Accusativ.

4. Der Dativ.

§. 97. Der Dativ ist der Casus der mittlern, der Personenbeziehung
oder des entfernteren Objects. Er steht daher

1. auf die Frage· wem? bei transitiven Verben neben einem ausge-
drückten oder verschwiegenen Accusativ, z. B. Luc. 7, 21: *blindaim ma-
nagaim fragaf siun.* Mc. 10, 21: *sva filu sve habais frabugei jah gif
þarbam;* dann besonders häufig bei *visan* und *vairþan* theils in passivem
Sinne, theils um Personen oder Gegenstände in ihrem Verhalten zu einer
Persönlichkeit im Dativ darzustellen, z. B. Luc. 1, 7: *jah ni vas im barne.*
10, 29: *hvas ist mis nehvundja?* Mc. 2, 28: *frauja ist sa sunus mans
jah þamma sabbato.* Joh. 9, 27: *ibai jah jus vileiþ þamma siponjos
vairþan?* Mc. 1, 36: *jah galaistans vaurþun imma Seimon jah þai miþ
imma.* Es können daher auch dieselben Substantive, die bei *visan* und
vairþan in Abhängigkeit von einem andern Substantiv auf die Frage wes-
sen? (wie gewöhnlich im Deutschen) im Genitiv stehen, hier auf die Frage
wem? den Dativ annehmen und selbst in demselben Satze mit dem Genitiv
wechseln, z. B. Mc. 9, 35: *jabai hvas vili frumists visan, sijai allaize
aftumists jah allaim andbahts.* Joh. 8, 34: *hvazuh saei taujiþ fravaurht,
skalks ist fravaurhtai.* Mc. 6, 3: *niu sa ist sa sunus Marjins, iþ bro-
þar Iakoba jah Iuse jah Iudins?* Auch verschiedene Adjective erfordern
zu ihrer Ergänzung auf die Frage wem? einen Dativ, wie *kunþs, liubs,
svers, gadof ist, aglu, mahteig, unmahteig ist* u. a.

2. auf die Frage wie? um die Art und Weise zu bezeichnen, Mt. 27, 46:
ufhropida Iesus stibnai mikilai (laut, mit lauter Stimme). Luc. 1, 74:
ei gebi unsis, unagein (sicher, furchtlos, in Furchtlosigkeit) *skalkinon
imma.* 2. Cor. 1, 8: *unte ufarassau kauridai vesum.*

3. auf die Frage womit? wodurch? um das Werkzeug oder Mittel
zu bezeichnen, womit oder wodurch etwas hervorgebracht wird oder ge-
schieht. Mc. 8, 4: *hvaþro þans mag hvas gasoþjan hlaibam ana auþi-
dai?* 9, 49: *hvazuh auk funin saltada.* 14, 65: *jah andbahtos lofam
slohun ina.* Mt. 8, 16: *usvarp þans ahmans vaurda.* 27, 59: *nimands
þata leik Iosef bivand ita sabana hrainjamma.* Philem. 19: *gamelida
meinai handau.*

4. auf die Frage woran? um den Gegenstand zu bezeichnen, woran
etwas geschieht, Ephes. 6, 15: *standaiþ gaskohai fotum.* Doch findet
sich auch in Fällen, wo die Aussage auf einen einzelnen Theil oder be-
stimmteren Gegenstand eingeschränkt ist, nach griechischem Vorgange der
Accusativ gesetzt, Joh. 11, 44: *gabundans handuns jah fotuns* (gebunden
die Füsse statt an den Füssen) *faskjam.*

Anmerk. Der Zweck wird nicht durch den Dativ, sondern durch die Praeposition *du*
(mit Dat.) oder *in* (mit Accus.) ausgedrückt. Luc. 2, 30: *sehvun augona meina nasein þeina,
þoei manvides liuhaþ du andhuleinai þiudom.* Ephes. 4, 19: *ni gaggaiþ svasve jah þiu-
dos gaggand, þaiei* (statt *þozei*) *sik silbans atgebun aglaitein in vaurstvein unhrainiþos
allaizos.*

5. Der Dativ dient ferner zur Bezeichnung, dass etwas zu Jemands Schaden oder Vortheil, Freude, Ehre und dergl. gereicht oder geschieht, was im Deutschen gewöhnlich durch für gegeben wird. Mt. 6, 25: *ni maurnaiþ saivalai izvarai, nih leika izvaramma.* 27, 7: *usbauhtedun þana akr kasjins du usfilhan ana gastim* (um zu begraben darauf für, zum Nutzen der Fremdlinge). Ebenso *van mis ist, þaurfts mis ist,* es fehlt mir, ist mir nöthig, *mis ist du botai* gereicht mir zum Nutzen, *goþ, bruks mis ist* u. a. Luc. 18, 22: *nauh ainis þus van ist.* Gal. 5, 2: *jabai bimaitiþ* (passivisch: beschneiden lasset), *Xristus izvis nist du botai.*

6. Der Dativ steht ferner bei vielen Verben, die im Deutschen andere Casus, meist den Accusativ erfordern, wie *gamains vairþan* theilhaft werden, *gamainjan* Theil haben, theilnehmen an etwas, *vitan* bewachen, *bairgan* bewahren, *fraqiman* verwenden, verzehren, *fravisan* verzehren, *fraliusan* verlieren, *qistjan* verderben, *biniman* wegnehmen; ferner bei *gaþlaihan* umarmen, *kukjan* küssen, *tekan* anrühren, *frakunnan* verachten; auch bei *faginon* sich freuen über — oder wegen etwas, auch *ogan sis* sich fürchten, d. i. sich etwas zum Gegenstande der Furcht machen. Mehre Verba nehmen auch beide Casus, sowohl den Dativ wie Accusativ ohne Unterschied der Bedeutung an, wie *usqistjan, fraqistjan, usqiman,* verderben, umbringen, *vairpan* werfen, *usvairpan* hinauswerfen, *usdreiban* austreiben u. s. w.; andere erleiden mit der Casusänderung auch eine Aenderung in der Bedeutung, wie

anahaitan mit Dativ: tadelnd zurufen, tadeln;
mit Accus.: anrufen;
andhaitan mit Dativ: Bekenntniss für Einen, für eine Lehre ablegen, Einem bekennen, mit Dank bekennen;
mit Accus.: Etwas bekennen, anerkennen, Einen als Etwas bekennen;
bileiþan mit Dativ: verlassen, hinterlassen, fahren lassen;
mit Accus.: Einen oder Etwas wo lassen, stehen oder liegen lassen, Einem etwas lassen;
fullafahjan mit Dativ: Gefallen thun, dienen;
mit Accus.: befriedigen, überzeugen;
gasakan mit Dativ: drohend gebieten, bedrohen;
mit Accus.: zeihen, überführen, tadeln;
uskiusan mit Dativ: verwerfen, hinauswerfen;
mit Accus.: prüfen;
varjan mit Dativ: wehren;
mit Accus.: abhalten.

Anmerk. Die *Transitiva:* legen, setzen, stellen u. a. nehmen nach der Praeposition *in* regelmässig den Dativ an, ebenso, mit seltener Ausnahme, das Verbum *qiman* nach *in* und *ana.* Mc. 6, 29: *galagidedun ita in hlaiva.* 1. Cor. 12, 18: *guþ gasatida liþuns ainhvarjanoh ize in leiku svasve vilda.* Luc. 3, 17: *briggiþ kaurn in bansta seinamma.* Mc. 6, 1: *qam in landa seinamma.* Luc. 19, 5: *jah biþe qam ana þamma stada.*

Die Frage.

§. 98. Die Frage kann oft nur aus dem Zusammenhange oder aus dem Tone erkannt werden; sonst dienen zur Bezeichnung derselben theils fragende Fürwörter und Adverbia, theils gewisse Partikeln. Dabei hat die directe Frage meist den Indicativ, den Conjunctiv nur, wenn etwas auf die Zukunft Bezügliches gefragt wird: soll ich? sollen wir? Je nachdem die Frage positiv oder negativ ist, wird

I. die positive Frage ausgedrückt

1. ohne alle Anzeige, Mt. 8, 29: *qamt her faur mel, balvjan unsis?* Mc. 15, 2: *frah ina Peilatus: þu is þiudans Iudaie?* 7, 18: *sva jah jus unvitans sijuþ?* —

2. durch fragende Fürwörter und Adverbia, Mc. 2, 7: *hvas mag afletan fravaurhtins?* 12, 16: *hvis ist sa manleika jah so ufarmeleins?* Joh. 10, 32: *in hvarjis þize vaurstve staineiþ mik?* 6, 5: *hvaþro bugjam hlaibans, ei matjaina þai?* Mc. 2, 8: *duhve mitoþ þata in hairtam izvaraim?*

3. durch die Partikel *-u*, welche an das erste Wort des Satzes tritt, oder, wenn dieses ein mit einer Partikel zusammengesetztes ist, zwischen die Compositionstheile. Mc. 3, 4: *skuldu ist in sabbatim þiuþ taujan aiþþau unþiuþ taujan?* 10, 38: *magutsu driggkan stikl, þanei ik driggka?* Joh. 18, 34: *abu þus silbin þu þata qiþis þau anþarai þus qeþun bi mik?* 9, 35: *þu gaulaubeis* (nämlich *ga-u-laubeis*) *du sunau guþs?* Ja sogar Mc. 8, 23: *Iesus frah ina: gau-hva-sehvi?* statt *gasehvi,* ob er was sähe?

4. Bezieht sich die Frage auf etwas Vorhergegangenes, so tritt zu dem fragenden Fürworte auch noch die Partikel *an* (denn) hinzu. Luc. 10, 29: *an hvas ist mis nehvundja?* Joh. 9, 36: *an hvas ist?* Luc. 3, 10: *an hva taujaima?*

II. die negative Frage wird ausgedrückt

1. ohne alle Anzeige mit *ni*. Mc. 7, 18: *ni fraþjiþ, þammei* (dass) *all þata utaþro inngaggando in mannan ni mag ina gamainjan?* 1. Cor. 1, 20: *ni dvala gatavida guþ handugein þis fairhvaus?* 5, 6: *ni vituþ, þatei leitil beistis allana daig gabeisteiþ?*

2. durch *-u*, welches an die Negation (*niu*) gehängt wird, wenn man eine bejahende Antwort erwartet oder voraussetzt. Mc. 6, 3: *niu þata ist sa timrja?* Joh. 6, 42: *niu sa ist Iesus sa sunus Iosefis?* 6, 70: *niu ik izvis ·ib· gavalida?* 1. Cor. 9, 1: *niu im apaustaulus, ni im freis? niu Iesu Xristu fraujan sahv? niu vaurstv meinata jus sijuþ in fraujin?*

3. durch *ibai* (etwa, doch nicht?), wenn man eine verneinende Antwort erwartet, oder etwas Ungereimtes in der Frage angezeigt werden soll, Mc. 2, 19: *ibai magun sunjus bruþfadis, und þatei miþ im ist bruþfaþs, fastan?* Joh. 6, 67: *ibai jah jus vileiþ galeiþan?* 8, 53: *ibai þu maiza is attin unsaramma Abrahama?*

Wenn zu *ibai* noch die Negation *ni* kommt, so gehört letztere zum

Verbum, und die erwartete Antwort ist affirmativ: 1. Cor. 9, 4: *ibai ni
habam valdufni matjan jah drigkan?* — *Nibai* (aus *ni ibai* doch nicht
etwa?)' mit dem Conjunctiv ist ironisch: Joh 7, 35: *nibai in distahein
þiudo skuli gaggan jah laisjan þiudos?* 8, 22: *nibai usqima sis silbin?*

Antwort, Verneinung.

§. 99. Die einfache Antwort mit *ja* ja, *jai* ja, fürwahr, *ne* nein
— kommt als solche nur selten vor; gewöhnlich wird dafür das im Frage-
satze vorhergegangene Verbum wiederholt. Mt. 9, 28: *gaulaubjats, þatei
magjau þata taujan?* *Qeþun 'du imma: jai, frauja.* Luc. 1, 60: *jah
andhafjandei so aiþei is qaþ: ne, ak haitaidau Iohannes.* Mc. 10, 38.
39: *magutsu driggkan stikl, þanci ik driggka?* — *Iþ eis qeþun: magu.*
Die Verneinung im Satze wird durch *ni* gegeben, welches in der
Regel unmittelbar vor das Verbum zu stehen kommt, oder, wenn sich die
Verneinung nur auf ein einzelnes Wort bezieht, vor dieses; doch trennen
Partikeln, welche die zweite Stelle (§. 100) im Satze einzunehmen haben,
meist die Negation vom Verbum. Mt. 5, 17: *ni qam gatairan. vitoþ.*
5, 34: *aþþan ik qiþa izvis, ni svaran allis.* Mc. 2, 27: *sabbato in mans
varþ gaskapans, ni manna in sabbato dagis.* Joh. 7, 1: *ni auk vilda
in Iudaia gaggan.* Solche Verbalzeiten, die durch ein Hülfsverbum (*vi-
san, vairþan*) in Verbindung mit einem Particip gebildet sind, gelten da-
bei als untrennbar, und die Negation steht (mit seltener Ausnahme) vor
dem Particip; doch bleibt die Negation vor *visan, vairþan,* wenn statt
des Particips ein Adjectiv zur Verwendung gekommen ist. Luc. 17, 18:
*ni bigitanai vaurþun gavandjandans giban vulþu guþa, niba ·sa alja-
kunja?* Mc. 2, 24: *þatei ni skuld ist.* Col. 3, 19: *ni sijaiþ baitrai.*
Gal. 6, 7: *ni vairþaiþ airzjai.*

Einige Partikeln.

§. 100. Zum Schlusse mögen hier noch folgende Bemerkungen stehen:
1. die Conjunctionen sollten eigentlich immer zu Anfange des Satzes
oder Satztheiles stehen, doch gibt es einige, die davon eine regelmässige
Ausnahme machen und erst hinter das erste Wort oder selbst hinter mehre
zurücktreten. Solche sind: *auk, allis, raihtis, nu, nuh, þan.* Nur aus-
nahmsweise finden sich das eine oder andere Mal *auk, allis, raihtis* an
erster Stelle; auch *þan* kann zu Anfange stehen, doch nur in der Bedeu-
tung: wann, so lange als, da.
2. zuweilen finden sich zwei Partikeln zusammengestellt, die beide im
Grunde die nämliche oder kaum verschiedene Bedeutung haben, z. B.
Mt. 27, 46: *iþ þan* (aber) *bi hveila niundon ufhropida Iesus.* 9, 17:
biþeh þan (hernach dann) *jah vein usgutniþ.* Mc. 6, 17: *sa auk raihtis*
(denn, denn — nun) *Herodes gahabaida Iohannen.* 9, 41: *saci auk allis*
(denn) *gadragkjai izvis stikla vatins* — —. Joh. 12, 10: *munaidedunuþ-
þan auk* (aber), *ei jah Lazarau usqemeina.*
3. Statt des einfachen *nu* steht beim verbietenden Imperativ *nunu,*

und zwar jedes Mal unmittelbar nach der Negation (*ni nunu*), während das einfache *nu* in Verbindung mit *ni* zwischen sich und die Negation das Verbum nimmt. Mt. 6, 8: *ni galeikoþ nu þaim.* 10, 26: *ni nunu ogeiþ izvis ins.*

4. Einige Praepositionen stehen ohne Formänderung auch adverbial, z. B. Mc. 11, 7: *brahtedun þana fulan at Iesua jah galagidedun ana* (darauf, auf das Füllen) *vastjos seinos.* 8, 6: *nimands þans sibun hlaibans gabrak jah atgaf siponjam, ei atlagidedeina faur.* Luc. 8, 44: *so qino atgaggandei du* (hinzu) *aftaro attaitok skauta vastjos is.* 1. Tim. 1, 13: *ikei faura* (vorher) *vas vajamerjands.* Luc. 19, 28: *jah qiþands þata iddja fram* (vor, voran), *usgaggands in Iairusaulyma.* Auf ähnliche Weise steht *afar* sogar als Substantiv Luc. 1, 5: *Zakarias us afar* (Nachkommen, Nachkommenschaft; aber irrig gesetzt statt Priesterclasse) *Abijins.* Die Partikel *nu* ist Substantiv Luc. 1, 48: *fram himma nu,* von diesem Jetzt, von jetzt an, und Adjectiv 1. Tim. 4, 8: *iþ gagudei du allamma ist bruks, gahaita habandei libainais þizos nu* (des jetzigen) *jah þizos anavairþons.*

5. Wie der Artikel zuweilen vor ganzen Sätzen zu ihrer Auszeichnung steht, z. B. Mc. 9, 23: *iþ Iesus qaþ du imma: þata, jabai mageis galaubjan!* Luc. 1, 62: *gabandvidedun þan attin is, þata, hvaiva vildedi haitan ina;* — ebenso dient auch die Conjunction *þatei* sehr häufig nur dazu, um die wörtliche Anführung der Rede eines Andern einzuleiten und ist dann eigentlich gar nicht zu übersetzen, z. B. Mt. 9, 18: *qam reiks ains qiþands: þatei, dauhtar meina nu gasvalt.* 26, 72: *jah aftra afaiaik miþ aiþa svarands: þatei, ni kann þana mannan.* 27, 43: *qaþ auk: þatei, guþs im sunus.*

6. Zuweilen sind Partikeln, die als Compositionstheile oder als nothwendige Ergänzung zu einem Worte gehören, nur einmal gesetzt, wenn dasselbe Wort bald wiederholt wird, wie Joh. 9, 31: *vitumuh þan, þatei guþ fravaurhtaim ni andhauseiþ; ak jabai hvas guþblostreis ist jah viljan is taujiþ, þamma hauseiþ* (statt *andhauseiþ*). Luc. 19, 5: *Zakkaiu, sniumjands dalaþ atsteig,* im folgenden Verse aber bloss *sniumjands atstaig* (ohne *dalaþ*). Ebenso Luc. 15, 23: *matjandans visam vaila;* im folgenden Verse aber *jah dugunnun visan* (nämlich *vaila,* was hinzuzudenken ist). 1. Tim. 6, 5: (*þaiei hugjand*), *faihugavaurki visan gagudein;* im folgenden Verse: *aþþan ist gavaurki mikil gagudei miþ ganauhin.*

WÖRTERBUCH.

Abkürzungen.

st. sw. m. fem. n. = starkes oder schwaches Masculin, Feminin oder Neutrum; dabei die
    Zahl der Declination (1 — 3).
c. = Conjugation, und zwar :
    I. die starke mit ihren Unterabtheilungen (1 — 8),
    II. die schwache mit ihren Unterabtheilungen (1 — 3),
    III. die gemischte.
c. gen. dat. acc. = mit dem Genitiv, Dativ oder Accus.
adj. = Adjectiv,
anom. = anomal,
adv. = Adverbium,
comp. — Comparativ,
conj. = Conjunction,
indecl. — indeclinabel,
n. pr. = Nomen proprium,
num. = Numerale,
partc. = Particip,
praep. = Praeposition,
praes. = Praesens,
praet. = Praeteritum,
pron. = Pronomen,
sing. plur. = Singular, Plural,
sup. = Superlativ.

Aba, sw. m., Mann, Ehemann; gen. dat. anom. *abne, abnam.*

abba, Fremdwort, Abba, Vater.

Abeïleni, n. pr. indecl., (die Landschaft) Abilene.

Abija, n. pr. sw. m., Abia.

Abjaþar, n. pr. st. m. 1., Abiathar.

abraba, adv., stark, sehr.

Abraham, n. pr. st. m. 1., Abraham.

abrs, adj., stark, heftig.

abu s. af.

Adam, n. pr. st. m. 1., Adam.

Adauneikam, n. pr. st. m. 1, Adonika.

Addein, n. pr. masc. (declinirt sw. fem.), Addi; gen. *Addeins.*

Addin, n. pr. indecl. masc., Addin.

af, praep. c. dat. *(abu* statt *af-u*, fragend, vergl. *-u*), 1. ab, .von, von — her, von — herab, von — hinauf, von — weg; 2. von, seit; 3. vor: nach den Verbis sich hüten, verbergen, verhehlen vor etwas; 4. zu, *af taihsvon, af hleidumein*, zur Rechten, zur Linken. — In Stellen wie *af Beþanias, af Areimaþaias* ist *landa, veihsa* oder *baurg* zu suppliren.

af-agjan, c. II. 1., abschrecken, abängstigen.

af-aikan, c. I. 7. *(aiaik)*, absagen, leugnen, verleugnen; fluchen, sich verwünschen.

af-airzjan, c. H. 1., irre machen, verführen; im Passiv: sich verführen lassen; abirren, abweichen von etwas.

afar, praep. c. dat. und acc.

1. c. acc. nur von der Zeit: nach; *afar leitil* nach Kurzem, bald darauf; *afar dagans* nach einigen Tagen; *afar þata* nach diesem, darnach; *biþe afar þata* darnach nach diesem = hernach; *afar þatei* nachdem; *afar þatei matjan* (der substantivische Infinitiv) nach welchem Essen — nachdem sie gegessen hatten.

2. c. dat. local und zeitbestimmend: nach, hinter — her; nach, gemäss, zufolge; *afar þaimei gatavida* je nachdem er gethan hat.

Substantivisch scheint *afar* Luc. 1, 5 in dem Sinne von Nachkommenschaft, Geschlecht (aber irrthümlich statt Priesterclasse, Ordnung) zu stehen, und adverbial Sk. III. c. *afaruh þan* nachher aber.

afar-dags, st. m. 1., der Nachtag, folgende Tag.

afar-gaggan, c. anom., nachgehen, nachfolgen; hinter etwas hergehen, darnach streben.

afar-laistjan, c. II. 1., hinterher gehen, nachfolgen; nachgehen, einer Sache nachstreben, im Geiste verfolgen.

afar-sabbatus, st. m. 3., der Nachsabbat, Tag nach dem Sabbat.

af-dailjan, c. II. 1., abtheilen, einen Theil abgeben.

af-daubnan, c. III., taub, verstockt werden.

af-daujan, c. II. 1., abmatten, machen dass Jemand abstirbt.

af-dauþjan, c. II. 1., tödten; im Passiv: sterben, absterben.

af-dobnan, c. III., verstummen.

af-domeins, st. fem. 2., Verdammung.

af-domjan, c. II. 1., aburtheilen; verurtheilen, verdammen, richten; verfluchen, fluchen.

af-drausjan, c. II. 1, herabwerfen, hinabstürzen.

af-drugkja, sw. m., Trinker, Trunkenbold.

af-dumbnan, c. III., verstummen.

af-etja, sw. m., Fresser.

af-filhan, c. I. 1., verbergen.

af-gaggan, c. anom., weggehen, weichen.

af-gastoþans, partic. praet., vom Platze gerückt, unstatthaft, ungelegen.

af-giban, c. I. 3., weggeben; — *sik* sich fortbegeben.

af-grundiþa, st. fem. 1., Abgrund.

af-gudei, sw. fem., Gottlosigkeit.

af-guds, adj. 1., abgöttisch, gottlos.

af-haban, c. II. 2., abhalten; — *sik af* c. dat. sich von etwas fern halten, enthalten.

af-haims, adj. 2., von der Heimath entfernt, abwesend.

af-hamon, c. II. 3., die Bekleidung ablegen, ausziehen.

af-hlaþan, c. I. 6., beladen.

af-holon, c. H. 3., betrügen.

af-hrainjan, c. II. 1., reinigen, etwas Verunreinigendes tilgen.

af-hrisjan, c. II. 1., abschütteln.

af-hugjan c. II 1., verblenden, bezaubern.

af-hvapjan, c. II. 1., etwas ersticken, etwas auslöschen.

af-hvapnan, c. III. ersticken, erlöschen.

af-lageins, st. fem. 2., Ablegung (Vergebung).

af-lagjan, c. II. 1., ablegen.

af-leitan s. *af-letan*.

af-leiþan. c. I. 4., weggehen, fortgehen; — c. acc. rei, etwas verlassen, Luc. 5, 11.

af-let, st. n. 1. (oder *aflets*, m.), Erlass, Vergebung.

af-letan (afleitan), c. I. 8., von sich lassen, entlassen; verlassen, zurücklassen; erlassen, vergeben; überlassen; vernachlässigen.

af-lifnan, c. III., übrigbleiben, verbleiben.

af-linnan, c. I. 1., fortgehen, weichen.

af-maitan, c. I. 7., abhauen.

af-marzeins, st. fem. 2., Aergerniss, Betrug.

af-marzjan, c. II. 1., ärgern.

af-mauiþs, adj., ermüdet, Gal. 6, 9.

af-niman, c. I. 2., etwas abnehmen, wegnehmen, beiseits nehmen.

af-qiþan, c. I. 3., absagen, entsagen.

af-sateins, st. fem. 2., Absetzung, *bokos afsateinais* Scheidebrief.

af-satjan, c. II. 1., absetzen, entsetzen, entlassen.

af-skaidan, c. I. 7., scheiden, absondern, trennen.

af-skiuban, c. I. 5., etwas von sich schieben, von sich stossen, verstossen.

af-slahan, c. I. 6., abschlagen, abhauen; tödten.

af-slaupjan, c. II. 1., abstreifen; — *sis* ablegen.

af-slauþjan, c. II. 1., aus dem Gleise bringen, in Angst versetzen, in Verlegenheit bringen.

af-slauþnan, c. III., ausser sich sein, staunen, sich entsetzen.

af-sneiþan, c. I. 4., abschneiden, töten, Luc. 15, 27.

af-standan, c. anom., abstehen, ablassen, sich abwenden, abfallen.

af-stass, st. fem. 2., Abstand, Abfall; *afstassais bokos* Scheidebrief.

af-svairban, c. I. 1., abwischen, auslöschen.

af-svaggvjan, c. II. 1., schwankend, ängstlich machen, 2. Cor. 1, 8. im Cod. A.

afta, adv., nach, dahinten, zurück; *þo afta* was dahinten ist, das Vergangene.

aftana, adv. von hinten, Marc. 5, 27.

aftaro, adv., von hinten; nach hinten, rückwärts, Luc. 7, 38.

af-taurnan, c. III., sich abtrennen, abreissen, zerreissen.

af-tiuhan, c. I. 5., fortziehen, bei Seite führen.

aftra, adv., zurück, rückwärts; wiederum, abermals, weiter.

aftra-ana-stodeins, st. fem. 2., Wiederanfang, Erneuerung.

aftuma, sw. adj. comp., der letzte, hinterste.

aftumists, sup., der letzte; *aftumist haban* in den letzten Zügen liegen.

af-þaursjan, c. II. 1., dürsten; *afþaursiþs visan* durstig sein.

af-þliuhan, c. I. 5., fliehen.

af-þvahan, c. I. 6., abwaschen; sich abwaschen.

af-vagjan, c. II. 1., wegbewegen; *afvagiþs visan af venai* wegbewegt sein von —, wanken in der Hoffnung.

af-vairpan, c. I. 1., abwerfen, wegwerfen, wegschaffen; *stainam* — steinigen.

af-valvjan, c. II. 1., abwälzen, wegwälzen.

af-vandjan, c. II. 1., abwenden, wegwenden; vermeiden.

*agan, c. I. 6. (*og, ogum, agans*), sich fürchten; s. *un-agands*.

Agar, n. pr. fem., Agar.

aggilus (*aggelus, aggillus*), st. m. 3., Engel, Bote; plur. nom. *aggiljus, aggeljus* und *aggileis*, gen. *aggile* und *aggele*.

aggviþa, st. fem. 1., Enge, Angst, Bedrängniss, Trübsal.

aggvus, adj., eng.

agis, st. n. 1. (gen. *agisis*), Furcht, Angst, Schrecken.

aglaitei, sw. fem., Unschicklichkeit, Unzucht.

aglait-gastalds, adj., nach schändlichem Gewinn trachtend, habsüchtig.

aglaiti, st. n. 1., Unschicklichkeit, Unzucht.

aglaiti-vaurdei, sw. fem., unschickliche Rede.

agliþa, st. fem. 1., Trübsal, Schmerz.

aglo, sw. fem., Trübsal, Bedrängniss.

agls, adj., beschwerlich, unschicklich, schimpflich.

agluba, adv., schwer, schwerlich.

aglus, adj., schwer, schwierig.

Agustus, n. pr. st. m. 3., Augustus.

aha, sw. m., Sinn, Verstand.

ahaks, st. fem. (?) 2., Taube.

ahana, st. fem. 1., Spreu.

Aharon, n. pr. masc., Aaron (declinirt schwach femininisch), gen. *Aharons.*

ahjan, c. II. 1., glauben, wähnen.

ahma, sw. m., Geist.

ahmateins, st. fem. 2., das Wehen des Geistes, Eingebung.

ahmeins, adj., geistig, geistlich.

ahs, st. n. 1. (gen. *ahsis*), Aehre.

ahtau, num. indecl., acht.

ahtau-dogs, adj., achttägig.

ahtau-tehund, num. indecl., achtzig.

ahtuda, num. ord. (declinirt sw. adj.), der achte.

ahva, st. fem. 1., Wasser, Wasserguss, Fluss.

Aïa, n. pr. indecl. Haia (Hai).

Aibair, n. pr. st. m. 1., Eber, Heber.

aibr, st. n. 1., Gabe, Opfergabe.

Aiddua, n. pr. sw. m., Iedua.

Aieira, n. pr. sw. m., Erae.

Aifaisius, st. m. 3., Ephesier, Einwohner der Stadt Ephesus; dat. plur. *Aifaisium.*

Aifaiso, n. pr. sw. fem., Ephesus.

aiffaþa, Fremdw., ephphata, werde geöffnet, öffne dich.

aigan (aihan), c. anom. *(aih, aihta, aigands),* haben, besitzen.

aigin, st. n. 1., Eigenthum, Vermögen.

aihan s. *aigan.*

aihtron, c. II. 3., haben wollen, sich erbitten, erbetteln; beten.

aihtrons, st. fem. 2., Bitte, Gebet.

aihts, st. fem. 2., Eigenthum, plur. Güter, Sachen.

aihva-tundi, st. f. 1. Dornstrauch; dat. *aihva-tundjai.*

*aikan, c. I. 7. *(aiaik),* sagen, s. *af-aikan.*

aikklesjo, sw. fem., Kirche.

Aileiaizair, n. pr. st. m. 1., Eliezer.

Aileiakeim, n. pr. st. m. 1., Eliakim.

Aileisabaiþ, n. pr. fem. indecl., Elisabeth.

Aillam, n. pr. st. m. 1., Elam.

ailoe, Fremdw., Eloi, mein Gott

Aimmeira, n. pr. sw. m., Emmer.

ainu-baur, st. m. 2., der Eingeborne.

ainaha, adj. (declinirt nur schwach, fem. *ainoho*), einig, einzig.

ainakls, adj., einzeln, verlassen.

aina-mundiþa, st. fem. 1., Einmüthigkeit, Einigkeit, Einheit.

ain-falþaba, adv., einfältig.

ain-falþei, sw. fem., Einfalt, Gutmüthigkeit.

ain-falþs, adj., einfältig.

ainlif, num , elf; dat. *ainlibim.*

Ainok, n. pr st. m. 1., Enoch.

Ainos, n. pr. st. m. 1., Enos, Henos; gen. *Ainosis.*

ains, adj., ein, ein einziger, ein gewisser; allein; — *ains jah sa sama* ein und derselbe; *ain ist jah þata samo þizai liskabanon* ist ebenso viel als wäre sie geschoren (1. Cor. 11, 5); *seina ains* seiner selbst.

ains-hun, pron. (fem. *ainohun*), irgend Einer; nur in verneinenden oder doch negativ gedachten Sätzen, daher Keiner, Niemand; — *vaihte ainohun ni* nichts; *ei ni ainishun hvis þaurbeiþ* dass ihr von Niemand etwas bedürfet.

ain-hvarjizuh, pron. (fem. *ainhvarjoh,* neutr. *ainhvarjatoh*), Jeder, ein Jeder.

ain-hvaþaruh, pron., Jeder von beiden.

Aiodia, n. pr. fem. (declinirt sw. masc.), Evodia; acc. *Aiodian.*

Aipafras, n. pr. sw. masc., Epaphras; dat. *Aipafrin.*

Aipafraudeitus, n. pr. st. m. 3., Epafroditus.

aipiskaupei, sw. fem., Bischofsamt.

aipiskaupus, st. m. 3., Bischof.

aipistaule, sw. fem., Brief; dat. *aipistaulein,* dat. plur. *aipistaulem* statt *-leim,* acc. plur. *aipistulans* nach Art schwacher Masculina.

air, adv., früh; comp. *airis* früher, eher, einst.

Airastus, n. pr. st. m. 3., Erastus.

airinon, c. II. 3., Bote, Gesandter sein.

airiza, adj. compar., der ältere, Vorfahr.

airkniþa, st. fem. 1., gute Art, Reinheit.

Airmodam, n. pr. Elmodam.

Airmogaineis, n. pr. st. 1., Hermogenes.

airþa, st. fem. 1., Erde, Land, Gegend.

airþa-kunds, adj., irdisch, irdischer Abkunft.

airþeins, adj., von Erde, irden; irdisch.

airus, st. m. 3., Bote, Gesandter; (Gesandtschaft).

airzei, sw. fem., Verführung, Betrug, Irrlehre.

airzis, adj., irre.

airziþa, st. fem. 1., Verführung, Betrug, Irrthum.

airzjan, c. II. 1., irre führen, verführen, betrügen; *airzjands,* partic., der Verführer.

aistan, c. II. 2., sich vor Jemand scheuen; achten.

aiþei, sw. fem., Mutter.

19*

aiþs, st. m. 1., Eid; gen. *aiþis.*

aiþþau, conj., oder; wo nicht, sonst; aber, aber doch; im Nachsatze hypothetischer Sätze und immer zu Anfang stehend: vielleicht, sicherlich, gewiss, doch wenigstens, *aiþþau jah* fürwahr. — *Jabai* — *aiþþau* oder *andizuh* — *aiþþau* entweder — oder.

aivaggeli, st. n. 1., Evangelium; gen. *aivaggeljis.*

aivaggelista, sw. m., Evangelist.

aivaggeljan, c. II. 1 , das Evangelium verkündigen.

aivaggeljo, sw. fem., das Evangelium.

aiveins, adj., ewig.

aiviski, st. n. 1., Schande, Beschämung.

aiviskon, c. II. 3., schändlich handeln.

aivlaugia, sw. m., Segen, freiwillige Gabe.

Aivneika, nom. propr. st. fem., Eunike.

aivs, st. m. 1., Zeit, diese Zeit = Welt, lange Zeit = Ewigkeit; gen. *aivis* (acc. plur. anom. *aivins*). — Der acc. sing. steht adverbial: *aiv* je, aber allezeit mit der Negation: *ni aiv* nie, niemals; ebenso der dat. *ni aiva dage* nie, in Ewigkeit nicht.

Aivva, nom. propr. fem., Eva; declinirt sw. m., acc. *Aivvan.*

aivxaristia, Fremdw. sw. m., Dank.

aiz, st. n. 1., Erz, Geld.

Aizaikeia, n. pr. sw. m., Ezechia.

aiza-smiþa, sw. m., Erzschmied, Schmied.

Aizleim, n. pr. st. m. 1., Esli, Hesli.

Aizor, n. pr. st. m. 1., Esrom.

ajukduþs, st. fem. 2., Zeit, Ewigkeit.

ak, conj., sondern; aber; denn.

Akaikus, n. pr. st. m. 3., Achaikus.

Akaja (*Akaïja, Axaja*), n. pr. st. fem. 1., Achaja.

Akajus (*Akaïjus*), n. pr. st. m. 3., Achäer, Einwohner von Achaja; gen. plur. *Akaje.*

akei (*ake*), conj., aber; doch; ja, sogar; oder aber (zu Anfang bei nachfolg. Frage); — *akei nih* aber auch nicht.

akeit (*aket*), st. n. 1. (oder *akeits*, m.?), Essig; gen. *akeitis.*

akran, st. n. 1., Frucht.

akrana-laus, adj., fruchtlos, ohne Frucht.

akrs, st. m. 1. (oder 2.?), Acker.

Akyla, n. pr. sw. m., Aquila, 1. Cor. 16, 19.

alabalstraun, Fremdw., indecl., Alabastergefäss.

ala-brunsts, st. fem. 2., Brandopfer.

Alaiksandrus, n. pr. st. m. 3., Alexander.

alakjo, adv., insgesammt, zusammen.

ala-mans, m. anom. (nur plur.), das ganze Menschengeschlecht, die Menschheit, Skeir. VIII. 6.

Alamod, n. pr. st. m. 1., Alamod.

alan, c. I. 6. (*ol, olum, alans*), aufwachsen, durch Nahrung gross werden, um sich greifen, 2. Tim. 2, 17; partic. *alands* ernährt werdend, genährt, 1. Tim. 4, 6.

ala-þarba, sw. adj. oder sw. m., ganz arm, an Allem Mangel leidend.

aldoma, sw. m., Alter.

alds (alþs), st. fem. 2., Alter, Menschenalter; Zeit, Ewigkeit, diese Zeit = Welt.

aleina (alleina), st. fem. 1., Elle.

alev, st. n. 1., Oel.

aleva-bagm, st. m. 1., Oelbaum.

alevis, adj., *fairguni alevi* oder *alevjo* der Oelberg.

Alfaius, n. pr. st. m., Alphäus.

alhs, st. fem. anom., Tempel.

alis, adj., ein anderer.

aliþs s. *aljan*.

alja, 1. conj., als (nach Negationen), ausser; nur, sondern; 2. praep. c. dat. ausser.

alja-kuns (aljakons), adj., anderswoher stammend, fremd; auch widernatürlich, gegen die Natur.

alja-leikos, adv., anders; *aljaleikos sik haban* sich anders verhalten.

alja-leikoþs, partc. praet., anders gebildet, bildlich ausgedrückt.

aljan, c. II. 1., aufziehen, mästen; partic. praet. *aliþs* gemästet.

aljan, st. n. 1., Eifer.

aljanon, c. II. 3., eifern, c. dat. um Jemand eifern, sich beeifern.

aljar, adv., anderswo.

aljaþ, adv., anderswohin.

aljaþro, adv., anderswoher; abwesend.

allandjo, adv., vollständig, vollkommen.

allaþro, adv., von allen Seiten her.

alla-vaurstva, sw. m , aus vollen Kräften wirkend, Col. 4, 12.

alleina s. *aleina*.

allis, 1. adv., überhaupt, gar, mit der Negation: überhaupt nicht, gar nicht;

2. conj., stets nachgesetzt (nur Marc. 12, 25: *allis þan*), denn; *allis —* *iþ* zwar — aber.

alls, adj., all, ganz, jeder; *þo alla* das Alles, Ephes. 4, 15: in allen Stücken.

all-sverei, sw. fem., Achtung gegen Jedermann.

all-valdands, partic. als subst., Allmächtiger.

alþeis, adj., alt; neutr. plur. *þo alþjona* das Alte. Compar. *alþiza* der ältere.

alþs s. *alds*.

Ameinadab, n. pr. st. m. 1., Aminadab.

amen, Fremdw , Amen, wahrlich.

Ammo, n. pr. masc. (declinirt sw. fem.), Amos.

amsa, sw. m., Schulter.

an, Fragpartikel, denn; *an nuh* also denn, also doch.

ana, praep. c. dat. und acc., drückt eigentlich die Richtung nach einem
Gegenstande aus in der Bedeutung: an, auf, über, zu, in; dazu
kommt die Bedeutung des Feindlichen: gegen, wider, oder des Ur-
sächlichen: wegen, über. Selten steht *ana* bei Zeit- und Mass-
bestimmungen. — *Ana spaurdim fimftaihunim* gegen, an die funfzehn
Stadien (Joh. 11, 18.); *ana midjai dulþ* um die Mitte des Festes (Joh.
7, 14). *Ana meinai saivalai* (2. Cor. 1, 23) auf meine Seele; *ana
þeinamma namin* (Luc. 9, 49) in deinem Namen; *ana þammei* (2. Cor.
5, 4) weshalb, weil. — *Ana dag* im Tage, des Tages, den Tag hin-
durch (Luc. 17, 4); *ana attans* um der Väter willen (gewöhnlich
in mit dem gen.); *ana andaugi* in Gegenwart (gewöhnlich *in and-
vairþja*).

Adverbial heisst *ana:* auf, darauf; auch Mt. 27, 7 ist es adv. zu
nehmen.

ana-aukan, c. I. 7., hinzufügen, fortfahren.

ana-biudan, c. I. 5., entbieten, befehlen, anordnen.

ana-busns, st. fem. 2., Gebot, Befehl, Auftrag, Vorschrift.

ana-drigkan, c. I. 1., antrinken; — *sik* sich betrinken, berauschen.

ana-filh, st. n. 1., Ueberlieferung, Vorschrift, Hinterlage, Empfehlung.

ana-filhan, c. I. 1., übergeben, geben, überliefern; empfehlen, anem-
pfehlen.

ana-fulhano, sw. n., Ueberlieferung.

ana-gaggan, c. anom , herbeikommen, kommen, künftig sein.

ana-haban, c. II. 1., anhaben, inne haben; im Passiv: besessen, behaftet
· werden.

ana-haims, adj., daheim, in der Heimat befindlich, anwesend.

ana-haitan, c. I. 7., anrufen; mit Dativ der Person: Jemand hart an-
lassen, schelten.

ana-hamon, c. II. 3., die Bekleidung anlegen, anziehen.

ana-hnaivjan, c. II. 1., etwas neigen, niederlegen.

ana-hneivan, c. I. 4., sich neigen, sich bücken.

ana-hveilan, c. II. 2., beruhigen, erquicken.

ana-in-sakan, c. I. 6 , hinzufügen.

ana-kaurjan, c. II. 1., beschweren, belästigen.

anaks, adv., plötzlich, sogleich.

ana-kumbjan, c. II. 1., sich niederlegen, sich zu Tische legen, sich
lagern.

ana-kunnains, st. fem. 2 , die Lesung.

ana-kunnan, c. II. 2., lesen.

ana-lageins, st. fem. 2., Auflegung.

ana-lagjan, c. II. 1., auflegen, beibringen.

ana-latjan, c. II. 1., Jemand lässig machen, abhalten, hindern.

ana-laugnei, sw. fem., Verborgenheit.

ana-laugniba, adv., verborgen, im Geheimen.

ana-laugns, adj., verborgen.

ana-leiko, adv., ähnlich.

ana-mahtjan, c. II. 1., Gewalt anthun, beleidigen, schmähen, be_ schädigen.

ana-mahts, st. fem. 2., Gewalt; Schmähung.

ana-meljan, c. II. 1., aufschneiden.

ana-minds, st. fem. 2., Vermuthung.

*anan, c. 1. 6. (*on, onum, anans*), hauchen, s. *us-anan.*

ana-nanþjan, c. II. 1., wagen, Muth haben.

ana-nauþjan, c. II. 1., nöthigen, zwingen.

Ananeias (*Ananias*), n. pr. sw. m., Ananias, dat. *Ananiin* oder *Ananeiin.*

ana-niujan, c. II. 1., (praet. *ananivida*), erneuern.

ana-niujiþa, st. fem. 1., Erneuerung.

ana-praggan, c. I. 7., bedrängen.

ana-qiman, c. I. 2., hinzukommen, über Jemand (acc.) kommen.

ana-qiss, st. fem. 2. (gen. *qissais*), Lästerung.

ana-qiþan, c. I. 3., lästern, schmähen.

ana-qiujan, c. II. 1., wieder erwecken, lebendig machen.

ana-silan, c. II. 2., schweigen, verstummen, aufhören.

ana-siuns, adj., sichtbar.

ana-slavan, c. II. 2., still werden.

ana-slepan, c. I. 7., einschlafen, entschlafen.

ana-stodeins, st. fem. 2., Anfang.

ana-stodjan, c. II. 1., anfangen, anheben.

ana-timrjan, c. II. 1., aufzimmern, aufbauen.

ana-trimpan, c. I. 1., hinzutreten, drängen.

anaþaima, Fremdw., Anathema, ein Verfluchter.

ana-þivan, c. II. 2., dienstbar machen, in Dienstbarkeit bringen.

Anaþoþ, n. pr. st. m. 1., Anathoth.

ana-þrafstjan, c. II. 1., trösten, erquicken.

ana-vairþs, adj., zukünftig.

ana-vammjan, c. II. 1., einen Schandfleck anhängen, tadeln.

ana-viljei, sw. fem., Willigkeit, Sittsamkeit, Bescheidenheit.

and, praep. c. acc., an, auf etwas hin, an etwas herab, entlang; in, auf, über (mit dem Begriffe der Ausdehnung und Verbreitung); *and þata* da entlang, da vorbei; *and all* überall, allenthalben; auch zeitlich: *and dulþ* auf das Fest.

anda-bauhts, st. fem. 2., Lösegeld.

anda-beit, st. n. 1., Tadel.

anda-hafts, st. fem. 2., Antwort, Verantwortung, Vertheidigung; Urtheil, Beschluss.

anda-hait, st. n. 1., Bekenntniss.

anda-launi, st. n. 1., Lohn, Gegenlohn, Vergeltung.

anda-nahti, st. n. 1., Abend.

anda-neiþs, adj., entgegen, zuwider, feindlich; *þata andaneiþo* im Gegentheil.

anda-nem, st. n. 1., Annahme, das Empfangen.

anda-nemeigs, adj., gern annehmend, festhaltend.

anda-nems, adj., angenehm, wohlgefällig, gnädig; *vaila andanems* wohlgefällig, gnadenreich.

anda-numts, st. fem. 2., Annahme, Aufnahme, Hinaufnahme.

anda-set, st. n. 1., Gegenstand des Abscheues, ein Gräuel.

anda-sets, adj., verabscheuungswürdig.

anda-staþjis, st. m. 1., Widersacher.

anda-staua, sw. m., Widersacher, Gegner vor Gericht.

anda-þahts, adj., bedächtig, vernünftig.

and-augi, st. n. 1., Angesicht; Anwesenheit.

and-augiba, adv., ins Angesicht, offen, offenbar, öffentlich, frei heraus.

and-augjo, adv., offen, offenbar, öffentlich.

anda-vairþi, st. n. Preiss, Wert, Matth. 27, 6. 9.

anda-vaurdi, st. n. 1., Antwort.

anda-vizns, st. fem. 2., Unterhalt, Unterstützung, Nothdurft.

anda-vleizns, st. m. 1., Angesicht.

and-bahti, st. n. 1., Amt, Dienst; gen. *andbahtjis* und *andbahteis.*

and-bahtjan, c. II. 1., dienen, ein Amt ausüben, einen Dienst leisten; besorgen, darreichen.

and-bahts, st. m. 1., Diener.

and-beitan, c. I. 4., schelten, bedrohen, verweisen, hart anfahren; im Passiv: in bedrängter Lage sein, in Noth gerathen.

and-bindan, c. I. 1., entbinden, losbinden; etwas lösen, erklären.

and-bundnan, c. III., gelöst werden, sich lösen.

andeis, st. m. 1., Ende.

and-hafjan, c. anom., antworten; *andhafjan viþra* entgegnen, erwidern, dagegen sagen.

and-haitan, c. I. 7., bekennen; laut preisen.

and-hamon, c. II. 3., entkleiden.

and-hausjan, c. II. 1., erhören, hören, gehorchen, c. dat.

and-hruskan, c. II. 2., erforschen, untersuchen, nachfragen.

and-huleins, st. fem. 2., Enthüllung, Offenbarung, Erleuchtung.

and-huljan, c. II. 1., enthüllen, abdecken, offenbaren.

andi-laus, adj., endlos.

andizuh, conj., anders, sonst; *andizuh — aiþþau* entweder — oder.

and-letnan, c. III., aufgelöst werden, sich auflösen.

and-niman, c. I. 2., annehmen, aufnehmen, mitnehmen, nehmen, empfangen, erhalten, wieder erhalten, zu sich nehmen, geniessen; im praet. empfangen haben, dahin haben.

and-qiþan, c. I. 3., entsagen, Lebewohl sagen, Abschied nehmen; mit Jemand sprechen.

Andraias (Andrias), n. pr. sw. m., Andräas; gen. *Andraiins* oder *Andriins.*

and-rinnan, c. I. 1., entgegenrennen, streiten.

ands, st. m. 2., Ende, Grenze.

and-saihvan, c. I. 3., ansehen, berücksichtigen, beachten.

and-sakan, c. I. 6., bestreiten.

and-satjan, c. II. 1., entgegensetzeu, entrichten.

and-sitan, e. I. 3., scheuen, fürchten; (ängstlich prüfen? oder dafür *and-hruskan?* 1. Cor. 10, 27).

and-speivan, c. I. 4., entgegenspeien, verschmähen,

and-stald, st. n. 1., Darreichung, Dienstleistung, Beistand.

and-staldan, c. I. 7., mit etwas versehen, etwas geben, darreichen (acc. der Person und dat. der Sache).

and-standan, c. I. anom., entgegenstehen, widerstehen, widerstreiten.

and-staurran, c. H. 2, anstarren, widerspenstig sein, murren.

and-tilon, c. II. 3., sich anpassen, Jemand anhängen.

and-þagkjan sik, c. II. anom., sich besinnen, sich erinnern; praet. *and-þahta mik* ich weiss.

and-vairþi, st. n. 1., Gegenwart, *in andvairþja* in Gegenwart, vor; Augesicht; Person.

and-vairþis, adv., gegenüber, c. dat.

and-vairþs, adj., gegenwärtig.

and-vasjan, c. II. 1., entkleiden.

and-vaurdjan, c. II. 1., antworten, widersprechen.

and-veihan, c. I. 4., widerstreiten.

Anna, n. pr. fem., Anna.

Annas, n. pr. sw. m., Annas.

anno, sw. fem., Sold, Jahrgeld; *svesaim annom* auf eigene Kosten.

Ano, n. pr., Ano (Ono); gen. *Anos.*

ans, st. m. 1. (oder n.?), Balken; gen. *anzis.*

ansteigs, adj., gnädig.

ansts, st. fem. 2., Gunst, Gnade; Gnadengabe, Gabe; Dank, Danksagung; Freude, Lieblichkeit.

Antiaukia (Antiokja), n. pr. st. fem. 1., Antiochia.

anþar, adj., ein anderer, zweiter; plur. die Anderen, die Uebrigen; *anþar — anþar* der Eine — der Andere; *anþar anþarana* der Eine den Anderen, einander; *anþar anþaris* einander; *þata anþar* das Uebrige, übrigens.

anþar-leikei, sw. fem., Verschiedenheit.

anþar-leiko, adv., anders, verschieden.

Apaullo, n. pr. m., Apollo; declinirt sw. fem.

apaustaulei, sw. fem., Apostelamt.

apaustaulus (apaustulus), Fremdw., st. m. 3., Apostel, Bote; plur. nom. *apaustauleis.*

aqizi, st. fem. 1., Axt.

ara, sw. m., Aar, Adler.

Arabia, n. pr. st fem., Arabien; mit anom. dat. *in Arabia.*

Araitas, n. pr. sw. m., Aretas.

Aram, n. pr. st. m., Aram.

arbaidjan, c. II. 1., arbeiten, sich abarbeiten, dulden, leiden.

arbaiþs, st. fem. 2., Arbeit, Bedrängniss, Noth; auch Ueberlauf, Andrang der Menge (Beschäftigung).

arbi, st. n. 1., das Erbe, Erbschaft.

arbi-numja, sw. m., Erbnehmer, Erbe.

arbja, sw. m , der Erbe.

arbjo, sw. fem., Erbin.

Areimaþaia, n. pr., Arimathäa; gen. anom. *-þaias.*

Areistarkus, n. pr. st. m. 3., Aristarchus.

Arfaksad, n. pr. st. m. 1., Arphaxad.

arhvazna, st. f. 1., Pfeil,

arjan, c. II. 1., ackern, pflügen.

arka, st. fem. 1., Arche, Kasten, Geldkasten.

ark-aggilus, st. m. 3., Erzengel.

Arkippus, n. pr. st. m. 3., Archippus.

arma-hairtei, sw. fem., Barmherzigkeit.

arma-hairtiþa, st. fem. 1., Barmherzigkeit, Almosen.

arma-hairts, adj., barmherzig.

armaio, sw. fem., Barmherzigkeit, Erbarmen, Almosen.

arman, c. II. 2., c. acc. sich erbarmen.

arms, adj., bemitleidenswerth, arm, elend; superl. *armosts.*

arms, st. m. 2., der Arm.

arniba, adv., sicher, behutsam.

aromata, Fremdw., Spezereien.

Artarksairksus (oder *Artaksairksus?*), n. pr. st. m. 3., Artaxerxes.

arvjo, adv., umsonst, unentgeltlich, ohne Ursache.

Asaf, n. pr. st. m. 1., Asaph; gen. *Asabis.*

asans, st. fem. 2., Erntezeit, Sommer, Ernte.

Aser, n. pr. st. m. 1., Aser.

Asgad, n. pr. st. m. 1., Asgad.

Asia, n. pr. st. fem. 1., Asien.

asilu-qairnus, st. fem. 3. (?), Eselsmühle, Mühlstein.

asilus, st. m. fem. 3., Esel, Eselin.

Asmoþ, n. pr. st. m 1., Asmoth.

asneis, st. m. 1., Miethling, Taglöhner.

assarjus, st. m. 3., ein kleines As (kleine Münze), Pfennig.

Assaum, n. pr. st. m. 1., Assum.

astaþs, st. fem. 2., Wahrheit, gewisser Grund.

asts, st. m. 1., Ast, Zweig.

at, praep. c. dat. und acc. mit der Grundbedeutung: bei, zu.

    1. c. dat. räumlich und zeitlich: bei, zu, an, von, *matjan þo at im* essen, was sie haben; bei (um — willen), für; zur Zeit des = unter. Auch steht *at* häufig zur Verstärkung bei den absoluten Dativen.

    2. c. acc. nur von der Zeit: auf; *at dulþ* auf das Fest, *at mel* auf die Zeit, zur Zeit, als die Zeit kam; *at maurgin vaurþanana* auf den Morgen, als es Morgen wurde.

at-aþni, st. n. 1., Jahr.

at-augjan, c. II. 1., zeigen, sich zeigen (mit und ohne *sik*); erscheinen.

at-bairan, c. I. 2., herbeibringen; darbringen, opfern.

at-driusan, c. I. 5., zufallen¦, fallen; *-du* c. dat. vor Jemand nieder-
fallen.

Ater (Ateir), u. pr. st. m. 1., Ater.

at-farjan, c. II. 1., hinabfahren (zu Schiffe).

at-gaggan, c. anom., hinzugehen, hinzukommen, hingehen, kommen; *at-
gaggan ut* hinausgehen.

at-gaggs, st. m. 1., Zugang.

at-garaihtjan, c. II. 1., einrichten.

at-giban, c. I. 3., hingeben, geben, übergeben; zurückgeben; mittheilen.

at-haban, c. H. 2., zuhalten; *athaban sik* sich zu Jemand halten, zu ihm
hingehen, sich nähern.

at-hafjan, c. I. 6., herabnehmen.

at-hahan, c. I. 7., hinabhängen, hinunterlassen.

at-haitan, c. I. 7., herzu-, herbeirufen, rufen, berufen.

atisk, st. n. 1. (oder *atisks*, m.?), Saat, Saatfeld.

at-kunnan, c. II. 2., zuerkennen, gewähren.

at-lagjan, c. II. 1., hinlegen, legen, werfen; anlegen.

at-laþon, c. H. 3., einladen, berufen.

at-ligan, c. I. 3., vorliegen, naheliegen.

at-nehvjan, c. II. 1., sich nähern (mit und ohne *sik*).

at-niman, c. I. 2., annehmen, aufnehmen.

at-rinnan, c. I. 1., hinzurennen, hinzulaufen.

at-saihvan, c. I. 3., auf etwas sehen, achten; sich hüten vor etwas, in
Acht nehmen.

at-satjan, c. II. 1., darstellen.

at-snarpjan, c. II. 1., benagen, kosten.

at-standan, c. I. anom., dabei stehen, hinzukommen, hinzutreten; *atstan-
dan in andvairþja* gegenüber stehen.

at-steigan, c. I. 4., herabsteigen, steigen.

atta, sw. m., Vater, Vorfahr.

at-tekan, c. I. 8., anrühren, berühren.

at-tiuhan, c. I. 5., herbeiziehen, herbringen, hinführen.

at-þinsan, c. I. 1., herziehen, ziehen.

at-vairpan, c. I. 1., hinwerfen, werfen; *atvaurpans visan* hingeworfen,
liegend sein, liegen.

at-valvjan, c. II. 1., hinzuwälzen.

at-vandjan, c. II. 1., zuwenden; *atvandjan sik aftra* zurückkehren, wie-
derkommen.

at-visan, c. anom., da sein; c. dat. ankleben: *mis atist ubil* mir klebt
das Böse an.

at-vitains, st. fem. 2., Wahrnehmung; was gesehen, beobachtet werden
kann, Gepränge.

at-vopjan, c. II. 1., herbeirufen.

Aþeineis, n. pr. plur. st. fem. 2., Athen; dat. *Aþeinim*.

aþn (oder *aþns*, m.), st. n. 1., Jahr.

aþþan, conj., aber, doch, aber doch, aber nun, denn; *aþþan jabai* also wenn, denn obgleich, wenn anders; *aþþan sveþauh jabai* denn wenn.

*aud, Schatz, Gut, Besitz.

audagei, sw. fem., Seligkeit.

audagjan, c. II. 1., selig preisen.

audags, adj., selig.

auda-hafts, adj., beseligt, beglückt; *anstai audahafts* gnadenvoll.

aufto, adv., etwa, vielleicht, allerdings, freilich.

auga-dauro, sw. n. (?), Fenster.

augjan, c. II. 1., zeigen.

augo, sw. n., Auge.

auhjodus, st. m. 3., Lärm, Getümmel, Aufruhr.

auhjon, c. II. 3., lärmen.

auhns, (oder *auhn,* n.?), st. m. 1., Ofen.

auhsa, sw. m. anom , Ochs; gen. plur. *auhsne.*

auhsus, st. m. 3., Ochs

auhuma, sw. adj. comp., erhaben, höher.

auhumists (auhmists), adj., superl , der höchste, oberste; *þata auhumisto* das Höchste, die Anhöhe.

auk, conj. (stets nachgesetzt, ausgen. Joh. 9, 30), denn, aber; in Gegen-sätzen: *auk — iþ* oder *þan* zwar — aber; *jah auk* denn, denn auch; — *auk jah* auch, doch auch; — *auk raihtis* denn.

aukan, c. I. 7. (*aiauk, aiaukum, aukans*), mehren, sich mehren.

auknan, c. III., sich mehren.

Auneiseifaurus, n. pr. st. m. 3., Onesiphorus.

Aunisimus, n. pr. st. m. 3., Onesimus.

aurahi, st. fem. 1., Grab, Grabhöhle.

aurali, st. n. 1., Schweisstuch.

aurkeis, st. m. 1., Krug.

aurti-gards, st. m. 2., Krautgarten, Garten.

aurtja, sw. m., Gärtner

*aurts, Kraut.

auso, sw. n , Ohr.

auþida, st. fem. 1., Wüste.

auþs, adj., öde, wüst, einsam, unfruchtbar.

aveþi, st. n. 1., Schaafheerde.

*avi, fem., Schaaf.

aviliud (aviliuþ), st n. 1., Gnade, Dank, Danksagung.

aviliudon, c. H. 3., danken, preisen.

avistr, st. n. 1., Schaafstall.

avo, sw. fem., Grossmutter.

Axaja s. *Akaja.*

azetaba, adv., gern, leicht; compar. *azetizo (azitizo)* leichter.

azeti, st. n. 1., Leichtigkeit, Annehmlichkeit; *vizon in azetjam* in Wol-lüsten leben.

*azets, adj., leicht; cf. *azetaba.*

azgo, sw. fem., Asche.

azymus, Fremdw. st. m. 3., ungesäuertes Brod; gen. plur. *azyme.*

Ba, enclit. Partikel, wenn, Joh. 11, 25. cf. *n-i-ba*, *i-ba*, *harduba* etc.

Babav, n. pr. st. m. 1., Babai; gen. *Babavis.*

badi, st. n. 1., Bett.

bagms, st. m. 1., Baum

Baguaui, n. pr. st. m. 1., Baguai (Beguai).

bai, adj. plur., beide; neutr. *ba,* dat. *laim,* acc. *bans.*

Baiailzaibul, n pr. indecl., Beelzebul.

baidjan, c. II. 1., gebieten, zwingen.

Bailiam, n. pr. st. m. 1., Belial.

Baineiamein (*Bainiamein*), n. pr. st. m. 1., Benjamin.

baira-bagms, st. m. 1., Maulbeerbaum.

bairan, c. I. 2. (*bar, berum, baurans*), tragen, bringen, vorbringen, hervorbringen, gebären.

Bairauja, n. pr. st. fem. 1., die Stadt Beröa.

bairgahei, sw. fem., Berggegend, Gebirge.

bairgan, c. I. 1. (*barg, baurgum, baurgans*), bergen, bewahren.

bairhtaba, adv., hell, klar, deutlich, offenbar: *vaila visan bairhtaba* herrliche Mahlzeit halten.

bairhtei, sw. fem., Helle, Klarheit, das Offene, Oeffentliche; *in bairhtein* öffentlich; *bairhtei sunjos* Offenbarung der Wahrheit.

bairhtjan, c. II. 1., offenbaren.

bairhts, adj., hell, offenbar, deutlich.

baitraba, adv., bitter, bitterlich.

baitrei, sw. fem., Bitterkeit.

baitrs, adj., bitter.

Baiþel, n. pr. st. m. 1., Bethel.

Baiþlaem, n. pr. indecl., Bethlahem.

Baiþsaidan s. *Beþsaeidan.*

bajoþs, adj. plur., beide; dat. *bajoþum.*

balgs, st. m. 2., Schlauch.

balsagga, sw. m., Hals, Nacken? Marc. 9, 42.

balsan, st. n. 1., Balsam.

balþaba, adv., kühn, dreist.

balþei, sw. fem., Kühnheit, Zuversicht.

balþjan, c. II. 1., kühn sein, wagen.

*balþs, adj., kühn.

balva-vesei, sw. fem., Bosheit.

balveins, st. fem. 2., Qual, Pein.

balvjan, c. II. 1., quälen.

Banaias, n. pr. sw. m., Banea (Bani).

bandi, st. fem. 1., Band, Fessel.

bandja, sw. m., der Gefangene.

bandva, st. fem. 1., Zeichen.

bandvjan (banvjan), c. H. 1., ein Zeichen geben, anzeigen, andeuten, **zu** wissen thun, kennbar machen.

bandvo, sw. fem., Zeichen.

banja, st. fem. 1., Wunde, Geschwür.

bansts, st. m. 2., Scheuer.

Barabba (Barabbas), n. pr. sw. m., Barabbas.

Barakeias, n. pr. sw. m., Barachias; gen. *Barakeiins*

barbarus, st. m. 3., Barbar, Ausländer.

*baris, Gerste.

barizeins, adj., gersten, von Gerste bereitet.

barms, st. m. 2., Schoss, Busen, Brust.

barn, st. n. 1., Kind, Sohn; Knabe, Mägdlein; *barne barna* Kindeskinder, Enkel.

Barnabas, n. pr. sw. m., Barnabas.

barnilo, sw. n., Kind, Sohn.

barniskei, sw. fem., Kinderei, kindisches Wesen.

barniski, st. n. 1., Kindheit; *us barniskja* von Kindheit an.

barnisks, adj., kindisch; *barnisks visan* Kind sein.

Barteimaius, n. pr. st. m. 3., Bartimäus.

Barþaulaumaius (Barþulaumaius), n. pr. st. m. 3., Bartholomäus.

barusnjan, c. II. 1., kindlich ehren.

*basi, n., Beere, s. *veina-basi.*

Bassus, n. pr. st. m. 3., Bassu.

batists, adj. superl., der beste.

batiza, adj. comp., besser.

Batvins, n. pr. m. (declin. sw. fem.), Batvin; gen. *Batvins* (?), acc. *Batvin.*

bauains, st. fem. 2., Wohnung.

bauan, st. v., wohnen, bewohnen; *ald bauan* ein Leben führen, 1. Tim. 2, 2.

Bauanairgais, Fremdw., Boanerges (Donnerkinder).

Bauaus, n. pr. st. m. 1., Booz; gen. *Bauauzis.*

*baugjan, c. II. 1., fegen, s. *us-baugjan.*

bauhts s. *bugjan.*

*bauljan, schwellen machen, s. *uf-bauljan.*

baur, st. m. 2., der Geborene.

*baurd, n., Brett, s. *fotu-baurd.*

baurgja, sw. m., Bürger.

baurgs, st. fem. 2. anom., Burg, Stadt.

baurgs-vaddjus, st. fem. 3., Stadtmauer.

baurþei, sw. fem., Bürde, Last.

bauþs, adj., stumm, taub; *bauþs vairþan* taub werden, die Kraft verlieren.

beidan, c. I. 4. (baid, bidum, budans), etwas erwarten c. gen., auf etwas (gen.) warten.

beist, st. n. 1., Sauerteig.

beitan, c. I. 4. (*bait, bitum, bitans*), beissen.

Beroþ, n. pr., Beroth; gen. *Beroþ.*

beruseis (*biruseis*), st. m. 1., plur. *berusjos* Eltern.

Beþania (*Biþania*), n. pr., Bethanien; declin. sw. m. gen. anom. *Be-
þanias.*

Beþlahaim, n. pr. indecl., Bethlahem.

Beþsaeidan (*Beþsaïdan*), n. pr. Bethsaida; *fram Beþsaeida.*

Beþsfagei, n. pr. sw. fem., Bethphage.

bi, praep. c. acc. und dat., bei, um :

1. c. acc. bei, um, umher, gegen; über, von; in Betreff, um — willen
   (*bi þatei* weil), gemäss; bei Zeitbestimmungen: um, nach, unter;
   bei Zahlen: je. — adv. *bi all* in allen Dingen; *bi sumata* zum
   Theil;

2. c. dat. bei, an, von, wegen; in, zu; nach, gemäss, zufolge. — adv.
   bi þamma auf dieselbe Weise, ebenso.

bi-abrjan, c. II. 1., sich entsetzen, staunen.

bi-arbaidjan, c. II. 1., nach etwas trachten, streben, c. acc.

bi-aukan, c. I. 7., vermehren, hinzufügen.

bi-auknan, c. III., vermehrt werden, sich mehren, zunehmen.

bi-baurgeins, st. fem. 2., Befestigung, Lager.

bi-bindan, c. I. 1., umbinden.

bida, st. fem. 1., Bitte, Gebet; *gards* oder *razn bido* Bethaus.

bidagva, sw. m., Bettler.

bidjan (*bidan*), c. I. 3. (*baþ* und *bad, bedum, bidans;* im Praes. mit
   starker und schwacher Flexion), bitten, beten, betteln.

bi-domjan, c. II. 1., beurtheilen, verurtheilen.

bi-faih, st. n. 1., Uebervortheilung, Habsucht.

bi-faiho, sw. fem., Uebervortheilung, Habsucht, Geiz.

bi-faihon, c. II. 3., übervortheilen, überlisten, hintergehen.

bi-gairdan, c. I. 1., umgürten.

bi-gitan, c. I. 3., finden, befinden, für sich finden, erlangen, antreffen.

bi-graban, c. I. 6., mit einem Graben umgeben.

bi-hait, st. n. 1., Streit.

bi-haitja, sw. m., ein streitsüchtiger Mensch, Prahler.

bi-hlahjan, c. I. 6. (Praes. schwach), verlachen.

bi-hlaifs (?), st. m. 1., der Genosse.

bihvairban, c. I. 1., umdrängen.

bi-hve (aus *bi* und *hve* s. *hvas*) an was, woran.

bijands (ein noch unerklärtes Wort, etwa ein adverbial gebrauchtes Par-
   ticip), *bijandzuþ-þan* zugleich aber auch.

bi-kukjan, c. II. 1., küssen, mit Küssen bedecken.

bi-laibjan, c. II. 1., übrig bleiben.

bi-laigon, c. II. 3., belecken.

bi-leiban, c. I. 4. bleiben, verbleiben (*Calend.*)

bi-laikan, c. I. 7., verspotten.

bi-leiþan, c. I. 4., lassen, verlassen, hinterlassen, zurücklassen.

bi-mait, st. n. 1., Beschneidung.

bi-maitan, c. I. 7., beschneiden.

bi-mampjan, c. II. 1., verspotten, verhöhnen, Luc. 16, 14.

bi-nauhan, c. anom., dürfen, erlaubt sein, müssen.

bindan, c. I. 1. (*band, bundum, bundans*), binden.

bi-niman, c. I. 2., wegnehmen, stehlen.

bi-niuhsjan, c. II. 1., nachspüren, auskundschaften.

bi-qiman, c. I. 2., überfallen.

bi-raubon, c. II. 3., berauben.

bi-reikei, sw. fem., Gefahr.

bi-reks (*bireiks*), adj., gefährdet.

bi-rinnan, c. I. 1., umdrängen, umgeben; umherlaufen.

bi-rodeins, st. fem. 2., Gerede, Verläumdung.

bi-rodjan, c. II. 1., murren, sich unwillig äussern.

bi-runains, st. fem. 2., Anschlag, geheimer Beschluss.

biruseis s. *beruseis.*

bi-saihvan, c I. 3., sehen, besehen, ringsum beschauen, umherblicken; c. gen. sich befleissigen.

bi-satjan, c. II. 1., besetzen, umgeben.

bi-sauleins, st. fem. 2., Befleckung.

bi-sauljan, c. II. 1., beflecken.

bi-saulnan, c. III., befleckt, verunreinigt werden.

bi-sitan, c. I. 3., herumsitzen, umherwohnen.

bi-sitands, partic. als st. m. anom., Nachbar, Umwohner.

bi-skaban, c. I. 6., schaben, scheeren.

bi-skeinan, c. I. 4., umscheinen, umleuchten.

bi-smeitan, c. I. 4., beschmieren, bestreichen.

bi-snivan, c. I. 3., mit *faur* c. acc, Jemand zuvoreilen, zuvorkommen.

bi-speivan, c. I. 4., bespeien, anspeien.

bi-standan, c. I. anom., umstehen, herumstehen.

bi-stigqan (*bistigqan*), c. I. 1., anstossen.

bi-stugq (*bistuggq*), st. n. 1., Anstoss.

bi-sunjane, adv., umher, rings umher.

bi-svairban, c. I. 1., abwischen, trocknen.

bi-svaran, c. I. 6., beschwören.

bi-tiuhan, c. I. 5., mitführen, mit sich umherführen; beziehen = eine Gegend durchwandern.

bi-þagkjan, c. anom., bedenken, denken.

biþe und *biþeh* (zusammengesetzt aus *bi* und *þe,* und mit oder ohne angehängtes *h* d. i. *uh*),

1. adv. nachher, darnach, späterhin;

2. conj. als, nachdem, wenn, bis, sobald als.

bi-þragjan, c. II. 1., herbeilaufen; *biþragjan faur* vorauf laufen.

bi-þvahan, c. I. 6., sich waschen.

*biudan, c. I. 5. (*bauþ, budum, budans*), bieten, s. *ana-, faur-biudan.*

biuds, st. m. 1. (2.?), Tisch.

biugan, c. I. 5. (*baug, bugum, bugans*), beugen, sich beugen.

biuhti, st. n. 1., Gewohnheit.

biuhts, adj., gewohnt, gebräuchlich.

bi-vaibjan, c. II. 1., umwinden, umgeben, umkleiden.

bi-vandjan, c. II. 1., vermeiden.

bi-vindan, c. I. 1., umwinden, einwickeln.

bi-visan, c. I. 3., sich vergnügen.

blandan, c. II. 2. (oder I. 8. *baibland?*), mit *sik:* sich vermischen, Gemeinschaft haben.

blauþjan, c. II. 1., aufheben, abschaffen.

bleiþei, sw. fem., Mitleid, Erbarmen, Barmherzigkeit.

bleiþjan, c. II. 1., Mitleid hegen, barmherzig sein.

bleiþs, adj., mitleidig, gütig, barmherzig.

*blesan, c. I. 8. (*baiblos, baiblosum, blesans*), blasen, s. *uf-blesan.*

bliggvan, c. I. 1. (*blaggv, bluggvum, bluggvans*), schlagen (bläuen), geisseln; *attans, aiþeins bliggvands* Vater-, Muttermörder.

blinds, adj., blind.

bloma, sw. m., Blume.

blotan (*bloþan*), c. II. 2. (oder I. 7. *baiblot?*), verehren.

blotinassus, st. m. 3., Verehrung, Dienst, Gottesdienst.

bloþ, st. n. 1., Blut.

bloþan s. *blotan.*

bloþa-rinnands, partic., blutflüssig.

bnauan, st. v., zerreiben.

boka, st. fem. 1., im sing. Buchstabe; Schrift, Urkunde; im plur. Buch, Bücher, Brief, Schrift, heilige Schrift, Hand-, Schuldschein; *afstassais bokos* Scheidebrief.

bokareis, st. m. 1., Schreiber, Schriftgelehrter.

bota, st. fem. 1., Nutzen.

botjan, c. II. 1., nützen; *ni vaihtai botida* nichts genützt, um nichts gebessert.

brahv, st. n. 1., das Blinken; *brahv augins* Augenblick.

braidei, sw. fem., Breite.

braids, adj., breit.

brakja, st. fem. 1., Kampf.

briggan (*bringan*), c. anom. (praet. *brahta*), bringen, führen; herbeibringen, herbeiführen; *briggan ana diupiþa* in die Tiefe hinausfahren (nämlich das Schiff); machen, in den Redensarten: *frijana, vairþana briggan* frei, würdig machen; *vundan briggan* verwunden.

brikan, c. I. 2. (*brak, brekum, brukans*), brechen, zerbrechen, vernichten; streiten.

bringan s. *briggan.*

brinnan, c. I. 1. (*brann, brunnum, brunnans*), brennen.

brinno, sw. fem., Fieber.

broþar, st. m. anom., Bruder.

broþrahans, m. plur., Brüder.

broþra-lubo (*broþru-lubo*), sw. fem., Bruderliebe.

brukjan, c. anom. (praet. *bruhta*), brauchen, gebrauchen, geniessen, zu Nutze machen; *leihtis brukjan* leichtsinnig handeln.

bruks, adj., brauchbar, nützlich.

brunjo, sw. fem., Panzer.

brunna, sw. m., Brunnen, Quell.

brusts, st. fem. plur. anom., Brust; Eingeweide, Innerstes; Herz d. i. herzliche Liebe.

bruþ-faþs (*bruþfads*), st. m. 2., Bräutigam.

bruþs, st. fem. 2., Braut; Schwiegertochter.

bugjan, c. anom. (praet. *bauhta*), kaufen.

byssus, st. m. 3., feine Leinwand; dat. *byssaun,* Luc. 16, 19.

*Daban, c. I. 6. (*dob*), passen, s. *ga-daban.*

daddjan, c. II. 1., säugen.

dags, st. m. 1., Tag; *dagis hvizuh* oder *daga hvammeh* täglich; *daga jah daga* von Tag zu Tag, tagtäglich; *himma daga* heute.

daigs, st. m. 1. (oder 2.?), die geknetete Brodmasse (Masse); Teig.

Daikapaulis, n. pr. anom., Dekapolis (zehn Städte); gen. *Daikapaulaios,* dat. *Daikapaulein.*

daila, st. fem. 1., Theilnahme, Gemeinschaft; Pfund.

dailjan, c. II. 1., theilen, mittheilen, zutheilen.

dails, st. fem. 2., Theil, Antheil; *in dailai* in Hinsicht, wegen; *us dailai* stückweise; *þata us dailai* das Stückwerk.

daimonareis, st. m. 1., der Besessene.

dal, st. n. 1., Thal, Grube; *dal uf mesa* Keltergrube.

dalaþ, adv., abwärts, nieder, hinab, hinunter, zu Boden.

dalaþa, adv., unten.

dalaþro, adv., von unten.

Dalmatia, n. pr. st. fem. 1., Dalmatien.

Damasko, n. pr. sw. fem., Damaskus.

damasks, adj., damaskenisch; *baurgs damaska* die Stadt Damaskus.

*dammjan, c. II. 1., dämmen, s. *faur-dammjan.*

daubei, sw. fem., Taubheit, Verstocktheit.

daubiþa, st. fem. 1., Taubheit, Verstocktheit.

daubs, adj., taub, verstockt.

dauhtar, st. fem. anom., Tochter.

dauhts, st. fem. 2., Gastmahl.

dauns, st. fem. 2., Dunst, Geruch.

daupeins, st. fem. 2., Taufe; Abwaschung.

daupjan, c. II. 1., taufen; sich waschen; *sa daupjands* der Täufer.

daur, st. n. 1., Thor, Thür, Pforte.

daura-varda, st. fem. 1., Thürhüterin.

daura-vardo, sw. fem., Thürhüterin.

daura-vards, st. m. 1., Thürhüter.

Dauriþaius, n. pr. st. m. 3., Dorotheus.

dauro, sw. fem. (im Plur. nur), Thor, Thür.

*daursan, c. anom. (*dars, daursum, daursta*), wagen, s. *ga-daursan.*

dauþeins, st. fem. 2., Todesgefahr; Abtödtung.

dauþjan, c. II. 1., tödten, ertödten.

*dauþnan, c. III., sterben, s. *ga-dauþnan.*

dauþs, adj., todt.

dauþublis, adj., zum Tode bestimmt.

dauþus, st. m. 3., Tod.

Daveid (*David*), n. pr. st. m. 1., David.

*deds, st. fem. 2., That, s. *ga-, missa-, vaila-deds.*

deigan, c. I. 4. (*daig, digum, digans*), kneten, aus Thon bilden; *deigands* (*digands*) Bildner, Meister; *digans* irden, thönern.

*deino, sw. f., Distel, s. *viga-deino.*

*deisei, sw. f. Klugheit, s. *filu-deisei.*

Demas, n. pr. sw. m., Demas.

diabaulus (*diabulus*), st. m. 3., Teufel.

diabula, st. fem. 1., Verläumderin.

diakaunus, st. m. 3., Diakon; plur. nom. *diakaunjus;* anom. sing. nom. *diakun,* dat. *diakun* und *diakuna.*

Didimus, n. pr. st. m. 4., Didimus.

digands s. *deigan.*

digrei, sw. fem., Dichte, Menge, Ueberfluss.

dis-, untrennbare Part., in der Bedeutung: zer-, ver-, oder verallgemeinernd.

dis-dailjan, c. II. 1., theilen, vertheilen, zertheilen.

dis-driusan, c. I. 5., befallen.

dis-haban, c. II. 2., behaften, ergreifen.

dis-hniupan, c. I. 5., etwas zerreissen, zerbrechen.

dis-hnupnan, c. III., zerrissen werden, zerreissen.

dis-huljan, c. II. 1., verhüllen, bedecken.

dis-niman, c. I. 2., zusammen nehmen, besitzen.

dis-siggqan, c. I. 1., untersinken, untergehen.

dis-sitan, c. I. 3., überfallen.

dis-skaidan, c. I. 7., zertheilen, aus einander halten, aufhalten.

dis-skreitan, c. I. 4., etwas zerreissen.

dis-skritnan (*diskritnan*), c. III., zerreissen.

dis-taheins, st. fem. 2., Zerstreuung.

dis-tahjan, c. II. 1., zerstreuen; verschwenden.

dis-tairan, c. I. 2., aus einander zerren, zerreissen; verderben.

dis-taurnan, c. III., zerreissen.

dis-vilvan, ç. I. 1., ausrauben.

dis-vinþjan, c. II. 1., zermalmen.

dis-viss, st. fem. 2., Auflösung; gen. *disvissais.*

diupei, sw. fem., Tiefe.

diupiþa, st. fem. 1., Tiefe.

diups, adj., tief.

dius, st. n. 1., wildes Thier; gen. *diuzis.*

divan, c. I. 3. (*dau, devum, divans*), sterben; *þata divano* das Sterbliche.

domjan, c. II. 1., urtheilen, beurtheilen; für etwas halten; unterscheiden; *garaihtana domjan* für gerecht erklären, rechtfertigen.

doms, st. m. 1. (oder 2.?), Sinn, Urtheil, Erkenntniss.

*draban, c. I. 6. (*drob, drobum, drabans*), hauen, s. *ga-draban.*

dragan, c. I. 6. (*drog, drogum, dragans*), tragen, aufladen.

dragk (*draggk*), st. n. 1., Trank.

dragkjan (*draggkjan*), c. II. 1., tränken.

draibjan, c. II. 1., treiben; bemühen.

drakma, sw. m., Drachme; acc. anom. *drakmein* statt *drakman.*

drauhsna (*drausna*), st. fem. 1., Brocken, Stücklein, Bissen.

drauhtinassus, st. m. 3., Kriegesdienst, Kampf.

drauhtinon, c. II. 3., Kriegesdienste thun, dienen; kämpfen.

drauhti-vitoþ, st. n. 1., Kriegesgesetz; Kriegesdienst, Kampf.

dreiban, c. I. 4. (*draib, dribum, dribans*), treiben, stossen.

drigkan (*driggkan*), c. I. 1. (*dragk, drugkum, drugkans*), trinken; partic. praet. *drugkans* trunken.

driugan, c. I. 5. (*drauh, drugum, drugans*), Kriegesdienste thun, kämpfen.

driusan, c. I. 5. (*draus, drusum, drusans*), fallen, herabfallen, niederfallen; zu Jemand hindringen.

driuso, sw. fem., Abhang.

drobjan, c. II. 1., trüben, irre machen, verwirren; in Aufruhr bringen.

drobna, sw. m., Aufruhr, Empörung.

drobnan, c. III., verwirret werden, erschreckt, beunruhigt werden.

drugkanei, sw. fem., Trunkenheit, Völlerei.

drunjus, st. m. 3., Schall.

drus, -st. m. 1., Fall.

du, praep. c. dat. (c. acc. Joh. 16, 32.) bezeichnet hauptsächlich die Bewegung, die Richtung zu —, nach etwas hin, dann den Zweck, die Absicht, Folge.

    1. c. dat. zu, bei, in, für, von, nach, in Bezug auf, in Vergleich mit, in Verhältniss zu, gegen;

    2. c. acc. für: *du þanei anabusnins nemuþ* für den, wegen dessen —; *aljan haban du þans* sich bemühen für die — (wenn nicht an beiden Stellen *bi* anzunehmen ist).

    3. adv. Luc. 8, 44. Mc. 10, 13: hinzu.

duat-gaggan, c. anom., hinzugehen, hinzutreten.

duat-rinnan, c. I. 1., hinzurennen, hinzulaufen.

duat-snivan, c. I. 3., hinzueilen; im praet. ankommen, landen.

*dubo, sw. fem., Taube, s. *hraiva-dubo.*

dugan, c. anom. (*daug, dugum, dauhta, dauhts*), taugen.

duga-vindan, c. I. 1., verwickeln.

du-ginnan, c. I. 1., beginnen, anfangen.

du-hve, (aus *du* und *hve*) adv., wozu, warum.

dulga-haitja, sw. m., Gläubiger.

dulgs, st. m. 1., Schuld; *dulgis skula* Schuldner.

dulþjan, c. II. 1., ein Fest feiern, Ostern halten.

dulþs, st. fem. 2. (auch m. und fem. anom.), Fest, besonders Osterfest.

dumbs, adj., stumm.

du-rinnan, c. I. 1., hinzurennen, hinzulaufen.

du-stodjan, c. II. 1., anfangen.

duþe, (zusammengesetzt aus *du* und *þe;* auch *duþei,* gewöhnlich *duþþe* statt *duhþe*), conj. und adv., zu dem, dazu, deshalb, deswegen; *duþe ei* deshalb dass, weil; darum auch; darum dass, damit.

dvala-vaurdei, sw. fem., thörichtes Gerede.

dvaliþa, st. fem. 1., Thorheit.

dvalmon, c. II. 3., thöricht, wahnsinnig sein. •

dvals, adj., thöricht; *dvala* Narr.

Ei, 1. conj., dass, damit; *sveþauh ei* obgleich;
2. Fragpart., ob; *ei hvaiva, ei aufto* ob etwa?
3. Relativpartikel: a. an Pronomina und Partikeln gehängt, um Relative zu bilden, z. B. *saei, þatei, þeei, ikei, juzei, svaei, miþ-þanei* u. a.
b. auch alleinstehend, aber auf ein vorhergehendes Demonstrativ sich beziehend und statt *saei, soei, þatei* welcher, welche, welches.

Eiaireiko s. *Iaireiko.*

Eikaunio, n. pr. sw. fem., Iconium.

Eiram, n. pr. st. m. 1., Eram.

eisarn, st. n. 1., Eisen; *eisarna bi fotuns gabugana* und *þo ana fotum eisarna* Fussfesseln.

eisarna-bandi, st. fem. 1., Eisenbande, Kette.

eisarneins, adj., eisern.

eiþan, conj., daher, folglich, mithin, also.

eiþau, conj., statt *aiþþau* wo nicht.

Esaeias (Esaïas, Eisaeias), n. pr. sw. m., Isaias.

Esav, n. pr. m., Esau.

Fadar, st. m. anom., Vater.

fadrein, st. n. 1., Vaterschaft; im plur. Eltern, Voreltern.

fadrein, dasselbe (aber als masc plur. gebraucht und nur nom. und acc.), die Eltern.

fadreins, st. fem., Geschlecht.

faginon, c. II. 3., sich freuen; *fagino* (imper.) sei gegrüsst.

fagrs, adj., passend, geeignet.

fahan, c. I. 7. (*faifah, faifahum, fahans*), fangen, ergreifen.

faheþs (faheds, faheids), st. fem. 2., Freude.

faian, c. II. 2., anfeinden, tadeln.

*faihon, c. II. 3. betrügen, s. *bi-, ga-faihon.*

faihs, adj. bunt, s. *filu-faihs.*

faihu, st. n. 3., Vieh; Vermögen, Geld.

faihu-frikei, sw. fem., Habsucht, Geiz.

faihu-friks, adj., habsüchtig, geizig.

faihu-gairnei, sw. fem., Habsucht.

faihu-gairns, adj. 1., habsüchtig.

faihu-ga-vaurki, st. n. 1., Geldgeschäft, Gewerbe.

faihu-geigo, sw. fem., Habsucht, Geiz, Col. 3, 5. 1. Tim. 6, 10.

faihu-geigan, c. II. 2., geldgierig sein, Röm. 13, 9.

faihu-skula, sw. m., Schuldner.

faihu-þraihns, st. m. 1. (oder 2.), Reichthum.

fair-, untrennbare Part., ver-, ent-, er-.

fair-aihan, c. II. 2., theilhaftig sein.

fair-greipan, c. I. 4., ergreifen, nehmen.

fairguni, st. n. 1., Berg.

fair-haitan, c. I. 7., verheissen; *þagk sis fairhaitan* Dank wissen.

fairhvus, st. m. 3., Welt; *fairhvu habands* Weltbeherrscher.

fairina, st. fem. 1., Beschuldigung, Schuld, Anklagegrund, Klage; Ursache.

fairinon, c. II. 3., beschuldigen, verläumden.

fairnis, adj., alt; *fairnjo jer* das vergangene Jahr.

fairniþa, st. fem. 1. Alter.

fairra, 1. adv., fern; 2. praep. c. dat., fern von, weg von, ab von.

fairraþro, adv., von ferne.

fair-rinnan, c. I. 1., sich erstrecken, reichen, gelangen; *du þaurftai fairrinnan* zur Nothwendigkeit, zur Sache gehören.

fairrinon s. *fairinon.*

fair-vaurkjan, c. anom., erwirken, erwerben.

fair-veitjan, c. II. 1., umherspähen; sehen, hinsehen auf etwas (mit *du, in* oder gen.).

fair-veitl, st. n. 1., Schauspiel.

fairzna, st. fem. 1., Ferse.

Falaig, n. pr. st. m. 1., Phaleg.

falþan, c. I. 7. (*faifalþ, faifalþum, falþans*), falten, zusammenlegen.

fana, sw. m., Stück Zeug; Schweisstuch.

fani, st. n. 1., Koth.

Fanuel, n. pr. st. m. 1., Phanuel.

Farais, n. pr. st. m. 1., Phares.

faran, c. I. 6. (*for, forum, farans*), fahren, wandern, gehen.

Faraon, n. pr. m. anom., Pharao; dat. *Faraoni.*

Fareisaius (*Farisaius*), Fremdw. st. m. 3., Pharisäer; plur. nom. *Fareisaieis.*

farjan, c. II. 1., fahren, schiffen.

faskja, sw. m., Binde.

Fassur, n. pr. st. m. 1., Phassur (Pheshur).

fastan, c. II. 2., festhalten, halten, beobachten; erhalten (dass es besteht, oder in etwas); aufbewahren, bewahren; *sik fastan* sich halten, erhalten.

fastan, c. II. 2., fasten.

fastubni, st. n. 1., Haltung, Beobachtung, Dienst.

fastubni, st. n. 1., das Fasten.

faþa, st. fem. 1., Zaun; Scheidewand.

*faþs, (fads), st. m. 2., Vorgesetzter, s. *bruþs-, hunda-, synagoga-, þu-sundi-faþs.*

fauho, sw. fem., Fuchs.

faur, 1. praep. c. acc., vor, vor — hin, längs — hin, an, an — hin; für, um — willen, in Betreff, über. 2. adv., vor; voraus.

faura, 1. praep. c. dat., vor; vor, wegen; vor, in Gegenwart; 2. adv., vor; vorn, vorhanden; vorher.

faura-dauri, st. n. 1., Gasse.

faura-filli, st. n. 1., Vorhaut.

faura-gagga, sw. m., Vorsteher, Verwalter.

faura-gaggan, c. anom., vorangehen; vorstehen.

faura-gaggi, st. n. 1., Verwaltung, Haushaltung, Anordnung, Veranstaltung.

faura-gaggja (fauragagja), sw. m., Vorsteher, Verwalter, Haushalter.

fauraga-haitan, c. I. 7., zuvor verheissen.

fauraga-hugjan, c. II. 1., vorher denken, sich vornehmen.

fauraga-leikan, c. II. 2., vorher gefallen.

fauraga-manvjan, c. H. 1., vorher bereiten, vorbereiten.

fauraga-meljan, c. II. 1., vorher schreiben.

fauraga-redan, c. I. 8., vorher bestimmen, berufen.

fauraga-sandjan, c. II. 1., voraussenden.

fauraga-satjan, c. II. 1., vor Jemand hinstellen, darstellen.

fauraga-teihan, c. I. vorherverkündigen, vorhersagen.

faura-hah (faurhah), st. n. 1., Vorhang.

faura-manvjan, c. II. 1., vorbereiten.

faura-maþleis, st. m. 1., Sprecher, Vorsteher, Oberster; *faura-maþleis motarje* Oberzöllner; *f. þiudos* Landpfleger.

faura-maþli, st. n. 1., Vorsteheramt.

faura-meljan, c. II. 1., vorschreiben, darstellen.

faura-qiman, c. I. 2., vorhergehen.

faura-qiþan, c. I. 3., vorhersagen.

faura-rahnjan, c. II. 1., höher rechnen, voranstellen (statt zuvorkommen).

faura-standan, c. anom., vorstehen; dabeistehen.

faura-tani, st. n. 1., Wunderzeichen, Wunder.

faura-venjan, c. II. 1., vorher hoffen.

faura-visan, c. anom., vorhanden sein.

faur-bauhts, st. fem. 2., Loskaufung, Einlösung, Erlösung.

faurbi-gaggan, c. anom., vor Jemand hergehen, vorangehen.

faurbi-snivan, c. I. 3., voran gehen.

faur-biudan, c. I. 5., verbieten.

faur-dammjan, c. II. 1., verdämmen, verhindern, entziehen.

faur-domeins, st. fem. 2., Vorurtheil.

faur-gaggan, c. anom., vorübergehen, vorbeiziehen.

faur-hah s. *faurahah.*

faurhtei, sw. fem., Furcht; Erstaunen.

faurhtjan, c. H. 1., fürchten, furchtsam sein, sich fürchten (auch *faurht-
jan sik*).

faurhts, adj., furchtsam.

faur-lageins, st. fem. 2., Vorlegung; *hlaibos faurlageinais* die Schau-
brode.

faur-lagjan, c. II. 1., vorlegen, vorsetzen.

faur-muljan, c. II. 1., das Maul verbinden.

faur-qiþan, c. I. 3., verreden, verwerfen (c. dat. der Sache); absagen,
entschuldigen.

faur-rinnan, c. I. 1., vorhergehen, Vorläufer sein.

*faurs, adj., gesetzt, nüchtern, s. *ga-, un-faurs.*

faur-sigljan, c. II. 1., versiegeln.

faur-snivan, c. I. 3., zuvorkommen, vorher-, vorwegnehmen, vorher thun
(auch *faura faursnivan*).

faur-stasseis, st. m. 1., Vorsteher.

Faurtunatus, n. pr. st. m. 3., Fortunatus.

faurþis, adv, zuvor, vorher, früher.

faurþizei (faurþize), conj., bevor, ehe; bis.

faur-vaipjan, c. II. 1., verbinden.

faur-valvjan, c. II. 1., davor wälzen.

faus (oder *favs*), adj., wenig; compar. *faviza.*

fera, st. fem. 1., Gegend, Seite; Glied.

ferja, sw. m., Nachsteller.

fetjan, c. II. 1., schmücken.

fian s. *fijan.*

fidur-dogs, adj., viertägig.

fidur-falþs, adj., vierfältig.

fidur-ragineis, st. m. 1., Vierfürst; das Amt des Vierfürsten.

fidvor, num., vier.

fidvor-taihun, num., vierzehn.

fidvor-tigjus, num. plur., vierzig.

fif s. *fimf.*

figgra-gulþ, st. n. 1., Gold am Finger, Fingerring.

figgrs, st. m. 1., Finger.

fijan (fian), c. II. 2., hassen.

fijands (fiands), partic. als subst. st. m. 1. anom., Feind.

fijaþva (fiaþva), st. fem. 1., Feindschaft.

filaus, adv. gen. bei compar., um Vieles, viel.

filegri s. *filigri.*

Filetus, n. pr. st. m. 3., Philetus.

filhan, c. I. 1. (*falh, fulhum, fulhans*), verbergen; begraben.

filigri (filegri), st. n. 1., Versteck, Höhle.

Filippa, n. pr. st. fem. 1., die Stadt Philippi.

Filippisius, n. pr. st. m. 3., Philipper.

Filippus, n. pr. st. m. 3., Philippus.

**fill,* st. n. 1., Fell, Haut, s. *þruts-fill, faura-filli.*

filleins, adj. 1., ledern.

**filmei,* f., Schrecken, s. *us-filmei; us-filma* adj.

filu, adv. (auch adj. gebraucht), viel, sehr; *managein fiske filu* eine grosse Menge Fische; *filu manageins* viel Volk; *ufar filu* reichlich, ausgezeichnet; *afar ni filu* nicht lange nachher; *mais filu* vielmehr; *und filu mais* noch viel mehr; *sva filu* so viel; *sva filu sve* so viel als; *hvan filu* wie viel? *und hvan filu* um wie viel? —

filu-deisei, sw. fem., Schlauheit, Arglist.

filu-faihs, adj., sehr manigfach, Eph. 3, 10, Cod. A.

filu-galaubs, adj., sehr kostbar.

filusna, st. fem. 1., Vielheit, Menge.

filu-vaurdei, sw. fem., vieles Reden.

filu-vaurdjan, c. II. 1., viele Worte machen.

fimf, num., fünf.

fimf-hunda, num., fünf Hundert; dat. *-hundam.*

fimf-taihun, num., funfzehn; dat. *-hunim.*

fimfta-taihunda, num. sw. adj., der funfzehnte.

fimf-tigjus, num. st. m. 3. plur., funfzig.

finþan, c. I. 1. *(fanþ, funþum, funþans),* finden, erfahren.

fiskja, sw. m., Fischer.

fiskon, c. II. 3., fischen.

fisks, st. m. 1., Fisch.

fitan, c. I. 3.? *(fat, fetum, fitans),* gebären.

flahta, st. fem. 1., oder *flahto,* sw. fem., Flechte, geflochtenes Haar.

flautjan, c. II. 1., sich gross machen.

flauts, adj., prahlerisch, Gal. 5, 26.

flekan, c. I. 8. *(faiflok, faiflokum, flekans),* beklagen.

flodus, st. fem. 3., Fluth, Strom.

fodeins, st. fem. 2., Nahrung, Speise.

fodjan, c. II. 1., ernähren, aufziehen.

fodr, st. n. 1., Scheide.

fon, n. indecl., Feuer.

fotu-bandi, st. fem. 1., Fussfessel.

fotu-baurd, st. n. 1., Fussbrett, Schemel.

fotus, st. m. 3., Fuss.

fra-, untrennbare Part., ver-.

fra-atjan, c. II. 1., veratzen, zur Speisung austheilen.

fra-bairan, c. I. 2., vertragen, ertragen.

fra-bugjan, c. anom., verkaufen.

fra-dailjan, c. II. 1., vertheilen.

fra-giban, c. I. 3., vergeben, verzeihen, verleihen, geben, schenken.

fra-gifts (fragibts), st. fem. 2., Verleihung, Verlobung.
fra-gildan, c. I. 1., vergelten; erstatten.
fra-hinþan, c. I. 1., fangen, gefangen nehmen, gefangen führen; *frahun-þans* Gefangener.
fraihnan, c. I. 3. anom. (*frah, frehum, fraihans*), fragen.
fraisan, c. I. 7. (*faifrais, faifraisum, fraisans*), versuchen; prüfen, auf die Probe stellen; *sa fraisands* der Versucher.
fraistubni (fraistobni), st. fem. 1., Versuchung.
fra-itan, c. I. 3. (praet. *fret* [statt *fra-at* oder *frat?*], *fretum*), fressen, aufzehren.
fraiv, st. n. 1., Saame; Geschlecht, Nachkommen.
fra-kunnan, c. anom., verachten.
fra-let, st. n. 1., Erlass, Vergebung, Erlösung.
fra-letan (fraleitan), c. I. 8., freilassen, entlassen, losgeben, vergeben; etwas lassen, unterlassen; lassen, gestatten; entlassen, hinablassen.
fra-lets, adj., freigelassen.
fra-levjan, c. II. 1., verrathen; *fralevjands* Verräther.
fra-liusan, c. I. 5., verlieren; *mats fralusana* vergängliche Speise.
fra-lusnan, c. III., verloren werden, verloren gehen.
fra-lusts, st. fem. 2., Verlust; Verderben, Verdammniss.
fram, praep. c. dat., mit der Grundbedeutung räumlich: von etwas her, von etwas aus, fern von; zeitlich: von an, seit, *fram þammei* seitdem; tropisch: von, in Betreff, von Seite Jemandes; bei; um, über, für; — adv. weiter.
fram-aldrs, adj., im Alter vorgeschritten, bejahrt.
framaþs, adj., fremd; entfremdet, ausgeschlossen von.
framaþjan, c. II. 1., entfremden.
fram-gahts, st. fem. 2., Fortschritt.
framis, adv., weiter, weiter vor, weiter fort.
fram-vairþis, adv., fernerhin.
fram-vigis, adv., fortwährend, für immer.
fra-niman, c. I. 2., nehmen, in Besitz nehmen.
fra-qiman, c. I. 2., verzehren, verwenden, durch Aufwand, Aufopferung erschöpfen.
fra-qisteins, st. fem. 2., Verschwendung.
fra-qistjan, c. II. 1., verderben, vernichten, vertilgen; zum Verderben sein; verlieren.
fra-qistnan, c. III., zu Grunde, verloren gehen, umkommen.
fra-qiþan, c. I. 3., sich gegen etwas erklären, verachten, verfluchen.
fra-rinnan, c. I. 1., sich verlaufen.
fra-slindan, c. I. 1., verschlingen.
frasti-sibja, st. fem. 1., Kindschaft.
frasts, st. m. 2., Kind.
fraþi, st. n. 1., Verstand, Einsicht, Sinn, Gesinnung, Gemüth.
fraþja-marzeins, st. fem. 2., Verstandesverwirrung, Täuschung.

fraþjan, c. anom. (*froþ, froþum, froþans*), verstehen, denken, erkennen, verständig sein.

frauja, sw. m., Herr.

fraujinassus, st. m. 3., Herrschaft.

fraujinon, c. II. 1., Herr sein, herrschen.

fra-vairpan, c. I. 1., verwerfen, zerstreuen; wegwerfen.

fra-vairþan, c. I. 1., verderben.

fra-vardeins, st. fem. 2., Verderben.

fra-vardjan, c. II. 1., verderben, entstellen.

fra-vaurhts, adj., sündig, sündhaft; Sünder.

fra-vaurhts, st. fem. 2., Sünde.

fra-vaurkjan, c. anom., verwirken, sündigen; *fravaurkjan sis* sich versündigen.

fra-veit, st. n. 1., Rache.

fra-veitan, c. I. 4., rächen; *fraveitands* Rächer.

fra-vilvan, c. I. 1., fortreissen, rauben, ergreifen, entrücken.

fra-visan, c. anom., verbrauchen, verschwenden.

fra-vrikan, c. I. 3., verfolgen.

fra-vrohjan, c. II. 1., verläumden, in übeln Ruf bringen.

freidjan, c. II. 1., schonen; sich enthalten.

frei-hals, st. m. 1., Freiheit.

freis, adj., frei; *frijana briggan* frei machen.

friaþva (frijaþva), st. fem. 1., Liebe.

friaþva-milds, adj., liebreich.

frijei, sw. fem., Freiheit.

frijon (frion), c. II. 3., lieben, liebevoll behandeln; küssen; gern thun.

frijondi, st. fem. 1., Freundin.

frijonds, partic. als st. m. anom., Freund.

frijons, st. fem. 2., Liebeszeichen, Kuss.

*friks, adj., frech, gierig, s. *faihu-friks.*

frion s. *frijon.*

fri-sahts, st. fem. 2., Bild, Ebenbild, Vorbild, Beispiel; Räthsel.

Friþa-reiks, n. pr. st. m. 1., Friederich; gen. anom. *Friþareikeis.*

*friþon, c. II. 3., Frieden stiften, s. *ga-friþon.*

frius, st. n. 1., Frost, Kälte; gen. *friuzis.*

frodaba, adv., klug, verständig, weise.

frodei, sw. fem., Verstand, Klugheit, Weisheit, Einsicht, Verständniss.

froþs, adj., klug, weise, verständig; compar. *frodoza* klüger.

fruma, sw. adj. comp., der erste; zuerst, früher; *fruma sabbato* Vorsabbat, der Tag vor dem Sabbat.

fruma-baur, st. m. 2., der Erstgeborne.

frumadei, sw. fem., Vorrang.

frumisti, st. n. 1., Anfang; *in frumistjam* zuvörderst.

frumists, adj. superl., der erste; *frumist* (adv.) zuerst; *fram frumistin* vom Anfange.

frums, st. m. 1., Anfang.

fugls, st. m. 1., Vogel.

fula, sw. m., Füllen.

fulgins, adj., verborgen.

fulhsni, st. n. 1., das Verborgene; Geheimniss.

fulla-fahjan, c. II. 1., ein Genüge thun; dienen.

fulla-fraþjan, c. anom., bei vollem Verstande sein, verständig, mässig sein.

fulla-tojis, adj., vollkommen.

fulla-veis, adj., vollkommen.

fulla-veisjan, c. II. 1., überzeugen, überreden, Jemandem zureden.

fulla-vits, adj., vollkommen (nur in schwacher Form).

fulleiþs, st. fem. 2., die Fülle.

fulliþa, st. n. plur. (?), der Vollmond.

fulljan, c. II. 1 , füllen, anfüllen, erfüllen; in Fülle verleihen, zur Vollkommenheit bringen.

fullnan, c. III., voll werden, erfüllt werden.

fullo, sw. fem., Fülle, Weite; Ausfüllung: Vollendung.

fulls, adj., voll; vollkommen; katholisch.

fuls, adj., faul, stinkend.

funa, sw. m., Feuer.

funisks, adj., feurig.

Fygailus, n. pr. st. m. 3., Phygellus.

Ga-, untrennbare Partikel; Ausnahmen zeigen nur:
1. das fragende *-u*, z. B. *ga-u-laubjats* statt *galaubjatsu* Mt. 9, 28. oder auch noch durch das pron. *hvas* (*hva*) getrennt, - z. B. *ga-u-hva-sehvi* statt *hva-u gasehvi* Mc. 8, 23.
2. die Partikel *þau*, z. B. *ga-þau-laubidedeiþ* statt *þau galaubidedeiþ* Joh. 5, 46. — 3. *gah* für *ga-uh*: Luc. 1, 63. 2. Cor. 8, 18.

ga-aggvei (*gaagvei*), sw. fem., Beengung, Beschränkung.

ga-aggvjan, c. II. 1., beengen, beängstigen.

ga-ainanan, c. II. 2., vereinzeln, trennen.

ga-aistan, c. II. 2., sich vor Jemand scheuen.

ga-aiviskon, c. II. 3., beschämen, beschimpfen, Schmach anthun, entehren; im pass. beschämt werden, zu Schanden werden, auch *gaaiviskoþs vairþan.*

ga-andjan, c. II. 1., endigen, aufhören.

ga-arbja, sw. m., Miterbe.

ga-arman, c. II. 2., sich erbarmen; im pass. Barmherzigkeit erlangen.

ga-aukan, c. I. 7., zunehmen, vollkommner werden.

Gabaa, n. pr. indecl., Gabaa.

ga-baidjan, c. II. 1., zwingen, nöthigen.

Gabair, n. pr. st. m. 1., Gaber (Gebbar).

ga-bairan, c. I. 2., zusammentragen, vergleichen; gebären, hervorbringen.

ga-bairgan, c. I. 1., bergen, erhalten.

ga-bairhtei, sw. fem., Erscheinung.

ga-bairhtjan, c. II. 1., hell, offenbar machen, offenbaren, zeigen, bekannt machen; leuchten.

ga-bandvjan, c. II. 1., durch Zeichen zu verstehen geben, zuwinken; anzeigen, zeigen.

ga-batnan, c. III., Nutzen haben.

ga-bauan, c. II. 2., wohnen.

ga-baur, st. n. 1., das Zusammengebrachte, die Sammlung, Beisteuer, Steuer.

ga-baur, st. m. 1., gemeinschaftliches Mahl, Schmauserei.

ga-baurgja, sw. m., Mitbürger.

ga-baurjaba, adv., gern.

ga-baurjoþus, st. m. 3., Lust, Wollust.

gabaurþi-vaurd, st. n. 1., Geschlechtsregister.

ga-baurþs, st. fem. 2., Geburt; Geburtsort (Vaterstadt); Geschlecht; *us gabaurþai astos* natürliche Zweige.

gabei, sw. fem., Reichthum.

ga-beidan, c. I. 4., dulden, ertragen.

gabeigs s. *gabigs.*

ga-beistjan, c. II. 1., durchsäueren.

gabigaba, adv., reichlich.

gabigjan, c. II. 1., bereichern.

gabignan, c. III., reich sein.

gabigs (gabeigs), adj., reich.

ga-binda, st. fem. 1., Band.

ga-bindan, c. I. 1., binden, festbinden.

ga-biugan, c. I. 5., biegen; *eisarna bi fotuns gabugana* Fussfesseln.

ga-blauþjan, c. II. 1., aufheben, abschaffen.

ga-bleiþeins, st. fem. 2., Erbarmen.

ga-bleiþjan, c. II. 1., barmherzig sein, sich erbarmen.

ga-blindjan, c. II. 1., verblenden.

ga-botjan, c. II. 1., zu Nutze machen, herstellen.

ga-brannjan, c. II. 1., etwas verbrennen.

Gabriel, n. pr., Gabriel.

ga-brikan, c. I. 2., brechen, zerbrechen; niederwerfen.

ga-bruka, st. fem. 1., das Abgebrochene, der Brocken.

ga-bundi, st. fem. 1., Band.

ga-daban, c. I. 6. impers., es begegnet, widerfährt mir; es geziemt sich.

ga-daila, sw. m., Theilnehmer, Mitgenoss, Gesell; *gadaila vairþan* theilhaftig werden, Gemeinschaft haben.

ga-dailjan, c. II. 1., theilen, austheilen, zutheilen; zertheilen.

ga-daubjan, c. H. 1., taub, verstockt machen.

ga-dauka, sw. m., Hausgenoss.

ga-daursan, c. anom., wagen, dreist sein.

ga-dauþjan, c. II. 1., tödten.

ga-dauþnan, c. III., getödtet werden, sterben, umkommen.

Gaddarenus, n. pr. st. m. 3., Gaddarener (Gerasener).

ga-deds, st. fem., 2., That, Handlung; *sunive gadeds* Kindschaft; gen. -dedais.

gadigans, partic. praet., aus Erde gebildet (vrgl. *deigan*).

ga-digis, st. n. 1., das Gebilde, Werk.

gadiliggs, st. m. 1. oder 2., Vetter, Verwandter.

ga-diupjan, c. II. 1., tief machen.

ga-dobs, adj., schicklich, passend.

ga-domjan, c. H. 1., urtheilen; vergleichen; *usvaurhtana* oder *garaihtana gadomjan* als gerecht darstellen, rechtfertigen.

ga-draban, c. I. 6., aushauen.

ga-dragan, c. I. 6., zusammentragen, aufladen.

ga-dragkjan, c. II. 1., tränken.

ga-drauhts, st. m. 2., Kriegesmann, Soldat.

ga-drausjan, c. II. 1., hinabstürzen, niederwerfen.

ga-drigkan, c. I. 1., trinken.

ga-driusan, c. I. 5., fallen; geworfen werden; ausfallen, aufhören.

ga-drobnan, c. III., beunruhigt werden, in Unruhe gerathen.

ga-fahs, st. m. 1., der Fang.

ga-fahan, c. I. 7., fangen, ergreifen, überfallen, erlangen; begreifen; *ga-fahan vaurde* in der Rede fangen; im pass. ergriffen werden in etwas, übereilt werden von etwas.

ga-fahrjan, c. II. 1., zubereiten.

ga-faihon, c. II. 3., betrügen, Glosse zu 2. Cor. 2, 11.

ga-fastan, c. II. 2., halten, behalten, bewahren, beobachten.

ga-faurds, st. fem. 2., Gericht, hoher Rath, Versammlung.

ga-faurs, adj., gesetzt, nüchtern, bescheiden.

ga-fehaba, adv., wohlanständig, ehrbar.

ga-feteins, st. fem. 2., Schmuck, Kleidung.

ga-filh, st. n. 1., Begräbniss.

ga-filhan, c. I. 1., verbergen; begraben.

ga-fraihnan, c. I. 3. anom., erfragen; erfahren.

ga-fraþjei, sw. fem., Verständigkeit.

ga-fraujinon, c. II. 3., herrschen.

ga-freideins, st. fem. 2., Verschonung, Erhaltung.

ga-frijons, st. fem. 2., Kuss.

ga-frisahtjan, c. H. 1., abbilden.

ga-friþon, c. II. 3., versöhnen.

ga-friþons, st. fem. 2., Versöhnung.

ga-fulgins, adj., verborgen.

gafulla-veisjan, c. II. 1., kundbar machen.

ga-fulljan, c. H. 1., fühlen, anfüllen.

ga-fullnan, c. III., angefüllt werden, sich anfüllen.

ga-gaggan, c. anom., zusammenkommen, sich versammeln; geschehen; gereichen; *gagaggiþ mis du* — es gereicht, gedeihet mir zu —.

gaga-haftjan, c. II. 1., zusammenheften, verbinden.

gaga-leikon sik, c. II. 3., sich gleichstellen, sich stellen wie —.

gaga-mainjan, c. II. 1., gemein machen, verunreinigen.

gaga-tilon, c. II. 3., zusammenfügen.

gaga-vairþjan, c. II. 1., versöhnen.

gaga-vairþnan, c. III., sich versöhnen.

ga-geigan, c. II. 2., gewinnen.

gaggan, c. anom. (praet. *iddja* und *gaggida*); gehen, hingehen; wandeln, umhergehen; kommen.

gaggs, st. m. 1., Gang, Gasse.

ga-grefts, st. fem. 2., Beschluss, Befehl; *in gagreftai visan* vorhanden sein, da sein.

ga-gudaba, adv., fromm, gottesfürchtig.

ga-gudei, sw. fem., Frömmigkeit, Gottseligkeit.

ga-guds, adj., fromm.

ga-haban, c. II. 2., haben, halten, behalten, festhalten; fangen; *gahaban sik* sich enthalten.

ga-haftjan sik, c. H. 1., sich anhängen, sich verbinden, verdingen.

ga-haftnan, c. III., sich anheften, anhangen.

ga-hahjo, adv., zusammenhängend.

ga-hailjan, c. II. 1., heilen.

ga-hailnan, c. III., geheilt, gesund werden.

ga-hails, adj., ganz, heil, tadellos.

ga-hait, st. n. 1., Verheissung.

ga-haitan, c. I. 7., zusammenrufen; verheissen.

ga-hamon, c. II. 3., anziehen, sich womit bekleiden.

ga-hardjan, c. II. 1., verhärten, verstocken.

ga-haunjan, c. II. 1., erniedrigen, demüthigen.

ga-hauseins, st. fem. 2., das Gehör, das Anhören.

ga-hausjan, c. II. 1., hören.

ga-hilpan, c. I. 1., helfen.

ga-hlaiba, sw. m., Genoss; Amtsgenoss; Mitjünger.

ga-hnaivjan, c. II. 1., erniedrigen.

ga-hobeins, st. fem. 2., Enthaltsamkeit.

ga-horinon, c. II. 3., huren, die Ehe brechen.

ga-hraineins, st. fem. 2., Reinigung.

ga-hrainjan, c. II. 1., reinigen.

ga-hugds, st. fem. 2., Verstand, Geist, Sinn, Gemüth, Gesinnung; Gewissen.

ga-hugjan, c. II. 1., für etwas halten.

ga-huljan, c. II. 1., verhüllen, verbergen, bedecken.

ga-hvatjan, c. II. 1., anreizen, verlocken, Skeir. I. c.

ga-hvairbs, adj., fügsam, gehorsam.

ga-hveilains, st. fem., Verweilen, Ruhe.

ga-hveilan, c. II. 2., aufhören, *gahveilan sik* verweilen, ruhen.

ga-hveitjan, c. II. 1., weiss machen.

ga-hvotjan, c. II. 1., drohen, schelten, strafen.

gaiainna, Fremdw. sw. m., Geeñna, Hölle.

ga-ibnjan, c. II. 1., gleich machen.

ga-idreigon, c. II. 3., Reue empfinden, Busse thun.

gaidv, st. n. 1., Mangel.

gailjan, c. II. 1., erfreuen.

Gainnesaraiþ, n. pr. indecl., Gennesareth.

gairda, st. fem. 1., Gürtel.

*gairdan, c. I. 1. (*gard, gaurdum, gaurdans*), gürten, s. *bi-*, *uf-gairdan*.

Gairgaisaiñus, n. pr. st. m. 3., Gergesener (Gerasener).

gairnei, sw. fem., Begehr, Verlangen, Sehnsucht.

gairnjan, c. II. 1., gern wollen, begehren, gelüsten; verlangen; bedürfen.

gairu, st. n., Stachel, Glosse zu 2. Cor. 12, 7.

gaiteins, adj., von Ziegen, die Ziegen betreffend; neutr. *gaitein* junger Bock, junge Ziege.

gaits, st. fem. 2., Ziege; gen. *gaitsais*.

Gaius, n. pr. st. m. 3., Kajus.

ga-jiukan, c. II. 2., überwinden; den Preis entreissen.

ga-juk, st. n. 1., Joch; ein Paar.

ga-juka, sw. m., Jemand der dasselbe Joch trägt, Genoss.

ga-juko, sw. n., Genoss.

ga-juko, sw. fem., Zusammenstellung, Gleichniss.

ga-kannjan, c. II. 1., bekannt machen, verkündigen; preisen, empfehlen.

ga-karan, c. II. 2., für etwas sorgen.

ga-kausjan, c. II. 1., durch Prüfung kennen lernen, befinden.

ga-kiusan, c. I. 5., prüfen; *gakusans* erprobt, bewährt.

ga-kroton, c. II. 3., zermalmen.

ga-kunds, st. fem. 2., Ueberzeugung.

ga-kunnan, c. II. 2., kennen lernen, genau einsehen, kennen, erkennen; betrachten; lesen.

ga-kunnan, c. anom. (mit und ohne *sik*), sich unterordnen, sich unterwerfen; *gakunnands* aus Nachsicht.

ga-kunþs, st. fem. 2., Erscheinung.

ga-kusts, st. fem. 2., Prüfung; das Geprüfte; *gakusts andbahtjis* erprobte Liebesdienst.

ga-lagjan, c. II. 1., legen, hinlegen, auflegen; *galagjan in hairtin* zu Herzen nehmen; *galagiþs visan* hinterlegt sein.

ga-laisjan, c. II., 1., lehren, belehren; *galaisjan sik* lernen.

ga-laista, sw. m., Nachfolger, Begleiter; mit *visan* oder *vairþan* folgen, nachfolgen.

ga-laistjan, c. II. 1., einer Sache nachgehen, sich befleissigen.

Galatia, n. pr. st. fem. 1., Galatien; gen. *Galatiais*.

Galatius, n. pr. st. m. 3., der Galater.

ga-latjan, c. II. 1., aufhalten.

Galateis, n. pr. st. m. 2. plur., die Galater.

ga-laþon, c. II. 3., einladen, berufen, zusammenrufen.

ga-laubeins, st. fem. 2., Glaube.

ga-laubeins, adj., gläubig.

ga-laubjan, c. II. 1., glauben; anvertrauen; *triggvaba galaubjan* überzeugt sein.

ga-laubs (galubs), adj., werthvoll, kostbar.

ga-laugnjan, c. II. 1., verborgen sein; *galaugnjan sik* sich verbergen.

ga-lausjan, c. II. 1., los machen, retten, erlösen; zurückfordern; vor etwas bewahren.

ga-leika, sw. m., eines Leibes, Miteinverleibter.

ga-leikan, c. II. 2., gefallen; *galeikaiþ* und *vaila galeikaiþ mis* es gefällt mir, ich finde für gut, habe Wohlgefallen; *vaila galeikan* Wohlgefallen haben; *galeikaiþs* wohlgefällig.

ga-leiki, st. n. 1., Aehnlichkeit.

ga-leikinon, c. II. 3., heilen.

ga-leiko, adv., ähnlich.

ga-leikon, c. H. 3., vergleichen; das Gleiche thun, gleichen, nachahmen; *galeikon sik* sich gleichstellen; *galeikonds* Nachahmer.

ga-leiks, adj., ähnlich.

Galeilaia, n. pr. fem., Galiläa; gen. *Galeilaias*, dat. *Galeilaia*, acc. *Galeilaian*.

Galeilaius, n. pr. st. m. 3., Galiläer.

ga-leiþan, c. I. 4., gehen, (zu Schiff) fahren, hingehen, kommen.

ga-levjan (galeivjan), c. II. 1., hingeben, überlassen, hinhalten; verrathen ; *galevjands* Verräther.

galga, sw. m., Galgen; Kreuz.

ga-liginon, c. II. 3. betrügen, 2. Cor. 2, 11.

ga-ligri, st. n. 1., Beilager.

ga-lisan, c. I. 3., zusammenlesen, sammeln, versammeln.

ga-liug, st. n. 1., Lüge; Götzenbild; *galiug taujan* verfälschen; *galiug veitvodjan* falsches Zeugniss ablegen; *galiuge staþs* Götzentempel; *galiugam skalkinonds* Götzendiener.

galiuga-apaustaulus, Fremdw. st. m. 3., falscher Apostel.

galiuga-broþar, st. m. anom., falscher Bruder.

galiuga-guþ, st. n. 1., falscher Gott, Götze.

galiuga-praufetus, Fremdw. st. m. 3., falscher Prophet.

galiuga-veitvods, st. m. 1. anom., falscher Zeuge.

galiuga-xristus, st. m. 3., falscher Christus.

ga-liugan, c. II. 2., heirathen, zum Weibe nehmen.

ga-liuhtjan, c. II. 1., erleuchten, ans Licht bringen, offenbar machen.

ga-lubs s. *galaubs*.

ga-lukan, c. I. 5., zuschliessen, verschliessen, fangen.

ga-luknan, c. III., verschlossen werden.

ga-magan, c. anom., vermögen, gelten.

ga-maids, adj., gebrechlich, schwach, zerschlagen.

ga-mainduþs, st. fem. 2., Gemeinschaft.

ga-mainei, sw. fem., Gemeinschaft, **Theilnahme**.

ga-mainja, sw. m., Theilnehmer.

ga-mainjaɳ, c. II. 1., gemein machen, entheiligen, verunreinigen; mittheilen, Theil nehmen, Theil haben.

ga-mains, adj., gemein, unheilig, unrein; gemeinschaftlich, theilhaftig; *gamainjana briggan* Antheil nehmen.

ga-mainþs, st. fem. 2., Gemeinde.

ga-maitano, sw. fem., Zerschneidung.

ga-malteins, st. fem., Auflösung, Glosse zu 2. Tim. 4, 6.

ga-malvjan, c. II. 1., zermalmen, zerknirschen.

ga-man, st. n. 1., Mitmensch, Genoss, Gesell; Gemeinschaft..

ga-manvjan, c. II. 1., bereiten; *gamanviþs* bereit gemacht, geschickt, tüchtig, bereit.

ga-marko, sw. fem., Grenznachbarin.

ga-marzeins, st. fem. 2., Aergerniss.

ga-marzjan, c. II. 1., ärgern.

ga-matjan, c. II. 1., essen.

ga-maudeins, st. fem. 2., Erinnerung.

ga-maudjan, c. II. 1, erinnern.

ga-maurgjan, c. II. 1., abkürzen; beschleunigen; *gamaurgiþ taujan* schnell ausführen.

ga-meleins, st. fem. 2., Schrift.

ga-meljan, c. II. 1., schreiben; beschreiben; *þata gamelido* oder *gameliþ* das Geschriebene, die Schrift.

ga-mikiljan, c. II. 1., gross machen.

ga-minþi, st. n. 1., Gedächtniss, Andenken.

ga-mitan, c. I. 3., zumessen, zutheilen.

ga-mitons, st. fem. 2., Gedanke.

ga-motan, c. anom., Raum finden.

ga-motjan, c. II. 1., begegnen, entgegengehen.

ga-munan, c. anom., sich erinnern, gedenken.

ga-munds, st. fem. 2., Andenken, Gedächtniss.

ga-nagljan, c. II. 1., annageln.

ga-naitjan, c. II. 1., schmähen, Schmach anthun.

ga-namnjan, c. II. 1., nennen.

ga-nanþjan, c. II. 1., aufhören? Luc. 5, 4.

ga-nasjan, c. II. 1., gesund machen, retten, heilen.

ga-natjan, c. II. 1., benetzen.

ga-nauha, sw. m., Genüge.

ga-nauhan, c. anom., genügen.

ga-navistron, c. II. 3., begraben.

ga-niman, c. I. 2., zu sich nehmen, mitnehmen; davon tragen, erhalten; mit dem Geiste auffassen: lernen.

ga-nipnan, c. III., betrübt, traurig werden.

ga-nisan, c. I. 3., genesen; gesund, gerettet, selig werden.

ga-nists, st. fem. 2., Genesung, Heil, Seligkeit.

ga-niþjis, st. m. 1., Verwandter.

ga-niutan, c. I. 5., fangen.

ga-nohjan, c. II. 1., Genüge leisten, zur Genüge gewähren, befriedigen;
ganohiþs visan sich begnügen.

ga-nohnan, c. III., genügt werden, zur Genüge womit versehen sein.

ga-nohs, adj., genug, hinreichend; viel.

gansjan, c. II. 1., verursachen.

ga-paidon, c. II. 3., bekleiden.

ga-qiman, c. I. 2., kommen, zusammenkommen, *gaqiman sik* sich versammeln; zu etwas gelangen; *gaqimiþ* (unpers.) es ziemt sich.

ga-qiss, st. fem. 2., Verabredung, Uebereinkunft.

ga-qiss, adj., übereinstimmend.

ga-qiþan, c. I. 3., besprechen; *gaqiþan sis* sich besprechen.

ga-qiujan, c. II. 1., lebendig machen.

ga-qiunan, c. III., lebendig gemacht werden, wieder lebendig werden,
aufleben.

ga-qumþs, st. fem. 2., Versammlung; Synagoge; Gericht.

ga-raginon, c. II. 3., rathen, Rath geben.

ga-rahnjan, c. II. 1., zusammenrechnen, kaufen.

ga-raideins, st. fem. 2., Anordnung, Regel, Richtschnur, Lehre; Aufgabe;
vitodis garaideins Gesetzgebung.

ga-raidjan, c. II. 1., anordnen, gebieten, befehlen.

ga-raids, adj., angeordnet, bestimmt, festgesetzt.

ga-raihtaba, adv., recht, gerecht, mit Recht.

ga-raihtei, sw. fem., Gerechtigkeit; Satzung.

ga-raihteins, st. fem. 2., Wiederherstellung, Besserung.

ga-raihtiþa, st. fem. 1., Gerechtigkeit.

ga-raihtjan, c. II. 1., richten, hinlenken; rechtfertigen.

ga-raihts, adj., gerecht; comp. *garaihtoza*; *garaihtana domjan*, *qiþan*
oder *gateihan* rechtfertigen, für vollkommen halten; *garaihts vairþan*
gerechtfertigt werden.

ga-raþjan, c. I. 6. anom., zählen.

ga-razna, sw. m., Nachbar.

ga-razno, sw. fem., Nachbarin.

garda, sw. m., Stall.

garda-valdands, partic. als subst., über das Haus waltend, Hausherr.

gards, st. f. 2., Haus (auch Hof), Hauswesen, Familie.

ga-redaba, adv., ehrbar.

ga-redan, c. I. 8., auf etwas bedacht sein, sich befleissigen.

ga-rehsns, st. fem. 2., Bestimmung, Rathschluss, Plan; die bestimmte
Zeit.

ga-rinnan, c. I. 1., zusammenlaufen, zusammenkommen; erlaufen, erlangen.

ga-riudi, st. u. 1., Ehrbarkeit.

ga-riudjo, sw. fem., Schamhaftigkeit.

ga-riuds, adj., ehrbar.

ga-runi, st. n. 1., Berathschlagung.

ga-runjo, sw. fem., Ueberschwemmung.

ga-runs, st. fem. 2. (gen. *garunsais*), Markt, Strasse.

ga-sahts, st. fem. 2., Vorwurf, Tadel, Zurechtweisung.

ga-saihvan, c. I. 3., sehen, erblicken.

ga-sakan, c. I. 6., drohen, mit Drohen gebieten, verbieten, verweisen, strafen; überführen, zurechtweisen, widerlegen.

ga-salbon, c. II. 3., salben.

ga-saljan, c. II. 1., opfern.

ga-sandjan, c. II. 1., geleiten.

ga-sateins, st. fem. 2., Feststellung, Grundlegung.

ga-satjan, c. H. 1., hinstellen, hinsetzen, aufstellen, anstellen, einsetzen, legen, beilegen; *gasatjan sik* sich bestellen, sich widmen; *aftra gasatjan* wiederherstellen.

ga-sibjon, c. II. 1., sich versöhnen.

ga-siggqan, c. I. 1., sinken, untergehen; in etwas versinken.

ga-sigljan, c. II. 1., besiegeln, versiegeln.

ga-sinþa (gasinþja), sw. m., Reisegefährte; im plur. auch Reisegesellschaft.

ga-sitan, c. I. 3., sich setzen, sich niedersetzen.

ga-skadveins, st. fem. 2., Bedeckung, Kleidung.

ga-skafts, st. fem. 2., Schöpfung; Geschöpf.

ga-skaidan, c. I. 7., scheiden, trennen.

ga-skaideins, st. fem. 2., Scheidung, Unterschied.

ga-skaidnan, c. III., sich scheiden.

ga-skalki, st. n. 1., Mitknecht.

ga-skaman sik, c. II. 2., sich schämen, beschämt werden.

ga-skapjan, c. I. 6. anom., schaffen.

ga-skaþjan, c. I. 6., anom., schaden, Unrecht thun.

ga-skeirjan, c. II. 1., erklären, verdollmetschen.

ga-skohi, st. n. 1., ein Paar Schuhe.

ga-skohs, adj., beschuhet.

ga-slavan, c. H. 2., schweigen.

ga-sleiþjan, c. II. 1., schaden, beschädigen; mit *sik* oder im pass. Schaden leiden.

ga-slepan, c. I. 7., schlafen, entschlafen.

ga-smeitan, c. I. 4., schmieren, streichen.

ga-smiþon, c. II. 3., schmieden, bereiten, bewirken.

ga-sniumjan, c. II. 1., hineilen, hinkommen.

ga-snivan, c. I. 3., zu etwas hineilen, etwas ereilen, erlangen.

ga-sokjan, c. II. 1., suchen.

ga-soþjan, c. II. 1., sättigen.

ga-speivan, c. I. 4., spcien.

ga-spillon, c. II. 3., verkündigen.

ga-staggqjan, c. II. 1., anstossen an etwas.

ga-staldan, c. I. 7., erwerben; besitzen, haben.

ga-standan, c. I. anom., stehen, feststehen, stillstehen, bestehen, bleiben, verharren; im praet. mit und ohue *aftra* wiederhergestellt sein.

ga-staurknan, c. III., verdorren, auszehren.
ga-steigan, c. I. 4., hineinsteigen, hinabsteigen.
ga-stiggqan, c. I. 1., anstossen.
gasti-godei, sw. fem., Gastfreundschaft.
gasti-gods, adj., gastfrei.
ga-stojan, c. II. 1., richten, beschliessen.
ga-stoþanan, c. II. (?), feststellen, stehend erhalten.
ga-straujan, c. II. 1., überstreuen, überbreiten (mit Decken).
gasts, st. m. 2., Gast, Fremdling.
ga-suljan, c. II. 1., gründen.
ga-sunjon, c. II. 3., rechtfertigen.
ga-supon, c. II. 3., würzen, kräftig machen.
ga-sveran, c. II. 2., verherrlichen.
ga-svikunþjan, c. II. 1., offenbar, bekannt machen (rühmen, loben).
ga-sviltan, c. I. 1., sterben; einer Sache absterben.
ga-svinþjan, c. II. 1., stärken.
ga-svinþnan, c. III., gestärkt werden.
ga-svogjan, c. II. 1., seufzen.
ga-taiknjan, c. II. 1., zeigen, lehren.
ga-tairan, c. I. 2., etwas zerreissen; zerstören, vernichten, aufheben.
ga-talzjan, c. II. 1., lehren.
ga-tamjan, c. II. 1., zähmen, bändigen.
ga-tandjan, c. H. 1., einbrennen, brandmarken.
ga-tarhjan, c. II. 1., auszeichnen, sich merken, tadeln, mit Schande belegen; *gatarhiþs* tadelnswerth, berüchtigt.
ga-tarnjan, c. II. 1., verhüllen.
ga-taujan, c. II. 1, thun, machen, handeln, wirken, bewirken; *þaurft gataujan sis* sich Nutzen bereiten.
ga-taura, sw. m., Riss.
ga-taurnan, c. III., zerreissen; vergehen, aufhören; *gataurnands* vergänglich.
ga-taurþs, st. fem. 2., Zerstörung.
ga-teihan, c. I. 4., anzeigen, erzählen, verkündigen; *sunja gateihan* die Wahrheit sagen; *garaihtoza gateihans* gerechtfertigt.
ga-temiba, adv., passend, geziemend.
ga-tevjan, c. II. 1., verordnen.
ga-tilaba, adv., füglich, passend.
ga-tilon, c. II. 3., erzielen, erlangen.
ga-tils, adj., passend, tauglich, gelegen.
ga-timan, c. I. 2, geziemen, passen.
ga-timreins, st. fem. 2., Erbauung.
ga-timrjan, c. II. 1., bauen.
ga-timrjo, sw. fem., Gebäude.
ga-tiuhan, c. I. 5., wegziehen; führen, wegführen.
ga-trauan, c. II. 2., trauen, vertrauen, muthig, dreist sein; anvertrauen.
ga-trudan, st. n., treten, zertreten.

ga-tulgjan, c. II. 1., befestigen, bestätigen, bestärken; *gatulgjan sik* beharren in etwas; *gatulgiþs* fest, bestärkt, befestigt.

gatvo, sw. fem., Gasse.

ga-þagki, st. n. 1., ·Bedacht, Sparsamkeit; *us gaþagkja* spärlich.

ga-þahan, c. II. 2., schweigen.

ga-þairsan, c. I. 1., verdorren.

ga-þarban, c. II. 2., sich enthalten (mit und ohne *sik*).

ga-þaurbs, adj., enthaltsam.

ga-þaursnan, c. III., verdorren, vertrocknen.

ga-þeihan, c. I. 4., gedeihen, aufwachsen; sich ausbreiten.

ga-þiuþjan, c. II. 1., segnen.

ga-þivan, c. II. 2., dienstbar machen, unterjochen, unterwerfen.

ga-þlahsnan, c. III., über etwas erschrecken.

ga-þlaihan, c. I. 7., liebkosen, umarmen, trösten, freundlich zureden, bitten, ermahnen; Sorgfalt haben.

ga-þlaihts, st. fem. 2., Trost, freundliches Zureden, Ermahnung, Aufmunterung.

ga-þliuhan, c. I. 5., fliehen.

ga-þrafsteins, st. fem. 2., Trost.

ga-þrafstjan, c. II. 1., trösten, beruhigen, erquicken.

ga-þrask, st. n. 1., Dreschtenne.

ga-þreihan, c. I. 4., bedrängen, in Trübsal versetzen.

ga-þulan, c. II. 2., dulden, leiden.

ga-þvastjan, c. II. 1., befestigen, stärken.

ga-u, die Partikel *ga* mit dem angehängten fragenden *u,* siehe letzteres.

gauja, sw. m., Gaubewohner; der plur. *gaujans* in der Bedeutung: Landschaft, Gegend.

Gaulgauþa, n. pr., Golgatha.

Gaumaurra, n. pr., Gomorra.

Gaumaurreis, n. pr. plur., die Einwohner von Gomorra; dat. anom. *Gaumaurrjam.*

gaumjan, c. II. 1., sehen, wahrnehmen; auf etwas achten, merken.

ga-un-ledjan, c. II. 1., arm machen.

gaunon, c. II. 3., trauern, Klagelieder singen, weheklagen.

gaunoþa, st. fem. 1., Trauer, Klage.

gaurei, sw. fem., Betrübniss.

gauriþa, st. fem. 1., Betrübniss, Traurigkeit.

gaurjan, c. II. 1., Betrübniss verursachen, betrüben.

gaurs, adj., betrübt, traurig.

ga-vadjon, c. II. 3., verloben.

ga-vagjan, c. II. 1., bewegen, erschüttern; erregen, auffordern.

ga-vairpan, c. I. 1., werfen, niederwerfen.

ga-vairþeigs, adj., friedfertig.

ga-vairþi, st. n. 1., Friede; gen. *gavairþjis* und *gavairþeis.*

ga-vaknan, c. III., erwachen.

ga-valdan, c. I. 7., herrschen über etwas.

ga-valeins, st. fem. 2., Wahl, Auserwählung.

gavalis, adj. (gen. *gavalisis*), auserwählt.

ga-valjan, c. II. 1., wählen, erwählen, auserwählen.

ga-vamms, adj., unrein.

ga-vandeins, st. fem. 2., Bekehrung.

ga-vandjan, c. II. 1., hinwenden, zurückwenden, zurückbringen, zurückkehren, bekehren; *gavandjan sik* (*sis*, auch ohne *sik*) sich wenden, sich hin-, um-, zurückwenden, zurückkehren, sich bekehren.

ga-vargeins, st. fem. 2., Verdammung.

ga-vargjan, c. II. 1., verdammen.

ga-vaseins, st. fem. 2., Kleidung.

ga-vasjan, c. II. 1., kleiden, bekleiden; sich bekleiden.

ga-vaurdi, st. n. 1., Rede, Gespräch.

ga-vaurki, st. n. 1., Geschäft; Gewinn.

ga-vaurkjan, c. anom., machen, wirken, bewirken, bereiten; erwirken, erwerben, gewinnen; *run gavaurkjan sis* sich stürzen.

ga-vaurstva, sw. m., Mitarbeiter, Mitbeförderer.

ga-reihan, c. II. 2., weihen, heiligen, segnen.

ga-veison, c. II. 3., nach Jemand sehen, ihn besuchen, heimsuchen; aussuchen.

ga-venjan, c. II. 1., erwarten, meinen.

gavi, st n. 1. (gen. *gaujis*), Gau, Land, Landschaft, Gegend.

ga-vidan, c. I. 3., verbinden.

ga-vigan, c. I. 3., bewegen, schütteln, rütteln.

ga-vileis, adj., willig; einmüthig; (nur in schw. Form).

ga-vinnan, c. I. 1., leiden.

ga-visan, c. I. 3, bleiben.

ga-viss, st. fem. 2. (gen. *gavissais*), Verbindung, Gelenk.

ga-vizneigs, adj., freudig; *gavizneigs visan* Freude, Lust an etwas haben.

ga-vrikan, c. I. 3., rächen, Recht schaffen.

ga-vrisqan, c. I. 1., Frucht bringen.

ga-vundon (*gavondon*), c. II. 3., verwunden.

gazaufylakiaun, Fremdw., Schatzkammer, Opferkasten; dat. anom. *-kio*.

gazds, st. m. 1. (oder 2.), Stachel.

*geigan, c. II. 2., gewinnen, s. *ga-geigan*.

giba, st. fem. 1., Gabe, Geschenk.

giban, c. I. 3. (*gab* oder *gaf*, *gebum*; *gibans*), geben.

gibands, partic. st. m. anom., Geber.

gibla, sw. m., Giebel, Zinne.

gild, st. n. 1., Steuer, Zins.

*gildan, c. I. 1. (*gald*, *guldum*, *guldans*), gelten, s. *fra-*, *us-gildan*.

gilstr, st. n. 1., Steuer, Abgabe.

gilstra-meleins, st. fem. 2., Steuerbeschreibung.

gilþa, st. fem. 1., Sichel.

*ginnan, c. I. 1. (*gann*, *gunnum*, *gunnans*), beginnen, s. *du-ginnan*.

gistra-dagis, adv., am gestrigen Tage (irrthümlich gesetzt statt morgen).

*gitan, c. I. 3. (*gat, getum, gitans*), erlangen, s. *bi-gitan.*

giutan, c. I. 5. (*gaut, gutum, gutans*), giessen.

glaggvo, adv., genau.

glaggvuba (glaggvaba), adv., genau.

glitmunjan, c. II. 1., glänzen.

goda-kunds, adj., von guter Abkunft, vornehm.

godei, sw. fem., Tüchtigkeit, Tugend.

gods, adj., gut; gütig; schön.

goleins, st. fem. 2., Gruss.

goljan, c. II. 1., grüssen, begrüssen.

graba, st. fem. 1., Graben.

graban, c. I. 6. (*grof, grobum, grabans*), graben.

gramjan, c. II. 1., grämlich machen, reizen.

gramst, st. n. 1., Splitter.

gras, st. n. 1. (gen. *grasis*), Gras, Kraut, Gemüse; Halm.

gredags, adj., hungrig.

gredon, c. II. 3., hungern; *gredoþ mik* es hungert mich.

gredus, st. m. oder fem., Hunger.

greipan, c. I. 4. (*graip, gripum, gripans*), greifen, ergreifen.

gretan (greitan), c. I. 8. (*gaigrot, gaigrotum, gretans*), weinen; klagend ausrufen.

grets, st. fem. 2. (?), das Weinen.

grids, st. fem. 2., Schritt, Stufe.

grinda-fraþjis, adj., kleinmüthig.

groba, st. fem. 1., Grube, Höhle.

grundu-vaddjus, st. fem. 3., Grundmauer, Grund.

gud, st. n. 1., plur. *guda* Götzen, Götter.

guda-faurhts, adj., gottesfürchtig.

guda-laus, adj., gottlos, ohne Gott.

gud-hus, st. n. 1. (gen. *husis*), Gotteshaus, Tempel.

Gudilub(s), n. pr. st. m. 1., Gottlieb.

gudisks, adj., göttlich.

gudja, sw. m., Priester, auch Hoherpriester.

gudjinassus, st. m. 3, Priesterthum; Liebespflicht.

gudjinon, c. II. 3., das Priesteramt verrichten.

gulþ, st. n. 1., Gold.

gulþcins, adj., golden.

guma, sw. m., Mann.

guma-kunds, adj., männlichen Geschlechts, männlich.

gumeins, adj., männlich.

gunds, st. n. 1., Eiter, Geschwür, Krebs.

*Gut-, Gothe.

Gut-þiuda, st. fem. 1., Gothenvolk.

guþ, st. m. 1. anom. (gen. *guþs*), Gott; plur. n. *guþa* Götter, vergl. *gud.*

guþa-skaunei, sw. fem., Gottesgestalt.

guþ-blostreis, st. m. 1., Gottesverehrer.

Haban, c. II. 2., 1. haben, halten: *sa fairhvu habands* der Welthalter, Fürst dieser Welt; *gafahana haban* gefangen halten; *habaiþ visan* gehalten sein (d. i bereit sein);

2. zur Bestimmung der Zeit: wie alt? wie lange her? *fimftiguns jere haban* funfzig Jahre alt sein; *fidvor dagans habands* vier Tage lang;

3. sich befinden: *ubilaba haban* sich übel befinden; *mais vairs haban* sich immer schlimmer befinden;

4. halten, meinen: *habaidedun Iohannen þatei praufetes vas* hielten den Johannes für einen Propheten;

5. wollen, werden: *þatei habaida taujan* was er thun wollte; *þatei habaidedun ina gadaban* was ihm widerfahren werde; daher dient es auch zur Umschreibung des Futurs: *visan habaiþ* (Joh. 12, 26) wird sein.

hafjan, c. I. 6. anom. (*hof, hofum, hafans*), heben, aufheben.

haftjan (auch *haftjan sik*), c. II. 1., sich anheften, sich anhängen, anhangen, sich ergeben.

hafts, adj., behaftet; *liugom hafts* verheirathet.

hahan, c. I. 7. (*haihah, haihahum, hahans*), etwas hängen, schweben lassen; hinhalten, in Zweifel lassen.

hahan, c. II. 2., hangen; Jemand anhängen.

Haibraius, n. pr. st. m. 3., Hebräer.

haidus, st. m. 3., Art, Weise.

haifstjan, c. II. 1., streiten, kämpfen.

haifsts, st. fem. 2., Streit, Streitsucht, Zank, Kampf.

haihs, adj., einäugig.

Haileias s. *Helias.*

Haileisaius, n. pr. st. m. 3., Elisäus.

hailjan, c. II. 1., heilen; *hailjan sik* geheilt werden.

hails, adj., heil, heilsam, gesund; in der Anrede: Heil, sei gegrüsst.

haimoþli, st. n. 1., Heimathsland, Acker.

haims, st. fem. 2. (im plur. st. fem. 1.), Dorf, Flecken.

hairaisis, Fremdw. (plur. nom. *hairaiseis*), Ketzerei.

hairda, st. fem. 1., Heerde.

hairdeis, st. m. 1., Hirt.

Hairodias s *Herodias.*

hairto, sw. n., Herz.

hairþra, st. n. 1. plur., Eingeweide, Herz.

hairus, st. m. 3., Schwert.

hais, st. n. 1. (gen. *haizis*), Fackel.

haitan, c. I. 7. (*haihait, haihaitum, haitans*), nennen, benennen (im pass- heissen); rufen, einladen; heissen, befehlen.

haiti, st. fem. 1., Geheiss, Befehl, Aufgebot.

haiþi, st. fem. 1., Haide, Feld, Landgut.

haiþivisks, adj., wild.

haiþno, sw. fem., Heidin.

hakuls, st. m. 1. (oder 2.), Mantel.

halba, st. fem. 1., Hälfte, Seite; in þizai halbai in dieser Hinsicht.

halbs, adj., halb.

haldan, c. I.ʻ 7. (haihald, haihaldum, haldans), hüten, weiden; þai haldandans die Hirten.

haldis, adv., lieber, mehr; ni þe haldis nicht um so mehr = keinesweges.

halis-aiv, adv., kaum je, kaum.

halja, st. fem. 1., Hölle.

halks, adj., gering, dürftig.

hallus, st. m. 3, Fels.

hals, st. m. 1. (gen. halzis), Hals.

halts, adj., lahm.

hamfs, adj., verstümmelt.

*hamon, c. II. 3., bedecken, s. af-, ana-, and-, ga-, ufar-hamon.

hana, sw. m., Hahn.

handugei, sw. fem., Weisheit.

handugs, adj. (comp. handugoza), weise.

handus, st. fem. 3., Hand.ʻ

handu-vaurhts, adj., mit der Hand gemacht.

hansa, st. fem. 1., Schaar, Menge; (die Wache, Cohorte).

harduba (hardaba), adv., hart, sehr, mit Strenge.

hardu-hairtei, sw. fem., Hartherzigkeit.

hardus, adj. (comp. hardiza), hart, strenge.

harjis, st. m. 1., Heer, Menge (Legion).

hatan, c. II. 2., hassen.

hatis, st. n. 1. (gen. hatizis), Hass, Zorn.

hatizon, c. II. 3., zürnen.

hatjan. c. H. 1., hassen.

haubiþ (haubid), st. n. 1., Haupt, Kopf; haubiþ vaihstins Eckstein.

hauhaba, adv., hoch; hauhaba hugjan hoffärtig sein.

hauhei, sw. fem., Höhe.

hauheins, st. fem. 2., Erhöhung, Ehre.

hauh-hairtei, sw. fem., Hochmuth.

hauh-hairts, adj., hochmüthig.

hauhis, adv. comp , höher, weiter hinauf.

hauhisti, st. n. 1., die höchste Höhe.

hauhiþa, st. fem. 1., Höhe, Hoheit, Erhebung, Ehre.

hauhjan, c. II. 1., erhöhen, preisen, verherrlichen.

hauhs, adj. (comp. hauhiza, sup. hauhista), hoch.

hauh-þuhts, adj., hochmüthig.

hauneins, st. fem. 2., Erniedrigung, Niedrigkeit, Demuth, Verdemüthigung.

haunjan, c. II. 1., erniedrigen.

hauns, adj , niedrig, demüthig.

haurds, st. fem. 2., Thür.

hauri, st. n. 1., Kohle; im plur. auch Kohlenfeuer.

haurn, st. n. 1., Horn; Träber.

haurnja, sw. m., Hornbläser.

haurnjan, c. II. 1., auf dem Horne blasen.

hauseins, st. fem. 2., das Gehör (die Ohren); das Gehörte (Predigt, Wort).

hausjan, c. II. 1., hören, vernehmen, anhören, erhören, zuhören.

hausjon, c. II. 3., hören.

havi, st. n. 1. (gen. *haujis*), Heu, Gras.

hazeins, st. fem. 2., Lob; Lobgesang.

hazjan, c. II. 1., loben, preisen.

heito, sw. fem., Fieber.

heiva-frauja, sw. m., Hausherr.

helei, Fremdw., mein Gott.

Helei, n. pr. m. anom., Heli; gen. *Heleis.*

Helias (Heleias, Haileias), n. pr. sw. m., Elias; gen. *Heliins* und *Helijins.*

Her, n. pr. st. m. 1., Her.

her, adv., her, hier.

Herodes (Herodis), n. pr. m. anom., Herodes; gen. *Herodis, -des* und *-deis,* dat. *-da.*

Herodianus, st. m. 3., Herodianer.

Herodias (Hairodias), n. pr. fem. anom., Herodias; gen. *Herodiadins,* acc. *-diadein.*

heþjo, sw. fem., Kammer.

hidre (hidrei), adv., hierher.

hilms, st. m. 1., Helm.

hilpan, c. I. 1. (*halp, hulpum, hulpans*), helfen.

himina-kunds, adj., himmlisch.

himins, st. m. 1., Himmel.

himma s. *his.*

hina s. *his.*

hindana, adv. c. gen., hinter, jenseit.

hindar, praep. c. dat. und acc., hinter, jenseit; über;

    1. c. acc. auf die Frage wohin?

    2. c. dat. auf die Frage wo? und bei *qiman.*

Nist hindar uns maizo fimf hlaibam wir haben nicht mehr als fünf Brode (hinter) bei uns; *stojan dag hindar daga* den einen Tag dem andern nachsetzen, vor dem andern unterscheiden.

hindar-leiþan, c. I. 4., hingehen; vorübergehen, vergehen.

hindar-veis, adj., hinterlistig, betrüglich.

hindar-veisei, sw. fem, Hinterlist.

hindumists, superl., hinterster, äusserster.

*hinþan, c. I. 1. (*hanþ, hunþum, hunþans*), fangen, s. *fra-, us-hinþan.*

hiri, adv. ‚imper., komm, hierher; im dual: *hirjats*, im plur. *hirjiþ* kommet.

*his, pron. demonstr., der, dieser; davon die Casus:
dat. *himma daga* ‚an diesem Tage, heute; *·fram himma* und *fram himma nu* von nun an, jetzt;
acc. *und hina dag* bis auf diesen Tag, bis heute;
acc. neutr. *und hita nu* bis jetzt, bisher.

hiufan, c. I. 5. (*hauf, hufum, hufans*), klagen, Klagelieder singen.

hiuhma (*hiuma*), sw. m., Haufen, Menge.

hivi, st. n. 1., Schein.

hlahjan, c. I. 6. anom. (*hloh, hlohum, hlahans*), lachen.

hlaibs (*hlaifs*), st. m. 1., Brod, Speise, Brodbissen.

hlains, st. m. 1. (oder 2.), Hügel.

hlaiv, st. n. 1., Grab.

hlaivasna, st. fem. 1., nur im plur. Gräber, Grabhöhlen.

hlamma, st. fem. 1. (?), Klemme, Schlinge, Fallstrick.

hlas, adj. (comp. *hlasoza*), freudig, heiter.

hlasei, sw. fem., Fröhlichkeit.

*hlaþan, c. I. 6. (*hloþ, hloþum, hlaþans*), laden, s. *af-hlaþan*.

*hlaupan, c. I. 7. (*hlaihlaup, hlaihlaupum, hlaupans*), laufen, s. *us-hlaupan.*

hlauts, st. m. 1. (oder 2.), Loos; das Verlooste, Erbschaft: *hlauts gasatiþs visan* als Erbschaft gesetzt, zur Erbschaft berufen sein.

hleibjan, c. II. 1., schonen, sich Jemandes annehmen.

hleiduma, sw. adj. comp., link; die Linke (d. i. Hand, auch Seite).

hleiþra, st. fem. 1., Hütte, Zelt.

hleþra-stakeins, st. fem. 2., Laubhüttenfest.

hlifan, c. II. 2. (oder I. 3.?), stehlen.

hliftus, st. m. 3., Dieb.

hlija, sw. m., Hütte, Zelt.

hliuma, sw. m., Gehör; Ohr.

hliuþ, st. n. 1., Gehör, Aufmerksamkeit; Stillschweigen.

hlutrei, sw. fem., Lauterkeit, Aufrichtigkeit.

hlutriþa, st. fem. 1., dasselbe.

hlutrs, adj., lauter, rein.

hnaiveins, st. fem. 2., Erniedrigung, Niedrigkeit.

hnaivjan, c. II. 1., erniedrigen; *hnaiviþs* demüthig.

hnaivs, adj., niedrig.

hnasqus, adj., weich, weichlich.

hneivan, c. I. 4. (*hnaiv, hnivum, hnivans*), sich neigen, sinken.

*hniupan, c. I. 5. (*hnaup, hnupum, hnupans*), reissen, brechen, s. *dis-hniupan.*

hnuto, sw. fem., Knute, Peitsche, Stachel.‘

hoha, sw. m., Pflug.

holon, c. II. 3., schaden, betrügen.

horinassus, st. m. 3., Hurerei, Ehebruch.

horinon, c. II. 3., huren, Ehebruch begehen.

hors, st. m. 1., Hurer, Ehebrecher.

hrainei, sw. fem., Reinheit.

hraineins, st. fem. 2., Reinigung.

hrainja-hairts, adj., reinherzig, reines Herzens.

hrainjan, c. II. 1., reinigen.

hrains, adj., rein.

*hraiv, st. n. 1., Leiche.

hraiva-dubo, sw. fem., Turteltaube.

hramjan, e. II. 1., kreuzigen.

*hrisjan, c. II. 1., schütteln, s. *af-, us-hrisjan.*

hropjan, c. II. 1., rufen, schreien.

hrops, st. m., Ruf, Geschrei, Eph. 4, 31.

hrot, st. n. 1., Dach.

hroþeigs, adj., siegreich.

hrugga, st. fem. 1., Stab.

hruks, st. m. (oder *hruk,* st. n.), das Krähen.

hrukjan, c. II. 1., krähen.

*hruskan, c. II., prüfen? s. *and-hruskan.*

huggrjan (hugrjan), c. II. 1., hungern; *huggreiþ mik* es hungert mich; *huggriþs* hungrig.

hugjan, c. II. 1., denken, meinen, gesinnt sein; *hugjan hauhaba* hoffärtig sein; *vaila hugjan* wohlgesinnt, einstimmig sein.

hugs, st. m. 1., Sinn, Verstand; gen. *hugis.*

hugs, st. n. 1. (gen. *hugsis*), Feld, Landgut.

huhjan, c. II. 1., sammeln? 1. Cor. 16, 2.

huhrus, st. m. 3., Hunger, Hungersnoth.

hulistr, st. n. 1., Hülle, Decke.

huljan, c. II. 1., verhüllen, bedecken.

hulþs, adj., hold, gnädig.

hulundi, st. fem. 1., Höhle.

-hun, Anhängesilbe zur Bildung unbestimmter Pronomina: irgend.

hund, st. n. 1. (nur im plur.), hundert.

hunda-faþs (hundafads), st. m. 2., Anführer über hundert Mann, Hauptmann.

hunds, st. m. 1., Hund.

hunsl, st. n. 1., Opfer; im plur. auch Dienst.

hunsla-staþs, st. m. 2., Opferstätte, Altar.

hunsljan, c. II. 1., opfern.

hunþs, st. fem. (oder m.?), Gefangenschaft.

hups, st. m. 2. (gen. *hupis*), Hüfte.

hus, st. n. 1. (gen. *husis*), Haus.

huzd, st. n. 1., Schatz.

huzdjan, c. II. 1., Schätze sammeln, in den Schat legen.

hvad s. *hvaþ.*

hvadre, adv., wohin.

hvah s. *hvazuh.*

hvairban, c. I. 1. (*hvarb, hvaurbum, hvaurbans*), wandeln; — *ungatas-saba* unordentlich leben.

hvairnei, sw. fem., Hirnschädel.

hvaiteis, st. m. 1., Waizen.

hvaiva, adv., wie; *ei hvaiva* ob irgendwie, um irgendwie, um auf irgend eine Weise.

hvan, adv., 1. in der Frage: wann?

 2. irgend wann, je, einmal;

 3. vor adj. und adv.: wie; *hvan filu — mais þamma* wie viel, je mehr — desto mehr;

 4. vor comp.: um wie viel;

 5. nach andern Partikeln: etwa; *ei hvan ni, ibai hvan, nibai hvan* damit nicht etwa; *niu hvan* ob nicht etwa, vielleicht dass.

hvan-hun, adv., jemals; *ni hvanhun* niemals.

**hvapjan,* c. II. 1., löschen, s. *af-hvapjan.*

hvar, adv., wo.

hvarbon, c. II. 3., wandeln, umherwandeln, gehen.

hvarjis, pron. interrog. (fem. *hvarja,* n. *hvarjata*), welcher, wer (von mehren).

hvarzijuh, pron. indef. (fem. *hvàrjoh,* n. *hvarjatoh*), jeder, ein Jeder.

hvas, pron. (fem. *hvo,* n. *hva*).

 1. fragend: wer, was; *in hvis* wesswegen, warum; *und hva* bis zu welcher Zeit, wie lange; *hva* was, auch: warum;

 2. unbest.: irgend Einer, Jemand, Etwas; *leitil hva* ein wenig;

 3. adv., etwa; *ibai hva alja* wenn etwa Anderes, was sonst.

hvas-hun, pron. indef., Jemand; *ni hvashun* Niemand.

hvassaba, adv., streng, mit Schärfe.

hvassei, sw. fem., Strenge.

hvaþ (*hvad*), adv., wohin.

hvaþar, pron. interrog., wer, was (von zweien).

hvaþaruh, pron., ein Jeder von beiden.

hvaþjan, c. II. 1., schäumen.

hvaþo, sw. fem., Schaum.

hvaþro, adv., von woher.

hvazuh, pron. indef. (fem. *hvoh,* n. *hvah*), jeder; mit Zahlwörtern umschreibt es Vertheilungszahlen: *insandida ins tvans hvanzuh* sandte sie je zwei.

hve, alter instr. von *hvas,* 1. wem, mit wem, womit;

 2. vor comp.: um wie viel, um was;

 3. adv., etwa.

hveh, adverb. dat. von *hvazuh,* jedenfalls, nur.

hveila, st. fem. 1., Weile, Zeit, Stunde; *hvo hveilo* eine Zeitlang; jede Stunde, allezeit.

hveilan, c. II. 2., weilen, zögern, aufhören.

hveila-hvairbs, adj., nur eine Zeitlang dauernd, augenblicklich, unbeständig.

hveilo-hun, adv., irgend eine Zeit lang; *ni hveilohun* nicht eine Stunde.

hveits, adj., weiss.

hve-lauþs, adj., wie gross.

hvi-leiks (hveleiks), adj., wie beschaffen; was für ein, welcher; *hvileiks — svaleiks* wie (beschaffen) — so (beschaffen).

hvilftri, st. fem. 1., im plur. Todtenkiste, Bahre, Sarg.

hvoftuli, st. fem. 1., das Rühmen, der Ruhm.

hvopan, c. I. 7. (*hvaihvop, hvaihvopum, hvopans*), sich rühmen; *hvopan ana* c. acc. sich gegen Jemand rühmen, sich über Jemand erheben.

hvota, st. fem. 1., Drohung.

hvotjan, c. II. 1., drohen.

Hymainaius, n. pr. st. m. 3., Hymenäus.

hyssopo, Fremdw. sw. fem., Ysop.

Iacirus (Jacirus), n. pr. st. m. 3., Jairus.

Iairaimias, n. pr. sw. m., Jeremias.

Iairaupaulis, n. pr. sw. fem. (dat. *Iairaupaulein*), Hierapolis.

Iaireiko (Iairiko), n. pr. sw. fem., Jericho.

Iairusalem, n. pr. sw. fem. (gen. *-lems*, dat. acc. *-lem*), Jerusalem.

Iairusaulyma (Iairausaulyma), n. pr. st. fem. 1. (gen. *-mos*), Jerusalem.

Iairusaulymeis, n. pr. st. fem. 2. plur. (dat. *-mim* und anom. *-miam*), Jerusalem, auch die Einwohner von Jerusalem.

Iairusaulymeites, n. pr. st. m. 2. (gen. plur. *-te*), Einwohner von Jerusalem.

Iaissais, n. pr. st. m. 1. (gen. *Iaissaizis*), Jesse.

Iakob, n. pr. st. m. 1., Jacob.

Iakobus, n. pr. st. m. 3. (auch anom. gen. *Iakobis*, dat. *-ba*), Jacobus.

Iared, n. pr. st. m. 1., Jared.

Iareim, n. pr. st. m. 1., Harim.

Iasson, n. pr. m., Jason.

Iaurdanes, n. pr. (dat. anom. *Iaurdane*), Jordan.

Iaurdanus (Jaurdanus), n. pr. st. m. 3., Jordan.

ibai (iba), 1. Fragpartikel: ob denn, etwa, wohl? 2. conj., dass nicht, dass nicht etwa.

ib-dalja, sw. m., Abhang, Thal, Luc. 19, 37.

ibna-leiks, adj., gleich.

ibna-skauns, adj., gleichgestaltet.

ibnassus, st. m. 3., Gleichheit; Billigkeit.

ibns, adj., eben, flach; in schw. Form: *ibna*, gleich.

ibuks, adj. 1., rückwärts, zurück.

iddja s. *gaggan*.

idreiga, st. fem. 1., Reue, Busse.

idreigon (mit und ohne *sik*), c. II. 3., bereuen, Busse thun.

Idumaia, n. pr. st. fem. 1. (dat. anom. *Idumaia*), Idumäa.

id-veit, st. n. 1., Schimpf, Schmach, Schmähung.

id-veitjan, c. II. 1., schmähen, schmähend vorwerfen, verweisen, lästern.

Iesus, n. pr. st. m. 1. (gen. *Iesuis*), Jesus.

iftuma, sw. adj. comp., der nächste, folgende.

iggqar, pron. possess., euch beiden gehörig.

ik, pron., ich.

ikei (d. i. *ik* mit angehängtem *ei*), pron. rel., ich der, welcher.

in, praep. c. gen. dat. acc., bezeichnet im Allgemeinen die Bewegung oder das Sein in etwas, die Richtung nach etwas hin oder die Bewegung und Ruhe auf einen oder auf einem Gegenstande (dat. oder acc.), während der gen. causale Bedeutung hat. 1. c. gen. wegen, durch, über, bei: *in þis, inuh þis* darum, desshalb; *in þizei, in þizeei* desshalb dass, weil, wesshalb, darum; *in þizozei vaihtais* um desswillen; *in hvis* wesshalb;

2. c. dat. räumlich: in, auf, zu, vor (in Gegenwart), bei, an, unter (zwischen); zeitlich: in, an, zu, auf, während, binnen; ferner: nach, durch, vermittelst, gemäss, in Bezug auf; *in þamma* darin, darnach, dadurch; *in þammei* darüber dass, als, wenn, weil;

3. c. acc. örtlich: in, auf, nach, zu; zeitlich: bis in, bis zu, auf; ferner: in, gegen, für, in Hinsicht auf u. a.

in-agjan, c. II. 1., in Angst setzen, bedrohen.

in-ahei, sw. fem., verständiges Betragen, Sittsamkeit, Nüchternheit.

in-ahs, adj., verständig, klug.

in-aljanon, c. II. 3., zornig machen, reizen.

in-brannjan (inbranjan), c. II. 1., in Brand stecken.

in-drobnan, c. III., betrübt werden, sich betrüben.

in-feinan, c. III., gerührt werden, bemitleiden, sich erbarmen; *infeinandei armahairtei* innigste Barmherzigkeit.

inga-leikon, c. II. 3., umwandeln.

in-gards, adj., im Hause befindlich.

in-gardja, sw. m., Hausgenoss.

in-gramjan, c. II. 1., in Zorn setzen, erbittern.

inilo, sw. fem., Entschuldigung; Gelegenheit, Anlass.

in-kilþo, sw. fem. adj., schwanger.

in-kunja, sw. m., Stammgenosse, plur. Landsleute.

in-liuhtjan, c. II. 1., erleuchten.

in-maideins, st. fem. 2, Veränderung, Abwechselung; Einlösung.

in-maidjan, c. II. 1., verändern, umgestalten, verwandeln.

inn, adv., hinein.

inna, adv., innen, im Innern, innerhalb.

inna-kunds, adj., zum Hause gehörig, Hausgenosse.

innana, adv., innen, inwendig; innerhalb c. gen.

innat-bairan, c. I. 2., hineintragen, daher tragen.

innat-gaggan, c. anom, hineingehen.

inn-at-gahts, st. fem. 2., Eingang, Eintritt.

innat-tiuhan, c. I. 5, hineinziehen, hineinbringen.

innaþro, adv., von innen her, inwendig.

inn-gaggan, c. anom., hineingehen.

inn-galeiþan, c. I. 4., hineingehen.
in-niujiþa, st. fem. 1., Erneuerung; Erneuerungsfest; Tempelweihe.
innuf-sliupan, c. I. 5., hineinschlüpfen, einschleichen.
innuma, sw. adj. comp., der innere, innerste.
inn-vairpan, c. I. 1., hineinwerfen.
in-rauhtjan, c. II. 1., zürnen, sich entsetzen.
inreiran, c. H. 2., erbeben.
in-sahts, st. fem. 2., Anzeige, Erzählung, Erklärung, Behauptung, Beweis.
in-saihvan, c. I. 3., auf etwas hinsehen.
in-saian, c. I. 8., hineinsäen.
in-sailjan, c. I. 1., an Seilen hinablassen.
in-sakan, c. I. 6., streiten; anzeigen, bezeichnen, vortragen.
in-sandjan, c. II. 1., hinsenden, senden, hineinsenden, zusenden; geleiten.
in-standan, c. anom., nahe bevorstehen; bei etwas beharren.
in-svinþjam, c. II. 1., stärken; *insvinþjan sik* stark sein.
in-tandjan, c. II. 1., verbrennen.
in-trusgjan, c. II. 1., einpropfen.
in-tundnan, c. III., brennen, Brunst leiden.
inuh (inu), praep. c. acc., ohne, ausser.
inuh, inuþ-, d. i. *in-uh* s. *in.*
in-vagjan, c. II. 1., in Bewegung setzen, aufregen, betrüben; aufwiegeln.
in-vandjan, c. II. 1., verkehren, verdrehen.
in-veitan, c. I. 4., anbeten.
in-vidan, c. I, 3., verleugnen; aufheben.
in-vindiþa, st. fem. 1., Ungerechtigkeit.
in-vinds, adj., ungerecht; verdreht, verkehrt.
in-visan, c. anom., bevorstehen, da sein.
in-vitoþs, part., dem Gesetze unterworfen, 1. Cor. 9, 21.
Ioanan, n. pr. m., Johanan.
Iohanna, n. pr. sw. m., Joanna, Jona.
Iohanna, n. pr. fem., Joanna.
Iohannes (Iohannis), n. pr. st. m. anom. (gen. *Iohannis* und *-nes;* dat. *-ne, -nen* und *-nau;* acc. *-nen, -nein* und *-ne),* Johannes.
Iora, n. pr. sw. m., Jora.
Ioreim, n. pr. st. m. 1., Jorim.
Iosef, n. pr. st. m. 1., Joseph.
Ioses, n. pr. st. m. 1., (gen. *Iosezis),* Joses (Joseph und Jesus).
is, pron. pers. 3. pers. (fem. *si,* n. *ita),* er, sie, es.
Isak, n. pr. st. m. 1., Isaak.
Iskariotes (Iskarioteis, Iskarjotes, Skariotes), n. pr. st. m. anom. (dat. *-tau,* acc. *-tu* und *-ten),* Iscariot.
Israel, n. pr. st. m. 1., Israel.
Israeleites, n. pr. st. m. 2. (plur. *Israeleitai* oder *-teis),* Israelit.
itan, c. I. 3. (*at, etum, itans),* essen.

Ituraia, n. pr. fem. (gen. *Ituraias*), Ituräa.

iþ, conj., 1. jederzeit vorangestellt: aber, zwar; denn, doch; und; nun, also; zum öftern sind andere Partikeln pleonastisch zugesetzt, wie *þan, nu, sveþauh;* 2. voran-, aber auch nachgesetzt: wenn.

Iudaia, n. pr. anom. (gen. *-as,* dat. *-a,* acc. *-an* und *a),* Judäa.

Iudaia-land, st. n. 1., das Land Judäa.

Iudaius (Judaius), n. pr. st. m. 3., Jude.

iudaivisko, adv., jüdisch.

iudaiviskon, c. H. 3., jüdisch leben.

iudaivisks, adj., jüdisch.

Iudas (Iodas, Judas), n. pr. sw. m., Judas.

iumjo, sw. fem., Menge.

iup, adv., aufwärts, nach oben.

iupa, adv., oben; nach oben.

iupana, adv., von früher her.

iupaþro, adv., von oben, von oben her.

ius, adj., gut; comp. *iusiza* besser.

Iuse, n. pr. m. indecl., Jose.

iusila, st. fem. 1., Besserung, Erleichterung.

izei (ize), das pron. *is* mit dem angehängten *ei,* fem. *sei,* als pron. rel. für nom. sing. und plur., welcher, welche; mit vorhergehendem demonstr. *sa izei* derjenige welcher u. s. w.; *sahvazuh izei* jeder welcher.

izvar, (fem. *izvara,* n. *izvar),* pron. possess., euer, euere, euer.

izvis-ei, das pron. pers. 2. pers. dat. plur. mit dem angehängten *ei* als pron. rel., euch welchen, euch denen.

J*a,* adv., ja.

jabai, conj., wenn; wenn auch; wenn nur, wenn anders; nach *ni vitan:* ob; *jabai — aiþþau* entweder — oder.

Jaeirus s. *Iaeirus.*

jah, conj., und; auch, *svasve jah* wie auch; *jah — jah* sowohl — als auch, sei es dass — oder; *ni þatainei — ak jah* nicht nur — sondern auch; zum öftern assimilirt es dem folg. Cons., namentlich dem *g, n, s, þ,* doch auch andern.

jai, adv., ja, wahrlich, fürwahr; als interj. o! — *þannu nu jai* denn also.

jainar, adv., dort, daselbst, allda, da.

jaind, adv., dorthin, dahin.

jaindre, adv., dorthin, dahin.

jaind-vairþs, adv., dorthin, dahin.

jains, fem. *jaina,* n. *jainata,* pron. demonst., jener, jene, jenes.

jainþro, adv., von dort, von da.

Jairupula, n. pr. st. fem. 1., Hieropolis.

Janna, n. pr. sw. m., Janne.

Jannes (Jannis), n. pr. m., Jannes.

jaþþe, conj., und wenn; *jaþþe — jaþþe* sei es dass — oder, sei es dass — oder dass; entweder — oder; gleichviel ob — oder ob.

jau, (d. i. *ja-u*), Fragpartikel, ob.

jer, st. n. 1., Jahr; Zeit.

jiuka, st. fem. 1., Streit, Zorn.

jiukan, st. c. II. 2, kämpfen; siegen.

jiuleis, st. m. 1., Julmonat (November).

jota, sw. m., Jota, Pünktchen.

ju, adv., schon, jetzt; *ju ni* oder pleonastisch *ju ni þanamais* nicht mehr.

jugga-lauþs, st. m. 2., Jüngling.

juggs, adj. (comp. *juhiza*), jung, jugendlich; neu.

iuk, st. n. 1., Joch, Paar.

jukuzi, st. fem. 1., Joch.

junda, st. fem. 1., Jugend.

Justus, n. pr. st. m. 3., Justus.

juþan, adv., schon; *juþan ni* nicht mehr.

juzei, pron. rel. 2. pers., die ihr.

Kaballarja, n. pr.

Kaeinon, n. pr. st. m. 1., Kainan.

Kafira, n. pr. indecl., Kafira.

Kafarnaum, n. pr. indecl., Kapharnaüm.

Kaidmeiel, n. pr. st. m. 1., Kadmiel.

Kaidron, n. pr. fem., Kedron.

kaisar, st. m. 1., Kaiser.

kaisara-gild, st. n. 1., Kaisersteuer, Zins.

Kaisara, n. pr. (gen. *Kaisarias*), Cäsarea.

Kajafa, n. pr. sw. m., Kaiphas.

kalbo, sw. fem., Kalb, junge Kuh.

kalds, adj., kalt.

kalkinassus, st. m. 3., Hurerei, Ehebruch.

kalkjo, sw. fem., Hure.

Kananeites, n. pr. st. m. 2., Kananäer; acc. -*ten*.

kannjan, c. II. 1., bekannt machen, kund thun, predigen.

kapillon, c. II. 3., die Haare abschneiden.

kara, st. fem. 1., Sorge; *mik ist kara* mich kümmert; *kar ist* oder bloss *kara* es kümmert; *ni kar-ist ina þize lambe* es kümmern ihn die Schaafe nicht, liegt ihm nichts daran.

Kareiaþiareim, n. pr. indecl., Kariathiarim.

karkara, st. fem. 1., Kerker, Gefängniss.

karon, c. II. 3., sich kümmern.

Karpus, n. pr. st. m. 3., Karpus.

kas, st n. 1., Gefäss; Krug, Tonne.

kasja, sw. m. Töpfer.

katils, st. m. 1. (oder 2.), Kessel, ehernes Geschirr.

22*

Kaulaussaius, n. pr. st. m. 3., Kolosser.

kaupatjan, c. II. anom. (praet. *kaupasta*), ohrfeigen, Backenstreiche,' Faust-schläge geben.

kaupon, c. II. 3., handeln, Handel treiben.

Kaurazein, n. pr. Korazin (Korazain).

kaurban, Fremdw., Gabe.

kaurbanus, Fremdw. st. m. 3. (dat. *-naun*), Tempelschatz.

kaureins, st. fem. 2., Last, Gewicht, Fülle.

Kaurinþius (*Kaurinþaius*), n. pr. st. m. 3., Korinther.

Kaurinþo, n. pr. sw. fem., Korinth.

kauriþa, st. fem. 1., Last.

kaurjan, c. II. 1., drücken, belasten, beschweren, belästigen, zur Last fallen.

kaurn, st. n. 1., Korn, Frucht, Weizen.

kaurno, sw. n., Korn, Körnchen.

kaurs, adj., schwer, gewichtig.

kausjan, c. II. 1., kosten, schmecken; prüfen.

kavtsjo, Fremdw. sw. fem., Caution, Wechsel.

Kefas, n. pr. sw. m., Kefas.

**keian,* c. I. 4. (*kai, kijum, kijans*), keimen, s. *us-keian.*

keinan, c. III., keimen.

kelikn, st. n. 1., oberstes Geschoss, Speisesaal; Thurm.

Kileikia, n. pr. st. fem. 1. (gen. *-ais*) Cilicien.

kilþei, sw. fem., Mutterleib.

kindins, st. m. 1. (oder 2.), Statthalter, Landpfleger.

kinnus, st. fem. 3., Kinn, Backe, Wange.

kintus, st. m. 3., Heller.

kiusan, c. I. 5. (*kaus, kusum, kusans*), prüfen, erproben, wählen.

**klahs,* adj., geboren?, s. *niu-klahs.*

Klemaintus, n. pr. st. m. 3., Clemens.

klismjan, c. II. 1., klingen.

klismo, sw. fem., Klingel, Schelle.

kniu, st. n. 1., Knie; gen. *knivis.*

knoda, st. fem. 1. (oder *knods,* st. fem. 2.), Geschlecht.

knussjan, c. II. 1., auf die Knie fallen.

Kosam, n. pr. st. 1., Kosan.

kreks, st. m. 1., Grieche, Heide.

Kreskus, n. pr. st. m. 3., Kreskes.

Kreta, n. pr. st. fem. 1., Kreta.

Kretes, n. pr. plur., die Kreter.

Krispus, n. pr. st. m. 3., Krispus.

kriustan, c. I. 5. (*kraust, krustum, krustans*), knirschen.

**kroton,* c. II. 3., zermalmen, s. *ga-kroton.*

krusts, st. fem. 2. (oder m.?), das Knirschen.

kubitus, st. m. 3., das Liegen, Lager am Tische.

kukjan, c. II. 1., küssen.

kumbjan, c. H. 1., liegen, sich legen, s. *ana-kumbjan.*

kumei, Fremdw., stehe auf.

kuna-vida, st. fem. 1., Fessel, Bande, Eph. 6, 20.

kunds (kuns) adj., geartetet, aus [einem Geschlechte, s. *airþa-, goda-, guma-, himina-, ufarhimina-, inna-, qina-kunds, alja-, sama-kuns.*

kuni, st. n. 1., Geschlecht, Stamm, Gattung, Verwandtschaft; (Priesterclasse?).

kunnan, c. anom. (praes. *kann, kunnum;* praet. *kunþa,* partic. *kunþs*), kennen, wissen.

kunþi, st. n. 1., Kunde, Kenntniss, Erkenntniss, Wissenschaft.

kunþs, partic. als adj., kund, bekannt; der Bekannte.

Kusa, n. pr. sw. m., Chusa.

Kustanteinus, n. pr. m., Constantin.

kustus, st. m. 3., Prüfung, Beweis, Probehaltigkeit.

Kyreinaius, n. pr. st. m. 3., Kyrenius (Quirinus).

Kyreinaius, n. pr. st. m. 3., Einwohner von Kyrene.

Lagga-modei, sw. fem., Langmuth.

laggei, sw. fem., Länge.

laggs, adj., lang, lange während.

lagjan, c. II. 1., legen, hinlegen; geben, mittheilen, überliefern; *lagjan kniva* die Kniee beugen; *handu* die Hand auflegen; — *gavairþi* Frieden bringen; — *saivala* das Leben hingeben.

laian, c. I. 8. (*lailo, lailoum, laians*), schmähen.

laiba, st. fem. 1., Ueberbleibsel.

laigaion, Fremdw., Legion.

laigon, c. H. 3., lecken, s. *bi-laigon.*

laikan, c. I. 7. (*lailaik, lailaikum, laikans*), springen, hüpfen, aufhüpfen; frohlocken.

laiks, st. m. 2., Tanz.

laisareis, st. m. 1., Lehrer.

laiseigs, adj., lehrfähig, zum Lehren geschickt.

laiseins, st. fem. 2., Lehre.

laisjan, c. II. 1., lehren; *laisjan sik* sich belehren, lernen; partic. *laisiþs* (*laisida*), Lehrling.

laistjan, c. II. 1., folgen, nachfolgen, nachgehen, nachstreben.

laists, st. m. 2., der Leisten, die besondere Form, Eigenthümlichkeit; Spur, Fussstapfe; Ziel, Absicht.

Laivveis, n. pr. st. m. 1., Levi.

Laivveitus, Fremdw. st. m. 3., der Levit.

Lamaik, n. pr. st. m. 1., Lamech.

lamb, st. n. 1., Lamm, Schaaf.

land, st. n. 1., Land, Landschaft, Gegend; Landgut; Vaterstadt; *þata bisunjane land* die Umgegend; *landis* überlands, fernhin; zu ergänzen ist *land* in Ausdrücken wie *us allamma Iudaias* (d. i. *landa*).

lasivs, adj. (superl. *lasivosts*), schwach, kraftlos.

latei, sw. fem., Lassheit, Beschwerde; *latei visan* lästig sein.

latjan, c. H. 1., lässig machen, aufhalten.

lats, adj., lässig, träge, faul.

laþa-leiko, adv. sehr gern, 2. Cor. 12, 15 Cod. A.

laþon, c. II. 3., einladen, berufen.

laþons, st. fem. 2., Einladung, Berufung; (auch für Trost; Erlösung).

laubjan, c. II. 1., glauben.

Laudeikaia, n. pr. fem. anom. (dat. *-kaia* und *-kaion*), Laodikia.

laufs, st. m. 1. (gen. *laubis*), Laub, Blatt.

laugnjan, c. H. 1., leugnen.

lauhatjan, c. II. 1., leuchten.

lauhmuni (*lauhmoni*), st. fem. 1., leuchtendes Feuer, Blitz.

Lauidja, n. pr. st. fem. 1., Lois.

laun, st. n. 1., Lohn, Belohnung, Sold.

launa-vargs, st. m. 1., der Undankbare.

laus, adj., los, leer, vergeblich, nichtig; *lausa hauheins* eitle Ehre; *laus vairþan* vereitelt werden; *laus visan af* c. dat., etwas verlieren.

lausa-vaurdei, sw. fem., eitles Geschwätz.

lausa-vaurdi, st. n. 1., eitles, leeres Geschwätz.

lausa-vaurds, adj., Eitles redend; Schwätzer.

laus-handus, adj., mit leeren Händen.

lausjan, c. II. 1., lösen, trennen; erlösen, befreien; *lausjan sis* etwas für sich einfordern; *lausjan af* c. dat von Jemand fordern; im pass. auch eitel, entkräftet werden.

laus-qiþrei, sw. fem., Nüchternheit, Fasten.

laus-qiþrs, adj., leeren Magens, ungespeiset.

*lauþs, adj., gross, gewachsen, s. *hve- jugga-, sama-, sva-lauþs.*

Lazarus (*Lazzarus*), n. pr. st. m. 3., Lazarus.

*leds, adj., s. *un-leds.*

*leiban, c. I. 4. (*laif, libum, libans*), bleiben, übrig bleiben, s. *bi-leiban.*

leihts, adj., leicht.

leihts, st. m. 2. (oder 1.), Leichtsinn; *leihtis brukjan* leichtsinnig handeln.

leihvan, c. I. 4. (*laihv, laihvum, laihvans*), leihen; *leihvan sis* für sich leihen, borgen.

leik, st. n. 1., Fleisch, Leib, Leichnam; *leikis siuns* leibliche Gestalt; der dat. *leika* (*bi leika*) dem Fleische nach, *leika frauja* der leibliche Herr.

leikains, st. fem. 2., Wohlgefallen; Beschluss, Vorsatz.

leikan, c. II. 2., gefallen, zu Gefallen sein.

leikeins, adj., von Fleisch, fleischlich, leiblich.

leikeis (*lekeis*), st. m. 1., Arzt.

leikinassus, st. m. 3., Heilung.

leikinon (*lekinon*), c. II. 3., heilen, gesund machen.

*leiks, adj., gleich, ähnlich, s. *ga-, hvi-, ibna-, liuba-, missa-, sama-, silda-leiks.*

lein, st. n. 1., Leinwand.

leisan, c. I. 4. (*lais*, *lisum*, *lisans*), erfahren, lernen; praet. *lais* ich weiss.

leitan s. *letan*.

leitils, adj. (comp. *minniza*, superl. *minnists*), klein, wenig, kurz.

*leiþan, c. I. 4. (*laiþ*, *liþum*, *liþans*), gehen, s. *af-*, *bi-*, *ga-*, *hindar-*, *þairh-*, *ufar-*, *us-leiþan*.

lekeis s. *leikeis*.

letan, c. I. 8. (*lailot*, *lailotum*, *letans*), lassen, zulassen, von sich lassen, überlassen, zurücklassen.

lev, st. n. 1., Gelegenheit, Anlass.

levjan, c. H. 1., verrathen.

libains, st. fem. 2., Leben.

liban, c. II. 2., leben.

...lif, an Zahlen gehängt so viel wie zehn.

ligan, c. I. 3. (*lag*, *legum*, *ligans*), liegen.

ligrs, st. m. 1., Lager, Bett; Beilager.

lima, Fremdw., warum?

*linnan, c. I. 1. (*lann*, *lunnum*, *lunnans*), weichen, s. *af-linnan*.

lisan, c. I. 3. (*las*, *lesum*, *lisans*), zusammenlesen, sammeln.

listeigs, adj., listig, arglistig.

lists, st. fem. 2., List, Arglist, Nachstellung.

lita, st. fem. 1., Verstellung.

litjan, c. H. 1., heucheln, sich verstellen, Gal. 2, 1.

liteins, st. fem. 2., Fürbitte.

liþus, st. m. 3., Glied.

liuba-leiks, adj., lieblich, liebenswürdig.

liubs, adj., lieb, geliebt.

liudan, c. I. 5. (*lauþ*, *ludum*, *ludans*), wachsen.

liuga, st. fem. 1., Ehe; *liugom hafts* verheirathet.

liugan, c. H. 2., heirathen, zur Ehe nehmen; pass. und med. sich verheirathen, verheirathet werden.

liugan, c. I. 5. (*lauh*, *lugum*, *lugans*), lügen; belügen.

liugn, st. n. 1., Lüge.

liugna-praufetus, Fremdw. st. m. 3., Lügenprophet, falscher Prophet.

liugna-vaurds, st. m. 1., Lügenredner.

liugnja, sw. m., Lügner.

liuhadei, sw. fem., Licht, Erleuchtung.

liuhadeins, adj., leuchtend, hell.

liuhaþ (*liuhad*), st. n. 1., Licht; Schein.

liuhtjan, c. H. 1., leuchten.

*liusan, c. I. 5. (*laus*, *lusum*, *lusans*), verlieren, s. *fra-liusan*.

liuta, sw. m., Heuchler.

liutei, sw. fem., Heuchelei, Betrug, Arglist, Scheinheiligkeit.

liuts, adj., heuchlerisch, betrügerisch.

liuþareis, st. m. 1., Sänger.

liuþon, c. II. 3., singen, lobsingen.

Lod, n. pr. st. m. 1., Lot.

lofa, sw. m., die flache Hand; *slahs lofin* Backenstreich.

lubains, st. fem. 2., Hoffnung.

lubja-leisei, sw. fem., Giftkunde, Zauberei.

ludja, st. fem. 1., Angesicht.

luftus, st. m. 3., Luft.

*lukan, c. I. 5. (*lauk, lukum, lukans*), schliessen, s. *ga-, us-lukan.*

lukarn, st. n. 1., Leuchte, Licht.

lukarna-staþa, sw. m., Leuchter.

Lukas, n. pr. sw. m., Lukas.

Lukius, n. pr. m., Lukius.

lun, st. n., Lösegeld, Marc. 10, 45.

luston, c. II. 3., begehren.

lustus, st. m. 3., Lust, Begierde, Verlangen; *us lustum* gern, freiwillig.

lustusams, adj., ersehnt.

luton, c. H. 3., betrügen, verführen.

Lyddomaeis, n, pr. m., Lyddomais (Lod-Hadid).

Lysanius, n. pr. st. m. 3., Lysanias.

Lystra, n. pr. anom. (dat. *Lystros*), Lystra.

Maeinan, n. pr. st. m. 1., Mainan (Menna).

magan, c. anom. (*mag, mahta, mahts*), können, vermögen.

magaþei, sw. fem., Jungfrauschaft.

magaþs, st. fem. 2., Jungfrau.

Magdalan, n. pr., Magdala.

Magdalene, n. pr. fem. indecl., Magdalene.

magula, sw. m., Knäbchen, Knabe.

magus, st. m. 3., Knabe, Kind; Knecht.

Mahaþ, n. pr. st. m. 1., Mahath.

mahteigs, adj., mächtig; möglich.

mahts, adj., möglich.

mahts, st. fem. 2., Macht, Kraft, Vermögen; im plur. auch Wunder, Wunderkräfte.

maidjan, c. II. 1., verändern, verfälschen.

*maids, adj., veränderlich, s. *ga-maids.*

maihstus, st. m. 3., Mist, Dünger.

mail, st. n. 1., Maal, Falte, Runzel.

Mailaian, n. pr. st. m. 1., Melea.

Mailkein, (oder *Mailkeis,* st. m. 1.), n. pr. m. (gen. *Mailkeins*), Melchi-

maimbrana, sw. m., Pergamentrolle.

*mains, adj., gemein, s. *gameins.*

mais, adv., mehr, noch mehr, viel mehr; vielmehr; *hvan mais, hvaiva mais,* wie viel mehr; *und hvan filu mais* um wie viel mehr; *mais* mit folg. dat. mehr denn, mehr als; *hvan filu — mais þamma* je mehr — desto mehr.

Maisaullam, n. pr. st. m. 1., Mosollam.

maist, adv., aufs meiste, höchstens.

maists, adj. superl., der grösste; vornehmste.

maitan, c. I. 7. (*maimait, maimaitum, maitans*), hauen, abhauen.

maiþms, st. m. 1. (oder 2.), Geschenk.

maiza, adj. comp., grösser; älter; *maiza* mit folg. dat. grösser als —, mehr als —; n. *maizo* mehr, *filaus maizo* viel mehr.

Makeibis, n. pr. (gen. *Makeibis*), Magebis.

Makidoneis, n. pr. plur. st. m. 2., die Macedonier.

Makidonja (Makidona), n. pr. st. fem. 1., Macedonien.

Makmas, n. pr. (gen. *Makmas*), Machmas.

malan, c. I. 6. (*mol, molum, malans*), mahlen.

Maleïlaiel, n. pr. st. m. 1., Maleleel (Malalel).

Malkus, n. pr. st. m. 3., Malchus.

malma, sw. m., Sand.

malo, sw. fem., Motte.

**malsks,* adj., thöricht, s. *untila-malks.*

**maltjan,* c. H. 1., auflösen, s. *ga-malteins.*

Mambres, n. pr. m., Mambres.

mammo, sw. fem., Fleisch.

mammona, sw. m., Mammon, Reichthum.

managei, sw. fem., Menge; Volk.

managduþs, st. fem. 2., Menge, Ueberfluss.

manags-falþs, adj., mannigfaltig, viel mehr.

managjan, c. II. 1., vermehren, vervielfältigen.

managnan, c. III., sich mehren, reich sein, reichlich vorhanden sein.

manags, adj. (comp. *managiza*), mancher, viel; *filu manags* sehr viel; *sva manags svasve* oder *sve* so viel als.

mana-maurþrja, sw. m., Menschenmörder.

mana-seþs (-seiþs und *-seds),* st. fem. 2., Menschensaat, Menschenmenge; Welt.

manauli, st. n. 1., Gestalt.

man-leika, sw. m., das dem Menschen Gleiche, sein Bild.

manna, sw. m. anom., Mann, Mensch; *ni manna* oder *manna ni* Niemand.

manna, Fremdw. indecl., Manna.

manna-hun, pron. indef. (declinirt wie *manna* mit angehängtem *-hun*), stets mit der Negation: *ni mannahun* Niemand.

manniskodus, st. m. 3., Menschlichkeit.

mannisks, adj., menschlich.

manviþa, st. fem. 1., Bereitschaft; plur. die bereiten Mittel, Kosten.

manvjan, c. H. 1., bereiten, zurichten.

manvuba, adv., bereit.

manvus, adj., bereit.

maran aþa, Fremdw., der Herr kommt.

marei, sw. fem., Meer.

Maria (Marja und *Mariam),* n. pr. fem. (declin. sw. m.), Maria.

mari-saivs, st. m. 1. (oder 2.), See.

marka, st. fem. 1., Mark, Grenze, Gebiet.

Markaillus, n. pr. st. m. 3., Marcellus.

markreitus, st. m. 3., Perle.

Markus, n. pr. st. m. 3., Markus.

martyr (?), st. m. 1. (oder 2.?), Martirer, Blutzeuge.

Marþa, n. pr. fem. (declin. sw. m.), Martha.

marzeins, st. fem. 2., Aergerniss.

marzjan, c. II. 1., ärgern.

mati-balgs, st. m. 2., Tasche, Speisetasche.

matjan, c. H. 1., essen; von Thieren: fressen.

mats, st. m. 2., Speise.

Mattaþan, n. pr. st. m. 1., Mattatha (Mathat).

Mattaþius, n. pr. m. (gen. *Mattaþiaus* und *Mattaþivis*), Mattathlas.

Matþaius (*Maþþaius*), n. pr. st. m. 3., Matthäus.

Matþat, n. pr. st. m. 1., Matthat.

maþa, sw. m., Made, Wurm.

maþl, st. n. 1., Versammlungsplatz, Markt.

maþleins, st. fem. 2., Rede, Sprache.

maþljan, c. H. 1., reden.

Maþusal, n. pr. st. m. 1., Mathusala.

maudjan, c. H. 1., erinnern.

maurgins, st. m. 1. (oder 2.), der Morgen.

*maurgjan, c. II. 1., kürzen, s. *ga-maurgjan*.

maurnan, c. II. 2., sorgen, ängstlich besorgt sein.

maurþr, st. n. 1., Mord.

maurþrjan, c. H. 1., morden, tödten.

mavi, st. fem. 1. (gen. *maujos*), Mädchen, Jungfrau.

mavilo, sw. fem., Mägdlein.

megs, st. m. 1. (oder 2.), Tochtermann, Eidam.

meins, pron. possess. (fem. *meina*, n. *mein*, *meinata*), mein.

meki, st. n. 1., Schwert.

mel, st. n. 1., Zeit; Stunde; *mel gabaurþais* Geburtstag; im plur. Schrift, Schriften.

mela, sw. m., Scheffel.

meljan, c. II. 1., schreiben; aufschreiben.

mena, sw. m., Mond.

menoþs, st. m. 1. anom., Monat.

mereins, st. fem. 2., Verkündigung, Predigt.

Merila, n. pr. sw. m., Merila.

meriþa, st. fem. 1., Gerücht, Ruf.

merjan, c. H. 1., verkündigen, das Evangelium verkündigen, predigen.

mes, st. n. 1. (gen. *mesis*), Tafel, Tisch, Schüssel.

midjis, adj., mitten.

midja-sveipains, st. fem. 2, Ueberschwemmung, Sündfluth.

midjun-gards, st. m. 2., Erdkreis.

midumon, c. H. 3., vermitteln; *midumonds* Mittler.

miduma, st. fem. 1. (oder *midums,* st. fem. 2.), Mitte.

mikilaba, adv., gross, sehr.

mikilduþs, st. fem. 2., Grösse.

mikilei, sw. fem., Grösse.

mikiljan, c. II. 1., gross machen oder erklären, preisen, verherrlichen.

mikilnan, c. III., verherrlicht werden.

mikils, adj., gross, stark, viel.

mikil-þuhts, adj., hochmüthig.

mildiþa, st. fem. 1., Milde.

*milds, adj., mild, s. *friaþva-, un-milds.*

milhma, sw. m., Wolke.

militon, c. II. 3., Kriegesdienste thun; *militondans* die Kriegesleute.

miliþ, st. n. 1., Honig.

miluks, st. fem. 2. anom. (gen. *miluks*), Milch.

mimz, st. n. 1., Fleisch.

minnists, adj. superl., der kleinste, geringste (letzte).

minniza, adj. comp., kleiner, geringer (jünger).

mins (minz), adv., weniger, geringer.

minznan, c. III., geringer werden, abnehmen.

missa-deds, st. fem. 2., Missethat, Sünde.

missa-leiks, adj., verschieden; allerlei.

missa-qiss, st. fem. 2., Wortstreit, Spaltung.

missa-taujan, c. II. 1., übel thun, sündigen.

misso, adv., einander, wechselseitig; stets mit dem pron. pers.: *izvis misso, uns misso* (euch, uns) einander; zwischen das pron. possess. und sein subst. gesetzt: einer des andern.

mitadjo, sw. fem., Mass.

mitan, c. I. 3. *(mat, metum, mitans),* messen.

mitaþs (mitads), st. fem. 2. anom., Mass; Malter.

miton, c. II. 3., ermessen; denken, bedenken, überlegen, beherzigen.

mitons, st. fem. 2., Ermessen, Gedanke, Rathschlag.

miþ, 1., praep. c. dat., bezeichnet hauptsächlich Verbindung und Gemeinschaft, auch Art und Weise, Richtung: mit, zugleich mit, bei, unter; gegen, unter, bei; nie zeitbestimmend und local nur: *miþ tveihnaim markom* mitten zwischen die Grenzen, mitten auf das Gebiet. — 2., adv., mit, zugleich; wechselweise 1. Cor. 13, 2.

miþana-kumbjan, c. II. 1., sich zusammen niederlegen, mit zu Tische liegen, sitzen.

miþ-arbaidjan, c. II. 1., mit Jemand arbeiten.

miþ-faʒinon, c. II. 3, sich mit Jemand freuen.

miþfra-hinþan, c. I. 1., mit gefangen nehmen.

miþga-dauþnan, c. III., mitsterben.

miþ-gaggan, c. anom., mitgehen.

miþga-leikon, c. II. 3., mit nachahmen.

miþga-navistron, c. II. 3., mit begraben.

miþga-qiujan, c. II. 1., mit lebendig machen.

miþgarda-vaddjus, st. fem. 3., Scheidewand.

miþga-satjan, c. H. 1., mitsetzen.

miþga-sinþa, sw. m., Reisegefährte.

miþga-sviltan, c. I. 1., mit-, zugleich sterben.

miþga-timrjan, c. II. 1., mit erbauen.

miþga-tiuhan, c. I. 5., mitziehen, mit fortziehen, verleiten.

miþga-visan, c. I. 3., zusammenbleiben, es mit etwas halten.

miþinnga-leiþan, c. I. 4., mit hineingehen.

miþin-sandjan, c. II. 1., mitsenden.

miþ-kaurjan, c. II. 1., mitbelasten, mitbeschweren.

miþ-liban, c. II. 2., mitleben.

miþ-litjan, c. II. 1., mitheucheln, sich mit verstellen.

miþ-matjan, c. II. 1., mitessen, mit Jemand zusammen essen.

miþ-niman, c. I. 2., mitempfangen, annehmen.

miþ-qiman, c. I. 2., mitkommen.

miþ-qiþan, c. I. 3., mit dareinreden, widerstreiten.

miþ-rodjan, c. II. 1., mitreden.

miþ-sandjan, c. II. 1., mitsenden.

miþ-satjan, c. H. 1., versetzen.

miþ-skalkinon, c. H. 3., mitdienen.

miþ-sokjan, c. H. 1., mitsuchen, mit untersuchen, disputiren, streiten mit Jemand.

miþ-standan, c. anom., zusammen, bei Jemand stehen.

miþ-þan, adv., mit dem, während des, jetzt.

miþ-þanei (*miþþane*), conj., mit dem dass; während, wenn, als, indem.

miþ-þiudanon, c. II. 3., mitherschen.

miþur-raisjan, c. II. 1., mit auferwecken.

miþur-reisan, c. I. 4., mit auferstehen.

miþus-hramjan, c. H. 1., mitkreuzigen.

miþus-keinan, c. I. 4., mit aufkeimen, mit aufwachsen.

miþveit-vodjan, c. II. 1., mitzeugen.

miþ-visan, c. anom., mit, dabei sein; beistehen.

miþ-vissei, sw. fem., Mitwissen, Gewissen.

miþ-vitan, c. anom., mitwissen, bewusst sein.

mizdo, sw. fem., Lohn.

modags, adj., zornig.

mods, st. m. 1., Muth; Zorn.

Moses, n. pr. st. m. 1. und anom. (gen. *Mosezis,* dat. *Moseza* und anom. *Mose*), Moses.

mota, st. fem. 1., Mauth, Zoll; Zollhaus.

*motan, c. anom. (*mot, motum; mosta*), Raum haben, können, s. *ga-motan.*

motareis, st. m. 1., Zöllner.

mota-staþs, st. m. 2., Zollstätte, Zollhaus.

*motjan, c. II. 1., begegnen, s. *ga-motjan.*

muka-modei, sw. fem., Sanftmuth.

mulda, st. fem. 1., Staub.

muldeins, adj., von Staub, irdisch.

munan, c. anom. (*man, munum; munda, munds*), meinen, glauben, dafür halten.

munan, c. II. 2., gedenken, wollen.

munds, st. fem., Sinn: dat. *in mundai* Skeir. VI. b.

mundon sis, c. H. 3., sich etwas ansehen, auf etwas sehen.

mundrei, sw. fem., Ziel.

muns, st. m. 2., Gedanke, Rathschluss, Anschlag, Absicht, Bestreben.

munþs, st. m. 1. (oder 2.), Mund; von Thieren: Maul.

Nabav, n. pr. st. m. 1. (gen. *Nabavis*), Nabo.

nadrs, st. m. 1., Natter.

Naen, n. pr., Nain.

Naggai, n. pr. m. (gen. *Naggais*), Nagge.

Nahasson, n. pr. st. m. 1., Naasson.

nahta-mats, st. m. 2., Nachtessen, Abendmahl; Gastmahl.

nahts, st. fem. anom., Nacht.

Naiman, n. pr. m., Neeman (Naaman).

naiteins, st. fem. 2., Lästerung.

*naitjan, c. H. 1., schmähen, lästern, s. *ga-naitjan*.

Naitofaþeis, n. pr. st. m. 1., Netopha.

Nakor, n. pr. st. m. 1., Nachor.

namnjan, c. H. 1., nennen.

namo, sw. n. (plur. anom.), Name.

*nanþjan, c. H. 1., wagen, s. *ana-, ga-nanþjan*.

naqadei, sw. fem., Nacktheit, Blösse.

naqaþs, adj., nackt, bloss.

nardus, st. m. 3., Narde.

naseins, st. fem. 2., Rettung, Heil.

nasjan, c. H. 1., retten, selig machen; *nasjands* der Heiland.

nati, st. n. 1., Netz.

natjan, c. H. 1., benetzen.

Naþan, n. pr. st. m. 1., Nathan.

Naubaimbair, Fremdw., November.

naudi-bandi, st. fem. 1., Zwangsfessel, Band.

naudi-þaurfts, adj., nothdürftig, nöthig.

Nauel, n. pr. st. m. 1., Noe.

nauh, adv., noch; *ni nauh, nauh ni* noch nicht.

*nauhan, c. anom. (*nah, nauhum; nauhta, nauhts*), genügen, s. *ga-nauhan*.

nauh-þan, adv., noch.

nauh-þanuh, adv., noch.

nauhuþ-þan, adv., und noch, ja auch sogar.

Naum, n. pr. st. m. 1., Nahum.

naus, st. m. 2. (gen. *navis*), der Todte.

naus, adj., todt.

nauþjan, c. H. 1., nöthigen, zwingen.

nauþs, st. fem. 2., Noth, Zwang, Gewalt.

Nazaraiþ, n. pr. indecl., Nazareth.

Nazoraius, n. pr. st. m. 3., aus Nazareth, Nazarener.

Nazorenus, n. pr. st. m. 3. (voc. *Nazorenu* und anom. *Nazorenai*), aus Nazareth, Nazarener.

ne, adv., nein; nicht.

nehv, adv., nahe, nahe zu, nahe an.

nehva, adv. (alleinstehend oder c. dat.), nahe.

nehvis, adv. comp., näher.

nehvjan sik, c. H. 1., sich nähern.

nehvundja, sw. m., der Nächste.

nei (ne, Sk. I. c.), Fragpart., nicht?

neiþ, st. n. 1., Neid.

neivan, c. I. 4., schwellen; zürnen, Marc. 6, 19.

Nerin, n. pr. m. (gen. *Nerins*), Neri.

neþla, st. fem. 1., Nadel.

ni, Negationspart., nicht, auch nicht, doch nicht, nicht etwa, nicht einmal; *nist* statt *ni ist;* in der Frage: nicht? — dass nicht, wenn nicht; *ni — ak* nicht — sondern; *ni alja. — alja* nichts anders — als; *ni — ni, ni — nih, nih — ni* weder — noch; zuweilen trennt *ni* die Präposition von dem mit ihr zusammengesetzten Verbum, z. B. *miþ ni qam* statt *ni miþqam.*

niba (nibai), conj., wenn nicht, es wäre denn dass, auch *niba þatei* ausser dass, *niba þau þatei* es sei denn dass; *nibai hvan* dass nicht etwa; in der Frage: doch nicht etwa? — ausgenommen, ausser.

nidva, st. fem. 1., Rost.

nih (d. i. *ni-uh,* gewöhnlich zu Anfang des Satzes, assimilirt oft folgendem *þ* oder *s*), conj., verstärktes *ni* nicht; und nicht, auch nicht; nicht einmal; wenn nicht; in der Frage: nicht? doch wohl? — *nih — ak,* oder *nih — ak jah* nicht — sondern auch; *niþþan þanaseiþs* und nicht mehr; *nih — nih, nih — ni, ni — nih* weder — noch.

Nikaudemus (Nek-, Nikaudaimus), n. pr. st. m. 3, Nikodemus.

niman, c. I. 2. (*nam, nemum, numans*), nehmen, annehmen, empfangen, aufnehmen, sich zuziehen; ergreifen, fangen; *garuni niman* Rath halten.

*nipnan, c. III., betrübt sein, trauern, s. *ga-nipnan.*

*nisan, c. I. 3. (*nas, nesum, nisans*), genesen; geheilt werden; s. *ga-nisan.*

nist, d. i. *ni ist,* s. *visan.*

niþan, c. I. 3. (*naþ, neþum, niþans*), unterstützen.

niþjis, st. m. 1., Vetter, Verwandter.

niþjo, sw. fem., Verwandte, Base.

niu (d. i. *ni-u*), Fragwort, nicht? nicht wahr? im zweiten Gliede: *þau niu* oder nicht? — *niu — aiv* nie? *niu aufto, niu hvan* ob nicht etwa.

niuhseins, st. fem. 2., Heimsuchung.

*niuhsjan, c. H. 1., besuchen, untersuchen, s. *bi-niuhsjan.*

niujis, adj., neu, jung; *niuja satiþs*, neugepflanzt, neubekehrt.

niujiþa, st. fem. 1., Neuheit.

niu-klahei, sw. fem., Kleinmuth.

niu-klahs, adj., neugeboren, klein; Kind.

niun, numer., neun.

niunda, ord. sw., der neunte.

niun-hunda, num. plur., neunhundert.

niun-tehund, num., neunzig.

niutan, c. I. 5. (*naut, nutum, nutans*), einer Sache geniessen, an etwas Theil nehmen.

nota, sw. m., Hintertheil des Schiffes.

nu, adv., nun, jetzt; nun, also, daher, demnach, folglich, mithin; adj. jetzig: *so nu Ierusalem* das jetzige Jerusalem; subst. das Jetzt: *fram himma nu* von diesem Jetzt, von jetzt an; *und hita nu* bis jetzt.

nuh (d. i. *nu-uh*), adv., in der Frage: nun, also; denn.

nunu (d. i. doppeltes *nu*, in verbietenden Sätzen stets zwischen die Negation und das Verbum gesetzt), demnach, darum, also.

nuta, sw. m., Fänger, Fischer.

*nuts, adj., nützlich, s. *un-nuts*.

Nymfas, n. pr. sw. m., Nymphas.

0, interj., o! ei!

Obeid, n. pr. st. m. 1., Obed.

Odueias, n. pr. sw. m., Odovias.

ogan, c. anom. (*og, ogum; ohta, ohtedum*, auch *uhtedum*), fürchten, sich fürchten; auch *ogan sis*.

ogjan, c. H. 1., in Furcht setzen, schrecken.

ohteigo s. *uhteigo*.

osanna, Fremdw., Hosanna.

Oseas, n. pr. sw. m., Osee, Oseas.

P*aida*, st. fem. 1., Rock.

paintekuste, Fremdw. declin. sw. fem. (acc. *paintekusten*), Pfingsten.

Paitrus, n. pr. st. m. 3., Petrus.

papa, sw. m., Vater; Bischof.

parakletus, Fremdw. st. m. 3., Tröster.

paraskaive, Fremdw. declin. sw. fem., Rüsttag.

paska (*pasxa*), Fremdw. fem. indecl., Pascha, Osterfest, Ostermahlzeit, Osterlamm, Opferlamm.

Pauntius (*Puntius, Pauntjus*), n. pr. st. m. 3., Pontius.

paurpura (*paurpaura*), Fremdw. st. fem. 1., Purpur, Purpurkleid.

paurpuron, c. H. 3., mit Purpur färben.

Pavlus, n. pr. st. m. 3., Paulus.

peika-bagms, st. m. 1., Fichtenbaum (Palmbaum).

Peilatus, n. pr. st. m. 3., Pilatus.

pistikeins, adj., unverfälscht, echt.

platja, st. fem. 1., Strasse.

plats, st. m. 1., Lappen, Flicken.

plinsjan, c. II. 1., tanzen.

*praggan, c. I. 7.? (*paipragg, paipraggum, praggans*), drängen, s. *ana-praggan.*

praitoria (*praitauria*), st. fem. 1., Praetorium, Gerichtshaus.

praitoriaun, Fremdw. n. indecl., dasselbe.

praizbytairei (*praizbyterei*), Fremdw. sw. fem., die Priesterschaft, die Aeltesten.

praizbytaireis (?), Fremdw. st. m. 1., Priester.

praufeteis, Fremdw. fem., Prophetin.

praufeti, Fremdw. st. n. 1., Prophezeihung, Weissagung.

praufetja, Fremdw. sw. m., Prophezeihung; im plur. auch: Gabe der Weissagung.

praufetjan, c. II. 1., prophezeihen, weissagen.

praufetus (*praufetes*, gen. *-tis*), n. pr. st. m. 3., Prophet.

Priska, n. pr. fem., Priska (Priscilla).

psalma, st. fem. 1., Psalm.

psalmo, sw. fem., dasselbe.

puggs, st. m. 1. oder *pugg*, st. n. 1., Beutel, Geldbeutel.

pund, st. n. 1., Pfund.

Qainon, c. II. 3., weinen, trauern; beweinen.

*qairnus, st. m. oder fem. 3., Mühle, s. *asilu-qairnus.*

qairrei, sw. fem., Sanftmuth.

qairrus, adj., sanftmüthig.

Qartus, n. pr. st. m. 3., Quartus.

qens, st. fem. 2., Eheweib, Weib, Frau.

qiman, c. I. 2. (*qam, qemum, qumans*), kommen, ankommen, hinkommen, herkommen; *in sis qiman* in sich gehen; im praet. auch da-sein: *laisareis qam* ist da; *vilda qiman at izvis* ich möchte bei euch sein.

qina-kunds, adj., weiblichen Geschlechts.

qineins, adj., weiblich; im n. Weib.

qino, sw. fem., Weib; Eheweib.

qisteins, st. fem. 2., Verderben.

qistjan, c. II. 1., verderben.

qiþan, c. I. 3. (*qaþ, qeþum, qiþans*), sagen, sprechen, reden, meinen, nennen; *garaihtana qiþan sik* sich für gerecht erklären, sich für gerechtfertigt halten; *ubil qiþan* fluchen, *vaila qiþan* loben.

qiþu-hafts, adj., schwanger.

qiþus, st. m. 3., Leib, Mutterleib; Magen.

qius, adj. (gen. *qivis*), lebendig.

qrammiþa, st. fem. 1., Feuchtigkeit.

qums, st. m. 1. oder 2., Ankunft, Wiederkunft, Anwesenheit.

Rabbaunei, Fremdw., Anrede des Lehrers: Rabboni, Lehrer, Meister.

rabbei, Fremdw. indecl., dasselbe, Rabbi.

Ragav, n. pr. st. m. 1., Ragau.

ragin, st. n. 1., Rath, Rathschluss, Beschluss.

ragineis, st. m. 1., Rathgeber, Rathsherr, Vormund.

raginon, c. II. 3., Statthalter oder Landpfleger sein.

rahnjan, c. II. 1., rechnen; berechnen, überschlagen; anrechnen, zurechnen; für etwas halten, achten wie —.

rahton, c. II. 3., hinreichen, darreichen.

Raibaikka, n. pr. fem., Rebekka.

raidjan, c. II. 1., bestimmen; *raihtaba raidjan* recht behandeln.

*raids, adj., bestimmt, s. *ga-raids*.

raihtaba, adv., recht.

raihtis, adv. (ausser Röm. 10, 18. in der Bedeutung: ja, aber, stets nachgesetzt), denn; doch, etwa, nämlich; in Gegensätzen mit folgendem *iþ*, *þan* oder *aþþan*: zwar — aber.

raihts, adj., recht, gerade, eben; gerecht.

*raip, st. n. 1., Riemen, s. *skauda-raip*.

*raisjan, c. H. 1., erwecken, s. *ur-raisjan*.

raka, Fremdw. indecl., Raka (Taugenichts).

Rama, n. pr. indecl., Rama..

rasta, st. fem. 1., Rast, Meile.

*raþjan, c. I. 6. (*roþ, roþum, raþans*), zählen, s. *garaþjan*.

raþjo, sw. fem., Zahl; Rechnung, *in raþjon* in Hinsicht auf —; Rechenschaft.

raþs, adj., leicht; comp. *raþiza* leichter.

*raubon, c. H. 3., rauben, s. *bi-raubon*.

rauds, adj., roth.

*rauhtjan, c. H. 1., zürnen, s. *in-rauhtjan*.

raupjan, c. II. 1., ausraufen, abrupfen.

raus, st. n. 1. (gen. *rausis*), Rohr.

razda, st. fem. 1., Mundart, Sprache, Zunge.

razn, st. n. 1., Haus.

*redan, c. I. 8. (*rairoþ, rairoþum, redans*), berathen, überlegen, s. *ga-*, *und-*, *ur-redan*.

*rehsns, st. fem. 2. (gen. *rehsnais*), Bestimmung, s. *ga-rehsns*.

reiki, st. n. 1., Reich, Herschaft, Gewalt, Obrigkeit.

reikinon, c. H. 3., über etwas herschen.

reiks, adj., mächtig, vornehm; superl. *reikista* der mächtigste, oberste; *reikista gudja* der Hohepriester.

reiks, st. m. 1. (nom. plur. anom. *reiks*), Herscher, Fürst, Oberster, Vorsteher; Obrigkeit.

reiran, c. H. 2., zittern, beben.

reiro, sw. fem., Zittern, Schreck; Erdbeben.

*reisan, c. I. 4. (*rais, risum, risans*), aufstehen, s. *ur-reisan*.

Resa, n. pr. sw. m., Resa..

*riggvs, adj., ungeheuer? s. *un-mana-riggvs.*

rign, st. n. 1., Regen.

rignjan, c. H. 1., regnen, regnen lassen.

rikan, c. I. 3. (*rak, rekum, rikans*), aufhäufen, sammeln.

rimis, st. n. 1. (gen. *rimisis*), Ruhe.

rinnan, c. I. 1. (*rann, runnum, runnans*), rennen, laufen, hinzulaufen, sich stürzen.

rinno, sw. fem., Giessbach, Bach.

riqis (*riqiz*), st. n. 1. (gen. *riqizis*), Finsterniss, Dunkelheit.

riqizeins, adj., finster, dunkel, verdunkelt.

riqizjan, c. H. 1., sich verfinstern.

*riuds, adj., ehrbar, s. *ga-riuds.*

riurei, sw. fem., Vergänglichkeit, Verwesung, Verderben.

riurjan, c. II. 1., etwas verderben.

riurs, adj., vergänglich, zeitlich, verweslich; verderbt.

rodjan, c. II. 1., reden, sprechen; — *du sis misso* unter einander sprechen, oder sich besprechen.

rohsns, st. fem. 2. (gen. *rohsnais*), Hof, Vorhof.

Rufus, n. pr. st. m. 3., Rufus.

Ruma, n. pr. st. fem. 1., Rom.

Rumoneis, n. pr. st. m. 2. plur., die Römer.

rums, st. m. 1., Raum.

rums, adj., geräumig, breit.

runa, st. fem. 2., Geheimniss, geheimer Beschluss, Rathsbeschluss.

runs, st. m. 1. oder 2., Lauf; *runs bloþis* Blutfluss; *run gavaurkjan sis* sich stürzen.

Sa, fem. *so,* n. *þata,* 1. pron. demonstr., dieser, diese, dieses; jener, jene, jenes; derjenige; eben der;

   2. pron. pers., selbst; er, sie, es;

   3. artic., der, die, das;

   4. relat. (welcher), nur in wenigen, dazu noch zweifelhaften Stellen, z. B. Luc. 9, 31.

Sabaillius, n. pr. st. m. 3., Sabellius.

saban, st. n. 1., feine Leinwand.

Sabaoþ, Fremdw., Sabaoth.

sabbato, m. indecl., Sabbath.

sabbatus, Fremdw. st. m. 3. (dat. plur. *sabbatum* und anom. *sabbatim*), Sabbath.

Saddukaius, n. pr. st. m. 3., Sadduzäer.

saei (d. i. *sa* mit der angehängten Relativpartikel *ei*), fem. *soei,* n. *þatei,* pron. rel., welcher, welche, welches; derjenige welcher; in allgemeinen Sätzen: wer, was; *afar þatei* (conj.) nachdem.

saggqjan, c. H. 1., etwas senken, versenken.

saggqs, st. m. 1., Untergang, Abend.

saggvs, st. m. 1. und 2., Gesang; im plur. auch Musik überhaupt, Saitenspiel; *saggvs boko* das Vorlesen, Vorlesung.

sah (d. i. *sa-uh*), fem. *soh*, n. *þatuh*, pron., und dieser, welcher; der, dieser; *sah þan* der nun, der nämlich.

sa-hvazuh, pron. indef. jeder; *sahvazuh saei* oder *izei* jeder welcher, wer nur immer; *þatahvah þei* was nur, was immer.

sai, adv., siehe, sehet; nun.

saian (*saijan*), c. I. 8. (*saiso, saisoum, saians*), säen.

saihs, num. indecl., sechs.

saihsta, num. ord., der sechste.

saihs-tigjus, num. st. m. 3. plur., sechszig.

saihvan, c. I. 3. (*sahv, sehvum, saihvans*), sehen, ansehen, hinsehen, besehen, zusehen; auf (*in*) etwas sehen, Rücksicht nehmen; — *ei* zusehen dass, *ibai* dass nicht; sich vor (*faura*) etwas hüten.

Saikaineias, n. pr. sw. m., Sechenias.

Saillaum, n. pr. st. m. 1., Sellum.

Saimaiein, n. pr. st. m. 1., Semei.

sainjan, c. II. 1., säumen, sich verspäten.

Sainnaa, n. pr. sw. m., Senaa.

sair, st. n. 1., Schmerz.

Sairok, n. pr. st. m. 1., Seruch (Sarug).

saivala, st. fem. 1., Seele; Leben.

saivs, st. m. 1. oder 2., See.

sakan, c. I. 6. (*sok, sokum, sakans*), streiten, zanken; c. dat. Jemand anfahren, ihn bedrohen, ihm wehren.

sakjo, sw. fem., Streit, Zänkerei.

sakkus, st. m. 3., Sack.

sakuls, adj., streitsüchtig, 1. Tim. 3, 3.

Salam, n. pr. st. m. 1., Sala (Sale).

Salaþiel, n. pr. st. m. 1., Salathiel.

salbon, c. II. 3., salben.

salbons, st. fem. 2., Salbe.

saldra, st. fem. 1., schmutziger Witz, Possen.

saliþvos, st. fem. 1. plur., Herberge, Wohnung, Zimmer, Speisezimmer.

saljan, c. II. 1., herbergen, Herberge finden, bleiben.

saljan, c. II. 1., opfern; das Rauchopfer darbringen; das Opferlamm schlachten; *hunsla saljan* Opfer darbringen, einen Dienst erweisen.

Salmon, n. pr. st. m. 1., Salmon.

Salome, n. pr. fem., Salome.

salt, st. n. 1., Salz.

saltan, c. I. 7. (*saisalt, saisaltum, saltans*), salzen.

sama, pron. (declin. sw. adj.), derselbe, der nämliche, ein und derselbe; einer.

sama-fraþjis, adj., gleichgesinnt.

sama-kuns, adj., gleichen Geschlechts, verwandt.

sama-lauþs, adj., gleich gross, gleich.

sama-leiko, adv., auf gleiche Weise, desgleichen, gleichfalls; *samaleiko sve* ebenso wie.

sama-leiks, adj., gleich, übereinstimmend.

samana, adv., sammt, allesammt, zusammen, zugleich.

sama-qiss, st. fem. 2. (gen. *-qissais*), Uebereinstimmung.

Samareites, n. pr. st. m. 2. (plur. *-teis*), Samariter.

Samaria, n. pr. fem. (declin. sw. m.), Samaria.

sama-saivals, adj., einmüthig.

samaþ, adv., nach demselben Orte hin, zusammen.

samjan, c. H. I., auch *samjan sis*, gefallen, zu gefallen suchen.

sandjan, c. H. 1., senden.

Saraipta, n. pr., Sarepta.

Sarra, n. pr. fem. (declin. sw. m.), Sarra (Sara).

sarva, st. n. 1. plur., Waffen, Rüstung.

Satana (*Satanas*), sw. m., Satan.

satjan, c. H. 1., setzen, stellen, pflanzen, bestimmen; *niuja satiþs* neu-
gepflanzt, neubekehrt.

saþs (*sads*), adj., satt; *saþs visan* in Fülle, zur Genüge haben.

Saudauma, n. pr., Sodoma.

Saudaumeis, n. pr. m. plur. anom. (gen. *Saudaumje*, dat. *-mim* und *-jam*),
die Sodomiter.

sauhts, st. fem. 2., Sucht, Krankheit, Kränklichkeit.

sauil, st. n. 1., Sonne.

Saulaumon, n. pr. st. m. 1., Solomon (Salomon).

*sauljan, c. H. 1., beflecken, s. *bi-sauljan*.

sauls, st. fem. 2., Säule.

Saur, n. pr. st. m. 2., der Syrer.

Saura, n. pr. st. fem. 1., Syrien.

Saurini, Syrerin, *Saurini Fynikiska*, phönizische Syrerin, Marc. 7, 26.

saurga, st. fem. 1., Sorge; Betrübniss; *saurga haban* traurig sein, Be-
trübniss haben.

saurgan, c. H. 2., sorgen, in Sorge sein, betrübt werden.

sauþa, st. fem. 1., Grund; *in hvo sauþo* auf welche Weise, wie.

sauþs, st. m. 2., Opfer.

Seidona, n. pr. st. fem. 1., Sidon.

Seidoneis, n. pr. st. m. 2. plur., die Sidonier.

Seimon, n. pr. st. m. 1. (acc. auch anom. *Seimona*), Simon.

Seimonus, n. pr. st. m. 3., Simon.

Seina, n. pr. st. fem. 1., Sina.

seina, gen. des Reflexivpron., seiner, ihrer; *seina misso* einander; dat.
sis, acc. *sik* sich, sing. und plur. für alle Geschlechter.

seins, pron. possess. (declin. st. adj.), sein, ihr.

seiteins s. *sinteins*.

seiþus, adj., spät.

selei, sw. fem., Güte, Milde, Rechtschaffenheit.

sels, adj., gütig, tauglich.

Sem, n. pr. st. m. 1., Sem.

seneigs s. *sineigs*.

Seþ, n. pr. st. m. 1. (gen. *Sedis*), Seth.

*seþs (seiþs), st. fem. 2., Saat, s. *mana-seþs.*

sibakþani (-þanei), Fremdw., du hast mich verlassen.

*sibjis, adj., friedlich, einig, s. *un-sibjis.*

sibja, st. fem. 1., Verwandtschaft; Gemeinschaft.

sibun, num., indecl., sieben.

sibun-tehund, num. indecl., siebenzig.

sidon, c. H. 3, üben.

sidus, st. m. 3., Sitte, Gewohnheit.

sifan, c. II. 2., sich freuen, frohlocken.

siggqan (sigqan), c. I. 1. (*saggq*, *suggqum*, *suggqans*), sinken, unter-
gehen.

siggvan, c. I. 1. (*saggv*, *suggvum*, *suggvans*), singen; lesen.

sigis, st. n. 1., Sieg.

sigis-laun, st. n. 1., Siegeslohn, Preis.

sigljan, c. H. 1., siegeln, das Siegel aufdrücken.

sigljo, sw. n., Siegel.

sikls, st. m. 1., Sekel.

*silan, c. H. 2., schweigen, s. *anasilan.*

silba, pron. (declin. sw. adj.), selbst; *þata silbo* eben dies, selbst dies,
oder dies selbst; *þamma silbin* eben dafür.

Silbanus, n. pr. st. m. 3., Silvanus.

silba-siuneis, st. m. 1., Augenzeuge.

silba-vileis, adj., freiwillig, willfährig.

silda-leik, st. n. 1., Staunen, Verwunderung.

silda-leikjan, c. H. 1., staunen, sich verwundern; *sildaleikja* mich wun-
dert; *sildaleikida ina* es wunderte ihn, er wunderte sich.

silda-leiks, adj., wunderbar.

Siloam, n. pr. st. m. 1., Siloam (Siloe).

silubr, st. n. 1., Silber, Geld; im plur. Silberlinge.

silubreins (silubrins), adj., silbern; als subst. Silberling.

simle, adv., einst, vormals, ehedem.

sinap, st. n. 1., Senf.

sineigs (seneigs), adj., alt; älter.

sinista, adj. superl. als sw. m., der Aelteste; im plur. auch die
Alten.

sinteino, adv., immer, allezeit.

sinteins (seiteins), adj., täglich.

sinþs, st. m. 1., Gang; Mal; dient zur Bildung der Zahladverbien auf
die Frage: wie vielmal? *ainamma sinþa*, *tvaim sinþam*, einmal, zwei-
mal (zu zweien Malen).

Sion, n. pr. indecl., Sion.

siponeis, st. m. 1., Schüler, Jünger.

siponjan, c. H. 1., Schüler, Jünger sein.

sitan, c. I. 3. (*sat*, *setum*, *sitans*), sitzen.

sitls, st. m. 1., Sitz, Stuhl; Thron; Nest.

siujan, c. H. 1., nähen.

siukan, c. I. 5. (*sauk, sukum, sukans*), siechen, kränkeln, krank, schwach sein.

siukei, sw. fem., Siechthum, Krankheit, Schwachheit.

siuks, adj., siech, schwach, krank.

siuns, st. fem. 2., Gesicht (Sehkraft, das Schauen); Gesicht (Erscheinung); Schein, Gestalt; *in siunai vairþan* erscheinen.

skaban, c. I. 6. (*skof, skobum, skabans*), schaben, scheeren, die Haare abschneiden.

skadus, st. m. 3., Schatten.

skaftjan, c. H. 1., in Bereitschaft setzen; — *sik* sich anschicken.

skaidan, c. I. 7. (*skaiskaid, skaiskaidum, skaidans*), scheiden, trennen, sich scheiden, auch *skaidan sik.*

skalja, st. fem. 1., Ziegel.

skalkinassus, st. m. 3., Dienstbarkeit; Dienst, Gottesdienst; *galiugagude skalkinassus* Götzendienst.

skalkinon, c. H. 3., dienen, dienstbar sein.

skalks, st. m. 1., Diener, Knecht.

skaman, c. H. 2., schämen; — *sik* sich schämen; auch zu Schanden, verlegen werden.

skanda, st. fem. 1., Schande.

Skariotes s. *Iskariotes.*

*skapjan, c. I. 6. (*skop, skopum, skapans*), schaffen, s. *ga-skapjan.*

skattja, sw. m., Geldwechsler.

skatts, st. m. 1., Geldstück (Denar, Zehner, Mine, Pfund, auch Silberling), Geld.

skaþjan, c. I. 6. (*skoþ, skoþum, skaþans*), schaden, Unrecht thun.

skaþ, st. n. 1., Schaden, Unrecht.

skaþuls, adj., schädlich, unrecht; *sa skaþula* der Beschädiger, der welcher Unrecht thut.

skauda-raip, st. n. 1., Schuhriemen.

skauns, adj., gestaltet, wohlgestaltet, schön.

skaurpjo, sw. fem., Scorpion.

skauts, st. m. 1., Schoss, Zipfel oder Saum am Kleide.

*skavs, adj., der schaut, sich umsieht, sich vorsieht, s. *us-skavs.*

skeima, sw. m., Leuchte.

skeinan, c. I. 4. (*skain, skinum, skinans*), scheinen, leuchten, glänzen.

skeireins (skereins), st. fem. 2., Erklärung, Auslegung.

skeirs, adj. schier, klar, deutlich.

skevjan, c. H. 1., gehen.

skildus, st. m. 3., Schild.

skilja, sw. m., Fleischer.

skilliggs, st. m. 1., Schilling.

skip, st. n. 1., Schiff.

*skiuban, c. I. 5. (*skauf, skubum, skubans*), schieben, s. *af-skiuban.*

skohs, st. m. 1., Schuh.
skohsl, st. n. 1., böser Geist, Teufel.
*skreitan, c. I. 4. (*skreit, skritum, skritans*), reissen, spalten, s. *disskreitan.*
skuft, st. n. 1., das Haupthaar.
skuggva, sw. m., Spiegel.
skula, sw. m., Schuldner, Schuldiger; schuldig.
skulan, c. anom. (*skal, skulum; skulda, skulds*), schuldig sein, sollen, müssen; zur Bezeichnung des Futurs: zukünftig sein, werden, wollen; statt **haben**: *skal þus hva qiþan* ich habe dir etwas zu sagen; *skuld ist* es ist erlaubt, es ziemt sich, man darf, muss, soll.
skuldo, n. partic. praet., das Schuldige.
skura, st. fem. 1., Schauer; *skura vindis* Sturmwind.
Skyþus, n. pr. st. m. 3., Scythe.
slahals, adj., zum Schlagen geneigt.
slahan, c. I. 6. (*sloh, slohum, slahans*), schlagen; — *gahugd siuka* das schwache Gewissen verletzen.
slahs, st. m. 2. (gen. *slahis*), Schlag; Plage.
slaihts, adj., schlicht, eben.
slauhts, st. fem. 2., das Schlachten; *lamba slauhtais* Schlachtschafe.
slavan, c. II. 2., schweigen, still, ruhig sein.
sleiþa, st. fem. 1., Schaden.
sleiþei, sw. fem., Gefahr.
sleiþs, adj., schädlich, gefährlich, grimmig.
slepan, c. I. 7. (*saislep, saislepum, slepans*), schlafen.
sleps, st. m. 1., Schlaf.
*slindan, c. I. 1. (*sland, slundum, slundans*), schlingen, s. *fra-slindan.*
sliupan, c. I. 5. (*slaup, slupum, slupans*), schleichen, schlüpfen.
smairþr, st. n. 1., Fett, Fettigkeit.
smakka, sw. m., Feige.
smakka-bagms, st. m. 1., Feigenbaum.
smals, adj., schmal, klein; (superl. *smalista*).
smarna, st. fem. 1., Mist, Koth.
*smeitan, c. I. 4. (*smait, smitum, smitans*), schmeissen, schmieren, s. *bi-*, *ga-smeitan.*
*smiþa, sw. m., Schmied, s. *aiza-smiþa.*
smyrn, st. n. 1., Myrrhe.
snaga, sw. m., Kleid, Mantel.
snaivs, st. m. 1. oder 2., Schnee.
*snarpjan, c. II. 1., nagen, s. *atsnarpjan.*
snau s. *snivan.*
sneiþan, c. I. 4. (*snaiþ, sniþum, sniþans*), schneiden, ernten.
sniumjan, c. II. 1., eilen.
sniumundo, adv., eilig, eilends; adv. comp. *sniumundos* eiliger, um so eiliger.
snivan, c. I. 3. (*snau, snevum, snivans*), eilen, gehen, kommen.

snorjo, sw. fem., Schnur, Flechtwerk, Korb.

snutrei, sw. fem., Weisheit.

snutrs, adj., weise:

so s. *sa.*

sokareis, st. m. 1., Forscher.

sokeins, st. fem. 2., Untersuchung, Streitfrage.

sokjan, c. H. 1., suchen, verlangen, begehren; untersuchen, einen Wort-
: wechsel haben, streiten.

sokns, st. fem. 2., Untersuchung, Streitfrage.

Soseipatrus, n. pr. st. m. 3., Sosipater.

soþ, st. n. 1. (oder *soþs*, m.), Sättigung.

spaikulatur, Fremdw., Späher, Trabant.

spai-skuldrs, st. m. 1. (?), Speichel.

sparva, sw. m., Sperling.

spaurds, st. fem. 2. anom., Stadium, Rennbahn.

speds (*speids*, *spids*), adj., spät; comp. *spediza* der spätere, letzte; sup.
spedists und *spedumists* der letzte, geringste; *spedista dags* der
jüngste Tag.

speivan (*spevan*), c. I. 4. (*spaiv*, *spivum*, *spivans*), speien, spucken.

spilda, st. fem. 1., Tafel, Schreibtafel.

spill, st. n. 1., Sage, Fabel.

spilla, sw. m., Verkündiger.

spillon, c. II. 3., verkündigen, erzählen.

spinnan, c. I. 1. (*spann*, *spunnum*, *spunnans*), spinnen.

sprauto, adv., schnell, ohne Zögern, bald.

spyreida, sw. m., Korb.

stabs, st. m. 2., Element, Kindheitslehre.

Staifanus, n. pr. st. m. 3., Stephanus.

staiga, st. fem. 1., Steig, Weg.

stainahs, adj., steinig.

staineins, adj., steinern.

stainjan, c. II. 1., steinigen.

stains, st. m. 1., Stein, Fels; auch als Eigenname für Petrus.

stairno, sw. fem., Stern.

stairo, sw. fem., die Unfruchtbare.

staks, st. m. 2., Maal, Wundmaal.

*staldan, c. I. 7. (*staistald, staistaldum, staldans*), besitzen, s. *and-, ga-
staldan.*

stamms, adj., stammelnd, schwerredend, stumm.

standan, c. I. anom. (*stoþ, stoþum, stoþans*), stehen, feststehen, bestehen,
bei oder in etwas beharren; *standan sis* sich hinstellen.

staþs (*stads*), st. m. 2., Stätte, Stelle (auch im Buche), Ort, Gegend, Raum,
Platz; Gestade, Ufer.

staua, st. fem. 1., Gericht, Urtheil, Rechtsstreit.

staua, sw. m., Richter.

staua-stols, st. m. 1., Richterstuhl.

staurknan, c. III., erstarren, verdorren, s. *ga-staurknan.*

staurran, c. H. 2., starren, s. *and-staurran.*

stautan, c. I. 7. (*staistaut, staistautum, stautans*), stossen, schlagen.

steigan, c. I. 4. (*staig, stigum, stigans*), steigen.

stibna, st. fem. 1., Stimme.

stiggan, c. I. 1. (*stagg, stuggum, stuggans*), s. *us-stiggan.*

stigqan, c. I. 1. (*stagq, stugqum, stugqans*), stossen.

stikls, st. m. 1. oder 2., Becher, Kelch.

stiks, st. m. 1., Punkt; *stiks melis* Augenblick.

stilan, c. I. 2. (*stal, stelum, stulans*), stehlen.

stiur, st. m. 1., Stier, Kalb.

stiurjan, c. H. 1., feststellen, geltend machen; — *bi hva* etwas behaupten, bestätigen.

stiviti, st. n. 1., Geduld.

stojan, c. II. 1. (praet. *stauida*), richten, beurtheilen, verurtheilen; *stojan dag hindar daga* den einen Tag vor dem andern unterscheiden; *stojan fram invidaim* sich richten zu lassen bei den Ungerechten.

stols, st. m. 1., Stuhl, Thron.

stoma, sw. m., Stoff, Gegenstand.

straujan, c. II. 1. (praet. *stravida*), streuen, breiten, ausbreiten.

striks, st. m. 1. oder 2., Strich.

stubjus, st. m. 3., Staub.

sulja, st. fem. 1., Sohle.

suman, adv., einst, ehemals; zum Theil, Stückwerk, unvollkommen; *suman — sumanuh* bald. — bald, theils — theils.

sums, pron. indef. (declin. st. adj.), irgend ein, ein gewisser; alleinstehend: Jemand, Einer, im plur. Einige; in Eintheilungssätzen: der Eine — der Andere; *bi sumata* oder bloss *sumata* zum Theil.

sundro, adv., abgesondert, beiseits, allein, besonders.

suns, adj., wahr.

sunja, st. fem. 1., Wahrheit; *bi sunjai* (auch bloss *sunja* als adv. acc.) in Wahrheit, wahrhaftig, wahrlich.

sunjaba, adv., wahrhaft, in Wahrheit.

Sunjai-friþas, n. pr. m.

sunjeins, adj., wahr, wahrhaft.

sunjon, c. II. 3., rechtfertigen, vertheidigen, entschuldigen.

sunjons, st. fem. 2., Vertheidigung, Verantwortung.

sunna, sw. m., ⎫
sunno, sw. fem., ⎭ Sonne.

suns, adv., bald, plötzlich, auf einmal, sogleich, zugleich.

suns-aiv, adv., sogleich.

suns-ei, conj., sobald als, da.

sunus, st. m. 3., Sohn.

supon, c. II. 3., würzen, kräftig machen.

Susanna, n. pr. fem., Susanna.

suts, adj. (comp. *sutiza*), süss, sanft, erträglich.

suþjon, c. II. 3., kitzeln.

sva, adv., so; *sva jah* so auch; *jah sva* und so, eben so, desgleichen; *sva — sve — so — als*; *sva — svasve* so — wie; *sva jah — sve* so auch — wie.

svaei (auch getrennt: *sva auk ei*), conj., so dass, daher, also.

svah (d. i. *sva-uh*), adv., so, so auch (auch *svah jah*).

svaihra, sw. m., Schwiegervater.

svaihro, sw. fem., Schwiegermutter.

*svairban, c. I. 1. (*svarf, svaurbum, svaurbans*), wischen, s. *af-*, *bi-svairban*.

sva-lauþs, adj., so gross, wie viel; *svalaud melis sve* so lange als.

sva-leiks, adj., so beschaffen, so, ein solcher; *galeik svaleikata manag* Viel desgleichen; *svaleiks sve* so beschaffen wie, so wie.

svamms (*svams*), st. m. 1., Schwamm.

svaran, c. I. 6. (*svor, svorum, svarans*), schwören.

svare, adv., vergebens, ohne Grund, umsonst.

svartizl, st. n. 1., oder *svartizla*, st. fem. 1., Schwärze, Tinte.

svarts, adj., schwarz.

svasve, adv., sowie, gleichwie, wie; je nachdem; so dass (auch c. infin.); bei Zahlen: gegen, ungefähr; *svasve — sva* so — wie; *svasve — sva jah* oder *svah* oder *svah jah* wie — so auch.

svau (d. i. *sva-u*), in der Frage: so?

sve, adv., wie, gleichwie; als, da; so dass; bei Zahlen: gegen, ungefähr; = *sve — sva* wie — so; *sve — jah* oder *sva jah* oder *svah* wie — so auch, also auch.

svegniþa (*svigniþa*), st. fem. 1., Frohlocken, Freude, Wonne.

svegnjan (*svignjan*), c. II. 1., frohlocken, triumphiren, freudig herschen.

sveiban, c. I. 4. (*svaif, svibum, svibans*), aufhören, ablassen.

svein, st. n. 1., Schwein.

sveipains, st. fem., s. *midja-sveipains*.

sveran, c. II. 2., ehren, achten, verherlichen.

sverei, sw. fem., Ehre.

sveriþa, st. fem. 1., Ehre, Achtung.

svers, adj., geehrt, geachtet, werth.

sves, st. n. 1., Eigenthum, Vermögen.

sves, adj., eigen, gebührend, passend; *svesai* die Seinigen, die Ihrigen; *sves galaubeinai* Glaubensgenosse; *taujan svesa* das Eigene, sein eigen Geschäft treiben.

sve-þauh, adv., doch, zwar, wenigstens (zum öftern gibt es dem Worte, wozu es gehört, nur einen Nachdruck); *jabai sveþauh* oder *sveþauh jabai* wenn anders; *jabai sveþauh jah* wenn je; *sveþauh ni* doch nicht dass, nicht als wenn; *sveþauh ei* obgleich.

svibls, st. m. 1., Schwefel.

sviglja, sw. m., Pfeifer, Flötenspieler.

sviglon, c. II. 3., pfeifen.

svignjan s. *svegnjan.*

sviknaba, adv., rein, aus reiner Absicht.

sviknei, sw. fem., Reinheit, Keuschheit.

svikneins, st. fem. 1., Reinigung.

svikniþa, st. fem. 1., Reinheit, Keuschheit.

svikns, adj., rein, keusch, unschuldig.

svi-kunþaba, adv., offenbar, deutlich, unverhohlen, offen heraus.

svi-kunþs (svekunþs), offenkundig, offenbar, bekannt; — *vairþan* offenbar werden, erscheinen.

sviltan, c. I. 1. (*svalt, svultum, svultans*), sterben.

svinþei, sw. fem., Stärke, Kraft.

svinþjan, c. II. 1 , stark machen, befestigen.

svinþnan, c. III., stark werden.

svinþs, adj. (comp. *svinþoza*), stark, kräftig, gesund.

svistar, st. fem. anom., Schwester.

svogatjan, c. II. 1., seufzen.

*svogjan, c. H. 1., seufzen, s. *ga-, uf-svogjan.*

svulta-vairþja, sw. m., ein dem Tode naher, zum Tode sich neigend.

svumfsl, st. n. 1., Teich.

Symaion, n. pr. m. (declin. sw. fem.), Simeon.

synagoga-faþs, st. m. 2., Vorsteher der Synagoge.

synagoge, Fremdw. sw. fem. anom., Synagoge, sowohl das Haus, wie die Versammlung, Gemeinschaft der Juden.

Syntyke, n. pr. sw. fem. (acc. *-kein*), Syntyche.

Syria, n. pr. st. fem. 1 , Syrien.

Tagl, st. n. 1., Haar.

tagr, st. n. 1., Zähre, Thräne.

tagrjan, c. H. 1., weinen.

tahjan, c. II. 1., reissen, hin und her reissen, schütteln, zerschütteln; aus einander reissen, zerstreuen, ausstreuen.

taihsva, st. fem. 1., die Rechte.

taihsvs, adj. (nur in schwacher Form), rechts; *taihsvo þeina* (d. i. *handus*) deine Rechte.

taihun, num. indecl., zehn.

taihunda, num. ord., der zehnte.

taihun-taihund (-tehund), num. indecl., hundert.

taihuntaihund-falþs, adj., hundertfältig.

taiknjan, c. II. 1., zeigen; — *sik* sich zeigen, sich stellen, *us liutein taiknjan sik* sich verstellen.

taikns, st. fem. 2., Zeichen, Wunder; Anzeige, Beweis.

tainjo, sw. fem., Korb.

tains, st. m. 1., Zweig (Rebe).

*tairan, c. I. 2. (*tar, terum, taurans*), zerren, reissen, s. *dis-, ga-tairan.*

Tairtius, n. pr. Tertius, Röm. 16, 22.

Taitrarkes, Fremdw., Tetrarch, Vierfürst.

taleiþa, Fremdw., Mägdlein.

talzeins, st. fem. 2., Lehre, Unterweisung.

talzjan, c. II. 1., belehren, unterrichten, ermahnen, zurechtweisen, züchtigen; *talzjands* Lehrer, Meister.

tandjan, c. II. 1., anzünden.

*tani, st. n. 1., Zeichen, s. *faura-tani.*

*tarhjan, c., H. 1., auszeichnen, s. *ga-tarhjan.* · ·

tarmjan, c. II. 1., hervorbrechen (mit der Stimme), jauchzen, frohlocken.·

tarnjan, c. II. 1., verhüllen.

*tass, adj., geregelt, geordnet, s. *un-ga-tass.*

taui, st. n. 1. (gen. *tojis*), That, Werk, Verrichtung;· *þamma toja* in dieser Sache; *bi toja* gemäss der Wirkung.

taujan, c. H. 1. (praet. *tavida*), thun, machen; mit doppeltem acc. oder *du* c. dat. Jemand zu etwas machen; *harduba taujan* mit Strenge ver-· fahren; *leikis mun taujan* der Sinnlichkeit pflegen; *freihals taujan du leva leikis* die Freiheit gebrauchen zum Anlasse für das Fleisch.

*tehund (*taihund*), num., zehn, -zig, s. *sibun-*, *ahtau-*, *niun-*, ·*taihun-tehund.*_ .

Teibairius, n. pr. st. m. 3., Tiberius.

*teihan, c. I. 4. (*taih, taihum, taihans*), zeigen, s. *ga-teihan.*

teikan s. *tekan.*

Teimaius, n. pr. st. m. 3., Timäus.

Teimauþaius (þeimauþaius), n. pr. st. m. 3., Timotheus.

Teitus, n. pr. st. m. 3. (acc. auch *Teitaun*), Titus.

tekan (teikan), c. I. 8. (*taitok, taitokum, tekans*), berühren, anrühren.

teva, st. fem. 1., Ordnung.

tevi, st. n. 1., Ordnung, Schaar, eine Abtheilung von funfzig.

Tibairiadeis, n. pr. st. m. 2. plur., die Einwohner der Stadt Tiberias. ·

Tibairias, n. pr. anom. (dat. *Tibairiadau*), die Stadt Tiberias.

tigus, num. st. m. 3., zehn, -zig.

tils, adj., passend; *til du vrohjan* zur Anklage geeignet.

*timan, c. I. 2. (*tam, temum, tumans*), ziemen, s. *ga-timan.*

timreins, st. fem. 2., Bau, Auferbauung, Erbauung.

timrja, sw. m., Zimmermann; plur Bauleute.

timrjan (timbrjan), c. II. 1., zimmern, bauen, erbauen (auch in religiösem Sinne); aufmuntern.

tiuhan, c. I. 5. (*tauh, tauhum, tauhans*), ziehen, führen, fortziehen.

Tobeias, n. pr. sw. m., Tobias

Trakauneitis, n. pr. anom. (gen. *Trakauneitidaus*), Trachonitis.

trauains, st. fem. 2., Vertrauen, Zuversicht.

trauan, c. H. 2., trauen, zutrauen, vertrauen; überzeugt sein.

Trauas, n. pr. anom. (dat. *Trauadai*), Troas.

trausti, st. n. 1., Vertrag, Bund, Bündniss.

triggva, st. fem. 1, Bund, Bündniss, Testament.

triggvaba, adv., treulich, zuverlässig.

triggvs, adj., treu, zuverlässig.

trigo, sw. fem., Traurigkeit.

*trimpan, c. I. 1. (*tramp, trumpum, trumpans*), treten, s. *ana-trimpan.*

triu, st. n. 1. (gen. *trivis*), Holz, Baum; Stock, Knittel. ·

triveins, adj. 1., hölzern.

trudan, c. I. 3. (*traþ, tredum, trudans?*), treten; keltern.

*trusnjan, c. II. 1., sprengen, s *ufar-trusnjan.*

tuggl, st. n., Gestirn, Glosse zu Gal. 4, 9.

tuggo, sw. fem., Zunge.

tulgiþa, st. fem. 1., Befestigung, Grundfeste; Sicherheit.

tulgjan, c. II. 1., befestigen, kräftigen.

tulgus, adj., fest, standhaft.

tundnan, c. III., entzündet werden, brennen.

tunþus, st. m. 3., Zahn.

tuz-verjan, c. H. 1., zweifeln.

tva-hunda, num. st. n. 1. plur. (dat. *tvaimhundam*), zweihundert.

tvai, num. plur. (fem. *tvos,* n. *tva*), zwei.

tvai-tigjus, num. plur. st. m. 3. (dat. *tvaimtigum*), zwanzig.

tvalif (*tvalib*), num. (gen. *tvalibe*), zwölf.

tvalib-vintrus, adj., zwölfjährig, Luc. 2, 42.

tveifleins, st. fem. 2., das Bezweifeln, Bestreiten.

tveifljan, c. II. 1 , zweifeln machen, verwirren.

tveifls, st. m. 1., Zweifel.

tveihnai, num. (declin. st. adj.), je zwei.

tvis-standan (*tvistandan*), c. I. anom., sich trennen, Abschied nehmen (von Jemand c. dat.).

tvis-stass, st. fem. 2., Zwiespalt, Uneinigkeit.

Tykeikus (*Tykekus*), n. pr. st. m. 3., Tychikus.

Tyra, n. pr. st. fem. 1., Tyrus.

Tyreis, n. pr. st. m. 2. plur., die Tyrer.

þ*addaius,* n. pr. st. m. 3., Thaddäus.

þ*adei,* adv., wohin; dahin wo; nach þ*ishvaduh* so viel wie þ*ei.*

þ*agkjan* (þ*aggkjan,* þ*ankjan*), auch þ*agkjan sis,* c. anom. (þ*ahta,* þ*ah-tedum,* þ*ahts*), denken, bedenken, nachdenken, überlegen.

þ*agks* (þ*anks*), st. m. 1. (oder 2.), Dank.

þ*ahains,* st. fem. 2., das Schweigen.

þ*ahan,* c. II. 2., schweigen.

þ*aho,* sw. fem., Thon.

þ*aiaufeilus,* n. pr. st. m. 3., Theophilus.

þ*airh,* praep. c. acc., durch, mitten durch (auch steht *midja* noch dabei); mit Hülfe, vermittelst, durch; um die Art und Weise zu bezeichnen, wie etwas geschieht: durch, mit; endlich, aber nur an wenigen Stellen (Ephes. 5, 6. Col. 3, 6. Sk. VII. a.): wegen.

þ*airh-arbaidjan,* c. II. 1., eine Zeit hindurch arbeiten.

þ*airh-bairan,* c. I. 2., hindurchtragen.

þ*airh-gaggan,* c. anom., hindurchgehen, vorübergehen.

þairhga-leikon, c. II. 3., auf Jemand übertragen, deuten.

þairh-leiþan, c. I. 4., hindurchgehen, vorübergehen, weitergehen.

þairh-saihvan, c. I. 3., durchsehen, hineinsehen.

þairh-vakan, c. I. 6., durchwachen.

þairh-visan, c. I. 3., bleiben, verharren.

þairko, sw. n., Loch, Oehr.

*þairsan, c. I. 1. (*þars, þaursum, þaursans*), dürr sein, s. *ga-þairsan.*

Þaissalauneika, n. pr. st. fem. 1., Thessalonich.

Þaissalauneikaius, n. pr. st. m. 3., Thessalonier.

þammei (vergl. *saei*), conj., darüber dass, darauf dass, dazu dass.

þan, 1. relativ (meist vorangestellt): wann, so lange als, wenn, als, da;
     2. demonstrativ (nie zu Anfange): dann, damals, darauf; *jah þan* dann,
     und dann; *þan sveþauh* damals zwar; *þanuh þan* dann nun, damals
     nun; dann zwar; *þanuþ-þan* dann, dann auch; *þanuh þan* dann
     zwar;
     3. conj., aber, aber auch; zwar; und; daher, folglich, nun, also, da-
     rum; denn (stets mit vorhergehendem *-uh); jah þan* denn, nun, und,
     auch; *jah þan ei* (?) gesetzt auch dass, was nur je.

þana-mais, adv., weiter, noch; *ni þanamais* nicht noch, nicht mehr, nicht
     länger.

þana-seiþs, adv., weiter, noch; *ni þanaseiþs* nicht mehr.

þande (*þandei*), conj., wenn (wenn aber), so lange als, weil (denn), da.

þanei, conj., wann, Matth. 25, 40. 45. Joh. 9, 4.

*þanjan, c. II. 1., dehnen, s. *uf-þanjan.*

þank- s. *þagk-.*

þan-nu, adv., ja, wohl, also, so; darum; *hvas þannu* wer wohl; *þannu
nu* demnach nun, also.

þan-uh, adv., dann, da; daher, also; und, aber; *þanuh jah, þanuþþan*
     dann auch; *þanuh þan* darum nun, da nun, dann noch; *þanuh þan
sveþauh* dann aber jedoch, doch.

þar, adv., daselbst.

Þara, n. pr. sw. m., Thara.

þarba, st. fem. 1., Mangel.

þarba, sw. m., der Arme.

þarbs, adj., nöthig; bedürftig.

þarei, adv., wo.

þarihs, adj., fest, dicht.

þaruh, adv., daselbst, da; öfter statt und, aber, nun.

þata, n. des pron. *sa,* siehe dass.

þat-ain, statt *þata ain* das Eine; ferner *ni þatain — ak jah* nicht das
     allein — sondern auch; und elliptisch: *ni þatain ak jah* nicht nur
     das, sondern auch.

þat-ainei (*þatainе*), adv., nur; *ni þatainei — ak* oder *ak jah* nicht nur
     — sondern auch; *hveh þatainei* nur; *þatainei ibai* nur dass nicht.

þatahvah s. *sahvazuh.*

þatei, 1. n. des pron. rel., s. *saei;*

2. conj., dass, weil (denn); damit, in der Frage: ob; *hva þatei* oder *hva ist þatei* warum; *ni þatei* nicht dass, nicht weil, nicht als ob; *niba þatei* ausser dass, als dass. — Sehr oft steht *þatei*, um die Worte eines Redenden anzuführen, und dann allemal ohne Einfluss auf die Construction des Satzes.

þat-ist, d. i. *þata ist,* das ist, nämlich.

þatuh s. *sah.*

þaþroei, rel., von wannen, woher.

þaþroh (þaþro), adv., von da, daher; darnach, von da an, dann, darauf, nachher.

þau (þauh), conj., 1. nach comp. oder wo der Positiv comparativen Sinn hat: als; auch *sva — þau* eben so sehr als (oder ist *mais* zu ergänzen: mehr als?);
2. im zweiten Gliede einer Doppelfrage oder wo das erste Glied in Gedanken zu ergänzen ist: oder, oder etwa;
3. adv., in Frag-, negativen oder abhängigen Sätzen, im Nachsatze hypothetischer Sätze: doch, wohl, etwa.

þauh-jabai, conj., wenn auch.

þaurban, c. anom. *(þarf, þaurbum, þaurfta, þaurfts),* bedürfen, nöthig haben; Noth leiden.

þaurfts, adj. (comp. *þaurftiza),* nöthig, nützlich.

þaurfts, st. fem. 2., Bedürfniss, Noth; *þaurft gataujan sis* sich nützen.

þaurneins, adj., von Dorn, dornen.

þaurnus, st. m. 3., Dorn.

þaurp, st. n. 1., Dorf, Feld, Land.

þaursjan, c. H. 1., unpersönlich: *þaurseiþ mik* mich dürstet; persönlich: *þaursiþs visan* dürsten.

þaurstei, sw. fem., Durst.

þaursus, adj., dürr, verdorret.

,þe, alte Dativ- oder Instrumentalform von *þata (sa),* dem (vergl. *biþe, duþe);* vor dem comp. desto, um so —.

þe-ei, conj., darum dass; stets mit der Negation: *ni þeei* nicht desshalb dass, nicht als wenn.

þei, 1. conj., dass, damit; *þei ni* dass nicht;
2. Relativpart., dass, da; *und þata hveilos þei* so lange als; mit *sahvazuh, þishvaduh, þishvah, þatahvah* verbunden, gibt es diesen den Begriff allgemeiner Relative, s. d. Art.

þeihan, c. I. 4. *(þaih, þaihum, þaihans),* gedeihen, vorwärts kommen, zunehmen; *þeihan du filusnai* weiter kommen; — *du vairsizin* schlimmer werden.

þeihs, st. n. 1. (gen. *þeihsis),* Zeit.

þeihvo, sw. fem., Donner.

þeins, pron. possess. (fem. *þeina,* n. *þein, þeinata),* dein.

þevis, st. n. 1. (gen. *þevisis),* im plur. Diener, Knechte.

*þinsan, c. I. 1. *(þans, þunsum, þunsans),* ziehen, s. *at-þinsan.*

þis-hun, adv., meist, besonders, vorzüglich.

þis-hvaduh (vergl. *hvaþ*), adv., mit folg. *þadei* oder *þei* (auch *þe*), wohin nur immer.

þis-hvah (s. *þishvazuh*), n., mit folg. *þei* oder *þatei* was nur immer.

þis-hvaruh, adv., mit folg. *þei* wo nur immer.

þis-hvazuh, pron. indef., jeder; mit folg. *ei*, *þei* oder *saei* wer nur immer.

þiubi, st. n. 1., Diebstahl.

þiubjo, adv., heimlich, im Verborgenen.

þiubs, st. m. 1., Dieb.

þiuda, st. fem. 1., Volk; im plur. auch Heiden; *þai þiudo* die der Heiden, die aus der Heidenschaft, die Heiden; *fauramaþleis þiudo* Landpfleger.

þiudan-gardi, st. fem. 1., Königshaus; Königreich, Reich.

þiudanon, c. II. 3., König sein, herschen.

þiudans, st. m. 1., König.

þiudinassus, st. m. 3., Königreich, Reich; Regierung.

þiudisko, adv., heidnisch.

þiu-magus, st. m. 3., Knecht.

þius, st. m. 1. (gen. *þivis*), Knecht.

þiuþ, st. n. 1., das Gute, Gutes; im plur. Güter.

þiuþeigs, adj., gut, gesegnet, gepriesen.

þiuþeins, st. fem. 2., Güte, Segen.

þiuþi-qiss, st. fem. 2. (gen. *qissais*), Segnung.

þiuþjan, c. H. 1., benedeien, segnen, preisen.

þiuþ-spillon, c. II. 3., (Gutes) verkündigen.

þivadv, st. n. 1., Dienstbarkeit.

þivi, st. fem. 1. (gen. *þiujos*), Magd.

þlahsjan, c. H. 1., Jemand schrecken.

*þlaihan, c. I. 7. (*þaiþlaih*, *þaiþlaihum*, *þlaihans*), liebkosen, trösten, s. *ga-þlaihan*.

þlaqus, adj., weich, zart.

þlauhs, st. m. 1. oder 2., Flucht.

þliuhan, c. I. 5. (*þlauh*, *þlauhum*, *þlauhans*), fliehen.

Þomas, n. pr. sw. m., Thomas.

þrafsteins, st. fem. 2., Trost.

þrafstjan, c. II. 1., trösten, ermahnen; *þrafstjan sik* sich trösten, vertrauen, getrost sein.

þragjan, c. II. 1., laufen, seinen Lauf haben.

þraihans s. *þreihan.*

þramstei, sw. fem., Heuschrecke.

þrasa-balþei, sw. fem., Frechheit im Streiten, Streitsucht.

þreihan, c. I. 4. (*þraih*, *þraihum*, *þraihans*), drängen, bedrängen, beengen; part. *þraihans* bedrängt, beengt, schmal.

þreihsl, st. n. 1., Bedrängniss.

þreis, num. (fem. *þrijos*, n. *þrija*), drei.

þreis-tigjus, num., dreissig.

þridja, num. ord., der dritte.

þridjo, adv., zum dritten Male.

þrija-hunda, num. plur., dreihundert.

þriskan, c. I. 1. (þrask, þruskum, þruskans), dreschen.

*þriutan, c. I. 5. (þraut, þrutum, þrutans), beschweren, s. usþriutan.

þroþjan, c. II. 1., üben.

þruts-fill, st. n. 1., Aussatz.

þruts-fills, adj., aussätzig.

þu, pron. pers., du.

þu-ei, pron. rel., der du.

þugkjan (þuggkjan). c. anom. (þuhta, þuhtedum, þuhts), dünken, meinen, den~Anschein haben, scheinen, erscheinen; þugkeiþ mis mich dünkt, ich meine, glaube.

þuhtus, st. m. 3., Gewissen; Meinung, fastubni þuhtaus vermeinter, eingebildeter (Gottes-) Dienst.

þulains, st. fem. 2., das Dulden, Leiden, die Geduld.

þulan, c. II. 2., dulden, ertragen.

þusundi, num. st. fem. 1. (Esdr. 2, 15 als n.), tausend.

þusundi-faþs, st. m. 2., Anführer über tausend, Hauptmann, Oberhauptmann.

þut-haurn, st. n. 1., Horn, Trompete, Posaune.

þut-haurnjan, c. II. 1., auf dem Horne, auf der Posaune blasen.

þuzei, (d. i. þus-ei), pron. rel. 2. pers., du dem.

þvahan, c. I. 6. (þvoh, þvohum, þvahans), waschen, sich waschen.

þvahl, st. n. 1., Bad, Taufe.

þvairhei, sw. fem., Zorn, Streit, Erbitterung.

þvairhs, adj., zornig.

þvastiþa, st. fem. 1., Sicherheit.

þymiama, sw. m., Weihrauch, Rauchopfer.

-u, Anhängepartikel zur Bezeichnung einer Frage, wofür einige Male, nach Partikeln, auch fragendes -uh steht, z. B. Joh. 7, 17: framuh guþa. Bei Wörtern, die mit Partikeln zusammengesetzt sind, wird sie auch wohl zwischen beide Theile geschoben, z. B. ga-u-laubjats; auch tritt sie zwischen Praeposition und Substantiv: abu þus, uzu (us-u) himina.

ubilaba, adv., übel, unrecht; ubilaba haban sich übel befinden, krank sein.

ubils, adj., übel, schlecht, böse; ubil qiþan c. dat. Einem fluchen.

ubil-tojis, adj., übelthäterisch; als subst. Missethäter.

ubil-vaurdjan, c. H. 1., schmähen.

ubil-vaurds, adj., schmähsüchtig; als subst. Lästerer.

ubizva, st. fem. 1., Halle.

uf (ubuh d. i. uf-uh s. -uh), praep. c. dat. und acc., unter.

uf-aiþs, adj., vereidet, zugeschworen.

ufar, praep. c. dat. und acc., über, jenseits (ufar marein), mehr als (*ufar mik*); *ufar all* vor Allem; *ufar* þatei mehr als was; *ufar mikil* oder *filu* sehr gross, ausgezeichnet.

ufarassjan, c. II. 1., machen dass etwas in Ueberfluss vorhanden sei, etwas vermehren; (intrans.) im Ueberfluss vorhanden sein, volle Genüge haben.

ufarassus, st. m. 3., Ueberfluss, Uebermaass, ausserordentliche Grösse, ausserordentlicher Theil; der dat. *ufarassau* steht adv.: im Ueberfluss, im Uebermaass, vorzüglich, überaus; *in ufarassau visands* obrigkeitliche Person, Obrigkeit.

ufar-fullei, sw. fem., Ueberfülle.

ufar-fulljan, c. II. 1., überfüllen; übervoll werden, immer zunehmen in etwas.

ufar-fulls, adj., übervoll.

ufar-gaggan, c. anom., überschreiten, übertreten, zu weit gehen.

ufar-giutan, c. 1. 5., übervoll giessen.

ufar-gudja, sw. m., Oberpriester, Hoherpriester.

ufar-hafjan, c. I. 6., — *sik* sich überheben.

ufar-hafnan, c. III., sich überheben.

ufar-hamon, c. II. 3., c. dat. etwas darüberziehen, mit etwas überkleidet werden.

ufar-hauhjan, c. II. 1., übermüthig, aufgeblasen machen.

ufar-hauseins, st. fem. 2., das Ueberhören, Ungehorsam.

ufarhimina-kunds, adj., von himmlischer Abkunft, himmlisch.

ufar-hleiþrjan, c. II. 1., ein Zelt über Jemand aufschlagen.

ufar-hugjan, c. II. 1., darüber hinaus denken, sich überheben, stolz sein.

ufar-jaina, adv., darüber hinaus.

ufar-lagjan, c. II. 1., darüber legen, darauf legen.

ufar-leiþan, c. I. 4., hinübergehen, hinüberfahren (zu Schiff).

ufar-maudei, sw. f, Vergessenheit, Skeir. VI. a.

ufar-meleins, st. fem. 2., Ueberschrift.

ufar-meli, st. n. 1., Ueberschrift.

ufar-meljan, c. II. 1., etwas darüber schreiben, überschreiben.

ufar-miton, c. II. 3., darüber hinaussehen; vergessen machen.

ufar-munnon, c. II. 4., vergessen; — *saivalai* das Leben wagen.

ufaro, adv., darüber; praep. c. gen. und dat., über.

ufar-ranneins, st. fem. 2., Besprengung.

ufar-skadvjan, c. II. 1., überschatten.

ufar-skafts, st. fem. 2., Anbruch, Probe, Erstling.

ufar-steigan, c. I. 4., darüber emporsteigen.

ufar-svara, sw. m., der Meineidige.

ufar-svaran, c. I. 6, falsch schwören.

ufar-trusnjan, c. II. 1., übersprengen.

ufar-þeihan, c. I. 4., darüber hinauswachsen, übertreffen.

ufar-vahsjan, c. I. 6., überaus wachsen, sehr zunehmen.

ufar-visan, c. anom., über etwas sein, hervorragen, übersteigen.

uf-bauljan, c. II. 1., aufblasen, aufgeblasen machen.

uf-blesan, c. I. 8., aufblasen; im pass. sich blähen, sich erheben, aufgeblasen, hochmüthig werden.

uf-brikan, c. I. 2., verachten, übermüthig behandeln.

uf-brinnan, c. I. 1., verbrennen, entbrennen, erhitzt werden.

uf-daupjan, c. II. 1., etwas untertauchen, eintauchen, Jemand taufen.

uf-gairdan, c. I. 1., unterbinden, umgürten.

uf-graban, c. I. 6., aufgraben.

uf-haban, c. II. 2., aufheben, emporhalten.

uf-hauseins, st. fem. 2., Gehorsam.

uf-hausjan, c. II. 1., auf Jemand hören, ihm gehorchen, unterthan sein; *ufhausjands* unterthan, gehorsam.

uf-hlohjan, c. II. 1., machen, dass Jemand auflacht; im pass. lachen.

uf-hnaiveins, st. fem. 2., Unterwerfung.

uf-hnaivjan, c. II. 1., unterwerfen, unterordnen.

uf-hropjan, c. II. 1., aufschreien, ausrufen.

Ufitahari, n. pr. —

ufjo, sw. fem., Ueberfluss; *ufjo mis ist* ist überflüssig.

uf-kunnan, c. II. 2. (praet. *-kunþa* und *-kunnaida*), erkennen, erfahren; kennen, wissen.

uf-kunþi, st. n. 1., Erkenntniss.

uf-ligan, c. I. 3., unterliegen, zu Ende gehen, verschmachten.

uf-meljan, c. II. 1., unterschreiben.

uf-rakjan, c II. 1., in die Höhe recken, ausstrecken; hinaufziehen (die Vorhaut).

uf-saggqjan, c. II. 1., machen dass etwas untersinkt, versenken.

uf-sliupan, c. I. 5., einschlüpfen, sich einschleichen, sich wegschleichen, sich zurückziehen.

uf-sneiþan, c. I. 4., aufschneiden, tödten, schlachten, opfern.

uf-straujan, c. II. 1., unterstreuen, unterbreiten.

uf-svalleins, st. fem. 2., das Aufschwellen; Aufgeblasenheit, Hochmuth.

uf-svogjan, c. II. 1., aufseufzen.

ufta, adv., oft; *sva ufta sve* so oft als.

ufto, adv., vielleicht, Matth. 27, 64. — s. *aufto*.

uf-þanjan, c. II. 1., ausdehnen; *ufarassau ufþanjan sik* übertreiben; *uf-þanjan sik du* — nach etwas streben, einer Sache zueilen.

uf-vopjan (*ubuh-vopida* s. *-uh*), c. II. 1., aufschreien, ausrufen, rufen.

ugkis (*uggkis*), dat. acc. dual., uns beiden, uns beide, s. *ik*.

-uh, Anhängepartikel, bedeutet

1. und, auch, nun, also, aber;

2. an das zeigende Fürwort *sa, so, þata* gehängt (*sah, soh, þatuh*), verstärkt es dasselbe (dieser da), oder gibt ihm die Bedeutung des beziehenden Fürworts (welcher);

3. in einem oder beiden Gliedern einer Doppelfrage steht es auch statt fragendem *-u*, z. B. Mt. 11, 3. Mc. 11. 30.

4. an Fragpronomina oder gewisse Adverbia gehängt, verwandelt es

diese in allgemein bejahende, vergl. *hvazuh, hvarjizuh, hvaþaruh, þishvaruh;*

5. steht bei manchen Partikeln zur Verstärkung und ohne bestimmte Bedeutung.

Ueber Assimilation s. d. Formenlehre §. 10. — Wo *-uh* als Conjunction steht, wird es in der Regel dem ersten Worte des Satzes angehängt, und trennt dadurch die Praeposition nicht nur von ihrem Casus (*afaruh þan þata*), sondern auch vom Verbum (*ub-uh-vopida, dizuh þan sat*).

uhtedum st. *ohtedum* s. *ogan.*

uhteigo, adv., zu rechter Zeit, gelegen.

uhteigs, adj., Zeit habend.

uhtiugs, adj., Zeit habend.

uhtvo, sw. fem., Morgenzeit; *uhtvon* morgens.

ulbandus, st. fem. 3., Elephant; Kameel.

un-, untrennbare Partikel mit privativer, schwächender, negirender Bedeutung.

un-agands, partic. praes., sich nicht fürchtend, ohne Furcht.

un-agei, sw. fem., Furchtlosigkeit; *unagein* furchtlos.

un-airkns, adj., unheilig, gottlos, lasterhaft.

un-aivisks, adj., schandlos, der sich nicht zu schämen braucht.

unana-siuniba, adv., unsichtbar.

unand-huliþs, partic. praet., unenthüllt, unaufgedeckt.

unand-sakans, partic. praet., unbestritten, unwidersprechlich.

unand-soks, adj., unwiderleglich.

unat-gahts, adj., unzugänglich.

un-bairands, partic. praes., nicht tragend; nicht gebärend.

un-barnahs, adj.; kinderlos.

un-baurans, partic. praet., ungeboren.

un-beistei, sw. fem., das Ungesäuertsein.

un-beistjoþs, partic. praet., ungesäuert.

un-biari, st. n. Thier, Tit. 1, 12.

unbi-laistiþs, partic. praet., unaufspürbar, unbegreiflich.

unbi-mait, st. n. 1., Nichtbeschneidung, Vorhaut.

unbi-maitans, partic. praet., unbeschnitten.

un-bruks, adj., unbrauchbar, unnütz.

und, praep. c. dat. und acc.

 1. c. dat., für, um etwas;

 2. c. acc., bis zu, bis an, bis; *und þatei* bis dass, so lange als, während; *und þata hveilos þei* so lange als; *und andi* bis zum Ende, am Ende, zuletzt; *und filu mais* um viel mehr; *ni und vaiht* um nichts; *und hva* wie lang.

undar, praep. c. acc., unter.

undarleija, adj., unterster, geringster? Eph. 3, 8.

undaro, adv., unten, drunter; c. dat. unter.

undaurni-mats, st. m. 2., Mittagsmahl.

*undaurns, st. m. 2., Mittag.

und-greipan, c. I. 4., ergreifen, greifen.

un-divanei, sw. fem., Unsterblichkeit.

und-redan, c. I. 8., besorgen, gewähren.

und-rinnan, c. I. 1., bis zu Jemand hinlaufen, ihm zufallen, zu Theil werden.

un-fagrs, adj., unpassend, untauglich (undankbar).

un-fairinodaba, adv., untadelig, tadellos.

unfair-laistiþs, partic. praet, unerforschlich.

un-faurs, adj., geschwätzig.

unfaur-veis, adj. (gen. *-veisis*), unbedacht, unvorsätzlich.

un-fraþjands, partic. praes., unverständig.

un-freideins, st. fem. 2., Nichtschonung.

un-frodei, sw. fem., Unverstand, Thorheit.

un-froþs, adj., unverständig, thöricht.

unga-fairinoþs, partic. praet., schuldlos, untadelhaft, unsträflich.

unga-habands, partic. praes., — *sik* sich nicht haltend, unenthaltsam.

unga-hobains, st. fem. 2., Unenthaltsamkeit.

unga-hvairbs, adj., unfügsam, widerspenstig.

unga-kusans, partic. praet., nicht probehaltig, verwerflich.

unga-laubeins, st. fem. 2., Unglaube.

unga-laubjands, partic. praes , ungläubig.

unga-laubs, adj., werthlos.

unga-raihtei, sw. fem., Ungerechtigkeit.

unga-saihvans, partic. praet., ungesehen, unsichtbar.

unga-stoþs, .adj., ohne festen Stand, ohne bleibende Stätte, 1. Corinth. 4, 11.

unga-tass, adj. (gen. *-tassis*), ungeregelt, unordentlich.

unga-tassaba, adv., ungeregelt, unordentlich.

unga-teviþs, partic. praet., ungeordnet, unordentlich.

unga-vagiþs, partic. praet., unbewegt, unbeweglich.

un-habands, partic. praes., nicht habend.

un-haili, st. n. 1., Krankheit.

un-hails, adj., krank.

unhandu-vaurhts, adj., nicht mit der Hand gemacht.

unhindar-veis, adj. (gen. *-veisis*), unverstellt, ungeheuchelt.

un-hrainei, sw. fem., Unreinigkeit.

un-hrainiþa, st. fem. 1., dass.

un-hrains, adj., unrein, unzüchtig; (ungeübt, unbeholfen? 2. Corinth. 11, 6).

un-hulþa, sw. m., Unhold, Teufel, Satan.

un-hulþo, sw. fem., dass.

un-hunslags, adj., ohne Opfer, ohne Versöhnung, unversöhnlich.

un-hvapnands, part. praes. nicht erlöschend, unauslöschlich.

un-hveils, adj., unablässig, beständig.

un-karja, sw. adj. unbesorgt, sorglos.

un-kaureins, st. fem. 2. (dat. plur. anom. *-reinom*), Unbeschwerlichkeit.

unkja, sw. m., Unze..

un-kunnands, partic. praes., nicht kennend, unwissend, unerfahren.

un-kunþi, st. n. 1., Unkunde.

un-kunþs, adj., unbekannt.

un-ledi, st. n. 1., Armuth.

un-leds, adj., arm.

un-liubs, adj., unlieb, nicht geliebt.

un-liugaiþs, partic. praet., unverheirathet.

un-liugands, partic. praes., der nicht lügt.

un-liuts, adj , ungeheuchelt.

un-lustus, st. m. 3., Unlust; *in unlustau vairþan* muthlos werden.

un-mahteigs, adj., ohnmächtig; schwach; unmöglich.

un-mahts, st. fem. 2., Unmacht, Schwachheit.

unmana-riggvs, adj., wild, grausam.

un-manvus, adj., unvorbereitet.

un-milds, adj., lieblos.

un-nuts, adj , unnütz.

un-qeniþs, partic. praet., unbeweibt.

un-qeþs, adj., unaussprechlich.

un-riurei, sw. fem., Unvergänglichkeit, Unverweslichkeit.

un-riurs, adj., unvergänglich, unverweslich.

un-rodjands, partic. praes., nicht redend, stumm.

un-sahtaba, adv., unbestritten.

un-saihvands, partic. praes., nicht sehend, blind.

un-saltans, partic. praet., ungesalzen, kraftlos.   •

unsar (fem. *unsara,* n. *unsar*), pron. possess., unser.

un-selei, sw. fem., Bosheit, Schalkheit, Schlechtigkeit.

un-sels, adj., übel, böse, schalkhaft

un-sibjis, adj., ungesetzlich, gottlos, übelthäterisch.

un-suti, st. n. 1., Aufruhr.

un-sveibands, partic. praes., nicht aufhörend, unaufhörlich, ohne Unterlass.

un-sveran, c. II. 2., verunehren, entehren, schmählen.

un-sverei, sw. fem., Unehre, Schande,· Schmach.

un-sveriþa, st. fem. 1., Unehre.

un-svers, adj., nicht geachtet, ohne Ehre, verachtet.

unsvi-kunþs, adj. (comp *-þoza*), unbekannt, unklar.

un-tals, adj., unfügsam, ungehorsam, ungehörig, unbelehrt.

unte, conj., bis, so lange als; denn, weil, dass.

untila-malsks, adj., voreilig, unbesonnen, frech, muthwillig.

un-triggvs, adj., untreu.

unþa-, bei Verbalcomposition s. v. w. *und.*

unþa-þliuhan, c. I. 5., entfliehen, entkommen.

un-þiuda, st. fem. 1., ein Nicht-Volk, Röm. 10, 19.

un-þiuþ, st. n. 1., das Böse.

un-þiuþjan, c. II. 1., fluchen.

un-þvahans, partic. praet., ungewaschen.

unuf-brikands, partic. praes., unanstössig, kein Aergerniss gebend.

un-uhteigo, adv., zu unrechter Zeit, ungelegen.

unus-laisiþs, partic. praet., unbelehrt, ohne gelernt zu haben.

unus-spilloþs, partic. praet., unaussprechlich.

un-vahs, adj., untadelhaft.

un-vairþaba, adv., unwürdig.

un-vammei, sw. fem., Unbeflecktheit, Reinheit.

un-vamms, adj., unbefleckt, untadelhaft.

un-vaurstvo, sw. fem., eine Unthätige, Müssige.

un-veis, adj., unwissend, unkundig.

un-veniggo, adv., unverhofft, plötzlich.

un-vereins, st. fem. 2., Unwille.

un-verjan, c. II. 1., unwillig sein.

un-vis, adj. (gen. *-visis*), ungewiss.

un-vita, sw. m., ein Unwissender, Unverständiger, Thörichter.

un-vitands, partic. praes., unwissend.

un-viti, st. n. 1., Unwissenheit, Unverstand, Thorheit.

un-vunands, partic praes., betrübt, bekümmert.

ur- statt *us* vor folg. *r.*

ur-raisjan, c. II. 1., aufstehen machen, aufrichten, auferwecken, erwecken, aufwecken; erregen; *aglons urraisjan bandjom* die Bande erschweren.

ur-rannjan, c. H. 1., aufgehen lassen.

ur-redan, c. I. 8., urtheilen, bestimmen.

ur-reisan, c. I. 4., aufstehen, sich erheben, auferstehen.

ur-rinnan, c. I. 1., ausgehen, aufgehen; hervorgehen, kommen; *hlauts imma urrann* es traf ihn das Loos; *urrunnun viþra-gamotjan imma* gingen ihm entgegen.

ur-rists, st. fem. 2., Auferstehung.

ur-rugks, adj., verworfen, Glosse zu Eph. 2, 3.

ur-rumnan, c. III., sich erweitern.

ur-runs, st. m. 2. (gen. *-runsis*), Ausgang, Aufgang.

us (*ur-* vor *r, uz-* vor *u, e, o*), praep. c. dat., aus, von, aus etwas heraus, von etwas weg, von — her; zeitlich: seit, von — an, gleich nach.

us-agjan, c. H. 1., erschrecken; *usagiþs* erschrocken.

us-agljan, c. II. 1., zur Last fallen, beschimpfen.

us-aivjan, c. II. 1., ausdauern.

us-alþan, c. I. 7., veralten.

us-anan, c. I. 6. (praet. *uzon*), aushauchen, den Geist aufgeben.

us-bairan, c. I. 2., hinaustragen (mitnehmen), hervorbringen, vorbringen (antworten, anheben), ertragen (auf sich nehmen).

us-balþei, sw. fem., Erdreistung, Schulgezänk.

us-baugjan, c. II. 1., auskehren, ausfegen.

us-beidan, c. I. 4., erwarten, auf etwas warten; mit etwas (*ana* c. dat.) Geduld haben; etwas (*bi* c. dat.) ertragen.

us-beisnei, sw. fem., Geduld, Langmuth.

us-beisneigs, adj., geduldig, langmüthig.

us-beisns, st. fem. 2., Erwartung, Geduld, Langmuth.

us-bidjan (*usbidan*), c. I. 3 , erbitten.

us-bliggvan, c. I. 1., durchbläuen, schlagen, geisseln.

us-bloteins, st. fem. 2., Gebet, Flehen.

us-braidjan, c. II. 1., ausbreiten, ausstrecken.

us-bruknan, c. III., abgebrochen werden.

us-bugjan, c. anom., erkaufen, loskaufen, erlösen, kaufen.

us-daudei, sw. fem., Ausdauer, Beharrlichkeit, Eifer, Sorgfalt.

us-daudjan, c. H. 1., sich beeifern, sich bestreben, sich befleissigen.

us-daudo, adv., eifrig, inständig.

us-dauds, adj. (comp. *usdaudoza*), eifrig.

us-dreiban, c. I. 4., austreiben, vertreiben, hinausschaffen.

us-driusan, c. I. 5., herausfallen, um etwas kommen, erfolglos, nichtig sein.

us-drusts, st. fem. 2., Ausfall, Loch; schlechter, rauher Weg.

us-fairina, sw. adj., ausser Schuld, ohne Tadel.

us-farþo, sw. fem., Ausfahrt; *usfarþon gataujan us skipa* Schiffbruch leiden.

us-filh, st. n. 1., Begräbniss.

us-filhan, c. I. 1., begraben.

us-filmei, sw. fem., Schrecken, Entsetzen, Staunen.

us-filma, sw. adj., erschrocken, entsetzt, erstaunt.

us-flaugjan, c. II. 1., im Fluge fortführen, Eph. 4, 14.

us-fodeins, st. fem. 2., Nahrung.

us-fraisan, c. I. 7., versuchen.

us-fratvjan, c. II. 1., ausrüsten, bereiten.

us-fulleins, st. fem. 2., Erfüllung, Fülle.

us-fulljan, c. II. 1., ausfüllen, erfüllen, vollenden, vollständig machen, ersetzen; *þarbos usfulljan* dem Mangel abhelfen; *in þamma usfulljada* ist darin enthalten.

us-fullnan (*-fulnan*), c. III., erfüllt werden, in Erfüllung gehen, voll werden.

us-gaggan, c. anom., aus-, heraus-, hinaus-, hinaufgehen, kommen, fortgehen.

us-gaisjan, c. II. 1., Jemand erschrecken, von Sinnen bringen.

us-geisnan, c. III., sich entsetzen, von Sinnen sein, staunen.

us-giban, c. I. 3., ausgeben, geben, wieder geben, vergelten, bezahlen, erweisen; mit doppeltem acc. darstellen; *usgiban aiþans* halten was man geschworen.

us-gildan, c. I. 1., vergelten.

us-graban, c. I. 6., ausgraben, eingraben, einhauen.

us-grudja, sw. adj., träge, muthlos; *rairþan usgrudja* ermüden, muthlos werden.

us-gutnan, c. III., ausgegossen werden, ausfliessen.

us-hafjan, c. I. 6., erheben, aufheben; — *sik jainþro* sich von da wegbegeben.

us-hahan, c. I. 7., erhängen.

us-haists, adj., bedürftig, dürftig.

us-haitan, c. I. 7., herausfordern, reizen.

us-hauhjan, c. II. 1., erhöhen.

us-hauhnan, c. III., erhöhet, verherlicht werden.

us-hinþan, c. I. 1., fangen, gefangen führen.

us-hlaupan, c. I. 7., hervorlaufen, aufspringen.

us-hrainjan, c. II. 1., ausreinigen, ausfegen.

us-hramjan, c. II. 1., kreuzigen.

us-hrisjan, c. II. 1., abschütteln.

us-hulon, c. II. 3., aushöhlen.

us-kannjan, e. II. 1., bekannt machen, kund thun; anempfehlen.

us-keian, c. I. 4., hervorkeimen.

us-keinan, c. III., hervorkeimen, wachsen.

us-kiusan, c. I. 5., auswählen, prüfen, ausscheiden, verwerfen, hinauswerfen; *uskusans* verworfen, untauglich.

us-kunþs, adj., erkannt, bekannt, offenbar.

us-lagjan, c. II. 1., auslegen, ausstrecken, legen.

us-laisjan, c. II. 1., gründlich unterrichten, belehren.

us-laubjan, c. II. 1., erlauben, zulassen.

us-lauseins, st. fem. 2., Erlösung.

us-lausjan, c. II. 1., losmachen, leer machen (entäussern), erlösen.

us-leiþan, c. I. 4., weggehen, gehen (zu Schiff: fahren), durchwandern; ausgehen, vergehen.

us-letan, c. I. 8., auslassen, ausschliessen.

us-liþa, sw. m., Gichtbrüchiger.

us-lukan, c. I. 5., öffnen, aufthun; herausziehen (ein Schwert).

us-luknan, c. III., sich öffnen, geöffnet werden, sich aufthun.

us-luks, st. m. 1. oder 2., Oeffnung, Eröffnung.

us-luneins, st. f., Erlösung, Skeir. I. a.

us-luton, c. II. 3., verführen, irre führen, betrügen.

us-maitan, c. I. 7., aushauen, abschneiden.

us-managnan, c. III., sich reichlich zeigen.

us-merjan, c. II. 1., verkündigen, Kunde von Jemand verbreiten.

us-mernan, c. III., sich ausbreiten.

us-met, st. n. 1., Aufenthalt, Verhalten, Wandel, Umgang, Gemeinschaft.

us-mitan, c. I. 3, sich aufhalten, sich verhalten, wandeln; *bi sunjai us-viss usmitan* von der Wahrheit abfallen.

us-niman, c. I. 2., herausnehmen, wegnehmen; nehmen, annehmen, aufnehmen; auf sich nehmen.

us-qiman, c. I. 2, umbringen, tödten.

us-qiss, st. fem. 2. (gen. *-qissais*), übles Gerücht, Beschuldigung.

us-qistjan, c. II. 1., zu Grunde richten, verderben, umbringen, tödten.

us-qiþan, c. I. 3., aussprechen, verbreiten.

us-saihvan, c. I. 3., aufsehen, in die Höhe sehen; sich nach etwas umsehen, es ansehen; sehend werden.

us-sakan, c. I. 6., ausführlich erörtern, vorlegen.

us-saljan, c. II. 1., Herberge nehmen, einkehren.

us-sandjan, c. II. 1., aussenden, fortsenden.

us-sateins, st. f., Ursprung, Glosse zu Eph. 2, 3.

us-satjan, c. II. 1., draufsetzen; aussetzen, ausschicken; pflanzen, gründen, *barna ussatjan* Kinder erzeugen; *ussatjan sik* sich pflanzen, sich setzen, sich versetzen; zusammensetzen (*us* c. dat.).

us-siggvan, c. I. 1., lesen, vorlesen.

us-sindo, adv., ausnehmend, vorzüglich, sehr.

us-sitan, c. I. 3., aufsitzen, sich aufrichten.

us-skavjan, c. II. 1., zur Besinnung bringen; im pass. oder *usskavjan sis* zur Besinnung kommen, nüchtern, wachsam sein.

us-skavs, adj., vorsichtig, nüchtern.

us-sokjan, c. II. 1., ausforschen, untersuchen, richten, überführen.

us-spillon, c. II. 3., ausführlich erzählen.

us-standan (*ustandan*), c. anom., aufstehen, auferstehen; sich erheben, aufbrechen.

us-stass (*ustass*), st. fem. 2. (gen. *-stassais*), Auferstehung.

us-steigan, c I. 4., aufsteigen, hinaufsteigen.

us-stiggan, c. I. 1., ausstechen.

us-stiurei, sw. fem., Zügellosigkeit, Ausschweifung.

us-stiuriba, adv., zügellos, ausschweifend.

us-taikneins, st. fem. 2., Darstellung, Erweis, Beweis.

us-taiknjan, c. II. 1., auszeichnen, bezeichnen; darstellen, zeigen, erweisen; beweisen; *ustaiknjan sik du* c. dat. sich Jemand (oder vor Jemand) empfehlen.

us-tauhts, st. fem. 2., Vollendung, Vollkommenheit, Erfüllung.

us-tiuhan, c. I. 5., hinausziehen, hinausführen, wegführen, hinführen; ausführen, vollbringen, zu Ende bringen, vollenden, vollkommen machen, herstellen, darstellen; abführen, entrichten (Abgaben); endigen (in den Unterschriften der Briefe); partic. praet. *ustauhans* vollkommen; im med. *ustiuhada* bewirkt.

us-þriutan, c. I. 5., beschweren, belästigen; schmähen.

us-þroþeins, st. fem. 2., Uebung.

us-þroþjan, c. II. 1., einüben.

us-þulains, st. fem. 2., Geduld.

us-þulan, c. II. 2., erdulden, dulden, ertragen.

us-þuljan, c. II. 1., dasselbe, 2. Tim. 3, 11.

us-þvahan, c. I. 6., auswaschen, abwaschen.

us-vagjan, c. II. 1., in Bewegung setzen, erregen.

us-vahsans, partic. praet., erwachsen.

us-vahsts, st. fem. 2., Wachsthum.

us-vairpan, c. I. 1., hinauswerfen, austreiben, verwerfen, ablegen, ausziehen, ausreissen, abwerfen (die Kleider auf das Füllen).

us-vakjan, c. II. 1., aufwecken.

us-valteins, st. fem. 2., Umwälzung, Umsturz, Untergang.

us-valtjan, c. II. 1., umwälzen, umwerfen, zerstören.

us-vandeins, st. fem., Verführung, Eph. 4, 14.

us-vandjan, c. H. 1., sich abwenden, abweichen, Jemand etwas abschlagen, auf etwas (du c. dat.) verfallen.

us-vaurhts, st. fem. 2., Gerechtigkeit.

us-vaurhts, adj., gerecht.

us-vaurkjan, c. anom., wirken, bewirken, vollenden.

us-vaurpa, st. fem. 1., Auswurf, Frühgeburt; Verwerfung.

us-veihs, adj., ausser der Weihe, unheilig.

us-vena, sw. adj., ohne Hoffnung, verzweifelnd, nicht hoffend.

us-vindan, c. I. 1., winden, flechten.

us-viss, adj. (gen. *-vissis*), losgebunden, getrennt; eitel.

us-vissi, st. n. 1., Eitelkeit.

ut, adv., hinaus, heraus.

uta, adv., draussen.

utana, adv., von aussen, *sa utana unsar manna* unser äusserer Mensch; c. gen. ausserhalb, aus.

utaþro, adv., von aussen her; c. gen. ausserhalb.

ut-bairan, c. I. 2., hinaustragen.

ut-gaggan, c. anom., hinausgehen, hinauskommen.

uz-eta, sw. m, woraus gefressen wird, Krippe.

uz-on s. *us-anan.*

uz-u, uz-uh s. *us, -u, uh.*

*Vaddjus, st. fem. 3., Wall, Mauer, s. *baurgs-, grundu-, miþgardavaddjus.*

vadi, st. n. 1., Wette, Handgeld, Pfand, Unterpfand.

vadja-bokos, st. fem. 1. plur., Pfandbrief, Handschrift.

vaggari, st n. 1., Kopfkissen.

vaggs, st. m. 1., Paradies.

vagjan, c. II. 1., bewegen.

*vahs, adj., tadelhaft? s. *un-vahs.*

vahsjan, c. I. 6. (*vohs, vohsum, vahsans*), wachsen, zunehmen; *vahsjan gataujan* vermehren.

vahstus, st. m. 3., Wachsthum, Wuchs, Leibesgrösse.

vahtvo, sw. fem., Wache.

vai, interj., wehe.

vaian, c. I. 8. (*vaivo, vaivoum, vaians*), wehen.

*vaibjan, c. II. 1., winden, s. *bi-vaibjan.*

vai-dedja, sw. m., Uebelthäter (Räuber, Mörder).

vai-fairhvjan, c. II. 1., wehklagen.

vaihjo, sw. fem., Kampf

vaihsta, sw. m., Winkel, Ecke.

vaihsta-stains, st. m. 1 , Eckstein.

vaihts, st. fem. 2. und anom., Ding, Sache, Etwas; *in þizozei vaihtais* wegen dieser Ursache, desshalb; *ni vaihts* oder *ni vaiht* nichts (im nom. als subj. steht *ni vaiht*, n., als Prädicat *ni raihts*).   •

vaila, adv., wohl, gut, trefflich, recht; wohlan; *mais vaila* am besten; *vaila þau* doch, wohl, wenigstens.

vaila-deds, st. fem. 2., Wohlthat.

vaila-mereins, st. fem. 2., frohe Botschaft, Predigt, guter Ruf.

vaila-merjan, c. H. 1., frohe Botschaft bringen, verkündigen, predigen.

vaila-mers, adj., löblich, was guten Namen macht.

vaila-qiss, st. fem. 2., Segen.

vaila-spillon, c. II. 3., frohe Botschaft bringen, verkündigen.

vaila-vizns, st. fem. 2., Wohlsein, gute Kost, Nahrung.

vainags, adj., elend, unglücklich.

vainei, adv., möchte doch, wenn doch.

vaips, st. m. 1. oder 2., Kranz, Krone.

vair, st. m. 1., Mann.

vaira-leiko, adv., männlich.

vairdus, st. m. 3., Gastwirth, Gastfreund.

vairilo, sw. fem., Lippe, (auch für Zunge = Sprache).

vairpan, c. I. 1. (*varp, vaurpum, vaurpans*), werfen; *stainam vairpan* steinigen.

vairs, adv. comp., schlimmer.

vairsiza, adj. comp., schlimmer, ärger.

vairþaba, adv., werth, würdig.

vairþan, c. I. 1. (*varþ, vaurþum, vaurþans*), werden, geboren werden, entstehen, geschehen, sich ereignen, zu Theil werden; als Hülfsverbum im praes. mit einem partic. praes. für das Futur: *saurgandans vairþiþ* ihr werdet weinen Joh. 16, 20; im praet. gewöhnlich für praet. pass.: *hrain varþ* wurde gereinigt Mt. 8, 3. oder *bigitans varþ* wurde gefunden Rom. 10, 20.

vairþida, st. fem. 1., Würdigkeit, Tüchtigkeit, Würde.

vairþon, c. II. 3., würdigen, abschätzen.

*vairþs, adj., -wärtig, s. *ana-, and-, jaind-, viþra-vairþs.*

vairþs, st. m. 1., Werth, Preis.

vairþs, adj., werth, würdig, tauglich.

vait-ei, adv., Gott weiss ob, vielleicht, etwa.

vaja-merei, sw. fem., Lästerung, schlechter Ruf.

vaja-mereins, st. fem. 2., dass.

vaja-merjan, c. II. 1., lästern.

vakan, c. I. 6. (*vok, vokum, vakans*), wachen, wachsam sein.

valdan, c. I. 7. (*vaivald, vaivaldum, valdans*), walten, vorstehen; *garda valdands* Hausherr; (für *valdaiþ annom* Luc. 3, 14. hat die Glosse *ganohidai sijaiþ*).

valdufni, st. n. 1. (gen. -*njis* und -*neis*), Gewalt, Macht, Herschaft.

valis, adj. (gen. *valisis*), auserwählt, für ächt befunden; treu.

valjan, c. II. 1., wählen.

valtjan, c. II. 1., sich wälzen.

valus, st. m. 3., Stab.

valvison, c. H. 3., sich wälzen.

*valvjan, c. II. 1, wälzen, s. *af-*, *at-*, *faur-valvjan.*

vamba, st. fem. 1., Bauch, Leib.

vamm, st. n. 1., Fleck.

van, st. n. 1., Mangel.

vanains, st. fem. 2., Mangel, Verlust, Minderung.

vandjan, c. II, 1, wenden, umwenden, hinwenden.

vandus, st. m. 3., Ruthe.

vaninassus, st. m. 3., Mangel.

vans, adj., mangelhaft, fehlend, weniger; *vans visan ufar anþarans* weniger sein vor Anderen, Anderen nachstehen.

vardja, sw. m., Wärter, Wächter; im plur. Wache.

*vards, st. m. 1., Wärter, s. *daura-vards.*

varei, sw. fem., Behutsamkeit, Verschlagenheit, Arglist.

vargiþa, st. fem. 1., Verdammniss.

*vargs, st. m. 1., geächteter Missethäter, s. *launa-vargs.*

varjan, c. H. 1., wehren, hindern.

varmjan, c. II. 1., wärmen, pflegen.

vars, adj., behutsam, nüchtern.

vasjan, c. II. 1., kleiden, bekleiden, sich kleiden.

vasti, st. fem. 1., Kleid; im plur. auch Kleidung.

vato, sw. n. (plur. anom. *vatna*), Wasser.

vaurd, st. n. 1., Wort, Rede.

vaurdahs, adj., wörtlich, in Worten sich zeigend.

vaurda-jiuka, st. fem. 1., Wortstreit.

vaurkjan, c. anom. (*vaurhta, vaurhtedum, vaurhts*), wirken, wirksam sein; etwas wirken, bewirken, machen, thun, veranstalten, sich um etwas bemühen.

vaurms, st. m. 1. oder 2., Wurm, Schlange.

vaurstv, st. n. 1., Werk, That; Wirksamkeit, Kraft.

vaurstva, sw. m., Arbeiter.

vaurstvei, sw. fem., Verrichtung.

vaurstveigs, adj., wirksam.

vaurstvja, sw. m., Arbeiter; (Weingärtner, Winzer); *airþos vaurstvja* Ackersmann, Landbebauer.

vaurts, st. fem. 2., Wurzel.

vegs, st. m. 1. (dat. plur. anom. *vegim*), Bewegung, Sturm; im plur. Wellen, Wogen.

veigan (*veihan*), c. I. 4. (*vaih, vigum, vigans*), kämpfen, streiten.

veiha, sw. m., Priester.

veihaba, adv., heilig.

veihan, c. II. 2., weihen, heiligen.

veihiþa, st. fem. 1., Weihe, Heiligkeit, Heiligung.

veihnan, c. III., geheiligt werden.

veihs, adj., heilig, geheiligt.

veihs (vehs), st. n. 1. (gen. *veihsis*), Flecken.

vein, st. n. 1., Wein.

veina-basi, st. n. 1., Weinbeere; im plur. Weintrauben.

veina-gards, st. m. 2., Weingarten, Weinberg.

veina-tains, st. m. 1., Weinrebe.

veina-triu, st. n. 1. (gen. *-trivis*), Weinstock; im plur. Weinberg.

vein-drugkja, sw. m., Weintrinker, Säufer.

veinuls, adj., dem Trunke ergeben, 1. Tim. 3, 3. Tit. 1, 7.

veipan, c. I. 4. (*vaip, vipum, vipans*), bekränzen, krönen.

*veis, adj. (gen. *veisis*), weise, klug, s. *un-, unfaur-veis.*

*veitan, c. I. 4. (*vait, vitum, vitans*), sehen, s. *fra-, in-veitan.*

veit-vodei, sw. fem., Zeugniss.

veit-vodeins, st. fem. 2., dass.

veit-vodi, st. n. 1., dass.

veit-vodiþa (veitvodida), st. fem. 1., dass.

veit-vodjan, c. H. 1., zeugen, bezeugen.

veit-vods, st. m. 1. (nom. plur. anom.), Zeuge.

venjan, c. II. 1., wähnen; etwas hoffen, erwarten.

vens, st. fem. 2. (gen. *venais*), Hoffnung, Erwartung.

vepna, st. n. 1. plur., Waffen.

Vereka, n. pr. sw. m., Vereka.

*vidan, c. I. 3. (*vaþ, vedum, vidans*), binden, s. *ga-, in-vidan.*

viduvairna, sw. m., der Verwaiste.

viduvo (vidovo), sw. fem., Wittwe.

viga-deino, sw. fem., Wegdistel.

*vigan, c. I. 3. (*vag, vegum, vigans*), bewegen, schütteln, s. *ga-vigan.*

vigans, st. m. 1. (oder 2.), Krieg?

vigs, st. m. 1., Weg.

viko, sw. fem., Woche.

vilja, sw. m., Wille; Wohlgefallen.

vilja-halþei, das Berücksichtigen, Ansehn der Person, Zuneigung, Gunst.

viljan, c. anom., wollen; *silba viljands* freiwillig.

Viljariþ, n. pr. m., Viljarith.

vilþeis, adj., wild.

vilvan, c. I. 1. (*valv, vulvum, vulvans*), rauben, mit Gewalt nehmen; *vilvands* räuberisch, reissend.

vilvs, adj., räuberisch.

*vindan, c. I. 1. (*vand, vundum, vundans*), winden, s. *bi-, ga-, us-vindan.*

vinds, st. m. 1., Wind.

vinja, st. fem. 1., Weide, Futter.

vinnan, c. I. 1. (*vann, vunnum, vunnans*), leiden, Schmerz empfinden;
. *vinnan arbaidai* (oder *in arbaidai?*) mit Mühe arbeiten.

vinno, sw. fem., Leiden, Leidenschaft; *vinnons fravaurhte* die sündhaften
Lüste.

vintrus, st. m. 3., Winter; bei Zeitangaben: Jahr.

vinþi-skauro, sw. fem., Wurfschaufel, Worfschaufel.

*vinþjan, c. II. 1., worfeln, s. *dis-vinþjan.*

vipja, st. fem. 1., Kranz, Krone.

vis, st. n. 1., Meeresstille.

*vis, adj. (gen. *visis*), gewiss, s. *un-vis.*

visan, c. anom. (praes. *im*, praet. *vas, vesum*; die 3. Pers. praes. ver-
schmilzt mit *ni* zu *nist*, mit *þata* zu *þat-ist*, mit *kara* zu
kar-ist).
1. sein, vorhanden sein, da sein, existiren;
2. bleiben: *ei akran izvar du aiva sijai* Joh. 12, 34.
3. c. gen. im Prädicat: a. Einem gehören, *unte Xristaus sijuþ* weil ihr
Christi seid, Christo gehört;
b. zu etwas gehören: *jah þu þize is* auch du gehörst zu diesen;
c. aus, von etwas sein: *hvazuh saei ist sunjos* wer aus der Wahr
heit ist; *visan jere tvalibe* zwölfjährig sein;
4. c. dat. haben: *ni vas im barne* sie hatten keine Kinder;
5. als Hülfsverbum zu Umschreibungen, namentlich des Passivs: *sitands
ist* er sitzt; *tauhans vas* er wurde geführt; *hauhiþs im* ich bin ver-
herlicht worden.

visan, c. I. 3. (*vas, vesum, visans*), bleiben, verweilen; *vintru visan* über-
wintern; *vaila visan* sich wohl befinden, fröhlich sein.

vists, st. fem. 2 , Wesen, Natur.

vit, pron. pers. dual., wir beide.

vitan, c. II. 2., auf etwas sehen, etwas beobachten, halten; auf etwas
Acht geben, Wache halten, bewachen, daher auch in Schutz nehmen,
beschützen Mc. 6, 20; sich vor etwas hüten, daher auch vermeiden
2. Tim. 4, 15.

vitan, c. anom. (praes. *vait, vitum*, praet. *vissa*), wissen; — *fram* c. dat.
von Jemand erfahren.

vitoda-fasteis, st. m. 1., Bewahrer des Gesetzes, Gesetzkundiger, Gesetz-
gelehrter.

vitoda-laisareis, st. m. 1., Gesetzlehrer, Schriftgelehrter.

vitoda-laus, adj., gesetzlos.

vitodeigo, adv., gesetzmässig, recht.

vitoþ, st. n. 1., Gesetz, Gebot.

vitubni, st. n. 1., Kenntniss, Erkenntniss.

viþon, c. II. 3., schütteln.

viþra, praep. c. acc., gegen (freundlich und feindlich), wider; örtlich: vor,
im Angesicht, gegenüber.

viþra-gaggan, c. anom., entgegengehen.

viþraga-motjan, c. II. 1., dass.

viþra-vairþs, adj.,· gegenüber liegend; *þata viþravairþo* dagegen, im Gegentheil.

viþrus, st. m. 3., Lamm (Widder).

vizon, c. II. 3., leben.

vlaiton, c. II. 3., spähen, umherblicken.

vlits, st. m. 1. oder 2., Angesicht; Ansehn, Gestalt.

vlizjan, c. II. 1., ins Gesicht schlagen, züchtigen.

vods, adj , wüthend, besessen.

vokains, st. fem. 1., das Wachen; im plur. schlaflose Nächte, Nacht. wachen.

vokrs, st. m. 1., Wucher.

vopjan, c. II. 1., rufen, nennen; zurufen.

voþeis, adj., süss, lieblich, angenehm.

vraiqs, adj., schräg, krumm.

vraka, st. fem. 1., Verfolgung.

vrakja, st. fem. 1., dass.

vrakjan, c. II. 1., verfolgen.

vraks, st. m. 1. oder 2., Verfolger.

vratodus, st. m. 3., Reise.

vraton, c. II. 3., gehen, reisen.

vrekei, sw. fem., Verfolgung.

vrikan, c. I. 3., (*vrak, vrekum, vrikans*), verfolgen.

*vrisqan, c. I. 1. (*vrasq , vrusqum, vrusqans*), Frucht bringen, s. *ga-vrisqan*.

vrits, st. m. 1. oder 2., Strich, Punkt.

vriþus, st. m. 3., Heerde.

vrohjan, c. II. 1., anklagen, beschuldigen.

vrohs, st. fem. 2., Anklage, Klage.

vruggo, sw. fem., Schlinge.

vulan, c. I. 5.? (*vaul, vulum, vulans*), aufwallen, sieden; brennen, heiss, inbrünstig sein.

vulfs, st. m. 1., Wolf.

vulla, st. fem. 1., Wolle.

vullareis, st. m. 1., Tuchwalker.

vulþags, adj., herlich, verherlicht, geehrt, angesehn; wunderbar.

vulþrs, st. m. oder st. fem. 2.?. Wichtigkeit, Werth; *ni vaiht mis vul-þris* (Cod A. *vulþrais*) *ist* hat keinen Werth für mich, daran liegt mir nichts, Gal. 2, 6.

vulþrs, adj. (comp. *vulþriza*), wichtig, werth.

vulþus, st. m. 3., Herlichkeit.

vulva, st. fem. 1., Raub.

*vunan, c. II. 2., Wonne empfinden, sich freuen, s. *un-vunands*.

vunds, adj., wund, verwundet.

vundufni, st. fem. 1., Wunde, Plage.

vunns, st. fem. 2., Schmerz, Leiden.

X*ristus*, st. m. 3., Christus.

Y*mainaius*, n. pr. st. m. 3., Hymenäus.

Z*aibaidaius*, n. pr. st. m. 3., Zebedäus.
Zakarias (*Zaxarias*), n. pr. sw. m., Zacharias.
Zakkaius, n. pr. st. m. 3., Zachäus.
Zauraubabil, n. pr. st. m. 1., Zorobabel.
Zaxxaius, n. pr. st. m. 3., Zachai.
zelotes, Fremdw. m. (acc. *-ten*), Eiferer.

Nachtrag.

Nach den Uppströmschen Berichtigungen sind bis jetzt folgende Wörter, als auf falschen Lesarten beruhend, aus den gothischen Wörterbüchern zu streichen:

af-mainds, abgemattet, Gal. 6, 9. (s. *af-mauiþs*).

aglaiti, Unzucht, 2. Cor. 12, 21. (bleibt Röm. 13, 13.)

airknis, gut, heilig, 1. Tim. 3, 3. (s. *qairrus*.) vergl. jedoch *un-airkns*.

Akvila, n. pr., 1. Cor. 16, 19. (s. *Akyla*.)

all-brunsts, Brandopfer, Marc. 12, 33. (s *ala-br*.)

ana-qal, Ruhe, 1. Thess. 4, 11. (s. *ana-silan*.)

and-vairþi, Preiss? vergl. Matth. 27, v. 6. gegen v. 9.

at-bairhtjan, offenbaren, Tit. 1, 3. (s. *at-augjan*.)

biari, Tier, Tit. 1, 12. (s. *un-biari*)

bi-maminjan, verhöhnen, Luc. 16, 14. (s. *bi-mampjan*.)

faihu-geiro, Habsucht, Col. 3, 5. 1. Tim. 6, 10. (s. *feihu-geigo*.)

faihu-geironjan, geldgierig sein, Röm. 13, 19. (s. *faihu-geigan*.)

flautands, prahlend, Gal. 5, 26. (s. *flauts*.)

ga-bindi, Band, Col. 3, 14. (s. *gabinda*.)

ga-dikis, Werk, Gebilde, Röm. 9, 20. (s. *ga-digis*.)

gairuni, Leidenschaft, 1. Thess. 4, 5. (s. *gairnei*.)

ga-suqon, würzen, Col. 4, 6. (s. *ga-supon*.)

gund, Krebs, 2 Tim. 2, 17. (s. *gunds*.)

hauiþ, Stillschweigen, 1. Tim. 2, 11. (s. *hliuþa*.)

hropi, Ruf, Geschrei, Eph. 4, 31. (s. *hrops*.)

hunjan, jagen? vergl. Marc. 10, 24.

id-dalja, Abhang, Luc. 19, 37. (s. *ib-dalja*.)

in-trusgans, eingepfropft, Röm. 11, 24. (s. *in-trusgiþs*)

kuna-veda, Fessel, Eph. 6, 20. (s. *kuna-vida*.)

los, Aufenthalt, 1. Tim. 2, 2. (s. *alds*.)

maudeins, Ermahnung, Skeir. VI. a. (s. *ufar-maudei*.)

navis, adj., tot, Röm. 7, 8. (s. *naus*.)

Nachtrag. 387

qiþlo, Wort, Schriftstelle, Skeir. VI. d. (s. *qiþano.*)
raisjan, erwecken, Röm. 9, 17. (s. *urraisjan.*)
sakjis, Streiter, 1. Tim. 3, 3. (s. *sakuls.*)
saun, Sühne, Marc. 10, 45. (s. *lun.*)
sutis, süss, 1. Tim. 3, 3. (s. *suts*)
sveran, nachstellen, Marc. 6, 19. (s. *neivan.*)
Tertius, n. pr., Röm. 16, 22. (s. *Tairtius.*)
Tukeikus, n. pr., Eph. 6, 21. (s. *Tykeikus.*)
uf-munnands, überdenkend, Phil. 2, 28. (s. *uf-kunnands.*)
un-divans, unsterblich, 1. Tim. 1, 17.. (s. *un-riurs.*)
un-fairins, ohne Schuld, Col. 1, 22. 1. Thess. 3, 13. 5, 23. (s. *us-fairins.*)
un-gastoþans, ohne festen Stand, 1. Cor. 4, 11. (s. *un-gastoþs.*)
us-gasaihvan, erblicken, Gal. 2, 14. (s. *ga-saihvan.*)
us-sauneins, Aussöhnung, Skeir. I. a. (s. *us-luneins.*)
us-tauhei, Vollendung, Eph. 4, 12. (s. *us-tauhts.*)
us-valugjan, hin- und herwälzen, Eph. 4, 14. (s. *us-flaugjan.*)
us-vandi, Irreleiten, Eph. 4, 14. (s. *us-vandeins.*)
veinnas, Trinker, 1. Tim. 3, 3. Tit. 1, 7. (s. *veinuls.*)

In demselben Verlage sind erschienen, herausgegeben von

Dr. phil. Moritz Heine:

Kurze Grammatik

der altgermanischen Sprachstämme. Gothisch, Althochdeutsch, Altsächsisch,
Angelsächsisch, Altfriesisch, Altnordisch. I. Kurze **Laut- und Flexions-
lehre** der altgermanischen Sprachstämme. 1862. gr. 8. 342 Seiten.
1 Thlr. 10 Sgr.

Beovulf.

Textausgabe mit ausführlichem Glossar. 1863. 292 Seiten. **gr. 8.**
1 Thlr. 15 Ngr.

Beovulf.

Angelsächsisches Heldengedicht. übersetzt. 1863. 136 Seiten. 12.
13½ Sgr.

Ueber die Lage

und Construction der Halle **Heorot** im angelsächsischen Beovulfliede. Nebst
einer Einleitung über den angelsächsischen Burgenbau. 1864. 64 Seiten.
gr. 8. 10 Sgr.

Heliand.

Textausgabe mit ausführlichem Glossar. 1865.
392 Seiten. gr. 8. 2 Thlr. 7½ Sgr.

Druck von *C. E. Elbert* in Leipzig.

Lightning Source UK Ltd.
Milton Keynes UK
UKHW020829291118
333183UK00011B/691/P

9 781334 736292